ATLAS BÍBLICO
DE TYNDALE

BARRY J. BEITZEL

Cartógrafo: Nick Rowland F. R. G. S.

Tyndale House Publishers, Inc.
Carol Stream, Illinois, EE. UU.

A Carol, mi más querida y más cercana amiga,

mi fiel compañera en el camino de la fe

y en los viajes a estos sitios.

CONTENIDO

Prefacio   x

**CAPÍTULO 1: LA GEOGRAFÍA FÍSICA
DE LA TIERRA**   **13**

El rol de la geografía en la comprensión de la historia   14

El rol de la geografía en la comprensión de la Biblia   16

Una introducción geográfica al mundo de Palestina   18

    Como parte de la Media Luna Fértil   18

    Como tierra preparada por Dios   24

      Fronteras teológicas   24

      Terminología histórica   29

      Distritos geopolíticos   32

Sinopsis geográfica de la herencia territorial del Israel bíblico   40

    Topografía física de la tierra   40

    La geología del territorio   56

    La hidrología del territorio   58

    El clima del territorio   64

    La forestación del territorio   66

    Las ciudades en el mundo bíblico   67

      Factores que influyen en su ubicación   67

      La identificación correcta de ciudades antiguas   72

    Carreteras y vías de transporte en el mundo bíblico   76

      Un asunto de reconstrucción   76

      La dificultad de viajar en la antigüedad   81

      La ubicación de los principales caminos   84

      Viajar por mar   86

**CAPÍTULO 2: LA GEOGRAFÍA HISTÓRICA
DE LA TIERRA**   **87**

El jardín del Edén   88

La Tabla de las Naciones   91

    Los catorce descendientes de Jafet   91

    Los treinta descendientes de Cam   92

    Los veintiséis descendientes de Sem   96

La migración de los patriarcas   98

    Los recorridos de los patriarcas   100

Abraham en Palestina   101

Los patriarcas en Palestina   104

La ruta del éxodo   106

    El trasfondo histórico   106

    El escenario geográfico   106

      Los israelitas a la orilla del mar   108

      La búsqueda del monte Sinaí en Arabia Saudita/
Jordania meridional   109

      La búsqueda del monte Sinaí en el norte de la
península del Sinaí   110

      La búsqueda del monte Sinaí en el Sinaí meridional   112

      Continuando por la ruta israelita   113

Israel ocupa Transjordania   115

Las batallas de Jericó y Hai/Betel   116

La batalla de Gabaón   118

La batalla de Hazor   120

La distribución tribal de la tierra   122

Las ciudades levíticas y las ciudades de refugio   124

Un análisis del asentamiento israelita de Palestina   126

    Intrigantes descubrimientos recientes   126

Las campañas de Egipto en Canaán   131

    Tutmosis III   131

    Amenhotep II   131

    Seti I   132

    Mernepta   132

    Sisac   132

La época de los jueces   134

Otoniel, Aod y Sansón   137

    Otoniel   137

    Aod   138

    Sansón   138

La judicatura de Débora y Barac   139

Las judicaturas de Gedeón y Jefté   141

Los movimientos del arca   143

Las guerras del rey Saúl   145

El reino de Saúl   148

David y Goliat   150

David el fugitivo   151

La batalla del monte Gilboa   153

Las hazañas del rey David   155

La red de comercio internacional de Salomón   159

    Tarsis: un emplazamiento real   159

    Las naves de Tarsis   162

    Evidencias del comercio fenicio del siglo x a. C.
en el Mediterráneo   164

La administración nacional de Salomón — 166

La monarquía se divide — 168

Las ciudades fortificadas de Roboam — 171

Judá y Jerusalén sitiados — 173

La batalla de Qarqar — 177

Las hazañas de Jehú contra la casa de Acab — 179

Los profetas de Israel — 181

El Imperio asirio — 183

Las campañas asirias contra Israel y Judá — 185

La batalla de Carquemis — 189

Jerusalén cae ante Babilonia — 191

Las deportaciones y los regresos de los judíos — 194

El reino babilónico — 196

Jeremías es llevado a Egipto — 198

Judea después del exilio — 201

El Imperio persa — 203

    Ciro II — 203

    Cambises II — 203

    Darío I Histaspes — 203

    Jerjes I — 206

    Darío II Notus — 206

La campaña de Alejandro Magno contra Persia — 207

La batalla de Isus — 212

Ciudades helenísticas en Palestina — 214

La rebelión macabea — 216

Jerusalén a través de los años — 220

    El nombre — 220

    Topografía — 222

Exploraciones y excavaciones — 223

    Historia — 224

El Imperio romano — 232

El ascenso de Herodes el Grande — 234

Los primeros años de Jesús — 238

Jesús se traslada a Capernaúm — 241

Los viajes de Jesús a Jerusalén — 246

Las apariciones de Jesús después de su resurrección — 248

La diáspora judía en Pentecostés — 250

Los ministerios de Felipe y Pedro — 251

    Felipe — 251

    Pedro — 251

Los extensos viajes del apóstol Pablo — 253

Los viajes misioneros de Pablo — 254

    El primer viaje misionero de Pablo — 254

    El segundo viaje misionero de Pablo — 257

    El tercer viaje misionero de Pablo — 261

    El viaje de Pablo a Roma — 263

Las siete iglesias de Asia — 266

La primera revuelta judía — 268

La dispersión del cristianismo en el mundo romano — 271

Notas finales del capítulo 1 — 277

Notas finales del capítulo 2 — 281

Índice de citaciones en los mapas — 293

Índice de referencias bíblicas — 298

Índice general — 303

TABLA DE ABREVIATURAS

3Q15	Rollo de Cobre de la cueva 3 en Qumrán
a. C.	antes de Cristo
c	*circa* [aproximadamente]
caps.	capítulos
cf.	*cónfer* [compara]
d. C.	después de Cristo
EA	siglas para las tablillas del tell el-Amarna
ed./eds.	editor(es)
etc.	etcétera
J.	Jebel [término arábigo para montaña]
Kh.	Khirbet [término arábigo para ruinas]
km	kilómetro(s)
L.	Lago
LXX	A. Rahlfs, ed., *Septuaginta*. Stuttgart: Württembergische Bibelanstalt, 1962.
m	metro(s)
m.	murió
Mte./Mtes.	Monte/Montes
N.	Nahr [término hebreo que significa río o arroyo]
n/nn	nota(s) final(es)
ND	nombre de deidad [masculino o femenino]
NE	nombre étnico
NP	nombre de persona [masculino o femenino; antiguo, clásico, medieval o moderno]
NR	nombre de rey/reina [monarca extranjero, no de Israel o Judá]
NRn	nombre de rey/reina del reino del norte de Israel [durante la monarquía dividida]
NRs	nombre de rey/reina del reino del sur de Judá [durante la monarquía dividida]
núm./núms.	número(s)
p. ej.	por ejemplo
pág./págs.	página(s)
PS	Pentateuco Samaritano
R.	Río
ss.	y siguientes
T.	Tell [término hebreo/arábigo para un montículo de tierra que contiene restos y ruinas de ocupación]
TestJob	Testamento de Job
TM	texto masorético [texto hebreo del Antiguo Testamento]
v./vv.	versículo(s)
W.	Wadi [término arábigo para cauces secos o de corrientes temporales]

ABREVIATURAS DE LOS LIBROS DE LA BIBLIA

Génesis	Gn	Isaías	Is	Romanos	Rm
Éxodo	Ex	Jeremías	Jr	1 Corintios	1 Co
Levítico	Lv	Lamentaciones	Lm	2 Corintios	2 Co
Números	Nm	Ezequiel	Ez	Gálatas	Ga
Deuteronomio	Dt	Daniel	Dn	Efesios	Ef
Josué	Jos	Oseas	Os	Filipenses	Flp
Jueces	Jc	Joel	Jl	Colosenses	Col
Rut	Rt	Amós	Am	1 Tesalonicenses	1 Ts
1 Samuel	1 Sm	Abdías	Ab	2 Tesalonicenses	2 Ts
2 Samuel	2 Sm	Jonás	Jon	1 Timoteo	1 Tm
1 Reyes	1 Re	Miqueas	Mi	2 Timoteo	2 Tm
2 Reyes	2 Re	Nahúm	Na	Tito	Tt
1 Crónicas	1 Cr	Habacuc	Ha	Filemón	Flm
2 Crónicas	2 Cr	Sofonías	So	Hebreos	Hb
Esdras	Esd	Hageo	Hag	Santiago	St
Nehemías	Ne	Zacarías	Za	1 Pedro	1 P
Ester	Est	Malaquías	Ml	2 Pedro	2 P
Job	Jb	Mateo	Mt	1 Juan	1 Jn
Salmos	Sal	Marcos	Mc	2 Juan	2 Jn
Proverbios	Pr	Lucas	Lc	3 Juan	3 Jn
Eclesiastés	Ecl	Juan	Jn	Judas	Jds
Cantar de los cantares	Ct	Hechos	Hch	Apocalipsis	Ap

MAPAS E ILUSTRACIONES

Las barreras geográficas y el mundo antiguo	20
La Mesopotamia	22
El Levante	25
Las fronteras teológicas de la Tierra Prometida	27
Distritos en los tiempos del Antiguo Testamento	33
Distritos en la era del Nuevo Testamento	37
La ubicación estratégica de Palestina	41
Las regiones geográficas de Palestina	43
El relieve de Palestina	45
El valle de Jezreel	46
Samaria	47
La región de la Sefela	49
La falla geológica afro-arábiga	50
El mar de Galilea	53
El mar Muerto	55
La geología de Palestina	57
Suelos de Palestina	59
Montañas y ríos de Palestina	61
Precipitación en Palestina	63
La circulación atmosférica de verano en el Medio Oriente	64
La circulación atmosférica de invierno en el Medio Oriente	65
Ciudades principales de Palestina	68
Sitios arqueológicos principales del mundo bíblico	74
Sitios arqueológicos principales de Palestina	77
Rutas de transporte en el mundo bíblico	78
Rutas marítimas en el mundo grecorromano	82
Caminos de Palestina	85
El jardín del Edén	89
Tabla de las naciones	93
Migraciones y recorridos de los patriarcas	99
Abraham en Palestina	102
Los patriarcas en Palestina	105
Los israelitas abandonan Egipto	107
La ruta del éxodo	110
El viaje de los espías	114
Israel ocupa Transjordania	115
Las batallas de Jericó y Hai/Betel	117
La batalla de Gabaón	119
La batalla de Hazor	121
La distribución tribal de la tierra	123
Las ciudades levíticas y las ciudades de refugio	125
Un análisis del asentamiento israelita de Palestina: A	128
Un análisis del asentamiento israelita de Palestina: B	129
Las campañas de Egipto en Palestina	133
La época de los jueces	135
Los israelitas atacan Guibeá	136
Las judicaturas de Otoniel, Aod y Sansón	137
La judicatura de Aod	138
La judicatura de Sansón	138
La judicatura de Débora y Barac	140
La judicatura de Gedeón	141
La judicatura de Jefté	142
Los movimientos del arca	143
Las guerras del rey Saúl	146
La batalla de Micmas	147
El reino de Saúl	149
David y Goliat	150
David el fugitivo	152
La batalla del monte Gilboa	154
La batalla del valle de Refaim	155
Las hazañas del rey David	157
Los reinos de Saúl, David y Salomón	158
La red de comercio internacional de Salomón	160
Las iniciativas nacionales de Salomón	165
La administración nacional de Salomón	167
La monarquía se divide	169
Las ciudades fortificadas de Roboam	171
Judá y Jerusalén sitiados	174
La vulnerabilidad de Judá y Jerusalén	175
La batalla de Qarqar	177
Las hazañas de Jehú contra la casa de Acab	179
Los ministerios de Elías y Eliseo	180
Los profetas de Israel	181
Renacimiento durante la monarquía dividida	182

El Imperio asirio ... 184

Las campañas iniciales de Asiria contra Israel ... 185

Las campañas finales de Asiria contra Israel y Judá ... 186

Palestina después de la caída del reino del norte ... 187

La batalla de Carquemis ... 189

Jerusalén cae ante Babilonia ... 193

Las deportaciones y los regresos de los judíos ... 195

El reino babilónico ... 197

Jeremías es llevado a Egipto ... 198

La visión de Ezequiel respecto a la tierra ... 200

Judea después del exilio ... 202

El Imperio persa ... 204

El Imperio griego ... 208

Alejandro marcha por Palestina ... 211

La batalla de Isus ... 213

Ciudades helenísticas en Palestina ... 215

La rebelión macabea ... 217

El reino macabeo ... 218

Jerusalén en los tiempos del Antiguo Testamento ... 221

Jerusalén en la era del Nuevo Testamento ... 225

Jesús y Jerusalén ... 227

La destrucción romana de Jerusalén ... 229

Jerusalén en tiempos modernos ... 231

El Imperio romano ... 232

El ascenso de Herodes el Grande ... 235

El reino de Herodes el Grande ... 237

Los primeros años de Jesús ... 239

El ministerio de Jesús en Galilea ... 243

El ministerio de Jesús en Palestina ... 244

Los viajes de Jesús a Jerusalén ... 247

Las apariciones de Jesús después de su resurrección ... 249

La diáspora judía en Pentecostés ... 250

Los ministerios de Felipe y Pedro ... 252

Los primeros viajes del apóstol Pablo ... 255

La ubicación estratégica de Antioquía ... 256

El primer viaje misionero de Pablo ... 257

El segundo viaje misionero de Pablo ... 259

El tercer viaje misionero de Pablo ... 261

El viaje de Pablo a Roma ... 265

Las siete iglesias de Asia ... 267

La primera revuelta judía ... 269

La dispersión del cristianismo en el mundo romano ... 272

Las primeras comunidades cristianas en Palestina ... 275

Las fronteras del moderno Israel ... 276

PREFACIO

«La geografía es un sabor». Así lo proclama un cartel de Starbucks en sus puestos de venta alrededor del mundo o en el costado de su bolsa de medio kilo de café. La estrategia de mercadeo del conglomerado internacional afirma a continuación: se puede saber mucho sobre un café si se sabe de dónde procede, porque cada grano tiene un sabor distintivo propio de su tierra de origen. Los cafés de Arabia son legendarios por sus sabores de bayas y sus propiedades similares al vino. Los de África se destacan por sus aromas florales y sabores cítricos. Los cafés latinoamericanos son alabados por su gran equilibrio, cuerpo mediano, brillante acidez y calidad consistente. Y los del Pacífico asiático son populares por sus sabores delicados, térreos y exóticos, con baja acidez y cuerpo grueso.

Se puede hacer una afirmación similar con respecto a la narrativa bíblica: que destila un sabor distintivo que es propio de la tierra donde se originó. Gran parte del carácter de la narrativa bíblica y de su calidad aromática refleja las realidades geográficas específicas de su lugar de nacimiento y desarrollo. Así, por ejemplo, la tierra de las promesas del pacto de Dios podría haber sido creada con el aroma de un ambiente sin defecto; podría haber sido impregnada del sabor de la perfección ecológica o climatológica. Podría haber sido dotada del sabor de un bosque tropical, por el cual atravesara un gran flujo de aguas cristalinas. Podría haber sido creada con la textura y el brillo de una pradera con una gruesa capa de pasto, o con el aroma de un elegante jardín impregnado de la intensa fragancia de musgos y flores. Podría haber sido así, pero no lo fue. Como intentaré demostrar, esta tierra de promesa que Dios preparó como el escenario sobre el cual se desarrollaría la narrativa de su historia es un lugar que encarnaba las más extremas adversidades geográficas y medioambientales. Poseyendo de manera innata escasos recursos físicos y económicos, y por su ubicación atrapada sin salida en un torbellino de incesante agitación política, esta tierra ha cedido a sus habitantes una existencia simple, tenue, enigmática y precaria durante toda la época bíblica, incluso bajo las mejores circunstancias. Es importante y muy útil reconocer que Dios preparó *cierto tipo de tierra*, situada en *un lugar particular*, elaborada para provocar *una respuesta específica y apropiada*. Esto no significa que yo piense que la Biblia fuera diseñada para enseñar la materia de geografía, o cualquiera de las otras ciencias. Se trata simplemente de observar que la Biblia con frecuencia transmite su narrativa de manera distintiva por medio de la geografía. En la medida que uno aprecie el sabor y los parámetros de ese medio, uno debería poder también comprender de manera más completa la reveladora trascendencia y textura de un determinado texto bíblico.

La esencia de la geografía ha saturado la narrativa bíblica con un sabor singular. No es el sabor de la mayor parte de Norteamérica o Europa, ni de gran parte del resto del mundo, pero es un sabor robusto y de cuerpo grueso, uno que es el resultado de una geografía peculiar. Poder captar *este* sabor dependerá en gran medida de la habilidad que uno tenga para recuperar y estudiar el particular horizonte geográfico de la Biblia. San Jerónimo, quien vivió durante muchos años en la tierra de la Biblia, escribió sobre el papel de la geografía en el oficio de la interpretación bíblica: «Así como quienes han visto Atenas entienden mejor la historia griega, y tal como aquellos que han navegado de Troya [...] a Sicilia, y de allí a Ostia Tiberias [el puerto romano sobre el mar Tirreno, plenamente desarrollado en el segundo siglo d. C. por el emperador Adriano; **ver mapa 26**] comprenden mejor el Libro III de (el poeta) Virgilio, así también quien ha visto la tierra de Judá con sus propios ojos o ha llegado a estar personalmente familiarizado con las referencias históricas a las ciudades antiguas [...] indudablemente comprenderá las Sagradas Escrituras con un entendimiento mucho más claro»[1]. La geografía *sí* juega un papel fundamental y *sí* hace una diferencia decisiva, ¡ya sea que uno tenga en mente el aroma particular de un grano de café o el sabor singular de una narrativa bíblica!

En el *Atlas* se entiende que la geografía define tres conceptos separados, aunque parcialmente superpuestos: la geografía física (una descripción de aquellos rasgos topográficos y medioambientales que caracterizan y representan la tierra), la geografía regional (una descripción de aquellas subdivisiones políticas y territoriales que comprenden la tierra) y la geografía histórica (una evolución diacrónica de aquellos hechos que han acontecido en la tierra, y que se explican mejor por la geografía). El capítulo 1 del *Atlas* encara aspectos de la geografía física, además de presentar muchos de los principales parámetros de la geografía regional; el capítulo 2 procura presentar un panorama de la geografía histórica. En el capítulo 2, no es mi propósito proveer un comentario completo y detallado de todos los relatos bíblicos analizados, lo que requeriría volúmenes separados para cada uno, sino solamente proveer un bosquejo geográfico suficiente como para esclarecer un mapa determinado. Hasta cierto punto, el capítulo 2 adhiere al aforismo de Thomas Fuller: «El ojo aprenderá más de un mapa en una hora que el oído puede aprender de un discurso en todo un día»[2].

Cualquiera que desea escribir hoy sobre el mundo bíblico enfrenta el polémico asunto de la nomenclatura, pero este problema es aún más agudo y extenso para un geógrafo. Dado el clima de la política contemporánea del Medio Oriente, al geógrafo bíblico le llega a ser casi imposible emplear ciertas palabras —p. ej., Israel/Palestina, Jordania/Transjordania, Cisjordania/Samaria-Judea, golfo de Aqaba/golfo de Elat, golfo Pérsico/golfo Arábigo e incluso Armenia o Siria, etc.— sin generar la impresión de que se está haciendo cierta afirmación política o que se está respaldando determinada ideología nacionalista o religiosa[3]. Con esta realidad en mente, quiero afirmar de entrada de la manera más clara y franca que puedo a mis lectores, —ya sean cristianos, judíos o musulmanes— que mi agenda es puramente histórica, y que cuando utilizo estos u otros términos semejantes, incluso en un contexto posbíblico o moderno, esto no debe ser interpretado como apoyo a ninguna convicción eclesiástica ni política contemporánea particular.

Otro problema que enfrenta todo autor de un atlas es la tensión entre el área cubierta por un mapa y la escala con la que se puede cubrir esa área. Si el área es grande, entonces la escala debe ser pequeña, de lo contrario el mapa no podrá entrar en el tamaño de una página impresa. Pero esto puede redundar en un mapa extremadamente vago e impreciso. De manera alternativa, si el mapa fuera construido a gran escala, el área debería ser necesariamente pequeña, u otra vez, el mapa superaría el tamaño de la página. En este caso, el mapa puede ser extraordinariamente detallado, pero podría ser que carezca de una perspectiva mayor o de puntos geográficos fijos. Aquí mi intento ha sido mantener la mayor escala posible y a la vez evitar recortar secciones importantes de un mapa o poner flechas que señalan fuera del mapa hacia algún punto nombrado. No obstante, en algunas ocasiones resultó inevitable colocar una flecha señalando algo en el margen de la página, aunque admito que esto puede ser una práctica irritante. En cierta ocasión Plutarco protestó sobre una práctica similar: «Los geógrafos [...] amontonan en los bordes de sus mapas partes del mundo que escapan a su conocimiento, agregando notas al margen indicando que más allá de esto no hay otra cosa que desiertos de arena, sin agua y poblados de bestias salvajes, pantanos inaccesibles o mares helados»[4]. Confío en que mis lectores sean más comprensibles. Pero mi intento por resolver este conflicto entre el área cubierta y la escala a veces ha requerido que la leyenda de un mapa fuera colocada al lado de, y no sobre, el mapa mismo.

Las complejidades de la fonética entre los varios sistemas de escritura usados en el mundo bíblico son profundas y es inevitable que haya cierta inconsistencia en el deletreo de nombres propios. Sin embargo, se ha intentado establecer cierto nivel de sistematización. Los nombres que tienen una forma bien conocida en español se han mantenido así en el *Atlas* (p. ej., Jerusalén, Babilonia, Grecia); los nombres que generalmente se transliteran de cierta manera al español retienen aquí esa forma habitual (p. ej., Acad, Tiro, Alepo, Carquemis), aunque la transliteración puede ser ligeramente imprecisa; los nombres que no existen en español se traducen fonéticamente en letra española (p. ej., Neguev, wadi Farah, Kafr Birim), generalmente sin marcas vocales de longitud o signos diacríticos (observe que tanto las marcas de longitud como los signos diacríticos *sí* se usan para transcribir palabras que no son nombres propios). Los nombres arábigos se pueden escribir con o sin el artículo definido (*el-* o *al-*, pero frecuentemente asimilado al sonido de la consonante siguiente; p. ej., tell el-Amarna/tell Amarna, o jebel Magara/ jebel el-Magara). Finalmente, a los cuerpos de agua citados con frecuencia que sirven como importantes puntos de referencia geográficos en un mapa se les ha asignado una nomenclatura fija en toda la obra (p. ej., mar Mediterráneo, y no también mar Superior, mar Grande, mar Occidental, Gran Mar Sirio, Gran Mar Verde, Mare Internum, Mare Nostrum, mar de la Doncella, mar de Isis o *tâmtu elītu*; mar Muerto, y no también mar Salado, mar del Arabá, Mare Maledictum, *al-bahaire el-maita*, mar del Diablo, mar Pestilente), aunque es cierto que esta nomenclatura quedará anacrónica en algunos mapas. De manera similar, la periodización histórica indicada por términos como «Edad del Bronce (Tardía)» o «Edad del Hierro (Temprana)» refleja una clasificación de formas arquitectónicas y/o estilos decorativos de la alfarería antigua. Nada tiene que ver con la metalurgia ni con ningún otro tipo de tecnología metalúrgica.

Más allá de las abreviaturas comunes que aparecen en la Tabla de abreviaturas, los mapas individuales muestran abreviaturas, símbolos y recuadros explicativos en la leyenda y a veces sobre el cuerpo mismo del mapa. El uso de signos de interrogación, utilizados tradicionalmente en los mapas de la Biblia para indicar ciudades de ubicación incierta, se ha evitado en el *Atlas* por ser irritantes o confusos para el lector. No obstante, con eso no quiero dar a entender certeza en casos en los que permanecen dudas sobre la identidad de un sitio. En lugar de un signo de interrogación, he utilizado de manera uniforme el símbolo [o] para una ciudad cuya ubicación se considera incierta; se pensaba que este símbolo es menos llamativo en un mapa y también menos propenso a ser malinterpretado.

En las páginas finales, el lector encontrará tres índices (Índice de citaciones en los mapas, Índice de referencias bíblicas e Índice general). El Índice de citaciones en los mapas está organizado de acuerdo al número de mapa, no al número de página (para una lista completa de los mapas organizados de acuerdo al número de página, remitirse a la lista de mapas e ilustraciones que se encuentra en las páginas preliminares).

Cabe destacar que el Índice de citaciones en los mapas no es un diccionario geográfico (un índice completo de todos los nombres geográficos mencionados en la Biblia, a veces con información sobre la pronunciación de cada entrada junto con una descripción de su ubicación y nombre actual); en vista de que ya existen diccionarios geográficos en una diversidad de versiones y formatos fácilmente accesibles, no parecía tener sentido repetirlo todo aquí. El Índice de referencias bíblicas está organizado de acuerdo al número de página en el *Atlas*; además se ajusta a la versificación de la Biblia en español, que en ocasiones varía con respeto a la versificación del TM [texto masorético]. El Índice general procura incluir muchos nombres propios y temas importantes tratados en el texto, con algunas limitaciones. Por ejemplo, personajes bíblicos citados con frecuencia (p. ej., Abraham, David, Jesús) no son incluidos en el Índice, ya que hay bloques completos de mapas/textos dedicados a estos individuos (en tales casos, puede remitirse a la lista de mapas e ilustraciones entre las páginas preliminares). De manera similar, autores clásicos de los que hay menciones frecuentes (p. ej., Josefo, Plinio) no están incluidos en el Índice, ya que los datos relevantes de las citas están documentados en las notas finales). Además, he limitado deliberadamente el número de nombres geográficos en el Índice general, con la esperanza de minimizar las superposiciones con la información correspondiente contenida en forma exhaustiva en el Índice de citaciones en los mapas. Los nombres de la mayoría de los monarcas extranjeros han sido incorporados en el Índice general bajo su identidad nacional (p. ej., monarcas asirios, monarcas persas, emperadores romanos), pero todos los demás datos han sido ordenados alfabéticamente.

Finalmente, este *Atlas* jamás podría haberse hecho realidad sin la diligente labor de una multitud de personas, y mi agradecimiento a ellas expresado aquí es más que una mera concesión a la costumbre. Estas personas incluyen a Greg Thornton, vicepresidente de Moody Publishers; Dave DeWit, coordinador de proyectos de Moody Publishers; Tim Dowley, Londres, editor de proyecto; Nick Rowland, Cambridge, Inglaterra, cartógrafo; y Nick Jones, coordinador de la edición conjunta, de Lion Hudson, Oxford, Inglaterra. Todos los mapas son nuevos y digitalizados. El texto ha sido reescrito por completo y enormemente ampliado, e incluye una gran cantidad de documentación adicional.

Quiero comunicar mi agradecimiento a la Junta Directiva de Trinity Evangelical Divinity School, cuyo programa sabático orientado a la misión ha ayudado considerablemente a sostener y afianzar un proyecto de este alcance y amplitud. También expreso mi profundo agradecimiento a mi asistente de cátedra, el señor A. D. Riddle, quien ha invertido incontables horas y esfuerzo concentrado en revisar mi trabajo y preparar los Índices. Y a los profesores Davis Young, Walter Kaiser, James Hoffmeier y Douglas Moo, quienes leyeron partes del manuscrito y aportaron perspectivas y consejos útiles, les expreso mi sincero aprecio. Naturalmente, cualquier error que haya quedado es de mi exclusiva responsabilidad. Finalmente, jamás podré estimar lo suficiente, mucho menos retribuir, la deuda de gratitud que tengo con mi esposa y mi familia. Sin su gozoso sacrificio de tiempo y su firme paciencia y estímulo desde el principio, este proyecto jamás podría haberse concretado.

Para mí, el estudio de la geografía culmina en doxología. Confieso concordar con la declaración profética: «¡Lo que llena la tierra entera es su gloria!» (Is 6:3b), o con los versos análogos en boca del salmista:

> «Entremos a su presencia con acción de gracias;
>   ¡hagamos un ruido alegre para él con cantos de alabanza!
> Pues el Señor es un gran Dios
>   y un gran Rey sobre todos los dioses.
> En su mano están las profundidades de la tierra;
>   las cimas de las montañas también le pertenecen.
> El mar es suyo, pues él lo creó;
>   y sus manos formaron la tierra firme.
> ¡Vengan, adoremos e inclinémonos,
>   arrodillémonos delante del Señor, nuestro Hacedor!
> Porque él es nuestro Dios,
>   y nosotros somos el pueblo de su prado,
>   las ovejas que él cuida» (Sal 95:2-7a).

Baalbek, Líbano
Mayo del 2009

NOTAS FINALES

1   San Jerónimo, «Praefatio Hieronymi in librum Paralipomenon juxta LXX Interpretes», en J.-P. Migne, ed., *Patrologiae cursus completus: omnium SS. patrum, doctorum scriptorumque ecclesiasticorum*, Patrologiae Latinae 29, (Turnhout, Bélgica: Brepols, 1880), 423a, traducción del autor.

2   Thomas Fuller, *A Pisgah-sight of Palestine and The Confines thereof, with the Historie of the old and new Testament acted thereon*, (Londres: J. Williams, 1650), 3.

3   p. ej., el *National Geographic Atlas of the World* [octava edición] fue ampliamente acusado de manifestar una preferencia política al utilizar el nombre «golfo Pérsico», con las palabras «golfo Arábigo» entre paréntesis por debajo. Es un asunto geográfico delicado que no se limita al Medio Oriente; p. ej., el *Rand McNally's World Atlas* [séptima edición] experimentó repercusiones significativas por su uso primario de «Pekín» [en lugar de «Beijing»].

4   Plutarco, *Lives: Theseus* 1.1, traducción del autor.

CAPÍTULO 1

La geografía física de la tierra

EL ROL DE LA GEOGRAFÍA EN LA COMPRENSIÓN DE LA HISTORIA

La civilización occidental se ha adherido en general a la lógica de las categorías filosóficas griegas, y ha intentado describir las realidades del cosmos en términos de «tiempo y espacio». Los individuos, las ideas, los movimientos y hasta el curso de las naciones con frecuencia se interpretan precisamente en concordancia con estos cánones. De ahí las designaciones que se emplean invariablemente al analizar civilizaciones del pasado y del presente: pre-/pos-, temprana/tardía, a. C./d. C., Oriente/Occidente, oriental/occidental, Cercano Oriente/Lejano Oriente/Medio Oriente[1]. (¡Observe cómo comenzó este párrafo!)

La teología cristiana no ha escapado esta manera de pensar: Dios puede ser descrito en términos que son corolarios de tiempo (*infinito*, *eterno*) o de espacio (*omnipresente*). Además, el cristianismo afirma que, en el drama de la encarnación, Cristo renunció voluntariamente a esos atributos de la deidad y llegó a estar «encerrado en el tiempo y espacio». En consecuencia, aun a partir de una reflexión superficial, uno puede comenzar a comprender en alguna medida el significado trascendental de las disciplinas temporales y espaciales: la historia y la geografía.

Más aún, en muchos sentidos la historia está inseparablemente ligada y supeditada a limitaciones geográficas. La geografía es una fuerza activa que tanto inicia como limita la naturaleza y el alcance de la historia política, lo que podríamos llamar la geopolítica. La formación geológica y el tipo de roca tienen un impacto decisivo sobre la altitud, el modo y la extensión de la erosión, la ubicación y el caudal de la provisión de agua, y la topografía física. Estos, a su vez, tienen una influencia profunda sobre ciertos aspectos del clima, de las materias primas, de la formación del suelo y del uso de la tierra: factores que pueden repeler o atraer el asentamiento humano, y sin duda influyen en la ubicación, la densidad y la composición socioeconómica de un asentamiento. Donde se fundan asentamientos, con el tiempo se abren caminos que serán usados por migrantes, comerciantes o ejércitos, y finalmente llega la cultura a esa ubicación particular. Dicho más concisamente: «Con cada paso hacia atrás en el tiempo, la historia se vuelve más y más geográfica hasta que, en el comienzo, todo es geografía»[2].

En pocas palabras, los factores de la geografía a menudo determinan dónde y cómo ocurrirá la geopolítica. Ciertamente es significativo desde el punto de vista geográfico que las civilizaciones antiguas hayan emergido en las riberas de los ríos. El Egipto antiguo debía su existencia al Nilo; la vida en Mesopotamia se sustentaba en el Tigris y el Éufrates; la civilización del valle del Indo estaba situada a lo largo del río del mismo nombre; el Imperio hitita se ubicó a horcajadas del Halis; la antigua cultura india surgió en los valles de los ríos Brahmaputra y Ganges; la China antigua contaba con los ríos Amarillo y Yangtsé; y la cultura europea emergió en las riberas de los ríos Tíber, Támesis, Danubio, Rin y Sena. Tampoco es de poca importancia que el Imperio romano haya podido expandirse hasta los ríos Danubio y Rin, una frontera que durante un lapso del siglo XX también correspondió con la Cortina de Hierro. Aun en los Estados Unidos de América del siglo XXI casi todas las ciudades comercial e industrialmente importantes tienen salida a un río, al océano o a la red de los Grandes Lagos. Las pocas excepciones están ubicadas junto a una confluencia de importantes autopistas interestatales o rutas aéreas.

Otros factores de la geografía, tales como la actividad sísmica y las erupciones volcánicas, también han hecho su parte en el diseño de la historia[3]. Es obvio que la superficie de gran parte de Asia occidental y África oriental ha sido formada por medio de la actividad sísmica. Una enorme fisura en la faz de la tierra ha sido el factor dominante en la formación del paisaje de Siria occidental, Líbano, Israel, Jordania, Etiopía, Uganda, Tanzania, Mozambique y la isla de Madagascar. [**Ver mapa 13**].

En Asia occidental la actividad sísmica ha determinado que ciertas áreas sean inhóspitas para la instalación humana, y fue motivo de que las principales vías de tránsito se encauzaran básicamente en coordenadas norte-sur. Las fuerzas sísmicas que dieron origen a la imponente cordillera del Himalaya crearon, por su parte, lo que en la antigüedad configuraba una barrera longitudinal impenetrable e influyó en que la cultura se expandiera y el tránsito fluyera principalmente sobre un eje oriente-occidente. Amplios territorios estériles de lava solidificada confrontan al potencial colono con un terreno desolado, interrumpido solo ocasionalmente por tapones basálticos o conos de ceniza, sombríos recordatorios de la actividad volcánica en tiempos pasados.

Más importante aún es la severa realidad de que a menudo esta actividad volcánica hacía que el suelo quedara totalmente inútil para la productividad humana. En la antigüedad siempre significaba un ambiente muy hostil, intolerablemente doloroso para las patas de los animales de carga, lo cual impedía el desarrollo de cualquier vía de tránsito.

Las erupciones volcánicas pueden poner fin en forma abrupta a un segmento de la historia. Viene a la mente la erupción del Vesubio sobre Pompeya en el 79 d. C. En 1815 la erupción del Tambora en Indonesia generó una pérdida de unas 92.000 personas y produjo una nube de cenizas en la atmósfera superior que reflejaba la luz solar de vuelta hacia el espacio y, como resultado, causó un año sin verano. La erupción del Krakatoa en 1883 pudo oírse sobre un treceavo de la superficie terrestre, provocó un tsunami cuyos efectos eran perceptibles en todos los océanos del mundo, mató a más de 36.000 personas y modificó el clima de manera adversa a escala global durante varios años. Sin embargo, en un vívido contraste con esos sucesos, podemos mencionar la erupción de la isla griega Santorini (Tera), ubicada en el sur del mar Egeo, aproximadamente a mitad de la distancia entre Creta y Grecia continental [**Para su ubicación, ver mapas 111 y 112**].

Se calcula que el índice de explosión del Santorini en el punto cero fue más de 15 veces superior a la fuerza de la explosión atómica sobre Hiroshima. Posterior a la colosal erupción volcánica que tuvo lugar en Santorini en el 1525 a. C. (± 100 años, según si la fecha se calcula en forma arqueológica o radiométrica), unos 83 kilómetros cuadrados de tierra colapsaron en una caldera de aproximadamente 685 m de profundidad. Cuando las aguas del Egeo se volcaron hacia ese nuevo e hipercalentado abismo (con una temperatura estimada de más de 1400°C), se produjo un tsunami gigantesco cuya altura se calcula en 240 m en la cresta de la ola. En unos 20 minutos esa masiva ola, que además impulsaba un volumen enorme de gases tóxicos y abrasadores, golpeó en Creta de manera catastrófica a una velocidad estimada en 320 km por hora y midiendo entre 60 y 90 m de altura[4]. Los restos del Santorini fueron laminados con un depósito volcánico de piedra pómez a una profundidad de entre 20 y 60 m. Se calcula que una nube de pómez, ceniza y lava con un volúmen estimado entre 35 y 47 kilómetros cúbicos fue arrojada unos 80 km hacia el cielo, donde un viento predominantemente noroccidental la impulsó hacia Creta. El grueso manto de ceniza habría creado una atmósfera letal, que a su vez habría contaminado el agua, podrido los alimentos, y provocado diversas enfermedades. Más aún, piedras basálticas del tamaño de la cabeza de un ser humano fueron lanzadas como misiles de Santorini a Creta. Se han encontrado fragmentos de pómez, originados en Santorini y llevados por las aguas, en toda la extensión de la cuenca oriental del Mediterráneo, y aun en lugares continentales tan lejanos como Israel y Egipto[5]. No es difícil entender por qué la cultura minoica llegó a un abrupto y trágico final en Santorini, ni por qué se dañaron severamente varios palacios minoicos en Creta, quizás incluso siendo destruidos en aquel momento.

Montañas, desiertos y océanos han influido en la ubicación o la naturaleza de la geopolítica. Los periódicos de hoy en día con frecuencia contienen historias de primera plana sobre los efectos continentales de El Niño, la salinización, las hambrunas, la escasez de alimentos, o el calentamiento global. Algunos de esos mismos factores geográficos también cumplieron un importante papel en la geopolítica del Cercano Oriente antiguo. Las hambrunas fueron descritas con frecuencia en la literatura antigua, y los estudiosos han demostrado ampliamente de qué modo las fluctuaciones climáticas en la antigüedad tuvieron un impacto adverso en aquellas culturas[6].

Desde el fracaso de la flota militar persa en la batalla de Salamina (480 a. C.) hasta la derrota de la armada naval española (1588 d. C.) hubo un «escenario mediterráneo» de la historia. Las costas norte y sur competían habitualmente por la superioridad política y cultural. Pero la soberanía geopolítica del Mediterráneo quedó desafiada después de los viajes oceánicos de Cristóbal Colón, Vasco da Gama, y Fernando de Magallanes, a medida que el Renacimiento y algunas de sus ciudades importantes comenzaron a decaer y la «historia» se desplazó hacia el occidente.

Los recursos naturales son otro factor geográfico que ha influenciado en la ubicación y la naturaleza de la geopolítica.

Un amplio muestrario de documentación antigua se refiere explícitamente a la necesidad de mantener el control sobre el estaño de Afganistán, el cedro del Líbano, la plata de Asiria, el cobre de Chipre, el oro de España, y el marfil del interior de África. Además, ¿quién puede dudar de que la conformación de la geopolítica moderna haya sido dramáticamente modificada por el cártel de la OPEP? En realidad, la geografía constituye el escenario en el cual se despliega la historia, y sin ella la historia misma deambularía sin rumbo como un vagabundo[7]. Parafraseando el aforismo comúnmente pero quizá erróneamente atribuido a Will Durant, la civilización existe por consentimiento de la geografía, sujeta a modificación sin previo aviso[8].

El efecto de la geografía sobre la historia se extiende al ámbito teórico. Igual que el efecto del ambiente sobre la cultura, la geografía establece de manera concreta los límites dentro de los cuales debe funcionar la historia. Quienes estudian el efecto de la geografía sobre la historia han hecho una muy útil diferenciación entre su efecto *determinante* y su efecto *limitante*. Aunque el clima invernal extremo impone el uso de ropa abrigada, no hay nada respecto a la temperatura en sí misma que determine si la gente usará pieles de foca o lana Shetland, *pero deben producir y vestir ropa de invierno.* Cuando llega a poblarse una región inapropiada para la agricultura, muy poco del ambiente en sí determina qué animales domésticos se alimentarán con forraje o si se conseguirá el alimento mediante anzuelos, redes, trampas o lanzas, *pero seguramente surgirá una sociedad no agrícola.*

Es geográficamente pertinente que los lugares del Cercano Oriente donde se manifiesta la habitación humana más antigua (monte Carmelo, Shanidar, Çatal Hüyük, Jarmo, Hacilar [**mapa 23**]) están precisamente en regiones que reciben un promedio anual de precipitaciones capaz de producir la generación espontánea de granos silvestres que pueden sostener la existencia humana. También es pertinente que plantas y animales particulares sean característicos de uno solo de los hemisferios, o que la escritura haya surgido dónde, cuándo y en la manera en que lo hizo. Todo esto representa expresiones de la historia geopolítica que han estado y siguen estando sujetas a las limitaciones y a los controles indirectos de la geografía.

Muchas de las mismas limitaciones son discernibles incluso en nuestro moderno mundo tecnológico, donde los desiertos pueden ser irrigados o los efectos de la opresiva temperatura pueden mitigarse mediante el acondicionamiento del aire; donde la fotografía Landsat equipada con infrarrojo permite descubrir vastos depósitos de agua fresca en el interior de la tierra, o la siembra de nubes y la irrigación permiten disminuir la severidad de un ambiente árido; donde ríos tormentosos pueden ser controlados mediante enormes diques y hasta aprovechados para uso hidroeléctrico; donde es posible nivelar, atravesar o superar barreras montañosas formidables; y donde los viajes aéreos permiten acercar lugares distantes de una manera rápida y práctica. Uno podría imaginarse cuánto más definidas y profundamente marcadas habrían sido tales limitaciones geográficas en un mundo que existiera antes de tales sofisticaciones tecnológicas: uno como el mundo bíblico.

EL ROL DE LA GEOGRAFÍA EN LA COMPRENSIÓN DE LA BIBLIA[9]

Las cuestiones de «tiempo y espacio» son unos de los aspectos más difíciles que enfrenta un estudiante de la Biblia en el siglo XXI. Las proclamas de las Escrituras surgieron y fueron escritas en contextos particulares, en tanto los estudiantes actuales de la Biblia viven en otro milenio y adhieren a una cosmovisión diferente. Ellos viven, en su mayoría, en un continente diferente. De modo que en nuestro deseo de interpretar y aplicar adecuadamente la Biblia, debemos asegurar que nuestro esfuerzo esté construido razonadamente sobre las coordenadas del ambiente de la propia Biblia. Desde el comienzo, es imperativo que consideremos a la geografía (espacio) como algo más que un elemento superficial que pudiera separarse arbitrariamente de la interpretación bíblica. Por el contrario, el perfil bíblico, tanto de Israel como de la iglesia, se presenta en varios niveles, incluyendo el nivel territorial[10].

De hecho, con frecuencia las narraciones bíblicas están condicionadas por la noción de «espacio». La narración dirá que un suceso ocurrió en cierta colina, en determinado valle, en una llanura particular o en una aldea específica. En ocasiones el nombre del lugar se vuelve en sí mismo una parte importante de la revelación, incluyendo muchas veces un juego de palabras respecto al nombre, con el propósito de reforzar la ubicación del acontecimiento en la conciencia pública. A veces algún aspecto de la geografía constituye un eje teológico en torno al cual gira todo un libro bíblico, o una porción extensa de un libro resulta especialmente rica en metáforas geográficas: por ejemplo, la fertilidad en el libro de Deuteronomio, la forestación en el libro de Isaías, la hidrología en los Salmos o la agricultura en el libro de Joel. Con frecuencia es precisamente una referencia o alusión geográfica lo que permite a los estudiosos asignar un lugar de origen a un libro (tal como Amós en el reino del norte de Israel, o Santiago en la cuenca oriental del Mediterráneo).

Quizás en un sentido todavía más profundo, en el Antiguo Testamento la fe judía estaba inextricablemente unida al espacio físico, y «la tierra» llegó a ser el prisma de esa fe. Tierra/espacio era una arena en la cual Dios obraba poderosamente en beneficio de su pueblo. (Piense en el llamado de Abraham y el pacto con él y sus descendientes, en el tema del Éxodo/Sinaí, la conquista/ocupación de la tierra, el cautiverio lejos de la tierra, el regreso a la tierra, la Nueva Israel). Muchas de las promesas de Dios se relacionaban directamente con la posesión original (o la posterior restauración) de una particular parcela de propiedad. No es exagerado decir que, durante los años en que se registró su historia bíblica, el enraizamiento de Israel en esta «tierra» les proveyó a sus fieles su identidad fundacional, su seguridad y aun su prosperidad.

Cuando no estaban en posesión de su tierra, los israelitas fueron a menudo descritos en términos que reflejaban las connotaciones precarias de la falta de tierra, la falta de rumbo y la alienación:

- «Extranjero» (Gn 12:10; 15:13; 47:4; Ex 6:4; Dt 10:19b; 26:5b; *cf.* Hb 11:13) —Un *extranjero* era un residente foráneo que no pertenecía ni podía instalarse para disfrutar de los privilegios otorgados al ciudadano.
- «Vagabundo» (Nm 32:13; Os 9:17; Dt 26:5b) —Un *vagabundo* era alguien que estaba en marcha hacia ninguna parte. No estaba simplemente entre dos paradas; en realidad no tenía un destino ni un hogar concretos.
- «Desterrado» (2 Re 18:11; Is 5:13; 49:21; Ez 39:23; Esd 1:11) —Un *desterrado* era alguien a quien se lo había desarraigado con violencia o se lo había privado de su propia tierra y obligado a vivir en otro «lugar».

Sea que los trasladaran a Egipto, a Babilonia o a cualquier otro lugar, la falta de tierra era equivalente a la desesperanza. La fe pactual de Israel estaba en gran medida fundamentada en acontecimientos ocurridos en determinados lugares *en este mundo*. Había una conciencia aguda de un hogar nacional, un dominio geográfico definido en el cual hasta el suelo estaba divinamente consagrado, lo que podría llamarse «la tierra santa»[11]. Uno puede caracterizar la fe de Israel por su esencia de «aquí y ahora», una fe en que el principio ascético de desapego a lo terrenal que expresa 1 Juan 2:15-17 estaba mayormente ausente.

De manera similar, en los Evangelios del Nuevo Testamento, gran parte de la enseñanza de Jesús se puede vincular con el lugar donde se encontraba en ese momento. Jesús habló acerca del «agua viva» mientras estaba junto al pozo de Jacob (Jn 4:10); se dio a sí mismo el nombre de «pan de vida» cuando estaba en Capernaúm, donde se fabricaban molinos de grano hechos de basalto (Jn 6:48); declaró que Pedro era la «roca» contra la cual «las puertas del Hades no prevalecerán» mientras estaba en Cesarea de Filipo, un sitio también conocido en el mundo clásico por el oráculo de Eleusis y el rapto de la hija de Deméter por Hades, el dios del mundo inferior (Mt 16:18); y habló acerca de la fe que puede mover una montaña cuando iban camino a Betfagé, desde donde sus discípulos pudieron haber mirado con facilidad hacia el sur y haber visto evidencias de una montaña que había sido físicamente «movida» por Herodes el Grande a fin de construir su palacio/fortaleza en Herodión (Mt 21:21-22).

En algunos casos, Jesús parece haberse esforzado más de lo normal para enseñar cierta lección en determinado lugar. En una de tales ocasiones relató una parábola acerca de cierto hombre noble que viajó a un país distante donde sería coronado rey. Sin embargo, una delegación de ciudadanos del lugar se opuso a su coronación, y enviaron embajadores para expresar sus objeciones. Entonces, cuando regresó, impuesto de su nueva autoridad, este noble atacó violentamente a aquellos que se le habían opuesto y habían sido desleales (Lc 19:11-27). Esta «parábola» encierra una siniestra reminiscencia a los acontecimientos de la vida real que rodeaban a Arquelao, el hijo mayor de Herodes el

Grande. Después de la muerte de Herodes en el 4 a. C., Arquelao viajó desde Judea a Roma para recibir una «etnarquía», es decir, la autorización oficial para gobernar una provincia. El historiador judío Josefo nos informa que Arquelao recibió el título a pesar de la protesta de más de 8000 judíos en Roma, incluyendo una delegación que había viajado desde Judea[12]. Después de regresar a Judea con su nuevo poder, Arquelao no perdió tiempo y se vengó violentamente de sus oponentes. Josefo también escribió que Arquelao dedicó mucho tiempo y atención a la ciudad neotestamentaria de Jericó y a su entorno inmediato: reconstruyó allí el palacio herodiano con espléndido estilo, construyó una aldea cerca de Jericó a la que dio su propio nombre, y desvió agua de irrigación hacia sus plantaciones de palmeras de dátiles ubicadas a solo 3 km de Jericó[13].

Es interesante observar que Jesús contó esta parábola cuando salía de Jericó hacia Jerusalén, lo cual significa que sus oyentes habrán estado en el camino romano que bordeaba el palacio herodiano recientemente reconstruido y junto a los canales de irrigación que llevaban el agua de la zona montañosa de Judea hacia Jericó y su entorno. Sin duda, muchas de las enseñanzas de Jesús parecen estar relacionadas con su particular ambiente geográfico. Habló sobre diversos tipos de suelos, el viento del oriente, las flores del campo, y los pámpanos permaneciendo en las vides. Posteriormente uno observa una correlación geográfica entre la singular forma centrífuga de la Gran Comisión que pronuncia Jesús en Hechos 1:8 («[desde] Jerusalén, [entonces] en toda Judea, en Samaria y [finalmente] hasta los lugares más lejanos de la tierra») y la presentación de ese libro sobre la expansión del movimiento apostólico inicial.

También para la fe cristiana —no solo para la fe judía— hay muchos aspectos decididamente importantes de la historia bíblica que ocurrieron en *lugares muy precisos de la tierra*, no simplemente en un espacio vacío ni en el cielo (p. ej., la ubicación del nacimiento, crucifixión, resurrección y ascensión de Cristo; los primeros viajes apostólicos; etc.). Si el evangelio cristiano fuera simplemente un asunto del mundo por venir o solo relacionado con valores espirituales o morales, poco importaría adquirir entendimiento sobre la dimensión espacial de la Biblia, y raro sería que los acontecimientos fundamentales del Nuevo Testamento fueran ubicados geográficamente en el texto por los escritores bíblicos. ¡Pero es todo lo contrario! Un elemento central del kerigma del Nuevo Testamento es la declaración fundacional de que Dios tomó forma humana en un momento específico en el tiempo y en un punto preciso en el espacio. No ser consciente de o pasar por alto el ADN geográfico de la Biblia o del mundo bíblico significará que con frecuencia uno corra el riesgo de contrariar el argumento bíblico o reducir la realidad a sentimentalismo.

Provisto del conocimiento geográfico de la Biblia, estamos en mejores condiciones de entender referencias tales como «las lluvias tempranas y tardías», «un potente viento del oriente» o «una tierra donde fluyen leche y miel». De manera similar uno puede comprender mejor el efecto abrasador del ardiente sol de Israel; las repercusiones de la falta de lluvia y la importancia del rocío para la supervivencia de los cultivos; la prevalencia del culto a la fertilidad (Baal); la naturaleza de las deidades egipcias, cananeas y mesopotámicas; las migraciones de Abraham, Moisés y Nehemías; los terrenos que los soldados de Josué pudieron conquistar pero por los cuales los filisteos no podían desplazar sus carros; el asombroso éxito de David al eludir la persecución por parte de Saúl; la sicología social del ministerio de Juan el Bautista; las motivaciones tras el sagaz traslado de Jesús desde Nazaret a Capernaúm; y las increíbles distancias que recorrió el apóstol Pablo. Además, cobran más sentido las declaraciones de los profetas que predecían un asombroso día futuro cuando los valles serán elevados y las montañas niveladas, los terrenos ásperos y desparejos serán nivelados y suavizados, y hasta el agua del mar Muerto se volverá clara como el cristal y capaz de albergar abundante vida marina.

El cultivo de una conciencia espacial es un componente necesario y valioso en cualquier estudio serio de la Biblia. Al igual que la Biblia, la fe también se formula en el contexto espacial y temporal del cual ha sido parte. En consecuencia, la disciplina geográfica debería ser tanto el objeto como el medio de algunos de los estudios bíblicos más gratificantes e ilustrativos; sin duda merece una investigación minuciosa.

La Jericó del Antiguo Testamento está junto al manantial más copioso en el oriente de Canaán (arriba del sitio en la fotografía). En el tell las marcas de excavación arqueológica son evidentes.

UNA INTRODUCCIÓN GEOGRÁFICA AL MUNDO DE PALESTINA

COMO PARTE DE LA MEDIA LUNA FÉRTIL[14]

Rodeando como un manto a los mares Mediterráneo, Negro y Caspio, encontramos una extensa formación geológica de montañas elevadas y escarpadas, conocidas como la cordillera alpino-himalaya. [**Ver mapa 1**]. Este paisaje rocoso e intrincado se extiende al oriente desde los montes Pirineos del norte de España en una línea casi ininterrumpida de 11.000 km hasta la imponente cordillera del Himalaya en la India y Nepal, y los montes Qinling Shan en el interior de China. Próximo al centro de esta extensa elevación alpina se alzan en Turquía los montes Tauro, Pónticos, Urartu y Kurdistán (que alcanzan en algunos puntos una altura de más de 4000 m, con cumbres de nieves permanentes), además de las cadenas Zagros y Elburz en Irán (algunas de cuyas cumbres superan los 4800 m, las más elevadas del Cercano Oriente). La civilización antigua, sea acadia, egipcia, asiria, babilónica, fenicia, persa, o griega, nunca fue capaz de superar o penetrar totalmente, con propósitos imperialistas, este formidable terreno. De hecho, todos los imperios del Cercano Oriente anteriores al tiempo de Julio César estuvieron limitados en general por esta barrera norteña. Además, en esos recovecos sombríos y montañosos siempre estaban al acecho pueblos feroces que periódicamente amenazaban el dominio semítico de la frontera norte.

Más al sur, extendiéndose al oriente desde las costas atlánticas de África del Norte, se encuentra una expansión enorme de terreno casi desprovisto por completo de agua. Este ambiente estéril y desolado, conocido a lo largo de aquel continente como el desierto del Sahara, se extiende más allá del mar Rojo y se prolonga por toda la península arábiga con el nombre de desierto de Arabia. La zona árida cruza las montañas de Irán hacia el norte y continúa a través del desierto Salado (Dasht-e Kavir), la cuenca del Tarim, y hasta el desierto de Gobi en el sur de Mongolia. Ya que en algunos puntos alcanza una anchura de más de 1600 km, y se extiende casi 8050 km a través de dos continentes, esta salvaje y temible franja de arena fue en tiempos antiguos otra barrera insuperable para la civilización y el imperialismo.

Cercada por estas dos barreras naturales, montaña y desierto, se encuentra una franja delgada y semicircular de suelo comparativamente cultivable que forma un arco hacia el norte desde el extremo suroriental del mar Mediterráneo cerca de Gaza (Hch 8:26) [**mapa 2**], a través de Israel, Líbano y Siria occidental. Cerca del extremo nororiente del Mediterráneo, esta franja se tuerce hacia el oriente y luego hace una curva hacia el suroriente, siguiendo básicamente las llanuras aluviales de los ríos Tigris y Éufrates hasta tan lejos como la cabecera del golfo Pérsico. Desde los tiempos del egiptólogo James Breasted[15], esta franja de tierra ha sido conocida como la «Media Luna Fértil». Dentro de esta media luna,

los seres humanos inventaron el arado, la rueda, la palanca, el tornillo y el arco. Aquí aprendieron a domesticar animales, cultivar granos y producir alimentos, agrupar los edificios y construir ciudades, trabajar los metales, y escribir (primero en forma pictográfica, y más tarde de manera alfabética). Fue en esta media luna de civilización donde la humanidad desarrolló el arte, la música, la literatura, la ley, las matemáticas, la filosofía, la medicina, la astronomía, la cartografía, la química y el calendario.

A riesgo de simplificar en exceso, la Media Luna Fértil puede ser dividida en dos ámbitos topográficos, conocidos respectivamente como «Mesopotamia» y «el Levante». La palabra «Mesopotamia» (término griego que significa «[la tierra] entre los ríos») ya fue aplicada al ámbito oriental en los escritos de Polibio, Estrabón y Josefo (200 a. C. a 100 d. C.)[16]. Aun antes, los traductores de la Septuaginta (LXX) emplearon el término para designar la región de donde había emigrado el patriarca Abraham (Gn 24:10), registrado por los escribas hebreos como Aram-naharaim («Aram de los dos ríos»). Es probable que esta expresión hebrea deba entenderse para demarcar solamente la tierra entre los ríos Éufrates y Balí, conocida también como Padán-aram («el campo de Aram» [p. ej., Gn 28:2 ss.; 33:18; 35:9]), y no todo el territorio entre el Tigris y el Éufrates. [**Ver mapas 2 y 30**]. Sin embargo, las referencias contemporáneas a «Mesopotamia» convencionalmente denotan la «isla» de tierra rodeada al occidente y al sur por el Éufrates, al oriente por el Tigris, y al norte por las estribaciones de los montes Tauro y Kurdistán. La llanura baja de Mesopotamia se encuentra a una altitud de alrededor de 500 m en algunos sectores del norte, y desciende suavemente hacia el golfo Pérsico. [**Ver mapa 2**].

Las variaciones en la precipitación marcan la diferencia entre la estepa mesopotámica húmeda y seca. La estepa húmeda recibe más de 300 mm de precipitación anual. Se caracteriza por un sedimento marrón rojizo, pastos perennes, hierbas y arbustos, especialmente a medida que uno se traslada desde el occidente hacia el oriente. Esta región entre los ríos Éufrates y Balí se asocia más estrechamente con los patriarcas bíblicos, y consiste en colinas bajas y pedregosas que carecen de vegetación excepto cuando reciben agua en primavera. Entre los ríos Balí y Habor la estepa es menos árida y hasta relativamente fértil en primavera y a comienzos de verano. La región es bastante apropiada para el pastoreo, pero la supervivencia en esta parte de la estepa dependía de los numerosos pozos dispersos en el territorio (Gn 24:11; 29:2). La zona no parece haber sido densamente habitada ni cultivada en la antigüedad.

El río Habor superior se muestra en el mapa como dos lados de un triángulo invertido donde el terreno se aplana considerablemente. La lluvia suficiente y el buen suelo han permitido que la agricultura florezca aquí desde la remota antigüedad, produciendo en abundancia el mejor grano de toda Mesopotamia. Bordeando ambos lados del extremo sur de este triángulo, las salientes montañosas retienen el suelo y los depósitos minerales que el agua arrastra desde el norte. En consecuencia, esta región tiende a mantener pastos a lo largo de los meses del verano y el otoño, lo cual proveía exuberantes pastizales para pastores de Mesopotamia que migraban durante la primavera y el verano desde sus áreas nativas al sur del Éufrates. Las montañas también sustentan a todos los árboles maderables nativos en Mesopotamia: árboles de pino, robles, terebinto y pistacho. En tiempos modernos se han plantado álamos en buena parte de Mesopotamia, tanto como barreras al viento como para su uso en la construcción.

En contraste, gran parte de la estepa seca se caracteriza por suelos desérticos de yeso gris, hierbas estacionales de raíz superficial, arbustos dispersos y —donde el suelo es suficientemente profundo— cultivo de secano marginal en invierno. Por debajo de la línea de precipitación de 200 mm, se practica la agricultura de riego solamente en una escala muy limitada. La llanura aluvial del Éufrates medio, especialmente en la zona de Deir ez-Zor y al sur, alcanza hasta una profundidad de 90 m y un ancho de 13 km. El humus depositado allí por el Éufrates y el Habor es ideal para la agricultura, y se sabe de la existencia de toda una red de asentamientos en esta región a lo largo del período bíblico. En una escala mucho más limitada, las mismas condiciones se presentan a lo largo de una sección más corta del Tigris medio, en la zona que rodea a Samarra, donde los depósitos del Tigris y del Pequeño Zab han creado un lecho de

ricos sedimentos aluviales. El suelo en el sur de Mesopotamia es uniformemente duro y casi impenetrable. El paisaje muestra dunas y formaciones erosionadas producidas por las arenas sopladas por el viento desde el desierto de Arabia. Al mismo tiempo, el sur de Mesopotamia ha tenido que enfrentar siempre el problema del nivel elevado de aguas subterráneas producto de la sobreirrigación, con la consecuente salinización cada vez mayor del suelo. De hecho, algunos especialistas sugieren que la declinación de la civilización sumeria en este lugar, y el subsiguiente desplazamiento de los centros culturales hacia el norte, puede atribuirse a la lenta salinización del suelo[17]. No hay certeza de esto, aunque sí sabemos que la economía sumeria dependía en gran medida del rendimiento de las cosechas de granos cultivados en la región, una cantidad mucho mayor de lo que pudo ser producido más adelante en la antigüedad o en cualquier época desde entonces[18].

La región entre la confluencia del Tigris y el Éufrates y el golfo Pérsico se conoce como el canal Shatt el-Arab. Dos veces al día el nivel de agua en esta área eleva y desciende alrededor de 2 m, lo cual periódicamente provoca conflictos fronterizos entre Irán e Irak. Geográficamente hablando, la fluctuación permite que el agua salada del golfo penetre hacia el interior, originando una zona pantanosa que limita severamente el establecimiento de comunidades humanas.

Este panorama general nos permite reconocer que la expresión «Media Luna Fértil» se presta fácilmente a una

Tanto la ciudad de Diyarbakir (en el horizonte) como los rebaños locales (a la derecha del río) se sustentan con las aguas del río Tigris superior.

A
B
C
1
2
3
4
MAR DEL NORTE
MAR BÁLTICO
OCÉANO ATLÁNTICO
EUROPA
R. Támesis
R. Vistula
R. Rin
R. Danubio
R. Dniéper
R. Volga
R. Loira
R. Dniéster
R. Don
R. Ródano
ALPES
R. Po
ALPES DINÁRICOS
R. Danubio
MAR NEGRO
MTES. DEL CAUCASO
MAR CA
PIRINEOS
R. Marítsa
MTES. PÓNTICOS
MTES. DE URARTU
MTES. E
R. Duero
R. Ebro
R. Tajo
MTES. TAURO
MTES. DEL KURDISTÁN
MTES. ZAGROS
MAR MEDITERRÁNEO
MTES. ATLAS
MEDIA LUNA FÉRTIL
DESIERTO DE SIRIA
R. Tigris
R. Éufrates
GOLFO
Área del antiguo Canaán
DESIERTO DEL SAHARA
R. Nilo
MAR ROJO
DESIER DE ARA
Lago Chad
R. Nilo Azul
ÁFRICA
R. Nilo Blanco
Lago Victoria
Cordillera alpino-himalaya
Gran fosa tectónica afro-arábiga
0   500   1000 millas
0   500   1000   1500 kilómetros
A
B
C

MTES. URALES
R. Tobol
R. Obi
R. Yeniséi
R. Angará
R. Irtish
Lago Baikal
1
A S I A
MAR DE ARAL
R. Jaxartes
Lago Baljash
R. Oxus
MTES. TIEN SHAN
DESIERTO DE GOBI
R. Amarillo
CUENCA DEL TARIM
MTES. KUNLUN SHAN
HINDU KUSH
R. Indo
CORDILLERA DEL HIMALAYA
MTES. QINLING SHAN
MAR AMARILLO
2
T-E KAVIR
(ERTO SALADO)
MTES. SOLIMÁN
R. Yangtsé
R. Indo
R. Brahmaputra
R. Ganges
R. Saluen
MAR DE ARABIA
R. Irawadi
GOLFO DE BENGALA
Golfo de Tonkín
R. Mekong
MAR DE CHINA
3
nca
alí
OCÉANO ÍNDICO
4
D
E
F

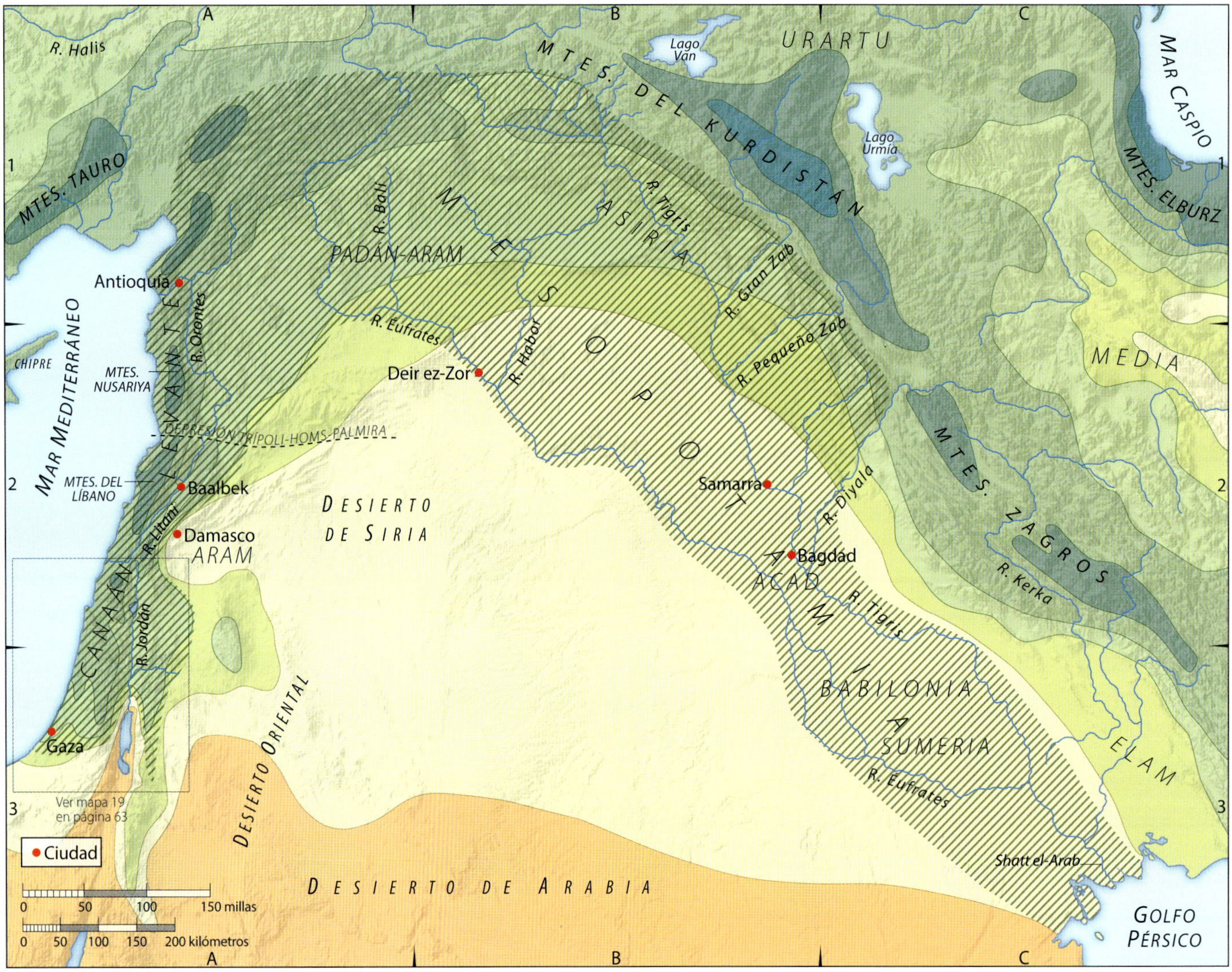

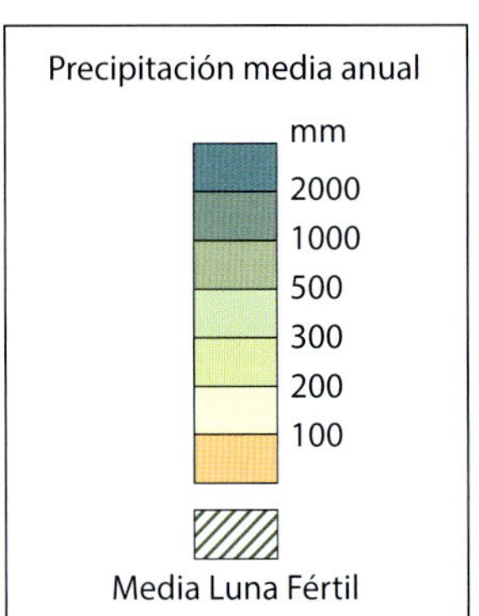

interpretación equívoca. Más precisamente, la mayor parte de Mesopotamia solamente puede considerarse «fértil» por contraste con el árido desierto vecino, y esto solamente a lo largo de las verdes cintas sinuosas de las llanuras aluviales de los ríos Tigris y Éufrates, sus tributarios y el sistema interconectado de canales.

El ámbito occidental de la Media Luna Fértil es denominado el Levante, un término francés que significa «elevación», ya sea en referencia al sol que se levanta o a las montañas que se elevan, tal como se ven desde un barco en el Mediterráneo que se dirige en esa dirección. Esta región geográfica consiste en una doble línea de cadenas montañosas que encierran la porción nórdica de la falla afro-arábiga. [**Ver mapas 1 y 13**]. En el sentido longitudinal, tres «depresiones» segmentan estos cordones, creando una serie de cuatro conjuntos de serranías paralelas [**Ver mapa 3**]:

1. Comenzando en el norte, cerca de Antioquía y de la llanura de Amuq, está la cadena de los montes Nusariya que técnicamente incluye al monte Casio. [**Ver mapa 109**]. Esta cadena domina el horizonte occidental, en tanto que la cadena Zawiya y sus estribaciones al norte se divisan en el oriente. Se extiende hacia el sur hasta la así llamada depresión Trípoli-Homs-Palmira, un valle a través del cual corre el río el-Kabir (Eleuterio) que marca la frontera moderna entre Siria y Líbano.

2. En el territorio al sur de este espacio lateral se elevan las majestuosas montañas del Líbano en el campo visual del occidente. Enfrentándolas en el lado oriental se encuentra la cordillera del Antilíbano, que alcanza su mayor altura en el extremo sur en el monte Hermón. Los montes del Líbano llegan hasta el profundo desfiladero originado por el río Litani (inmediatamente al norte de Tiro); esta depresión se extiende al oriente más allá de la región de Dan hasta la estepa llana que separa los montes de Damasco de la meseta basáltica del jebel Druzo.

3. Continuando hacia el sur, cubriendo la región entre la depresión de la estepa Litani-Dan y la depresión

Beerseba-Zered, se elevan sobre el lado occidental las tierras altas de Galilea, Samaria y Judá. Hacia el oriente se destacan los Altos del Golán, la meseta de Galaad y la zona montañosa de Moab.

4. Al sur de la depresión Beerseba-Zered y hasta el mar Rojo, la vista al occidente muestra las laderas ásperas e intimidantes del desierto de Zin y el moderno Neguev. El horizonte oriental está dominado por las imponentes elevaciones arenosas de Edom y las impresionantes montañas graníticas de Madián. (Todavía se debate si esta cuarta región debe ser técnicamente incluida en el Levante. Siendo que esta es una discusión geográfica, la sección se menciona aquí en el texto, pero será excluida del mapa y del análisis que sigue en esta sección).

Estas cadenas montañosas paralelas están separadas por el valle de la fosa tectónica (el extremo septentrional de la gran fosa tectónica afro-arábiga). En el norte, las montañas Nusariya y Zawiya descienden en forma precipitada —más de 900 m— hacia este abismo, conocido allí como el Gab («espesura» o «depresión»), drenado por el serpenteante río Orontes. Más al sur, las cordilleras del Líbano y del Antilíbano, que superan los 3000 m, descienden abruptamente hacia la depresión, conocida en esa región como la Becá («un lugar de aguas estancadas») y drenada principalmente por los ríos Litani y Abaná. Continuando hacia el sur, las tierras altas de Galilea, Samaria y el norte de Judá, así como las alturas de Golán y de Galaad, bajan hacia una depresión angosta denominada el Arabá («yermo, llanura desértica»). Esta depresión al norte del mar Muerto también se identifica como el valle tectónico del Jordán, llamado así por el río que lo drena.

Es instructivo analizar el Levante sobre un corte longitudinal. Desde tal perspectiva, el Levante en sí tiene la forma de una montaña, más elevada en el centro, con algunas características topográficas y fisiográficas que se reflejan en ambas laderas. La clave de la geografía del Levante es su vértice dominante. La notable elevación de las montañas del Líbano y del Antilíbano excede por lejos la altura de las cadenas al norte y al sur. Además, exhiben un rasgo de estructura geológica inusual que no se presenta en las regiones próximas: en su levantamiento hay un considerable sustrato de rocas no porosas, impermeables. Debido a esta capa, el agua es forzada hacia la superficie en volúmenes enormes, produciendo cientos de grandes manantiales prolíficos a la inusual altitud de 1200 a 1500 m sobre el nivel del mar. Algunos de estos torrentes tienen un flujo de varios cientos de metros cúbicos por segundo y emergen a los lados de las montañas como pequeños ríos o arroyos en cascadas. Constituyen las nacientes de por lo menos cuatro ríos importantes: el Litani, el Abaná, el Orontes y el Jordán.

De varias maneras fundamentales, también puede observarse cierta simetría en los valles de los dos ríos periféricos (especialmente antes del siglo xx, cuando se construyeron diques sobre ambos ríos). Tanto el río Orontes como el Jordán tenían pendientes pronunciadas, especialmente cerca de las nacientes en las alturas elevadas del Líbano, y corrían con tanta velocidad que en lugar de facilitar los depósitos resultaban de carácter erosivo. Ninguno de estos ríos ha sido navegable a lo largo de la historia. En la antigüedad, ambos ríos en sus descensos tenían que atravesar un dique basáltico, dando origen a un lago intermedio (el lago de Homs sobre el Orontes, y el lago Hule sobre el Jordán). Ambos ríos tienen un flujo estacional no favorable en relación con el ciclo agrícola, por lo que fueron de poco valor para el riego. Los suelos alrededor del Orontes y el Jordán son similares: suelos aluviales en las riberas, con algunos lugares salitrosos (especialmente a lo largo del Jordán).

Los conjuntos de montes que flanquean por el norte y por el sur a las cadenas del Líbano y del Antilíbano son en algunos aspectos simétricos entre sí. Ambos conjuntos están constituidos en su mayor parte por caliza y presentan un valle interior transversal (el valle de Ugarit al norte; el valle de Jezreel [Esdraelón] al sur). Ambos cordones tienen una forma relativamente longitudinal y una elevación comparable de 750 a 1050 m con cumbres que se aproximan a los 1350 a 1500 m. Reciben una cantidad similar de precipitación anual: 500 a 1000 mm en un patrón estacional parecido. En ambos casos, la cantidad de precipitación aumenta hacia el norte y sobre las laderas occidentales, precisamente en el terreno donde la agricultura es menos productiva y la irrigación es de poca ayuda. Los suelos de ambas cadenas producen vegetación similar: la maleza mediterránea, los tamariscos y los matorrales cubren muchas de las laderas; en las mesetas sobreviven pastos estacionales útiles solamente como forraje; en los pantanos crecen juncos o cañas; y abundan las anémonas, las amapolas y las flores silvestres. Los cultivos alimentarios incluyen los granos (trigo, cebada, maíz), y en las llanuras costeras se puede cultivar una amplia variedad de vegetales. Pueden ser hallados árboles cítricos, como también muchas higueras, algarrobos, olivos y dátiles; los pocos bosques de maderas duras que no fueron saqueados por completo en épocas anteriores son extremadamente pequeños. La estratificación de estos dos territorios ofrece comparativamente escasos recursos minerales, consistentes principalmente en depósitos de asfalto y manantiales minerales. Las dos regiones montañosas están flanqueadas hacia el occidente por una franja costera relativamente angosta y llana, formada mayormente por arenas y dunas.

COMO TIERRA PREPARADA POR DIOS
FRONTERAS TEOLÓGICAS

Si bien las fronteras de Israel se mencionan en más de un texto bíblico, todavía quedan dudas importantes respecto a la ubicación de tres de sus cuatro fronteras. Quizás un buen punto de partida para el análisis de estas fronteras sea el reconocimiento de que por lo general se establecían según lugares topográficos naturales: el mar Muerto, el mar de Galilea, el Mediterráneo, montañas y ríos importantes, etc. Esto nos da respaldo para sugerir que muchos de los segmentos menos conocidos de las descripciones fronterizas también pudieron haber estado situados en lugares geográficos naturales. El análisis que sigue incluirá un trazado de puntos fijos, un comentario sobre los puntos de referencia menos conocidos pero no por eso menos importantes, y algún análisis de las cuestiones implicadas. Cada sección terminará con un resumen de hacia dónde parecen señalar las evidencias.

FRONTERA OCCIDENTAL

(Nm 34:6; Jos 15:4; 16:3, 8; 17:9; 19:29; *cf.* Ez 47:20; 48:1)
Felizmente la frontera occidental no presenta problemas de identificación. Se extiende por el mar Mediterráneo o mar Grande, desde el extremo norte de la tribu de Aser (Jos 19:29) hasta el extremo sur de la tribu de Judá (Jos 15:4).

FRONTERA NORTE

(Nm 34:7-9; *cf.* Ez 47:15-17; 48:1-7)
Tomados en conjunto, los textos bíblicos indican que la frontera norte se extendía desde el Mediterráneo hacia el oriente sobre una línea hacia Zedad, pasando por el monte Hor y Lebo-hamat. Desde Zedad, la línea continuaba pasando por Zifrón hasta Hazar-enán, donde hacía un giro hacia la frontera de Haurán. De estos lugares solo dos pueden ser identificados con certeza, y ambos están situados en el borde del desierto de Siria/desierto Oriental. Zedad debió haber estado ubicado en el moderno Sadad, a unos 60 km al oriente del Orontes y 105 km al nororiente de Damasco, una corta distancia al oriente de la actual autopista Damasco-Homs. [**Ver mapa 4**].

El nombre Haurán —conocido como Auranítide en el período grecorromano— se refiere sin duda a la meseta que se extiende al oriente del mar de Galilea y está dominada por el jebel Druzo. El nombre Haurán para esta región está atestiguado con frecuencia en los textos neoasirios tan tempranamente como en el reinado de Salmanasar III[19], y en efecto, Haurán llegó a ser el nombre de una provincia asiria[20] cercana al territorio de Damasco, como puede verse también en la redacción de los textos de Ezequiel. [**Ver mapa 78**]. Debido a estas dos identificaciones, es razonable buscar los sitios intermedios de Zifrón y Hazar-enán a lo largo del perímetro de este yermo desértico. El sitio de Hazar-enán se asocia con frecuencia con el frondoso e históricamente importante oasis de Qaryatein[21], a partir del significado del nombre hebreo («aldea de un manantial»). Más allá de esto, el curso exacto de la frontera norte se vuelve incierto.

Sin embargo, hay una serie de indicaciones que se combinan para sugerir que esta frontera pudo haber correspondido a un límite claramente establecido en la antigüedad. En primer lugar, el sitio de Lebo-hamat[22] debería asociarse con el moderno Lebweh, un pueblo ubicado en la región forestal de la divisoria de agua que separa a los ríos Orontes y Litani, unos 24 km al nororiente de Baalbek, a lo largo de la ruta Ribla-Baalbek. [**Ver mapa 25**]. El lugar está atestiguado en literatura egipcia, asiria y clásica[23] como una ciudad de cierta importancia. Ubicada entre Cades del Orontes y Baalbek, Lebo-hamat estaba en un territorio comúnmente reconocido en la antigüedad como una frontera importante en el valle de la Becá (1 Re 8:65; 1 Cr 13:5; 2 Cr 7:8).

Es más, en el lugar de Lebo-hamat, Ezequiel (47:16) hace referencia a Berotai, un pueblo que según otras fuentes se situaba en la parte central del valle de la Becá (2 Sm 8:8) y que generalmente ha sido considerado equivalente al moderno pueblo de Brital, situado un poco al sur de Baalbek. No obstante, Ezequiel especifica que Berotai estaba situado «en la *frontera*

Ciudad
Monte
Camino internacional
Camino regional
Paso de montaña
Montes del Levante
Valles del Levante (seleccionados)
0 10 20 30 40 50 millas
0 10 20 30 40 50 60 70 kilómetros
A
B
C
Carquemis
R. Balī
R. Éufrates
Puertas de Siria
LLANURA DE AMUQ
Antioquía
Alepo
Mte. Casio
Gran Camino Comercial
VALLE DE UGARIT
MTES. AMANUS
MTES. NUSARIYA
GAB
MTES. DE ZAWIYA
R. Orontes
Qatna
CHIPRE
Lago de Homs
Cades
Gran Camino Comercial
DEPRESIÓN TRIPOLI-HOMS-PALMIRA
Trípolis
M A R   M E D I T E R R Á N E O
MTES. DEL LÍBANO
Baalbek
BECÁ
MTES. DEL ANTILÍBANO
Beirut
R. Abaná
Mte. Hermón
Damasco
ESTEPA LITANI-DAN
R. Litani
Tiro
Dan
Lago Hule
ALTOS DEL GOLÁN
ZONA MONTAÑOSA DE GALILEA
MAR DE GALILEA
VALLE DE IZREEL
Meguido
J. Druzo
ZONA MONTAÑOSA DE SAMARIA
ARABÁ
MESETA DE GALAAD
Rabá
Gran Camino Comercial
R. Jordán
Jerusalén
Camino Real
ZONA MONTAÑOSA DE JUDÁ
D E S I E R T O   O R I E N T A L
Gaza
MAR MUERTO
ZONA MONTAÑOSA DE MOAB
Beerseba
DEPRESIÓN BEERSEBA-ZERED
Arroyo Zered
1
2
3
4

entre Damasco y Hamat». (En 2 Re 23:33 y 25:21, se dice que Ribla [Rabla] estaba «en la tierra de Hamat»). Parece razonable, entonces, entender que Ezequiel describía esta sección de la frontera norte de Israel de un modo que concordaba con una zona de amortiguamiento internacionalmente reconocida en su tiempo.

En el libro de Números, la frontera norte entre Lebo-hamat y el Mediterráneo coincide con el monte Hor, un sitio que no puede ser ubicado de manera definitiva pero que debe referirse a una de las cumbres en el cordón norte del Líbano entre Lebweh y el mar. Varias cumbres prominentes, tanto hacia el interior (Akkar, Makmel, Mneitri, Sannine) y a lo largo de la costa (Ras Shakkah), han sido identificadas con el monte Hor de la Biblia.

Aunque cualquier propuesta en última instancia es especulativa, es posible crear un argumento sólido a favor de la identificación del monte Hor con el moderno monte Akkar. En primer lugar, como ya se mencionó, en otros puntos la frontera norte parece haber seguido la línea de una antigua frontera natural. La porción occidental de esa misma frontera se extendía al occidente desde Homs a través de lo que se conoce como la depresión Trípoli-Homs-Palmira. [**Ver mapa 3**]. El río el-Kabir, que desemboca en el Mediterráneo justo al sur de la moderna Sumra/Simyra, también atraviesa buena parte de esta depresión. Hoy esta depresión define la frontera entre los países modernos de Siria y Líbano, después de haber estado próxima a una frontera establecida durante varios períodos de la antigüedad[24]. Junto a este valle, en el extremo norte de la cadena del Líbano, se levanta el imponente monte Akkar. A diferencia de las otras opciones para el monte Hor, el monte Akkar está junto a la antigua y establecida frontera.

Además, es interesante que, en lugar de mencionar al monte Hor entre el Mediterráneo y Lebo-hamat en la frontera norte, Ezequiel (47:15; 48:1) hizo referencia al «camino de Hetlón», un sitio desconocido pero que podría estar reflejado en el nombre del moderno pueblo de Heitela, ubicado a unos 37 km al nororiente de Trípolis, y a una distancia de apenas 3 km del río el-Kabir[25].

Dada la ubicación de los lugares fijos y la sugerencia reiterada de que otros sitios podrían estar asociados con lo que era una frontera reconocida en la antigüedad, parece factible que la frontera norte de Israel se extendía a lo largo de los bordes norte de las montañas del Líbano y del Antilíbano, siguiendo el curso del río el-Kabir hasta la proximidad del lago de Homs, para continuar al sur por la Becá hasta las estribaciones de los montes del Antilíbano (la región de Lebo-hamat). Luego faldeaba esa montaña hacia el oriente hasta el desierto Oriental (próximo a Sadad), donde seguía básicamente los bordes del desierto hasta la región del monte Haurán.

Otros textos bíblicos parecen indicar a primera vista que la frontera de Israel se extendía hasta «el gran río, el río Éufrates» (p. ej., Gn 15:18; Jos 1:4; *cf.* Dt 11:24). Uno de los problemas para descifrar esta expresión se relaciona con su aplicación exacta: puede emplearse para describir la frontera *norte* de Israel (p. ej., Gn 15:18; *cf.* Ex 23:31) o la frontera *oriental* (p. ej., Dt 11:24). Esta ambigüedad ha llevado a algunos escritores a interpretar la terminología en estos textos como referida no a un límite definido sino más bien a los puntos terminales de un territorio ideal, anticipando la grandeza del reinado de David o de Salomón cuando el control de los israelitas se extendió hasta el Éufrates (1 Re 4:21; 1 Cr 18:3; 2 Cr 9:26).

Hay respaldo para esta perspectiva en la referencia similar y más amplia al «río de Egipto» (el brazo más oriental del delta del Nilo) en el texto de Génesis 15, mientras que los textos de Números 34:5 (sobre el límite territorial) y Josué 15:4 (sobre la frontera tribal) (*cf.* Ez 47:19; 48:28) restringen la frontera sur al «arroyo/wadi de Egipto» (wadi el-Arish). Otras autoridades consideran que la descripción más amplia de Génesis 15 está relacionada geográficamente con el nombre provincial persa (¿asirio?) «más allá del río», señalando el territorio de Palestina y de Siria (*cf.* Esd 4:10-11, 16-17, 20; 5:3; 6:6, 8, 13; 8:36; Ne 2:7, 9; 3:7)[26], en tanto que los textos de Números 34 y Josué 15 solo consideran la geografía de la tierra de Canaán. Y aun otros estudiosos consideran las palabras «el gran río» como una referencia al ya mencionado río el-Kabir, al que más tarde se le añadió una interpolación («el río Éufrates»)[27]. Después de todo, el nombre arábigo moderno de este río (nahr el-Kabir) significa «el gran río», un nombre bien merecido, ya que el río el-Kabir drena la mayor extensión de las montañas costeras del Líbano. En este último escenario, en el contexto de la realidad política del reino unido, «el gran río» podría haber asumido un doble significado, refiriéndose tanto al límite norte de Israel vigente en ese momento en el río el-Kabir, como también a la frontera idealizada en el Éufrates. En cualquier caso, la designación del Éufrates no aparece en los textos que delinean las fronteras precisas del Israel bíblico.

FRONTERA ORIENTAL

(Nm 34:10-12; Jos 13:8-23; *cf.* Ez 47:18)

La definición de la frontera oriental dependerá de dos cuestiones relacionadas: (1) el trazado que uno defina para la frontera norte; (2) la importancia que uno le asigne a las batallas contra Sehón y Og (Nm 21:21-35). La ubicación de todos los lugares mencionados en relación con la frontera oriental es cuestión de conjetura, con excepción del mar de Galilea y el río Jordán. Sin embargo, es precisamente en cuanto al Jordán que surge una cuestión importante: ¿Estaban los territorios al oriente del Jordán (y finalmente ocupados por las tribus de Rubén, Gad y la porción oriental de Manasés) *fuera* o *dentro* del territorio? En otras palabras, ¿comenzó Israel la ocupación de sus tierras con el cruce del río Jordán (Jos 3), o la comenzó con el cruce del río Arnón (Nm 21:13; *cf.* Dt 2:16-37; Jc 11:13-26)?

Muchos estudios recientes han adoptado la primera opción, con el resultado de que se ha trazado la frontera oriental de Israel en el río Jordán desde el mar de Galilea hasta el mar Muerto. Sin embargo, tal perspectiva podría estar fuertemente influenciada por la himnología cristiana[28] y debe aceptar intrínsecamente la premisa de que la frontera oriental del Israel bíblico corresponde con la frontera oriental de la entidad conocida como Canaán. Tal punto de vista difiere

Ciudad
Ciudad (nombre moderno)
Monte
Tierra Prometida
0 10 20 30 40 millas
0 10 20 30 40 50 60 kilómetros
A
B
C
Sumra
R. el-Kabir
Heitela
Mte. Akkar (2216 m)
Rabla
Trípolis
Ras Shakkah (487 m)
Mte. Makmel (3087 m)
R. Orontes
Sadad
Lebweh
Qaryatein
Biblos
Mte. Mneitri (1989 m)
MTES. DEL LÍBANO
MTES. DEL ANTILÍBANO
Baalbek
Brital
Beirut
Mte. Sannine (2628 m)
VALLE DE LA BECA
R. Abana
Sidón
Damasco
Mte. Hermón (2814 m)
R. Farfar
Tiro
R. Litani
MAR MEDITERRÁNEO
BASÁN
MAR DE GALILEA
R. Yarmuk
Edrei
Mte. Haurán
Salca
R. Jordán
GALAAD
R. Jaboc
AMÓN
Rabá (Ammán)
Medeba
MISOR
Gaza
T. el-Ajjul
Arroyo de Besor
DESIERTO DE CADEMOT
Beerseba
MAR MUERTO
R. Arnón
MOAB
W. el-Arish
CRESTA HAZERA
Arroyo Zered
Neqb Safa
W. Murra
Tamar
DESIERTO DE ZIN
Mte. Teref
RAMÓN
EDOM
Cades-barnea
Mte. Kharif
Lago de Homs

del veredicto de Josué 22 (especialmente vv. 9-11, 13, 32), donde las tres tribus transjordanas se presentan nítidamente como integrantes de Israel y parte de sus 12 tribus, aun si se les asignaron territorios del otro lado de la frontera oriental de Canaán (que sí termina en el río Jordán). A esas tribus se le dieron tierras en Basán (Jos 13:11-12; 17:1; 20:7; 22:7), en Galaad (Jos 13:31; 17:1), y en el Misor (Jos 13:9, 20:8), diferenciándose por contraste con la «tierra de Canaán» (Jos 22:9, 10, 32)[29].

El peso de algunos datos bíblicos puede sugerir una hipótesis alternativa de que la frontera asignada a Israel debería extenderse al oriente tan lejos como los bordes del desierto Oriental, trazando aproximadamente una línea desde la región del monte Haurán (el extremo de la frontera norte) hasta el desierto de Cademot (cerca del Arnón), el lugar desde donde Moisés envió espías a Sehón, el rey de Hesbón (Dt 2:24-26), que más tarde fue asignado a la tribu de Rubén (Jos 13:18). Esta hipótesis está respaldada por tres líneas de razonamiento.

1. Deuteronomio 2–3 repasa las victorias obtenidas sobre Sehón y Og y la asignación de su territorio a las dos tribus y media de Israel. Esta distribución incluía el terreno desde el Arnón al monte Hermón, incluyendo las tierras del Misor, Galaad y Basán hasta Salca y Edrei (Dt 3:8; *cf.* 4:48; Jos 13:8-12). Al mismo tiempo, Deuteronomio 2:12 declara que así como los edomitas habían destruido a los horeos a fin de lograr la posesión de la tierra, de la misma manera Israel despojaba a otros pueblos para alcanzar su herencia. Las palabras aquí son inequívocas y por lógica requieren que el pasaje se interprete en una de dos maneras: o bien es una descripción histórica de aquella victoria obtenida sobre los dos reyes amorreos (Sehón y Og), o es una inserción mucho más tardía en el texto, agregada en la retrospectiva histórica para describir lo que finalmente ocurrió en la conquista bíblica bajo el liderazgo de Josué.

   Ahora bien, la cuestión en Deuteronomio 2:12 no es si existen en el texto bíblico expresiones posmosaicas, sino si este versículo es uno de tal carácter. Parece que la totalidad de este capítulo presenta un argumento de cierto peso que pivotea sobre una distinción marcada entre aquellos territorios excluidos de la herencia de Israel (Edom, Moab, Amón) y aquellos incluidos en su herencia (Basán, Galaad, Misor). En este sentido, el versículo 12 parece afirmar que tanto Edom como Israel recibieron sus respectivos territorios por prerrogativa soberana, no por destreza militar. Debido a ello, queda establecida una razón teológica clara por la cual Israel no debe conquistar territorio más allá de su perímetro definido (*cf.* Jc 11:13-28; 2 Cr 20:10; ver también Dt 2:20-22, ¿un éxodo amonita y edomita?). Si así fuera, el versículo 12 formaría parte de la trama de toda la narración y no podría ser descartado fácilmente de manera editorial. Pero aun si el versículo 12 fuera tomado como una inserción posterior, todavía queda una afirmación transparente y similar en los versículos 24 y 31, que normalmente no han sido considerados como inserciones posteriores[30]. Si el tema desarrollado en estos versículos se

entiende mejor como una referencia a los eventos históricos relacionados con la derrota de los reyes Sehón y Og como parte integral de la narrativa en conjunto, entonces el versículo 12 es una declaración completamente lúcida y sin ambigüedad respecto a la frontera oriental de Israel (Jos 12:6).

2. A la orden de Dios, cuando se distribuyeron las ciudades de refugio se dio la debida consideración al territorio al oriente del río Jordán (Nm 35:9-34; Dt 4:41-43; 19:1-10; Jos 20:1-9); lo mismo ocurrió cuando asignaron las ciudades de los levitas (Lv 25:32-33; Nm 35:1-8; Jos 21:8-42; 1 Cr 6:54-81). En el caso de estas últimas, 10 de las 48 ciudades levíticas fueron ubicadas en territorio transjordano. [**Ver mapa 41**]. Mientras que el territorio de la tribu de Manasés quedó dividido a petición de la propia tribu, la herencia territorial de Leví fue dividida a consecuencia de una prescripción divina, un razonamiento que parece poco lógico y hasta absurdo si los territorios al oriente del Jordán deben ser excluidos de la herencia de Israel.

3. Las actitudes desplegadas por Moisés (Nm 32) y por Josué (Jos 22) son coherentes con esta tesis. Aunque en un primer momento Moisés objetó cuando fue confrontado con la petición de la herencia transjordana, es crucial entender la naturaleza de su reacción. Había sido mediante un esfuerzo *nacional* que los israelitas consiguieron el control de los territorios orientales, enfatizó; cualquier reducción del esfuerzo podría debilitar la resolución de las tribus restantes y provocar en última instancia el juicio divino. En consecuencia, Moisés dejó establecida una condición antes de que las dos tribus y media pudieran recibir la herencia transjordana: ¡sus hombres de guerra debían sumarse a la conquista de Canaán! La preocupación de Moisés era la justicia y la potencial falta de coraje, no que la decisión fuera irreconciliable con el plan y los propósitos de Dios. Más tarde, después que las dos tribus y media cumplieron su promesa y la tierra de Canaán estuvo dominada, Josué —por directiva divina— envió a esas tribus de regreso a su merecida herencia con la bendición y la instrucción del Señor.

Uno podría objetar que esta hipótesis no armoniza con Números 34:10-12, donde se marca claramente al río Jordán como el límite oriental. Quizás esta objeción puede ser respondida tanto geopolíticamente como contextualmente. Por un lado, se puede argüir que Números 34 es la marcación de las fronteras de la tierra de Canaán (que hacia el oriente se extendía hasta el Jordán), no de toda la tierra dada al Israel bíblico (vv. 2, 29). Por otro lado, el contexto de Números 34 parece referirse a la tierra que por aquel tiempo había quedado sin conquistar, pero que finalmente sería ocupada por las nueve tribus y media restantes (vv. 2, 13-15; *cf.* Dt 1:7-8). Siendo en la narrativa un objetivo territorial todavía no alcanzado, ese perímetro mostraba un contraste con los territorios ya vencidos, antes dominados por Sehón y Og (Nm 21) pero ahora teóricamente entregados a las tribus de Rubén, Gad y

Manasés oriental (Nm 32). Números 34, por lo tanto, parece describir un territorio *todavía por conquistar* (Canaán), en contraste con el territorio completo divinamente asignado y destinado a la herencia del Israel bíblico. A la luz de estas consideraciones, entonces, parece no haber necesariamente discrepancia entre esta narración, otros textos bíblicos relacionados con la ubicación de la frontera oriental, y una hipótesis que traza la frontera oriental a lo largo de la frontera del gran desierto Oriental.

Frontera sur

(Nm 34:3-5; Jos 15:1-4; *cf.* Ez 47:19; 48:28)
El asunto crucial que debe decidirse en relación con la frontera sur de Israel tiene que ver con el punto en el que esta frontera se encontraba con el mar Mediterráneo. ¿Ocurría esto en el «río» de Egipto (el segmento más oriental del delta del Nilo), o en el «arroyo/wadi» de Egipto (el wadi el-Arish)? De los cuatro textos bíblicos que trazan el límite sur de Israel, todos emplean el lexema *naḥal* («arroyo/wadi»), no *nāhār* («río»)[31]. La expresión «el wadi de [la tierra de] Egipto» ocurre en textos cuneiformes tan tempranos como Tiglat-pileser III y Sargón II, describiendo acciones militares al sur de Gaza, pero no en el interior de Egipto[32].

El libro de Judit (1:7-11), que describe cómo Nabucodonosor intentó reclutar un ejército a fin de emprender guerra contra los medos, brinda un lista detallada de lugares: Cilicia, Damasco, las montañas del Líbano, Carmelo, Galaad, Alta Galilea, Esdraelón, Samaria, Jerusalén… Cades, el wadi de Egipto, Tafnes, Raamsés, Gosén, Menfis y Etiopía. La secuencia geográfica de este texto procede claramente en dirección sur, y por lo tanto ubica el wadi de Egipto entre Cades (ya sea Cades-barnea o Cades de Judá) y Tafnes (tell Defana, una avanzada militar en el camino principal entre Palestina y el delta del Nilo). [**Ver mapa 33**]. Uno debería observar también en la LXX de Isaías 27:2, donde *naḥal miṣrayim* («arroyo/wadi de Egipto») se traduce *Rhinocorura*, la palabra griega para designar el asentamiento clásico ocupado hoy por la aldea El-Arish[33]. [**Ver mapa 118**].

El amplio sistema del wadi el-Arish es el rasgo geográfico más prominente al sur de las regiones populosas de Palestina. Recorre alrededor de 240 km antes de desembocar en el mar Mediterráneo a unos 80 km al sur de Gaza, drenando la mayor parte del norte del Sinaí, porciones occidentales del actual Neguev y parte del sur de Filistea. [**Ver mapa 34**]. Los geógrafos modernos a veces describen el wadi el-Arish como situado sobre un límite geológico natural entre la meseta del Neguev y el Sinaí[34]. Toda esta evidencia favorece la identificación del «arroyo/wadi de Egipto» con el moderno wadi el-Arish[35].

Con este dato se vincula la ubicación de Cades-barnea. A lo largo del borde occidental de la actual meseta del Neguev hay tres manantiales importantes que han sido asociados con su ubicación: Ain Qadeis, Ain Qudeirat (unos 10 km al noroccidente), y Ain Quseima (otros 6 km más al noroccidente). Los tres manantiales están todos situados sobre la frontera geológica del wadi el-Arish, ninguno de ellos queda

claramente eliminado sobre la base de restos cerámicos, y cada uno ofrece un factor distintivo cuando se intenta ubicar a Cades-barnea. La candidatura de Ain Qadeis se sustenta en tres consideraciones: (1) en ambas descripciones bíblicas de las fronteras (Nm 34:4; Jos 15:3-4) que proveen una secuencia oriente-occidente, Cades-barnea se nombra *antes* de Hazaradar y Asmón; (2) este lugar conserva el mismo nombre de la ciudad bíblica; y (3) el sitio está ubicado en el borde de una amplia llanura abierta capaz de albergar un campamento grande. Ain Qudeirat ofrece la ventaja de abundante provisión de agua, por lejos la mayor en la zona. Y Ain Quseima se ubica muy cerca de una importante intersección de dos caminos que unen el Neguev con el Sinaí y con Egipto. [**Ver mapa 27**]. No sorprende, por lo tanto, que cada uno de estos tres lugares haya sido identificado en algún momento u otro como Cades-barnea.

Uno infiere a partir de los textos bíblicos que Israel acampó en Cades-barnea durante la mayor parte de 40 años (Dt 1:46; 2:14). En un sentido geográfico, toda la región presenta en general un ambiente hostil y poco prometedor para la ocupación humana, de modo que podría ser que los tres sitios, como también todo el territorio intermedio, eran requeridos para acomodar el campamento de Israel. Sin embargo, a favor de la claridad de los mapas, Cades-barnea ha sido ubicada en Ain Qadeis, Hazar-adar en Ain Qudeirat, y Asmón en Ain Quseima, aunque estas ubicaciones son bastante tentativas. [**Ver mapa 22 (B15-16)**].

Igual que con las otras fronteras, es muy probable que la frontera sur de Israel estuviera trazada en concordancia con características geográficas naturales. Siguiendo un arco semicircular, es probable que esta frontera se extendiera en dirección suroccidental desde el mar Muerto pasando por el valle tectónico y Tamar, hacia los alrededores del wadi Murra. En este lugar pasaba por la cresta Hazera y llegaba a la subida de Acrabim («subida de los escorpiones»), que comúnmente se relaciona con Neqb Safa[36]. Allí, un primitivo camino israelí procedente de Beerseba, que cruza jebel Hathira, se precipita abruptamente en el wadi Murra. Desde allí es razonable inferir que la frontera continuaba siguiendo el contorno del wadi en dirección suroccidental hasta llegar finalmente a la proximidad de un corredor diagonal angosto de piedra caliza turoniana, que se extiende unos 50 km desde el monte Teref al monte Kharif y separa la cumbre Ramón de la extensión eocena al norte. Después de atravesar ese corredor hasta su extremo opuesto, uno se encuentra apenas a unos 8 km del curso superior del wadi Cades (afluente del sistema de drenaje el-Arish). Siguiendo el curso del afluente hasta pasar Ain Qadeis (Cadesbarnea), luego Ain Qudeirat y Ain Quseima, la frontera sur parece haber seguido el curso de este «arroyo/wadi de Egipto» en todo su recorrido hasta el Mediterráneo.

Terminología histórica

Lamentablemente, en la antigüedad el sur del Levante no tenía un nombre geográfica ni cronológicamente inclusivo. En cambio, a la tierra del Israel bíblico se la denomina con una variedad de términos bíblicos y/o seculares, ninguno de los cuales puede considerarse completamente equivalente a la frontera teológica de Israel (tampoco son equivalentes entre sí), y ninguno de los cuales puede aplicarse a lo largo del curso completo de la historia bíblica sin generar algún anacronismo.

En muchos casos en la antigüedad, nombres que habían sido empleados antes para referir a un dios o a una población importante eran simplemente prestados y aplicados para designar una entidad geopolítica que albergaba a ese grupo. Por ejemplo, el nombre «Canaán» derivaba de los cananeos; «Palestina» debía su existencia a los filisteos; y «[la tierra de] Hatti» originalmente designaba una serie de ciudades-estado neohititas ubicadas aproximadamente entre Carquemis y Damasco [**mapa 3**], cuyos residentes parecen haber sido descendientes de Het (p. ej., Gn 10:15; 1 Cr 1:13) y/o devotos del dios Hatti[37]. Se decía que tanto los cananeos como los hititas estaban entre los «ocupantes de la tierra» en la época de la colonización israelita (Dt 7:1; Jos 3:10; 12:8; *cf.* Gn 15:18-21; Ex 3:8, 17), y se sabe que los filisteos emigraron a esa región alrededor del 1200 a. C.

Canaán

El término Canaán/cananeo(s) está bien atestiguado a lo largo de buena parte de la literatura del segundo milenio a. C.[38] A juzgar por este uso, Canaán parece haber sido el término convencional para designar la parte sur del territorio controlado por Egipto en Asia, en contraste con Amurru (la tierra de los amorreos al norte del río el-Kabir). Canaán se extendía desde las aldeas sureñas de Gaza y Rafia [**mapa 44**] hasta el valle del río el-Kabir y la localidad de Sumra/Simyra en el norte[39]. El cuadro general que emerge, por lo tanto, es que tanto las fuentes del Cercano Oriente como las menciones bíblicas guardan una notable similitud en su demarcación de Canaán. (Ver más arriba el análisis sobre las fronteras teológicas de Israel). Esta afirmación puede acarrear consecuencias en cuanto a la antigüedad y a la historicidad esencial de esas narrativas referidas a las fronteras de Israel.

Antes de los descubrimientos arqueológicos en Nuzi [**mapa 23**], la palabra «Canaán» se consideraba un derivado de un verbo semítico que significa «doblarse/postrarse/estar bajo», porque los cananeos ocupaban las tierras bajas cerca del mar, en contraste con la zona montañosa de los amorreos (Nm 13:29; Jos 5:1; *cf.* Is 23:11). Una teoría relacionada sostenía que Canaán era el lugar donde el sol «se postra» (se pone), por lo que un cananeo era por definición un «occidental»[40]. Pero en Nuzi se encontró que la palabra *kinaḫḫu*[41] se refería a una sustancia rojiza-violácea extraída de las conchas de murex y usada para teñir telas, especialmente lanas.

La literatura antigua está repleta de referencias a la gran estima que recibía una persona vestida en púrpura. Al ser natural y no manufacturada, la tintura de murex era altamente valorada porque nunca desteñía. La lucrativa industria del murex estaba concentrada al norte de Cesarea, sobre el Mediterráneo, donde regularmente llegaba a la playa un abundante suministro de conchas de murex. En Tiro se ha encontrado un gran número de las conchas en el emplazamiento de una antigua fábrica de tinturas[42], y también se han encontrado evidencias claras del proceso del teñido en Dor[43]. Además, los nombres cananeos de ciertos lugares en las cercanías son indicios adicionales de que el teñido con murex era una industria económicamente importante en esa región. Por ejemplo, Sarepta viene de un verbo que significa «teñir» y Soba deriva de un verbo que denota el teñido de tela. La misma palabra «cananeo» a veces se traduce como «comerciante/mercader»[44]. En consecuencia, parece preferible entender Canaán como «la tierra púrpura», y cananeos como «la gente de la tierra púrpura» (de lo cual podría derivarse fácilmente el concepto de comerciar en general).

Aprendemos de la literatura griega que los herederos culturales de esta industria del teñido en el primer milenio eran llamados fenicios, palabra que deriva del término griego *phoinix* («púrpura»). Incluso en el tiempo del Nuevo Testamento, parece que en cierta manera todavía eran intercambiables las referencias a cananeos y fenicios. (Mateo 15:22 se refiere a una mujer cananea; la versión de Marcos sobre la misma historia la describe como una mujer sirofenicia [Mc 7:26]). Parece, entonces, que «Canaán» difiere de «Fenicia» solo en dos maneras fundamentales: (1) la primera es una palabra semítica en tanto que la segunda es de procedencia griega; y (2) la primera se emplea en el segundo milenio a. C. en tanto que la segunda llega a ser un término normativo en el primer milenio a. C. Si seguimos la lógica de toda esta evidencia, parece que con el tiempo la palabra que connotaba el proceso del teñido se extendió a las personas involucradas en el proceso, y finalmente evolucionó para incluir el territorio/provincia donde esas personas eran un grupo predominante.

Palestina

Por razones que hasta ahora no nos son claras, buena parte del mundo bíblico experimentó una importante agitación política alrededor del 1200 a. C., en gran medida como resultado de los grupos invasores a los que las fuentes egipcias se refieren como «pueblos del mar». Los investigadores han examinado por largo tiempo qué pudo haber ocasionado este desplazamiento de aproximadamente 14 grupos: denyen, lukka, shardana, masha, arinna, karkisa, pitasa, kaska, akawasha, tursha, shekelesh, peleset (filisteos), tjeker, y weshesh. (Esta ortografía es aproximada). Aunque dos o tres de estos grupos también aparecen más tempranamente en literatura del Levante o de Egipto, parece que hubo un amplio proceso migratorio alrededor de esta época. ¿Fue su desplazamiento en función de un cambio climático que pudo haber producido hambre, una secuela de la turbulencia política que rodeó a la guerra de Troya o la invasión doria en Grecia, o algún otro factor? Cualquiera sea el caso, antes de golpear en el corazón de Egipto, es probable que varios contingentes de los pueblos del mar hubieran sido responsables de la desaparición del Imperio hitita radicado en Asia Menor, de la conquista de la isla de Chipre, y del saqueo y/o reocupación de muchas ciudades a través del Levante: Ugarit, Alalak, Carquemis, tell

Sukas, Tiro, Sidón, Hazor, Aco, Dor y una multitud de sitios en la llanura filistea. Sin embargo, los egipcios resistieron a los pueblos del mar y su literatura indica que los filisteos fueron repelidos del territorio egipcio hacia el nororiente[45], donde más tarde habitaron el suroccidente de Canaán, que llegó a ser conocido como la llanura filistea.

El lugar desde el cual emigraron los filisteos también continúa en debate[46]. La tradición bíblica de que marcharon desde Caftor (Creta) no es decisiva porque ese texto declara que los filisteos fueron traídos de Caftor de la misma manera que lo fueron los israelitas de Egipto (Am 9:7; *cf.* Gn 10:14; 1 Cr 1:12; Jr 47:4; Ez 25:16; So 2:5). Con esto decimos que la Biblia posiblemente no esté estipulando el lugar de origen de ninguno de estos pueblos. Algunos estudiosos argumentan que los filisteos migraron desde Grecia, fundamentando su opinión en algunos aspectos de su material cultural (féretros estilizados, cerámica característica, etc.) o en palabras bíblicas que se encuentran en la narrativa filistea (*campeón*, *señor*, *casco*, *cofre*). Otros han afirmado que los filisteos se originaron a lo largo de las costas marítimas del actual suroccidente de Turquía, fundándose en las épicas griegas y la traducción de Caftor en la LXX («Capadocia») en Deuteronomio 2:23 y Amós 9:7. Pero todo esto es altamente especulativo, en parte debido a la escasez de textos explícitamente filisteos, y en parte porque los filisteos comenzaron a transitar el proceso de asimilación cultural poco después de llegar a Canaán. La única conclusión segura a la que se puede arribar es que la palabra *Palestina* como una entidad geográfica distinta obviamente proviene de los filisteos.

En la actualidad a veces se afirma que el término «Palestina» no llegó a ser una designación de la tierra de Israel hasta mediados del siglo II d. C. cuando, como castigo político por la revuelta de los Bar-Kochba, el emperador Adriano deliberadamente se apropió del nombre de los antiguos enemigos de Israel —los filisteos— y simplemente lo latinizó para producir una obvia connotación peyorativa[47]. De acuerdo con este punto de vista, el uso más antiguo de «Palestina» representaba una temprana propaganda romana, con fuertes implicaciones políticas antijudías. Si es así, entonces cualquier uso actual de la palabra *Palestina* en referencia a la historia anterior al tiempo de Adriano es en el mejor de los casos peligrosamente anacrónica e históricamente errónea, y, en el peor de los casos, antibíblica[48] y aun antijudía.

No obstante, hay evidencias que sugieren lo contrario. Para comenzar, el nombre *Palestina* aparece 13 veces en textos neoasirios tan antiguos como los tiempos de Adad-nirari III (810–782 a. C.), Tiglat-pileser III (744–727 a. C.) y Sargón II (721–705 a. C.)[49]. Es poco probable que cualquiera de esas menciones haya denotado la tierra de Israel como un todo (en oposición a la región filistea). De hecho, en un texto, Palestina se usa en contraste tanto con Israel (literalmente, «la tierra de Omri») como con Edom[50]. Sin embargo, en 11 casos la palabra *Palestina* tiene como prefijo el indicador semántico de «tierra/país», lo cual da una indicación inequívoca de que se refiere a una entidad geográfica discreta. De manera similar, una estatuilla egipcia grabada[51], que probablemente data de la 27.ª dinastía (945–715 a. C.)[52], hace referencia a un «comisionado de Canaán y Palestina» (escrito *Plst*). En este caso,

Parte de los abundantes restos arqueológicos del período Neopalacial (c 1700–1400 a. C.) en Zakros, en la costa suroriental de Creta. Algunos estudiosos creen que los filisteos podrían haber sido oriundos de Creta.

el término *Palestina* se usa en contraste con el territorio de Canaán. Uno puede observar nuevamente que el término se encuentra definitivamente en un contexto geográfico/provincial (no político).

Más pertinente a esta posición, en todo caso, son los resultados de una búsqueda en línea por medio del *Thesaurus Linguae Graecae* (Universidad de California en Irvine). Una búsqueda de «Palestina» como nombre propio en textos escritos antes de los finales del primer siglo de la era cristiana mostró 196 menciones completas en la literatura griega o latina (excluyendo posibles testimonios parciales de la palabra o citas encontradas en fragmentos pequeños de papiros griegos). Muchas de las menciones no se aplican a este razonamiento por una u otra razón[53]. No obstante, la búsqueda en *TLG* reveló casi dos docenas de referencias a Palestina fechadas entre el siglo v a. C. y el siglo i d. C. (antes de Adriano [117–138 d. C.]), donde el término se usa en un contexto preciso que no puede referirse a, ni ser restringido a, Filistea y/o a los filisteos[54]. Es verdad que los detalles geográficos de los escritores clásicos muchas veces pueden llegar a ser confusos, pero seguramente afecta la credulidad imaginar que tal número de menciones inequívocas pudieran descartarse sumariamente sobre esa base.

Una evidencia adicional para el uso de «Palestina» antes de los tiempos de Adriano proviene de una fuente judía antigua tentativamente fechada en la última mitad del siglo i a. C.[55] Además, el Talmud babilónico —redactado antes, durante e inmediatamente después del reinado de Adriano— contiene algunas referencias a Palestina como una entidad geográfica distinta e identificable[56]. Las referencias no son de naturaleza política y no tienen un tono peyorativo manifiesto. Es difícil imaginar que el capricho de un emperador pudiera influenciar un cuerpo de literatura judía tan ortodoxo y autoritativo, especialmente desde tanta distancia como Babilonia. [**Observe la extensión oriental del Imperio romano en el mapa 98**]. Estaba en juego la verdadera esencia de su identidad.

En consecuencia, sobre la base de estos datos empíricos inequívocos a partir de una hueste de fuentes primarias —de amplia diferencia lingüística, conceptual, geográfica y cronológica— no existe base fáctica para objetar el uso de «Palestina» en referencia a asuntos bíblicos o históricos anteriores al tiempo de Adriano[57].

Israel

El nombre Israel deriva en última instancia del patriarca Jacob, cuyo nombre fue cambiado a Israel (Gn 32:28). La expresión «hijos de Israel» comenzó a ser empleada con cierta regularidad respecto a los descendientes del patriarca cuando fueron esclavizados en Egipto (Ex 1:9-12; 2:23, 25; 3:9-11; etc.). Más tarde, el nombre de Israel llegó a aplicarse al reino del norte, Efraín, en contraste con el reino del sur, Judá (1 Re 12:18-20; 1 Cr 5:17; etc.). Aún más tarde, después del colapso del reino del norte, «Israel» se usó ocasionalmente para aludir al reino del sur, Judá (Jr 10:1).

Aun así, es difícil identificar un pasaje bíblico donde la palabra *Israel* se utilice explícitamente para indicar una región geográfica concreta. Es verdad que la expresión «tierra de Israel» sí aparece (1 Sm 13:19; 1 Cr 22:2; 2 Cr 2:17; Ez 40:2; 47:18), pero siempre está vinculada con el terreno ocupado o por ocupar, por parte o todo el pueblo de Israel, y su expansión fluctúa en proporción.

Fuera de la Biblia, «Israel» (es decir, el Israel de la Biblia) aparece en tres textos tempranos. El más antiguo de estos es una estela de granito del año quinto del reinado de Mernepta (1209 a. C.). [**Para la traducción, ver el texto en página 130**]. La piedra grabada menciona a Israel, pero lo hace de una manera que parece indicar una entidad étnica, y por lo tanto la mención es de poca ayuda para definir la frontera geográfica de Israel. Sin embargo, la Estela de Mernepta representa el único testimonio extrabíblico sobre Israel anterior al siglo ix a. C., cuando el nombre aparece en dos inscripciones distintas.

El Obelisco Negro está escrito en rasgos cuneiformes y está fechado en el año sexto del rey asirio Salmanasar III (853 a. C.), cuando Acab proveyó 2000 carros y 10.000 soldados a una coalición que enfrentó al ejército de Salmanasar. [**Ver el texto en páginas 177–178**]. La inscripción hace referencia a Acab como «rey de Israel»[58]. Algunos años más tarde (c 835 a. C.), el rey Mesa de Moab hizo inscribir en una estela de basalto una dedicación a Quemos, su dios, en la cual alardeaba de haber recuperado territorio que antes había sido conquistado por Omri «rey de Israel»[59]. Según la Biblia, Mesa de Moab fue súbdito de Israel durante el período de Omri y Acab, y se rebeló cuando Acab murió (2 Re 3:4-5). Sin embargo, una batalla posterior registrada en la Biblia terminó en una derrota moabita (2 Re 3:9-27). En un intento por armonizar este punto de vista bíblico con la declaración de victoria en la estela de Mesa, algunos eruditos argumentan que la conquista de Israel por parte de Mesa ocurrió un poco más adelante, durante el reinado de Joacaz[60]. Ninguna de estas inscripciones del siglo ix a. C. suple información geográfica que permita trazar fronteras concretas para Israel. No obstante, ambas son bastante útiles en el sentido de que cada una de ellas identifica explícitamente por nombre a un individuo en particular también conocido en la Biblia como un «rey de Israel». La inscripción de Mesa también es útil en el sentido de que es rica en terminología bíblica[61].

Distritos geopolíticos

Antes de dedicarnos a un análisis más extenso sobre las características topográficas de Palestina, es necesario definir y describir brevemente ciertos términos que se usan en las Escrituras para indicar las diversas subdivisiones geográficas y/o geopolíticas de la tierra. Para lograrlo, sin embargo, conviene introducir primero dos términos geográficos modernos que a veces se emplean para nombrar esta tierra: *Cisjordania* («este lado [el lado occidental] del río Jordán») y *Transjordania* («el otro lado [el lado oriental] del río Jordán»). Ya hemos visto de qué manera el río Jordán ha servido como frontera geográfica y política en varias épocas. Y antes de continuar, es fundamental

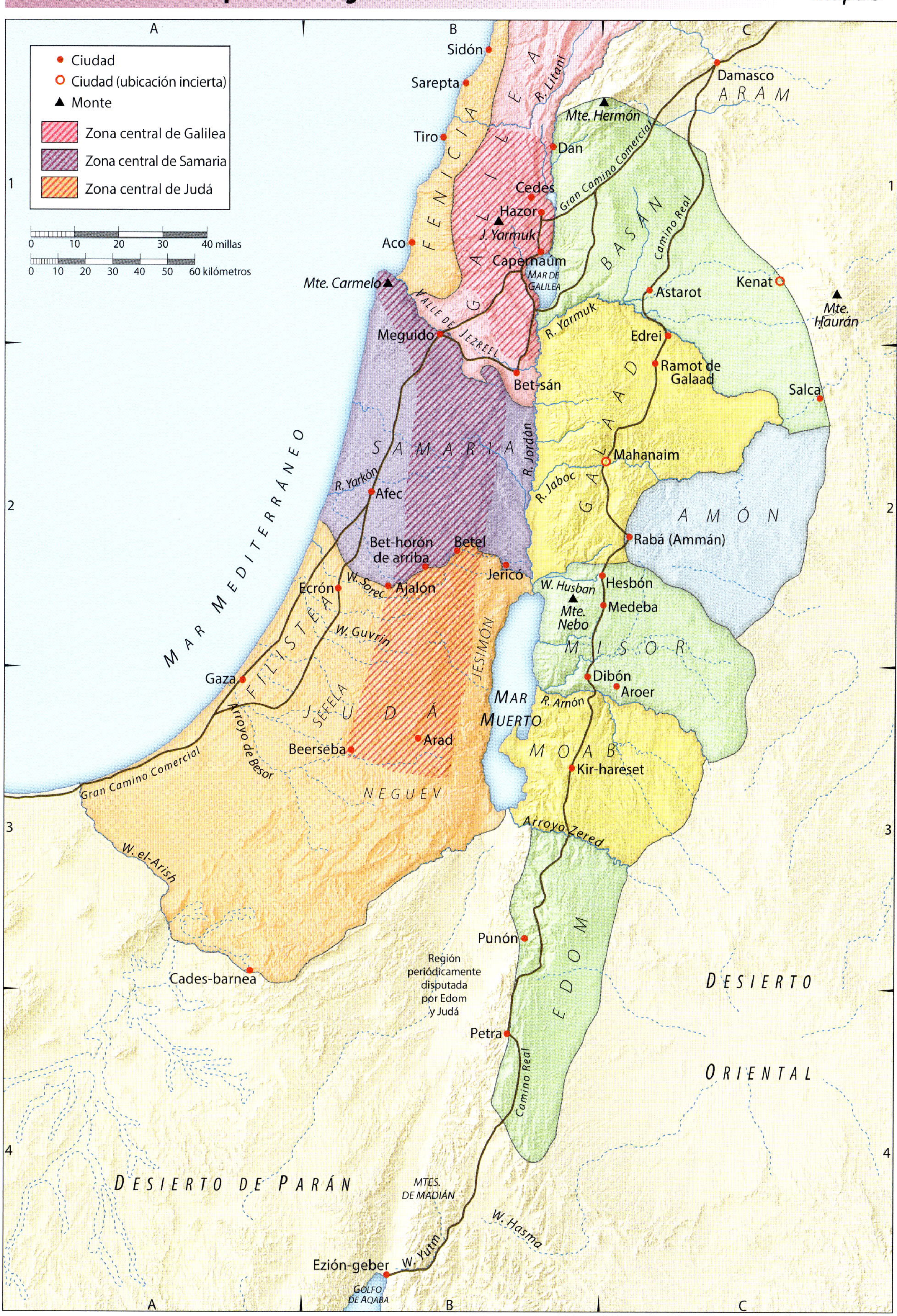

Ciudad
Ciudad (ubicación incierta)
Monte
Zona central de Galilea
Zona central de Samaria
Zona central de Judá
0 10 20 30 40 millas
0 10 20 30 40 50 60 kilómetros
Sidón
Sarepta
Tiro
Aco
Mte. Carmelo
Meguido
R. Litani
FENICIA
GALILEA
Cedes
Hazor
J. Yarmuk
Capernaúm
MAR DE GALILEA
VALLE DE JEZREEL
Bet-sán
Dan
Mte. Hermón
Damasco
ARAM
Gran Camino Comercial
BASAN
Camino Real
Astarot
Kenat
Mte. Haurán
R. Yarmuk
Edrei
Ramot de Galaad
Salca
GALAAD
Mahanaim
R. Jordán
R. Jaboc
AMÓN
Rabá (Ammán)
R. Yarkón
Afec
SAMARIA
Bet-horón de arriba
Betel
Jericó
Ecrón
W. Sorec
Ajalón
W. Guvrin
FILISTEA
SEFELA
Gaza
Arroyo de Besor
Gran Camino Comercial
W. el-Arish
JESIMÓN
JUDÁ
Beerseba
Arad
NEGUEV
MAR MEDITERRÁNEO
MAR MUERTO
W. Husban
Hesbón
Medeba
Mte. Nebo
MISOR
Dibón
Aroer
R. Arnón
MOAB
Kir-hareset
Arroyo Zered
Punón
Región periódicamente disputada por Edom y Judá
EDOM
DESIERTO ORIENTAL
Petra
Camino Real
Cades-barnea
DESIERTO DE PARÁN
MTES. DE MADIÁN
W. Hasma
W. Yutm
Ezión-geber
GOLFO DE AQABA

comprender el carácter temporal de estas subdivisiones. Las fronteras de un distrito en particular pueden haber variado a lo largo de los siglos, y no pueden ser trazadas con precisión para cada período. Este problema se agrava especialmente cuando uno intenta definir las fronteras de un distrito que existió a lo largo de un segmento prolongado de la historia bíblica, permaneciendo en existencia quizá durante más de un milenio. Más aún, se debe recordar que la misma región geográfica con frecuencia tuvo nombres distintos en períodos diferentes.

Cisjordania

Desde una perspectiva geopolítica, se considera que Cisjordania ha sido dividida en cuatro distritos durante la mayor parte de la historia bíblica. De norte a sur estas cuatro secciones fueron Fenicia, Galilea, Samaria, y Judá/Judea. [**Ver mapas 5 y 6**].

Fenicia

En el Antiguo Testamento es habitual definir a Fenicia como una extensión delgada de la costa que se prolongaba unos 200 km desde el río el-Kabir al monte Carmelo, bordeada en el oriente por las montañas del Líbano y Galilea. Para los tiempos del Nuevo Testamento, el monte Carmelo había caído en las manos de monarcas de Tiro[62], de modo que Fenicia se extendía al sur hasta la llanura de Dor. Fenicia fue el escenario de dos milagros bíblicos: en Sarepta, Elías resucitó al hijo de una viuda que había dejado de respirar (1 Re 17:8-24), y en la región de Tiro y Sidón, Jesús sanó a la hija de una mujer siro-fenicia (Mc 7:24-30). Fenicia también ejerció un rol anfitrión para varios de los viajes apostólicos iniciales.

Galilea

A poca distancia tierra adentro desde el sector sur de Fenicia estaba el distrito de Galilea, el extremo norte del territorio realmente ocupado por el antiguo Israel. La zona central de Galilea se extendía desde el río Litani y el sitio de Dan en el norte hasta el valle de Jezreel en el sur, y medía alrededor de 80 km norte-sur y 40 km oriente-occidente. El distrito estuvo siempre dividido por un angosto valle lateral que seguía una falla, extendiéndose hacia el oriente desde Aco/Tolemaida y continuando hasta la moderna Rosh Pinna (unos 15 km al norte del mar de Galilea). Este valle de Bet Kerem divide a Galilea en dos secciones: Alta Galilea y Baja Galilea[63]. La diferencia es geográfica y no administrativa. El terreno áspero y virtualmente intransitable de Alta Galilea supera los 1000 m, y parte de su área central ostenta la mayor altitud en toda Cisjordania. (El jebel Yarmuk se alza más de 1200 m sobre el nivel del mar). [**Ver mapa 18**]. Las cumbres de Baja Galilea se mantienen por debajo de los 610 m. La mayoría de las referencias bíblicas a Galilea, incluyendo todas las del Nuevo Testamento, son a la Baja Galilea.

Debido a su ubicación en el norte, es posible que Galilea fuera más vulnerable a la absorción cultural y militar (Is 9:1; Mt 4:15-16; 2 Re 15:29). Aunque estuvo habitada durante el período del asentamiento por las tribus de Neftalí, Isacar, Zabulón y quizás una parte de Aser, desde la cautividad

babilónica en adelante (1 Re 9:10-14) la población gentil se mantuvo predominante en Galilea. [**Ver mapa 40**]. En consecuencia, el distrito permanecía bajo sospecha tanto en lo ideológico (Jn 1:46; *cf.* 7:41, 52) como en lo lingüístico (Mt 26:73b).

A pesar de ello, Galilea llegó a ser muy importante tanto para los judíos como para los cristianos. Para los judíos, después de la destrucción de Jerusalén en el 70 d. C., la ciudad de Tiberias se convirtió gradualmente en el centro de la erudición talmúdica y fue donde se estableció el Sanedrín en su último período. Fue aquí donde se editó la Misná; donde se instalaron las familias de Ben Aser y Ben Neftalí, de tradición masorética; donde se originó el reverenciado Códice de Alepo (la Biblia hebrea más antigua y más completa en existencia); y donde se encuentran las tumbas de los sabios judíos Maimónides, Rabí Akiva y Yohanan ben Zakkai. Para los cristianos, Galilea fue un centro de las actividades de Jesús. Pasó su infancia en la tranquila aldea de Nazaret, condujo su ministerio en el importante centro de Capernaúm, y, lo que probablemente sea lo más interesante, realizó allí la mayoría de sus milagros públicos.

Samaria

Al sur de Galilea se encuentra la tercera subdivisión: Samaria. Antes se la conocía como la zona montañosa de Efraín (Jos 17:15; 19:50; Jc 3:27; 4:5; 1 Sm 1:1; 9:4; 1 Re 4:8; 2 Re 5:22), y no debe confundirse con la región montañosa de Judá. (Ver más abajo). Con el tiempo, el distrito de Samaria tomó su nombre de la tercera y última ciudad capital del reino del norte (1 Re 16:24). La zona central de Samaria se extendía hacia el sur desde el borde del valle de Jezreel hasta la proximidad de una línea topográfica natural que se extendía desde Jericó hacia el occidente, a través del wadi Makkuk, hasta Ofra. [**Ver mapas 18 y 37 respecto al wadi Makkuk**]. Desde allí la frontera continuaba hasta pasar Betel y Bet-horón de arriba, donde comenzaba a descender hacia Ajalón (*cf.* Jos 10:11-12) e irrumpía en la llanura costera frente a Gezer. En consecuencia, Samaria abarcaba una región de aproximadamente 65 km norte-sur y unos 50 km oriente-occidente. (Por la descripción de Josefo, se infiere que la Samaria del Nuevo Testamento estaba levemente reducida en la zona del sur[64]).

El centro geográfico natural de Samaria estaba en la ciudad de Siquem, localizada en el valle entre el monte Ebal y el monte Gerizim [**mapa 11**], adyacente a la ciudad moderna de Nablus. [**Ver mapa 118**]. Aquí, el camino principal desde Jerusalén hacia el norte (el camino montañoso central) se enlazaba con un camino secundario (el camino lateral de Efraín) que conectaba a Samaria con el Mediterráneo y con el río Jordán. En consecuencia, no sorprende que Siquem fuera testigo de períodos de ocupación prolongada desde tiempos tan remotos como 4000 a. C. Durante buena parte del segundo milenio a. C. Siquem compitió con Jerusalén por la supremacía en la Palestina central. Es el lugar donde Abraham por primera vez erigió un altar y adoró al Señor en Canaán (Gn 12:6), donde finalmente descansaron los huesos de José (Jos 24:32; *cf.* Gn 50:25-26; Ex 13:19), donde Israel comenzó su primer intento de monarquía (Jc 9), donde se produjo la división de la monarquía unida de Israel (1 Re 12:1-16), donde se estableció la primera capital del reino del norte de Israel (1 Re 12:25), y donde Jesús confrontó a una mujer junto al pozo (Jn 4:5).

Aunque estuvo eclipsada por la ciudad de Samaria durante gran parte del tiempo de la monarquía dividida, la primacía de Siquem se reafirmó después que los asirios pusieron fin al reino del norte en el 722 a. C. Cautivos traídos del exterior fueron instalados en ciudades de Samaria (2 Re 17:24-34). [**Ver también mapas 76 y 77**]. Algunos de los refugiados acogieron algunas de las cláusulas del judaísmo, y con el tiempo se consideraban a sí mismos como judíos (p. ej., Esd 4:2). Su intento de membresía fue, sin embargo, mayormente repudiado por la comunidad judía posexílica, lo cual puso en marcha una animosidad religiosa que persistió a lo largo del resto del tiempo bíblico (Lc 9:52-53; Jn 4:9; 8:48). Con todo, el samaritanismo ha sobrevivido por los siglos. Un informe medieval ubicó a unos 400 samaritanos en Damasco[65]. Los cálculos actuales sobre la población samaritana en Israel están entre 550 y 800 personas que continúan celebrando la Pascua cada año en la cumbre del monte Gerizim, su montaña sagrada (Jn 4:20).

Judá

La cuarta subdivisión geopolítica importante de Cisjordania fue Judá, mencionada en la historia más temprana como la región montañosa de Judá (Jos 11:21; 15:48; 20:7; 21:11; *cf.* 2 Cr 21:11; 27:4; Lc 1:65). Según 2 Reyes 23:8, Judá se extendía desde Geba, un pueblo estratégico ubicado unos 8 km al norte de Jerusalén [**mapa 22**], hasta Beerseba en el sur (Za 14:10). Por eso, cuando se entiende también en el contexto de la frontera norte de Israel en la ciudad de Dan, esto se ajusta a la fórmula recurrente que se encuentra en el Antiguo Testamento («desde Dan hasta Beerseba»), lo cual indica las fronteras prácticas del territorio central de Israel (Jc 20:1; 1 Sm 3:20; 2 Sm 3:10; 17:11; 24:2, 15; 1 Re 4:25). La zona central de Judá también puede ser trazada sobre su eje lateral, extendiéndose hacia el oriente hasta el precipitado descenso hacia el desierto de Judea (Jesimón [Nm 21:20; *cf.* 1 Sm 26:1 —Haquila mira hacia Jesimón]) y hacia el occidente hasta el escarpado y rocoso descenso hacia el foso angosto que la divide de la Sefela. (Ver más abajo). Esta zona central de Judá no abarcaba más de 80 km norte-sur y tan solo unos 30 km oriente-occidente. Judá atrajo poco a los constructores de imperios, ya que se trataba de un territorio muy pequeño compuesto en gran medida por grandes extensiones de suelo incultivable, estaba algo aislado del tránsito internacional, y nunca alcanzó prosperidad material en forma independiente. Una autoridad[66] lo describió como terreno aislado que promovía un estilo de vida pastoril y que era sector de fortalezas, altares y aldeas.

Idumea

Además de las cuatro entidades geopolíticas *principales* de Cisjordania, la provincia de Idumea tuvo un papel secundario en la política de los tiempos posexílicos y neotestamentarios. Idumea es el nombre griego de Edom, aplicado específicamente a los refugiados edomitas que huyeron al noroccidente a fin de evitar la creciente presión que les ocasionaban sus vecinos nabateos. [**Ver mapa 6**]. Aunque en constante oscilación, siendo alternadamente separado y reanexado a Judea, el territorio idumeo llegó a extenderse desde Bet-sur, cerca de Hebrón, hasta Beerseba en el sur, y desde el mar Muerto hasta el borde de la llanura filistea. [**Ver mapa 85**]. Finalmente, los gobernantes macabeos subyugaron a Idumea. [**Ver mapa 92**]. Uno de ellos (Alejandro Janneo) puso a Antípater, un jefe idumeo, sobre la región. Irónicamente, fue de los lomos de Antípater que en su momento nacería Herodes el Grande. Como «rey de los judíos» (Mt 2:1), Herodes no tenía esa misma disposición a descentralizar su autoridad.

Transjordania

La Transjordania del Antiguo Testamento está formada por cinco entidades geopolíticas. De norte a sur, incluyen Basán, Galaad, Misor, Moab y Edom. [**Ver mapa 5**]. El término «Transjordania» define concretamente la franja geográfica entre el monte Hermón y el golfo de Aqaba (unos 400 km), y desde el valle del Jordán hasta el borde del desierto Oriental (de 50 a 130 km). El carácter geopolítico de la región es en realidad mucho más complejo que el de su vecina Cisjordania, e intentar ocuparnos de la Transjordania del Antiguo y del Nuevo Testamento en un solo análisis es solamente posible en parte, y definitivamente presenta el riesgo de imprecisiones. Una vez más, el propósito aquí es brindar la ubicación aproximada de los términos geopolíticos que se mencionan en las Escrituras.

Basán

Basán significa «tierra llana/fértil» (Jos 9:10; 1 Re 4:13; 2 Re 10:33), y es el nombre del territorio que las fuerzas israelitas arrebataron del control de Og (Nm 21:33-35). Incluía 60 ciudades amuralladas (Dt 3:4-5) y fue asignada a la media tribu oriental de Manasés (Dt 3:13). Basán se extendía hacia el sur unos 55 km desde el monte Hermón (Jos 12:4-5) hasta el río Yarmuk[67] y hacia el oriente hasta Kenat (Nm 32:42) y Salca (Dt 3:10), pueblos ubicados en el monte Haurán. Durante los tiempos del Nuevo Testamento, la región al norte del Yarmuk consistía esencialmente en las provincias que formaban la tetrarquía de Herodes Felipe, hijo de Herodes el Grande[68]. [**Ver mapas 6 y 100**].

Galaad

La segunda entidad importante de Transjordania es Galaad. Aunque la Biblia ocasionalmente parece usar esta palabra en sentido genérico para referirse a toda la Transjordania habitada (Dt 34:1-4; Jos 22:9), la entidad geopolítica de Galaad designa el elevado y ovalado domo montañoso que, topográficamente hablando, es una prolongación oriental de las elevaciones de Samaria (Jc 10:4; 1 Sm 13:7; 2 Sm 2:9; 2 Re 10:33). A pocos kilómetros al sur del Yarmuk, este domo se eleva y se extiende hacia el sur más o menos hasta el wadi Husban que desemboca en el Jordán frente a Jericó. [**Ver también mapa 18**]. Longitudinalmente, el domo de Galaad estaba dividido por un desfiladero profundo creado por el río Jaboc, que dividió a Galaad en dos mitades (*cf.* Jos 12:5; 13:31, la mitad norte; Dt 3:12; Jos 12:2, la mitad sur). En su frontera oriental, Galaad solo puede definirse de manera negativa: no incluía la tierra de Amón (Nm 21:23-24; Jc 11:13; *cf.* 1 Sm 11:1-4), de modo que en consecuencia no se extendía hasta el desierto Oriental en su cuadrante suroriental.

El significado probable del nombre en sí mismo («tierra agreste»), en contraste con las regiones vecinas al norte (Basán significa «tierra llana») y al sur (Misor significa «altiplanicie/meseta»), puede ayudar a clarificar las fronteras de Galaad. Así trazada, la zona montañosa de Galaad (Gn 31:21, 23, 25; Dt 3:12) abarcaba unos 55 km norte-sur y no más de unos 50 km oriente-occidente. Gran parte del norte de Galaad llegó a ser parte de la herencia de la media tribu oriental de Manasés, en tanto que el sur de Galaad fue asignado a la tribu de Gad. [**Ver mapa 40**]. La totalidad del domo fue colonizada provechosamente por Israel, probablemente porque su ubicación elevada le permitía recibir las precipitaciones suficientes para sostener algo de forestación, agricultura y cría de ganado (2 Sm 18:6; Nm 32:1-4, 16, 26; Jos 22:8). [**Ver mapa 19**]. El «bálsamo de Galaad»[69], de uso medicinal (sea cual fuere su carácter exacto), era grandemente valorado en la antigüedad (Jr 8:22; 46:11; *cf.* Gn 37:25).

Muchas ciudades griegas que se habían establecido en la zona durante el período alejandrino conformaban un núcleo transjordano de oposición (en gran medida sin éxito) a la autonomía judía forjada por los asmoneos. [**Ver mapas 90 y 92**]. Pero cuando las legiones de Pompeyo pusieron fin al dominio asmoneo, devolvieron muchas de esas ciudades a sus compatriotas helenistas. Algunas ciudades vieron la necesidad de unirse en ligas para protegerse mutuamente de sus vecinos no griegos, de la misma manera que se unían con objetivos sociales y económicos. Una confederación como esas, conocida como Decápolis («diez ciudades»), estaba integrada por lugares ubicados principalmente en las arterias comerciales de Transjordania norte y central. Este grupo se menciona tanto en la Biblia (Mt 4:25; Mc 5:20; 7:31) como en fuentes clásicas[70]. En la época del Nuevo Testamento, las ciudades probablemente eran, de norte a sur: Damasco, Rafana, Canata, Hippos, Gadara, Escitópolis, Pella, Dión, Gerasa y Filadelfia. [**Ver mapa 6**][71]. Si bien el objetivo de una confederación helenística no muy formal no concuerda con el intento de definir fronteras geográficas nítidas, se puede concluir que la zona central de Decápolis se extendía por las tierras altas de Galaad.

Misor

Al sur de la Galaad del Antiguo Testamento se encontraba el Misor («altiplanicie», p. ej., Dt 3:10; 4:43; Jos 20:8), que se extendía en el norte desde Hesbón (Jos 13:10) y Medeba (Jos 13:16) alrededor de 40 km hacia el sur hasta las ciudades de Aroer (Jos 13:9) y Dibón (Jr 48:22), situadas justo al norte del cañón del Arnón y cerca del Camino Real. Otras ciudades en el Misor eran Nebo (Jr 48:22); Sitim (donde los israelitas se involucraron en relaciones sexuales ilícitas con las mujeres moabitas [Nm 25:1 ss.]); Bet-peor (cerca de donde fue enterrado Moisés [Jos 13:20; Dt 34:6] y donde Balaam pronunció sus bendiciones contrarias [Nm 22:41; 23:13-14]); y Beser, una de las ciudades de refugio de Israel (Dt 4:43).

El Misor fue la herencia territorial de la tribu de Rubén. [**Ver mapa 40**]. Sin embargo, debido a que el Misor estaba geográficamente entre las propiedades primordiales tanto de Israel como de Moab, la lucha por su control comenzó tan temprano como el período de los jueces (Jc 3:12-30, implícito), y continuó en el tiempo del reino unido (1 Sm 14:47; 2 Sm 8:2, 12) y en los tiempos de Acab y de Mesa, un rey moabita. Sin embargo, en el pensamiento de los profetas, el control de Israel sobre la región del Misor había sido entregado a los moabitas (Is 15:1-9; 16:8-9; Jr 48:1-5, 21-25, 34-36, 45-47; Ez 25:8-11). Es probable que estas fluctuaciones políticas ayuden a explicar por qué los rubenitas parecen haber sido incapaces de jugar un papel destacado en la historia posterior de Israel, a pesar de ser los descendientes del primogénito de Jacob (Gn 29:32; 49:3-4).

Moab/Perea

La meseta más elevada que se extiende desde el Arnón hasta el arroyo de Zered constituía el núcleo del territorio moabita, con su ciudad capital en Kir-hareset (2 Re 3:25; Is 16:7; *cf.* Nm 22:36; Is 15:1 [Kir de Moab significa «pueblo de Moab»]). Durante la época del Nuevo Testamento, el distrito de Perea[72] ocupaba lo que había sido la porción occidental del Misor y de Moab.

El historiador Josefo escribió que el distrito de Perea se extendía al norte hasta la ciudad de Pella, y al sur hasta Maqueronte (una ciudad fortificada con vista hacia el mar Muerto, donde se informa que Herodes Antipas mandó decapitar a Juan el Bautista). Además, Josefo informa que Perea se extendía desde el río Jordán hacia el oriente hasta Filadelfia. Por último, sostuvo que la ciudad capital de Perea estaba en Gadara (tell Gadur, que no debe confundirse con Gadara de la Decápolis [Umm Qais])[73]. Las fronteras que Josefo traza al norte y al oriente son extrañas, considerando que tanto Pella como Filadelfia formaban parte de la región de la Decápolis. Quizás su descripción debería interpretarse en el sentido de que las fronteras de las ciudades-estado Pella y Filadelfia limitaban con Perea. En cualquier caso, los geógrafos bíblicos siguen razonablemente los criterios arqueológicos y topográficos naturales, estableciendo la frontera oriental esencialmente en la línea norte-sur que va desde el Arnón superior hacia el norte hasta la proximidad del jebel Munif. Desde allí parece que el límite norte seguía el descenso del wadi Yabis, que desemboca en el Jordán frente al sitio de Enón.

Edom

El último distrito de Transjordania a mencionar es el de Edom, a veces conocido como Seir (Gn 32:3; Nm 24:18; Jc 5:4; Is 21:11) o monte Seir (Gn 14:6; Dt 1:2; 2:5). Edom es el nombre de la tierra y del reino encaramado en la extensa y angosta cresta de las imponentes montañas que se extienden desde el arroyo Zered hacia el sur por casi todo el recorrido

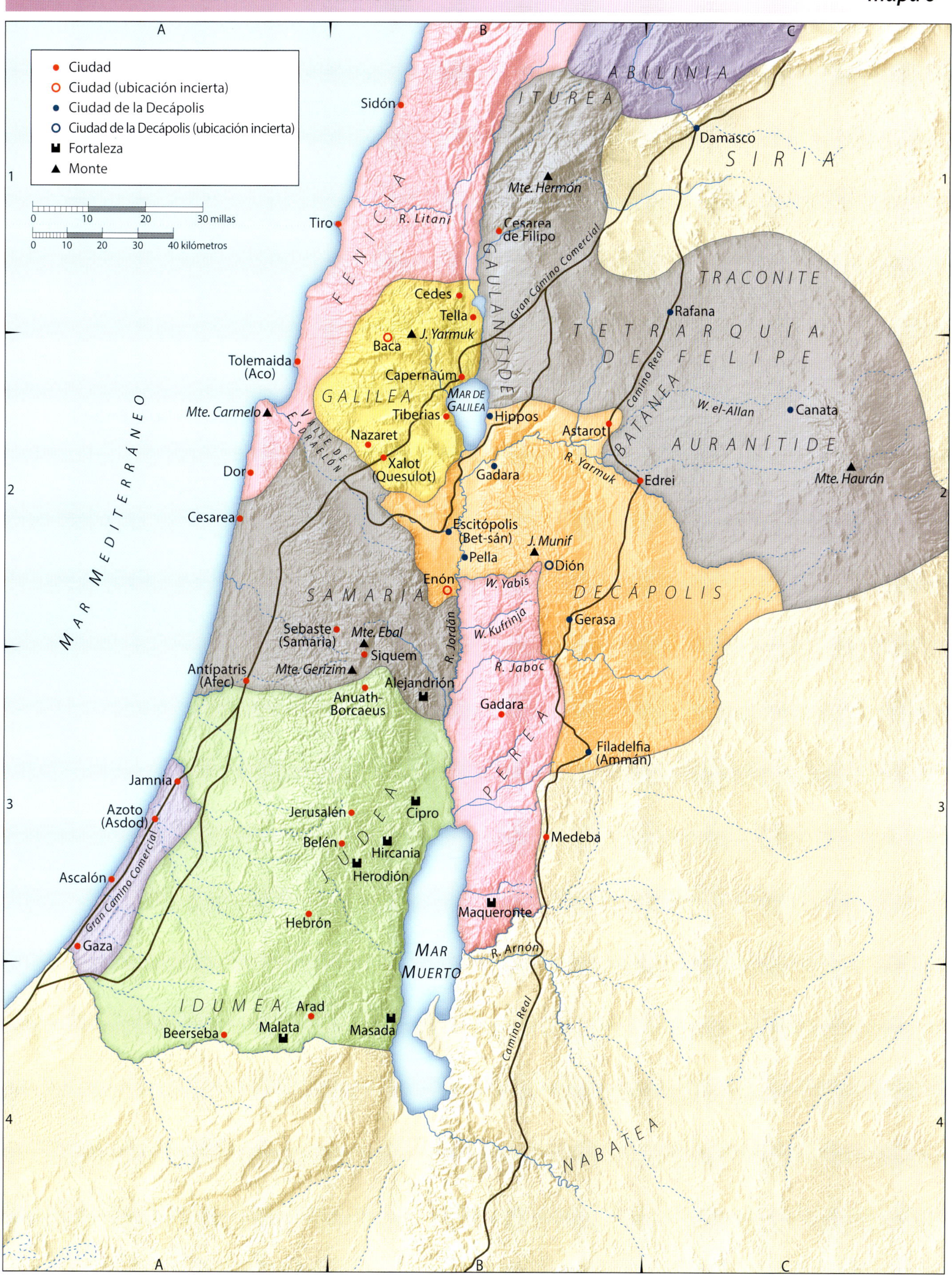
Ciudad
Ciudad (ubicación incierta)
Ciudad de la Decápolis
Ciudad de la Decápolis (ubicación incierta)
Fortaleza
Monte
0 10 20 30 millas
0 10 20 30 40 kilómetros
A
B
C
1
2
3
4
ABILINIA
ITUREA
SIRIA
Sidón
Mte. Hermón
Damasco
Tiro
R. Litani
Cesarea de Filipo
FENICIA
GAULANÍTIDE
Gran Camino Comercial
TRACONITE
TETRARQUÍA DE FELIPE
Rafana
Cedes
Tella
J. Yarmuk
Baca
Tolemaida (Aco)
Capernaúm
GALILEA
MAR DE GALILEA
BATANEA
Camino Real
W. el-Allan
Canata
AURANÍTIDE
Mte. Carmelo
VALLE DE ESDRAELÓN
Tiberias
Hippos
Astarot
Nazaret
Dor
Xalot (Quesulot)
Gadara
R. Yarmuk
Edrei
Mte. Haurán
MAR MEDITERRÁNEO
Cesarea
Escitópolis (Bet-sán)
J. Munif
Pella
Dión
Enón
W. Yabis
DECÁPOLIS
SAMARIA
R. Jordán
W. Kufrinja
Sebaste (Samaria)
Mte. Ebal
Siquem
Gerasa
Antípatris (Afec)
Mte. Gerizim
Alejandrión
R. Jaboc
Anuath-Borcaeus
Gadara
PEREA
Filadelfia (Ammán)
Jamnia
Azoto (Asdod)
Jerusalén
Cipro
JUDEA
Belén
Hircania
Medeba
Gran Camino Comercial
Ascalón
Herodión
Hebrón
Maqueronte
Gaza
MAR MUERTO
R. Arnón
IDUMEA
Arad
Beerseba
Malata
Masada
Camino Real
NABATEA

hasta el golfo de Aqaba. La región central de Edom, sin
embargo, se extendía unos 110 km hacia el sur desde el Zered
hasta una meseta con vista hacia el wadi Hasma, parte de
una enorme y arenosa brecha en la tierra que se extendía en
dirección suroriental y representaba el acceso al sur de Arabia.
[**Ver mapas 25 y 63**]. La mayor parte de las tierras altas de
Edom se elevan a más de 1200 m sobre el nivel del mar, y por
más de la mitad de su extensión longitudinal el terreno está
por encima de los 1500 m. Más aún, este paisaje inhóspito
estaba claramente circunscrito en el occidente por el Arabá
y en el oriente por las tierras bajas del desierto Oriental. El
resultado es que Edom en sí cubría apenas 15 a 25 km en su
eje oriente-occidente, coronando la elevada cresta con una
serie de fortalezas y aldeas que en esencia se alineaban con
el Camino Real.

La combinación de la fortificación natural y la construida
por los hombres convertía a Edom en una barrera impenetrable
para el tránsito lateral. A unos 40 km al sur del Zered, una falla
geológica originó un cañón que se abre hacia el oriente desde el
Arabá a lo largo de unos 13 o 14 km. Al pie de este notable wadi
se encuentra el antiguo sitio de Punón, un importante centro
de extracción de cobre y donde, según la Biblia (Nm 33:42), los
israelitas acamparon en el camino desde Cades-barnea hacia las
llanuras de Moab. Moisés le pidió al rey de Edom que permi-
tiera el paso de Israel por el territorio edomita hacia el Camino
Real (Nm 20:14-21). El rey les negó el paso, y eso obligó a
los israelitas a recorrer unos 160 km adicionales por terreno
árido y bajo un calor tórrido, solamente para bordear a Edom
(Dt 2:1-8). Esta derrota psicológica seguramente se relacionó
con el incidente de las «serpientes ardientes» (Nm 21:4-9;
33:42-49), cuando Moisés fue obligado a levantar una serpiente
de cobre en esta tierra inhóspita. A partir del contexto geográfico es fácil apreciar porqué habría sido imposible desafiar
la negativa del rey de Edom, aun considerando que era poco

probable que los edomitas hayan superado en número a los
israelitas. Los barrancos gigantescos y los profundos desfiladeros de Edom representaban un obstáculo insuperable, aun
desde las laderas menos escarpadas del paso de Punón y, en
consecuencia, Edom permanecería en absoluto aislamiento por
capricho propio (Ab 1:3).

Junto a las montañas occidentales de Edom unos 30 km al
sur de Punón hay un cañón cóncavo que aloja las impresionantes ruinas de Petra, la fabulosa capital del reino nabateo,
más tarde ocupada por los romanos[74]. Aunque sus raíces
ancestrales permanecen desconocidas, los nabateos ocuparon
a Edom en el siglo III a. C., y hacia el siglo I a. C. su influencia
se ejercía desde Damasco a Gaza, y aun en el interior de
Arabia. Gran parte de su poder se debía al control que ejercían
sobre parte de una lucrativa red de comercio que en aquella
época se extendía desde el interior de Arabia Saudita hasta
el Mediterráneo occidental. Se accedía a Petra a través de un
estrecho corredor de un kilómetro y medio, flanqueado en
ambos lados por acantilados perpendiculares elevados que
en algunos puntos casi se tocan. El cuenco que albergaba a la
ciudad estaba rodeado por coloridos acantilados de arenisca
que retenían estructuras y tumbas talladas de lo que en la
antigüedad fue una ciudad llena de gran riqueza.

Continuando hacia el sur unos 65 km desde la zona central
de Edom, desde el wadi Hasma hasta el wadi Yutm, cerca del
golfo de Aqaba, se extiende una cuña extremadamente delgada
de montañas graníticas infranqueables. Estas montañas de
Madián se elevan a alturas que se acercan a 1770 m sobre el
nivel del mar. En esta región, los restos arqueológicos revelan
una cultura completamente diferente de su contraparte palestina, y a veces se la describe como madianita. Algunos eruditos
consideran que fue en esta «cultura madianita» donde probablemente Moisés encontró asilo cuando huyó del faraón y allí
sirvió a su suegro, un sacerdote de Madián (Ex 2:15-17; 3:1).

Fachada de el-Khazneh («el Tesoro»),
una tumba espléndida del siglo I d. C.
tallada en la arenisca rosa-rojiza de
Petra. Mide unos 40 m de altura y 29 m
de ancho. Cada columna corintia en el
nivel inferior alcanza 15 m de altura.

SINOPSIS GEOGRÁFICA DE LA HERENCIA TERRITORIAL DEL ISRAEL BÍBLICO

TOPOGRAFÍA FÍSICA DE LA TIERRA

ES UN TERRITORIO PEQUEÑO

En el estudio del territorio es posible que uno de los primeros descubrimientos sea el reconocimiento de su tamaño reducido. Como se definió más arriba, el núcleo de la herencia cisjordana del Israel bíblico abarca alrededor de 17.600 kilómetros cuadrados, y su herencia transjordana incorpora otros 10.100 kilómetros cuadrados, conformando un área total de aproximadamente 27.700 kilómetros cuadrados. Por lo tanto, el tamaño total del territorio es similar al del estado de Massachusetts, a los países de Bélgica o Ruanda o al lago Erie.

Los lectores modernos de la Biblia tienden a pensar en términos de largas distancias de cientos o miles de kilómetros, y con frecuencia se sorprenden al descubrir, por ejemplo, que hay menos de 48 km aéreos entre el mar de Galilea y la costa mediterránea. Apenas 130 a 160 km separan los bordes occidentales del desierto Oriental (en Jordania oriental) del Mediterráneo. Solamente unos 105 km separan el mar de Galilea de Jerusalén.

Como afirmamos anteriormente, las tradicionales fronteras norte y sur de la zona central de Israel se describen con frecuencia en la Biblia como «desde Dan hasta Beerseba». En realidad, esos dos puntos de la frontera están separados por solo unos 240 km aéreos. En términos norteamericanos, el equivalente sería «de Chicago a Peoria» o «de Los Ángeles a San Diego». En Europa, la distancia aproximada sería «de Londres a Manchester» o «de Milán a Venecia». El territorio comprendido es de un tamaño asombrosamente reducido.

ES UNA TIERRA UBICADA ESTRATÉGICAMENTE

A pesar de su tamaño pequeño, esta tierra está ubicada estratégicamente tanto en el contexto intercontinental como en el interoceánico. [**Ver mapa 1**]. Como puente terrestre intercontinental, en la antigüedad era la única opción para cualquier viaje por tierra entre África y Asia o Europa. Como puente interoceánico, es colindante con la única masa terrestre que separa el mundo del océano Índico del mundo del océano Atlántico. En este último sentido, desde la remota antigüedad el comercio y la comunicación extensos han traído productos a la Media Luna Fértil desde regiones distantes (clavos de olor de Tailandia; canela de Malasia; casia, seda, cálamo, nardo, índigo, mijo y sésamo de la India; lapislázuli y estaño de Afganistán; plata de España).

Siendo que en la antigüedad este territorio constituía el eje central de la interacción tanto por tierra como por mar, también se convirtió en un puente cultural internacional. Su ubicación estratégica lo convierte en el lugar donde se encontraron el Oriente y el Occidente y donde convergen el Norte y el Sur. Desde la remota antigüedad, grandes potencias con aspiraciones políticas y económicas internacionales se han posicionado en sus fronteras. Hablando históricamente, lo que ocurría en esta tierra casi siempre tenía relación con lo que estaba ocurriendo o había ocurrido recientemente en el dominio de alguno de sus vecinos. En realidad, han sido muy raros los momentos en que los habitantes de esta tierra fueron dueños de su propio destino.

En el período bíblico, el destino de este territorio pequeño pero estratégico estuvo mayormente determinado por gente de afuera, ya sean egipcios, asirios, babilonios, persas, partos, griegos, seléucidas, tolemaicos o romanos. En este sentido, los filisteos, e incluso los mismos israelitas, deben ser considerados extranjeros territoriales que migraron allí. La misma tendencia ha continuado en la historia posbíblica con los califas musulmanes, los cruzados cristianos, los mamelucos egipcios, los turcos otomanos y los mandatorios británicos. Los ejércitos de Tutmosis III, Amenhotep II, Seti I, Ramsés II, Mernepta, Sisac I, Necao II, Salmanasar III, Tiglath-pileser III, Salmanasar V, Sargón II, Senaquerib, Esar-hadón, Asurbanipal, Nabucodonosor II, Cambises II, Jerjes I, Artajerjes III, Alejandro III (el Grande), Tolomeo I, Antíoco III, Antíoco IV, Herodes el Grande, Pompeyo, Vespasiano, Tito, Saladino, Ricardo Corazón de León, Napoleón y Edmund Allenby han marchado a través de ese «puente», junto con una multitud de generales menos conocidos. [**Ver mapas 7, 44, 76, 77 y 80**]. Este territorio sigue siendo en la actualidad una de las regiones más inestables y estratégicas del mundo.

ES UNA TIERRA VARIABLE

A pesar de su tamaño reducido, la tierra muestra una variabilidad sorprendente, casi como la de un mosaico. Desde una perspectiva sociológica, la variedad se evidencia en la enumeración del Antiguo Testamento de los diversos «eos» e «itas» que habitaban el territorio: gergeseos, cananeos, heveos, hititas, amorreos, ferezeos, jebuseos, cenezeos, cadmoneos, ceneos, refaítas, etc. (Gn 10:16-18; 15:19-21; Ex 3:8; 13:5; Nm 13:29; Dt 7:1; 20:17; Jos 3:10; 12:8; 24:11; Jc 3:5; 1 Re 9:20; *cf.* Hch 13:19). Desde la perspectiva del colonialismo histórico, el territorio ha sido conocido de diversas maneras, como Canaán, Palestina, Hatti, Djahy, Hurru, Retenu, etc. Pero el siguiente análisis de su variabilidad tiene que ver con la topografía abigarrada y multiforme. En su eje lateral el territorio se divide en por lo menos cuatro distintas zonas fisiográficas. [**Ver mapa 8**].

LLANURA COSTERA

En su conjunto, la llanura costera delimita esa franja marítima longitudinal que se extiende desde el extremo sur de la llanura

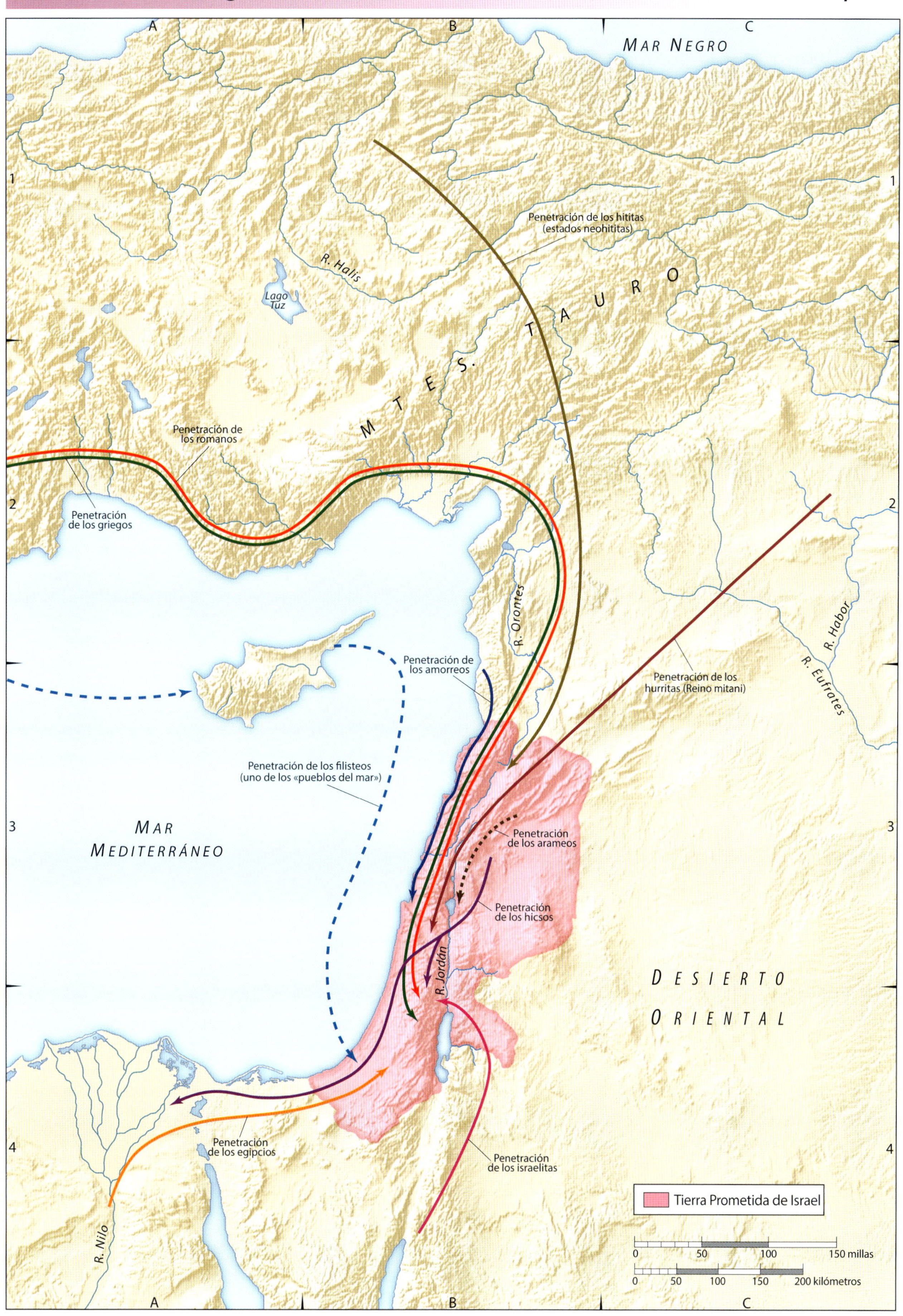
MAR NEGRO
Penetración de los hititas
(estados neohititas)
R. Halis
Lago Tuz
M T E S.   T A U R O
Penetración de
los romanos
Penetración
de los griegos
R. Orontes
R. Habor
R. Éufrates
Penetración de los
hurritas (Reino mitani)
Penetración de
los amorreos
Penetración de los filisteos
(uno de los «pueblos del mar»)
MAR
MEDITERRÁNEO
Penetración
de los arameos
Penetración
de los hicsos
R. Jordán
D E S I E R T O
O R I E N T A L
Penetración
de los egipcios
Penetración
de los israelitas
Tierra Prometida de Israel
0   50   100   150 millas
0   50   100   150   200 kilómetros
R. Nilo

filistea (en el wadi el-Arish) hasta el extremo norte de la llanura de Aser (cerca de la moderna Rosh Hanikra, que corresponde al final de la «Línea Verde», el límite actual entre Israel y el Líbano). Esta llanura está segmentada internamente por tres barreras naturales —el monte Carmelo, el río Cocodrilo y el río Yarkón— formando cuatro llanuras distintas. Además, por razones geográficas que se explican a continuación, conviene dividir adicionalmente la más septentrional de esas llanuras. En consecuencia, la llanura costera se compone de cinco partes de norte a sur que se conocen como (1) la llanura de Aser (desde Rosh Hanikra hasta las proximidades de Aco; *cf.* Jos 17:10-11; 19:24-26); (2) la llanura de Aco (la bahía en forma de media luna que se extiende hasta el monte Carmelo; *cf.* Jc 4:13-16; 5:21); (3) la llanura de Dor (una franja muy angosta de tierra situada entre el monte Carmelo y el río Cocodrilo; *cf.* Jos 17:15-18); (4) la llanura de Sarón (las tierras bajas desde los pantanos del río Cocodrilo hacia el sur hasta el Yarkón; *cf.* 1 Re 4:10; 1 Cr 5:16; 27:29; Is 33:9; 35:2; 65:10; Ct 2:1); y (5) la llanura filistea (el área al sur del Yarkón). ·

La llanura costera puede ser caracterizada por tres palabras: «baja» (una referencia a su elevación comparativa), «abierta» (una referencia a su topografía plana) y «fértil» (una referencia a la productividad agrícola de la llanura en la actualidad). Aparte de unas pocas pendientes interiores en el flanco extremo oriental de Filistea que se elevan hasta aproximarse a los 200 m sobre el nivel del mar, la mayor parte de la llanura costera se mantiene por debajo de los 100 m sobre el nivel del mar, y mucho está debajo de los 45 m[75]. Un examen del **mapa 22** revela que las ciudades bíblicas de esta llanura tendían a no situarse en el centro de la misma sino más bien en la costa (Aco, Cesarea, Jope, Ascalón, Gaza) o hacia sus bordes orientales (Soco, Afec, Gezer, Ecrón, Gat, Siclag). De igual manera, el **mapa 27** muestra que la

carretera de transporte internacional (el Gran Camino Comercial) corría a lo largo de la falda oriental de esta llanura, y no por su centro. Es muy posible que el nivel bajo y la topografía relativamente plana de la llanura, combinado con las crestas de arenisca calcárea que bordeaban buena parte de la línea costera mediterránea [**ver mapa 16**] y dificultaban el drenaje natural, generara pantanos en gran parte de la llanura durante la antigüedad. Es probable que ese obstáculo geográfico fuera el motivo por el que la llanura costera jugara un papel insignificante, prácticamente inexistente en la historia bíblica. Aparte de un par de breves reportes sobre Gerar (Gn 20; 26), ninguno de los relatos de los patriarcas hace referencia a esta llanura. [**Ver mapas 31 y 32**]. Ninguna de las batallas del asentamiento israelita tuvo lugar allí [**mapas 38 y 39**], ninguna parte de la llanura fue ocupada por Israel en su asentamiento inicial [**mapas 42 y 43**], ninguna de las ciudades de refugio y prácticamente ninguna de las ciudades levíticas estuvieron situadas allí [**mapa 41**], ninguno de los jueces [**mapa 45**] ni profetas de Israel [**mapa 73**] provenían de allí, y nada del ministerio registrado de Jesús transcurrió en ese lugar [**mapas 102 y 103**].

Además de ser baja, la llanura es también abierta. A diferencia de la cadena montañosa central de Galilea, Samaria y Judá, que tendía a mantenerse geográficamente más cerrada y aislada como resultado de su topografía elevada y tortuosa, la llanura costera ofrecía un espacio atractivo y prácticamente libre para la circulación de tráfico. Aunque el territorio en conjunto fue descrito previamente como un puente terrestre intercontinental, lo que constituía particularmente ese puente era la llanura costera al sur del monte Carmelo. Su espacio abierto también connotaba movilidad. Los conflictos militares durante el período bíblico temprano incluían la dimensión de carros de guerra (p. ej., Ex 14:6; Dt 20:1; Jos 11:4; Jc 1:19; 4:3; 2 Sm 1:6; observar también la prohibición de Dt 17:16). En contraste con las montañas que la rodeaban, esta llanura ofrecía un terreno favorable para el uso de carros, incluyendo ataques sorpresivos que no fueran obstaculizados por grandes rocas ni un terreno montañoso. De hecho, hay

Cesarea, una ciudad insigne construida por Herodes el Grande, se encuentra junto al mar Mediterráneo. Sus restos incluyen un teatro romano (reconstruido, primer plano de la fotografía) y un acueducto romano (fondo de la fotografía) hoy deteriorado a consecuencia del continuo avance del mar.

Ciudad
Monte
Llanura marítima
Cadena montañosa central
Valle tectónico del Jordán
Meseta transjordana
0 10 20 30 millas
0 10 20 30 40 kilómetros
R. Litani
Tiro
Dan
Mte. Hermón
ALTA GALILEA
LLANURA DE ASER
Lago Hule
J. Yarmuk
BASÁN
Aco
LLANURA DE ACO
Mte. Carmelo
R. Cisón
BAJA GALILEA
MAR DE GALILEA
LLANURA DE DOR
VALLE DE JEZREEL
Mte. Tabor
R. Yarmuk
Meguido
R. Cocodrilo
N. Taninim
W. Ara
Mte. Gilboa
R. Harod
Cesarea
Bet-sán
LLANURA DE SARÓN
W. Siquem
R. Jordán
GALAAD
Mte. Ebal
W. Farah
SAMARIA
Mte. Gerizim
R. Jaboc
R. Yarkón
Afec
MAR MEDITERRÁNEO
LLANURA FILISTEA
MISOR
Jericó
Jerusalén
Jerusalén
JUDÁ
DESIERTO DE JUDEA
SEFELA
MAR MUERTO
Hebrón
Gaza
En-gadi
R. Arnón
Arroyo de Besor
Beerseba
NEGUEV
MOAB
W. el-Arish
Mte. Becá
ARABÁ
Arroyo Zered

una correspondencia notable entre la extensión de terreno por
el que los cananeos podían conducir sus carros y el terreno que
los israelitas no pudieron conquistar durante el asentamiento
(Jos 17:16-18). [**Ver mapas 42 y 43**]. Por otra parte, la naturaleza
abierta del área podría ayudar a explicar por qué los filisteos no
pudieron sobrevivir como entidad política autóctona más allá
del período bíblico, mientras que los israelitas, más aislados,
pudieron mantener un sentido perdurable de identidad nacional.

Finalmente, esta llanura es fértil; por lo menos, ha llegado
a serlo en tiempos modernos. Un vistazo a un mapa moderno
de Israel [**mapa 118**] muestra que la mayor parte del terreno
occidental adjudicado a Israel por el Acuerdo de Partición de
1947 por parte de las Naciones Unidas está situado en la llanura
costera, que en aquel tiempo era extremadamente pantanosa
e incluso infectada de malaria. Pero luego de que la región
fuera adecuadamente drenada en la década de los cincuenta, se
manifestó una bonanza agrícola a medida que se expusieron las
capas profundas de suelo orgánico sumamente rico, producto
de la erosión de las montañas que la flanquean, y gracias al gran
esfuerzo agrícola que se llevó a cabo exitosamente.

Cadena montañosa central

Consistente en las tierras altas de Galilea, Samaria, Judá y el
Neguev, la cadena montañosa central es exactamente lo opuesto
a la llanura costera en carácter y topografía. La llanura es «baja,
abierta y fértil»; la cadena es «elevada, cerrada y estéril».

Mientras que la llanura solamente asciende unos 200 m
sobre el nivel del mar en sus puntos más altos, la cadena central
tiene aproximadamente 460 m sobre el nivel del mar en su
punto más bajo, con muchos segmentos que superan los 900 m
sobre el nivel del mar. Donde las dos zonas convergen, este
contraste en altura puede ser muy pronunciado. Es posible viajar
desde el Mediterráneo hacia el interior una distancia de apenas
5 o 6 km y simultáneamente ascender alrededor de 800 m.

Además, la cadena central es cerrada. Efectivamente, esta
se compone de una serie de cadenas montañosas intrincadas
y entrelazadas que hace de obstáculo natural al tráfico lateral
salvo donde se interrumpe por el valle de Jezreel/Esdraelón.
En algunos lugares a lo largo de su dificultosa ondulación, sería
necesario cruzar cuatro o cinco crestas distintas, cada una de
ellas separadas por cauces de wadi profundamente marcados,
para pasar de un lado al otro. Debido a su terreno elevado y
confuso, la zona de la cadena central ha permanecido más
aislada y menos susceptible a las incursiones internacionales
o los ataques extranjeros. Solo en raras ocasiones esta región
ha resultado atractiva para los constructores de imperios.

Finalmente, la cadena central es estéril e improductiva.
Compuesta de calizas duras que carecen de minerales preciosos
u otros recursos naturales, y erosionada hasta el desnudo lecho
de roca en extensiones grandes, parece improbable que esta
montaña de roca estéril, que solamente abarca entre 15 y 50 km
de ancho, haya sido vista alguna vez como algo de valor político.

Sin embargo, es precisamente en esta cadena montañosa
donde se desarrolla buena parte de la historia bíblica. Aquí
vivieron los patriarcas, construyeron altares [**mapa 32**],

y tuvieron comunión con su Dios. Aquí se libraron las batallas
de la conquista [**mapas 37, 38 y 39**], y fue donde Israel ocupó
la tierra [**mapas 42 y 43**] y donde se fundaron muchas de sus
instituciones nacionales [**mapas 41, 45 y 73**]. Aquí se situaron
con el tiempo las capitales del reino del norte (Siquem, luego
Tirsa y finalmente Samaria) y del reino del sur (Jerusalén).
Aquí se originó el judaísmo posexílico [**mapa 85**], y aquí fue
donde transcurrió gran parte del ministerio registrado de
Cristo [**mapas 102 y 103**].

Galilea. A pesar de ser estribaciones de las montañas más
altas del Líbano, las elevaciones de Alta Galilea ofrecen una
topografía muy compleja. El jebel Yarmuk (monte Merón)
exhibe el punto más elevado de toda Cisjordania [**mapa 18**],
pero está rodeado de otras cimas que ascienden más arriba
de los 900 metros. Su elevado terreno y su topografía frag-
mentada han hecho de Alta Galilea un lugar menos apto para
el asentamiento intensivo, a pesar de su mayor índice anual
de lluvia. La región jamás ha poseído lo que podría llamarse
una ciudad grande. El lado oriental de Baja Galilea continúa el
relieve escarpado de su vecina al norte. Se observa allí un gran
afloramiento elevado de caliza [**mapa 16**] que desciende verti-
ginosamente por su flanco oriental hasta el mar de Galilea. En
esta región están incluidas las elevaciones del monte Tabor, los
acantilados de Arbel y los volcánicos Cuernos de Hattin. En
contraste, las partes centrales y occidentales de Baja Galilea
ofrecen el terreno más plano de toda la cadena montañosa.
El área consta de varias cadenas paralelas que corren más
o menos por un eje oriente-occidente, entre las cuales hay
cuencas relativamente abiertas que se vuelven prácticamente
contiguas del lado occidental. [**Ver mapa 10**].

Valle de Jezreel/Esdraelón. Entre las elevaciones de Baja
Galilea y Samaria se extiende un valle que finalmente une el
valle del Jordán con la llanura costera en Aco. [**Ver mapa 10**].
Con forma de flecha que apunta hacia el Mediterráneo, este
valle se conoce en el Antiguo Testamento hebreo como el valle
de Jezreel («Dios ha sembrado» o «que Dios siembre», p. ej.,
Jos 17:16; Jc 6:33; Os 1:5; 2:22) y en la era del Nuevo Testamento
por su reflejo griego Esdraelón[76]. La delgada asta de la flecha,
que en algunos puntos no supera los 3 km de ancho, se extiende
desde Bet-sán hasta la ciudad de Jezreel, encerrada por el monte
More en el norte y el monte Gilboa en el sur, y drenado por
el río Harod. Cerca de este territorio estaba el escenario de la
victoria triunfante de Gedeón sobre los madianitas (Jc 7) y de la
humillante derrota de Saúl a manos de los filisteos (1 Sm 29–31).
La base de la cabeza de la flecha abarca alrededor de 29 km
desde las proximidades de Yenín hasta el monte Tabor al norte,
y desde esos dos puntos se extiende unos 32 km hasta su ápice,
justo al occidente de Jocneam y cerca del río Cisón, donde el
carro de Sísara se atascó en el lodazal (Jc 5:21; *cf.* Sal 83:9). [**Ver
mapa 50**]. La cabeza de esta flecha, conocida como la llanura de
Meguido (2 Cr 35:22; Za 12:11), es baja y plana. La llanura está
cubierta de una capa extremadamente gruesa de suelo orgánico
negro —más de 90 m de profundidad en algunos lugares—
formada por la descomposición y la erosión de los basaltos
de Galilea.

Ciudad
Monte
Elevación de la tierra
Metros
2100
1500
900
600
300
Nivel
del mar
0 10 20 30 millas
0 10 20 30 40 kilómetros
A
B
C
1
2
3
4
Mte. Hermón
(2814 m)
Tiro
Dan
Aco
MAR DE
GALILEA
Bet-sán
MAR MEDITERRÁNEO
Afec
R. Jordán
Ammán
Jerusalén
MAR
MUERTO
Gaza
En-gadi
Beerseba

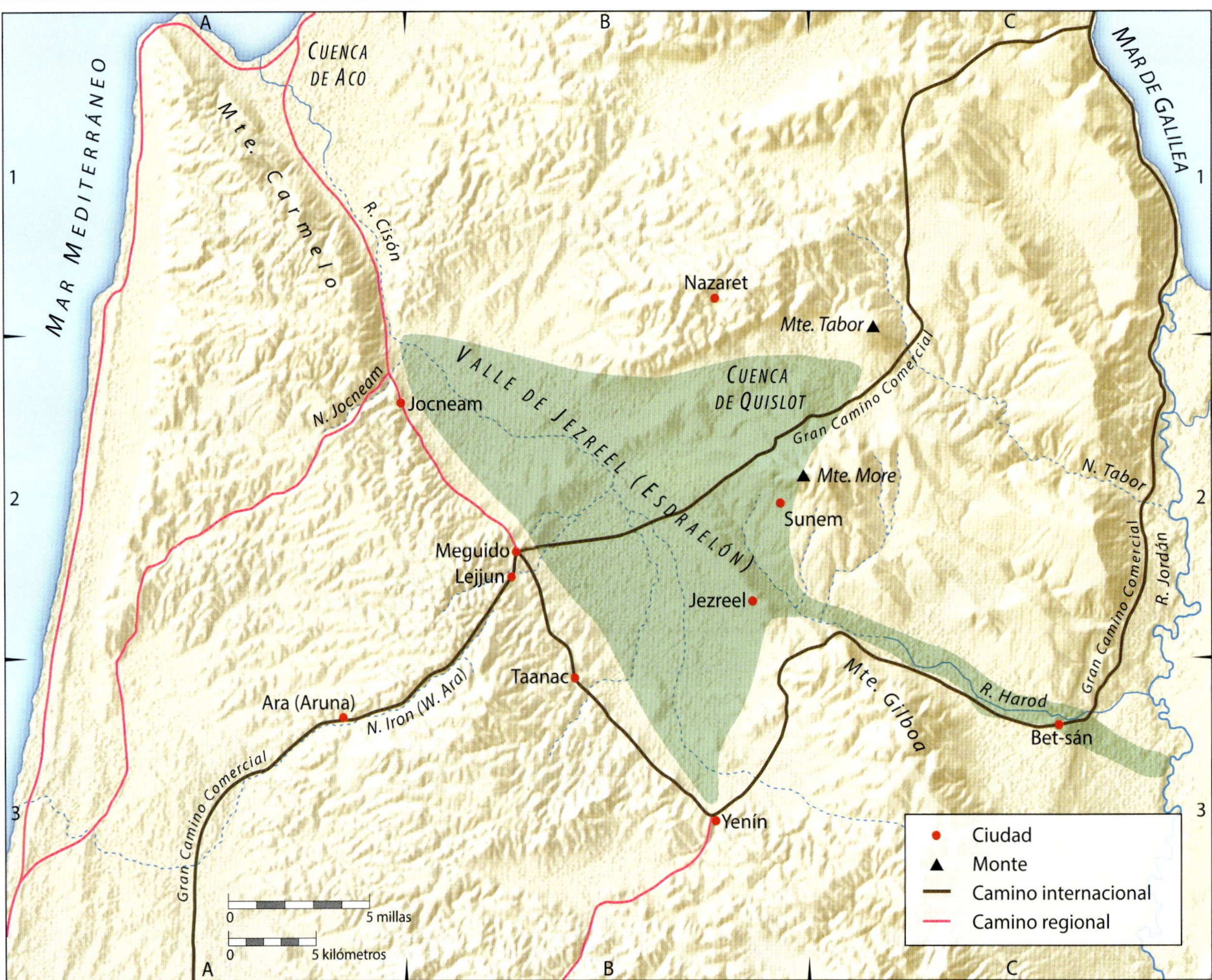

Mientras la llanura de Jezreel tenía varias puertas de acceso, la principal vía de transporte conocida como el Gran Camino Comercial [**mapas 10 y 27**] entraba por la puerta de Meguido. Los 20 estratos arqueológicos de esta ciudad muestran una ocupación prácticamente continua hasta el final del período romano temprano. En realidad, la ciudad militar Meguido fue de gran importancia en cada período histórico sin excepción; no es exagerado afirmar que fue uno de los puntos militares más estratégicos de todo el suroccidente de la Media Luna Fértil. Desde fines del cuarto milenio a. C. incluso hasta el siglo xx, Meguido[77] ha sido escenario de repetidas confrontaciones militares[78].

Samaria. Al sur del valle de Jezreel yacía el distrito montañoso de Samaria, un área intermedia y transicional entre Galilea y Judá en términos de elevación, vegetación y clima. El monte Carmelo («viñedo/jardín de Dios»), en el extremo noroccidental, era proverbial en la Biblia por su belleza (Ct 7:5) y fertilidad (Is 35:2; Jr 50:19). En la literatura antigua hay mucha evidencia de que la montaña fuera el sitio de un santuario[79]. Posiblemente fue en este contexto que el monte Carmelo sirvió como escenario de la competencia religiosa entre Elías y los profetas de Baal (1 Re 18:17-40), y en otra ocasión como lugar de retiro espiritual para Eliseo (2 Re 2:25; 4:25). En el extremo nororiental, las alturas de Samaria son conocidas también como las montañas de caliza de Gilboa. Otras montañas de Samaria, monte Ebal y monte Gerizim, encierran el valle donde está situada la ciudad principal Siquem. [**Ver mapa 11**]. Montañosa en todas sus partes, las cumbres de jebel el-Qurein, jebel Ayrukabba, jebel en-Ena y jebel el-Aṣur (Baal Hazor, *cf.* 2 Sm 13:23) dominan el horizonte de Samaria. [**Ver mapas 11 y 18**].

Aunque montañosa, Samaria también está salpicada de numerosas pequeñas llanuras y valles abiertos, uno de los cuales está ubicado cerca de la unión de las pendientes de Carmelo y Gilboa, en las proximidades de la ciudad de Dotán. [**Ver mapa 22**]. La llanura de Dotán es la mayor y más cultivada cuenca de Samaria, y es donde José fue vendido al cautiverio (Gn 37:12-28). Otra depresión, la larga y estrecha llanura de Micmetat, corre desde Siquem hacia el sur antes de ser encerrada por el jebel Rahwat. [**Ver mapa 11**]. Se encuentra a ambos lados de la divisoria de aguas a lo largo de la cual serpentea hacia Jerusalén el camino montañoso central. Desde Soco a Siquem, el valle bajo conocido como wadi Siquem divide lateralmente a Samaria occidental. De manera similar, desde las proximidades de Tirsa hasta el valle del Jordán, se encuentra la fractura incisiva conocida como wadi Farah que divide a Samaria oriental. En conjunto, estos dos valles representan el punto de elevación más bajo de toda

Samaria. Eran los senderos más accesibles y más usados para cruzar el cordón de Samaria, lo que explica por qué algunos lugares fueron elegidos para funcionar como capitales de Israel durante la época del reino dividido (Siquem, Tirsa, Samaria).

Judá. Aunque no hay límites geológicos definidos que separen a Samaria de Judá, hay una marcada diferencia en la topografía de ambas regiones. En Samaria, la mayor cantidad de lluvias ha contribuido a mayor erosión y la formación de wadis más profundamente surcados. Judá permanece más como una meseta alta, menos surcada gracias a su clima más seco. [**Ver mapa 19**]. Siguiendo hacia el sur en Judá, el paisaje se vuelve más áspera, escarpada y estéril. La superficie de Judá se constituye principalmente de rocas desnudas y amplias extensiones de casquijo suelto, lavado de toda tierra. Es solamente a lo largo de la divisoria de aguas en las proximidades de Ramá y entre Belén y Hebrón que el suelo de Judá permite el cultivo. En las demás partes, la escasa capa de suelo se erosiona con las lluvias de invierno, lo cual ha impedido en gran medida el cultivo.

A solo unos 8 km al suroriente de Jerusalén comienza el desierto de Judá (Nm 21:20; 1 Sm 26:1-2; *cf.* Mc 1:4). Un terrible panorama de desolación, el desierto de Judá, también conocido como Jesimón, es un desierto de verdad. Es un páramo solitario, inhóspito, áspero y rocoso, prácticamente desprovisto de vegetación y fauna, y casi sin lluvia (Sal 63:1). Incluso los modernos beduinos nómadas tienden a evitar su terreno árido y áspero. Por su lado oriental, el desierto de Judá desciende abruptamente, casi verticalmente, en algunos lugares hasta 1370 m hacia el valle del Jordán. Entre Jericó y el extremo sur del mar Muerto, hay más de 20 profundos cañones que han sido cavados por wadis. [**Ver mapa 15**]. Sin embargo, todos esos wadis eran demasiado angostos y tortuosos para promover el desarrollo de caminos significativos en los tiempos bíblicos, así que Judá estaba naturalmente aislada en su frente oriental. No obstante, el profeta Isaías anunció un tiempo en que incluso la topografía contorsionada e intrincada del desierto de Judá se volvería recta y plana, y en que todo lugar áspero sería allanado (Is 40:3-4; *cf.* 41:18-20; 51:3).

La cordillera central de Judá desciende solamente un poco menos bruscamente hacia el occidente. Una depresión angosta y de poca profundidad (wadi Ghurab, wadi Sar) divide las tierras altas de Judá de una región topográficamente diferente conocida como la Sefela («estribaciones»; p. ej., Dt 1:7; Jos 9:1; 10:40; 12:8; Jc 1:9; 1 Re 10:27; 1 Cr 27:28; 2 Cr 9:27; 26:10; 28:18; Jr 17:26; 32:44; 33:13; Ab 1:19). [**Ver mapa 12**]. La Sefela se extiende desde el valle de Ajalón alrededor de 55 km al sur hasta el área del tell Beit Mirsim. Estas estribaciones cubren un área de unos 13 a 16 km de ancho y, significativamente, se extienden hacia el occidente hasta las proximidades de lo que fueron las ciudades filisteas de Gezer, Ecrón y Gat. [**Ver mapa 57**]. Principalmente compuesta de caliza blanda [**mapa 16**] con una superficie ondulante que baja hacia el occidente y cruzada por varios wadis importantes y fértiles, la Sefela representaba una zona intermedia de amortiguamiento entre la cordillera de Judá (ocupada por los israelitas) y la porción sur de la llanura costera (ocupada por los filisteos). No es de sorprender que la región se convirtiera en el escenario de numerosos episodios bíblicos de guerra económica entre los israelitas y los filisteos (Jc 15:4-5; 2 Sm 23:11-12). En realidad, es posible que la mayoría de las contiendas entre los israelitas y los filisteos fueran ocasionadas precisamente por el deseo de ambos pueblos de dominar y explotar los ricos valles cultiva- bles de la Sefela.

El Neguev («suelo seco»; p. ej., Gn 24:62; Nm 13:29; Jos 15:19; Jc 1:15) originalmente denotaba el desierto estéril al sur de Judá (p. ej., Jos 15:2-4; 18:19; 1 Sm 27:10; 2 Sm 24:7; *cf.* observe los abanicos aluviales que se extienden hacia el oriente desde el área de Beerseba hasta Arad [**mapa 16**]). Con el tiempo el sentido de la palabra evolucionó y llegó a significar un punto cardinal en la dirección de esa aridez («sur»), y por

lo tanto llegó a designar el sur de casi cualquier parte (Jos 11:2; Za 14:10; 1 Sm 30:14).

Hoy en día el Neguev (Negev) incluye los áreas que se conocen en la Biblia como el desierto de Zin (Nm 20:1; 34:3; Jos 15:1) y el desierto de Parán (Nm 10:12; Dt 1:1). La región del moderno Neguev constituye un medioambiente adverso para la actividad humana o el asentamiento extendido. El área depende completamente del agua de lluvia, siempre escasa e incierta, aunque el territorio sí tiene algunos pozos en las proximidades de Beerseba (Gn 26:18-22) y Cades-barnea. [**Ver mapa 34**].

Valle tectónico del Jordán

Las fuerzas geológicas dominantes que han esculpido los rasgos más notoriamente característicos del Levante se manifiestan particularmente en el valle tectónico del Jordán. Extendiéndose más allá del Levante, la fisura geológica se conoce como la gran fosa tectónica afro-arábiga. [**Ver mapa 13**]. Una placa hundida confinada por dos fallas paralelas comienza en el suroriente de Turquía y se extiende hacia el sur a través del Levante hasta el golfo de Aqaba. Desde este punto, la fractura continúa hacia el sur en una línea que corre paralela al mar Rojo hasta Etiopía, generando la separación de la península arábiga de África. En la base del mar Rojo, la línea de falla se divide: un brazo oriental divide la placa arábiga de la placa somalí y el «Cuerno de África», y se extiende muy adentro en las profundidades del océano Índico; un brazo occidental se adentra diagonalmente en Etiopía, Kenia, Uganda, Tanzania, Malaui y Mozambique. Conocida en esos lugares como la «gran fosa tectónica afri- cana», esta fisura geológica ha sido responsable de formar la

El elevado tell Beerseba se encuentra en el Neguev bíblico en la estratégica confluencia de varios wadis (ver la parte superior del lado derecho de la fotografía).

La región de la Sefela

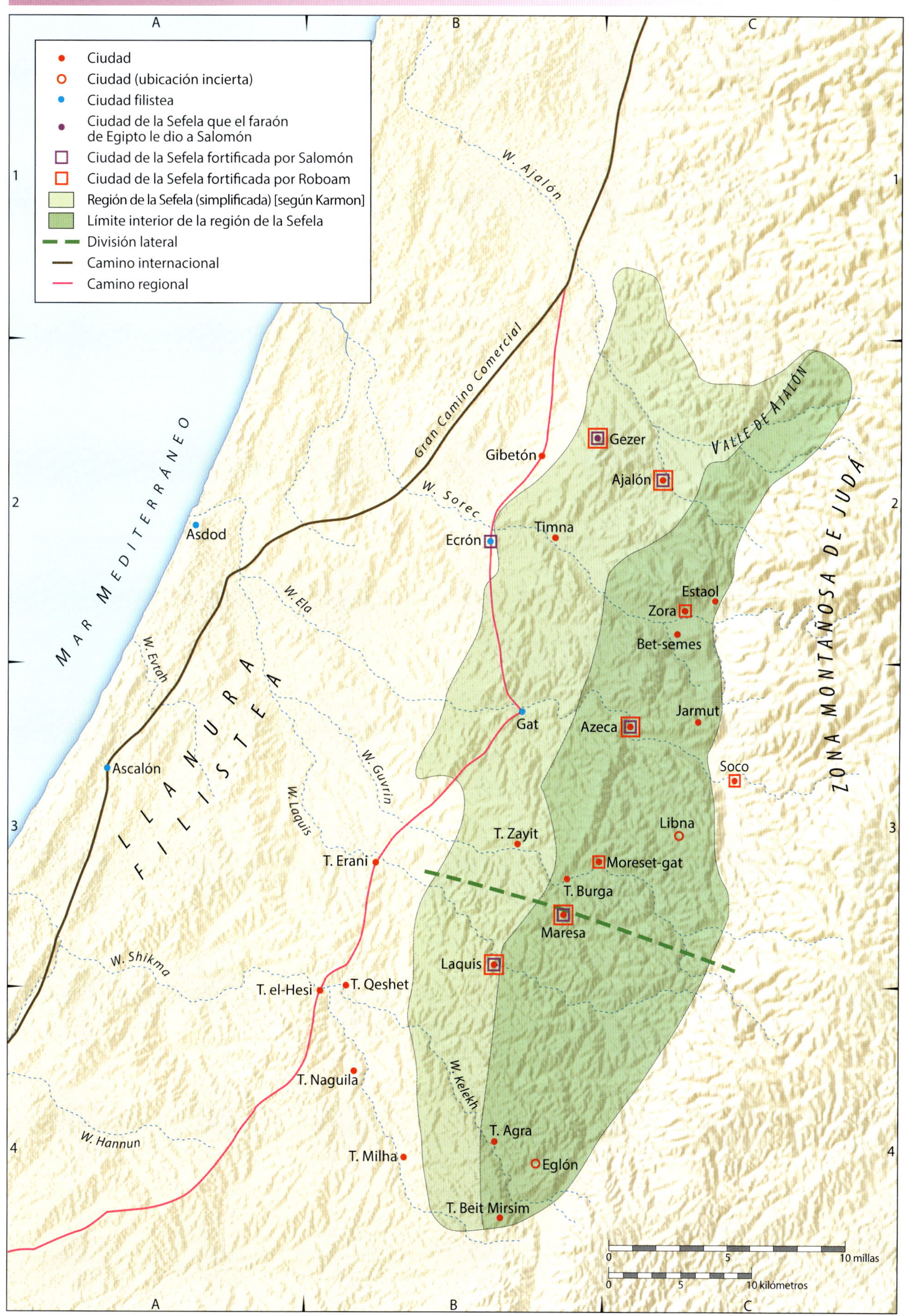

mayoría de los lagos alargados de África Oriental (Turkana, Alberto, Eduardo, Kivu, Tanganica, Malaui), de darle la forma al lago Victoria y de separar la isla de Madagascar de África continental[80]. Tallada en la corteza de la tierra, esta única línea de falla se extiende continuamente a través de más de 6400 km —60 grados de latitud— o aproximadamente una sexta parte de la circunferencia de la tierra.

Esta falla geológica también representa la fisura más profunda conocida hasta ahora en la superficie de la tierra, y el punto más profundo en el corte continental está ubicado a orillas del mar Muerto. Aquí, junto a la orilla occidental, una estrecha sucesión de fallas secundarias que corren inmediatamente paralelas a la línea de falla principal ha permitido a los científicos estudiar y postular la profundidad de los desplazamientos. Los pozos de barreno han puesto de manifiesto desplazamientos verticales que llegan a los 3580 m y las pruebas geofísicas en la región han dado lugar a estimaciones de hasta 7000 m de espesor. El área que rodea el mar Muerto ya tiene una altitud extremadamente baja (-420 m), por lo que se estima que los depósitos no consolidados que recubren el lecho de roca descienden por debajo del nivel del Mediterráneo hasta prácticamente 7500 m. En otras palabras, una persona que cavara en ciertos lugares junto al mar Muerto encontraría únicamente depósitos aluviales sedimentarios hasta aproximadamente -7420 m, antes de encontrar estratificación rocosa[81].

Abriéndose en abanico en toda dirección a partir de esta «fisura madre» hay veintenas de fracturas secundarias que forman un mosaico geológico de la tierra; algunas de estas ramas han generado valles laterales (Harod, Farah, Jezreel). Según los registros sismográficos, ocurren entre 200 y 300 «micro terremotos» diarios en Israel en la actualidad[82]. Por supuesto, la gran mayoría de ellos son imperceptibles para los seres humanos. Sin embargo, de tanto en tanto un terremoto devastador azota esta región, como en: (1) los días 7 y 8 de diciembre de 1267: Según reportes, un terremoto derrumbó parte del acantilado sobre el río Jordán en tell ad-Damiya [**mapa 37**], interrumpiendo la corriente del Jordán durante unas 10 horas[83]; (2) el día 14 de enero de 1546: un terremoto azotó cerca del mediodía con su epicentro cerca de la ciudad de Nablus (Siquem) en Samaria, interrumpiendo nuevamente el flujo del río Jordán, esta vez por unos dos días; (3) el primer día de enero de 1837: un gran terremoto con múltiples epicentros azotó Israel y Jordania. En Galilea murieron 4000 habitantes de la ciudad de Safed, además de otros 1000 en las áreas circundantes. Toda la aldea de Gush Halav fue destruida. En Israel central, las casas en dos calles en Nablus desaparecieron por completo, y en Jericó se derrumbó un hotel, produciendo más víctimas. Ambos extremos de lo que ahora se conoce como el puente Allenby fueron desplazados. Incluso a más de 160 km de distancia, en Ammán, reportaron muchos daños a causa de este terremoto; (4) el día 11 de julio de 1927: tuvo lugar un terremoto a primeras horas de la tarde, el epicentro del cual aparentemente estuvo en algún lugar del extremo norte del mar Muerto[84]. Se informó que este terremoto derrumbó una pared

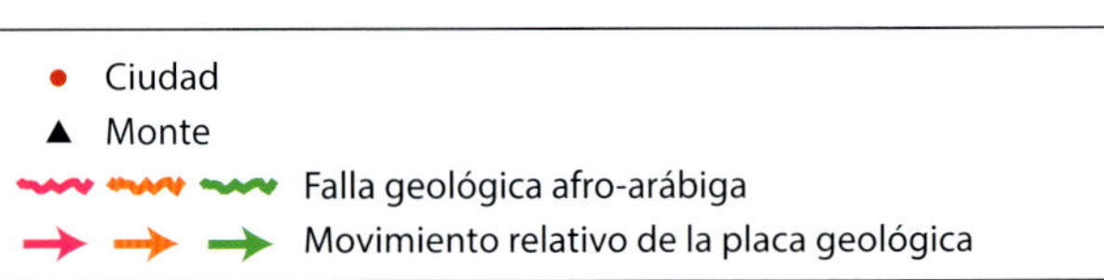

de tierra de 45 m cerca del tell ad-Damiya que destruyó un camino y bloqueó el flujo el Jordán durante 21,5 horas (aunque este fue un informe de segunda mano que ha sido desafiado en años recientes)[85].

No se puede descartar la posibilidad de que haya ocurrido un hecho similar cuando Israel cruzó el Jordán «sobre tierra seca» (Jos 3:7-17). [**Ver mapa 37**].

Habiendo examinado el valle tectónico del Jordán como un todo, estudiaremos ahora sus diferentes partes. Primero, a una altura de 2814 m, el monte Hermón recibe una precipitación anual de 1500 mm y se mantiene cubierto de nieve todo el año (*cf.* Jr 18:14). Hay cientos de manantiales y riachuelos que caen en cascada desde su ladera o percolan desde cerca de su base y se unen para formar los cuatro arroyos principales de la cabecera del Jordán. El más occidental, Ayun (nahr Bareighit), emerge cerca de la moderna ciudad de Metula en la frontera israelí, y fluye casi exactamente en dirección sur. [**Ver mapa 18**]. No lejos de allí está la corriente más grande, el río Senir (nahr Hasbani), que surge del lado occidental del Hermón frente a la aldea libanesa de Hasbaya. Casi al pie del sitio bíblico de Dan aflora el río Dan/Leddan (nahr Qadi), y surgiendo de las cuevas próximas al sitio moderno de Banias está el río Hermón (nahr Banias). Para cuando finalmente se unen para formar una corriente única cerca del lago Hule, el agua ya ha descendido a una altura aproximada de solamente 90 m sobre el nivel del mar.

Siguiendo su curso en descenso, el agua llega al mar de Galilea (Mt 4:18; 15:29; Mc 1:16; 7:31; Jn 6:1), también conocido como Cineret (Nm 34:11; Dt 3:17; Jos 12:3; 13:27), Genesaret (Lc 5:1), Tiberias (Jn 6:1; 21:1) o sencillamente como «el mar» (Lc 5:2; Jn 6:16). El mar de Galilea es un lago interior de agua dulce que mide aproximadamente 21 km de norte a sur, 13 km de oriente a occidente, y alrededor de 46 m de profundidad. [**Ver mapa 14**]. La superficie del lago está a aproximadamente 210 m bajo el nivel del mar, convirtiendo al mar de Galilea en el cuerpo de agua dulce más bajo de la tierra.

Flanqueado por las tierras altas de Baja Galilea por el occidente y del Golán por el oriente, el mar de Galilea tiene que haber estado lleno de actividad durante el período bíblico. Capernaúm, próximo al paso del Gran Camino Comercial, manifiesta evidencia de ocupación desde el 8000 a. C., y por lo menos otros 25 sitios en Baja Galilea estuvieron ocupados en la Edad del Bronce Temprana[86]. No obstante, fue durante el período romano que la utilización humana de la región alcanzó su apogeo. Los rabinos afirmaban: «El Señor ha creado siete mares, pero el de Genesaret es su delicia»[87].

El mar de Galilea también deleitaba a Herodes Antipas, quien construyó sobre sus orillas la ciudad de Tiberias con todos los detalles arquitectónicos asociados con el esplendor romano. En las proximidades se construyeron baños termales en Hamat, un hipódromo en Magdala (Taricaea), además de una multitud de villas, muchas calles pavimentadas y numerosos arcos. Así que en los tiempos del Nuevo Testamento, el mar experimentaba un período de relativa prosperidad, relacionada en gran manera con una floreciente industria pesquera que, según cálculos aproximativos, contaba con una pesca anual del orden de las 1800 toneladas métricas. Un período de bajo nivel de agua en el mar a mediados de la década de los ochenta llevó al descubrimiento de más de una docena de puertos romanos que rodeaban el mar de Galilea[88].

El mar de Galilea está asentado entre la Baja Galilea (en primer plano) y los Altos del Golán (al fondo).

Esta prosperidad se refleja en varios incidentes de los Evangelios que ocurrieron cerca del mar de Galilea. Por ejemplo, la parábola de Jesús sobre el rico necio —quien pensó conveniente echar abajo sus graneros y construir otros mayores— fue expuesta a orillas de este mar (Lc 12:16-21). Su parábola del trigo y la cizaña se basaba en la prosperidad de un amo que poseía graneros y siervos (Mt 13:24-43). Como parte del Sermón del monte, tradicionalmente situado en el área justo al norte de Tabgha, Jesús habló sobre los temas de las limosnas y el almacenar posesiones terrenales (Mt 6:1-14). Y su famosa pregunta en las proximidades de Cesarea de Filipo —«¿De qué le sirve al hombre ganar todo el mundo y perder su alma?»— estuvo dirigida a oyentes galileos, algunos de los cuales indudablemente tenían grandes riquezas o conocían a otros que las tenían (Mc 8:27-37; Lc 9:23-25).

Una distancia de solamente 105 km aéreos separa el mar de Galilea del mar Muerto, pero el río Jordán se tuerce y serpentea a lo largo de casi 240 km dentro de ese espacio. (Observe en el **mapa 14** la posibilidad de que los puntos en que el río Jordán entra a y sale del mar de Galilea hayan cambiado desde la antigüedad bíblica). Aquí, el valle tectónico hundido, en ocasiones llamado el Ghor («depresión»), varía en anchura entre 3 y 6 km, aunque se ensancha en las cuencas de Bet-sán y Jericó. El Jordán mismo corre por lo más bajo de la cuenca serpenteante del Gor, a través de un bajo matorral enredado de densos tamariscos, álamos y adelfas; de arbustos espinosos extendidos y una dispersión de troncos secos flotando a la deriva (2 Re 6:2-7). A veces se hace referencia a esto como «la espesura del Jordán»[89] (Jr 12:5; 49:19; 50:44; Za 11:3).

Varios textos bíblicos sugieren que en la antigüedad este «matorral» estaba poblado de animales salvajes (1 Sm 17:34-36 [implícitamente]; 2 Re 2:24; Mc 1:13). Del fondo del valle se han desenterrado restos óseos de varias especies de animales salvajes[90], y viajeros actuales han afirmado ver leones, osos, leopardos, lobos, chacales, hienas y una amplia variedad de aves acuáticas en la zona[91]. Además, muchas aldeas árabes modernas dentro o en las proximidades del valle parecen tener nombres de animales salvajes, y el mapa de Medeba (un mapa del siglo VI d. C., formado en mosaico sobre un suelo, que provee la descripción original más antigua conocida de esa tierra) muestra un león merodeando en el valle[92]. No hay evidencia de puente alguno sobre el Jordán hasta el siglo VI d. C., de manera que cabe imaginar que el paso durante el período bíblico era por el agotador y con frecuencia peligroso medio de la natación (Jc 6:33; 1 Sm 13:7; 31:11-13; 2 Sm 2:29; 10:17; 17:22; 24:5), probablemente con mayor frecuencia en alguno de los varios vados del río (Jos 2:7; Jc 3:28; 12:5-6). [**Ver mapa 18**].

Al final de su recorrido, el río Jordán desemboca en el mar Muerto, o como se lo conoce en la Biblia, el mar Salado (Gn 14:3; Nm 34:3, 12; Dt 3:17; Jos 3:16; 12:3; 15:2, 5; 18:19), el mar del Arabá (Dt 3:17; 4:49; Jos 3:16; 12:3; 2 Re 14:25), o el mar Oriental (Ez 47:18; Jl 2:20; Za 14:8). El nombre «mar Muerto» aparece en la literatura griega desde comienzos del

siglo I d. C.[93], y parece haber sido introducido en la tradición cristiana por la obra de San Jerónimo[94]. Con una superficie de agua aproximadamente 420 m por debajo del nivel del mar (¡y que se hunde más cada año!), el mar Muerto es por lejos la depresión continental más baja del mundo. A modo de comparación, la gran depresión de Turfán —por lo demás el punto más bajo en altitud de Asia continental— está a unos 150 m por debajo del nivel del mar. El punto más bajo en África (la depresión de Qattara en el Sahara) se hunde hasta una profundidad de -156 m. El punto más bajo en América del Norte (el valle de la Muerte en California) está a 86 m por debajo del nivel del mar.

El mar Muerto es un lago terminal (carece de acceso a los océanos) que mide aproximadamente 15 km de ancho, 80 km de largo, y logra una profundidad algo mayor a 300 m en cierto punto de su cuenca norte. [**Ver mapa 15**]. A modo de agudo contraste, la poco profunda cuenca sur carece de agua en la actualidad, pero casi con certeza tenía un mínimo de 3 a 9 m de agua durante todo el período de la era bíblica[95]. La extrema elevación negativa del mar Muerto genera una cuenca de captación vasta y extensiva de aproximadamente 69.930 kilómetros cuadrados, convirtiéndolo en el sistema hidrológico de mayor área del Levante[96]. [**Ver mapa 18**]. Antes de la construcción de diques y el excavado de canales de sifón en su área de captación durante el siglo XX[97], el mar Muerto habría recibido una descarga total estimada de 2,757 mil millones de metros cúbicos de agua anualmente que habría requerido un promedio diario de evaporación de aproximadamente 5,47 millones de metros cúbicos para mantener un equilibrio en el nivel del agua. La entrada anual de agua solamente del sistema del río Jordán, antes de que se llevaran a cabo estos esfuerzos modernos de conservación, era de aproximadamente 1,335 mil millones de metros cúbicos, lo que significa que para la mayor parte de la antigüedad bíblica el Jordán Inferior habría corrido con un volumen aproximado al de los actuales ríos Colorado o Susquehanna, mientras que hoy es apenas un hilo de agua.

El mar Muerto es también el lago más hipersalino del mundo. La salinidad promedio del océano es del 3,5 por ciento. El Gran Lago Salado es alrededor del 18 por ciento sal, y la bahía Shark en Australia contiene un poco más del 20 por ciento de salinidad. Sin embargo, varios factores se combinan para crear una salinidad del agua en el mar Muerto que fluctúa entre el 26 y el 35 por ciento: (1) está alimentado por ciertos arroyos particularmente salinos que corren por suelos nitrosos y manantiales sulfurosos; (2) está contaminado por la infusión de sales químicas que se hallan en la falla geológica subyacente (cloruro de sodio, cloruro de calcio, cloruro de potasio, bromuro de magnesio); y (3) está expuesto a la contaminación erosiva del monte Sodoma, un tapón de sal de mina muy profundo y enormemente cavernoso que se extiende 8 km a lo largo de su costa suroccidental. El elevado contenido de sal impide la vida acuática en el mar Muerto, salvo por unos pocos microorganismos (bacterias simples, algas rojas y verdes, protozoos) que se han descubierto recientemente[98].

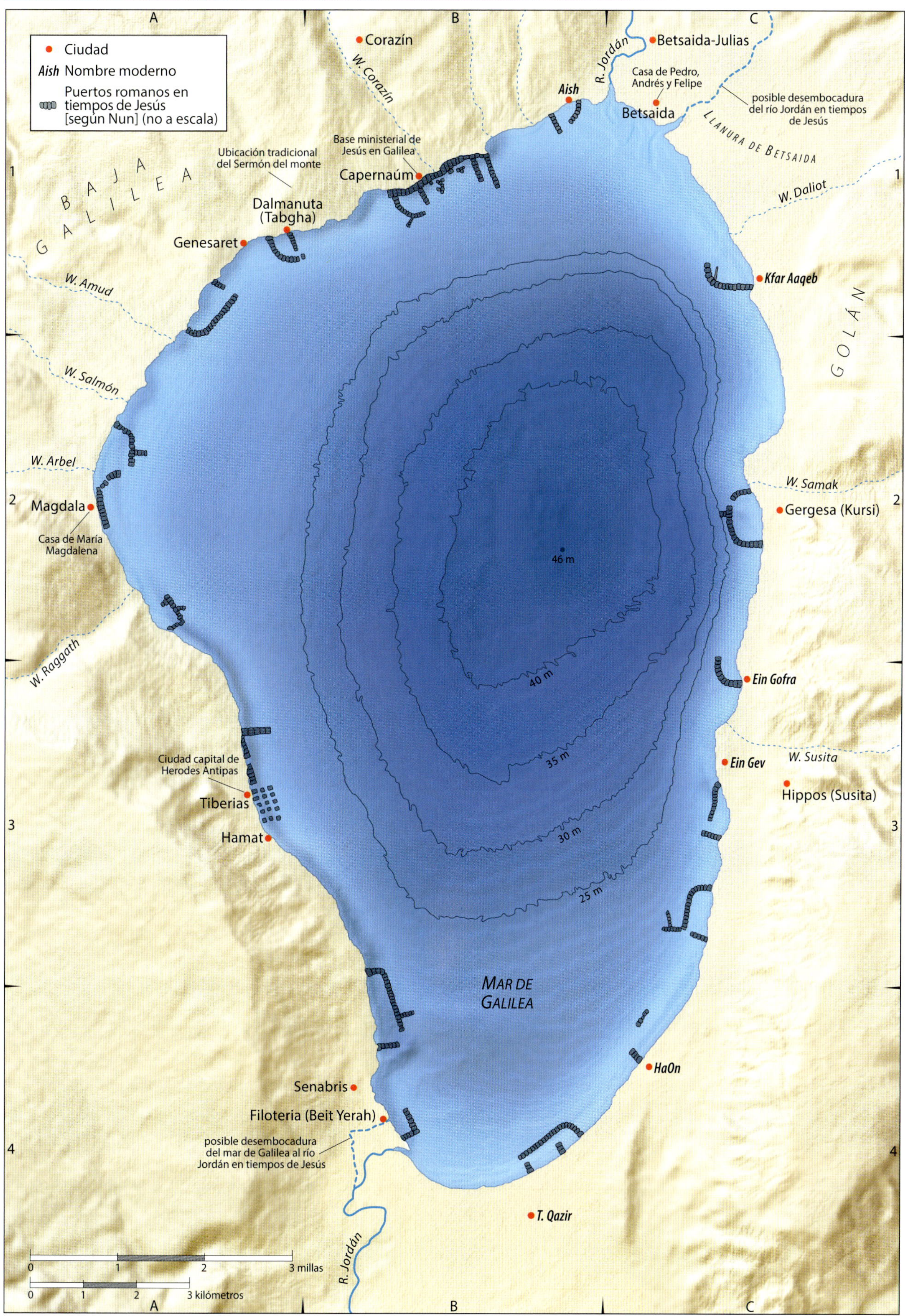
Ciudad
Aish Nombre moderno
Puertos romanos en tiempos de Jesús [según Nun] (no a escala)
A
B
C
Corazín
Betsaida-Julias
W. Corazín
R. Jordán
Aish
Casa de Pedro, Andrés y Felipe
Betsaida
posible desembocadura del río Jordán en tiempos de Jesús
LLANURA DE BETSAIDA
1
Ubicación tradicional del Sermón del monte
Base ministerial de Jesús en Galilea
Capernaúm
W. Daliot
BAJA GALILEA
Dalmanuta (Tabgha)
Genesaret
W. Amud
Kfar Aaqeb
GOLÁN
W. Salmón
W. Arbel
W. Samak
2
Magdala
Casa de María Magdalena
Gergesa (Kursi)
46 m
W. Raggath
40 m
Ein Gofra
35 m
Ciudad capital de Herodes Antipas
Ein Gev
W. Susita
Tiberias
Hippos (Susita)
3
Hamat
30 m
25 m
MAR DE GALILEA
HaOn
Senabris
Filoteria (Beit Yerah)
posible desembocadura del mar de Galilea al río Jordán en tiempos de Jesús
T. Qazir
R. Jordán
4
0   1   2   3 millas
0   1   2   3 kilómetros
A
B
C

No obstante, en diferentes ocasiones a lo largo de la
historia, los minerales del mar Muerto han sido la causa
de que el territorio que lo rodea aumentara de valor. Un
producto valorado desde por lo menos el período Neolítico[99]
es el bitumen, un tipo de petróleo endurecido por evaporación y oxidación, utilizado para sellar y adherir superficies,
confeccionar cestas, para la medicina y en la fabricación de
ladrillos de barro. El bitumen del mar Muerto se utilizaba
como agente de conservación de las antiguas momias egipcias[100]. Durante la era del Nuevo Testamento, el comercio del
bitumen del mar Muerto estuvo controlado por los nabateos,
y se ha sugerido que el deseo de Cleopatra de gobernar el área
alrededor del mar Muerto fue motivado por su intención de
controlar el comercio del bitumen.

También tenía gran demanda el bálsamo del mar Muerto,
el perfume y la medicina más preciados en el mundo clásico[101].
Se dice que Galeno, el destacado médico del siglo II d. C.
asociado con el famoso Asclepión en Pérgamo, viajó desde
su hogar en Asia Menor hasta el mar Muerto con el expreso
propósito de regresar con el «verdadero bálsamo»[102]. Otro
mineral del mar Muerto, el cloruro de potasio, se hizo popular
en el siglo XX por su utilización en la fabricación de ferti-
lizantes químicos. Entretanto, bañarse en los manantiales
termo-minerales a lo largo del mar Muerto se ha convertido
en un tratamiento popular para diversas enfermedades de
la piel, especialmente la soriasis[103]. En ese sentido, se podría
decir que el mar Muerto ha estado volviendo a la vida en
épocas recientes.

No obstante, en la antigüedad la ominosa descripción
del abismo del mar Muerto se reflejaba en las páginas de las
Escrituras. La destrucción de Sodoma y Gomorra (Gn 19)
ocurrió en estrecha proximidad con este mar. [**Ver mapa 15**].
Aunque la naturaleza exacta de la destrucción derramada
sobre las dos ciudades se ha
interpretado ya sea como
una erupción volcánica
o como una explosión
espontánea de bolsones
subsuperficiales de suelo
impregnado de bitumen,
los pilares de sal kárstica
(conocidos como «la esposa
de Lot») son un fenómeno
frecuente en la zona del
mar Muerto. No es de
sorprender que el desierto
inhóspito alrededor del mar
Muerto hubiera provisto

un refugio adecuado para el fugitivo David (1 Sm 21–31), así
como para los esenios de Qumrán y los judíos insurgentes
marginados de la primera rebelión judía. [**Ver mapa 15 para
las ubicaciones de los descubrimientos de los textos del
mar Muerto**]. Fue en un paraje igualmente inhóspito donde
Jesús fue confrontado con las tentaciones (Mt 4:1-11); tal vez
ese entorno desolador contribuyó a la angustia que sintió. Por
otra parte, el profeta Ezequiel (47:1-12; *cf.* Za 14:8) previó un
tiempo en que aun las aguas salobres del mar Muerto serán
recreadas frescas y su naturaleza desolada e inánime llegará a
rebosar de vida.

Comenzando con la Sebkha («pantanos de sal») al sur
del mar Muerto, la gran fosa tectónica forma una depresión
redondeada que se estrecha hacia el golfo de Aqaba. Allí
comienza a ensancharse nuevamente hacia el mar Rojo, y el
golfo se ve flanqueado por pendientes escarpadas y acantilados elevados que se alzan a más de los 760 m. Es más,
hay depresiones en el golfo de Aqaba a no más de 1,6 km de
distancia de aquellos acantilados, donde la profundidad del
agua excede los 1800 m[104].

MESETA TRANSJORDANA

La cuarta y más oriental zona fisiográfica se conoce como
la meseta transjordana. La región de la meseta flanquea
inmediatamente el Arabá y se la designa en la Biblia como
«más allá del Jordán» (Gn 50:10; Nm 22:1; Dt 1:5; Jos 1:14;
1 Sm 31:7; 1 Cr 12:37). En conjunto, la topografía física
de Transjordania es más uniforme en carácter que la
de Cisjordania[105].

La elevada altiplanicie transjordana se extiende por
unos 400 km (desde el monte Hermón hasta el mar Rojo),
tiene entre 50 y 130 km de ancho, y se eleva a altitudes de
más de 1500 m sobre el nivel del mar. [**Ver mapa 8**]. Sus

El inhóspito desierto de Judea desciende
precipitadamente hacia el mar Muerto.
Como registro de la escala, observe
un camino moderno tallado en la
topografía vertical.

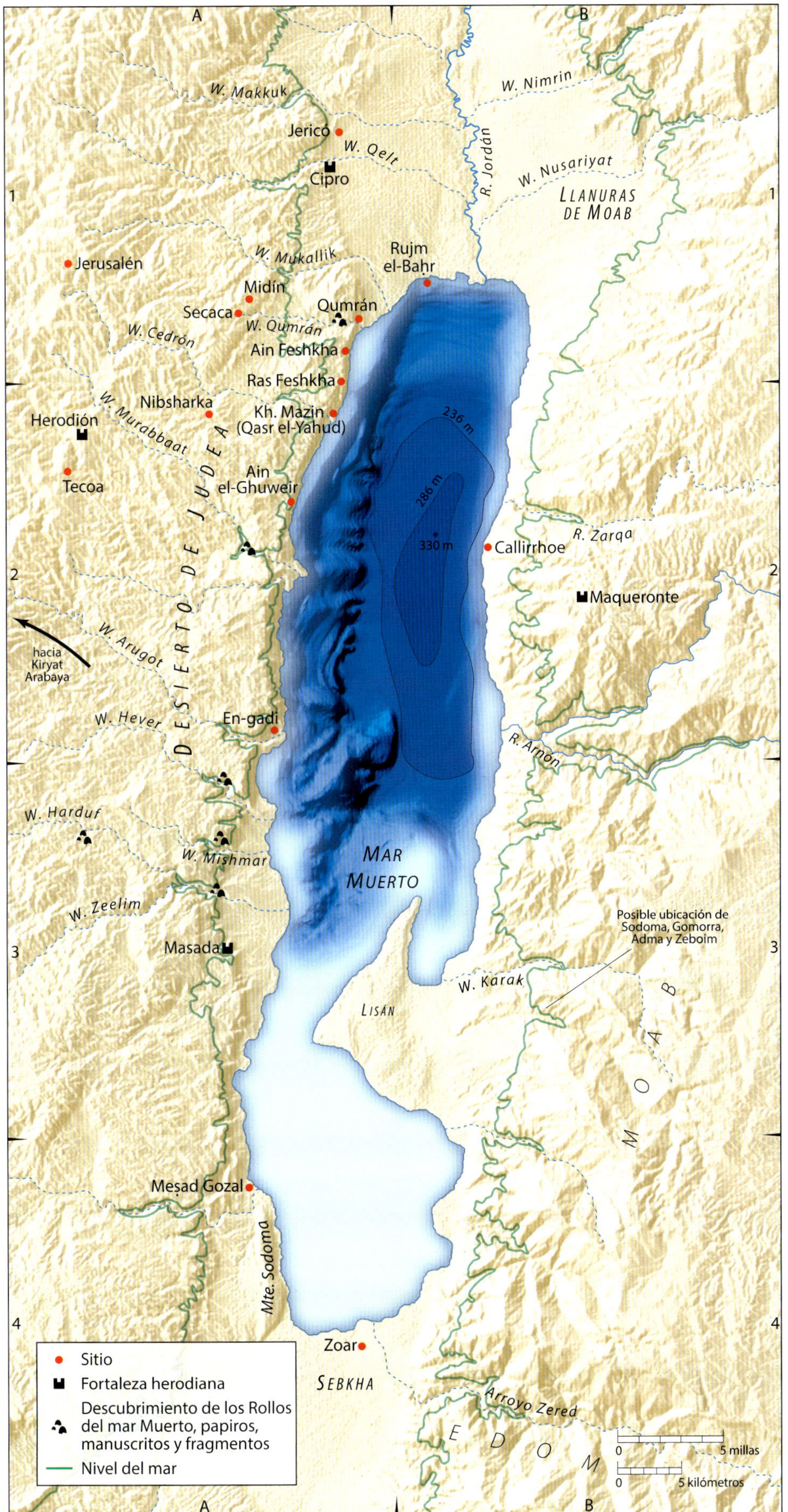

precipitaciones abundantes han cavado cuatro profundos desfiladeros mayormente laterales, por donde corren los ríos Yarmuk, Jaboc, Arnón y Zered. Cubriendo una base de arenisca que está expuesta en esas cuatro barrancas cavernosas y en unas pocas secciones al sur, la superficie de Transjordania se compone principalmente de caliza en el norte, con una delgada cubierta de basalto al norte del Yarmuk. [**Ver mapa 16**]. Las tierras altas continúan hacia el sur con afloramientos de granito que forman la pared oriental del Arabá. Por esa razón, en la estación agrícola las regiones del norte de Transjordania son fértiles, ya que el suelo mejor regado puede producir grandes cantidades de diversos granos, especialmente trigo (*cf.* Am 4:1-3). Durante el período romano, esta región fue el granero de toda la provincia sirio-palestina.

Al oriente de la principal divisoria de aguas, que se halla aproximadamente a una altura de 900 m y a una distancia de entre 25 y 65 km del valle tectónico del Jordán, se desarrolla una transición un tanto abrupta desde la estepa al desierto Oriental. Muchas partes del domo de Galaad, por ejemplo, son ricas en arroyos y manantiales con buena agua potable, mientras que al oriente de la divisoria de aguas se hace necesario tener cisternas. La exuberancia estacional de los campos de grano da lugar a pastos cortos intermitentes donde los animales de nómadas migrantes buscan alimento.

ES UNA TIERRA DESPROVISTA

La tierra asignada al Israel bíblico tiene escasos recursos físicos y económicos[106]. Prácticamente no contiene metales preciosos (salvo pequeñas cantidades de mineral de cobre de baja calidad y un poco de hierro y manganeso), y una muy limitada gama de minerales (varias evaporitas del mar Muerto). En el moderno Neguev se ha descubierto gas natural. A pesar de las repetidas afirmaciones en contra, no se han hallado yacimientos significativos de petróleo[107]. La región posee escasos recursos en madera dura, y carece de suficiente provisión de agua dulce. (Ver las secciones siguientes con relación a la hidrología y la forestación).

LA GEOLOGÍA DEL TERRITORIO

El panorama general de la historia geológica del territorio se puede reconstruir a partir de las formaciones rocosas que afloran principalmente en las áreas al sur del mar Muerto en el Sinaí oriental, en las paredes del Arabá, en los cañones cortados por los ríos de Transjordania y por las rocas halladas gracias a los modernos esfuerzos de barrenar. [**Ver mapa 16**]. Esta evidencia sugiere una actividad generalizada de gran proporción y complejidad, demasiado complicada para un trato completo aquí. No obstante, ya que el relato de cómo Dios preparó esta tierra para su pueblo está intrincadamente relacionada con la formación de las montañas y los valles (Dt 8:7; 11:11; Sal 65:6; 90:2; *cf.* Ap 6:14), lo que sigue es un bosquejo breve y simplificado de los procesos por los que este paisaje parece haber pasado en su formación.

> Tú pusiste la tierra sobre sus cimientos,
> para que jamás pueda ser sacudida.
> La cubriste con el abismo como con un vestido,
> las aguas estaban paradas sobre los montes.
> Pero ante tu represión las aguas huyeron;
> ante el sonido de tus truenos se dieron a la fuga.
> Los montes ascendieron, y los valles se hundieron
> al lugar que les asignaste.
> Estableciste un límite que no pueden cruzar,
> para que jamás vuelvan a cubrir la tierra.
> (SALMO 104:5-9)

Toda esta región yace sobre el borde desmenuzado de una antigua masa continental sobre la que descansan ahora Arabia y el nororiente de África. Capas sucesivas de formaciones de arenisca fueron depositadas sobre una plataforma de rocas ígneas (volcánicas) metamórficas: granito, pórfido, diorita y similares. Evidentemente, los sectores sur y oriental del territorio estuvieron expuestos a este proceso de depósito durante períodos más largos y frecuentes. Las formaciones de arenisca en el suroriente de Transjordania llegan a varios cientos de metros, mientras que son mucho más delgadas en el norte y en Cisjordania.

Más tarde, en lo que los geólogos denominan la «gran transgresión cretácica», toda la región fue gradual y repetidamente sumergida en agua de un océano, del que el actual mar Mediterráneo es un mero vestigio. Este evento —en realidad, una serie recurrente de transgresiones causadas por movimientos lentos en la superficie de la tierra— depositó diversas variedades de formaciones de caliza. Entre sus resultados son la mayoría de las rocas expuestas actualmente en Cisjordania, incluyendo los depósitos cenomaniano, turoniano, senoniano y eoceno.

Por regla general, los depósitos cenomanianos son los más duros porque contienen las mayores concentraciones de sílice y calcio. Por lo tanto, son los más resistentes a la erosión (y, en consecuencia, permanecen en las mayores elevaciones) pero al disolverse forman suelos de erosión de mayor calidad (p. ej., «terra rosa» o suelos rojos). [**Ver mapa 17**]. Son más impermeables al agua, lo cual los convierte en un excelente formador de manantiales y cisternas, y son mejores para los propósitos arquitectónicos. En contraste, los depósitos senonianos son más blandos y, por lo tanto, susceptibles a erosión comparativamente rápida. Se disuelven para formar suelos químicamente más pobres y se hallan en elevaciones más bajas y planas. Las formaciones eocenas son más calcáreas y están mezcladas con capas de sílex oscuro y duro, a veces entrelazado con finas láminas de chert de sílice casi puro. No obstante, donde tienen un alto contenido de calcio, como en la Sefela, las calizas eocenas erosionan en suelos aluviales pardos. Los depósitos aluviales pardos son teóricamente menos ricos que la terra rosa, pero permiten una gama más amplia de cultivos y árboles, son más fáciles de labrar y menos afectados por la escorrentía y, por lo tanto, tienen depósitos más profundos y de textura más densa.

En una palabra entonces, de las formaciones cenomanianas (y también de las turonianas) emergen montañas, a veces elevadas y escarpadas, haciéndolas atractivas para los mamposteros y los citadinos que buscan seguridad. Al erosionar, las formaciones eocenas pueden formar tierras bajas fértiles, haciéndolas atractivas para agricultores y cultivadores de viñas, y los depósitos senonianos erosionan en valles planos, muy apreciados por los viajeros. Una comparación de los **mapas 16 y 27** mostrará cómo muchas de las estrechas depresiones senonianas han provisto vías de tránsito en el Levante (p. ej., del occidente del lago Hule hasta el mar de Galilea; el ascenso a Bet-horón; los pasos del monte Carmelo a Jocneam, Meguido y Taanac; la fosa que separa la Sefela de la cadena central; y la depresión diagonal de Siquem a Bet-sán).

El acto final del gran drama cretácico incluyó la creación de un gran lago, llamado Lisán. Inundó el terreno del valle del Jordán que estuviera más bajo que 200 m debajo del nivel del mar: el área desde el extremo norte del mar de Galilea hasta un punto aproximadamente 40 km al sur del actual mar Muerto. Formado durante un período pluvial en el que hubo precipitaciones excesivamente torrenciales y extendidas, este lago salobre fue responsable de depositar alrededor de 150 m de los estratos sedimentarios que se hallan en el terreno que cubrió. Durante el mismo tiempo, los ríos transjordanos también cavaron sus espectaculares y profundos cañones. A medida que disminuyeron gradualmente las lluvias y la evaporación bajó el nivel del lago Lisán, miles de láminas muy delgadas de marga de Lisán cargadas de sal fueron quedando gradualmente al descubierto. Mezclados alternadamente con roca de yeso y calcita oscura,

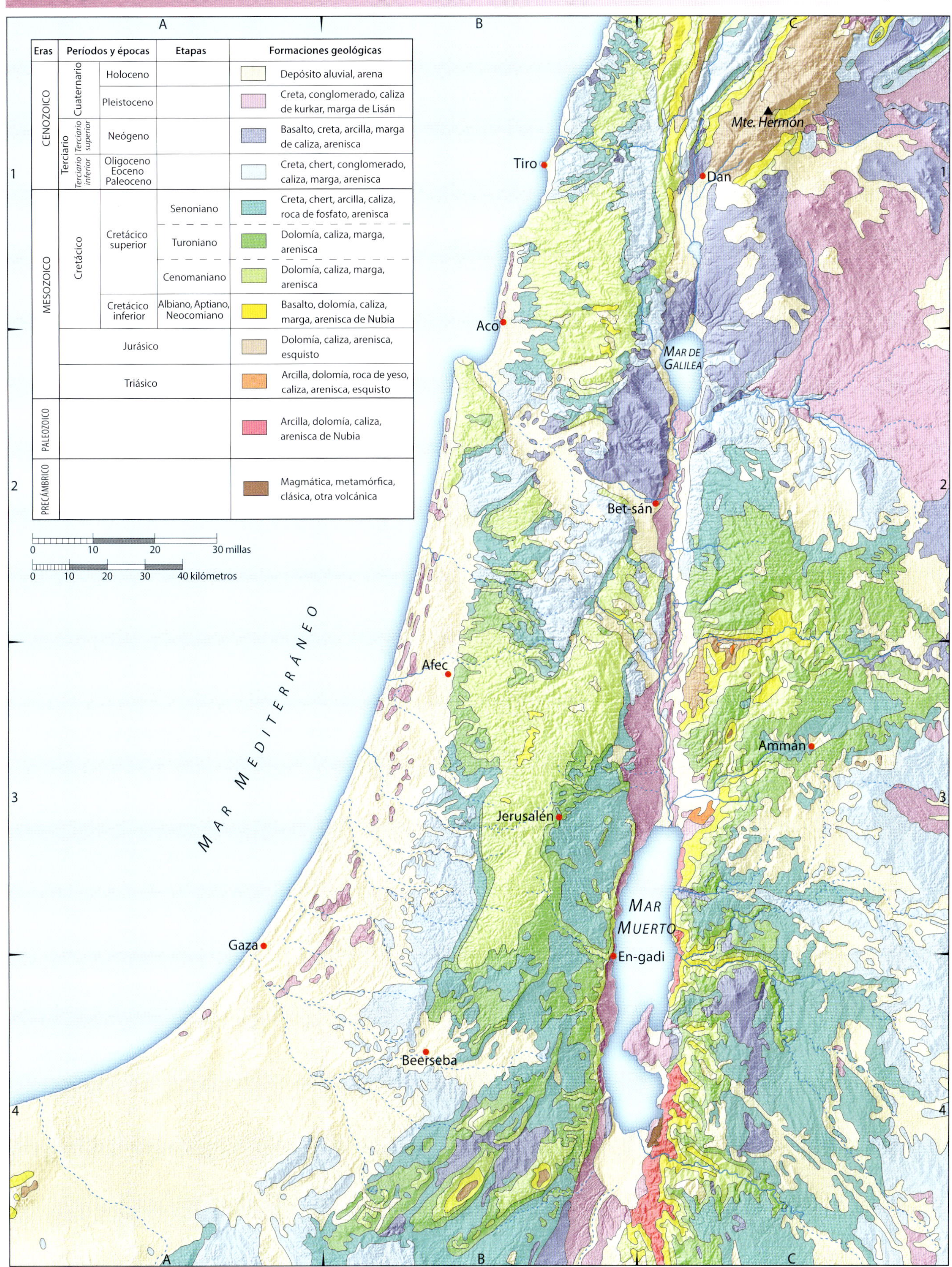
Geología de Palestina

Eras	Períodos y épocas		Etapas	Formaciones geológicas
CENOZOICO	Cuaternario	Holoceno		Depósito aluvial, arena
		Pleistoceno		Creta, conglomerado, caliza de kurkar, marga de Lisán
	Terciario / Terciario superior	Neógeno		Basalto, creta, arcilla, marga de caliza, arenisca
	Terciario / Terciario inferior	Oligoceno Eoceno Paleoceno		Creta, chert, conglomerado, caliza, marga, arenisca
MESOZOICO	Cretácico	Cretácico superior	Senoniano	Creta, chert, arcilla, caliza, roca de fosfato, arenisca
			Turoniano	Dolomía, caliza, marga, arenisca
			Cenomaniano	Dolomía, caliza, marga, arenisca
		Cretácico inferior	Albiano, Aptiano, Neocomiano	Basalto, dolomía, caliza, marga, arenisca de Nubia
	Jurásico			Dolomía, caliza, arenisca, esquisto
	Triásico			Arcilla, dolomía, roca de yeso, caliza, arenisca, esquisto
PALEOZOICO				Arcilla, dolomía, caliza, arenisca de Nubia
PRECÁMBRICO				Magmática, metamórfica, clásica, otra volcánica

0   10   20   30 millas
0   10   20   30   40 kilómetros

MAR MEDITERRÁNEO

Tiro
Dan
Mte. Hermón
Aco
MAR DE GALILEA
Bet-sán
Afec
Amman
Jerusalén
MAR MUERTO
Gaza
En-gadi
Beerseba

estos estratos tan delgados como papel son hoy en día la característica predominante de la fosa sur y la parte norte del Arabá. Este período pluvial también depositó una gruesa acumulación de esquisto en la llanura costera y creó las crestas de kurkar que se alinean en la costa mediterránea. Depósitos más recientes incluyen capas de aluviales arenosos (por la erosión del agua) y loess (por la erosión del viento), ambos característicos de la actual llanura costera.

LA HIDROLOGÍA DEL TERRITORIO

No es coincidencia que el principal dios de Egipto (Amón-Ra) era una deidad solar, al igual que la cabeza del panteón mesopotámico (Merodac)[108]. En contraste, el gran dios de Canaán (Baal) era un dios de la lluvia/la fertilidad. Aquí radica una historia con consecuencias de largo y profundo alcance para cualquiera que deseara vivir en Canaán, una historia que controlaba buena parte de la cosmovisión cananea y a veces también llegó a absorber el pensamiento israelita. La historia es un reflejo directo de ciertas realidades hidrológicas de esta tierra.

Dicho sencillamente, jamás se necesita que llueva en Egipto ni en Mesopotamia. Cada una de esas antiguas tierras estaba dotada de la rica herencia de un gran río. Del Nilo y del Éufrates respectivamente, las civilizaciones egipcia y mesopotámica tomaban su sustento para vivir, regaban sus cultivos y proveían de agua a sus rebaños y manadas. Cada uno de esos ríos ofrecía una vasta provisión de agua dulce, más de la que jamás pudieran haber consumido las sociedades que estos alimentaban y sustentaban. Mientras hubiera suficientes precipitaciones cientos de kilómetros más allá en las montañas de Etiopía y Uganda (para el Nilo) y en las ásperas tierras altas del oriente de Turquía (para el Éufrates), jamás se necesitaba que lloviera en Egipto ni en buena parte de Mesopotamia. Y en realidad, ¡rara vez lo hacía! La supervivencia en esos lugares dependía de la provisión de los ríos que se podían controlar y explotar dentro del entorno invernadero que se generaba a lo largo de sus orillas por el calor del sol.

En Canaán, en agudo contraste, la supervivencia dependía precisamente de las lluvias. En esta tierra no había grandes ríos, y los mínimos recursos ribereños que había eran incapaces de satisfacer las necesidades de los habitantes. Es cierto que el río Jordán atravesaba el territorio, pero al sur del mar de Galilea estaba a una elevación tan baja y tan densamente cargado de sustancias químicas que su potencial nutritivo estaba esencialmente perdido para la sociedad cananea. A pesar de la tendencia histórica de que las civilizaciones surgieron a la orilla de los ríos, el Jordán se halla como una conspicua excepción[109].

Aparte del Jordán, Canaán poseía solo un hilo de agua fresca subterránea. [**Ver mapa 18**]. El río Yarkón, que surge de manantiales cerca de Afec y desemboca en el Mediterráneo justo al norte de Jope, producía suficiente humedad en la antigüedad como para forzar la travesía hacia su lado interior, pero no fue hasta el siglo xx que finalmente se aprovecharon sus recursos. El río Cisón, que drena parte del valle de Jezreel antes de descargar en el Mediterráneo en la llanura de Aco, es poco más que un arroyo la mayor parte del año. Y el río Harod, que entra al Jordán frente a Bet-sán, surge de un único manantial al pie del monte Gilboa. Así era que los cananeos, e incluso la comunidad del pacto de Dios, experimentarían en esa tierra la supervivencia o la muerte, el éxito o el fracaso de sus cultivos, la fertilidad o la sequía, precisamente como consecuencia de tormentas que pudieran depositar su lluvia sobre una tierra que de otra manera era incapaz de sostener la existencia humana.

Es un patrón recurrente, casi a modo de fórmula, que los autores de las Escrituras predicaran que la fe produce bendición mientras que la falta de fe resulta en condenación. Tal vez nada recalcaba tan convincentemente este patrón como la dependencia de la lluvia. Por ejemplo, no mucho después del comienzo de la existencia nacional de Israel en el Sinaí, el pueblo fue instruido sobre las consecuencias de la fe: «Si ustedes [...] cumplen mis mandamientos [...] entonces les daré lluvias en su estación, y la tierra producirá frutos [...] pero si no me escuchan [...] endureceré el cielo como el hierro y la tierra como el bronce [...] y su tierra no dará fruto» (Lv 26:3-20). Más tarde, cuando el pueblo estaba a punto de embarcarse en la misión de establecerse en Canaán, se les dio una de las más vívidas y completas descripciones de las propiedades hidrológicas de esa tierra. «La tierra a la que van a entrar para tomar posesión de ella no es como la tierra de Egipto de la que vienen, donde plantaban su semilla y la regaban con el pie [refiriéndose a cierto tipo de aparato para elevar agua operado con el pie o al sistema de irrigación de compuertas que podían levantarse con el pie permitiendo que el agua entrara a canales secundarios], como una huerta de vegetales; más bien la tierra que van a tomar en posesión es una tierra de valles y montes, que recibe agua de lluvia del cielo, una tierra que el Señor su Dios mismo cuida; los ojos del Señor su Dios están puestos sobre ella todo el año, de comienzo a fin» (Dt 11:10-12). El autor bíblico procedió luego a conectar la fe con la fertilidad (vv. 13-17). Efectivamente, su mensaje era que si el pueblo de Israel obedecía los mandamientos de Dios, este les enviaría tanto las lluvias tempranas como las tardías, para que el pueblo pudiera cosechar grano y producir vino y aceite. Por otro lado, si su corazón mostraba falta de fe, Dios cerraría los cielos en su ira y no habría lluvia. Parece claro, entonces, que la fertilidad de esa tierra estaba en función de la fe, y que la vida misma en ese territorio particular se ponía en riesgo por la falta de lluvia, con su consiguiente sequía y hambre.

Además, ambos pasajes anteriores claramente expresan un tema que se repite en muchos otros pasajes, en cada sección y género de la literatura bíblica: es Dios quien, en su benevolencia, sostiene la vida en la tierra prometida al otorgar la bendición de la lluvia (p. ej., Dt 28:12; 2 Cr 7:13-14; Jb 5:10; 28:25-26; 36:27-28; Sal 65:9-13; 135:7; 147:8, 18; Is 30:23-25; Ez 34:26; Os 6:3; Am 9:6; Za 10:1; Ml 3:10; Mt 5:45; Hch 14:17; Hb 6:7). De manera similar, está dentro de la prerrogativa soberana de Dios retener la lluvia como señal de su desagrado y su juicio (p. ej., Dt 28:22-24; 1 Re 8:35-36; 17:1; 2 Cr 6:26-27; Jb 12:15; Is 5:6; Jr 3:3; 14:1-6; Am 4:7-8; Za 14:17)[110]. Parece que esta realidad teológica fue utilizada por los autores de las Escrituras precisamente por las dinámicas implicaciones hidrológicas que

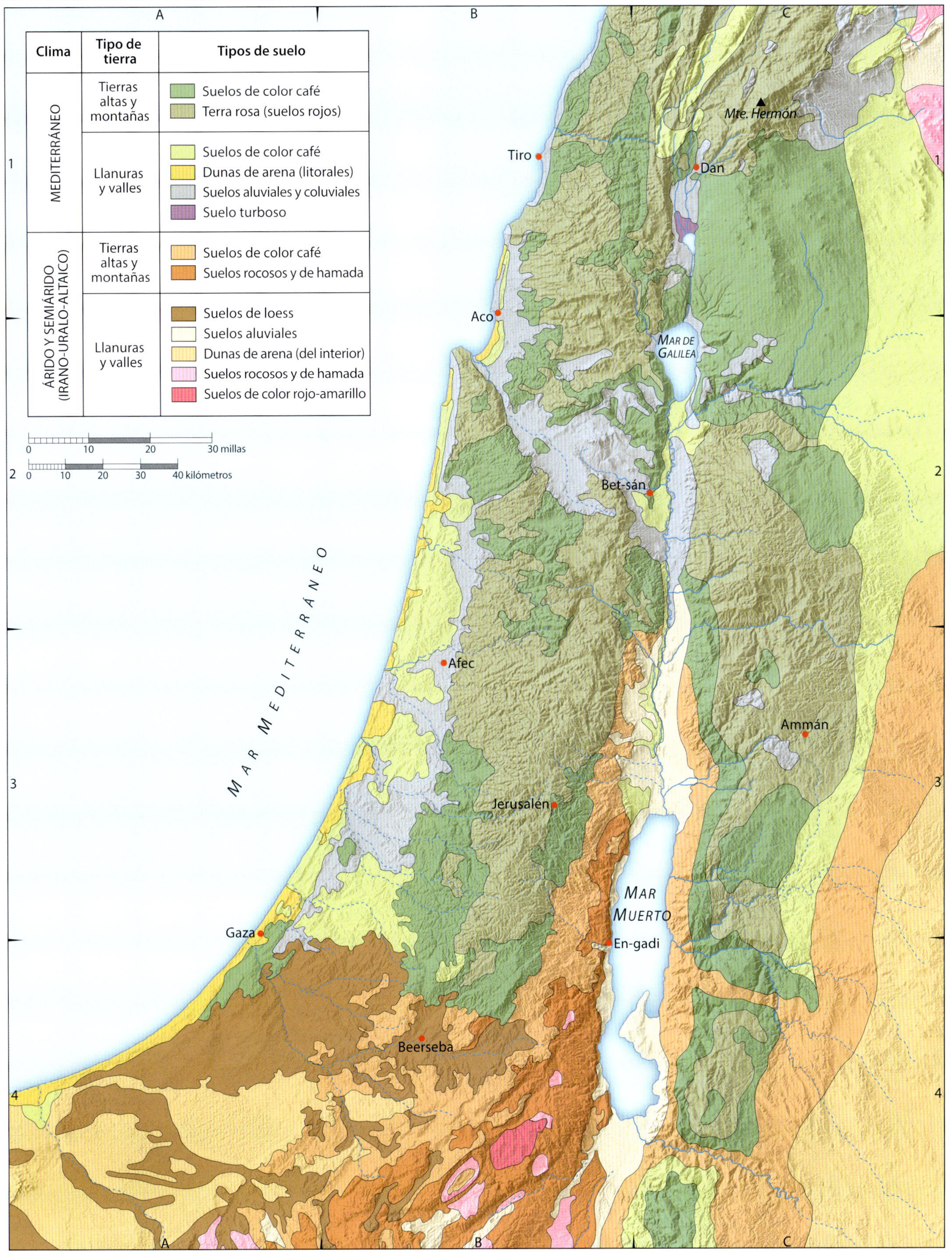
Clima
Tipo de tierra
Tipos de suelo

MEDITERRÁNEO

Tierras altas y montañas
Suelos de color café
Terra rosa (suelos rojos)

Llanuras y valles
Suelos de color café
Dunas de arena (litorales)
Suelos aluviales y coluviales
Suelo turboso

ÁRIDO Y SEMIÁRIDO (IRANO-URALO-ALTAICO)

Tierras altas y montañas
Suelos de color café
Suelos rocosos y de hamada

Llanuras y valles
Suelos de loess
Suelos aluviales
Dunas de arena (del interior)
Suelos rocosos y de hamada
Suelos de color rojo-amarillo

0 10 20 30 millas
0 10 20 30 40 kilómetros

A
B
C

1
2
3
4

Tiro
Dan
Mte. Hermón
Aco
MAR DE GALILEA
Bet-sán
MAR MEDITERRÁNEO
Afec
Ammán
Jerusalén
MAR MUERTO
Gaza
En-gadi
Beerseba

hubieran sido más que evidentes para cualquiera que intentara sobrevivir en Canaán. Para el antiguo israelita, la lluvia era un factor providencialmente condicionado[111].

En algunas ocasiones en la historia de Israel, Dios estaba tan disgustado con la conducta del pueblo que les retiró tanto la lluvia como el *rocío* (p. ej., 1 Re 17:1; Hag 1:10-11; *cf.* Gn 27:39; 2 Sm 1:21; Is 26:19; Os 14:5; Jb 29:19)[112]. Con seguridad pocos agricultores norteamericanos o europeos experimentan el éxito de su cultivo principalmente por la presencia de rocío. Pero en el antiguo Israel, donde el agua era escasa y no disponible salvo desde el cielo, en ciertas estaciones el crecimiento de los cultivos dependía totalmente de la formación de rocío. Esto era especialmente cierto cuando los higos y las uvas estaban comenzando a madurar a comienzos del otoño, justo antes del comienzo de las «primeras lluvias»[113]. En circunstancias normales, la llanura costera al sur de Gaza, el valle central de Jezreel (Jc 6:36-40), los altos del monte Carmelo, y el Neguev occidental experimentan alrededor de 250 noches de rocío anualmente[114].

Algunos estudiosos han llegado a afirmar, con toda razón, que la interrelación entre las precipitaciones, la fe y la vida puede ser la mejor explicación de por qué los israelitas, habiendo cruzado el río Jordán y establecido su residencia en Canaán, podían apostatar completamente con tanta rapidez. Probablemente ninguna generación de israelitas viviendo antes de la época de Cristo haya experimentado milagros divinos más convincentes que la que participó en el asentamiento de la tierra. Sin embargo, sus hijos y sus nietos se enamoraron rápida y totalmente del dios Baal y del culto cananeo de Baal (Jc 6:25-32; 1 Sm 4:5-8; 1 Re 16:32-33; 19:10-14), y su sincretismo se convirtió en el lamentable tema recurrente del libro de Jueces. Esa generación posterior hizo caso omiso de las exhortaciones proféticas, y pronto llegaron a ser como los cananeos: gente que procuraba garantizar las lluvias suficientes por medio de la práctica del culto a la fertilidad.

El culto cananeo a Baal se basaba en una cosmovisión cíclica (no lineal), en la que el mundo de los fenómenos, es decir, las fuerzas de la naturaleza, se personificaban. De manera que los partidarios del culto a Baal no podían percibir que las estaciones del año eran rítmica y mecánicamente regulares. Percibían lo que era variación y recurrencia en términos de luchas cósmicas. Cuando comenzaba la estación seca de la primavera con el consiguiente fin de las lluvias y la muerte de la vegetación, interpretaban erróneamente que el dios de la esterilidad (Mot) había asesinado a su oponente, Baal. A la inversa, cuando comenzaban a caer las primeras lluvias de otoño permitiendo que se sembraran las semillas que más tarde producirían las cosechas, el culto a Baal infería erróneamente que el dios de la fertilidad (Baal) había resucitado y recuperado su dominación.

Además, la inhabilidad del culto a Baal de percibir que las variaciones estacionales estaban gobernadas por la certeza de la ley natural llevó a la creencia de que el resultado de las luchas cósmicas era impredecible y podía ser manipulado por los humanos. Por lo tanto, cuando los cananeos querían que sus dioses realizaran ciertos actos, pensaban que podían

persuadirlos llevando a cabo las acciones correspondientes en un escenario de culto, una práctica que hoy se conoce como «magia empática». Para ellos, el triunfo continuo de Baal equivalía a tener asegurada la fertilidad permanente. Este deseo dio lugar a la práctica de la prostitución sagrada. Las acciones de prostitutas y prostitutos sagrados se consideraban esenciales para anticipar, inducir y participar en las relaciones sexuales de Baal con la tierra. (Percibían la lluvia como el semen de Baal). Según el culto cananeo a la fertilidad, si Baal triunfaba, las mujeres serían fértiles, los rebaños y las manadas se reproducirían en abundancia, y los campos estarían repletos de grano.

Los profetas, comenzando con Moisés, arremetían contra la adopción generalizada de esa abominación (Dt 4—26; *cf.* Jr 2:7-8, 22-23; 11:13; Os 4:12-14; Mi 1:7). Pero a pesar de todas las advertencias, la realidad hidrológica de la tierra aparentemente llevó a los israelitas a suponer que ellos también necesitaban los ritos cananeos para sobrevivir en un lugar tan dependiente de las lluvias (1 Sm 12:2-18; 1 Re 14:22-24; 2 Re 23:6-7; 2 Cr 15:16; Jr 3:2-5; Ez 8:14-15; 23:37-45). Pronto Israel comenzó a atribuir las bendiciones de la tierra a Baal y no a Yahveh (Is 1:3-9; Jr 2:7; Os 2:5-13), y con el tiempo los israelitas hasta comenzaron a llamar «Baal» a Yahveh (Os 2:16). El tema bíblico recurrente de «prostituirse» representaba muchísimo más que una simple metáfora teológica (Jc 2:17; 8:27, 33; 1 Cr 5:25; Ez 6:9; Os 4:12; 9:1; *cf.* Dt 31:16; 1 Re 14:24; 2 Re 23:7). Además, al final, la adopción de esa degeneración contribuyó a la derrota y el exilio de Israel (p. ej., 1 Cr 5:26; 9:1; Sal 106:34-43; Jr 5:18-28; 9:12-16; 44:5-30; Ez 6:1-7; 33:23-29).

Es muy probable que la expresión característica utilizada con más frecuencia en la Biblia para describir la herencia de Israel —«una tierra donde fluyen leche y miel»— también aluda al tema de la dependencia de la lluvia. Los occidentales modernos son propensos a ver en esta metáfora una alusión a fertilidad exuberante y abundancia, a un verdadero paraíso o a un copioso Jardín del Edén, pero en realidad la expresión comunica algo muy distinto. Para comenzar, el «principio de la primera referencia» podría venir al caso en esta metáfora: cuando la expresión aparece por primera vez en el canon y la historia de Israel, se la emplea específicamente para mostrar la diferencia entre la vida de Israel en Egipto con lo que sería la vida en Canaán (Ex 3:8, 17). Y aunque la metáfora también se emplea para describir la tierra del pacto de Dios con Israel (Dt 6:3; 31:20; Jos 5:6; Jr 11:5), más adelante las Escrituras también utilizan la metáfora para repetir este agudo contraste entre Egipto y Canaán (p. ej., Dt 11:9-12; 26:8-9; Jr 32:21-23; Ez 20:6). El texto de Deuteronomio 11:8-17 en particular arroja luz sobre este aspecto: aquí la tierra de leche y miel es un lugar que será condicionalmente fértil en función de la fe, en contraste con la fertilidad garantizada de Egipto[115].

Los productos implicados también parecen señalar en una dirección opuesta a la fertilidad exuberante (*cf.* Is 7:15-25). La palabra para «leche» (*ḥâlâb*) se usa generalmente en referencia a la leche de cabra y de oveja (Ex 23:19; Dt 14:21; 1 Sm 7:9; Pr 27:26-27), muy rara vez a la de vaca (Dt 32:14), y nunca a la de camello. La palabra para «miel» (*dᵉbaš*)

A
B
C
Monte
Divisoria de aguas (superficiales)
Vados del río Jordán
Arroyos superficiales van hacia el mar Mediterráneo
Arroyos superficiales van hacia el mar Muerto
0   10   20   30 millas
0   10   20   30   40 kilómetros
R. Abaná
MTES. DEL LÍBANO
MTES. DEL ANTILÍBANO
Otra divisoria de aguas
R. Litani
Hasbani (Senir)
Dan/Leddan (Qadí)
Ayun (Bareighit)
Mte. Hermón (2814 m)
R. Farfar
Banias (Hermón)
MTES. DE GALILEA
Lago Hule (+91 m)
J. Yarmuk (1208 m)
W. Amud
MAR DE GALILEA (-212 m)
Mte. Carmelo (546 m)
R. Cisón
Mte. Tabor (588 m)
R. Yarmuk
Mte. More (515 m)
R. Harod
Mte. Gilboa (497 m)
W. Yabis
J. Umm ed-Darraj (1247 m)
W. Siquem
MTES. DE EFRAÍN
R. Jordán
W. Kufrinja
Mte. Ebal (940 m)
W. Farah
DOMO
Mte. Gerizim (881 m)
R. Jaboc
DE GALAAD
R. Yarkón
MTES. DE BENJAMÍN
W. Ajalón
Baal Hazor (1016 m)
W. Makkuk
W. Nusariyat
W. Sorec
W. Suweinit
W. Husban
MTES. DE JUDEA
Mte. de los Olivos (903 m)
Mte. Nebo (802 m)
W. Ela
MTES. DE ABARIM
W. Guvrin
R. Zarqa
W. Shikma
MAR MEDITERRÁNEO
W. Arugot
MAR MUERTO (-396 m)
R. Arnón
Arroyo de Besor
Mte. Becá (501 m)
J. Khanzira (1236 m)
W. el-Arish
Arroyo Zered
1
2
3
4

de vez en cuando se usa para referirse a un jarabe o jalea hecho de uvas o dátiles o secretado por ciertos árboles, pero en este contexto casi con certeza se refiere a la miel de abejas. La palabra se utiliza específicamente con la de abejas (*deⁱbôrâ*, *cf.* Jc 14:8-9), y aparece junto con diversas palabras para panal (Pr 24:13; Ct 4:11; *cf.* 1 Sm 14:25-27; Sal 19:10; Pr 16:24; Ct 5:1). La antigua literatura egipcia describe a Canaán como un lugar que tiene su propio abasto de miel[116], una observación importante a la luz del hecho bien establecido de que la apicultura doméstica se conocía desde muy temprano en Egipto[117]. Excavaciones arqueológicas en 2007 en el moderno sitio de Rehob, justo al sur de Bet-sán [**mapa 44**], se toparon con evidencias inequívocas de apicultura doméstica en Canaán fechadas radiométricamente al período de la monarquía unida de Israel. Además de miel, se han extraído del colmenar rastros de cera de abeja y partes de cuerpo de abeja, y se piensa que las hileras de colmenas halladas allí hasta ahora podían haber producido hasta 450 kg de miel anualmente[118].

Los productos a los que refiere la metáfora descriptiva de la tierra tienen que ser leche de cabra y miel de abeja: ambos productos son propios de idénticas condiciones topográficas y económicas (Is 7:15-25; Jb 20:17) y de áreas de pastura no cultivadas. Ninguno de los dos es un producto de tierras de labranza cultivadas. En consecuencia, uno debería llegar a la conclusión de que los productos leche y miel son pastoriles por naturaleza, no agrícolas. Por lo tanto, la tierra se describe como una región pastoril[119].

La fuerza de esta observación final se puede percibir cuando se contrasta leche y miel con los productos de Egipto citados en la Biblia (Nm 11:4-9). Cuando el pueblo de Israel viajaba por el desierto, comenzaron a desilusionarse de su dieta diaria monótona de maná, y a recordar con nostalgia su dieta anterior en Egipto (pescado, pepinos, melones, puerros, cebollas y ajo). Lo que deseaban comer, además de pescado, eran productos que se podían sembrar y cosechar. En otras palabras, mientras estaban en Egipto, los israelitas vivían principalmente de una dieta agrícola, y la noción de actividad pastoril está ausente del texto. Egipto parece ser descrito fundamentalmente como un lugar agrícola para el granjero, mientras que la tierra de la herencia de Israel se describe principalmente como un lugar pastoril para el pastor. Esto no significa que no había pastores en Egipto (*cf.* Gn 46:34), ni que en Canaán no había agricultores (*cf.* Mt 22:5); se trata de que Egipto era una región *predominantemente* agrícola, mientras que Canaán era de carácter predominantemente pastoril. Al trasladarse de Egipto a «una tierra donde fluyen leche y miel», Israel experimentaría un cambio dramático en entorno y estilo de vida.

Probablemente esto también explica por qué la Biblia contiene muy pocas referencias a agricultores, vacas y manadas. En cambio, está llena de referencias pastoriles:

- Pastores (1 Sm 17:40; 1 Re 22:17; Sal 23:1; Is 13:20; 40:11; Jr 31:10; Ez 34:2; Am 3:12; Za 10:2; Jn 10:11; Hb 13:20; 1 P 5:4);
- Ovejas/corderos/cabras (Ex 12:3-5; Jos 7:24; 1 Sm 8:17; 16:19; 2 Sm 7:8; Ne 3:1; Sal 44:11; Is 13:14; Jr 50:6; Za 13:7; Mt 12:11; 25:32-33; Jn 1:29, 36; 21:15-16; Hch 8:32; Ap 5:12; 21:22);
- Lobos (Is 11:6; 65:25; Mt 7:15); y
- Rebaños (Jc 5:16; 1 Sm 17:34; Jb 24:2; Ct 4:1; Is 40:11; Jr 6:3; 51:23; Ez 34:12; So 2:14; 1 P 5:2).

En consecuencia, decir que en la tierra «fluían leche y miel» cumplía tres propósitos fundamentales. La frase (1) describía el carácter particularmente pastoril del nuevo entorno de Israel, (2) contrastaba ese entorno con el estilo de vida anterior de Israel en Egipto, y (3) les enseñaba que la fertilidad/supervivencia en su nueva tierra estaría en función de la fe y como resultado de la obediencia. Los israelitas ya no serían súbditos de los egipcios viviendo en Egipto, pero tampoco debían convertirse en súbditos de los cananeos viviendo en Canaán. Debían ser el pueblo de Dios y vivir vidas de fe en este lugar —un lugar único con respecto a su dependencia de la lluvia— que Dios había escogido para ellos (descrito a veces como geopiedad).

A la luz de las duras condiciones hidrológicas de la tierra, la necesidad de conservar la escasa provisión de agua habría sido de importancia suprema en Israel. Así es que la Biblia está repleta de referencias al agua y temas relacionados, con aplicaciones tanto positivas como negativas. Encontramos alusiones a:

- Pozos (Gn 21:19; 26:18-22; Jr 6:7; Jn 4:6-26);
- Cisternas (2 Cr 26:10; Is 36:16);
- Fuentes (Jr 9:1; Za 13:1);
- Manantiales (Gn 16:7; Jc 7:1; Pr 5:15-16);
- El agua como vehículo para transmitir alguna verdad espiritual (Is 12:3-4; Ap 22:17); y
- El agua como símbolo de *bendición* (Nm 24:6-7; Is 41:17-20; 44:3-5), *gozo* (Is 35), *deleite* (Sal 1:1-3) e incluso *perfección escatológica* (Is 43:19-21; Jr 31:10-14; Ez 47:1-12; Za 8:12; 14:8; Ap 22:1-2).

Por otra parte, la ausencia de agua pronto generaba una tierra tórrida y reseca (Sal 63:1; 143:6). Las metáforas que resultaron de eso son realmente elocuentes:

- Ríos secos (Ez 30:12; Na 1:4);
- Aguas venenosas (Jr 23:15);
- Nubes sin agua (Pr 25:14; Jds 1:12);
- Manantiales convertidos en polvo (Sal 107:33);
- Manantiales agotados (Os 13:15);
- Fuentes secas (Jr 51:36);
- Fuentes contaminadas (Pr 25:26);
- Cisternas vacías (Gn 37:24; *cf.* 1 Sm 13:6; Jr 41:9); y
- Cisternas rotas (Jr 2:13).

En la era del Nuevo Testamento, la tecnología hídrica griega y romana alivió parcialmente la grave situación del agua para algunas ciudades importantes. El Imperio romano fue

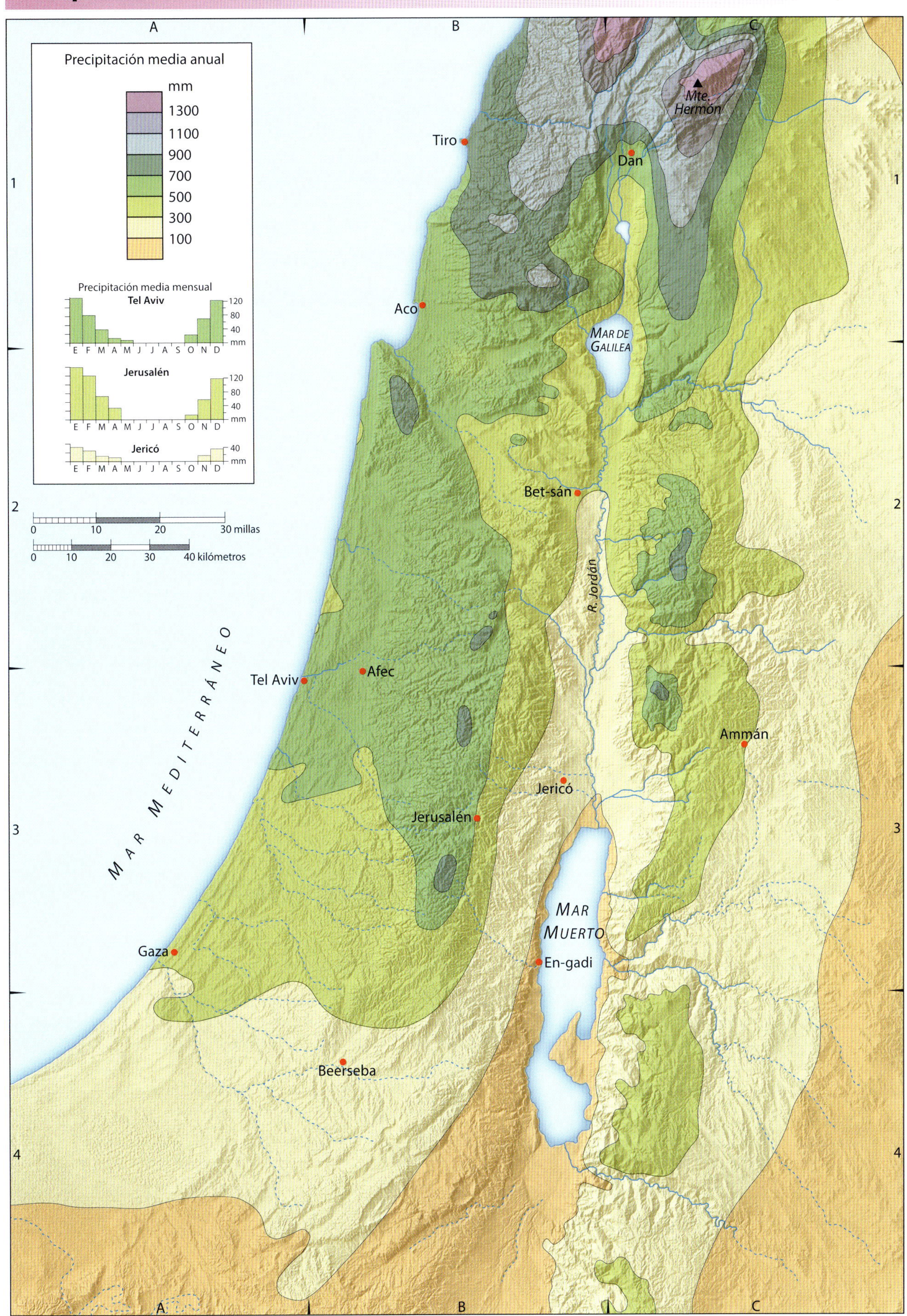

Precipitación media anual
mm
1300
1100
900
700
500
300
100
Precipitación media mensual
Tel Aviv
120
80
40
mm
E F M A M J J A S O N D
Jerusalén
120
80
40
mm
E F M A M J J A S O N D
Jericó
40
mm
E F M A M J J A S O N D
0 10 20 30 millas
0 10 20 30 40 kilómetros
A B C
1 2 3 4
Tiro
Aco
Dan
Mte. Hermón
MAR DE GALILEA
Bet-sán
R. Jordán
Tel Aviv
Afec
Ammán
Jericó
Jerusalén
MAR MEDITERRÁNEO
MAR MUERTO
Gaza
En-gadi
Beerseba

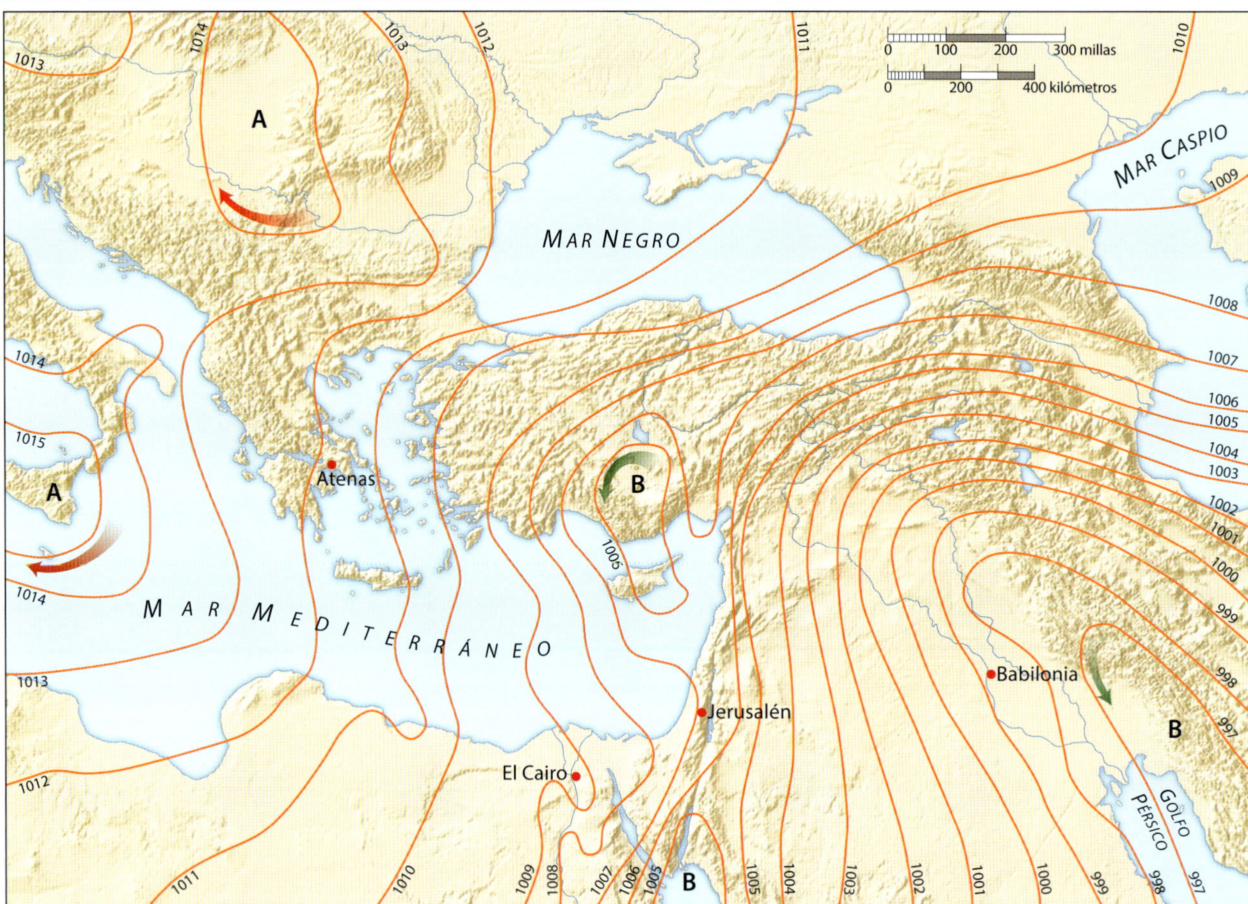

particularmente efectivo en transportar agua, en algunas ocasiones a lo largo de muchos kilómetros, desde las fuentes hasta las principales áreas urbanas. Mediante tecnologías avanzadas, crearon acueductos, unos abiertos y otros entubados: canales de agua que podían haber incluido varias formas de entubado (piedra, terracota, plomo, bronce y hasta madera). Algunos de los conductos se construyeron sobre la tierra y otros eran subterráneos[120].

Además de las enormes demandas arquitectónicas de la construcción, estos sistemas también requerían considerable habilidad y sofisticación en la planificación. Los romanos aprovecharon la fuerza de la gravedad, incluso a través de largas distancias de terreno desnivelado o montañoso. Insertaron tubos de ventilación a ciertos intervalos para reducir los problemas de la presión del agua o del aire y para permitir que los obreros despejaran obstrucciones resultantes de la sedimentación. También usaron sifones en los valles para lograr que el agua subiera a un depósito en una ladera colindante, siempre y cuando ese depósito estuviera ubicado por debajo del nivel de la fuente original del agua. Junto con una red de acueductos, los romanos crearon muchos canales abiertos, compuertas, alcantarillas, represas y embalses[121]. Como resultado, la mayoría de los ciudadanos romanos disfrutaba de baños públicos, letrinas y surtidores de agua. Algunas ciudades tenían albercas de natación e incluso agua para el lavado de platos[122]. En Palestina particularmente, se introdujo el baño ritual (*mikveh*).

EL CLIMA DEL TERRITORIO

Como otros lugares en el mundo[123] las realidades climatológicas de esta tierra fueron y son determinadas mayormente por una combinación de cuatro factores: (1) la configuración del terreno, incluyendo su altitud, cubierta vegetal, ángulo de inclinación y otros factores similares; (2) la ubicación con respecto a grandes cuerpos de agua o a masas continentales; (3) la dirección y el efecto de las principales corrientes atmosféricas; y (4) la latitud, la cual determina la duración de las horas de luz y de oscuridad.

El territorio, situado entre los 29 y los 33 grados de latitud norte, y dominado por vientos occidentales (oceánicos), tiene un clima que consiste en dos estaciones bien marcadas y definidas. El verano es un período seco y caluroso que va aproximadamente desde mediados de junio a mediados de septiembre: el invierno es un período cálido y húmedo que se extiende de octubre a mediados de junio. Es un lugar de brisas marinas, vientos desérticos, terreno semidesértico, máxima radiación solar durante la mayor parte del año, y variaciones estacionales de temperatura y humedad relativa. Como tal, su clima es muy parecido al de ciertas partes del estado de California, como se expresa en el gráfico de la página siguiente.

La palabra que mejor describe la estación de verano del territorio es «estabilidad». Durante el verano la corriente en chorro (flujo de aire que da lugar a la depresión y convección de las masas de aire y produce tormentas) es empujada hacia el norte hasta las proximidades de los Alpes por el movimiento

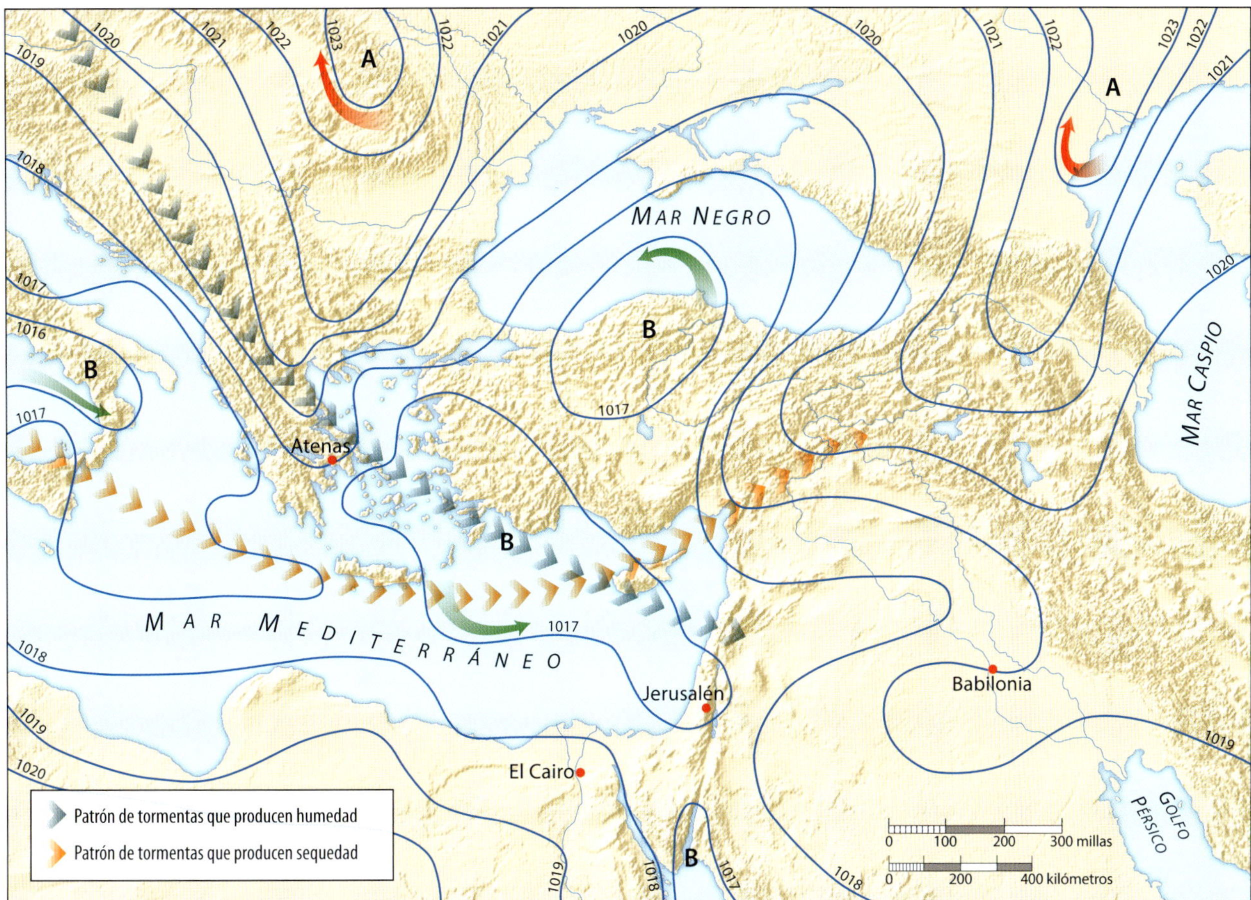

ecuatorial del sol hacia el hemisferio norte. Como consecuencia se desarrolla sobre las Azores una célula estacionaria de alta presión, junto con una baja monzónica sobre Irán y Pakistán, lo que resulta en la formación de isobaras (líneas de presión barométrica) básicamente norte-sur sobre Palestina. [**Ver mapa 20**]. El resultado es una barrera térmica que produce condiciones uniformemente despejadas de día e impide la formación de nubes de lluvia, a pesar de la humedad relativa extremadamente alta. El verano ofrece un tiempo consistentemente bueno, con brisas occidentales regulares, calor de día y sequía prácticamente absoluta. Las masas de aire del verano, levemente refrescadas y humedecidas al pasar sobre el Mediterráneo, se condensan para formar algo de

rocío que puede alimentar la vegetación de verano. Pero las tormentas de verano son muy raras (1 Sm 12:17-18).

Por otro lado, la estación de invierno se caracteriza por la palabra «inestabilidad». En el invierno, las masas de aire superiores aprovechan la trayectoria ecuatorial del sol hacia el hemisferio sur y se impregnan de aire polar extremadamente frío. La mezcla de esas masas de aire puede crear varias corrientes dominantes de alta presión [**mapa 21**], cualquiera de las cuales puede chocar impredeciblemente con el aire que fluye serpenteando por la depresión del Mediterráneo:

1. La corriente de alta presión asiática es un flujo directo de aire polar que puede llegar a los 1036 milibares. A veces atraviesa todo el desierto de Siria y golpea el territorio

Análogo ambiental de Palestina	Tel Aviv	Jerusalén	Jericó
Análogo ambiental de California	Azusa	Davis	Palm Springs
Temperatura media durante el mes más frío (enero)	13° C	8° C	14° C
Temperatura media durante el mes más cálido (agosto)	27° C	24° C	31° C
Temperatura máxima	46° C	42° C	49° C
Temperatura mínima	3° C	-3° C	2° C
Precipitación: desde abril hasta octubre	43 mm	33 mm	15 mm
Precipitación: desde diciembre hasta febrero	389 mm	312 mm	97 mm
Precipitación anual	528 mm	404 mm	127 mm
Humedad relativa media	79%	69%	54%

de Israel desde el oriente con una ráfaga de aire helado y escarcha (Jb 1:19).

2. La corriente de alta presión balcánica, que llega después de una gran depresión mediterránea, puede atrapar la humedad de una tormenta ciclónica y golpear a Israel desde el occidente con lluvia, nieve y granizo. Este tipo de sistema es generalmente el responsable de depositar lluvia y nieve en el Levante (2 Sm 23:20; 1 Cr 11:22; Jb 37:6; Sal 68:14; Pr 26:1).

3. Una corriente de alta presión libia —algo menos intensa— puede ser atraída hacia el Neguev y acarrear tormentas de polvo que se convierten en lluvia.

La zona de baja presión mediterránea es una depresión relativamente estacionaria a través de la que se mueven alrededor de 25 tormentas ciclónicas en una estación invernal típica. Una entrada de aire más cálido requiere entre cuatro y seis días para cruzar el Mediterráneo y chocar con alguno de esos frentes. Si esas depresiones desarrollan más al sur, tienden a ser desviadas al norte de Chipre y depositan su precipitación a lo largo de Turquía oriental. Tal rumbo deja al Levante privado de su considerable humedad [**mapa 21**] y produce una sequía que algunas veces ha llevado a la hambruna[124]. Pero cuando vienen desde el norte —algo mucho más favorable— tienden a ser empujadas hacia el sur por una baja secundaria sobre el Egeo, y golpean el Levante con tormentas que pueden durar entre dos y cuatro días (Dt 11:11; 1 Re 18:43-45; Lc 12:54). El invierno, entonces, es la estación de las lluvias (Sal 29:1-11; Ct 2:11; Hch 27:12; 28:2) e incluye las «lluvias tempranas y las tardías» (Dt 11:14; Jb 29:23; Sal 84:6; Pr 16:15; Jr 5:24; Os 6:3; Jl 2:23; Za 10:1; St 5:7)[125]. Los días de las lluvias más copiosas coinciden con el tiempo de clima más frío, entre diciembre y febrero (Esd 10:9, 13; Jr 36:22), cuando las precipitaciones a veces incluyen nieve y granizo[126].

En términos generales, la precipitación aumenta hacia el norte. Elat sobre el mar Rojo recibe 25 mm o menos al año; Beerseba en el Neguev recibe alrededor de 200 mm; Nazaret en los montes de Baja Galilea recibe unos 685 mm al año; el jebel Yarmuk en Alta Galilea recibe unos 1100 mm; y el monte Hermón recibe aproximadamente 1500 mm de precipitación. [**Ver mapa 19 para los promedios de Tel Aviv, Jerusalén y Jericó**]. La precipitación también tiende a aumentar hacia el occidente.

Se dan breves períodos de transición con el cambio de las estaciones, uno entre fines de abril y comienzos de mayo, y otro entre mediados de septiembre y mediados de octubre. Durante esos tiempos, una masa de aire caliente sofocante —conocido popularmente en la actualidad como «siroco» o «chamsin»— puede golpear a Palestina desde el desierto de Arabia[127]. Esta condición produce un calor tórrido y gran sequedad, no muy distintas de los vientos de Santa Ana en California. Conocido en la Biblia como «un viento oriental» (Ex 10:13; Is 27:8; Jr 18:17; Ez 19:12; Os 12:1; 13:15) o «un viento del sur» (Lc 12:55), un siroco a veces puede durar más de una semana, marchitando la vegetación delicada y generando bastante irritación para seres humanos y animales. Los vientos orientales bíblicos podían arruinar el grano (Gn 41:6), secar el mar (Ex 14:21), acarrear muerte y destrucción (Jb 1:19), arrastrar a hombres (Jb 27:21), hacer naufragar barcos (Sal 48:7; Ez 27:26), y hacer que la gente se desmayara o perdiera la razón (Jon 4:8). En contraste, «un viento del norte» nutría y fortalecía la vida (Jb 37:22; Pr 25:23). La palabra sumeria para «viento norte» significa literalmente «viento favorable».

LA FORESTACIÓN DEL TERRITORIO

Donde la tierra recibía lluvia adecuada, la antigua forestación palestina incluía bosques permanentes de especies de roble, pino, terebinto, almendro y algarrobo (Dt 19:5; 2 Sm 18:6; 2 Re 2:24; Ecl 2:6; Is 10:17-19). No obstante, era más común que la tierra estuviera cubierta de malezas y matorrales y plantas arbustivas (maquis) típicos de la cuenca mediterránea (Jos 17:15; 1 Sm 22:5; Os 2:14). Según una amplia muestra de análisis de polen además de restos de plantas y semillas derivados de núcleos sedimentarios, la forestación indígena de Palestina en la remota antigüedad era probablemente densa y en ciertos lugares impenetrable, excepto en las regiones del sur y suroriente que bordeaban el desierto[128].

La evidencia actual indica, sin embargo, una destrucción cada vez mayor de esa forestación y vegetación por los estragos de la humanidad, que ya habría comenzado alrededor del 3000 a. C. No obstante, hay tres períodos que se destacan como particularmente ruinosos: (1) la Edad del Hierro temprana (1200–900 a. C.); (2) los períodos helenístico y romano tardíos (c 200 a. C–300 d. C.); y (3) los últimos 200 años.

El primero de estos tres ciclos de destrucción es el que más afecta la forestación y el uso de la tierra en tiempos bíblicos. En la Edad del Hierro temprana la tierra de Palestina experimentó una intrusión enorme y sostenida en su paisaje por parte de los seres humanos, disparada principalmente por una significativa oleada de nuevos inmigrantes y la introducción de implementos de hierro. Los bosques comenzaron a desaparecer ante las necesidades domésticas, industriales e imperialistas de la sociedad.

En el ámbito doméstico, por ejemplo, hubo que despejar grandes franjas de bosque para dar lugar al asentamiento humano y la producción de alimento (Jos 17:14-18). Se habría requerido grandes cantidades de madera para la construcción y ornamentación de viviendas (2 Re 6:1-7; Jr 10:3). Se ha estimado que cada casa habría requerido entre 1 y 1,8 toneladas métricas de leña por año (Jos 9:21-27; Is 44:14-17; Ez 15:1-8; Mc 14:54)[129]. Y con el pastoreo, los rebaños trashumantes de cabras y ovejas habrían arrancado de raíz la suculenta vegetación estacional de raíz poco profunda.

Con el tiempo, los asentamientos humanos se habrían valido de la ayuda de ciertas industrias, muchas de las cuales requerían grandes recursos de madera que seguramente dañaron el delicado equilibrio ecológico de Palestina. Se quemaba leña en hornos y en calderas industriales. Se la requería para la producción y el acristalamiento de vidrio y en la elaboración de cal, yeso, ladrillos, tubos y alcantarillas de terracota, utensilios para cocinar, herramientas de hierro y tablillas para escribir. (De hecho, a veces se escribía *sobre* tablillas de madera). Algunos subproductos de la madera se utilizaban industrialmente como solventes al agua, para curtir y teñir, y en la medicina. Se utilizaba mucha madera para la extracción de piedra de canteras en las laderas de las montañas y para la construcción de represas en los arroyos. Otra cantidad de madera era convertida en carbón para la minería, la fundición y el forjado de metales[130]. También se consumían grandes cantidades para llevar a cabo los sacrificios en los templos palestinos. Finalmente, otras áreas de forestación habrían sido devastados por el antiguo imperialismo, ya sea en la producción de implementos militares (Dt 20:19-20), en activi-dades sin sentido en tiempos de guerra (2 Re 3:25; Sal 83:14-15; Is 10:15-19; Jr 6:4-8) o en el pago forzoso de tributos[131].

Los efectos de la deforestación fueron graves y permanentes. Hay evidencia significativa de que la exposición resultante de la capa superior del suelo palestino llevó directamente a una gran aceleración de la erosión por agua y por viento, con la subsiguiente pérdida de fertilidad potencial en las laderas cuya cubierta de suelo era muy delgada. Algunos conservacionistas de suelo estiman que, como resultado de la deforestación de la Edad del Hierro, fue barrido irremediablemente más de un metro de suelo y subsuelo de la cadena montañosa central, lo que resultó en la exposición del desnudo lecho de roca en partes extensivas del terreno. Una vez que la capa superior del suelo fue seriamente destruida o alterada, los subsuelos predo-minantemente improductivos fueron incapaces de regenerar forestación. Existe evidencia convincente de fluctuaciones climáticas durante el período del Israel bíblico, pero muy poca evidencia de algún cambio climático radical o sustancial[132]. No obstante, la deforestación desenfrenada, con su consecuente deterioro y desplazamiento de la capa de suelo fértil ha causado una gradual e inexorable degradación del medioambiente natural del territorio. El paisaje ha sido alterado para mal, y aun los esfuerzos modernos de reforestación no se han demostrado completamente exitosos todavía.

Irónicamente, las actividades de los mismos israelitas tienen que haber contribuido significativamente a esta disminución de los recursos del territorio de la Edad del Hierro temprana. El retrato bíblico de la forestación palestina parece concordar con esta evidencia. Aunque hay referencias frecuentes a ciertas robustas variedades clásicas de árboles que son más propios de condiciones de suelo alterado y erosionado (olivo, higuera, sicómoro, acacia, almendro, granado, terebinto, mirto, bálsamo), la Biblia hace escasa referencia a los árboles de madera dura requeridos para propósitos arquitectónicos (roble, cedro, abeto, ciprés, pino). Además, las menciones de estas últimas varie-dades generalmente son en relación con otras localidades: con frecuencia Basán, el monte Hermón o Líbano (Jc 9:15; 1 Re 4:33; Sal 92:12; Is 40:16; Ez 27:5-6; Za 11:2). Sin lugar a dudas, la provisión aparentemente inagotable de madera del Líbano era celebrada en el mundo antiguo; ya se importaba a Egipto en el período del Reino Antiguo y en adelante[133]. Numerosos reyes mesopotámicos y asirios viajaban hasta allí para obtener cedro. En particular, los reyes asirios a menudo se jactaban de subir a los altos del Líbano y echar abajo sus enormes árboles (Is 14:8).

Debido a la casi total ausencia de recursos de madera dura en Palestina, David tuvo que hacer un trato con Hiram, el rey de Tiro, cuando comenzó sus proyectos de construcción en Jerusalén (p. ej., 2 Sm 5:11; 1 Cr 14:1). Salomón se vio obligado a ratificar ese pacto cuando comenzó *sus* numerosas iniciativas arquitectónicas (1 Re 5:1-18; 7:2-12; 2 Cr 2:1-16; 9:10-28). Los fenicios de Tiro proveyeron a Salomón con tanto las materias primas como la tecnología para construir sus flotas mercantes (1 Re 10:22; *cf.* Ez 27:5-9, 25-36). A lo largo del período monárquico, la construcción —incluso en una escala modesta— implicaba la obtención de madera dura de fuentes extranjeras, como descubrieron Yoás y Josías (2 Re 12:12; 22:6). Y en cierta ocasión, la madera que se estaba utilizando para construir una ciudad en el reino del norte fue llevada como acto de agresión para construir ciudades en Judá (2 Cr 16:6).

La disponibilidad local de madera dura no había mejorado para el período posexílico. Como parte del decreto de Ciro que autorizaba a los judíos a regresar a su tierra para reconstruir el templo, el monarca persa les otorgó una suma de dinero con la que debían comprar madera en Líbano (Esd 3:7). No obstante, se sospecha que, cuando esa madera llegó a Jerusalén, fue dilapidada utilizándose para residencias personales (Hag 1:8, *cf.* v. 4). Más adelante, cuando Nehemías buscaba liberarse de sus obligaciones con el rey para poder dedicarse a mejorar las condiciones de vida alrededor de Jerusalén, consiguió cartas del rey Artajerjes que lo autorizaban a obtener madera para la reconstrucción de la muralla y las puertas de la ciudad (Ne 2:4-8). Más tarde aún, la madera necesaria para el enorme emprendimiento arquitectónico de Herodes en Cesarea Marí-tima tuvo que ser importada, probablemente desde Italia[134]. Incluso ya en el siglo xix, cuando Charles Warren requirió tablones de madera para continuar su obra arqueológica en Jerusalén, descubrió que la madera seguía estando entre los productos más escasos y costosos en Palestina[135].

LAS CIUDADES EN EL MUNDO BÍBLICO
FACTORES QUE INFLUYEN EN SU UBICACIÓN

Una serie de factores geográficos influyó en los sitios de los asentamientos urbanos en el mundo bíblico. En términos generales, hubo cinco factores principales que podrían haber sido determinantes en este sentido: (1) el fácil acceso al agua; (2) la disponibilidad de recursos naturales; (3) la topografía regional; (4) la topografía local y (5) las vías naturales de comunicación. Estos factores no eran necesariamente mutua-mente excluyentes, así que más de uno podía jugar un papel en determinar la ubicación exacta de cierta ciudad.

Entre esos factores, el principal era la consideración de la accesibilidad del agua, especialmente antes de la introducción de acueductos, sifones y represas. Aunque se podría sostener correctamente que el agua era central a cualquier asentamiento en un entorno de otro modo árido, algunas ciudades parecen haberse ubicado *exclusivamente* sobre esa base. Dos ejemplos son Damasco (situado al pie oriental de la cordillera del Anti-líbano, en un amplio oasis alimentado por los efusivos ríos Abaná y Farfar [2 Re 5:12]) y Tadmor (ubicado en un exuberante

Ciudades principales de Palestina

MAR
MAR MUERTO
R. Jordán
Samaria
Tirsa
Gerasa
Saretán
Zafón
Sicar
Siquem
Sucot (T. Deir Alla)
Peniel
Mahanaim
Piratón
Afec
Ebenezer
Tapúa
Mizpa
Gat-rimón
Adán
Lebona
Jope
Arimatea
Silo
Gilgal
Jazer
Jogbeha
Ono
Timnat-sera
Bet-dagón
Gofna
Ofra
Ammán
Lod
Modein
Betel
Hai
Gitaim
Bet-horón de abajo
Mizpa
Micmas
Bet-nimra
Jamnia
Gezer
Saalbim
Bet-horón de arriba
Gilgal
Gibetón
Gabaón
Ramá
Geba
Jericó (AT)
Emaús
Ajalón
Jericó (NT)
Sitim
Beerot
Guibeá
Bet-aram
Quiriat-jearim
Pozos de Neftoa
Baal-peor
Hesbón
Besor
Timna
Estaol
Jerusalén
Betania
Bet-jesimot
Ecrón
Zora
Nebo
Bet-semes
Ciudad de la Sal
Medeba
Asdod
Jarmut
Belén
Gat
Azeca
Soco
Almón-diblataim
Ascalón
Libna
Adulam
Tecoa
Moreset-gat
Bet-guvrin
Keila
Maresa
Bet-sur
Atarot
Jahaza
Laquis
Cademot
Hebrón
Gaza
Eglón
Dibón
Mefaat
Zif
Aroer
En-gadi
Debir
Carmelo
Gerar
Siclag
Estemoa
Mataná
A B C D E F G
6 7 8 9 10

Ciudades principales de Palestina

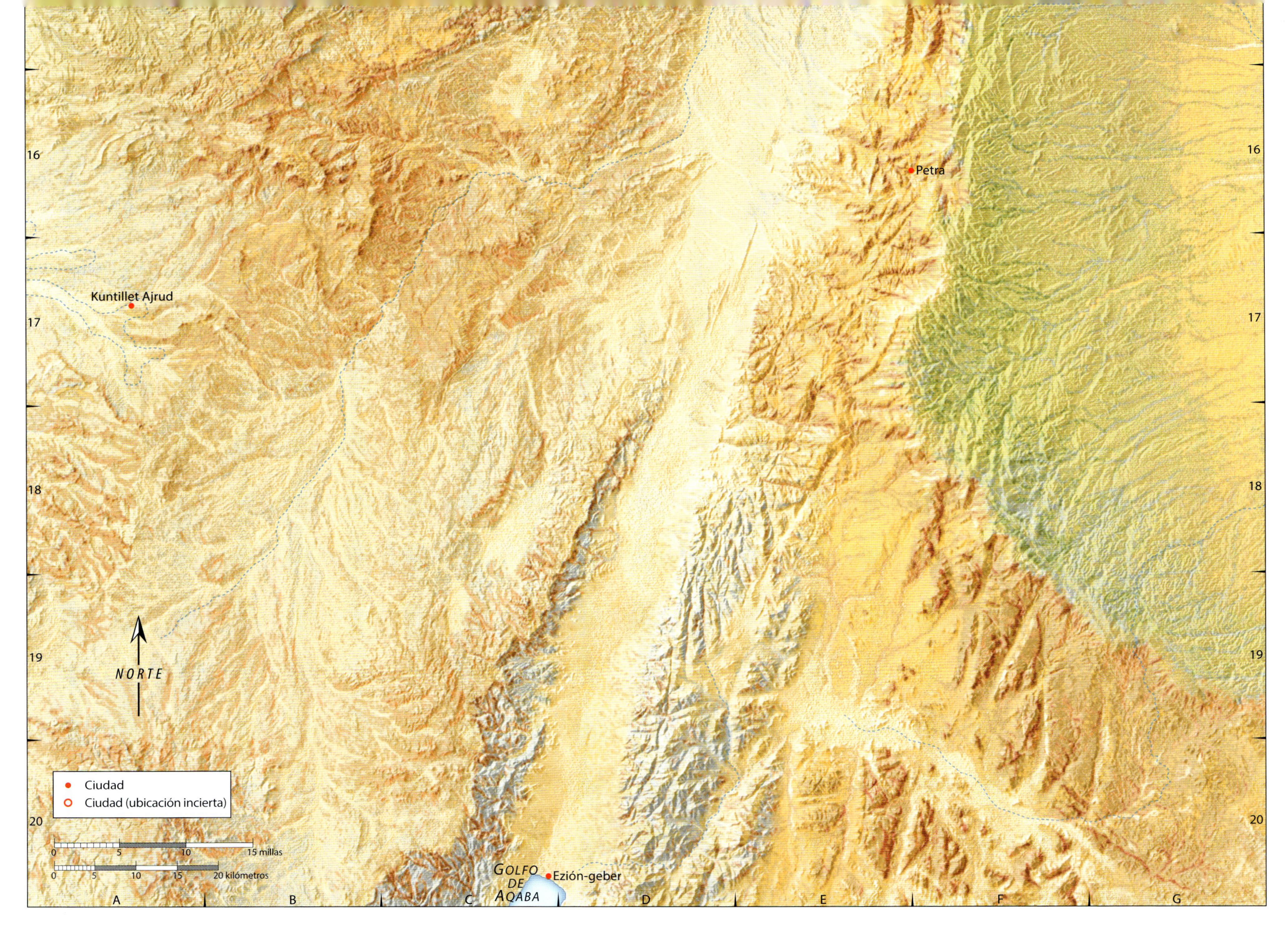

16
17
18
19
20
Petra
Kuntillet Ajrud
NORTE
Ciudad
Ciudad (ubicación incierta)
0 5 10 15 millas
0 5 10 15 20 kilómetros
GOLFO DE AQABA
Ezión-geber
A B C D E F G

y generoso oasis en medio del desierto Oriental). Debido a la provisión disponible de agua dulce en tales sitios, ya había asentamientos en esos lugares mucho antes de los albores de la historia bíblica, y representan algunos de los más antiguos asentamientos ininterrumpidamente ocupados del mundo bíblico.

Otras ciudades estaban posicionadas en estrecha proximidad a recursos naturales. Un excelente ejemplo es la ubicación de Jericó, uno de los asentamientos más tempranos del antiguo Canaán. El Jericó del Antiguo Testamento se construyó junto a un manantial excepcionalmente grande, pero también es probable que la ciudad se estableciera allí porque ese manantial estaba cerca del mar Muerto y su recurso de bitumen. El bitumen era una materia prima altamente valorada, de numerosos usos. El mar Muerto era una de las pocas fuentes conocidas de esa materia en la remota antigüedad, de manera que su bitumen se recogía y se transportaba por todo Egipto y gran parte de la Media Luna Fértil. Como resultado, una motivación económica trajo primero al área una colonia de obreros, y pronto llevó a la fundación de un asentamiento en las proximidades. De manera similar, la ubicación de la antigua ciudad de Sardis, situada cerca de la base del monte Tmolo y contiguo al arroyo Pactolus, seguramente fue determinada por el descubrimiento de oro allí, lo cual creó una riqueza legendaria en aquel lugar[136]. Se sabe que tan temprano como el siglo VII a. C. se acuñaron en Sardis monedas hechas de una aleación de oro y plata[137].

Algunas ciudades se ubicaron según la topografía regional. Ya hemos visto cómo Meguido se posicionó a fin de dominar una intersección estratégica junto a un paso en la cadena del monte Carmelo. De manera similar, la ciudad de Bet-horón fue ubicada para controlar la principal llegada desde el occidente hacia el interior de las montañas de Judá y Jerusalén. [**Ver mapas 27 y 91**]. La topografía regional también explica la ubicación de Corinto, una extensa ciudad portuaria situada estratégicamente en un angosto istmo de 5,5 km de tierra que separa el mar Egeo del mar Adriático, constituyendo el único vínculo entre la Grecia continental y la península del Peloponeso[138].

Otras ciudades se ubicaron conforme al principio de la topografía local. Jerusalén estaba rodeada por todos lados salvo el norte por valles profundos que descendían más de 60 m. Masada era una alta meseta aislada, rodeada de escarpados acantilados de roca que superaban los 180 m en algunos lugares. Samaria estaba a horcajadas sobre un aislado monte de 90 m de altura, envuelto por dos escarpados valles. Como consecuencia de su topografía local, estas ciudades normalmente eran bastante resistentes a los ataques, o caían ante los enemigos solamente después de un prolongado período de sitio[139].

Por último, asentamientos urbanos pudieron haber desarrollado a lo largo de vías naturales de comunicación. Un ejemplo clásico de este criterio es Hazor, un emplazamiento altamente fortificado, capital provincial (Jos 11:10), y un tell de 80 hectáreas que estaba entre los más grandes de Canaán. La ubicación de la ciudad fue determinada por el curso y la trayectoria del Gran Camino Comercial. A través de la antigüedad,

Hazor sirvió como puerto de entrada a Palestina y otros lugares más al sur, y con frecuencia se la nombra en la literatura secular en relación con el comercio y el transporte[140]. De la misma manera, las vías de comunicación con toda probabilidad son el factor determinante de los lugares en que se establecieron las ciudades de Gaza y Rabá/Ammán. Además, varias ciudades al occidente de Pella en la Vía Egnatia (Heraclea [Macedonia], Lichnidos y Clodiana) difícilmente se hubieran desarrollado si no fuera por la existencia y la ubicación de esa importante carretera. Finalmente, hay lugares a lo largo del Camino Real Persa (como Diyarbakir y Pteria) que deben su prominencia, si no su existencia misma, a la ubicación de esa antigua vía.

Siendo que los factores que dictaron su ubicación se mantuvieron bastante constantes, las aldeas y las ciudades del mundo bíblico generalmente experimentaban un sorprendente grado de continuidad en su asentamiento. Incluso cuando un lugar fue destruido o abandonado por un período largo, pobladores posteriores casi siempre fueron atraídos por los mismos factores que habían sido determinantes en la elección original del sitio. Los subsiguientes colonos se alegraban de poder usar las murallas de tierra, partes de paredes todavía en pie, los pisos de tierra apisonada, las fortificaciones, los sótanos de almacenamiento o los pozos de agua. A medida que los sucesivos asentamientos se levantaban y caían, y en muchos casos las ciudades fueron construidas literalmente una sobre la otra, el montículo plano (tell) sobre el que descansaban (Jos 11:13; Jr 30:18; 49:2) se hacía cada vez más alto, con pendientes más pronunciadas en su perímetro, haciendo que el sitio fuera cada vez más fácil de defender. Cuando ese patrón se repetía con frecuencia, como en el caso de Laquis, Meguido, Hazor o Bet-sán, los restos de ocupación podían llegar a alturas de 20 a 30 m[141].

LA IDENTIFICACIÓN CORRECTA DE CIUDADES ANTIGUAS

Esto lleva al tema de la identificación de los sitios, lo que es fundamental para los intereses de un atlas bíblico. La continuidad del asentamiento es útil, pero la identificación segura de los lugares bíblicos no es posible en todos los casos debido a la escasez de evidencia documentaria y/o al conocimiento limitado de la geografía. Muchos nombres no se han conservado hasta la actualidad, e incluso cuando el nombre de un lugar ha sobrevivido o ha sido resucitado y aplicado a algún sitio en tiempos modernos, los intentos para identificarlo pueden toparse con muchos problemas. Hay casos en que un nombre determinado ha sufrido un cambio de lugar. El Jericó del Antiguo Testamento no está en el mismo sitio que el Jericó del Nuevo Testamento, y ninguno de esos sitios corresponde al moderno Jericó. Se sabe que cambios de ubicación similares han ocurrido con Siquem, Arad, Beerseba, Bet-sán, Bet-semes, Tiberias y otros lugares[142].

Cambios de nombre también se pueden dar entre una cultura o período de tiempo y otro. El Rabá del Antiguo Testamento se convirtió en la Filadelfia del Nuevo Testamento, la que a su vez se convirtió en el moderno Ammán. La ciudad de Aco del Antiguo Testamento se convirtió en la Tolemaida del Nuevo Testamento, que a su vez se convirtió en el Acre de las Cruzadas. El Siquem del Antiguo Testamento se convirtió en el Neápolis del Nuevo Testamento, que evolucionó en el actual Nablus. Y en algunos casos se dio un cambio de nombre *dentro* de un Testamento (p. ej., Luz/Betel, Quiriat-arba/Hebrón, Quiriat-sefer/Debir y Lais/Dan). El análisis de estos casos con frecuencia requiere una íntima familiaridad con la sucesión cultural y las interrelaciones lingüísticas entre diversas épocas de la historia palestina. Aun así, la identificación de los sitios a menudo permanece imprecisa.

También existe el problema de homonimia: más de un sitio puede tener el mismo nombre. En las Escrituras hay un Afec («fortaleza»)[143] en Líbano (Jos 13:4), en la llanura de Sarón (1 Sm 4:1), en Galilea (Jos 19:30) y en el Golán (1 Re 20:26-30)[144]. Hay un Soco («lugar espinoso»)[145] en la Sefela (1 Sm 17:1), en Judá (Jos 15:48) y en la llanura de Sarón (1 Re 4:10)[146]. Como vemos en estos ejemplos, la homonimia ocurre normalmente porque ciertos nombres de lugares tienen un significado genérico: Hazor significa «cercamiento», Belén significa «granero», Migdal significa «torre», Abel significa «pradera», Guibeá significa «colina», Cades significa «santuario de culto», Aín significa «manantial», Mizpa significa «atalaya», Rimón significa «granada», y Carmelo significa «viñedo de Dios». Por lo tanto, no es de sorprender que más de un sitio bíblico esté asociado con cada uno de esos nombres. Saber exactamente cuándo postular otro caso de homonimia resulta problemático cuando se está creando un atlas bíblico. Otra dimensión del mismo controvertido asunto se da cuando un mismo nombre se puede aplicar tanto a una ciudad como a la provincia o el territorio que la rodea, como en los casos de Samaria (1 Re 16:24, pero 1 Re 13:32), Jezreel (1 Re 18:45-46, pero Jos 17:16), Damasco (Gn 14:15, pero Ez 27:18) y Tiro (1 Re 7:13, pero 2 Sm 24:7).

A pesar de estas dificultades, la identificación científica de sitios bíblicos se basa generalmente en tres consideraciones: pruebas arqueológicas, tradición ininterrumpida y análisis literario/topográfico[147]. La primera de estas, que es la más directa y concluyente, identifica una determinada ciudad por medio de una inscripción desenterrada del sitio. Aunque hay muchos ejemplares de esto en Siro-Mesopotamia, son bastante escasos en Palestina. Se ha encontrado ese tipo de documentación en las ciudades de Gezer, Arad, Bet-sán, Hazor, Ecrón, Laquis, Taanac, Gabaón, Dan y Mefaat.

Lamentablemente, la mayoría de los nombres de lugares no se pueden identificar por evidencia de inscripción, de manera que hay que valerse de alguna de las otras consideraciones. La primera de ellas, la supervivencia del nombre, se puede aplicar cuando el nombre de un sitio se ha mantenido lexicalmente sin cambios y la identidad del sitio nunca se ha perdido. El criterio es bastante decisivo, aunque se aplica en muy pocos casos: Jerusalén, Hebrón, Belén y Nazaret. Muchos sitios modernos con nombres bíblicos no pueden ofrecer ese tipo de respaldo

Como en muchos otros lugares, el teatro romano de Ammán/Filadelfia se ubica dentro de un hueco natural al pie de una colina/montaña.

A
B
C
GRECIA
Troya
MAR EGEO
Pérgamo
Sardis
Esmirna
Beycesultan
Antioquía de Pisidia
Atenas
Éfeso
Priene
Mileto
Cnosos
CRETA
Festos
CHIPRE
Pafos
Enkomi
MAR MEDITERRÁNEO
Alaça Hüyük
Hatusa (Bogazkoy)
Alishar Hüyük
Gordio
R. Halis
Lago Tuz
Kanis (Külte
Kayseri
TURQUÍA
Çatal Hüyük
Karatepe
Zin
Tarso
Mersin
T. Judei
Antioquía
Alalak (T. Atchana)
Urgarit (Ras Shamra)
Eb
(T. M
T. Sukas
Han
Qatna (T. Mishrife)
Cades del Orontes
Biblos
Baalbek
LÍBANO
Damasc
Sidón
Tiro
Ver mapa 24 en página 77 para sitios arqueológicos en esta área
ISRAEL
JORDA
Alejandría
Tanis
Petra
T. ed-Daba
Kuntillet Ajrud
Guiza
Saqqara
Menfis
SINAÍ
Ezión-geber
Serabit el-Khadim
LIBIA
EGIPTO
R. Nilo
Beni Hasan
T. el-Amarna
MAR ROJO
Chenoboskion
Abidos
Nag Hammadi
Karnak
Tebas
Luxor
Hieracómpolis
Sitio arqueológico
0   50   100   150 millas
0   50   100   150   200 kilómetros
1
2
3
4

MAR NEGRO
ARMENIA
R. Cirus
AZERBAIYÁN
Lago Seván
AZERBAIYÁN
MAR CASPIO
Trebisonda
R. Araxes
Lago Van
Arslan Tepe
Malatya
Van Kale
Lago Urmia
R. Éufrates
Geoy Tepe
Gobekli Tepe
T. Fekhariye
T. Leilan
Shanidar
Hasanlu
uemis
Harán
T. Chagar Bazar
Arslan Tash
T. Halaf
T. Brak
Tepe Gawra
mar
Azu (T. Hadidi)
R. Balí
Dur-Sarrukin (Jorsabad)
Arpachiya
Karana (T. Rimah)
Cala (Nimrud)
T. Shemshara
Nínive (Nebi Yunis)
mar eskene)
Tuttul (T. Biya)
T. Hassuna
Balawat (Imgur-Bel)
Karim Shahir
R. Habor
T. Sheikh Hamad
Jarmo
IRIA
Asur (Qalat Sherqat)
Arrafa (Kirkuk)
Ecbatana
Terqa (T. Ashara)
Nuzi (Yorgan Tepe)
Dura-Europos (Salihiya)
R. Tigris
Tepe Giyan
Tadmor Palmira)
Mari (T. Hariri)
R. Éufrates
Samarra
R. Diyala
Choga Mami
Tepe Sialk
IRÁN
Eshnuna (T. Asmar)
T. Harmal
T. Agrab
Dur-Kurigalzu (Aqarquf)
Opis (Ctesifonte)
Der (Badra)
Sipar (Abu Habba)
Jemdet Nasr
Cuta (T. Ibrahim)
IRAK
Babilonia
Kish (T. Ahmar)
Borsippa (Birs Nimrud)
Nipur
Drehem (Sillush-Dagan)
Susa (Shush)
Isin (Bahriyat)
Kisurra (Abu Hatab)
Chuga-Zanbil
Umma (Jokha)
Uruk (Warka)
Lagas (Tello)
R. Karún
Larsa (Senkere)
Kutalla (T. Sifr)
Ur (Mugayir)
Kisiga (T. Lahm)
Eridu (Abu Sahrein)
Shapur
KUWAIT
GOLFO PÉRSICO
ARABIA SAUDITA
BAHRÉIN
QATAR

tradicional ininterrumpido. Por lo tanto, esto genera la pregunta obvia —la que continúa siendo debatida en diversos contextos— sobre la validez que puedan tener en realidad esas asociaciones, dados los cambios de nombre y de ubicación. Estas transferencias no parecen haber ocurrido al azar o a tontas y a locas. Los cambios de lugar parecen estar confinados a un radio estrecho. Por ejemplo, el Jericó del Antiguo Testamento, el Jericó del Nuevo Testamento y el Jericó moderno están todos contenidos en un área de solo unos 8 km, y lo mismo es generalmente cierto con otros cambios de ubicación.

Ocasionalmente, cuando ocurre un cambio de nombre, el nombre del sitio original se preserva en un rasgo geográfico de las proximidades. El nombre de Bet-semes (tell er-Rumeilah) se refleja en un manantial contiguo (Ain Shems); de igual manera, es probable que el nombre moderno del wadi Yabis sea una forma refleja del sitio bíblico Jabes [de Galaad], que estaba en sus inmediaciones en la antigüedad. Donde los datos arqueológicos proveen evidencia irrefutable del nombre bíblico de un sitio, es muy común que ese nombre se refleje en el nombre moderno del sitio. El Gabaón bíblico, por ejemplo, se conoce hoy con el nombre de el-Jib; el Taanac bíblico se refleja en su nombre moderno, tell Ti`innik; el Gezer bíblico se refleja en el moderno tell Jezer. Aunque la asociación de nombres sí implica algo de riesgo, con frecuencia puede proveer una identificación de alta probabilidad[148].

Un tercer criterio utilizado en la identificación de sitios consiste en el análisis literario y topográfico. Con frecuencia los pasajes bíblicos dan una clave bastante confiable sobre la ubicación aproximada de un sitio particular. Un caso de estos es la ubicación del Ecrón bíblico, una de las principales ciudades de la llanura filistea. Las Escrituras ubican a Ecrón en la frontera norte de la herencia de Judá entre Timna y Sicrón (Jos 15:11), aunque el lugar en realidad fue asignado a la tribu de Dan (Jos 19:43). En este sentido, la secuencia de las ciudades en el último pasaje es significativo: Ecrón se halla entre ciudades de la Sefela (Zora, Estaol, Bet-semes y Ajalón) y otras que se encuentran en las proximidades de Jope en la costa (Bene Berac y Gat-rimón), lo cual realza la suposición de que Ecrón debería ser buscada cerca del borde occidental de la Sefela (Jos 19:41-42, 45). Además, Ecrón representaba la ciudad más al norte dentro de la esfera del control filisteo (Jos 13:3) y era una ciudad fortificada (1 Sm 6:17-18). Finalmente, Ecrón se unía directamente con Bet-semes por un camino, y supuestamente estaba separado del otro sitio por una distancia de un día o menos de viaje (1 Sm 6:12-16). En consecuencia, incluso sin el testimonio posterior de los registros neoasirios[149], Ecrón había sido buscado en el moderno tell Miqne, un tell situado donde la llanura filistea y la Sefela colindan, y en el valle de Sorec, al extremo opuesto al de Bet-semes [**Ver mapa 12**]. Esa ubicación ha sido confirmada ahora por el descubrimiento allí de una inscripción que menciona el nombre del sitio bíblico[150].

Sin embargo, hay ocasiones en que la Biblia no provee datos suficientes para identificar un sitio. En esos casos, el geógrafo historiador debe recurrir a un análisis de las fuentes literarias extrabíblicas del antiguo Egipto, Mesopotamia, Siria o Asia Menor. Alternativamente, la identificación de los sitios a menudo se fortalece por observaciones de una serie de fuentes:

- Autores clásicos (p. ej., Heródoto, Eusebio, Tolomeo, Estrabón, Josefo, Plinio);
- Itinerarios de viaje de los primeros cristianos (p. ej., Egeria, Peregrino de Burdeos, Teodosio, Antonio Mártir, Beda el Venerable, Willibaldo);
- Geógrafos árabes (p. ej., Istajri, Idrisi, Abu al-Fida, Ibn Battuta);
- Escritos de los cruzados y del período posterior (p. ej., Saewulf, el Abad Daniel, Frettelus, Pedro el Diácono, Burchard de monte Sión, Marino Sanuto, rabí Benjamín de Tudela, rabí Eshtori Haparhi, Ludolf de Suchem, Félix Fabri); y
- Pioneros o geógrafos de comienzos a mediados de la modernidad (p. ej., Quaresmio, van Kootwijck, Seetzen, Burchardt, Robinson, Reland, Niebuhr, Thomsen, Ritter, Conder, Abel, Musil, Dalman, Albright, Glueck, Aharoni, Rainey).

Pero el análisis literario debe ser combinado con el análisis topográfico. Toda evidencia documental disponible debe ser correlacionada con sitios ya conocidos en una determinada área y contrastada con todo el espectro de tells en el territorio circundante: tells que pueden servir como candidatos para una correspondencia con el sitio bíblico. Cuando se propone la identificación de un sitio, la extensión y el carácter del sitio debe cumplir con los requisitos de correspondencia: ¿Cuál es su tamaño? ¿Qué rasgos arquitectónicos se hallan allí (p. ej., murallas fortificadas, arquitectura monumental, características arqueológicas distintivas)? ¿Cuántos y cuáles otros sitios se encuentran en las proximidades? Además, los restos en el sitio deben datar de el (los) período(s) que la correspondencia requiera. No obstante, incluso cuando se cumplen todos estos requisitos, la identificación de sitios realizada exclusivamente por el análisis topográfico no debe ser presentada de manera definitiva. Esas correspondencias solamente deben aceptarse teniendo en cuenta el balance de probabilidades.

CARRETERAS Y VÍAS DE TRANSPORTE EN EL MUNDO BÍBLICO[151]
UN ASUNTO DE RECONSTRUCCIÓN

Uno puede preguntarse legítimamente si los sistemas de transporte de los primeros tiempos bíblicos realmente pueden ser reconstruidos con algún grado de confiabilidad. Prácticamente se desconoce la existencia del más mínimo resto de camino o carretera pavimentada antes de la era romana. Tampoco hay testimonio de ningún mapa de carreteras en la Media Luna Fértil antes de ese período. Sin embargo, a pesar de la diversidad y complejidad extremas de los temas inherentes al tratamiento de esto de una manera exhaustiva, los estudiosos que han intentado rastrear carreteras antiguas tienden a seguir una combinación de cuatro líneas de evidencia: (1) el determinismo geográfico; (2) la documentación literaria; (3) las pruebas arqueológicas; y (4) los miliarios (hitos) romanos.

Excavación importante
Otra excavación
0   10   20   30 millas
0   10   20   30   40 kilómetros
A   B   C
MAR MEDITERRÁNEO
Tiro
Kiryat Shemona
Dan
Cesarea de Filipo
T. Anafa
Quneitra
Cedes
Irón
Kafr Birim
Qasrin
Aczib
Nahariya
T. Kabri
Merom
Hazor
Aco (Tolemaida)
Cabul
Corazín
Sefat
Gamala
T. Kisan
Capernaúm
Betsaida
Shikmona
T. Abu Hawam
Arbela
MAR DE GALILEA
Hippos
Cuevas del Carmelo
Séforis
Hittin
Tiberias
Atlit
Bet Shearim
Beit Yerah
Hamat Gader
Abila
T. Nami
Nazaret
Ubeidiya
Dor
Jocneam
Afula
R. Yarmuk
Gadara
Meguido
Belvoir
Irbid
Ramot de Galaad
Cesarea
Taanac
Beit Alfa
Pella
T. el-Husn
Hadera
T. Zeror
Bet-sán
T. el-Khayyat
Dotán
R. Jordán
T. Hefer
Tulkarén
Samaria (Sebaste)
Tirsa
Qalat er-Rabad
T. Poleg
Mte. Ebal
Siquem
T. es-Saidiya
Gerasa
T. Mical
Izbet Sartah
T. Deir Alla
R. Jaboc
T. Qasile
Afec (Antípatris)
T. Gerisa
Bene Berac
Silo
Jope
Azor
Ammán
Mesad Hasavyahu
Betel
Hai
Araq el-Emir
T. Umeiri
Mizpa
Kh. el-Mafjar
Gezer
Jericó (AT)
Emaús
Gabaón
T. el-Ful
Jericó (NT)
Hesbón
T. Miqne
Timna
Motza
Jerusalén
Asdod (Azoto)
Qumrán
Tuleilat el-Gasul
Bet-semes
Jarmut
Ramat Rajel
Medeba
T. es-Safi
Azeca
Kh. Qeiyafa
Belén
Ain Feshkha
Ascalón
T. Zayit (Kh. Zeitah)
Moreset-gat
Herodión
Callirrhoe
Kh. Iskander
Maresa
Bet-sur
Cuevas de Murabbaat
Laquis
T. Hebrón
Mamre
MAR MUERTO
Umm er-Rasas
T. el-Hesi
Dibón
Gaza
T. Naguila
T. Beit Mirsim
En-gadi
Aroer
T. el-Ajjul
R. Arnón
Deir el-Balah
Estemoa
Cueva de las Letras
T. esh-Sharia
T. Jemme
T. Haror
T. Halif
Masada
Bab edh-Dhra
T. Saruhén
T. Arad
Kir-hareset
Lejjun
T. Abu Matar
Beerseba
T. Malhata
Shiqmim
T. Masos
Ain Bokek
Numeira
Haluza
Mamshit (Kurnub)
Kh. Tannur
Shivta
Nizzana
Avdat
W. er-Arish
Beer-resisim
Bosra
Cades-barnea
Punón

MAR NEGRO
MTES. PÓNTICOS
Hatusa
Sivas
Erze
Troya
Gordio
R. Halis
MONTES TAURO
Pérgamo
Kanis
Lago Tuz
Malatya
Esmirna
Sardis
Filadelfia
Antioquía de Pisidia
DE LOS
Éfeso
Iconio
Carquemis
Harán
Laodicea
Listra
Puertas Cilicias
T. Halaf
Mileto
Derbe
Tarso
R. Balí
CORDILLERA
Isus
Perge
Antioquía
Alepo
Ebla
Emar
Ugarit
R. H
CHIPRE
Hamat
Qatna
Tadmor
Ríbla
MAR MEDITERRÁNEO
Biblos
Baalbek
MTES. DEL LÍBANO
Sidón
Tiro
Dan
Damasco
Hazor
Meguido
Bet-sán
Ammán
DESIERTO ORIENTAL
Jerusalén
Gaza
Ver mapa 27 en página 85
Alejandría
Petra
Sile
Duma
Nof (Menfis)
Ezión-geber
DESIERTO
DEL SAHARA
Tema
R. Nilo
MAR ROJO
Luxor
0   50   100   150 millas
0   50   100   150   200 kilómetros

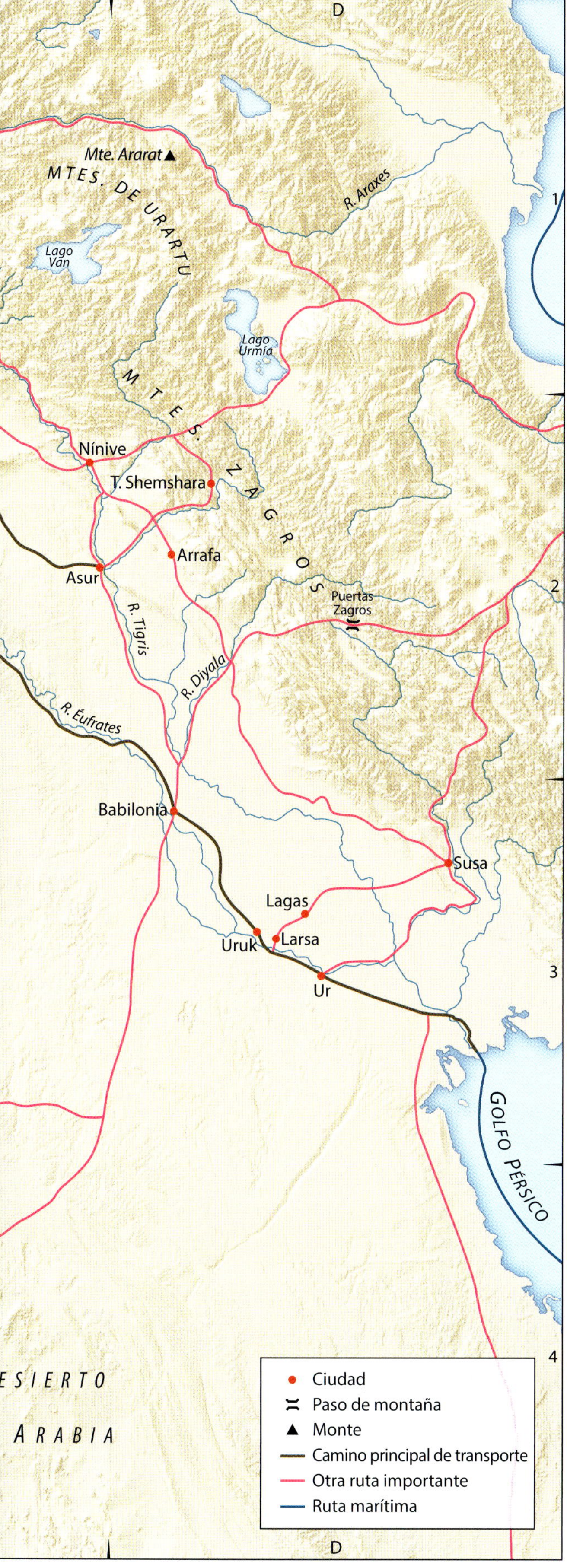

El *determinismo geográfico* se refiere a los factores fisiográficos y/o hidrológicos mayormente invariables en el antiguo mundo bíblico que determinaron las rutas seguidas por las caravanas, los migrantes y los ejércitos. Esas vías se mantuvieron relativamente inalteradas durante períodos extendidos de tiempo (salvo cuando fueron afectadas temporal o parcialmente por cuestiones geopolíticas o en casos aislados de traslados ilegales). En general, parecería que las áreas de tierra baja ofrecían los menores obstáculos para el traslado humano y el mayor potencial para el desarrollo de las redes del transporte o para el despliegue de tropas. En contraste, cañones profundamente escarpados cavados por ríos a veces embravecidos eran para el viajero un obstáculo que había que evitar. Si eran inevitables, tenían que ser vadeados en lugares que ofrecieran una mínima dificultad. El atolladero de los pantanos infestados de plagas, la esterilidad y el calor abrasador de las zonas desérticas, y los páramos de lava solidificada eran obstáculos formidables que había que evitar a cualquier costo. Las laderas de montaña densamente forestadas, a menudo con desfiladeros tortuosos, eran cruzadas a través de pasos, sin importar cuán estrechos o peligrosos estos fueran. Por otro lado, cuando se podía avanzar grandes distancias por el filo de las montañas sin la interrupción de desfiladeros o valles, tendían a ser usados para viajar en todos los períodos. La necesidad de viajar entre fuentes de abundante agua dulce fue una condición esencial para viajar en todos los tiempos. De manera que aunque no poseamos un mapa antiguo del mundo bíblico, la ubicación de los caminos principales se puede inferir por lógica con alto grado de probabilidad, especialmente cuando se puede apoyar el principio de determinismo geográfico con otras líneas de evidencia.

A menudo la *documentación literaria* ayuda a trazar la ubicación de una carretera con mayor especificidad. Esta evidencia puede provenir de la Biblia, de fuentes antiguas extrabíblicas, autores clásicos, itinerarios de antiguos viajes, geógrafos medievales o viajeros pioneros más recientes. Algunas fuentes literarias procuran describir una parte de un territorio o una ruta itineraria dando tanto la distancia como la dirección; citan la distancia entre dos o más puntos conocidos de una manera que puede ser reconstruida solamente presuponiendo un curso intermedio particular. Algunas veces estas fuentes describen una ruta en términos del terreno natural intermedio (a lo largo de cierta ribera de determinado río; cerca de un cañón, un vado, un pozo de brea o un oasis; contiguo a algún canal, isla, o montaña identificados; etc.) o un notorio punto de interés a lo largo del camino. Las ciudades a lo largo de una ruta pueden ser descritas como formando parte de un distrito particular o como contiguas a cierta provincia, compartiendo terrenos de pastura, enviando comunicaciones mediante señales de fuego, o estando simultáneamente bajo el control de un determinado monarca. Las distancias aproximadas entre ciudades, junto con la supuesta ruta, se pueden inferir de textos que hablan de un rey o de un mensajero que consume su porción diaria de alimento en el punto A el día tal, en el punto B al siguiente, en el punto C el tercer día, y así sucesivamente. O se le puede asignar a un ejército o una caravana las raciones según el número de días que les llevará completar cierto viaje, o se dice de un viaje específico que llevó un determinado número de días para ser completado.

En general, las fuentes literarias no se compusieron con el propósito de permitir que alguien trace el curso de carreteras de forma completamente comprobable. Son fuentes de amplio espectro, y los detalles geográficos que proveen son muchos, variados, y ocasionalmente errados. No ofrecen el mismo grado de detalles para todas las regiones dentro del mundo bíblico. No obstante, su valor acumulado es crucial porque con frecuencia proveen detalles precisos sobre la base de los cuales se pueda reconstruir una ruta verosímil, o proveen un matiz que puede ser útil cuando se lo combina con otras líneas de evidencia.

Además del determinismo geográfico y la documentación literaria, las *pruebas arqueológicas* pueden ayudar a reconstruir las carreteras antiguas. Identificar una ciudad antigua por el descubrimiento de su nombre en los datos arqueológicos desenterrados ayuda a clarificar textos literarios que mencionan el lugar y a proveer un punto geográfico fijo. Siendo que Lais/Dan (tell el-Qadi) fue identificada en forma concluyente a partir de una inscripción excavada en el sitio, automáticamente se puede conferir mayor especificidad a viajes como los de Abraham (Gn 14) o de Ben-adad (1 Re 15; 2 Cr 16). Incluso cuando el nombre de un pueblo antiguo permanece desconocido, es de ayuda cuando los restos arqueológicos indican el tipo de ocupación que pudo haber experimentado el sitio. Por ejemplo, desenterrar un palacio puede llevar a la inferencia de que allí hubo una capital real o provincial, mientras que un sitio pequeño pero muy fortificado puede sugerir una guarnición o ciudad fortaleza. Encontrar una secuencia discernible de un mismo tipo de sitio —como la serie de fortalezas egipcias del Reino Nuevo descubiertas al suroccidente de Gaza— ayuda a deducir el probable curso regional de un camino. En una escala más amplia, puede ser que la arqueología revele distintos patrones de asentamiento durante períodos particulares de tiempo. Por ejemplo, muchos sitios del Bronce Medio en Canaán parecen haber sido contiguos a arterias de transporte establecidas, mientras que ese no parece haber sido el patrón de los asentamientos del Bronce Temprano. De manera similar, un grupo de asentamientos del Bronce Medio se alineaban en la ribera del río Habor superior en Siria, mientras que no se conoce de una concentración igual en las eras inmediatamente antes o después.

Este tipo de información es útil si los patrones de asentamiento se pueden relacionar con causas de traslado hacia el lugar. Por eso, si estos sitios del Bronce Medio pueden ser atribuidos a migraciones, y si se conocen los lugares de emigración, tal evidencia arqueológica podría presuponer ciertas rutas que fueran capaces de proveer de pasturas a animales domésticos y de alimento a los migrantes, y al mismo tiempo descartar otras rutas. Por supuesto, hubo muchos factores climáticos y sociológicos que produjeron migraciones en la antigüedad, pero es un hecho que tanto personas como animales debían comer del fruto de la tierra mientras se movían.

A veces el traslado a ciertos sitios puede ser ligado arqueológicamente al comercio. Tal vez se descubren objetos que son ajenos al lugar donde fueron hallados (escarabajos egipcios, sellos cilíndricos mesopotámicos, etc.) o se descubren artículos de comercio que no eran originarios de ninguna parte de la Media Luna Fértil (estaño, ámbar, clavos de olor, seda, canela, etc.). La reconstrucción de carreteras, entonces, debería tomar en cuenta la fuente geográfica de esos objetos o artículos, las fechas de paso de un lugar a otro, y dónde se ubicaban los mercados o almacenes intermedios. En los casos en que ese tipo de comercio se llevaba a cabo durante períodos extendidos (como la ruta báltica del ámbar desde Europa, la ruta de la seda desde el suroriente de Asia, o la ruta de las especias desde el occidente de Arabia Saudita), se pueden establecer ciertas rutas comerciales fijas. Con frecuencia ese tipo de evidencia arqueológica puede ser matizada por la documentación literaria, como es el caso de los textos con el itinerario del estaño que detallan estaciones a lo largo de la Media Luna Fértil durante la Edad del Bronce Media.

Otra posibilidad es que el traslado hacia nuevos sitios puede estar ligado arqueológicamente a cierta invasión militar, tal vez debido al descubrimiento de una estela monumental de victoria o una capa de destrucción que puede ser sincronizada con un terraplén construido contra la muralla de la ciudad. Las demandas de la estrategia militar, el mantenimiento de las tropas y la adquisición de material eran de tal magnitud que ciertas regiones habrían sido prácticamente inmunes a cualquier ejército. Los investigadores que buscan trazar rutas y caminos antiguos se han beneficiado recientemente de complementar sus pruebas arqueológicas con fotografías aéreas o imágenes de satélite que pueden detectar rudimentos e incluso segmentos cortos de caminos que no se han borrado por completo[152].

Una cuarta línea de evidencia para reconstruir caminos antiguos son los *miliarios romanos*, aunque la instalación de postes de señalamiento a lo largo de caminos antecede el período romano (Jr 31:21)[153]. Hasta la fecha, se han hallado entre 450 y 500 miliarios romanos en el moderno Israel, y se han descubierto cerca de 1000 a lo largo de Asia Menor[154]. En el moderno Israel, hay miliarios que datan de tan temprano como el 69 d. C., y hay miliarios que datan de tan temprano como el 56 d. C. en el Líbano moderno. Por otro lado, los miliarios de Asia Menor tienden a pertenecer a un período romano más tardío, y no parece que la mayoría de las rutas allí fueran pavimentadas antes de la «dinastía flavia», que comenzó con Vespasiano en el 69 d. C., una dura realidad a tener en cuenta cuando se considera la dificultad del traslado a través de Asia en el tiempo del apóstol Pablo.

Estos miliarios generalmente marcan con precisión la ubicación de las carreteras romanas, que frecuentemente seguían el curso de caminos mucho más antiguos. Las ubicaciones e inscripciones de los miliarios pueden dar evidencia de que ciertas ciudades estaban vinculadas en la misma secuencia en que están registrados en la literatura más temprana. Por ejemplo, se han descubierto alrededor de 25 miliarios que representan 20 diferentes puntos a lo largo de un tramo de la ruta costera romana entre Antioquía de Siria y la Tolemaida del Nuevo Testamento. Dado que se ha dicho que algunas de las mismas ciudades ubicadas a lo largo de esa carretera fueron visitadas por el rey Salmanasar III al regresar de su campaña en Israel (841 a. C.) [**mapa 76**], es probable que los miliarios indiquen el camino usado por el monarca asirio. En este caso, la inferencia está explícitamente confirmada por el descubrimiento del monumento a la victoria de Salmanasar tallado en un acantilado que bordea la desembocadura del río Perro justo al sur de la ciudad libanesa de Biblos[155]. De manera similar, los mismos miliarios nos permiten configurar las primeras etapas de la famosa tercera campaña de Senaquerib (701 a. C.) [**mapa 77**], en la que el asirio se jactó de que «encerró a Ezequías en Jerusalén como un pájaro en su jaula». De igual manera esos miliarios nos permiten rastrear el curso seguido en Canaán por Ramsés II, Tiglat-pileser III, Esar-hadón, Alejandro Magno, Cambises II, Cestio Galo, Vespasiano y el Peregrino de Burdeos.

La dificultad de viajar en la antigüedad

A los viajeros modernos, acostumbrados a sistemas de autopistas en los que pueden andar a toda velocidad, les puede resultar difícil captar la realidad de los viajes bíblicos. Los viajes actuales conllevan las «duras realidades» de coches con interiores de buen cuero corintio, molduras de nogal pulido, suspensión de doble horquilla, y sistemas integrales de sonido y temperatura. Prácticamente en cada tercera salida de las interestatales hay un amplio despliegue de servicios y entretenimientos accesibles de inmediato. La mayoría de las rutas de larga distancia son lisas y pavimentadas, bien iluminadas, claramente señalizadas y patrulladas para dar seguridad. Cientos de caballos de fuerza nos trasladan con toda comodidad y velocidad. Cuando nos detenemos de noche, con toda facilidad podemos conseguir una habitación privada con servicios públicos, cama cómoda, televisión por cable, servicio de Internet y baño privado con agua fría y caliente. En poco tiempo podemos hallar una variedad de lugares de comida ya preparada. Podemos llevar con nosotros música y lectura selecta, fotografías de familiares, tarjetas de crédito y mudas limpias de ropa. Podemos enviar casi instantáneamente un mensaje de texto o correo electrónico, o hacer llamadas telefónicas a nuestra familia o amigos en nuestra ciudad. Y no le prestamos mucha atención a las cuestiones de enfermedades contagiosas ni a la posible falta de medicamentos.

Cuán diferente realidad era el viajar en los tiempos bíblicos. En la antigüedad, hasta las carreteras internacionales principales eran a veces meros caminos angostos y serpenteantes atascados por lodo o agua estancada producto de las lluvias de invierno, o polvorientos y agrietados por los largos meses de calor opresivo y abrasador del verano. Ciertos lugares a lo largo de esas carreteras requerían que los viajeros cruzaran terrenos difíciles, prácticamente intransitables. Viajar podría llevar el riesgo de padecer falta de agua, soportar un clima que ponía en peligro la vida, enfrentar animales de presa salvajes, o bandidos.

Tales dificultades y peligros ayudan a explicar por qué la mayor parte de los viajes internacionales en la antigüedad se realizaban en caravanas. Un grupo más numeroso proveía *algo* de protección contra los agentes y elementos extraños. Existe considerable evidencia de Mesopotamia y Asia Menor que indica que las caravanas eran generalmente grandes y casi siempre iban escoltadas por guardias de seguridad armados para su tarea. Se esperaba que los caravaneros se atuvieran estrictamente a las rutas preestablecidas. No era raro que las caravanas incluyeran entre 100 y 200 burros, que a veces cargaban mercaderías extremadamente valiosas (*cf.* Gn 37:25; Jc 5:6-7; 1 Re 10:2; Jb 6:18-20; Is 21:13; 30:6; Lc 2:41-45)[156]. Rara vez se encuentran pruebas de caravanas privadas en la antigüedad. Los viajeros ricos estaban en condiciones de comprar esclavos que servían de guardias armados (Gn 14:14-15), pero la gente pobre se movía en grupo o se unían a un séquito gubernamental o comercial que se dirigía a un destino particular. La evidencia también muestra que muchos viajes se hacían bajo el manto de la oscuridad; el traslado nocturno ofrecía alivio del calor opresivo del sol de mediodía y disminuía la posibilidad de ser detectados por bandidos y salteadores. También puede ser que viajar de noche contribuyera directamente a la amplia difusión del culto a la luna, la forma más generalizada de religión en toda la Media Luna Fértil.

Otro aspecto del viaje por tierra en los tiempos bíblicos era el limitado avance que se podía hacer en un día. Por cierto, las distancias variarían de acuerdo a factores de disparidad de terreno, diferencias de motivos de viaje, el número y el tipo de personas que participaban de determinado viaje, el tipo de equipo que transportaban y las variaciones estacionales. En todo caso, el mundo antiguo estaba familiarizado con los casos excepcionales de distancias cubiertas en un día. Heródoto hizo una famosa afirmación acerca de los mensajeros que viajaban por el Camino Real Persa a gran velocidad[157]. Tiberio viajó unos 800 km en 72 horas para estar junto a la cama donde yacía su hermano Druso a punto de morir[158]. Y se dice que los mensajeros postales del período romano promediaron casi 160 km por día[159]. Pero esas eran raras excepciones en el mundo bíblico, ¡y deben ser reconocidas como tales!

La evidencia es generalmente uniforme y se corrobora mutuamente en que en el mundo bíblico un viaje de un día abarcaba una distancia de 27 a 37 km, con un promedio levemente mayor cuando se viajaba por barco corriente abajo[160]. Promedios similares de viaje por día siguieron siendo la norma en los itinerarios posteriores —clásicos, árabes y medievales— desde Egipto a Turquía e incluso hasta Irán. Algunos informes de viajes y recorridos de tan solo 100 años atrás documentan promedios diarios igualmente escasos.

Diversos episodios bíblicos describen el mismo avance limitado cuando se trataba de viajar:

- Abraham divisó el monte Moriah (casi con seguridad en las proximidades de Jerusalén) durante el tercer día de su viaje desde Beerseba (Gn 22:4), y los dos sitios están separados por unos 80 km;
- David y sus hombres llegaron desde Afec a Siclag al tercer día (1 Sm 30:1), y otra vez, los dos sitios están separados por poco más de 80 km;
- Cades-barnea (Ain Qadeis) era un viaje de 11 días desde Horeb (cerca o en jebel Musa) por el camino que pasaba por el monte Seir[161] (Dt 1:2), y los dos lugares están separados por aproximadamente 300 km;

Ciudad
Sitio de una maravilla del mundo antiguo
Sitio de un faro romano
Puerto base de la flota imperial romana
Ubicación de una legión romana en tiempos de Trajano
Principales rutas náuticas del mundo grecorromano
Principales corrientes de aire (en verano)
Principales corrientes marítimas

Intercambio comercial dentro del Imperio romano

Cobre	Vidrio	Grano
Latón	Textiles	Caballos
Hierro	Vino	Madera

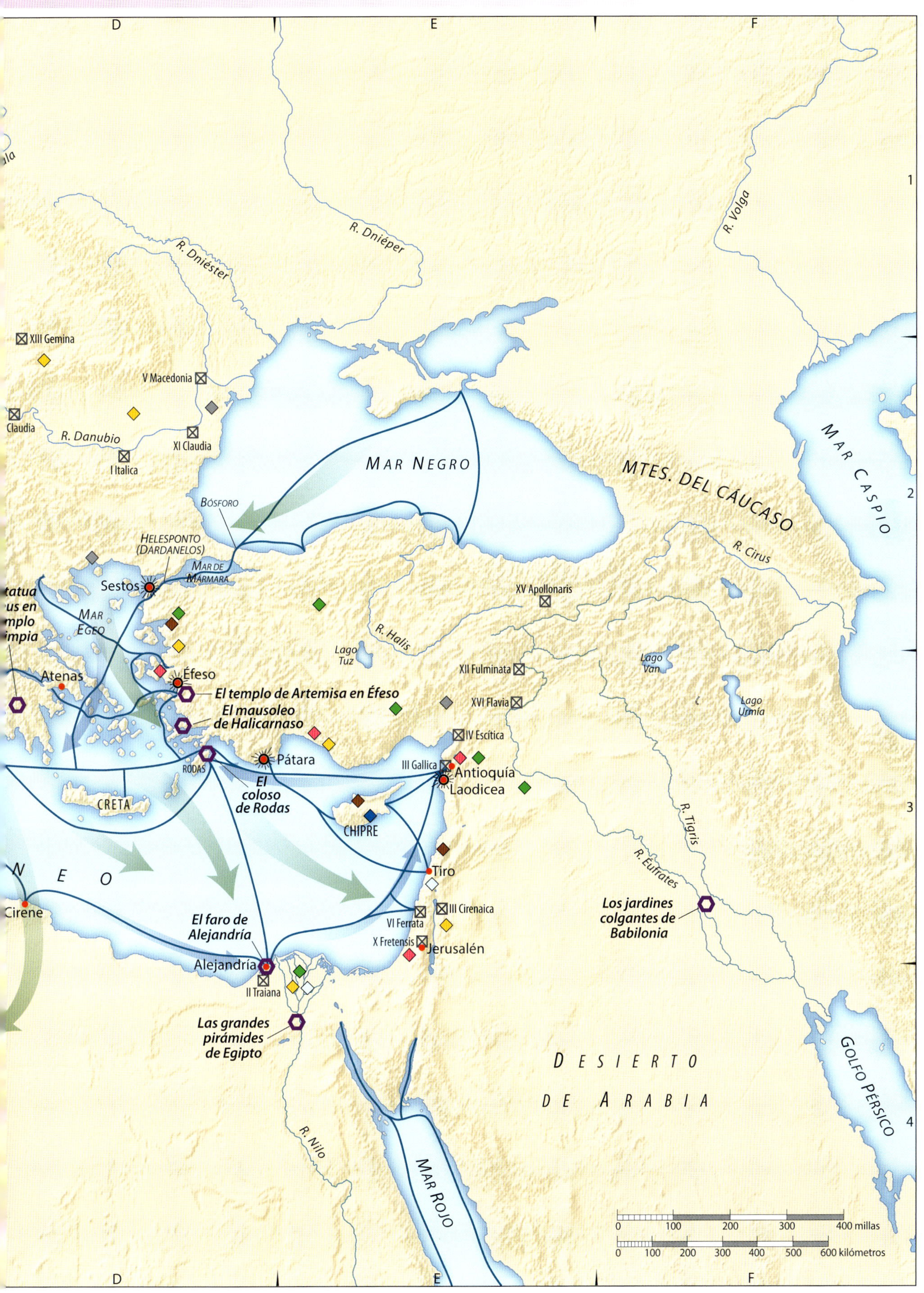
D
E
F
1
2
3
4
R. Dniéper
R. Dniéster
R. Volga
R. Danubio
XIII Gemina
V Macedonia
Claudia
XI Claudia
I Italica
MAR NEGRO
MTES. DEL CÁUCASO
MAR CASPIO
R. Cirus
BÓSFORO
HELESPONTO
(DARDANELOS)
MAR DE
MÁRMARA
Sestos
XV Apollonaris
statua
us en
mplo
impia
MAR
EGEO
R. Halis
Lago
Tuz
Lago
Van
Lago
Urmía
Atenas
Éfeso
El templo de Artemisa en Éfeso
El mausoleo
de Halicarnaso
XII Fulminata
XVI Flavia
IV Escítica
Pátara
III Gallica
Antioquía
Laodicea
RODAS
El
coloso
de Rodas
CRETA
CHIPRE
R. Tigris
R. Eufrates
N   E   O
Tiro
III Cirenaica
El faro de
Alejandría
VI Ferrata
X Fretensis
Jerusalén
Los jardines
colgantes de
Babilonia
Cirene
Alejandría
II Traiana
Las grandes
pirámides
de Egipto
DESIERTO
DE ARABIA
GOLFO PÉRSICO
R. Nilo
MAR ROJO
0   100   200   300   400 millas
0   100   200   300   400   500   600 kilómetros
D
E
F

- Una marcha desde Jerusalén por el «camino de Edom» hasta la ciudad capital de Moab (Kir-hareset) llevaba siete días, y la distancia aproximada de esa ruta era de alrededor de 185 km (2 Re 3:5-10);
- Se dice que la caravana judía de Esdras salió de la frontera de Babilonia (ya sea en Hit o en Awana) el duodécimo día del primer mes (Esd 8:31), y llegó a Jerusalén el primer día del quinto mes (Esd 7:9), lo cual significa que el viaje tardó un poco más de tres meses y medio[162]. Según la ruta que probablemente siguieron Esdras y sus compatriotas (8:22, 31 [el atajo más peligroso al pasar Tadmor?]; **mapa 81**), viajaron alrededor de 1450 km en poco más de 100 días, pero el tamaño y la composición de la caravana podrían haber jugado en contra de un mayor promedio diario. Alternativamente, si hubieran seguido la ruta más larga del Éufrates hasta Emar, y continuado desde allí a lo largo del Gran Camino Comercial pasando Damasco (la ruta normal), hubieran logrado un promedio diario más típico.

En el Nuevo Testamento las distancias alcanzadas siguen siendo similares[163]. En cierta ocasión Pedro viajó 65 km desde Jope a Cesarea y llegó a su destino al segundo día (Hch 10:23-24). La urgencia de su misión permite inferir que tomó un camino directo y no hizo paradas intermedias. (Más tarde Cornelio afirmó que sus embajadores habían viajado ida y vuelta entre Jope y Cesarea en cuatro días [Hch 10:30]). En otra ocasión Pablo fue llevado apresuradamente a Cesarea vía Antípatris con escolta militar en dos días (Hch 23:23-32), una distancia de unos 105 km si los soldados usaron los caminos más probables. Según Josefo, era posible viajar entre Galilea y Jerusalén, vía Samaria (una distancia de alrededor de 110 km), en tres días[164].

La ubicación de los principales caminos

El Gran Camino Comercial

La que era sin lugar a dudas la carretera más importante del mundo bíblico aquí la llamamos Gran Camino Comercial[165]. Esta carretera pasaba de Egipto a Babilonia y a fronteras más allá, y ligaba de manera vital todas las partes de la Media Luna Fértil en todos los períodos. [**Ver mapa 25**]. El camino comenzaba en Menfis (Nof), cerca de la base del delta del Nilo, y pasaba por las ciudades egipcias de Raamsés y Sile [**mapa 33**] antes de llegar a Gaza, un emplazamiento fortificado al borde de Canaán. Gaza era una capital provincial egipcia extremadamente importante, y con frecuencia servía de plataforma de lanzamiento para las campañas egipcias en todo el Levante. Este sector suroccidental de la carretera, conocido por los egipcios como «camino(s) de Horus», era de suprema importancia para la seguridad egipcia. [**Ver mapa 34**].

Desde Gaza la carretera se extendía hacia Afec/Antípatris, situado junto a los manantiales del río Yarkón; estos manantiales constituían un serio obstáculo para el movimiento y forzaban a la mayoría del tránsito hacia el lado interior (oriental) de ellos. [**Ver mapa 27**]. Continuando en dirección norte, el camino bordeaba las amenazadoras dunas de arena y los pantanos estacionales de la llanura de Sarón hasta que inevitablemente se enfrentaba a la barrera del monte Carmelo. Varios pasos a través del monte Carmelo permitían el tránsito desde la llanura de Sarón hasta el valle de Jezreel. [**Ver mapa 10**]. El más corto de ellos, conocido actualmente como el paso de Aruna (nahr Iron), era el más usado. El extremo norte de este estrecho paso, donde se abría hacia el Jezreel, estaba dominado por la ciudad de Meguido con su base militar.

En Meguido, la carretera se dividía en por lo menos tres ramas. Una llevaba a la costa mediterránea en Aco, y luego corría hacia el norte a lo largo del mar hasta Antioquía de Siria. La segunda rama desde Meguido se extendía diagonalmente atravesando el valle de Jezreel en una línea que había sido creada por actividad volcánica. Pasaba entre el monte More y el monte Tabor hasta las proximidades de los Cuernos de Hattin donde viraba hacia el oriente, atravesaba el paso de Arbel con sus acantilados escarpados, y finalmente irrumpía en la llanura en la costa noroccidental del mar de Galilea[166]. Una tercera opción desde Meguido viraba hacia el oriente, siguiendo el contorno de la falda norte de los montes Carmelo y Gilboa hasta llegar a la fuertemente fortificada ciudad militar de Bet-sán. Esta sección probablemente corría a lo largo del borde del valle durante la estación seca, pero subía a terreno más elevado durante los meses de invierno para evitar las condiciones pantanosas. En Bet-sán, el Gran Camino Comercial hacía un agudo giro hacia el norte y recorría el valle del Jordán hasta el extremo sur del mar de Galilea, donde la carretera faldeaba el mar del lado occidental hasta llegar a Genesaret, cerca de Capernaúm. [**Ver mapa 14**]. Durante la era del Nuevo Testamento, muchos viajeros habrían cruzado el Jordán justo al norte de Bet-sán y continuado a través del valle del Yarmuk y la meseta de Golán hasta Damasco.

Desde Genesaret, el Gran Camino Comercial continuaba subiendo por el lado occidental del Jordán Superior y se acercaba a la destacada ciudad fortificada de Hazor, que protegía los sectores más norteños de Canaán. Cerca de Hazor, el camino giraba hacia el nororiente en dirección de Damasco, abrazando la periferia de la cadena del Antilíbano e intentando evitar las superficies basálticas de la tierra del Golán superior y del Haurán. [**Ver mapa 16**]. Desde Damasco, seguía su recorrido hacia el norte rodeando las laderas orientales del Antilíbano hasta la ciudad de Hamat sobre el río Orontes. Aquí emprendía un curso más directo hacia el norte, pasando Ebla y llegando a Alepo, donde hacía una curva aguda hacia el oriente en dirección al Éufrates. Llegando al río a la altura de Emar, la carretera seguía luego esencialmente el curso de la llanura de inundación del Éufrates hasta un punto justo al norte de la ciudad de Babilonia, donde el río se podía vadear con mayor facilidad. Continuando hacia el sur desde allí, la carretera cortaba transversalmente a la región de Babilonia, pasaba por Uruk y Ur antes de llegar finalmente a la cabecera del golfo Pérsico.

El Camino Real

Otro camino importante que atravesaba las tierras bíblicas se conocía en el Antiguo Testamento como el Camino Real (Nm 20:17; 21:22)[167] y fuera de la Biblia como la Vía Trajana (Vía Nova Traiana). Fue el emperador Trajano en el siglo II d. C.

Ciudad
Ciudad (ubicación incierta)
Monte
Camino internacional
Camino regional
Camino secundario
0   10   20   30 millas
0   10   20   30   40 kilómetros
MAR MEDITERRÁNEO
Damasco
Mte. Hermón
Cesarea de Filipo
Camino de la costa
R. Litani
Tiro
Camino del valle de la Beca
Cedes
Gran Camino Comercial
Hazor
Camino del mar
Capernaúm
MAR DE GALILEA
Camino Real
Tolemaida (Aco)
Camino del valle de Aco
Mte. Carmelo
Astarot
Mte. Tabor
R. Yarmuk
Dor
Meguido
Escitópolis (Bet-sán)
Ramot de Galaad
Gran Camino Comercial
Dotán
Ibleam
R. Jordán
Soco
Camino de la costa
Samaria
Tirsa
Camino lateral de Efraín
Mte. Ebal
Siquem
Mte. Gerizim
R. Jaboc
Afec (Antípatris)
Camino montañoso central
Jope
Camino del valle tectónico
Betel
Rabá (Ammán)
Bet-horón de arriba
Camino Jope-Ammán
Gezer
Jericó
Hesbón
Emaús
Ajalón
Camino a Jericó
Asdod
Ecrón
Jerusalén
Camino del valle de Sorec
Belén
Mte. Nebo
Ascalón
MAR MUERTO
Hebrón
Dibón
Gaza
R. Arnón
Camino del valle de Güvrin
Gerar
Camino montañoso central
Arroyo de Besor
Arad
Camino de Beerseba
Beerseba
Gran Camino Comercial
Kir-hareset
Camino a Moab
W. el-Arish
Camino montañoso central
Arroyo Zered
Camino Real
Camino del Araba
Camino del desierto
Bosra
Punón
A   B   C
1   2   3   4

En Sardis, un gimnasio y patio amplio flanqueados hacia el occidente (izquierda de la fotografía) por los restos de una sinagoga judía de buen tamaño. Entre el área de la sinagoga y el camino moderno pueden verse vestigios del Camino Real Persa que recorría unos 2655 km desde Susa, en Elam, hacia el occidente hasta su término en Sardis.

quien convirtió la ruta de un camino a una auténtica carretera. La carretera se extendía desde el golfo de Aqaba cerca de Ezióngeber hacia el norte y esencialmente recorría la cuenca de Edom y Moab, pasando las ciudades de Petra, Bosra, Kir-hareset, Dibón y Hesbón antes de llegar a Ammán[168]. [**Ver mapa 34**]. Desde Ammán atravesaba las mesetas de Galaad y Basán hasta Damasco, donde se unía al Gran Camino Comercial.

El Antiguo Camino Asirio de Caravanas

Utilizado para transportar los intereses económicos y militares asirios a Asia Menor, el Antiguo Camino Asirio de Caravanas se conoce desde comienzos del segundo milenio a. C.[169] Desde cualquiera de las ciudades que sirvieron sucesivamente de capital asiria, esta carretera probablemente pasaba hacia el occidente hasta las proximidades del jebel Sinjar, donde viraba exactamente hacia el occidente y llegaba a la base del triángulo del río Habor. El camino luego seguía el curso de uno de sus arroyos, pasando tell Halaf hasta llegar a un lugar cerca de la moderna Samosata, donde el Éufrates se podía vadear con mayor facilidad. Desde allí, el camino atravesaba un paso importante en los montes Tauro (exactamente al occidente de Malatya), atravesaba la llanura de Elbistán y finalmente llegaba a la estratégica ciudad hitita de Kanis. Una extensión del camino seguía para luego cruzar la meseta central de Anatolia, pasando por lo que luego se convirtieron en las ubicaciones de Derbe, Listra, Iconio y Antioquía de Pisidia. En su descenso a la costa del Egeo, la carretera atravesaba lugares que luego se incorporaron como Laodicea, Filadelfia, Sardis y Pérgamo. Desde

Pérgamo, el camino corría esencialmente paralela a la costa egea y llegaba a la ciudad de Troya, situada en el umbral de Europa.

El Camino Real Persa

Para leer sobre el Camino Real Persa, **vea página 206**.

Viajar por mar

El viaje por mar en el Mediterráneo no parece haber variado mucho durante el período del Antiguo Testamento. De los sitios de Ugarit y tell el-Amarna, hay evidencia de que existían embarcaciones del Bronce Tardío con una capacidad para más de 180 toneladas métricas, y las naves fenicias cruzaban todo el ancho del Mediterráneo durante la Edad del Hierro temprano. [**Ver mapa 63**]. Mucha de la actividad náutica temprana se habría llevado a cabo no lejos de tierra firme o entre islas intermedias, y aparentemente era común que los marineros bajaran las anclas de noche. La distancia entre los puntos de anclaje diario era de aproximadamente 65 km (p. ej., Hch 16:11; 20:6, 14-15)[170].

Los tempranos navegantes con frecuencia preferían anclar en promontorios o islotes cercanos a la costa (Tiro, Sidón, Biblos, Arvad, Atlit, Beirut, Ugarit, Cartago, etc.); las islas servían como rompeolas natural y las ensenadas como un tipo de puerto. El advenimiento del Imperio romano trajo consigo una enorme expansión en el tipo, el tamaño y la cantidad de navíos, y se desarrollaron rutas a través de todo el mundo mediterráneo y más allá. [**Ver mapa 26**]. Antes del final del siglo I a. C., la combinación de una fuerza legionaria ampliamente desplegada, una flota naval imperial permanente, y la necesidad de trasladar grandes cantidades de productos a puntos a veces muy distantes dentro del imperio significó que gran cantidad de buques mercantes y militares recorrían aguas lejanas. Las rutas de larga distancia produjeron la necesidad de construir toda una red de faros imperiales y puertos costeros ensanchados con instalaciones enormes como depósitos de almacenamiento.

CAPÍTULO 2

La geografía histórica de la tierra

EL JARDÍN DEL EDÉN

Dios creó un lugar para que allí viviera la primera pareja, un lugar que incluía árboles, ríos y animales, un lugar que llegó a ser conocido como «Edén» (Gn 2:4b-15). El gran dramatismo de este relato cautivante ha fascinado a lectores jóvenes y mayores por igual, ha generado la reflexión seria y profunda de filósofos y teólogos, y ha inspirado la pluma de numerosos poetas y el pincel de muchos artistas. Pero cuando intentamos reconstruir el escenario geográfico de este texto bíblico y localizar Edén, descubrimos que en diversos niveles hay mucho que permanece envuelto en la oscuridad.

El verbo del que deriva «Edén» jamás aparece inequívocamente en el Antiguo Testamento[1]. Otros homónimos de Edén sí aparecen en el Antiguo Testamento, relacionados con (1) el nombre de una persona (2 Cr 29:12; 31:15), (2) cosas encantadoras o preciadas (2 Sm 1:24; Sal 36:8; Jr 51:34) o (3) una región o territorio en Mesopotamia (2 Re 19:12; Is 37:12; Ez 27:23; Am 1:5)[2]. Sin embargo, es difícil establecer el matiz preciso de determinado nombre a menos que su cognado pueda hallarse fuera de la Biblia, en la literatura del Cercano Oriente antiguo, en contextos bastante claros y reveladores.

En el caso de «Edén», existe un término cognado (*edinu*) en acadio/sumerio, el cual designa una llanura o una estepa, presumiblemente ubicada en algún lugar de Mesopotamia[3]. En ugarítico, y más recientemente en arameo, una palabra similar (`dn) parece denotar un lugar fértil y bien regado[4]. Afortunadamente, la cita acadia se halla en un texto léxico junto a su equivalente sumerio, y una evidencia aramea se encuentra en un texto bilingüe arameo/acadio donde la palabra correspondiente en el panel acadio[5] también denota un sentido de abundancia o suntuosidad. Por consiguiente, esta evidencia es usada con frecuencia para sugerir que Edén debería estar ubicado en una fracción relativamente fértil de la estepa en o cerca de Mesopotamia.

Se entiende generalmente que el relato bíblico está escrito desde la perspectiva de Canaán, de manera que la ubicación de Edén *en el oriente* (Gn 2:8) también señala en dirección a Mesopotamia. Además, Edén es descrito como un «jardín» (2:15) donde se halla un río (2:10) y arroyos o vertientes que riegan la tierra (2:6). Dada la escasa provisión de agua en Canaán, tal vez es de esperar que el autor bíblico haya tomado prestado un término acadio para describir una condición acuosa ajena a su propio medioambiente. Una observación inicial que ubica a Edén en un lugar fértil de alguna parte de la llanura mesopotámica se ve reforzada por otros dos hechos: (1) se sabe que dos de los ríos mencionados en el relato, el Tigris y el Éufrates, corrían por Mesopotamia;

y (2) el nombre bíblico asociado a cada cual de esos ríos corresponde con precisión a su nombre en la literatura mesopotámica[6].

Intentos imaginativos de ubicar el jardín del Edén en Etiopía, Australia, la India, Pakistán, Egipto, Alemania, Suecia, Mongolia, las Américas, África, las islas Seychelles, el Lejano Oriente, el océano Índico, el ecuador, el Polo Norte o cualquier otro lugar no merecen nuestra atención. Así de poco factibles son aquellos esfuerzos por interpretar el relato como si describiera cuatro ríos que, según se creía en la antigüedad, rodeaban todo el globo. Tal hipótesis supone que el pasaje es de carácter legendario y/o que el autor bíblico era ignorante respecto de su mundo. Nuestra afirmación inicial tampoco coincide con una interpretación alegórica existente en la iglesia naciente (p. ej., Orígenes) según la cual el Edén era un paraíso del alma. Asociaban los cuatro ríos con las virtudes de la prudencia, el valor, la justicia y el dominio propio, creando un paraíso de perfección divina, pero uno que se encontraba más allá de las esferas geográficas e históricas[7].

Pero incluso después de aceptar una ubicación mesopotámica para el jardín, sigue siendo problemático identificar los dos primeros ríos, el Pisón y el Gihón. No son atestiguados en otros textos de la literatura antigua, fuera de unas pocas referencias de paso en escritos judíos posteriores[8]. Sus nombres no tienen semejanza alguna con los nombres de ríos que se conocen actualmente en la región, y las palabras en sí sugieren que podrían ser descripciones del *movimiento* de un río en lugar de ser el nombre de un río. (Pisón significa «caer en cascada/chorrear» y Gihón significa «bullir/percolar»)[9]. Sin embargo, ya desde el siglo I d. C. ha estado de moda equiparar al Pisón con el río Ganges y al Gihón con el Nilo, aunque identificaciones alternativas para el Pisón incluyen los ríos Indo y Danubio, y para el Gihón el manantial de Gihón en Jerusalén[10]. A Jerónimo se le debe adjudicar el haber introducido en la tradición cristiana la identificación de los cuatro ríos como Tigris, Éufrates, Ganges y Nilo.

También se han visto frustrados los intentos de identificar el Pisón y el Gihón sobre la base de una supuesta relación con los descendientes de Havila y Cus (Gn 2:11, 13). En el caso de Havila, el Antiguo Testamento designa por lo menos dos clanes con ese nombre (Gn 10:7, 29), ninguno de los cuales se puede ubicar al interior de Mesopotamia de manera concluyente. [**Ver mapa 29**]. De manera similar, en la Biblia Cus generalmente indica un sector del Sudán [**mapa 29**], aunque al menos en un pasaje (Gn 10:8) el término puede referirse a los casitas, una dinastía que ocupó un sector de Babilonia durante buena parte del segundo milenio a. C.

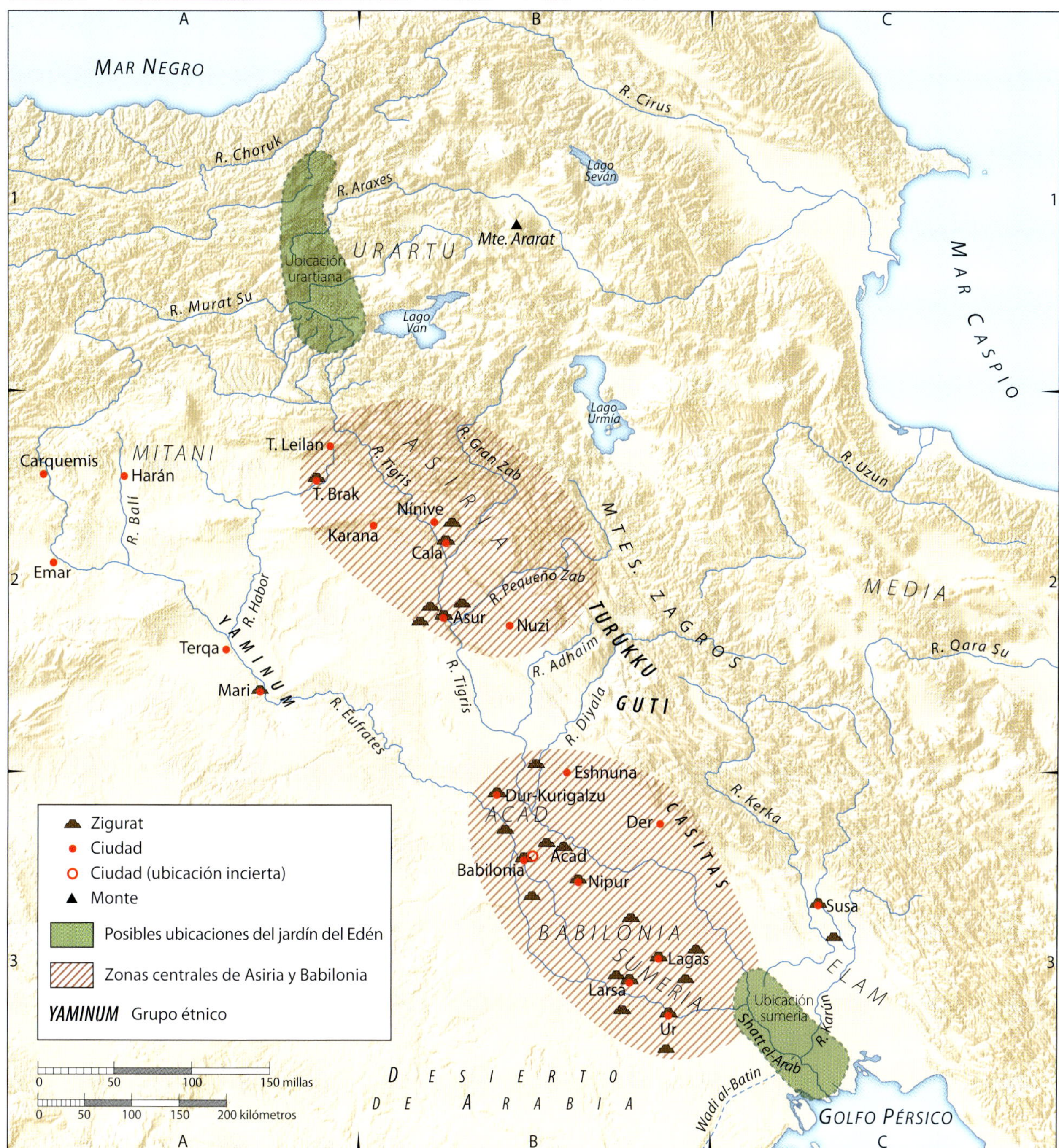

La mención de oro y bedelio en Havila (Gn 2:12) tampoco ayuda en una búsqueda geográfica. En la antigüedad el oro se hallaba en lugares muy distantes como la India y Egipto, pero también era bastante común en buena parte de Mesopotamia y no se limitaba a una única región. En cuanto al bedelio, incluso su traducción está en duda: el término podría referirse a una piedra preciosa como el rubí o el cristal, o tal vez a un producto aromático boticario, como un tipo de gomorresina[11].

El **mapa 28** muestra una ubicación al norte (en Urartu) y otra al sur (en Sumeria) donde podría haber estado situado el jardín. Se puede presentar un argumento bastante convincente en favor de cada uno de estos puntos de vista. La posición urartiana busca su apoyo en Génesis 2:10, que afirma que un río regaba el jardín y luego se dividía en cuatro ramas. Los defensores de la posición urartiana sostienen que este texto requiere ubicar al Edén en un lugar desde donde los ríos irradien hacia fuera. Parte de las cabeceras del Tigris y una de las principales fuentes del Éufrates superior (Murat Su) provienen de las tierras altas urartianas, al occidente del lago Van cerca de la ciudad moderna de Batman, Turquía, con poco más de 800 m de distancia entre sí. En la misma región general están las cabeceras de los ríos Araxes y Choruk. Los defensores de la hipótesis del norte frecuentemente identifican estos ríos con el Pisón y el Gihón[12].

Los defensores de la posición sumeria buscan apoyo en Génesis 2:12b, que asocia el río Pisón con el lugar de la «piedra de ónice». La palabra «ónice» en la Biblia normalmente está matizada por el agregado de la palabra «piedra» (Ex 25:7; 28:9; 35:9, 27; 39:6; 1 Cr 29:2), lo cual es raro para las referencias a los minerales en el Antiguo Testamento. El único mineral del mundo mesopotámico que de manera regular se asociaba con la palabra «piedra» se conoce actualmente como lapislázuli, una costosa piedra azul oscura utilizada normalmente para decoraciones reales u oficiales en toda Mesopotamia y más allá. (Nótese la inclusión del ónice como parte de la decoración del atuendo del sumo sacerdote [Ex 28:20; 39:13]).

Si la palabra traducida como «ónice» realmente se refiriera al lapislázuli[13], la posición sumeria se vería muy realzada, ya que había una única fuente conocida de este mineral en la antigüedad: Afganistán. El lapislázuli se importaba a Mesopotamia por el sur mediante vías de transporte establecidas[14], y aparentemente no por el norte. Unos textos acadios hacen referencia al «río de lapislázuli», que se identifica con el río Kerka, el río Karún o un sector del Tigris inferior justo arriba de su confluencia con el Éufrates[15]. No obstante, la expresión jamás se emplea en relación con un río en la Mesopotamia central o norte. Por lo tanto, algunos estudiosos proponen una ubicación sumeria para el río Pisón, y en tal escenario, el candidato más probable para el Gihón es el río Karún, el río Kerka o el wadi al-Batin. (Se sabe que ese fue un verdadero río en la antigüedad, que corría a través del desierto de Arabia y vertía sus aguas en el canal Shatt el-Arab, justo al norte del golfo Pérsico)[16].

En el siglo XVI, Juan Calvino introdujo en la teología cristiana una modificación de la posición sumeria, aunque su exégesis fue tomada sustancialmente de Agostino Steuco, un estudioso del Antiguo Testamento que en ese tiempo era también el bibliotecario papal[17]. Steuco afirmaba que «las cuatro cabeceras/brazos» (Gn 2:10b) hacían referencia tanto al punto donde los ríos surgían de la tierra como al punto donde desembocaban en el mar[18]. Tomando esta idea, Calvino sostenía que las entidades eran realmente cuatro brazos separados de un único río dentro del Edén, con dos brazos superiores que fluían en bajada desde sus fuentes hacia el jardín, y dos brazos inferiores que fluían del jardín bajando hacia el golfo Pérsico[19]. Calvino describió lo que corresponde a un Éufrates superior e inferior, y a un Tigris superior e inferior,

con un punto de confluencia en el medio del mapa donde sus aguas se mezclaban durante una breve distancia. En ese punto, según el reformador, había una isla donde se ubicaba el Edén. A pesar del análisis geográfico inexacto de Calvino, e incluso de su exégesis forzada, su ubicación del Edén persistió notablemente en la historia de los comentarios y las Biblias protestantes durante más de 200 años.

Se justifica una advertencia adicional. Algunos atlas bíblicos[20] y otras fuentes cartográficas[21], cuando describen hechos tempranos en la Biblia, hacen referencia a una «costa antigua» que extendía el golfo Pérsico hacia el norte alrededor de 200 km casi hasta Ur, inundando (¡y efectivamente eliminando!) la así llamada ubicación sumeria del Edén. Originada en una investigación científica publicada alrededor de 1900, pero tal vez retrocediendo conceptualmente hasta tan temprano como el siglo I d. C.[22], esta teoría se basa en la suposición geológica de que hubo un avance gradual unidireccional del delta desde el área de Ur (y Samarra en el Tigris) hasta la costa actual [**mapa 23**], que se fue dando a lo largo del tiempo exclusivamente como resultado de la sedimentación dejada por los ríos Tigris y Éufrates. Al asumir aquello, la teoría siguió realizando suposiciones uniformes relacionadas con fechas y distancias y afirmó que esta «costa antigua» debería ser fechada aproximadamente entre el 5000 y el 4000 a. C.

La investigación paleoclimatológica y geológica más reciente ha demostrado en forma concluyente que esas suposiciones anteriores eran muy prematuras y ya no son sostenibles. Ahora se sabe que el nivel medio del mar en todo el mundo alrededor del 5000 al 4000 a. C. era *inferior* a los niveles actuales, por aproximadamente tres metros en general[23]. Se conocen ruinas de hábitat humano de ese período costa afuera del golfo Pérsico superior, ahora inundadas por el agua[24], que indican que la costa antigua del golfo Pérsico se extendía más al sur en ese tiempo, no más al norte[25].

En realidad, la sedimentación de los ríos Tigris y Éufrates, aunque extendida y densa desde las proximidades de Samarra (Tigris) y Ramadi (Éufrates) casi hasta el punto en que los ríos se unen para formar el canal Shatt el-Arab, prácticamente no existe más allá de ese punto hacia el sur por los siguientes 160 km hasta la costa actual del golfo Pérsico[26]. En consecuencia, no se debe desechar la consideración de la ubicación sureña/sumeria del Edén meramente sobre la base de este tipo de razonamiento geográfico anticuado.

LA TABLA DE LAS NACIONES

Génesis 10 es comúnmente denominado la «Tabla de las naciones» y ha sido objeto de numerosos estudios y comentarios. Pocos textos del Antiguo Testamento han sido tan intensamente analizados. Sin embargo, aún quedan preguntas significativas y diversas en relación con su estructura, propósito y punto de vista. Lo que sí está claro es que la Tabla se puede subdividir en tres secciones: (1) los 14 descendientes de Jafet (vv. 2-5); (2) los 30 descendientes de Cam (vv. 6-20); y (3) los 26 descendientes de Sem (vv. 21-31). Cada sección termina con una fórmula que resume el relato anterior (vv. 5b, 20, 31) en términos de familias (genealogía/sociología), idiomas (lingüística), tierras (territorios geográficos) y naciones (política). La Tabla termina con el versículo 32, que resume todas las entradas de la lista.

Sin embargo, hay una multitud de formas de entender esos términos respectivos e interpretar lo que representan las diversas subdivisiones. Por ejemplo, las secciones han sido clasificadas según:

- *La biología:* El capítulo presenta una descripción verbal del árbol genealógico de Noé, tal vez basada en tablas genealógicas similares descubiertas en la arqueología mesopotámica.
- *El clima:* A los nombres de los hijos de Noé se les asigna significados relacionados con el clima. Por ejemplo, se interpreta que Cam significa «caliente», de manera que los camitas se clasifican como las naciones que viven más cerca del ecuador[27].
- *La apologética:* Se organiza el capítulo para demostrar que los hebreos (heberitas) estaban relacionados con las principales naciones del mundo.
- *La etnología:* El capítulo presenta un registro antropológico completo de la humanidad.
- *La matemática:* La importancia de los valores simbólicos de siete y diez se evidencia a lo largo del Antiguo Testamento. De modo que las «70» naciones de los descendientes de Noé representan la dispersión de toda la humanidad.
- *La sociopolítica:* Las naciones han sido clasificadas según su grado de amistad con o enemistad hacia los israelitas.
- *La geografía:* La Tabla pone en forma verbal el contenido de un temprano mapa del mundo. Hay evidencias de esfuerzos cartográficos ya desde fines del tercer milenio a. C.[28]

Hay que destacar también que los nombres en Génesis 10 se presentan de maneras diferentes: el contexto puede ser de una nación (p. ej., Elam, v. 22), un pueblo (p. ej., los jebuseos, v. 16), un lugar (p. ej., Asur, v. 22) e incluso un individuo (p. ej., Nimrod, vv. 8-9). No captar esta disposición mezclada que se presenta en la Tabla ha llevado a numerosas conclusiones carentes de justificación. Por ejemplo, no se debe suponer que todos los descendientes de cualquiera de los hijos de Noé vivían en la misma localidad, hablaban el mismo idioma, o incluso que pertenecían a una misma raza. Un vistazo al **mapa 29** muestra que la primera de esas conclusiones es insostenible. Por ejemplo, los descendientes de Cam vivían en África, Canaán, Siria y Mesopotamia. Pero tampoco es posible interpretar el texto de manera puramente lingüística: el idioma elamita (Sem) es un idioma no semítico, mientras que el cananeo (Cam) tiene todas las marcas de un dialecto semítico. Los intentos de atribuir el origen de todos los idiomas existentes a tres grupos matrices fracasan finalmente porque las primeras formas escritas son pictográficas por naturaleza, y tales formas simbólicas no favorecen una clasificación lingüística precisa. Además, los antropólogos todavía no han logrado un consenso en relación con lo que constituye una definición adecuada de «raza», lo que debilita aún más cualquier conclusión acerca de los grupos raciales representados en la Tabla.

LOS CATORCE DESCENDIENTES DE JAFET

1. **GOMER.** Gomer es citado en fuentes cuneiformes como los gimirrai y en textos clásicos como los cimerios, en referencia a un pueblo nómada que vivía en la región nortecentral de Turquía. Después de ser derrotados por los monarcas asirios Esar-hadón y Asurbanipal[29], conquistaron a Gugu/Gog de Luddi (Giges de Lidia; *cf.* Ez 38:2) y colonizaron esa área de Capadocia. Según Heródoto[30], fueron desplazados por los escitas y finalmente se establecieron en la región que rodea al lago Van. La inscripción trilingüe de Behistún identifica a los gimirrai con los saka/escitas[31], y Josefo afirma que los griegos se referían a los descendientes de Gomer como gálatas.

2. **MAGOG.** Magog se asocia con Tubal y Mesec en Ezequiel 38:2, y con Gomer y Togarmá en Ezequiel 38:6, todos los cuales por otros motivos deben ser situados en Turquía central u occidental. Josefo identificó Magog con los escitas (un pueblo que se sabe vivía en las proximidades del mar Negro). En la Biblia, a veces se explica a Magog como derivado de la expresión acadia *mā(t) gog(i)*, «tierra de Gog», cuyo ejército invasor es mencionado por el profeta Ezequiel (38:14-23) como una amenaza para el pueblo de Israel[32].

3. **MADAI.** Tanto aquí como en otras partes del Antiguo Testamento (2 Re 17:6; 18:11; Is 13:17; 21:2; Jr 25:25; 51:11, 28), los madai son una referencia a los medos, un pueblo indoeuropeo que en el siglo VIII a. C. forjó un dominio a lo largo de gran parte del actual Irán y construyó su ciudad

capital en Ecbatana. Participaron en el derrocamiento del Imperio asirio a fines del siglo VII a. C. [**mapa 79**], lo que les permitió expandir su reino hacia el occidente[33].

4. **JAVÁN.** Este nombre aparece con frecuencia en la literatura acadia a partir del siglo VIII a. C. como referencia a los griegos jónicos de la costa occidental de Asia Menor[34]. Los textos bíblicos también asocian a Javán con Elisa/Chipre y lo conectan con islas o comercio en el mar Mediterráneo (Is 66:19; Ez 27:13; Jl 3:6). En el período siguiente al de Alejandro Magno y sus logros, Javán llegó a designar toda Grecia tanto en la literatura secular como bíblica.

5. **TUBAL.** Los tubal, o tabali, son un grupo étnico vinculado con Anatolia en las proximidades de la moderna Cesarea (Mazaca). [**Referirse al mapa 112**]. Tubal se enumera generalmente junto con Mesec en los textos del Antiguo Testamento en que aparecen (p. ej., Ez 27:13; 38:2; 39:1), lo mismo que en Heródoto, donde se mencionan ambos nombres como parte de la 19.ª satrapía de Persia[35].

6. **MESEC.** Conocido como los mushku/mushkaya en los textos acadios del primer milenio a. C.[36], este era un pueblo ubicado en la zona occidental de Asia Menor, en la región que más tarde se conoció como Frigia. [**Ver mapa 112**]. Heródoto ubicó los mesec en Asia Menor oriental, y Josefo los identificó con los capadocios. Otros alegan un lazo entre los mas (núm. 9 bajo los descendientes de Sem) y posiblemente con los masha, uno de los grupos de los pueblos del mar mencionados en la época de Ramsés III y también más temprano en textos hititas. Aparentemente, los masha también provenían del oriente de Asia Menor.

7. **TIRAS.** Uno de los pueblos del mar que se unieron a los libios para luchar contra el faraón Mernepta en su quinto año fueron los tursha[37]. Como es casi seguro que los pueblos del mar fueron originarios de la región del Egeo, y como se sabe en forma independiente que otros en la línea de Jafet vinieron de Turquía central u occidental, ha sido bastante común identificar los tiras con los tursha, una identificación que es etimológicamente posible e históricamente factible. Sobre la base de una proximidad razonable en espacio y tiempo, algunos estudiosos procuran identificar a los tursha, y por ende los tiras, con los (e)truscos que vivieron en el área de Lidia hasta alrededor del siglo IX a. C.

8. **ASKENAZ.** Diversas fuentes ubican a Askenaz en una región al norte de Mesopotamia. Más allá de las citas de Génesis 10 y de 1 Crónicas 1, la única otra referencia bíblica a Askenaz se halla en Jeremías 51:27, donde los ejércitos de Ararat, Mini y Askenaz unieron fuerzas para hacer la guerra a Babilonia. La ubicación de Ararat (Urartu) está bien establecida en el norte del lago Van, y el reino de Mini/Manai debe ser ubicado en las proximidades del lago Urmía, conforme a evidencias en fuentes elamitas, babilónicas y asirias[38].

9. **RIFAT**[39]**.** Esta es una ubicación incierta. Josefo identifica los rifateos con los paflagonios[40], un pueblo que se sabe que ocupó un territorio entre el borde sur del mar Negro y la provincia de Bitinia. El estrecho vínculo de Rifat en el texto bíblico con los más conocidos Gomer, Askenaz y Togarmá podría llevar a una conclusión similar.

10. **TOGARMÁ.** En el oráculo de Ezequiel que describe los aliados de Gog/Giges (Ez 38), se enumera Bet-togarmá («la casa/dinastía de Togarmá») junto con Mesec, Tubal y Gomer (vv. 3-6; *cf.* Gn 10:2-3; Ez 27:12-13), lo que indica una dirección hacia el norte. Esto se confirma en el versículo 6, donde Bet-togarmá se define además como ubicado en el «lejano norte»[41].

11. **ELISA.** Este nombre se refiere indudablemente a la isla de Chipre[42]. El nombre Alasiya aparece con frecuencia en la literatura antigua, incluyendo la hitita, acadia, semítica occidental, ugarítica y egipcia[43].

12. **TARSIS.** Tarsis hace referencia a la región costera del sur de España. [**Ver mapa 63 y la discusión en páginas 159–162**].

13. **QUITIM.** Quitim representa la ortografía hebrea de la palabra griega *Kítion*, una ciudad fenicia bien documentada cerca de la costa suroriental de Chipre, justo al sur de Lárnaca[44]. En algunos textos bíblicos Quitim está asociada con embarcaciones (Nm 24:24; Dn 11:30) o zonas costeras (Jr 2:10; Ez 27:6). Tanto Quitim como Elisa aparecen en la Tabla, así como ambos aparecen en los idiomas ugarítico y fenicio. Es muy probable que Elisa representara la isla de Chipre en general, mientras que Quitim designara solamente la ciudad de Kitión y sus alrededores más cercanos. No obstante, el nombre Quitim muestra cierto grado de evolución en algunos de sus usos posteriores[45].

14. **RODANIM.** Esta entrada aparece como Dodanim en Génesis y como Rodanim en 1 Crónicas. El Pentateuco Samaritano dice Rodamin en Génesis, mientras que la LXX y algunos manuscritos hebreos dicen Rodanim tanto en Génesis como en Crónicas. En consecuencia, Rodanim ha sido adoptado por la mayoría de los comentaristas y se usa aquí para designar la isla de Rodas. En ocasiones se le da consideratía al termino Dodanim, haciendo referencia a los danunim que antiguamente residieron en la costa de Siria al norte de Tiro. No obstante, una opción alternativa más factible[46] identifica Dodanim con los residentes de Dodona, famoso sitio de un antiguo oráculo de Zeus en Grecia occidental.

LOS TREINTA DESCENDIENTES DE CAM

1. **CUS.** La tierra de Cus está al sur de Egipto (Ez 29:10), río arriba de la primera catarata del Nilo, en una región también conocida en la antigüedad como Nubia[47]. Con frecuencia Cus es traducida como Etiopía tanto en la LXX (p. ej., Is 11:11; 18:1) como por escritores clásicos.

2. **SEBA.** Esta es una entrada incierta. En los pocos textos bíblicos donde aparece Seba, está asociada con Egipto y Etiopía/Cus (p. ej., Is 43:3; 45:14), lo que señala una

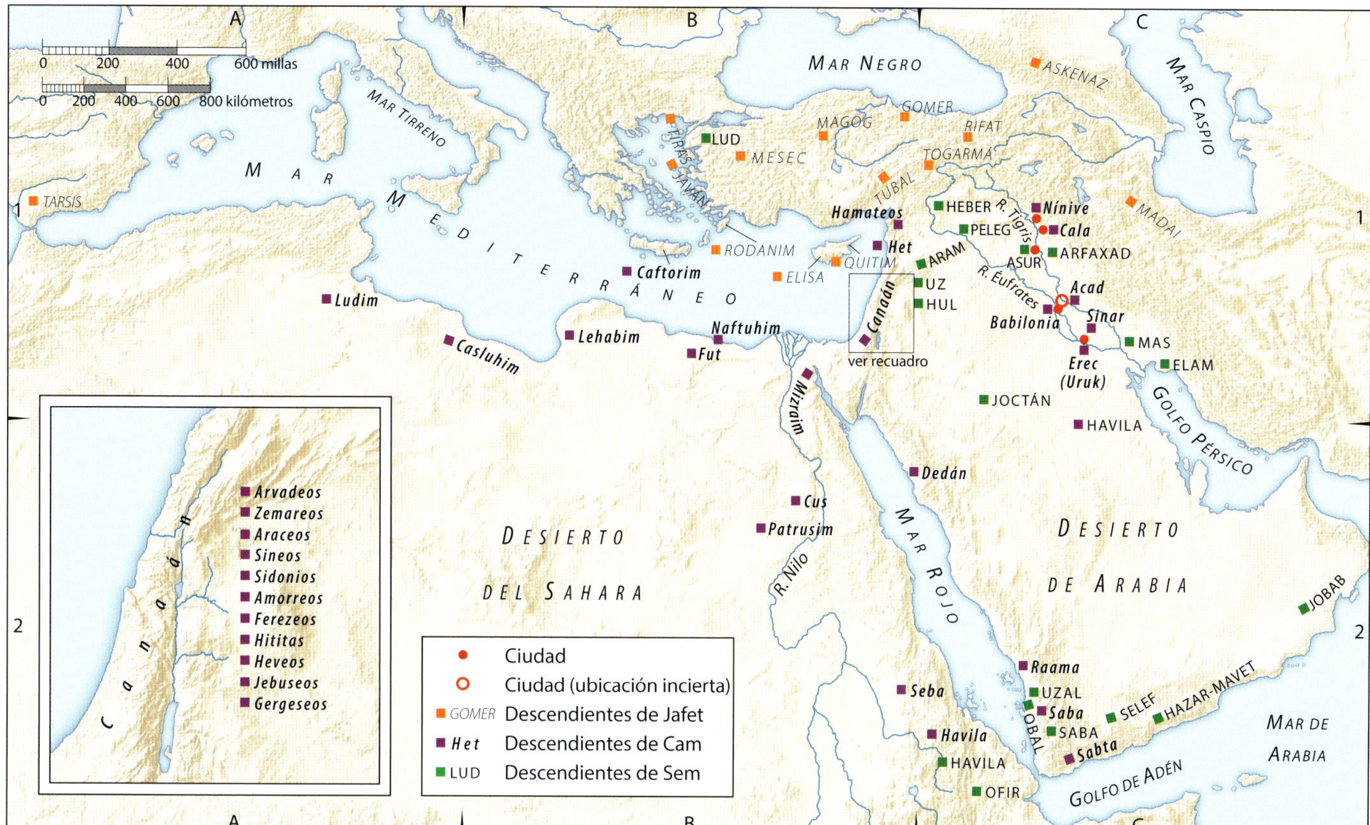

ubicación en África. En el primero de estos textos, Seba se traduce en la LXX como *Soēnē* (Asuán), que también indica un escenario africano, al sur de Egipto y probablemente no muy lejos de Cus. Por lo tanto, es poco probable confundir a Seba hijo de Cus (Gn 10:7a; 1 Cr 1:9a) con Saba hijo de Raama (Gn 10:7b; 1 Cr 1:9b). Las dos entidades se distinguen claramente en el Salmo 72:10 y, a diferencia de Seba, Saba está claramente ubicada en Arabia, no en África. (Ver Saba [núm. 7] abajo). Josefo ubicó a Seba por el Nilo en la ciudad de Meroe entre la quinta y la sexta catarata. [**Ver mapa 63**]. Estrabón ubicó el lugar más al oriente, en la costa del mar Rojo, una ubicación apoyada también por estudios académicos modernos[48].

3. **HAVILA.** Esta también es una entrada incierta. Fuera de la genealogía camita, los únicos otros lugares donde aparece Havila son en Génesis 2:11 y 25:18 y 1 Samuel 15:7. En los últimos dos pasajes, Havila está asociada con «Shur, que está al oriente de Egipto». Si esta calificación refiere *tanto* a Havila como a Shur, entonces Havila tendría que estar situada en alguna parte de la península arábiga, probablemente en su borde occidental, pero la sintaxis hebrea es ambigua. Por lo menos un estudioso ha buscado a Havila en el oriente de la península arábiga[49].

4. **SABTA.** Aunque Josefo ubicó a Sabta a orillas del Nilo en las proximidades de Meroe, muchos sostienen hoy que el término designa la Sabwa de las inscripciones sabeas y la Sabata de los textos griegos[50]. Sabta sería entonces Sabota,

capital del moderno Hadramaut, identificado por Estrabón como un lugar de mirra.

5. **RAAMA.** La ubicación e incluso el nombre de esta entrada son inciertos[51]. El nombre podría estar asociado con la ciudad de Ragmatum, conocida por textos de la antigua Arabia meridional y un texto mineo como situado en el oasis de Nejrān, ubicado en el extremo suroccidental de Arabia Saudita, justo al norte de su frontera con Yemen. Ragmatum era una importante estación en la ruta del incienso entre el interior de Yemen y el mar Mediterráneo. Otros estudiosos procuran identificar a Raama con el nombre de lugar [*Rǵm*], conocido de una inscripción minea como ubicado en la región de Maʽīn en el norte de Yemen, no muy lejos del oasis de Nejrān. Tal ubicación de Raama hace que sea prácticamente seguro que el nombre no deba relacionarse con la ciudad de Rhegama[52], situada en el extremo oriental de Arabia Saudita, en el golfo Pérsico.

6. **SABTECA.** Este lugar es desconocido[53]. A partir de la forma de Sabteca presentada en la LXX (*Sabathaka*), se han sugerido varios lugares ubicados en antiguas rutas comerciales en el moderno Hadramaut, incluyendo Shabaka y Shubaika[54].

7. **SABA.** Las referencias bíblicas a Saba ponen en relieve su fama como centro comercial, con la utilización de camellos (Is 60:6) y la exportación de mercancía como oro, especias, incienso y piedras preciosas (Sal 72:15; Is 60:6; Jr 6:20; Ez 27:22). Parte de esa misma mercancía fue transportada por la reina de Saba cuando visitó a Salomón en Jerusalén

(1 Re 10:1-13; 2 Cr 9:1-12). Tan temprano como los tiempos de Estrabón, se sabía que el famoso reino sabeo se centraba en Ma'rib, en Yemen, y es allí donde uno debe ubicar a Saba[55]. Por eso, la Seba camita no debe confundirse con Saba[56].

8. **DEDÁN.** Los pasajes bíblicos indican que Dedán estaba ubicada cerca de la frontera de Edom (Ez 25:13; *cf.* Jr 49:8, donde gente de la vecina Dedán estaba viviendo en Edom). Al igual que Saba, el sitio de Dedán está estrechamente vinculado con caravanas y comercio en la Biblia (Is 21:13; Ez 27:15[57], 20; 38:13). Con seguridad Dedán está ubicada en el oasis de al-Ula, en la parte occidental del desierto de Arabia, sobre la principal ruta comercial de Yemen y La Meca que llevaba al norte hacia Ammán y Jerusalén, aproximadamente 280 km al norte-noroccidente de Medina[58]. Se observa nuevamente la estrecha relación entre los diversos descendientes camitas y las principales rutas comerciales a través del desierto de Arabia.

9. **NIMROD.** Se dice que Nimrod fue un rey heroico que reinó en la tierra de Sinar (Sumeria y Babilonia)[59] sobre las ciudades de Babel (Babilonia), Erec (Uruk) y Acad. [**Ver mapa 29**]. Desde allí viajó a Asiria y construyó Nínive, Rehobot-ir (tal vez un suburbio o distrito de Nínive), Cala (Nimrud) y Resén[60] (tal vez un sistema de riego o una fuente de agua para Nínive). Nimrod ha sido identificado con diversos personajes y héroes de la antigüedad, incluyendo a Sargón el Grande, Naram-sin (belicoso nieto de Sargón), Tukulti-ninurta I (monarca asirio que logró conquistar Babilonia y llevarse la estatua de Merodac), Amenhotep III o Gilgamesh (astuto cazador de la literatura sumeria).

10. **MIZRAIM.** Mizraim representa la tierra de Egipto. La palabra «Egipto» no se encuentra nunca en el Antiguo Testamento hebreo, sino que deriva del idioma griego. Como en otra literatura antigua, a la nación se la conocía normalmente como Mizri/Muṣri[61]. Los egipcios llamaban a su territorio «tierra negra» (una referencia al suelo negro aluvial depositado por el Nilo) o bien «las dos tierras» (por la dualidad geográfica de Alto Egipto y Bajo Egipto).

11. **LUDIM.** Esta es una entrada incierta. La genealogía de Cam incluye gente conocida como los ludim (Gn 10:13; 1 Cr 1:11) y la descendencia de Sem hace referencia a un tal Lud (Gn 10:22; 1 Cr 1:17 [la terminación *–îm* en el hebreo *ludim* indica pluralidad])[62]. De manera similar, algunos textos proféticos hacen referencia a Lud/ludim en el contexto de oráculos contra Egipto, donde Lud/ludim está claramente vinculado con otros lugares que se sabe que estaban en el norte de África (Jr 46:9; Ez 30:5). Otro texto relaciona el término con las islas del mundo mediterráneo y regiones vecinas (Is 66:19)[63]. En Ezequiel 27:10 la referencia es geográficamente ambigua y podría designar una ubicación africana o una mediterránea. En consecuencia, es preferible ubicar a los ludim en algún lugar en el norte de África, cerca

de los demás descendientes de Mizraim, y diferenciar entre los ludim camitas y el Lud o los lidios de origen semita. (Ver abajo: Descendientes de Sem, núm. 4).

12. **ANAMIM.** Esta parece ser una entidad desconocida en otras fuentes. Por su asociación en la Tabla con grupos como los patrusim y los caftorim, se ha sugerido que los anamim representaban gente del norte de África en las proximidades de Cirene[64] [**mapa 86**], lo que también concuerda con la patria de otros descendientes de Mizraim.

13. **LEHABIM.** Este nombre solo aparece en la Tabla y en la genealogía sinóptica de 1 Crónicas 1. Es razonable considerar el nombre lehabim como una ortografía alternativa de lubim, que refiere a un pueblo que generalmente se identifica con los antiguos libios.

14. **NAFTUHIM.** Esta es una entrada incierta. Puesto que los naftuhim están ubicados en la Tabla entre los lehabim (libios) y los patrusim (gente de Patros, en Alto Egipto), los estudiosos han tendido a ubicar a los naftuhim en las proximidades del delta egipcio (parte de Bajo Egipto).

15. **PATRUSIM.** Los textos bíblicos sitúan a Patros y los patrusim explícitamente «en la tierra de Egipto» (Jr 44:1, 15; *cf.* Ez 29:14; 30:14); por lo tanto, no hay duda de que esto es el equivalente hebreo del nombre egipcio para el distrito administrativo de Alto Egipto (Egipto meridional). (Paturisi significa «los de la tierra sureña»).

16. **CASLUHIM.** Esta es una entrada sumamente incierta. Es posible que existía una relación entre los casluhim y los filisteos. Como el nombre no se conoce en otras fuentes, y como la LXX traduce el término como Chasmoniem, algunos estudiosos especulan que el término designa a los nasamones[65], un grupo de libios nómadas que vivían cerca de la costa de África del norte en las proximidades del golfo de Sidra, conocida hoy como la Sirte Mayor. [**Ver mapa 113**]. La sugerencia de que los casluhim están relacionados de alguna manera con los tjekker, uno de los pueblos del mar que atacaron a Egipto en la época de Ramsés III, es sumamente incierta por varias razones.

17. **CAFTORIM.** La identidad de Caftor y los caftorim se ha debatido enérgicamente durante por lo menos 30 años y hoy se acepta ampliamente que designa la isla de Creta.

18. **FUT.** La ubicación de Fut en el Antiguo Testamento se asocia frecuentemente con otras localidades africanas (Jr 46:9; Ez 30:5; Na 3:9) y la palabra se traduce como *Libies* (Libia) en todos los pasajes no genealógicos de la LXX. (Es incierto si ese término corresponde a Fut o a los ludim). En consecuencia, es casi seguro que Fut refiera a un área al occidente del delta del Nilo, en la zona oriental de la moderna Libia. El término no debe confundirse con el Punt de textos egipcios, que estaba situado al sur de Egipto en la costa occidental del mar Rojo.

19. **CANAÁN.** Canaán designa la tierra y uno de los grupos étnicos que vivían al occidente del río Jordán (Nm 13:29;

Dt 11:29-30). Cuando Israel estaba a punto de cruzar el Jordán e instalarse en Canaán, el territorio estaba ocupado por los cananeos, los hititas, los heveos, los ferezeos, los gergeseos, los amorreos y los jebuseos (Jos 3:10; *cf.* Dt 7:1; Hch 13:19). Todos estos grupos étnicos están enumerados en la Tabla de las naciones. (Tanto la antigüedad del nombre como las evidencias respecto a su uso, al igual que sus fronteras, se presentaron en el capítulo 1).

20. **SIDÓN.** Sidón es una ciudad principal de los antiguos fenicios, situada en la costa mediterránea aproximadamente 40 km al norte de Tiro. [**Ver mapa 25**].

21. **HET.** Cierta gente es descrita en el Antiguo Testamento como «hijos de Het» (Gn 23:5), «hijas de Het» (Gn 27:46) o «heteos/hititas» (Gn 23:10b). Parecen haber vivido en un sector de lo que llegaría a ser el territorio de Judá, en las proximidades de Hebrón (Gn 23; *cf.* Gn 49:29-30; 50:13). Por otra parte, la literatura cuneiforme y el Antiguo Testamento también muestran evidencias de una entidad geográfica/étnica en la alta Siria, al norte de Damasco, conocida como los hititas/Hatti, un grupo de ciudades-estado que existieron durante la primera mitad del primer milenio a. C. Es improbable que estos «reinos neohititas», como se los conoce en la literatura contemporánea, estuvieran biológicamente ligados a los «hijos de Het/hititas» de Canaán. Los heteos/hititas de Canaán no deberían ser vinculados de ninguna forma con el mejor conocido grupo étnico indoeuropeo del segundo milenio a. C. que creó el «Imperio hitita» en Asia Menor, que siguió existiendo hasta su desaparición alrededor de 1200 a. C.

22. **JEBUSEOS.** Incluidos en las «siete naciones» de Canaán (Dt 7:1), los jebuseos en el período premonárquico vivían en la zona montañosa de Canaán (Nm 13:29) y más específicamente en el área que rodea a Jerusalén (Jebús, como se la conocía en aquel tiempo). David tomó la ciudad de manos jebuseas y la convirtió en la capital de su dominio (2 Sm 5:6-10).

23. **AMORREOS.** Los amorreos/amurru son bien conocidos por la literatura acadia entre fines del tercer milenio a. C. y el período neoasirio. El equivalente sumerio de amurru [*mar.tu*] se encuentra en el borde superior de un mapa cuneiforme de Nuzi, fechado alrededor del 2300 a. C., donde funciona sin ambigüedad como uno de los cuatro puntos cardinales: «viento del occidente». Por lo tanto, desde una perspectiva mesopotámica, los amorreos son los «occidentales». En la literatura, grupos de amorreos/amurru tienden a ser ubicados a lo largo de todo el Levante: en Siria, Líbano y Canaán. En el Antiguo Testamento el término parece ser utilizado de manera un tanto equívoca, señalando los que vivían en la zona montañosa central (Nm 13:29; Jos 10:5-6), pero también indicando reinos/reyes transjordanos (Dt 4:46, en Hesbón; 4:47, en Basán; *cf.* 31:4; ver también Nm 21:13, en el río Arnón; Jc 10:8, en Galaad).

24. **GERGESEOS.** Solo se puede establecer una localización muy general para los gergeseos, cuyo nombre aparece en el Antiguo Testamento únicamente en la lista de las «siete naciones» de la población preisraelita de Canaán. Es algo factible la sugerencia de ciertos estudiosos de que el nombre podría estar vinculado con los gergesenos/gerasenos/gadarenos (Mt 8:28; Mc 5:1)[66], aunque la

Restos del muro jebuseo de Jerusalén, que datan del siglo XVIII a. C.

utilización de un texto tan posterior como la era griega
para ubicar un nombre del Antiguo Testamento es meto-
dológicamente precaria.

25. **Heveos.** Los heveos representan otra de las «siete
naciones» de la población preisraelita de Canaán, pero
no se puede obtener nada más específico ni seguro de los
pasajes bíblicos que mencionan a este pueblo. Los heveos
del Antiguo Testamento pueden haber estado relacionados con Gabaón (Jos 11:19), Siquem (Gn 34:2) o el área
adyacente al monte Hermón (Jos 11:3; Jc 3:3). Unos pocos
estudiosos identifican los heveos con los horeos, presumiblemente los hurritas que se sabe existieron en el segundo
milenio a. C. en el norte de Mesopotamia e incluso en
puntos más al occidente y al sur[67]. Es posible una conexión
directa entre los heveos y Ammiya (en Líbano, presumiblemente cerca de la ciudad de Biblos)[68], pero es tenue
basado en la evidencia actual. Sin embargo, a la luz de otras
entradas en la Tabla de las que también se dice que descendieron de Canaán —sidonios, araceos, sineos, arvadeos,
zemareos y hamateos— no se puede descartarla del todo.

26. **Araceos.** Los estudiosos desde los tiempos de Josefo han
relacionado a los araceos con el sitio de I/Arqata[69], ciudad
costera en Líbano situada aproximadamente a 20 km al
nororiente de Trípolis. [**Ver mapa 4**].

27. **Sineos.** Los sineos deben ser relacionados con Siyannu,
una ciudad-estado atestiguada por la literatura de Ugarit y
Asiria. Siyannu estaba situada en la costa marítima de Siria
entre Ugarit y Arvad[70].

28. **Arvadeos.** Los arvadeos corresponden a una antigua
entidad conocida como Arvad [**mapa 70**], la ciudad más
septentrional en la patria fenicia. Arvad parece haber sido
el descendiente más septentrional de Canaán enumerado
en la Tabla, y se ha preservado hasta el día de hoy en el
nombre Ruad, una pequeña isla ubicada justo frente a la
costa mediterránea unos 88 km al norte de Biblos.

29. **Zemareos.** La literatura antigua está repleta de referencias
a Sumra/Sumur/Simirra, un lugar que debe ubicarse al sur
de Arvad y cerca de la costa mediterránea[71]. Los zemareos
de la Biblia deben relacionarse con esta documentación. La
literatura clásica incluye el sitio Simyra, ubicada en el tell
Kazel, inmediatamente al norte de la desembocadura del
río Eleuterio (nahr el-Kabir), contiguo a la actual frontera
sirio-libanesa. [**Ver mapa 4**]. Esta ubicación representa más
o menos la frontera bíblica de Canaán.

30. **Hamateos.** Los hamateos están relacionados con la ciudad
de Hamat sobre el río Orontes, de la que hay testimonio
frecuente. La moderna Hama se ubica aproximadamente
170 km al norte de Damasco. [**Ver mapa 23**].

LOS VEINTISÉIS DESCENDIENTES DE SEM

1. **Elam.** El famoso dominio de Elam, con Susa como ciudad
capital, estaba al oriente de la Mesopotamia meridional
y cerca del golfo Pérsico. El nombre ya es conocido desde
el tercer milenio a. C.[72], y está atestiguado regularmente en
la literatura posterior hasta el período neobabilónico[73].

2. **Asur.** El dominio de Asur adoptó su nombre de su
primera ciudad capital. [**Ver mapa 75**].

3. **Arfaxad.** Esta es una entrada incierta, y las conjeturas
han tomado varias formas. Josefo vinculó Arfaxad con los
caldeos, una identidad que otros luego adoptaron[74] porque
las últimas tres letras de la palabra hebrea también podrían
referirse a los caldeos y porque de otra manera Caldea estaría
ausente de la Tabla. Otra posición identifica la entrada con
Babilonia[75]. Y basándose en la similitud del sonido, Arfaxad
también ha sido vinculado con el comúnmente atestiguado
sitio de Arrafa (Kirkuk)[76], ubicado cerca del antiguo Nuzi.

4. **Lud.** Ya en el tiempo de Josefo se equiparaban los ludim
con los lidios de Asia Menor. Como se indicó anteriormente, es muy improbable que los «ludim» camitas deban
confundirse con el «Lud» semita, ya que este último estaba
situado en el norte de África. El nombre Lud(u) aparece
en la literatura acadia donde refiere sin ambigüedad a una
región de Asia Menor[77] y no hay ninguna razón persuasiva
para rechazar este punto de vista. No obstante, como esa
posición separaría a Lud en gran medida de las demás
entradas semitas en la Tabla, hay quienes buscan alternativas geográficamente más cercanas a Mesopotamia.

5. **Aram.** Esta entrada en la Tabla hace referencia a los
arameos y su tierra, que se extendía entre Damasco y el territorio justo al oriente del río Éufrates superior. Los patriarcas
bíblicos parecen haber tenido una relación especialmente
estrecha con los arameos, en particular con los que vivían
entre los ríos Éufrates y Habor en una región conocida en
el Antiguo Testamento como Aram-naharaim (Gn 24:10;
cf. Gn 25:20; y ver Dt 26:5). El área de Aram también se llegó
a conocer como «Asiria» para mediados del primer milenio
a. C.[78], un nombre que fue abreviado a Siria por los griegos.

6. **Uz.** Esta es una entrada incierta porque las citas bíblicas de
Uz están geográficamente mezcladas, incluso si suponemos
que todas se refieren a una única entidad. Por ejemplo,
Lamentaciones 4:21 asocia Uz con Edom (*cf.* Gn 36:28),
lo que ha llevado a algunos estudiosos a mirar al sur hacia
la tierra de Edom. Por otra parte, Génesis 22:21 vincula a
Uz con Nacor y Aram, lo que sugiere una ubicación más
septentrional. Josefo ubicó a Uz en la región de Traconite
y Damasco. [**Ver mapa 6**].

7. **Hul.** Esta es una entrada básicamente desconocida. Como
en la secuencia Hul sigue a Uz y Aram, uno supondría que
debiera estar ubicada en alguna parte al interior del territorio mayor de Aram. Josefo ubicó a Hul en Armenia, lo
que parece geográficamente fuera de lugar con Aram y sus
descendientes conocidos.

8. **Geter.** Esta es una entrada desconocida. Una vez más,
dado su lugar entre la descendencia aramea, se podría

conjeturar una ubicación cerca o dentro del territorio mayor de Aram. En relación con esto se ha sugerido que esta es una alusión a la tierra de Gesur[79].

9. **Mas.** A pesar de mucha especulación, esta sigue siendo otra entrada desconocida.

10. **Sala.** Esta es aún otra entrada desconocida. No se debe intentar relacionar esta entrada en la Tabla con el tercer hijo de Judá (Gn 38:5; 46:12; Nm 26:20), ya que las dos palabras tienen una letra hebrea final diferente.

11. **Heber.** Un cognado de la palabra «hebreo», esta entrada posiblemente esté vinculada con los heberitas (hebreos), lo que sugiere una asociación étnica con los antepasados de los israelitas. Tal interpretación apoyaría la idea de que Heber debería ser ubicado en el área general de los parientes cercanos de los patriarcas: Nacor, Harán, Padán-aram. Alternativamente, esta raíz aparece en acadio donde significa cruzar sobre el agua. La palabra también puede aparecer en una frase (*eber nāri*) que designa una región oficial de la alta Siria conocida como «Más allá [al occidente] del río [Éufrates]». En cualquiera de estas sugerencias, Heber estaría ubicado en las proximidades del Éufrates superior.

12. **Peleg.** Esta es otra entrada incierta. Un texto se refiere a los palga, un pueblo que vivió cerca del río Habor en la alta Mesopotamia[80], una ubicación que corresponde bien con el sitio de Heber. Geógrafos posteriores hacen referencia a un sitio llamado Phaliga en esta misma ubicación. Alternativamente, referencias babilónicas tardías a la ciudad de Palkatta (Faluya, una ciudad sobre el Éufrates en el sur de Irak) parecerían apuntar demasiado al sur para ser relevantes aquí.

13. **Joctán.** Aquí nuevamente reina la incertidumbre. Joctán es presentado como el padre de los 13 grupos restantes de la Tabla, algunos de los cuales se piensa que estaban ubicados en el sur de la península arábiga y se prestan a etimologías árabes. Ninguno está claramente situado en otro contexto geográfico. Por lo tanto, la especulación sobre Joctán tiende a centrarse en la moderna Arabia Saudita.

14. **Almodad.** Esta entrada resulta imposible de clasificar, ya que no aparece fuera de la Biblia. Tal vez a esta entrada habría que entenderla como «al-moded», una referencia acadia a un individuo identificado como «el amado».

15. **Selef.** El equivalente de este nombre sí aparece en diversa literatura de la antigüedad, pero con varias ubicaciones posibles, incluyendo la ciudad conocida como Šalab/pi en Mesopotamia meridional o la parte nororiental de la península arábiga donde parece haber vivido la tribu Salapeni. Más prometedoras son las referencias en inscripciones sabeas y en tratados geográficos árabes sobre una(s) tribu(s) de Arabia meridional llamadas al-Salif y al-Sulaf[81], y situadas en el sur de la península arábiga, en el moderno Yemen.

16. **Hazar-mavet.** Este descendiente de Joctán debería ser identificado con el moderno Hadramaut, una región costera de Yemen meridional que produce incienso[82].

17. **Jera.** Existía una ciudad llamada J/Iarih cerca de la confluencia de los ríos Éufrates y Balí. No obstante, tal ubicación no corresponde bien con la de los demás descendientes de Joctán. Puesto que «Jera» es un cognado de una palabra semítica común para «luna»[83], parece probable que Jera debería estar relacionada de alguna manera con el culto a la luna, que era generalizado en la antigüedad a lo largo de los tramos central y meridional de la península arábiga. Su ubicación exacta no se conoce.

18. **Adoram.** Esta es una entrada incierta. Se han hecho intentos de identificar este nombre con un nombre similar (*Dauram*) hallado en varias inscripciones sabeas y que normalmente se ubica en el occidente de Yemen central, cerca de su ciudad capital Saná. Esta ubicación corresponde bastante bien con otros descendientes conocidos de Joctán.

19. **Uzal.** El nombre Uzal es bastante común en las fuentes de Arabia meridional, donde se dice que fue el nombre original de Saná, la capital del moderno Yemen[84]. Esta es la ubicación más probable para el Uzal bíblico. Otras posibilidades incluyen una región conocida como Izalla (tal vez el monte Izalla [Mons Izalla][85] entre el triángulo del Habor y el río Tigris superior [el cordón moderno de Tur Abdin]). Ezequiel 27:19 señala a Uzal como una fuente de excelente vino, lo que correspondería con el sitio de Tur Abdin o algún lugar en las montañas de Líbano[86]. No obstante, ninguno de esos sitios tiene correspondencia con lo demás que se conoce sobre los descendientes de Joctán.

20. **Dicla.** Esta es una entidad desconocida. En hebreo el nombre significa «palmera datilera»; por lo tanto, cualquier lugar que fuera conocido por ese producto podría calificar.

21. **Obal.** Esta entrada corresponde casi con seguridad a Ubal, un lugar en Yemen occidental entre Hodeida en la costa del mar Rojo y la ciudad capital de Saná[87]. En las inscripciones sabeas se halla más de una tribu o clan con este nombre.

22. **Abimael.** Esta entrada es desconocida. Ya sea que el nombre signifique «mi padre es verdaderamente Dios» o bien «Padre es Dios», no se conoce nada con lo que este lugar pueda ser identificado.

23. **Saba.** Ver el comentario anterior en la entrada sobre la Saba camita, la cual no es posible distinguir de su homónimo[88].

24. **Ofir.** Para la información sobre este nombre referirse al comentario en la página 159 que acompaña el **mapa 63**.

25. **Havila.** Ver el comentario previo en la entrada de la Havila camita, que no se puede distinguir de su homónimo[89].

26. **Jobab.** La ubicación de esta entrada permanece en debate. Se ha sostenido que Jobab debe estar relacionada con una tribu sabea de nombre similar ubicada cerca de La Meca en la península arábiga occidental[90]. Un grupo conocido como los ubaritas, ubicado en el extremo suroriental de la península arábiga (el moderno Omán), también ha sido la base para cierta especulación, pero es menos probable geográficamente.

LA MIGRACIÓN DE LOS PATRIARCAS

El libro de Génesis describe tanto las migraciones como los recorridos de los patriarcas. Las migraciones de los patriarcas en Génesis comenzaron cuando Abraham se mudó junto con parte del clan de su padre desde Ur de los caldeos a la ciudad de Harán[91] (Gn 11:31-32). La ubicación de Harán se puede establecer con certeza en el moderno Harán, situado cerca del río Balí, aproximadamente 16 km al suroriente de Urfa (Edesa) y a unos 6 km al norte de la moderna frontera turco-siria. Excavaciones modernas indican que sus primeros habitantes podrían haber vivido allí desde alrededor del 8000 a. C., y el sitio está ampliamente atestiguado en textos cuneiformes del tercer, segundo y primer milenio a. C. Más tarde, el lugar fue conocido como Carras por los romanos.

Sin embargo, la ubicación de Ur de los caldeos sigue en debate. Desde el trabajo arqueológico y las publicaciones de Leonard Woolley a comienzos del siglo xx, ha estado de moda identificar al «Ur bíblico» con la famosa capital sumeria de la tercera dinastía de Ur (tell Muqayyar), ubicada en el Éufrates inferior unos 105 km arriba de su confluencia con el Tigris. [**Ver mapa 28**]. Inicialmente esta posición parecía lógica por la obvia similitud de nombre, por la complejidad y espectacularidad de los hallazgos en el sitio, y porque tanto el Ur sumerio como la ciudad de Harán florecieron durante el segundo milenio a. C. como principales centros de culto a la luna. Una forma de religión de culto a la luna está claramente

confirmada en los ancestros patriarcales: los nombres de Taré (Gn 11:24-26), Labán (Gn 24:29), Milca (Gn 11:29) y Sarai (Gn 11:29) pueden estar todos relacionados con el culto a la luna (Jos 24:2). Según este punto de vista, el tramo inicial de la migración de Abraham lo llevó de un centro de culto a la luna a otro centro similar.

Sin embargo, la investigación posterior ha puesto en duda la posición de Woolley. La incertidumbre predomina primeramente porque la Biblia nunca hace referencia simplemente a «Ur», sino que siempre especifica «Ur *de los caldeos*» o «Ur *en la tierra de los caldeos*» (Gn 11:28, 31; 15:7; Ne 9:7; *cf.* Hch 7:4). Un calificativo tan consistente podría sugerir que los autores bíblicos se esforzaban por distinguir el lugar de la emigración de Abraham de la famosa metrópoli contemporánea con el mismo nombre (tal como un residente de París, *Illinois*, tendría que aclarar dónde vive para evitar la confusión con la más famosa ciudad francesa). En las muchas evidencias de Woolley nunca aparece tal calificación; en cambio, Ur está asociada con los sumerios, no con los caldeos, hasta el siglo vii a. C.

La necesidad de distinguir el nombre Ur puede verse fortalecida aún más cuando se intenta captar el significado de «caldeos». Cualquier interpretación señala una ubicación *septentrional* en Mesopotamia. No existe ningún rastro seguro de los caldeos en la Babilonia meridional antes de comienzos del siglo ix a. C., lo que es después de que la era patriarcal llegó a su fin. Antes de esa fecha, hay que mirar a Mesopotamia del norte para hallar referencias a los caldeos. Además, la palabra traducida como «caldeos» es *kaśdîm* en el

Casas de adobe en forma de «colmena» son características de la arquitectura del sitio de Harán.

 ATLAS BÍBLICO DE TYNDALE

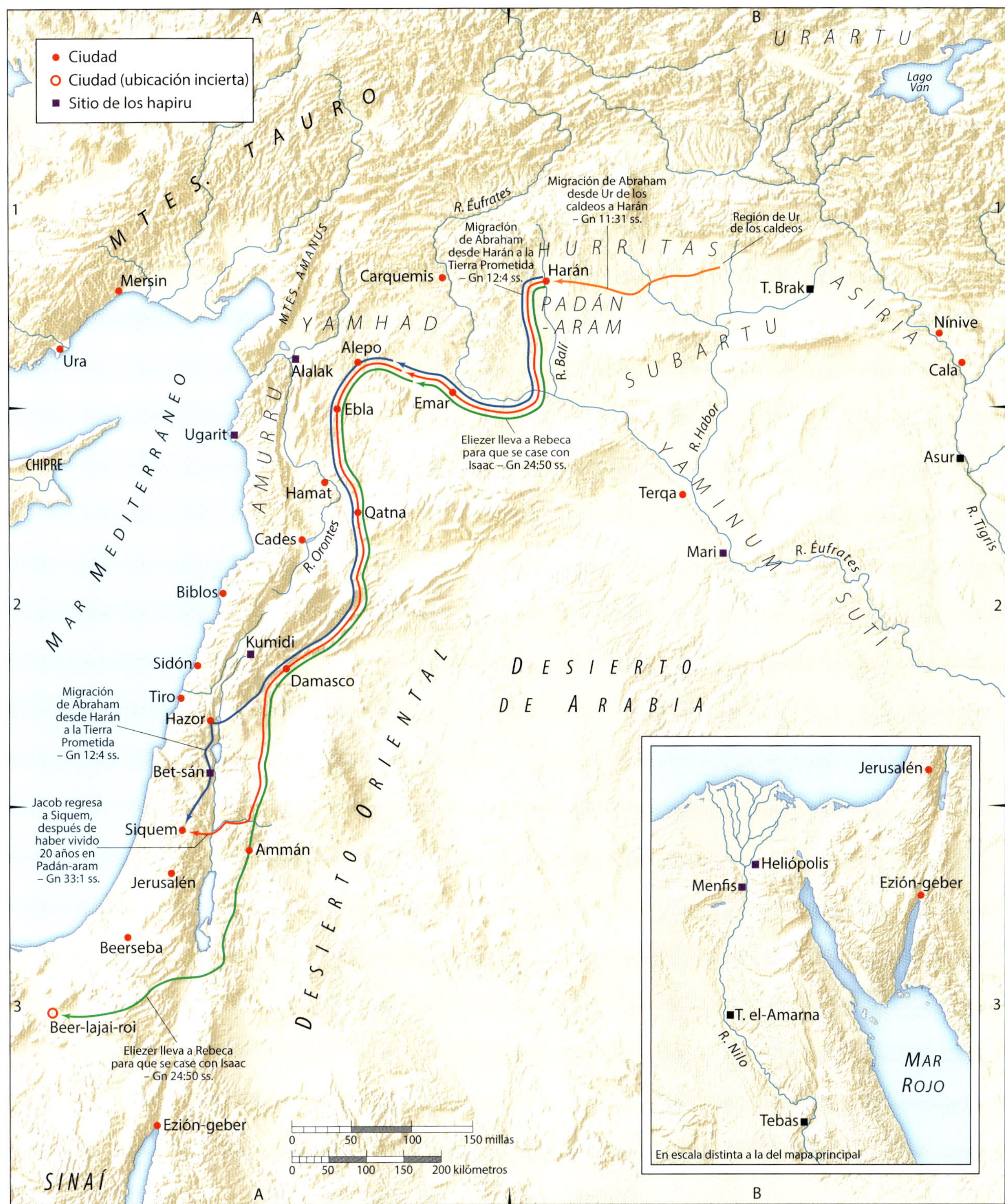

hebreo. Los estudiosos identifican esta palabra con «caldeos» sobre las bases de la fonética y la fonología. Si *kaśdîm* estuviera relacionada con el antepasado patriarcal Quésed (Gn 22:22), se entendería que la frase significara «Ur de [la tierra/región de] Quésed». De todas maneras, uno llegaría a la misma conclusión, ya que se nos dice que los descendientes de Quésed se establecieron en Padán-aram, es decir, en la Mesopotamia septentrional (Gn 24:10).

Además, donde las influencias culturales mesopotámicas parecieran estar reflejadas en la vida de los patriarcas (el matrimonio por levirato, el tribalismo dimórfico, la herencia genealógica, la composición de la población, etc.), es la literatura de la Mesopotamia septentrional la que normalmente provee los paralelos culturales[92]. La influencia de Babilonia meridional, hasta donde sabemos, está prácticamente ausente en la narrativa patriarcal.

La literatura mesopotámica efectivamente confirma
la presencia de varias ciudades del segundo milenio a. C.
conocidas como «Ur(a/u)» o su equivalente lingüístico, que
tienen que estar ubicadas en alguna parte en o cerca del norte
de Mesopotamia. Sobre la base de significativos relatos de
los archivos históricos[93], podemos afirmar con confianza la
existencia de un Ur «septentrional» del segundo milenio a. C.,
ubicado ya sea (1) en algún lugar en estrecha proximidad a la
costa mediterránea, o (2) en algún lugar interior entre el río
Habor superior y el río Tigris cerca de Nínive[94]. Es probable
que hubiera más de dos sitios septentrionales con este mismo
nombre, pero no es posible que hubiera menos de dos lugares.
Por supuesto, queda abierto al debate si alguno de esos sitios
corresponde al Ur de los caldeos bíblico, y la ubicación próxima
al Mediterráneo debe considerarse una posibilidad muy
remota. A la luz de estas consideraciones, algunos estudiosos[95]
buscan Ur de los caldeos en algún lugar en el norte de Mesopotamia, y no en el sitio meridional señalado por Woolley. Este
punto de vista es el que se representa en **mapa 30**.

LOS RECORRIDOS DE LOS PATRIARCAS

Un estudio sobre los recorridos de los patriarcas nos lleva
a dos conclusiones predominantes. La primera es que los
patriarcas vivían en carpas como pastores seminómadas en
tierras de pastoreo estacional. Los lugares en Canaán visi-
tados por los patriarcas recibían entre 250 y 750 mm anuales
de lluvia, lo cual es una situación ideal para el pastoreo de
rebaños y manadas. Los patriarcas no se asentaban normalmente en ciudades. (Lot fue una excepción). No tendían a
cultivar. (Génesis 26:12 probablemente haya sido una excepción). Parecen no haber poseído tierras en propiedad, salvo
por algunos modestos sitios de entierro en Mamre/Hebrón
(Gn 23:2-20; *cf.* 25:9-10; 35:27; 49:29-32; 50:13), Siquem
(Gn 33:19; *cf.* Jos 24:32) y el sitio donde fue enterrada Raquel
(Gn 35:16-20). [**Ver mapa 32**].

La segunda conclusión es que los patriarcas tienen que
haber llegado a Canaán durante una época en la que el territorio estaba relativamente libre de control político externo.
Abraham y su clan parecen haberse movido de un lugar a
otro sin interferencia política, pero el tamaño del grupo que
lo acompañaba (Gn 14:14) sugiere que de otra manera sus
movimientos ciertamente habrían sido detectados por las
autoridades políticas provinciales. Tal escenario coincide con
el perfil histórico de Canaán durante la última parte de la Edad
del Bronce Media (1850–1550 a. C.) cuando Canaán y Siria
estuvieron vitalmente involucrados entre sí y compartían una
cultura material común. Pero para la Edad del Bronce Tardía
(1550–1200 a. C.) la fuerte dominación egipcia y la formación

de entidades políticas mayores llevaron a una diferenciación
cultural mucho mayor, lo que indudablemente habría dificultado mucho más el tráfico libre y la migración étnica.

Varios otros aspectos de las narrativas patriarcales
señalan en dirección a un contexto de la Edad del Bronce
Media. Por ejemplo, los 20 siclos de plata pagados por los
mercaderes amalecitas por José (Gn 37:28) representaban el
precio promedio pagado por un esclavo durante la Edad del
Bronce Media[96]. Al mismo tiempo, una variedad de costumbres sociales patriarcales también corresponden bien con el
entorno social de la Edad del Bronce Media:

- Un padre podía prohibir explícitamente que un yerno
  potencial tomara otras esposas (Gn 31:50);
- Una esclava era frecuentemente entregada como parte
  de la dote en el momento del matrimonio (Gn 16:1-6;
  30:1-13);
- Un hombre que no tuviera descendencia masculina podía
  recurrir a la adopción (Gn 15:2-6) o a la poligamia para
  obtener un hijo varón (Gn 16:1-6);
- Una esposa estéril podía proveer descendencia masculina
  a su esposo por medio de su criada (Gn 30:1-8); y
- Los derechos hereditarios del hijo mayor eran normalmente respetados (Gn 25:5-6, 32-34; 43:33-34; 49:3-4).

El término «hapiru» se utiliza con frecuencia en la literatura
egipcia y cuneiforme entre los siglos XXI y XII a. C. para
indicar diversos grupos de personas que generalmente vivían
en los márgenes de la sociedad y que a veces eran descritas
como una amenaza a las ciudades locales y sus autoridades[97].
«Hapiru» es similar a «hebreos», el término que describía a
los patriarcas de Génesis (Gn 14:13; 39:14, 17; 40:15; 41:12;
43:32) antes de la adopción de una designación más común,
«hijos de Israel» (p. ej., Ex 1:1, 7). Ya que se presentaba a los
patriarcas como que vivían en los márgenes de la sociedad, y
como la similitud de nombres a veces se convierte en identidad
de nombres, algunos estudiosos piensan que los patriarcas
hebreos deberían ser identificados con los hapiru de los
textos seculares antiguos. No obstante, una mirada al mapa
demuestra lo geográficamente inviable que es tal conclusión.
Referencias a los hapiru aparecen en textos a lo largo de toda
Mesopotamia, además de en lugares tan distantes como Susa
en el oriente, Hatusa en el norte, y Tebas en el sur de Egipto,
separados por distancias para nada imaginables para los
hebreos patriarcales.

Resumiendo, aunque ningún individuo o grupo mencionado en el libro de Génesis se conoce por otras fuentes en la
antigüedad, los viajes de los patriarcas sí presentan una imagen
histórica precisa de su época.

ABRAHAM EN PALESTINA

En algunos aspectos, el «llamado» de Dios a Abraham (Gn 12:1-3) trajo consigo muchas de las mismas consecuencias que las de su «maldición» a Caín (Gn 4:12-16): ambos fueron dirigidos a abandonar toda forma de seguridad conocida en su mundo e ir a vivir a otra parte.

Abraham abandonó su tierra, su clan y su familia en Harán y se dirigió hacia la tierra que sus descendientes finalmente heredarían (Gn 12:4-5). Al llegar a las tierras altas centrales de Canaán, el gran patriarca levantó un altar en la ciudad de Siquem y adoró a Dios (Gn 12:6-7). Desde allí continuó hacia el sur hasta acampar cerca de Betel y Hai (Gn 12:8) [1]. Pero Abraham también descubrió unas realidades bastante duras en este nuevo lugar: la tierra estaba bajo el dominio de los cananeos en ese tiempo (Gn 12:6b), y fue presa de una terrible hambruna (Gn 12:10), la cual lo obligó a seguir viajando hasta Egipto, presumiblemente vía la carretera central que pasaba por Hebrón y Beerseba [2].

Cuando terminó la hambruna, Abraham y su comitiva volvieron sobre sus pasos por el Neguev y regresaron a su campamento anterior cerca de Betel/Hai, donde volvieron a instalarse (Gn 13:3-4) [3]. Pero no pasó mucho tiempo antes de que Abraham experimentara otro conflicto: esta vez uno interno. Aparentemente, la cantidad de tierras de pastura era insuficiente como para sustentar los rebaños tanto de Abraham como de su sobrino Lot, y el resultado fue que Lot partió hacia la mejor regada llanura del Jordán [4] y luego se instaló en la ciudad de Sodoma (Gn 13:11-12; *cf.* 14:12). Por su parte, Abraham se dirigió hacia el sur y se instaló en el robledo de Mamre, en Hebrón (Gn 13:18) [5], donde construyó un altar más para el Señor.

Tiempo después, cinco ciudades situadas en el valle de Sidim (Sodoma, Gomorra, Adma, Zeboim y Zoar) se rebelaron contra sus amos mesopotámicos (Gn 14:1-4). En respuesta a este desafío, los reyes mesopotámicos encaminaron sus ejércitos hacia Canaán y, por el camino, atacaron las tierras transjordanas de los refaítas, los zuzitas, los emitas y los horeos hasta tan lejos como El-parán (Gn 14:5-6) [6]. Pasando El-parán, los reyes enemigos se encaminaron hacia En-mispat

Ubicado en el punto donde el wadi Siquem se une al camino montañoso central está el Siquem bíblico (el moderno Nablus).

(Cades-barnea), donde sometieron a algunos amalecitas (14:7a) antes de derrotar a los amorreos en Tamar (14:7b) [**7**]. Esta acción les habría permitido a los reyes mesopotámicos poner su atención sobre sus verdaderos enemigos: las ciudades del valle de Sidim (Gn 14:8-11) [**8**].

Los términos usados en Génesis 13:10-11 han llevado a algunas personas a buscar las ciudades cerca del extremo norte del mar Muerto y la desembocadura del río Jordán. Sin embargo, es mucho más frecuente sostener que esas ciudades deben de haber estado situadas hacia el extremo sur del mar Muerto sobre la base de que el nombre de una de ellas (Zoar) está ubicado en esa región en el mapa mosaico de Medeba del siglo VI d. C. [**Ver mapa 15**]. Además, se han hallado muchas tumbas de la Edad del Bronce Temprana con miles de restos de esqueletos humanos cerca de la costa suroriental del mar Muerto, y varios estudiosos han conjeturado que podrían estar relacionados con los sucesos en torno a Sodoma y Gomorra[98].

Una muy temprana tradición cristiana que se generalizó bastante en los primeros mapas medievales consistió en ubicar a Sodoma y Gomorra *por debajo* de las aguas de las cuencas del mar Muerto, especialmente la cuenca meridional[99]. Sin embargo, el descenso del nivel del mar Muerto en el siglo XX ha resultado en la exposición de la tierra en la cuenca sur, y no se ha descubierto ningún resto arqueológico que sustente esa suposición.

La victoria mesopotámica fue rápida y decisiva. Las ciudades de la llanura del Jordán fueron derrotadas. Algunos de sus habitantes, incluyendo Lot, fueron llevados al norte hasta tan lejos como la ciudad de Dan (Gn 14:12) [**9**]. Cuando fue informado de esta desgracia, Abraham llevó inmediatamente a algunos de sus hombres en persecución de los captores de Lot, los alcanzó cerca de Dan y los derrotó exitosamente hasta Damasco y aún más allá (Gn 14:13-15) [**10**]. Al regresar de su misión y al acercarse al valle de Save, Abraham fue recibido por el rey de Salem, Melquisedec, con quien el patriarca compartió el botín de la victoria (Gn 14:17-24) [**11**].

Se nos dice que desde allí Abraham viajó al sur hacia el Neguev y finalmente llegó a Gerar (Gn 20:1) [**12**]. Durante los años que pasó allí, finalmente se cumplió la tan largamente esperada promesa de un hijo (Gn 21:2-3). Pero cuando surgió un problema con el rey de Gerar con relación a los derechos sobre las aguas (Gn 21:25), Abraham se mudó hacia el interior, a Beerseba (Gn 21:31, implícitamente) [**13**]. Esta ubicación aparentemente sirvió como hogar para el patriarca hasta su muerte, cuando fue llevado y sepultado junto a Sara en la cueva cerca de Hebrón (Gn 25:8-10).

C
D
E
hacia Hoba
Damasco
10
Mte. Hermón
R. Litani
Abraham persigue a
los reyes enemigos
Dan
9
Ruta tomada
por los reyes
enemigos en
Génesis 14
Abraham
regresa de
la batalla
Hazor
1
Karnaim
MAR DE
GALILEA
Astarot
R. Yarmuk
REFAITAS
Meguido
Cam
ZUZITAS
R. Jordán
Samaria
Siquem
1
R. Yarkón
Afec
R. Jaboc
Lot se
separa de
Abraham
Betel
1 3
Hai
Jericó
2
Ecrón
VALLE
DE SAVE
Salem
4
Asdod
11
Quirlataim
EMITAS
Hebrón
Dibón
5
Gaza
MAR
MUERTO
R. Arnón
Viaje final de
Abraham a
Beerseba
Regreso de
Abraham
de Egipto
12 Gerar
Arroyo de Besor
13
2
Beerseba
Posible ubicación de
Sodoma, Gomorra,
Adma y Zeboim
NEGUEV
Llegada de Abraham
a Canaán y migración
a Egipto
Zoar
Arroyo Zered
8
W. el-Arish
AMORREOS
VALLE
DE SIDIM
Aquí huyó Agar de Sara
– Gn 16:14 ss.
Isaac vivió aquí después
de la muerte de Abraham
– Gn 25:11 ss.
7 Tamár
DESIERTO
Beer-lajai-roi
HOREOS
Punón
ORIENTAL
AMALECITAS
7
Cades-barnea
(En-mispat)
DESIERTO
DE SHUR
Petra
Ruta tomada por los
reyes enemigos
en Génesis 14
DESIERTO
DE PARÁN
6 El-parán
GOLFO DE
AQABA
C
D
E

LOS PATRIARCAS EN PALESTINA

Los patriarcas de Génesis pasaron su vida en la Tierra Prometida en la mitad meridional de la cadena montañosa central. Solamente en breves ocasiones sus viajes los llevaron temporalmente más allá de ese ámbito, siendo la excepción Jacob cuando dejó Canaán para pasar un largo tiempo en el hogar de sus antepasados en el norte de Mesopotamia (Gn 28:10–33:20). [**Ver mapa 30**]. Pero mientras vivían en la tierra, se nos dice que los patriarcas se instalaron, construyeron altares y adoraron al Señor en Siquem, Betel, Hebrón/Mamre y Beerseba. Ellos y sus esposas fueron enterrados en esa misma región, ya sea en la parcela funeraria familiar en Mamre/Hebrón, en Siquem o en el lugar de entierro de Raquel.

Mientras Jacob estaba regresando a Canaán después de sus 20 años en la casa de Labán (Gn 31:41), llegó al río Jaboc. Allí se le informó que su hermano Esaú venía en camino a recibirlo, lo que desató una noche de lucha (Gn 32:6-7, 22-30). El relato del capítulo 32 (al final de su regreso de Padán-aram) es reminiscente del capítulo 28 (al comienzo de su huida): ambos textos describen a un solitario Jacob de noche, enfrentado a una crisis, encontrándose con «ángeles de Dios» (28:12; 32:1), y asignándole un nuevo nombre a un lugar (Betel, 28:19; Peniel, 32:30).

La ubicación de los sitios transjordanos de Mahanaim y Peniel es incierta; solamente sabemos que estaban situados al lado del desfiladero del Jaboc. Mahanaim fue asignado a la tribu de Gad (Jos 13:26) pero estaba en el límite con Manasés (Jos 13:30). [**Ver mapa 40**]. La localidad era una ciudad levítica (Jos 21:38-39) [**mapa 41**], una residencia real para Es-baal (2 Sm 2:8, 12) y un refugio temporal para David cuando huía de Absalón (2 Sm 17:24-27). En el mapa, Mahanaim ha sido provisionalmente ubicado en el sitio del tell er-Reheil, donde la principal ruta norte-sur desde Damasco se aproxima al río Jaboc y se cruza con un camino secundario que corre hacia el occidente en dirección al Jordán. [**Ver mapa 27**]. Peniel debe haber estado cerca, aunque estaba entre

Mahanaim (Gn 32:2) y Sucot (33:17), posiblemente en el tell edh-Dhahab esh-Sharqia.

Después de su regreso de Mesopotamia, Jacob viajó desde su residencia en Betel para estar con su padre, Isaac, en Hebrón/Mamre (Gn 35:1, 27). Pero mientras la caravana viajaba por el camino, llegó el momento en que Raquel debía dar a luz a Benjamín. Ella murió durante el parto y fue enterrada allí mismo (Gn 35:16-20). Desde el siglo iv d. C., viajeros y peregrinos han visitado una «tumba de Raquel» en el extremo norte de Belén, por el camino desde Jerusalén. Se supone que el sitio fue designado sobre la base de un comentario editorial en Génesis 35:19[100]. No obstante, un texto posterior (1 Sm 10:2) deja en claro que Raquel fue enterrada en «el límite del territorio de [la tribu de] Benjamín, en Selsa». Aunque Selsa es un sitio desconocido sin evidencias en otras fuentes, el contexto de esta referencia es bastante claro. En la búsqueda de los asnos perdidos de su padre, Saúl partió de su hogar en Guibeá (tell el-Ful [1 Sm 10:26]), viajó hacia el norte y cruzó la región montañosa de Efraín; luego giró hasta entrar de nuevo al territorio de Benjamín (1 Sm 9:4) y finalmente llegó a Ramá, la ciudad natal de Samuel (er-Ram [1 Sm 9:5, 10]). En su regreso de Ramá a Guibeá, se dice que pasó por la tumba de Raquel (1 Sm 10:2).

En otro texto más, el profeta Jeremías (31:15) vinculó directamente el «llanto de Raquel» con la ciudad de Ramá, también ubicada dentro del territorio de Benjamín. De manera que si bien el lugar exacto de la tumba de Raquel permanece en discusión, una ubicación en Belén tiene poco a favor. En este sentido podría ser pertinente recordar la redacción exacta del relato de Génesis. Se dice que Raquel fue enterrada «por el camino a Efrata [Belén]» (Gn 35:19; *cf.* 48:7b), «mientras aún estaban lejos [literalmente «a una distancia de la tierra»] de Efrata[101]» (Gn 35:16; *cf.* 48:7a).

Cualquiera sea el caso, mientras Jacob continuaba su viaje desde el lugar del entierro de Raquel hacia Hebrón/Mamre, llegó a la torre de Edar (Migdal-edar [Gn 35:21]), posiblemente ubicada en las proximidades de Salem o Belén.

Ciudad importante mencionada en fuentes egipcias durante la época de los patriarcas
Ciudad mencionada en fuentes egipcias (ubicación incierta)
Ciudad mencionada en los narrativos patriarcales
Ciudad en los narrativos patriarcales (ubicación incierta)
Sitio de un altar patriarcal
0　5　10 millas
0　5　10 kilómetros
A
B
C
Aco
Rehob
Acsaf
Miseal
MAR DE GALILEA
R. Yarmuk
Simón (Simrón)
R. Cisón
Bet-sán
José vendido como esclavo – Gn 37:17 ss.
Bet-hagan
Pella
Migdal
Dotán
R. Jordán
Simeón y Leví vengan la violación que sufrió Dina – Gn 34:25 ss.
W. Farah
Saretán
Reencuentro de Jacob y Esau – Gn 33:1 ss.
Jacob recibe un nombre nuevo: Israel – Gn 32:28
Lugar de sepultura de José – Jos 24:32
Siquem
Gn 12:7; 33:20
Sucot
R. Jaboc
Peniel
Mahanaim
Residencia temporal de Jacob después de su regreso de Mesopotamia – Gn 33:17
R. Yarkón
Afec
Jacob edifica un altar cuando regresa de Mesopotamia – Gn 35:1 ss.
Jacob sueña con una escalera – Gn 28:1 ss.
Lod
Betel
Gn 12:8; 35:7
R. Jordán
Judá viaja para ver a sus esquiladores – Gn 38:12
Entierro de Raquel – Gn 35:16; 48:7; cf. 1 Sm 10:2; Jr 31:15
Abraham pretende sacrificar a Isaac – Gn 22:2 ss.
Timna
Salem (Mte. Moriah)
Gn 22:9
Atad (Abel-mizraim)
José y el cortejo fúnebre hacen duelo por Jacob – Gn 50:10 -11
Judá es seducido por Tamar – Gn 38:14, 21
Enaím
Aczib (Quezib)
Belén
Jacob monta un campamento después de la muerte de Rebeca – Gn 35:19
Nace Sela, hijo de Judá – Gn 38:5
Torre de Edar
Ascalón
Residencia permanente de Jacob después de su regreso de Mesopotamia – Gn 35:27; 37:14 ss.
MAR MUERTO
Quiriataim
Reencuentro de Jacob e Isaac después de más de 20 años – Gn 35:27
Mamre/Hebrón
Gn 13:18
Eglón
Parcela funeraria patriarcal para Abraham, Sara, Isaac, Rebeca, Jacob y Lea – Gn 23:17; 25:9; 35:27; 49:29-31; 50:13
R. Arnón
Abraham engaña a Abimelec respecto a la identidad de Sara – Gn 20:1 ss.
Isaac engaña a Abimelec respecto a la identidad de Rebeca – Gn 26:6 ss.
Gerar
Dios le afirma a Jacob que debe ir a Egipto – Gn 46:1 ss.
Gn 26:25
Jacob y Rebeca engañan a Isaac con respecto a la primogenitura – Gn 27:5 ss.
Posible ubicación de Sodoma y Gomorra – Gn 19:24 ss.
hacia Beer-lajai-roi y Rehobot (ver mapa 31)
Beerseba
MAR MEDITERRÁNEO

LA RUTA DEL ÉXODO

No hay lugar a dudas de que hubo un éxodo israelita desde Egipto. No obstante, permanecen una serie de cuestiones geográficas e históricas significativas con relación a sucesos previos y durante el éxodo. Aquí las cuestiones geográficas serán las que reciban la mayor atención, pero de paso tal vez convenga primero dar una breve explicación del contexto histórico.

EL TRASFONDO HISTÓRICO

Ya desde tan temprano como el «Reino Medio» de Egipto a fines de la 12.ª dinastía (c 1800 a. C.), un creciente número de gente asiática llegaba a Egipto y se instalaba principalmente en el oriente del delta del Nilo y sus alrededores[102]. Los egipcios llegaron a llamarlos *heqaw khasut*, una expresión que significaba «gobernantes de tierras extranjeras», pero que más específicamente hacía referencia a los gobernantes de Canaán que hablaban un dialecto semítico occidental[103]. Usamos la versión griega del término para describir esa gente: los *hicsos*.

A lo largo del siglo XVIII a. C., la fuerza egipcia disminuía a medida que los hicsos aumentaban numéricamente. Las distintivas estructuras arquitectónicas, las formas cerámicas y algunas de las prácticas religiosas y sociales cananeas de los hicsos reflejan una fuerza relativa y una creciente independencia. Se les adjudica haber introducido a Egipto diversas formas de innovación tecnológica militar, incluyendo los carros de guerra tirados por caballos, el arco compuesto y el ariete[104], lo que los habría convertido en una fuerza militar aún más imponente y una entidad política autodeterminada. Más adelante, alrededor de 1640 a. C., los hicsos se volvieron lo suficientemente fuertes como para tomar el control de casi todo Egipto, constituyendo lo que se conoce en la historia egipcia como la 15.ª y 16.ª dinastía[105].

Los hicsos establecieron su sede en Avaris/tell ed-Daba, en la rama más oriental (la pelusiana) del delta, y allí florecieron durante unos 100 años. [**Ver mapa 33**]. La independencia de la ciudad durante ese período se refleja también en su amplio alcance comercial, que se extendía a lo largo del Mediterráneo oriental, el Levante y Mesopotamia, y hacia el sur hasta Nubia.

La ciudad capital de los hicsos, Avaris, fue saqueada por los egipcios alrededor de 1560 a. C. Poco después, los hicsos fueron expulsados por príncipes nativos egipcios, y se instauró el período del así llamado «Reino Nuevo» de la historia egipcia. Los faraones del Reino Nuevo montaron un esfuerzo apasionado por librar al Egipto reunificado de cualquier rastro de la influencia hicsa. Incluso se lanzaron numerosas campañas militares en contra de los hicsos en Canaán y Siria y, a su debido tiempo, contra sus aliados asiáticos, especialmente los arameos y los mitanios. [**Ver mapa 44**].

Los datos bíblicos, históricos y arqueológicos parecen indicar que fue un monarca hicso ante el cual José actuó de intérprete de sueños (Gn 41:14-37) y quien luego cedió una parcela selecta de tierra (Gosén) a la familia de José (Gn 47:5-6). Esta teoría podría explicar cómo fue que José —un no egipcio— pudo experimentar tan meteórico ascenso político a la posición de vicerregente en un país que generalmente mostraba una mentalidad xenófoba o aun despectiva hacia los extranjeros. Es más, el faraón recibió cálidamente a la familia *semítica* de José *de Canaán* (Gn 47:1-11) y les legó una propiedad prominente en donde vivir, un gesto más propio de un monarca que fuera él mismo un semita originario de Canaán que de un egipcio nativo. Esta teoría es coherente con el hecho de que aquellos que se trasladaron con Jacob pudieron multiplicarse y prosperar en Egipto, y por un tiempo adquirieron suficiente fuerza como para representar un peligro potencial para un faraón.

Continuando con la teoría expuesta, el «nuevo rey que no conocía nada de José» (Ex 1:8) sería entonces uno de los faraones nativos de Egipto de la era del Reino Nuevo. Como tal, estaría decidido a recuperar el control político total sobre el oriente del delta como parte de la purga de los hicsos, negándose enérgicamente a reconocer la legitimidad continuada de la concesión de la tierra de Gosén. Además, viendo en los israelitas una multitud que bien podría tender a hacer una alianza con los enemigos hicsos (siendo ambos originarios de Canaán), este nuevo rey actuó de forma anticipatoria, esclavizando al pueblo de Dios (Ex 1:9-11).

Por cierto, aunque sean justificables, estas son generalizaciones amplias, y más allá de esto, parece arriesgado especular con relación a la identidad de un faraón específico que ascendió a José, de un rey particular que esclavizó a los israelitas, o del que fuera monarca de Egipto en el tiempo del éxodo. No existen datos inequívocos sobre la base de los cuales se pueda hacer afirmaciones concluyentes en este sentido.

EL ESCENARIO GEOGRÁFICO

El relato bíblico ubica el punto de partida del éxodo israelita de Egipto en la ciudad de Raamsés (Nm 33:3; *cf.* Ex 1:11; 12:37), desde donde viajaron primero a Sucot (Ex 12:37; *cf.* Nm 33:5), luego a Etam (Ex 13:20; *cf.* Nm 33:6) y finalmente a Pi-hahirot frente al mar (Ex 14:2; *cf.* Nm 33:7-8). [**Ver mapa 33**]. De estos lugares, solamente la ubicación de Raamsés se conoce sin lugar a dudas. Hoy sabemos que el Raamsés de la Biblia estaba situado en el tell ed-Daba/Qantir. El faraón Seti I inició allí la construcción alrededor de 1290 a. C., pero fue el faraón Ramsés II quien la extendió y la embelleció de gran manera junto a los restos de la ciudad hicsa de Avaris[106].

El Raamsés bíblico se convirtió en una metrópoli muy extendida, que cubría un área de unas 1000 hectáreas en un espacio de por lo menos 15,5 kilómetros cuadrados. La ciudad tenía un gran número de edificios reales y religiosos. La mayoría estaban construidos con ladrillos de barro (Ex 1:14; 5:7-8, 16-19), un recurso arquitectónico no conocido antes en el delta, aun siendo la piedra muy escasa en esa región. Raamsés también incluyó una gran ciudadela militar fortificada[107]; un amplio complejo de templos en el que los arqueólogos han hallado polvo de oro desechado en el suelo, producto del trabajo de los artesanos en el amueblamiento real[108]; un extenso complejo de establos y cobertizos para carros de guerra, capaz de alojar más de 450 caballos; decenas de piezas de carros[109]; una inmensa área industrial para la producción de bronce; y muchos talleres y depósitos para almacenar ladrillos de barro (Ex 1:11). Se descubrió una planta donde se fabricaban azulejos esmaltados para uso en las estancias palaciegas de los faraones. En las inmediaciones de esta instalación hasta se hallaron ostraca que llevan el nombre «Raamsés»[110]. Y muy recientemente se ha encontrado una tablilla cuneiforme que parece confirmar el sitio como la residencia real de Ramsés[111]. Sin lugar a dudas, este fue el lugar desde donde los israelitas iniciaron su viaje.

Saliendo de Raamsés, los israelitas llegaron a Sucot (Ex 12:37; Nm 33:5). Hace mucho tiempo que los estudiosos han reconocido Sucot como el equivalente fonético hebreo de la palabra egipcia *Tjeku*, un término hallado en monumentos e inscripciones en dos sitios en el wadi Tumilat. El wadi Tumilat es un valle fértil que se extiende al oriente del delta hasta la moderna Ismailía y el lago Timsah. Ha servido como importante corredor para el transporte tanto en la antigüedad [**ver mapa**] como en los tiempos modernos, y el valle contiene una serie de sitios que datan de los períodos de los hicsos y del Reino Nuevo que muestran artefactos cananeos.

Los dos mayores sitios en el wadi Tumilat son tell el-Maskhuta (unos 13 km al occidente del lago Timsah) y tell er-Retaba (otros 13 km más o menos al occidente de Maskhuta). [**Ver mapa 33**]. Estos son los dos lugares donde el término *Tjeku* está atestiguado en la literatura egipcia y con frecuencia se los identifica con el Sucot y el Pitón bíblicos. Pero ¿cuál es cuál?

Un texto egipcio del siglo XIII indica que Pitón estaba ubicado al occidente de Tjeku/Sucot[112]. Algunos estudiosos han buscado Tjeku/Sucot en el tell el-Maskhuta[113] y creen que el nombre Sucot en sí podría estar reflejado en el nombre moderno Maskhuta. Si así fuera, entonces el tell er-Retaba se convertiría en un excelente candidato para la ubicación del Pitón bíblico (Ex 1:11), aunque esto es menos seguro.

Desde Sucot, se dice que los israelitas partieron y avanzaron hasta Etam, al borde del desierto (Ex 13:20; Nm 33:6). A diferencia de Sucot y Pitón, los que ostentan una etimología claramente egipcia, la derivación del nombre Etam es incierta. Pero dada la trayectoria inherente a un viaje del tell ed-Daba/Raamsés al tell el-Maskhuta/Sucot camino a una masa de agua, combinado con la calificación adicional de que Etam estaba «al límite del desierto», Etam debe haber estado ubicado al oriente del tell el-Maskhuta/Sucot, probablemente por el camino principal que llevaba al oriente hacia el desierto de Shur. La palabra *Etam* posiblemente deriva de un nombre de lugar egipcio: *Ḥwt-Itm* (una variante de la palabra Atum, el dios solar de Heliópolis)[114], ubicado en el wadi Tumilat.

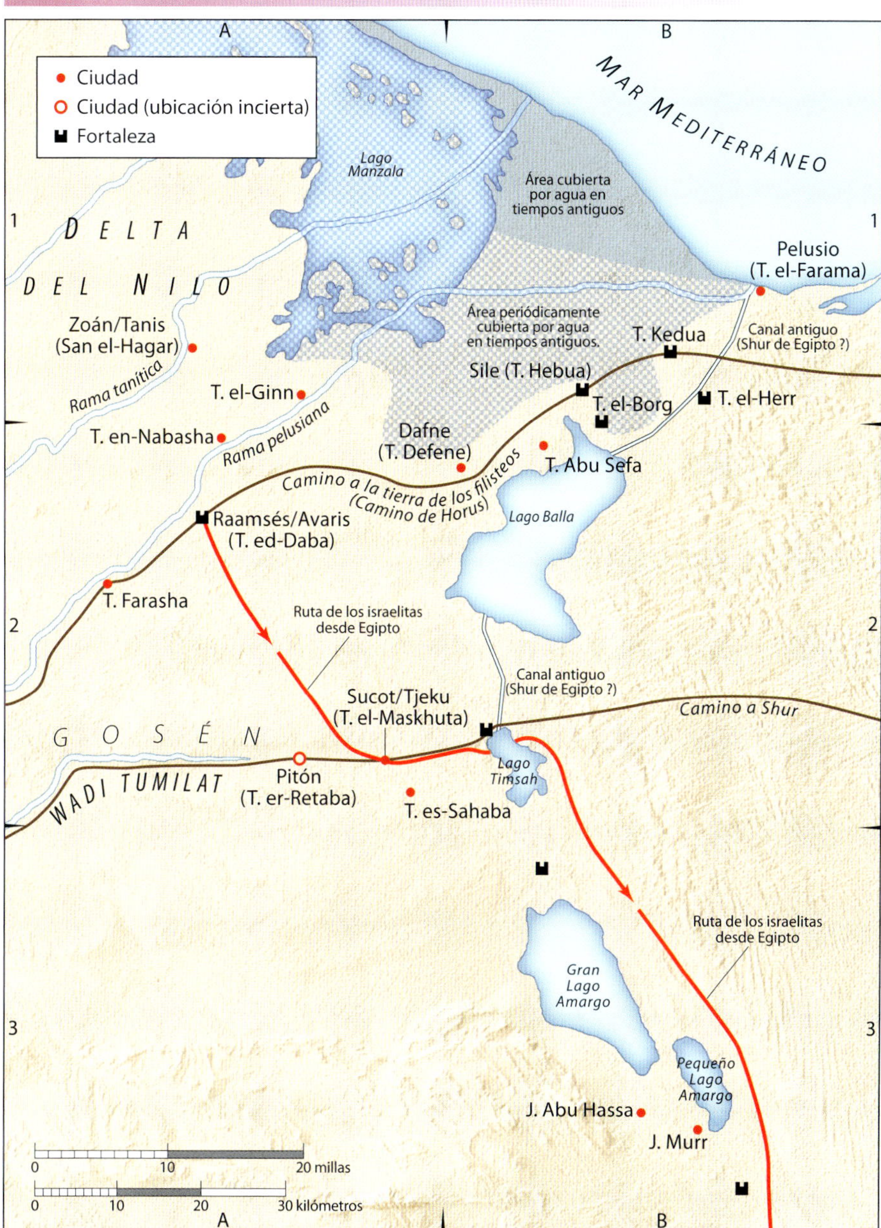

Desde Etam, los israelitas llegaron a Pi-hahirot, cuya ubicación se describe en Éxodo como «entre Migdol y el mar, frente a Baal-zefón» (Ex 14:2) y en Números como «frente/opuesto a Baal-zefón, donde acamparon en Migdol» (Nm 33:7). Dondequiera sea este lugar, debe haber estado inmediatamente junto a la masa de agua por la que los israelitas cruzaron en «tierra seca» ya que en Éxodo dice que los israelitas se habían acampado allí «a la orilla del mar» (14:2b) y en Números indica que inmediatamente después de su partida de Pi-hahirot pasaron «por el mar e ingresaron al desierto» (Nm 33:8).

Se discute si el término Pi-hahirot sea de origen egipcio (*pi(r)-hahiroth* significa «casa de Hathor [diosa egipcia del cielo]») o de origen semítico (que significa «cavar/cortar», lo que implica un lugar al lado de un canal). **Mapa 33** muestra el vestigio de un antiguo canal, descubierto muy recientemente, que se extendía desde el lago Timsah hacia el norte hasta la costa mediterránea. Porciones de este canal miden 70 m de un lado al otro a nivel de la tierra, unos 20 m de ancho en el fondo y casi 3 m de profundidad. El canal sin duda estaba en funcionamiento cuando los israelitas partieron de Egipto, sin importar cuál de las fechas del éxodo uno adopte. Los estudiosos han llegado a la conclusión de que, aunque también pudo haber tenido propósitos de navegación o irrigación, su propósito principal en la antigüedad era ser una muralla de defensa militar[115].

Otro indicador de que Pi-hahirot puede haber estado relacionado con algún tipo de obstrucción militar defensiva es su conexión con Migdol en ambos relatos del éxodo (Ex 14:2; Nm 33:7). La palabra egipcia *maktar* refleja la palabra semítica *migdol*, que significa «fortaleza». En la literatura egipcia se hallan numerosas referencias a Maktar/Migdol, y en diversos lugares se establecieron sitios con el nombre de Maktar/Migdol [**Ver mapa 33**]. Uno de estos sitios está en el sector más oriental del wadi Tumilat[116], probablemente muy cerca de la moderna Ismailía. Si los israelitas se dirigían hacia el oriente y pasaron el tell el-Maskhuta mientras seguían el wadi Tumilat, es previsible que llegaran a este «Maktar/Migdol».

La Biblia registra que al comienzo del éxodo, a Israel se le prohibió seguir «el camino a la tierra de los filisteos» (Ex 13:17). Ahora se sabe que esta importante ruta militar egipcia —«el camino de Horus»— estaba protegida por toda una serie de instalaciones militares egipcias entre Sile y Gaza[117]. Si no hubiera sido una ruta establecida, la prohibición divina parecería haber sido innecesaria. Además, un texto egipcio del siglo XIII a. C.[118] habla de un oficial egipcio en persecución de fugitivos que habían pasado por Raamsés, Tjeku/Sucot y Maktar/Migdol —en ese orden— y que luego habían girado hacia el norte, presumiblemente hacia Canaán. La probabilidad de que tanto Israel como el oficial egipcio pasaran tres lugares nombrados en forma idéntica en la misma secuencia exacta, con diferencia de pocos días, es demasiado grande para ser pura coincidencia. La evidencia sugiere fuertemente que los fugitivos, el oficial egipcio y los israelitas seguían el mismo corredor de transporte bien conocido y muy utilizado y —en el caso de los israelitas— no una ruta alternativa poco conocida en un intento de evitar ser detectados por el faraón y sus fuerzas.

Mapa 34 muestra tres de tales vías de transporte que irradiaban desde el delta hacia el oriente. De norte a sur son las siguientes: (1) «el camino a la tierra de los filisteos»; (2) «el camino a Shur» (Gn 16:7); y (3) un camino conocido después como «Darb el-Hajj» (un camino utilizado por peregrinos de Egipto a La Meca). Como se afirmó arriba, la opción más norteña había sido prohibida (Ex 13:17). De las dos posibilidades restantes, parece significativo que los fugitivos mencionados en el papiro egipcio, habiendo pasado el Maktar/Migdol de Seti y estando encaminados hacia el desierto, giraron *hacia el norte*. Esto genera una fuerte probabilidad de que hubieran utilizado la salida más rápida y directa («el camino a Shur») en lugar de bajar al sur hasta el Darb el-Hajj. Por lo tanto, «el camino a Shur» parecería la ruta establecida más factible de haber sido usada por los israelitas.

LOS ISRAELITAS A LA ORILLA DEL MAR

Los israelitas llegaron a una masa de agua donde serían rescatados y el ejército egipcio se ahogaría. El Antiguo Testamento griego (LXX) identifica la masa de agua como *erythrá thálassa* («mar Rojo»), lo que ha llevado a muchas personas a imaginar que Israel habría estado frente a la masa de agua que ahora conocemos como el mar Rojo. No obstante, en el mundo clásico en que se tradujo la LXX, la expresión *erythrá thálassa* podía designar no solamente lo que en un mapa moderno se llamaría el mar Rojo, sino también el golfo Pérsico, el océano Índico y/o las aguas relacionadas… o incluso todas esas masas de agua en conjunto[119]. Parece ser, entonces, que los traductores de la LXX emplearon la expresión *erythrá thálassa* de forma consistente con su uso en otros textos del período clásico (Hch 7:36; Hb 11:29). Había un «mar Rojo» clásico, y hay un «mar Rojo» moderno, pero esas dos masas de agua no tienen los mismos límites y no deben tomarse como la misma entidad.

Por otra parte, el Antiguo Testamento hebreo identificó la masa de agua donde se detuvieron los israelitas como *yam sûf* («mar de juncos/papiros»). Esta palabra *sûf* se usa para referirse a los juncos/papiros que crecían al lado del Nilo. La madre de Moisés puso a su hijo en una canasta y la colocó entre los *sûf* (Ex 2:3, 5). También aparece en la literatura profética, donde refiere a un tipo de planta acuática. Después de ser arrojado del barco, Jonás declaró que *sûf* (¿«algas marinas»?) se le enredaban en la cabeza (Jon 2:5). Isaías escribe que los ríos y canales de Egipto se secarán; sus juncos y *sûf* (¿«carrizos»?) se pudrirán (Is 19:6). Es casi seguro que el término *sûf* fuera derivado de *ṭwf(y)*, una palabra egipcia atestiguada en la era del Reino Nuevo que significa «juncos/papiros»[120], y que la traducción de *yam sûf* en Éxodo debe concordar con eso. Es interesante observar que Lutero, quien se apoyó fuertemente del texto hebreo, tradujo la expresión con el alemán *Schilfmeer* («mar de juncos»).

La palabra _twf(y)_ en egipcio frecuentemente designaba una región donde se hallaban juntos pantanos de juncos y prados de pastura. Con la ruta probable formada por las ubicaciones de Raamsés, Tjeku/Sucot y Maktar/Migdol, parece más probable que el cruce del «mar» (Sal 77:19-20) tuviera lugar en el lago Timsah o cerca del mismo, donde la establecida vía de transporte («el camino a Shur») cruzaba una línea de lagos. [**Ver mapa 33**]. Por más que uno se esfuerza por ser estrictamente bíblico en este punto, es imposible sacar conclusiones geográficas seguras de esta parte de la investigación.

Pero aunque la Biblia provee pocos detalles geográficos y logísticos sobre el cruce milagroso, lo que _sí_ está claro, pero muchas veces pasado por alto, es el hecho de que el cruce aparentemente tuvo lugar durante un período de tiempo muy corto. La cronología del suceso parece haber sido la siguiente:

1. Los egipcios estaban alcanzando a los israelitas cuando «cayó la noche» (Ex 14:10-20; v. 20b);

2. Cuando Moisés extendió la mano, se levantó un fuerte viento oriental que dividió las aguas «durante toda la noche», lo cual permitió el paso de los israelitas (Ex 14:21-22; _cf._ 15:8, 10);

3. Al llegar la «vigilia de la mañana» (cuando apenas comenzaba a amanecer), los carros de guerra de los egipcios ya se estaban atascando en el lodazal (Ex 14:23-25); y

4. Cuando «amanecía» (Ex 14:26-28; v. 27b), las aguas arremolinadas ahogaron a los egipcios en el mar.

Aparentemente, los israelitas comenzaron a cruzar después de la puesta del sol y, a la primera luz del nuevo día los egipcios que los perseguían ya estaban intentando cruzar el mar. Esto sugiere que todo el cruce de los israelitas no podría haber superado unas ocho horas a lo sumo[121]. Los israelitas acababan de ser liberados de la esclavitud y habían abandonado apresuradamente Egipto con sus rebaños y manadas (Ex 12:38). El simple paso de un lado de una masa de agua al otro en un tiempo tan reducido con la eficiencia de movimiento de una turba ligeramente organizada habría requerido un milagro de una dimensión mucho mayor que

aquel representado por Cecil B. DeMille, el arte medieval, o la literatura cristiana contemporánea. No es inconcebible que se requiriera un corredor de tierra de varios kilómetros de ancho para permitir la logística y la cronología del cruce israelita. No es de sorprender, entonces, que los escritores bíblicos posteriores citaran repetidamente el hecho del éxodo cuando intentaban establecer un paradigma del poder soberano absoluto de Dios (Sal 66:5-6; 78:13; 106:11; Is 51:9-10; 63:12-14), o cuando ofrecían una base para afirmar que Yahveh es el único Dios verdadero de la historia (Nm 23:22; 24:8; Jos 2:10-11; 9:9-10).

Habiendo sido llevado a través de las aguas a la libertad, enseguida Israel fue ordenado a dirigirse hacia el monte Sinaí. Pocas cuestiones geográficas sobre el Antiguo Testamento han sido debatidas tan enérgicamente como la ubicación del monte Sinaí. Hoy el monte sagrado es buscado en las siguientes tres regiones: (1) en el noroccidente de Arabia Saudita o Jordania meridional; (2) en el norte de la península del Sinaí; o (3) en las tierras altas graníticas del Sinaí meridional.

La búsqueda del monte Sinaí en Arabia Saudita/Jordania meridional

La hipótesis de Arabia Saudita/Jordania se basa en tres puntos bíblicos. Primero, habiendo huido anteriormente de un faraón que procuraba quitarle la vida, Moisés se estableció en la tierra de Madián y se convirtió en el yerno de un sacerdote que vivía allí (Ex 2:15-16; 18:1). Segundo, la Biblia está llena de referencias a lo que parece haber sido actividad volcánica o sísmica asociada con el establecimiento del pacto sinaítico (Ex 19:18; 24:17; Dt 4:11-12; 5:22-26; 9:10, 15; 10:4; Jc 5:5; Sal 68:8; Hag 2:6). Y tercero, el apóstol Pablo expresamente ubicó el monte Sinaí _en Arabia_ (Ga 4:25).

Según este punto de vista, la tierra de Madián estaba situada exclusivamente en el territorio al oriente del golfo de Aqaba. Además, se afirma que la estructura geológica de las montañas del propio Sinaí no es propicia a la actividad volcánica o sísmica,

Asentado bajo las laderas inferiores del jebel Musa («la montaña de Moisés») se halla el monasterio griego ortodoxo de Santa Catalina.

o al menos no a la actividad reciente. Finalmente, esta postura
sostiene que representa la única opción sustancial para ubicar la
montaña sagrada dentro de Arabia. Las personas que defienden
esta teoría tienden a ubicar el monte Sinaí en Petra, jebel Baqir,
jebel al-Lawz, jebel Manifa, o Ḥalā el-Bedr. [**Ver mapa 34**].

Cada uno de estos tres argumentos a favor de la ubicación
en Arabia Saudita/Jordania ha sido controvertido por objeciones que minan seriamente su fuerza convincente. La
tradición bíblica vincula a Moisés con los ceneos (Jc 1:16;
4:11) tanto como con los madianitas. No se puede afirmar que
los madianitas nómadas o su subtribu, los ceneos, estuvieran
confinados exclusivamente a una sola región antes del período
grecorromano. Los madianitas residían en el territorio de
Moab (Gn 36:35; 1 Cr 1:46), en la meseta transjordana de Misor
(Jos 13:21), en las áreas desérticas al oriente de Moab y Amón
(Jc 7:25) o del Sinaí septentrional (1 Re 11:18), e incluso (tal vez
estacionalmente) al interior de Canaán mismo (Jc 6:1-6; 7:1).

El argumento volcánico/sísmico tampoco resulta ser
decisivo, por varias razones. Primero, aunque se admite que
no se ha confirmado reciente actividad volcánica en el Sinaí
mismo, la evidencia sísmica muestra que el área del golfo de
Aqaba ha sido bastante activa en ese sentido[122]. Tan recientemente como 1982, la península del Sinaí experimentó un gran
terremoto (lo que llegó a más de seis puntos en la escala de
Richter). Segundo, el lenguaje fenomenológico en los pasajes
bíblicos relevantes podría reflejar la condiciones climáticas *del
momento* en torno al monte Sinaí (Sal 68:8-10). Alternativamente, es posible comprender el lenguaje de esos pasajes en un
sentido dinámico como una imagen vívida de la manifestación
de Dios, una teofanía[123]. Otros pasajes del Antiguo Testamento
que se tratan de teofanías emplean terminología similar sin
presuponer actividad volcánica o sísmica (2 Sm 22:8-16;
Sal 18:7-15; 89:5-18; 97:1-5; 104:31-32).

La cuestión de «Arabia» requiere aclaración adicional. Si uno
utiliza el término hoy en día, puede referirse a Arabia Saudita o
a toda la península arábiga. De manera similar, las referencias
antiguas a «Arabia» podrían denotar territorios diversos[124].
De hecho, el mundo clásico ofrece evidencias de por lo menos
cinco regiones distintas conocidas como «Arabia»[125]. En consecuencia, es fundamental que el intérprete moderno comprenda
que el apóstol Pablo (Ga 4:25) estaba reflejando correctamente
la verdad geográfica de *su* mundo, ¡no del nuestro! Aunque
ninguno de los tres puntos de vista principales con respecto a
la ubicación del monte Sinaí puede pretender apoyo geográfico
exclusivo a partir de la afirmación de Pablo, tampoco ninguno
de ellos puede ser descartado definitivamente sobre esa base.

LA BÚSQUEDA DEL MONTE SINAÍ EN EL NORTE DE LA PENÍNSULA DEL SINAÍ

Los defensores de la hipótesis del norte del Sinaí también
intentan anclar su argumentación en la Biblia al ubicar el monte
Sinaí en el jebel Sin Biser, jebel Magara, jebel Helal, jebel Yeleq,

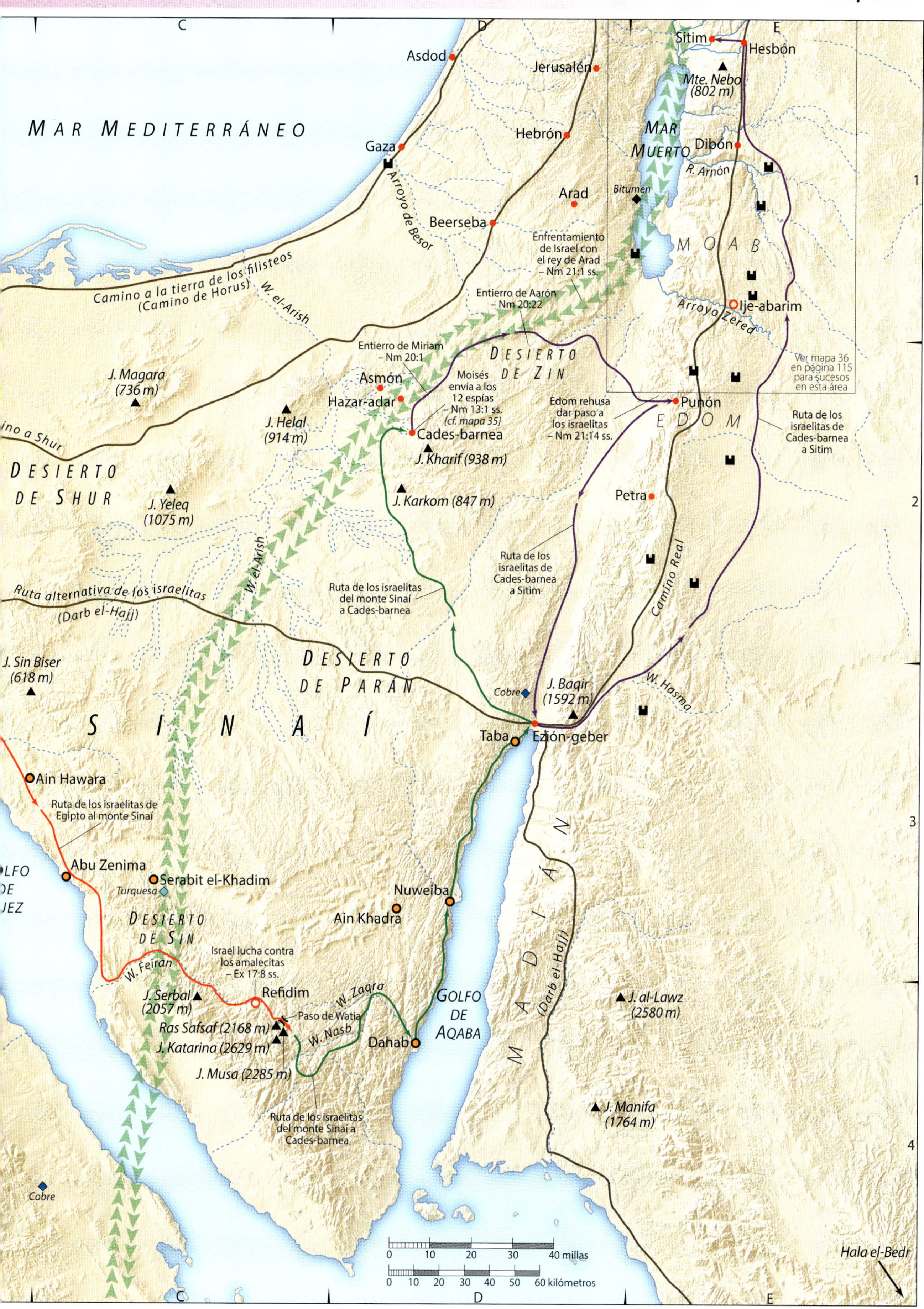
MAR MEDITERRÁNEO
Asdod
Jerusalén
Hebrón
Gaza
Arroyo de Besor
Beerseba
Arad
Sitim
Hesbón
Mte. Nebo
(802 m)
MAR MUERTO
Dibón
R. Arnón
Bitumen
MOAB
Ije-abarim
Arroyo Zered
Camino a la tierra de los filisteos
(Camino de Horus)
W. el-Arish
Enfrentamiento
de Israel con
el rey de Arad
– Nm 21:1 ss.
Entierro de Aarón
– Nm 20:22
Entierro de Miriam
– Nm 20:1
DESIERTO
DE ZIN
Ver mapa 36
en página 115
para sucesos
en esta área
J. Magara
(736 m)
ino a Shur
Asmón
Hazar-adar
Moisés
envía a los
12 espías
– Nm 13:1 ss.
(cf. mapa 35)
Edom rehusa
dar paso a
los israelitas
– Nm 21:14 ss.
Punón
Ruta de los
israelitas de
Cades-barnea
a Sitim
J. Helal
(914 m)
Cades-barnea
J. Kharif (938 m)
EDOM
DESIERTO
DE SHUR
J. Yeleq
(1075 m)
J. Karkom (847 m)
Petra
W. el-Arish
Ruta de los israelitas
del monte Sinaí
a Cades-barnea
Ruta de los
israelitas de
Cades-barnea
a Sitim
Camino Real
Ruta alternativa de los israelitas
(Darb el-Hajj)
J. Sin Biser
(618 m)
DESIERTO
DE PARÁN
Cobre
J. Baqir
(1592 m)
W. Hasma
SINAÍ
Taba
Ezión-geber
Ruta de los israelitas de
Egipto al monte Sinaí
Ain Hawara
OLFO
E
EZ
Abu Zenima
Serabit el-Khadim
Turquesa
Nuweiba
DESIERTO
DE SIN
Ain Khadra
MADIÁN
(Darb el-Hajj)
J. al-Lawz
(2580 m)
Israel lucha contra
los amalecitas
– Ex 17:8 ss.
J. Serbal
(2057 m)
Refidim
W. Feiran
W. Zagra
GOLFO
DE
AQABA
Paso de Watia
Ras Safsaf (2168 m)
W. Nasb
J. Katarina (2629 m)
Dahab
J. Musa (2285 m)
Ruta de los israelitas
del monte Sinaí a
Cades-barnea
J. Manifa
(1764 m)
Cobre
0   10   20   30   40 millas
0 10 20 30 40 50 60 kilómetros
Hala el-Bedr

jebel Kharif, jebel Karkom o en Cades-barnea. [**Ver mapa 34**].
Para comenzar, Moisés le pidió permiso al faraón para ir al
desierto una distancia que requería tres días de viaje (Ex 5:3; *cf.*
3:18; 8:27). Los defensores de esta hipótesis deducen entonces
que el monte Sinaí no podría haber estado separado de Gosén
por mucho más que una marcha de tres días. Segundo, citan
dos referencias bíblicas sobre la llegada de codornices (Ex 16:13;
Nm 11:31-32). Los habitantes actuales del Sinaí del norte todavía
pueden capturar fácilmente las codornices agotadas que acaban
de completar un tramo prolongado en su migración anual entre
el sur de Europa y Arabia. Tercero, sostienen que la victoria
israelita sobre los amalecitas en Refidim favorece una ubicación en el norte (Ex 17:8-13), ya que esta es la región donde se
encuentra a los amalecitas en otras partes de la Biblia. Y cuarto,
afirman que ciertos pasajes poéticos del Antiguo Testamento
apoyan una ubicación en el norte (Dt 33:2; Jc 5:4; Ha 3:3, 7).

En conjunto, estos argumentos parecen bastante impresionantes, pero por separado pueden considerarse no
concluyentes. La propuesta de los tres días de marcha presupone una interpretación literal de la expresión «tres días»,
la que bien podría ser simplemente un período impreciso de
tiempo o un ejemplo de regateo oriental[126]. También requiere
que el destino implicado en el pedido de Moisés haya sido el
monte Sinaí, aunque eso no está explicitado en el texto. Los
destinos más cercanos que son propuestos para el Sinaí están a
120 km de la región de Gosén, una distancia demasiado grande
para recorrer en tres días. Los anales de este período general
indican que el ejército egipcio podía cubrir alrededor de 24 km
por día. Los israelitas, gravados por mujeres, niños, rebaños
y ganado (Ex 12:37-38; 34:3), no podrían haber recorrido una
distancia similar. El promedio diario de distancia recorrido
hoy por un grupo de beduinos que se trasladan por el mismo
terreno es alrededor de 10 km[127]. Además, son nombrados un
total de *ocho* campamentos intermedios entre la liberación de
Israel al mar y su llegada al monte Sinaí (Nm 33:8-15).

El viaje de Gosén al monte Sinaí se llevó a cabo en la primavera (Ex 13:3-6: el mes de abib corresponde a marzo/abril)[128], y
la travesía desde el monte Sinaí a Cades-barnea ocurrió un año
después, también durante la primavera (Nm 9:1; 10:11). Por lo
tanto, cualquiera que intente interpretar los dos relatos de las
codornices (Ex 16:13; Nm 11:31-35) en términos de fenómenos
naturales está obligado a relacionarlos con su migración *primaveral*. De hecho, tal vez hasta mil millones de aves migrantes, de
hasta 350 especies distintas, sobrevuelan anualmente la península del Sinaí en su migración primaveral hacia el norte[129]. [**Ver
mapa 34**]. Sin embargo, como es de imaginar, la gran mayoría
de estas aves aterrizan cerca de la costa peninsular (meridional)
en lugar de hacerlo en puntos más al norte. Un aterrizaje más
al norte sugiere más bien una migración otoñal[130]. Por lo tanto,
dada la indicación estacional explícita de ambos relatos acerca
de las codornices, sería más convincente ubicar esos sucesos en
el sur de la península del Sinaí, no otros 240 km más al norte.

La ubicación del enfrentamiento entre los israelitas y los
amalecitas en Refidim (Ex 17:8-16) mantiene cierto misterio
geográfico, particularmente a la luz del relato de 1 Samuel 15.
En otras partes del Antiguo Testamento, los amalecitas parecen
encontrarse principalmente en regiones más norteñas. Se los ve
en la tierra de Edom (Gn 36:16), el área alrededor de Cades-
barnea (Gn 14:7), el Neguev (Nm 13:29), las tierras justo al sur
de Judá (1 Sm 27:8), la región montañosa de Efraín (Jc 12:15),
cerca de Siclag (1 Sm 30:1-2) y hacia el occidente tan lejos como
el territorio de Shur (1 Sm 15:7). También hay relatos de amalecitas asociados con moabitas (Jc 3:12-14) y madianitas (Jc 6:33;
7:12). Dada esta amplia distribución territorial, su estilo de vida
altamente móvil, y el hecho de que se dice que en ocasiones
empleaban camellos para el transporte (Jc 6:5; 7:12), los
amalecitas se consideran un pueblo nómada. Sus movimientos,
aunque dispersos, tendían a estar vinculados con desiertos y
páramos desolados[131]. Por lo tanto, este argumento no parece
favorecer definitivamente una ubicación en el norte del Sinaí.

En cuanto a los pasajes de Deuteronomio, Jueces y Habacuc
que parecen identificar el monte Sinaí con Seir, Parán, Temán
y Edom, hay que tener en cuenta que su estructura claramente
poética incluye elementos de paralelismo hebreo. Por lo tanto,
según la misma lógica y con igual justificación, se podría sostener
que Parán debería identificarse con Seir, Temán o Edom, lo que
es completamente absurdo. Además, los pasajes representan
ejemplos de una teofanía[132]: cada uno refleja la realidad de que el
Dios de Israel, un guerrero divino, puede liberar a su pueblo de la
opresión. En estos textos el común denominador entre el Sinaí,
Seir, Parán, Temán y Edom es que todos están ubicados en la
misma dirección meridional desde Canaán.

Además, múltiples pasajes bíblicos sugieren que el monte
Sinaí estaba separado del área de Cades-barnea por una gran
distancia. En el itinerario israelita entre el monte Sinaí y Cades
(Nm 33:16-36), se registran alrededor de 20 campamentos
intermedios, y ese itinerario puede ser de naturaleza *selectiva*
(Dt 1:1). Deuteronomio 1:2 afirma que había una marcha de
11 días entre Horeb/Sinaí y Cades-barnea[133]. De igual manera,
el texto de 1 Reyes 19:8 indica que a Elías le llevó 40 días viajar
desde Beerseba hasta el monte Sinaí. Aunque el tiempo para
viajar difiere de texto en texto, esos relatos bíblicos concuerdan
en que el monte Sinaí estaba separado de Cades-barnea por
una distancia considerable, una conclusión que es fatal para el
argumento de que el monte Sinaí debe estar ubicado en alguna
parte del norte del Sinaí.

La búsqueda del monte Sinaí en el Sinaí meridional

Los defensores del punto de vista del Sinaí meridional tienden a
buscar el monte Sinaí en el jebel Serbal, Ras Safsaf, jebel Katarina
o jebel Musa. [**Ver mapa 34**]. Esta posición también tiene una
larga y muy rica tradición: se han hallado más de 2500 inscripciones nabateas cerca de Serbal, fechadas tan temprano como el

siglo II o III de la era cristiana. Tales inscripciones generalmente son invocaciones pidiendo un viaje seguro y podrían ser indicadores de una ruta de peregrinaje[134]. Además, se han encontrado monedas del siglo IV en las proximidades[135].

Desde los comienzos de la era bizantina, la tradición cristiana ha venerado el sitio de jebel Musa («montaña de Moisés»), un hecho que sorprende en varios sentidos. Hay otras diez cimas más elevadas que jebel Musa en el Sinaí meridional, convirtiéndolas en candidatos más probables si la selección fuera simplemente al azar o basada en la altura o el aspecto. De hecho, los contornos de la topografía que lo rodea vuelven la cima de jebel Musa prácticamente invisible desde las llanuras circundantes y hacen que la montaña sea particularmente poco atractiva. No obstante, ya para la época de las persecuciones romanas en el siglo III, un pequeño grupo de cristianos ascetas vivía en el jebel Musa[136], y para comienzos del siglo IV había un monasterio al pie de la montaña[137].

La tradición de asociar jebel Musa con el monte Sinaí merece credibilidad adicional porque va en contra de la tendencia bizantina de ubicar los altares sagrados en lugares fácilmente accesibles a los peregrinos cristianos. Además, a diferencia de muchos otros sitios cristianos primitivos en el Levante, el monte Sinaí está asociado no con el Nuevo Testamento, sino con el Dios del Antiguo Testamento y con los profetas Moisés y Elías. Está en el límite mismo de la tradición cristiana.

Como otra evidencia de una ubicación en el sur, ciertos sitios a lo largo del itinerario israelita hacia el monte Sinaí (Ex 15:22–19:1) y entre el monte Sinaí y Cades-barnea (Nm 21; 33; Dt 1) sugieren los nombres modernos de lugar, y los tres campamentos intermedios necesariamente presuponen una ruta sureña. Pero hay que dar una advertencia. Como la mayor parte del Sinaí meridional nunca ha sido ocupada en forma permanente, no se debe afirmar que todos los campamentos intermedios en el itinerario —ni la mayoría y ni siquiera muchos de ellos— puedan ser ubicados hoy con precisión geográfica. Se dice que algunos de los nombres de lugar fueron asignados por los israelitas cuando pasaban por ellos (p. ej., Mara [Ex 15:23], Masá y Meriba [Ex 17:7]). Obviamente, nombres provistos bajo tales circunstancias no habrían quedado fijos.

No obstante, Ezión-geber (Nm 33:35) estuvo indiscutiblemente ubicado en las proximidades del moderno Eilat (*cf.* 1 Re 9:26), probablemente en la isla contigua Jezirat Fara'un[138]. Del mismo modo, Dizahab (Dt 1:1) parece estar reflejado en la ciudad moderna Dahab, ya que los nombres son equivalentes fonéticos y ambos tienen que ver con lugares de oro[139]. Además, el nombre del oasis más grande y exuberante en el Sinaí suroccidental (Feiran) parece haber sido retenido en fuentes clásicas y bizantinas[140]. Más allá de estas correlaciones bastante seguras, algunos estudiosos sugieren que Jotbata (Nm 33:33), la segunda parada por delante de Ezión-geber camino a Cades-barnea, debe ser identificado con el moderno oasis en Taba, ubicado unos 11 km al sur de Ezión-geber en la costa del mar Rojo[141].

Parece ser que la ubicación en sí de Ezión-geber haría que una ruta por el norte del Sinaí fuera increíblemente tortuosa. Pues, ¿cómo se puede explicar un viaje desde el jebel Kharif, jebel Karkom, jebel Helal, jebel Yeleq o incluso jebel Sin Biser a Ezión-geber, si el destino del itinerario es Cades-barnea? Por la misma razón, si cualquiera de las demás identificaciones (Feiran, Dizahab) se pudiera demostrar más allá de toda objeción, la tesis de Arabia Saudita/Jordania también se demostraría geográficamente incoherente. Por lo tanto, la hipótesis tradicional del Sinaí meridional parece ser la más probable. Parece tener lo más a su favor y nada significativo en su contra[142].

Continuando por la ruta israelita

A partir de esta conclusión, es posible reconstruir una ruta israelita plausible al monte Sinaí, luego a Cades-barnea y finalmente a Sitim. En el momento de ser rescatados de Egipto, es probable que los israelitas siguieran el camino costero al oriente del golfo de Suez todo el camino hacia el sur hasta la desembocadura del wadi Feiran, a lo largo del cual había una serie de oasis y pozos con provisión de agua[143].

Una ruta alternativa vía el wadi Matalla podría haberlos llevado tierra adentro desde un punto justo al sur de la moderna Abu Zenima, pasando por Serabit el-Khadim y luego continuando por una diagonal suroriental hasta la intersección con el wadi Feiran, cerca de Refidim. Sin embargo, esta es una alternativa extremadamente problemática, tanto histórica como geográficamente[144]. Por otra parte, el wadi Feiran (también conocido en sus alcances superiores como el wadi Sheikh) es un corredor bastante amplio, continuo y con un ascenso suave que atraviesa un terreno que es de otro modo de granito empinado y escarpado, todo el camino hasta el paso de Watia. Girando hacia el sur por el paso de Watia, los israelitas habrían salido directamente en la llanura de er-Raha, ubicada justo al norte del jebel Musa.

Más adelante, cuando partían del monte Sinaí hacia Ezióngeber y los puntos siguientes, el wadi Nasb habría representado una buena elección. Siguiendo el curso de este wadi único, continuo y de suave descenso hasta el punto de su desembocadura cerca del moderno Dahab, los israelitas habrían pasado una red de oasis[145], el más importante de los cuales era el Bir Nasb. Con facilidad comparativa hubieran podido pasar sobre la barrera montañosa que corre longitudinalmente a lo largo de la península oriental y flanquea el golfo de Aqaba. Una vez llegados al golfo, podrían haber avanzado hacia el norte entre la montaña y el golfo, para pasar nuevamente una serie de oasis, incluyendo el Nuweiba —el mayor y más prolífico oasis en todo el oriente del Sinaí— hasta llegar finalmente a Ezión-geber.

Desde allí, es muy probable que los israelitas avanzaran en una dirección noroccidental, por el curso de una calzada conocida actualmente como Darb al-Ghazza, hacia Cadesbarnea (Ain Qadeis). Fue desde Cades-barnea que se enviaron 12 hombres a Canaán para explorar el lugar (Nm 13).

[**Ver mapa 35**]. Cuando la mayoría de los hombres presentaron un informe negativo y falto de fe, lo cual fue adoptado por la comunidad de Israel (Nm 14:1-10), esa generación fue oficialmente descalificada para entrar y poseer la tierra, e Israel permaneció más o menos estacionaria en Cades durante unos 35 años o más (*cf.* Dt 1:46)[146].

Cuando los israelitas finalmente abandonaron Cades y estaban camino a Sitim, el rey de Edom les negó el paso en Punón, un paso por las montañas de Edom que llegaba al «Camino Real» (Nm 20:14-17). Esto los obligó a dar un rodeo de más de 280 km por un terreno bastante temible, lo que posiblemente precipitó el incidente de la llamada «serpiente de bronce» (Nm 21:4-9). Bordear todo el territorio edomita llevó a Israel una vez más por la región del «mar Rojo» (Nm 21:4) y Ezión-geber (Dt 2:8), y luego por los bordes desérticos que flanqueaban una serie de fortalezas militares edomitas y moabitas, probablemente vía la ruta que más tarde se llamaría el «camino de los peregrinos»[147]. Finalmente, se acercaban al Camino Real por segunda vez (Nm 21:22). Una vez más se les negó el paso, esta vez por Sehón, un monarca amorreo. Eso resultó en una batalla en la que Sehón fue derrotado (Nm 21:23-30), lo que allanó el camino para que los israelitas finalmente pudieran completar el tortuoso tercer tramo de su viaje, en que pasaron por Dibón y Hesbón y llegaron a Abel-sitim («el prado/pasturas de Sitim» [Nm 33:45-49]), o Sitim, como se conoce normalmente el lugar en el Antiguo Testamento (Nm 25:1; Jos 2:1).

ISRAEL OCUPA TRANSJORDANIA

Transjordania estaba un tanto escasamente poblada en el momento en que Israel entró en la tierra, pero parece que estaban presentes edomitas, moabitas, amonitas, amorreos y otras tribus. Los primeros tres de estos grupos se describen como relacionados lejanamente con Israel (Gn 19:37-38; 36:1, 9; Dt 2:2-23). Aparentemente, al comienzo no hubo confrontaciones entre esos grupos y los israelitas. Sin embargo, los formidables reinos amorreos de Sehón y Og presentaron un reto diferente.

El reino de Sehón se extendía al oriente del río Jordán, desde el río Jaboc en el norte hasta la ciudad capital de Hesbón en el sur, e incluía numerosas ciudades y aldeas. Para la época del éxodo, Sehón había extendido su dominio más al sur todavía, hasta el río Arnón (Jc 11:18-20), penetrando así en territorio moabita. Según el relato bíblico, el itinerario israelita los trajo al desierto de Cademot y al sitio de Mataná (Nm 21:18-19). Al entrar al territorio de Sehón, le enviaron un mensaje pidiendo un salvoconducto (Nm 21:21-22; Dt 2:26-29). Sehón se negó rotundamente y, en cambio, reunió sus tropas y las condujo a Jahaza. Eso desató una batalla en la que sus fuerzas fueron derrotadas y Sehón mismo fue muerto (Nm 21:23-26; Dt 2:32-36). Como resultado, Israel obtuvo el control del territorio entre el río Arnón y el área de Hesbón.

Después de esta victoria se envió un contingente de tropas israelitas hacia el norte contra otros amorreos que vivían en Jazer (Nm 21:32); las tropas tomaron la ciudad y continuaron más al norte en dirección a Basán. Estas maniobras debieran haber preocupado a Og, ya que este rey de Basán llevó su ejército a Edrei, una ciudad fortaleza que protegía su frontera sureña (Nm 21:33-35; Dt 3:1-11; *cf.* Jos 12:4). No obstante, una vez más el ejército israelita triunfó: destruyó a Og y conquistó su territorio de 60 ciudades y muchas aldeas sin murallas. Por lo tanto, buena parte del resto de Transjordania —desde Hesbón hasta el monte Hermón en el norte— fue sometida ante las fuerzas israelitas, las cuales luego regresaron a vivaquear en las llanuras de Moab, frente a Jericó.

Las victorias sobre Sehón y Og fueron muy significativas. En cuanto a lo geográfico, el territorio transjordano conquistado entre el Arnón y el monte Hermón sería asignado a las tribus israelitas de Rubén, Gad y Manasés oriental (Jos 13:8-33). [**Ver mapa 40**]. En cuanto a lo teológico, las dos victorias serían relatadas más adelante como un recordatorio de la identidad de Israel basada en un pacto y la fidelidad de Dios en mantener el pacto (Dt 29:7-9; Ne 9:22; Sal 135:11; 136:19-20). Y en lo estratégico, estas victorias tuvieron el efecto de sembrar el temor en el corazón del resto de los pueblos que se quedaban en el área, incluso antes de que surgiera conflicto adicional (Jos 2:10; 9:10).

Sin duda fue esta cadena de sucesos lo que motivó a Balac, rey de Moab, a solicitar los servicios de Balaam, un vidente de la distante Alta Mesopotamia (Nm 22:1-6; *cf.* Dt 23:4). El rey deseaba obtener de Balaam un poderoso oráculo que disminuyera la amenaza que aparentaba ser Israel. Cuando finalmente lo convocaron, Balaam fue llevado varias veces a cumbres elevadas en las proximidades del monte Nebo (Nm 22:41; 23:14, 28). Desde esos ventajosos puntos elevados con vista a las llanuras de Moab y a los israelitas debajo, Balaam intentó repetidamente entregar su maldición. No obstante, no pudo hacerlo, y en cambio pronunció una bendición sobre Israel (Nm 22–24).

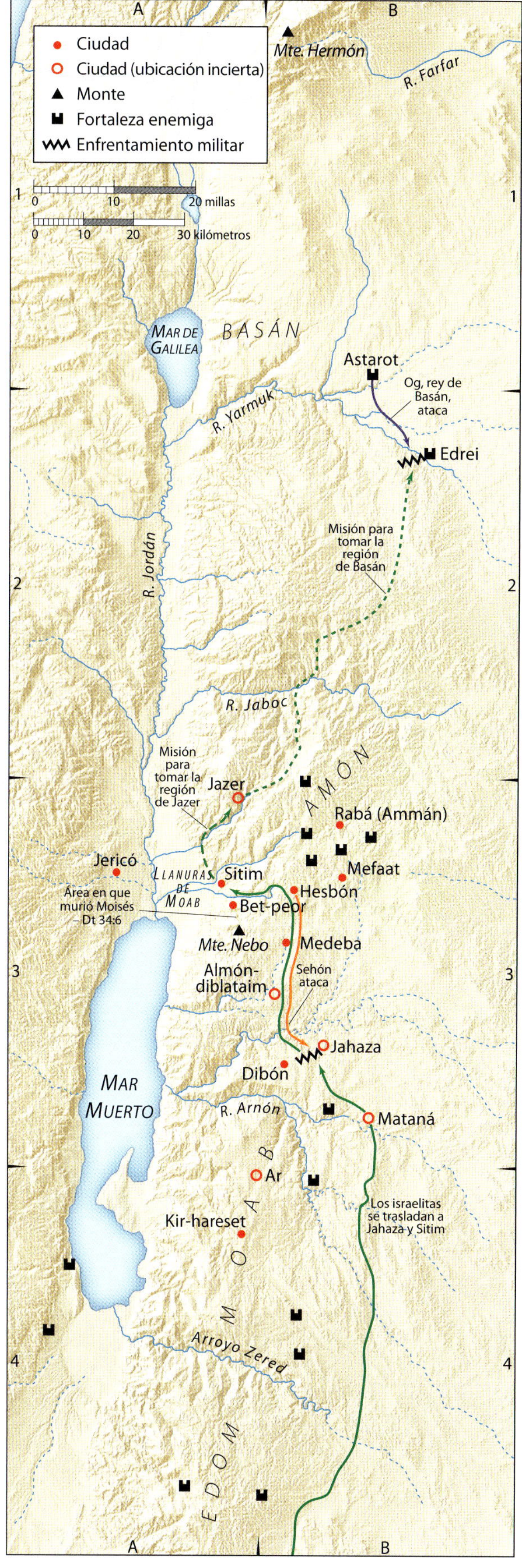

LAS BATALLAS DE JERICÓ Y HAI/BETEL

La campaña de Israel que les permitió entrar y poseer la tierra es llamada con frecuencia la «conquista bíblica», pero en realidad es un conjunto de cuatro batallas descritas en el libro de Josué: (1) Jericó (Jos 6); (2) Hai/Betel (Jos 7–8); (3) Gabaón-Maceda (Jos 9–10); y (4) Hazor (Jos 11). Sin embargo, el listado de todos los reyes y territorios subyugados por las fuerzas de Josué (Jos 11:16-23; 12) indica que involucró más de cuatro batallas [**mapa 42**]; por lo tanto, las «narrativas de la conquista» deben ser de carácter selectivo. Estas cuatro batallas fueron elegidas de una gama más amplia de conflictos para ser incluidas en el texto porque contienen información histórica significativa y porque contribuyen de manera fundamental a la estrategia teológica global desarrollada en y por medio de este libro.

El libro de Josué está organizado de manera que demuestra una sucesión legítima de la autoridad y el poder de Dios. Esto habría sido un mensaje sumamente necesario inmediatamente después de la muerte de Moisés. Los primeros capítulos (1–5) contienen una fórmula recurrente central a esta teología. En ciertas ocasiones el pueblo afirmaba a Josué: «Tal como obedecimos a Moisés en todo, te obedeceremos también a ti» (1:17; 4:14). En otras ocasiones Dios declaraba a Josué: «Tal como estuve con Moisés, estaré también contigo» (1:5; 3:7; 6:27). Como a su predecesor, a Josué también se le ordenó: «Quítate las sandalias, porque el lugar donde estás parado es santo» (5:15; *cf.* Ex 3:5). Antes de cruzar el río Jordán para ocupar la tierra al occidente, Josué había preparado al pueblo de Israel emocionalmente (1:10-11), estratégicamente (2:1-24), domésticamente (4:4-7) y espiritualmente (5:2-7). Y de una manera nuevamente evocadora de su mentor, Josué envió hombres para «inspeccionar la tierra» (2:1; *cf.* Nm 13:17).

En el momento apropiado, Josué condujo una nueva generación a través de aguas divididas «sobre tierra seca» (Jos 3:17; 4:18, 22; *cf.* Ex 14:22, 29; 15:19). No solamente reprodujo la magnitud del milagro de su predecesor, sino que lo hizo precisamente en el mismo momento del año (Jos 4:19-23; *cf.* Ex 12:3). Tales acciones lograron nada menos que acreditar a Josué y destacarlo como el auténtico sucesor de Moisés.

El cruce del Jordán ocurrió durante la temporada de la cosecha (Jos 4:19, «el décimo día del primer mes»), cuando el río estaba al nivel de la inundación (Jos 3:15; 4:18; 1 Cr 12:15). Antes de la construcción de numerosos diques en el siglo xx, la inundación primaveral del Jordán habría implicado una corriente con aproximadamente tres a tres metros y medio de profundidad en el área de Jericó, extendida sobre un área que se estima haber alcanzado un kilómetro y medio de ancho[148]. En esta ocasión, se nos dice que las aguas del Jordán fueron detenidas en Adán (tell ad-Damiya), situado junto a la ribera oriental, a unos 37 km a vuelo de pájaro al norte del mar Muerto. Se sabe de deslizamientos de tierra que bloquearon temporalmente la corriente del río en un lugar justo abajo de la confluencia de los ríos Jordán y Jaboc y en un estrechamiento del Ghor [**mapa 9**][149]. [**Ver comentario del capítulo 1, pp. 50–51**].

Después de cruzar a salvo el río, los israelitas se establecieron provisionalmente en el sitio de Gilgal (Jos 5:8-12; 9:6; 10:6), ubicado en un lugar que tiene que haber estado próximo a Jericó (Jos 4:19) y los vados del Jordán (2 Sm 19:15). Dondequiera estuviera situada la base provisoria de Josué (¿khirbet el-Mafjar?), el sitio no debe confundirse con otro Gilgal ubicado en la región montañosa de Samaria, tal vez cerca de Betel (2 Re 2:1-4). [**Ver mapas 54 y 72**].

Desde Gilgal el pueblo de Israel emprendió la primera de sus incursiones: la conquista de Jericó. Aunque el Jericó del Antiguo Testamento (tell es-Sultán) abarcaba poco más de dos hectáreas, una combinación de factores hacían del lugar un atractivo blanco inicial. La ciudad había sido erigida en el mayor y más abundante oasis de todo Canaán oriental, y la escasez de agua en esa tierra explica por qué el sitio estuvo ocupado desde tan temprano como el 9000 a. C. Además, Jericó estaba situado estratégicamente en la intersección de al menos tres caminos [**mapa 27**], y proveía acceso lateral a las tierras altas de Betel y/o Jerusalén y acceso longitudinal al valle de Jezreel y Galilea. [**Ver mapa 115** donde una legión romana había sido instalada estratégicamente en Jericó]. Jericó representaba una puerta al oriente, y proveyó control efectivo sobre los vados del Jordán, que eran el lazo esencial con las llanuras de Moab.

Es posible que no todos los soldados cruzaran el río con Josué. Moisés había accedido al pedido de las tribus de Rubén, Gad y Manasés oriental que deseaban una herencia transjordana, pero había estipulado que todos los hombres de aquellas tribus en condición de luchar debían unirse a sus hermanos en las batallas que todavía aguardaban a Israel (Nm 32:29). Sin embargo, cuando Josué cruzó el río, solamente unos 40.000 hombres de esas tribus lo acompañaron (Jos 4:12-13). Los guerreros de tan solo las tribus de Rubén y Gad habían sido numerados a más de 90.000 (Nm 1:20-21, 24-25), pero la idea de que faltaron en cumplir su promesa a Moisés se muestra insostenible a la luz de la elogiosa recomendación que Josué les dio más tarde (Jos 22:1-9). Parece claro que algunos israelitas, especialmente mujeres y niños (Jos 1:12-15; Dt 3:18-22), provisionalmente se quedaron atrás a salvo. Esa gente habría mantenido una línea de aprovisionamiento para las fuerzas israelitas y, combinado con sus rebaños y manadas, habrían requerido protección militar de parte de algunos de los guerreros de cada tribu. Si la conquista de Jericó fallaba, esa línea de aprovisionamiento corría el riesgo de ser interrumpida.

Pero Josué resultó victorioso en Jericó, y a continuación puso la mira en las tierras altas centrales. Decidió desplegar una fuerza menor para conquistar Hai, posiblemente un puesto de avanzada militar temporal de Betel ubicado cerca de la ciudad por el lado oriental (Jos 7:2; 8:12; *cf.* Gn 13:3-4). Históricamente, el Hai bíblico se ha ubicado en el sitio de et-Tell, basándose principalmente en la ubicación más segura de Betel (Beitin) y en la descripción de Eusebio en su *Onomasticon*[150]. No obstante, et-Tell no muestra evidencias de ocupación humana en el tiempo de la conquista bíblica, de manera que algunos estudiosos han buscado Hai en otras partes, ya sea en khirbet Nisya, Ajat o khirbet el-Maqatir[151]. [**Ver el mapa para las ubicaciones**]. Aunque ninguna de estas alternativas pueden ser descartadas completamente, tampoco hay razones persuasivas para adoptar alguna de ellas o para conferirles un manto de probabilidad. Se mencionan otros sitios aparte de Hai en relación con el establecimiento de Israel en Canaán y en Transjordania que tampoco muestran evidencia de ocupación humana en la época del asentamiento de Israel. Un método razonable en tales circunstancias sería mantener suspendido el juicio hasta que aparezcan nuevas evidencias o se disponga de datos más concluyentes. Como nos recuerda la máxima muy citada y avalada por el tiempo, «la ausencia de evidencia no es evidencia de ausencia».

La fuerza menor enviada a conquistar Hai fue amargamente derrotada, y se registraron las primeras víctimas israelitas de la conquista (Jos 7:2-5). Después que se hubo revelado y enfrentado el pecado de Acán (la causa de la derrota), Josué preparó una estrategia sistemática para atacar Hai/Betel. Primero, se desplegó en secreto una gran fuerza de emboscada entre Hai y Betel (Jos 8:3-4). Desde Gilgal, es probable que esta fuerza se posicionara después de recorrer el wadi Qelt y el wadi Suweinit hasta el final, lo cual la habría ubicado inmediatamente al sur de Betel pero en una posición bien encubierta. Luego, a plena vista de los habitantes de Hai, Josué condujo su fuerza principal hasta la proximidad de la ciudad y acampó por la noche en el lado norte de Hai, donde un barranco los separaba de la ciudad (Jos 8:10-11). Una descripción tan vívida de la topografía permite identificar la ruta de Josué como el wadi Makkuk. Un brazo principal de este sistema de wadis flanquea el lado norte de et-Tell, y desde la cima del lugar se dispone prácticamente de una vista panorámica sobre el descenso del wadi Makkuk en dirección a Jericó.

A la mañana siguiente, las fuerzas de Josué simularon la retirada por el wadi hacia el valle del Jordán, pero no antes de dejar instalada una pequeña fuerza de emboscada al norte

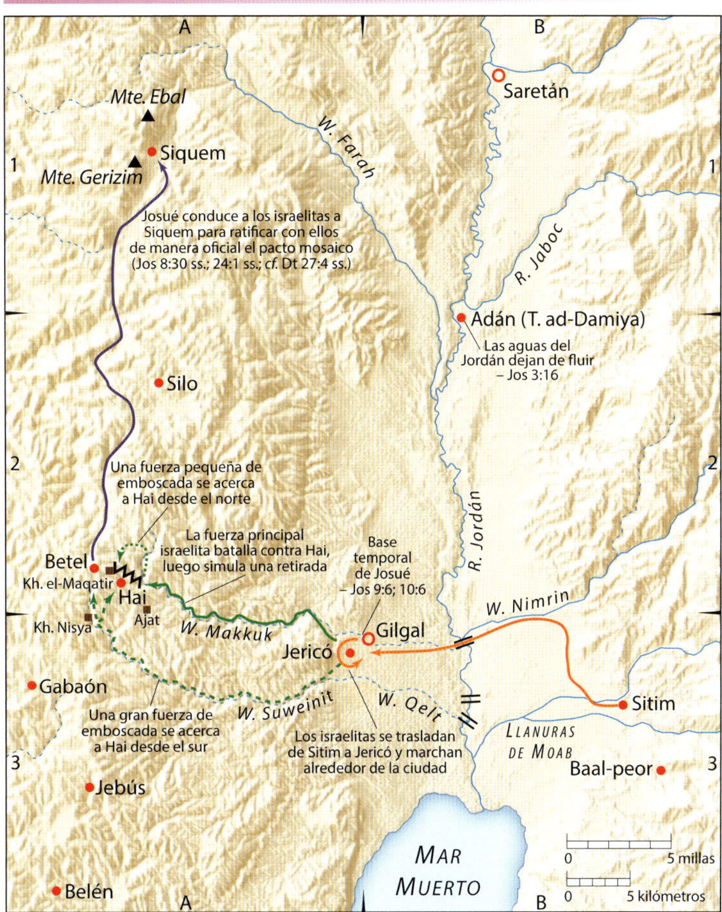

de Hai (Jos 8:12-13). Suponiendo que la maniobra era una repetición de la escaramuza anterior, el comandante de Hai ordenó a sus hombres perseguir a los israelitas por el wadi. Entonces, a la señal predeterminada de Josué, ambas fuerzas de emboscada entraron al ataque. Betel y Hai, ahora desprotegidos, se vieron obligados a luchar en todos los frentes (Jos 8:14-22). La maniobra resultó en una gran victoria para las tropas de Josué, y asentó firmemente la posición israelita en la cadena montañosa central.

En algún momento después de esta victoria, Josué condujo al pueblo de Israel a Siquem, flanqueado por el monte Ebal al norte y por el monte Gerizim al sur. De una manera que evocaba al monte Sinaí (Ex 19:1-2), Josué construyó allí un altar de piedras no labradas (Jos 8:30; *cf.* Ex 20:25; Dt 27:5-6), hizo ofrendas quemadas y ofrendas de paz (Jos 8:31; *cf.* Ex 20:24), y ratificó oficialmente los términos del pacto mosaico con una nueva generación (Jos 8:32; 24:1-28; *cf.* Dt 27:1-26). Una vez más, Josué fue presentado como el legítimo sucesor de Moisés, el gran legislador. Además, geográficamente, ese movimiento desde Betel a Siquem presupone otras actividades de asentamiento que seguramente fueron inherentes, aunque no tenemos en la Biblia ningún detalle de ello.

LA BATALLA DE GABAÓN

La conquista de Jericó y Hai/Betel allanó el camino para que los israelitas realizaran grandes avances en las tierras altas centrales de Canaán. No obstante, ese suceso también provocó la consternación de los reyes al occidente del Jordán en Canaán (Jos 9:1-2), quienes aparentemente formaron algún tipo de coalición en contra de Israel. De ser así, los habitantes de cuatro ciudades de las cercanías de Gabaón (el-Jib), una ciudad situada entre Betel/Hai y Jerusalén, tienen que haber percibido su vulnerabilidad.

Aunque se los describe como habitantes de Gabaón, también se los llama «heveos» (Jos 9:7) o «amorreos» (2 Sm 21:2), lo cual es doblemente intrigante en la trama de la historia: los heveos no solo eran parte de esta coalición cananea en contra de Israel (Jos 9:1b), sino que también habían sido identificados en varias ocasiones como uno de los grupos en Canaán con quienes los israelitas *no* debían realizar ningún tratado (Ex 34:11-12; Dt 7:1-2). Más bien, los heveos debían ser derrocados (Ex 23:23-24; Dt 20:17; *cf.* Jos 3:10). Sin embargo, los gabaonitas idearon una astuta estrategia para engañar a Israel y lograr que establezca un tratado con ellos (Jos 9:3-15).

Cuando los reyes amorreos de las ciudades de Jerusalén, Hebrón, Eglón, Laquis y Jarmut descubrieron la traición de los heveos, decidieron atacarlos de inmediato (Jos 10:1-5) [1]. Aparentemente superados en lo militar, los heveos de Gabaón aprovecharon su tratado con Josué y buscaron su apoyo. Josué y sus tropas partieron de Gilgal en una marcha forzada durante la noche (10:7-9) y llegaron a Gabaón al amanecer [2]. Los amorreos entraron en pánico al inicio de la batalla, y huyeron hacia el occidente por la cuesta de Bet-horón y Ajalón. Siguieron hasta Azeca y Maceda [3], donde los reyes de las cinco ciudades amorreas fueron capturados y muertos (10:10-27). Esta acción a lo largo de la Sefela central y sur llevó a enfrentamientos colaterales entre los israelitas y las ciudades vecinas de Libna (¿khirbet el-Beida?), Laquis (tell ed-Duweir/tell Laquis), Eglón (¿tell Eton?), Hebrón (tell er-Rumeida); al final «se volvieron» a Debir (¿khirbet Rabud?), antes de regresar a su campamento provisorio en Gilgal (Jos 10:15, 29-43).

En esta narrativa está incluida la oración de Josué para que el sol «se detenga» en Gabaón y la luna «se quede» sobre el valle de Ajalón (Jos 10:12-14). Pocos pasajes del Antiguo Testamento han provocado mayor interés o más diversidad de opiniones. Se han planteado varias preguntas cruciales con respecto a este texto. Primero, ¿será posible discernir cuándo en el año ocurrió el hecho, basándose en la suposición sobre el momento en el cual un observador en Gabaón pudiera haber contemplado la luna sobre el valle de Ajalón y el sol arriba, «en medio del cielo» (10:12b-13)? Varios autores han seguido esta línea de razonamiento y han especulado sobre fechas

como el 12 de febrero, el 22 de julio, el 25 de octubre o el 30 de octubre[152]. Quizás tal enfoque se derrumbe bajo el peso de sus propias suposiciones y conclusiones mutuamente excluyentes. En cualquier caso, esta metodología no ofrece nada definitivo.

Una segunda pregunta crucial tiene que ver con la naturaleza de la oración misma. ¿Estaba pidiendo Josué que el sol dejara de *moverse* o que dejara de *alumbrar*? ¿Sentía que sus tropas necesitaban *tiempo* o *sombra*? Si fuera lo primero, la lógica de la oración implicaría que las fuerzas de Israel estaban derrotando en forma tan drástica a sus enemigos amorreos que, con la ayuda de algo de tiempo adicional en el día, podrían vencerlos de una vez en ese momento. (Agamenón le hizo a Zeus un pedido similar en la *Ilíada* cuando estaba venciendo a sus enemigos). Si fuera lo segundo, la lógica podría ser que el ejército israelita, habiendo afrontado una marcha por una pendiente pronunciada al subir desde Gilgal a Gabaón durante toda la noche anterior —una distancia de unos 24 km con un ascenso de más de 900 m de altura—, ahora no tenía la misma energía y vitalidad que tenían los amorreos al comienzo de la batalla y necesitaba desesperadamente alivio del calor abrasador del sol.

Los dos verbos en cuestión, traducidos como «detenerse/quedar tranquilo» y «quedarse/pararse», aparecen en otras partes de la Biblia en uno u otro de los dos siguientes sentidos: «quedarse sin mover» (1 Sm 14:9; Gn 19:17; 2 Re 4:6) o «quedarse callado/en silencio» (Ez 24:17; Am 5:13; Jb 32:16). Además, ambas palabras son halladas en la literatura acadia en contextos astronómicos, lo que ha llevado a varios estudiosos a traducir esos verbos como «oscurecerse/eclipsarse» y a visualizar un eclipse solar (*cf.* Ha 3:11)[153]. Aunque esta perspectiva es coherente con uno de los sentidos de los verbos implicados, plantea otros problemas inherentes. Para comenzar, entre los años 1500 a 1000 a. C. solo se sabe de tres eclipses solares que fueron observables en la Palestina central[154]. Ninguna de las fechas se acerca ni remotamente a lo que se requeriría para corresponder a una datación temprana del éxodo durante la Edad del Bronce Tardía, aunque dos de esas fechas podrían ajustarse satisfactoriamente a un éxodo tardío y asentamiento israelita durante la Edad del Hierro. Otra dificultad podría hallarse en el hecho de que una ausencia de los rayos del sol podría haber afectado negativamente al perseguidor israelita mientras hubiera beneficiado al enemigo amorreo que buscaba evitar ser detectado y capturado. Finalmente, el enfoque del eclipse no ofrece explicación alguna para el papel de la luna en el suceso. El texto, reconocido como poético en carácter, describe la acción de la luna en el versículo 13a utilizando exactamente el mismo verbo que describe la acción del sol en el versículo 13b. Sin embargo, los eclipses solares y los eclipses lunares no pueden ocurrir simultáneamente; los

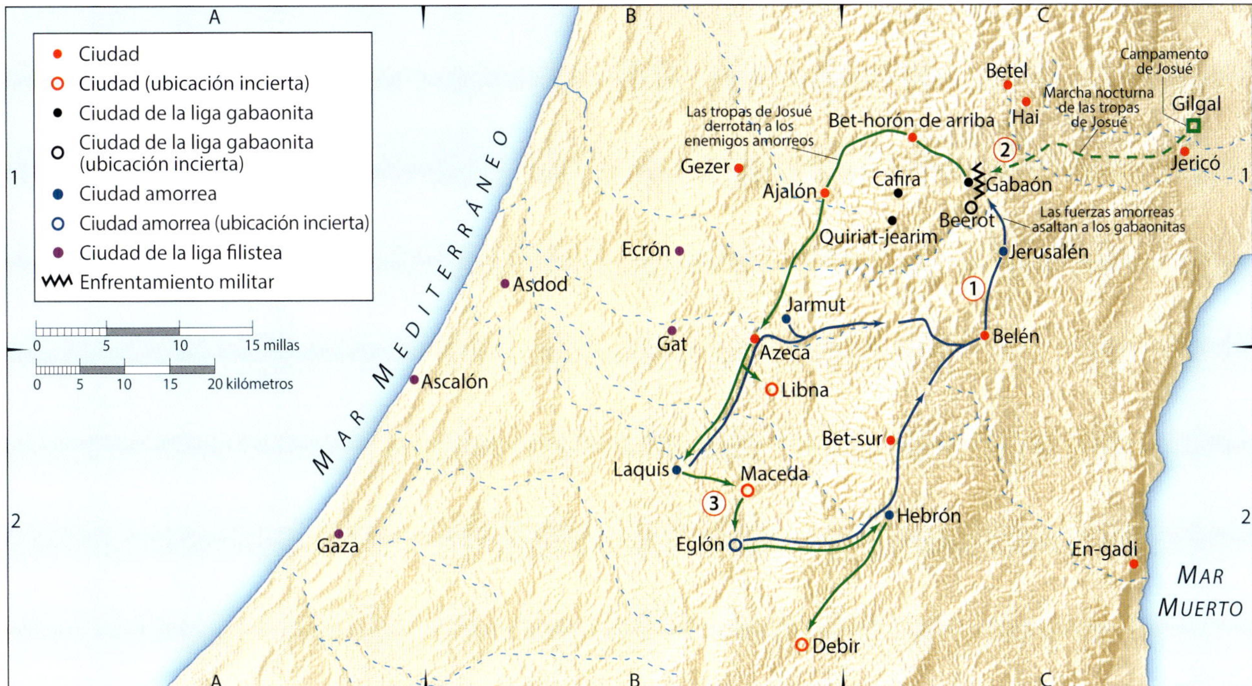

solares ocurren únicamente en el momento de la luna nueva, y los lunares se dan solamente en el momento de la luna llena. Por lo tanto, la pregunta planteada queda en cierto modo sin resolver. Todavía no sabemos si Josué estaba pidiendo *tiempo* o *sombra*.

Una tercera pregunta crucial se relaciona con el tema de la geografía: ¿desde cuál lugar es más probable que Josué hiciera su pedido? ¿Se detuvo a orar en o cerca de Gabaón y Ajalón, donde comenzó la batalla, o lo hizo en o cerca de Azeca y Maceda, donde terminó la batalla? ¿En qué parte del camino se detuvo Josué a orar? La respuesta a esta pregunta se entrelaza con el tema anterior. Si Josué oró en o cerca de Gabaón/Ajalón, donde se inició la batalla, entonces la cronología implícita del inicio de la batalla por la mañana, combinado con el éxito inicial descrito en el relato (10:9b-10), lleva a la conclusión de que la oración ocurrió temprano en el día. Por otra parte, si hubiera orado en o cerca de Azeca/Maceda, donde terminó la batalla, después de cubrir los 40 km de distancia entre Gabaón y Azeca (tell Azeqa) vía la «cuesta de Bet-horón» (10:10b-11), uno se ve forzado a llegar a la conclusión de que Josué oró hacia el final del día. De acuerdo con esta línea de razonamiento, es poco probable que una oración por la mañana hubiera consistido de un pedido por más horas de luz, ya que eso era lo esperable a esa hora del día. De manera similar, una oración expresada hacia el final de un día de batalla difícilmente hubiera consistido en un pedido por menos luz solar, ya que, una vez más, eso era lo que normalmente ocurriría. Por lo tanto, sigue la pregunta: ¿desde cuál lugar es más probable que Josué haya hecho su pedido?

La mayoría de los estudiosos han sostenido que Josué oró en o cerca de Gabaón, y muchos agregan que oró por la mañana[155]. En mi opinión esta probabilidad está apoyada por el contexto general y los lugares reales mencionados en su oración (Gabaón y el valle de Ajalón). Parece que Josué está rogando a Dios que entre en acción *en el lugar donde está*, no donde había estado kilómetros atrás y horas antes. Por lo tanto, probablemente la oración de Josué no fue un pedido de más horas de luz solar, lo que, como a menudo se infiere, hubiera implicado la suspensión de las leyes de la física por todo el sistema solar. En lugar de eso, parece más razonable suponer que fue una oración matutina pidiendo menos sol y más sombra.

Si las fuerzas israelitas necesitaban alivio del calor del sol, parece que Dios respondió de una forma mucho más asombrosa y espectacular de la que podría haber imaginado. A continuación el relato habla de una lluvia de granizo (10:11), que hubiera provisto la cubierta de nubes tan indispensable que Josué puede haber solicitado, además de jugar un papel decisivo en permitir la victoria israelita. De ser así, la frase en el libro de Jaser (10:13) tal vez se debería entender como sigue: «Así que el sol quedó en silencio en medio del cielo, y no prosiguió hacia su puesta como en un día normal». (Observemos especialmente k^e + $t\bar{a}m\hat{i}m$, es decir, ese día tal vez la puesta del sol no hubiera sido visible [10:13b]). Luego el narrador agrega su nota editorial: «Jamás, ni antes ni después, hubo un día como ese, *en cuanto al Señor haciendo caso a la voz de un hombre*» (10:14a, cursiva agregada).

Entendido así, este suceso fue un verdadero milagro en que incluso las fuerzas de la naturaleza parecieron estar a la disposición de uno de los siervos de Dios. El relato podría ser comparado conceptualmente con uno del Nuevo Testamento ocurrido en el mar de Galilea, en el que Jesús calmó aun los vientos y las olas, para el asombro y la admiración de sus discípulos (Mt 8:23-27). En cualquier caso, la oración de Josué fue respondida de manera extraordinaria y su prestigio creció aún más como resultado.

LA BATALLA DE HAZOR

Durante el asentamiento de Israel en la tierra, sus tres primeras batallas se libraron contra adversarios bastante insignificantes. Jericó tenía solo 2,5 hectáreas de tamaño, y Hai y Gabaón tenían unas 8 hectáreas cada una. No fue así con Hazor (tell el-Qedah). Ubicado junto a la ruta de transporte internacional conocida como el Gran Camino Comercial, esta metrópolis era una de las mayores ciudades de Canaán y claramente era el centro cananeo más poderoso de Galilea. Fue fortificado con enormes terraplenes de tierra apisonada; una muralla alta, gruesa y altamente protegida; y un glacis (suave pendiente) que descendía a una profunda fosa de fortificación. En realidad, el sitio de Hazor comprendía dos áreas distintas. Una ciudad alta, que se elevaba unos 40 m sobre la llanura que la rodeaba, abarcaba alrededor de 10 hectáreas y estaba rodeada de su propia muralla. Inmediatamente al norte, una fosa lateral la separaba de la ciudad baja: un gran recinto rectangular cerrado que comprendía otras 70 hectáreas y estaba protegido y fortificado en todos lados. La evidencia arqueológica indica que la ciudad baja llegó a su apogeo poco antes del tiempo de Josué. Las estimaciones demográficas sugieren que Hazor puede haber soportado una población de alrededor de 40.000 habitantes en ese tiempo[156].

Además, la ciudad era un importante centro comercial y político. Figura de manera destacada en los textos cuneiformes de Mari de la Edad del Bronce (siglo XVIII a. C.) que versan sobre los principales emporios comerciales a lo largo de la Media Luna Fértil que se ocupaban de la distribución del estaño, un componente esencial en la fundición de bronce. En 1996 en el sitio de Hazor se halló un texto del Bronce Medio que cita la ciudad de Mari por nombre[157]. La importancia de Hazor también se refleja en numerosos documentos egipcios del período del Bronce Tardío[158]; su papel en las cartas de tell el-Amarna y en Ugarit es particularmente significativo[159]. La influencia dominadora de la ciudad en la política cananea —especialmente por toda Galilea— se refleja en los relatos bíblicos en los que se describe a Hazor como habiendo sido «cabeza/capital de todos esos reinos» (Jos 11:10b).

Por lo tanto, la cuarta batalla de Israel enfrentó las fuerzas de Josué con el adversario política y militarmente más fuerte de todos. En este caso los israelitas tenían en su contra la ciudad-estado de Hazor misma y también los territorios sobre los que Hazor ejercía dominio (Jos 11:1-3), que aparentemente se extendían desde el monte Hermón en el norte hasta las proximidades del valle de Jezreel, incluyendo las fuerzas de Madón (ubicación desconocida), Simrón (tell Simrón), Acsaf (¿tell Kisan?), la región al sur de Cineret (tell Kinrot) y Nafot-dor («distrito/bosque de Dor»; ubicación desconocida, pero «al occidente»). [Ver el distrito de Dor en **mapa 78** y en otros mapas].

El autor bíblico parece hacer todo lo posible por destacar, con aparente redundancia, la superioridad numérica y tecnológica de los cananeos: «Todos esos reyes [es decir, los de los versículos 1-3] se unieron, junto con todas sus tropas, una *gran multitud*, como la arena a la orilla del mar en su número, con *muchísimos* caballos y carros de guerra» (11:4, cursivas agregadas). Las descripciones de las estrategias empleadas contra los adversarios de pequeña escala de las tres primeras batallas fueron elaboradas y detalladas. Los israelitas marcharon día tras día detrás del arca alrededor de Jericó, mientras tocaban los cuernos y gritaban (Jos 6:3-5). En Hai, instalaron dos fuerzas de emboscada antes de simular una retirada (Jos 8:3-22). Al defender a los gabaonitas, soportaron una marcha nocturna,

El sitio excavado en Hazor.

invocaron la cooperación del sol y la luna, y derrotaron a sus enemigos, persiguiéndolos por un paso específico de la montaña (Jos 10:9-23a). Uno se pregunta qué estrategias detalladas utilizarían entonces contra un enemigo tan formidable como la liga de Hazor. Esta puede ser la pregunta lógica, pero recibe la respuesta más breve y simple posible: «El Señor los entregó en manos de Israel» (Jos 11:8). ¡El silencio bíblico con respecto a la estrategia empleada contra las fuerzas cananeas confederadas de Hazor es verdaderamente llamativo!

Solamente se nos informa que el ejército cananeo estaba acampado junto a las aguas de Merom (Meirón, en la ladera oriental del jebel Yarmuk) y que Josué los atacó repentinamente (Jos 11:5, 7). Información tan escasa vuelve muy tentativa cualquier reconstrucción. Tal vez el ejército israelita atravesó el wadi Amud, un estrecho cañón encerrado por elevados acantilados, que se extiende diagonalmente desde el mar de Galilea hasta las inmediaciones de Meirón. Con seguridad hubiera sido una estrategia riesgosa, que habría requerido cruzar un terreno prácticamente intransitable, pero también hubiera ofrecido la ventaja de un golpe sorpresivo y repentino. Cualquiera sea el caso, los estrechos cañones y los bosques accidentados de Merom neutralizaron la fuerza y la movilidad de los carros cananeos, y el enemigo huyó hacia el occidente en dirección a Tiro hasta llegar a Sidón y Misrefot-maim, y también hacia el oriente en dirección al valle de Mizpa. Al aproximarse el final de la batalla, un contingente del ejército de Josué marchó directamente contra la metrópolis de Hazor misma, venció a sus habitantes y prendió fuego a la ciudad.

LA DISTRIBUCIÓN TRIBAL DE LA TIERRA

Después de cuatro batallas registradas (y sin duda algunas otras no registradas), la entrada de Israel quedó asegurada y la tierra fue repartida entre las tribus individuales (Jos 13–19). A la luz de las tan citadas y largamente esperadas promesas patriarcales sobre la posesión de la tierra (Gn 15:18-21; Ex 23:23-33; Nm 34:1-29; Dt 11:24-25; *cf.* Jos 1:2b-6), puede sorprender que el reparto mismo no fuera gestionado inmediata o espontáneamente en una única ceremonia unificada. En lugar de eso, parece que la tierra fue repartida gradualmente en por lo menos tres ceremonias separadas.

Primero, reconocieron de manera oficial los territorios que Moisés había asignado anteriormente a las dos tribus y media transjordanas (Rubén, Gad y Manasés oriental) mientras el pueblo aún estaba en las llanuras de Moab, y trazaron las fronteras de esos territorios con detalles geográficos más específicos (Jos 13:8-32; 14:3a; *cf.* Nm 32; 34:13-15). No es seguro si esto fue parte o no de la misma ceremonia que Josué describió en su discurso de despedida a esas tribus (Jos 22:1-9). Si fue así, ese evento tuvo lugar en la ciudad de Silo (*cf.* 22:9). Más tarde, en otra ceremonia (*cf.* Jos 14:3a), la tribu de Judá y las dos tribus de José (Efraín y Manasés occidental) recibieron su herencia *por sorteo* en Gilgal (Jos 14:6; caps. 15–16). Como parte de esta ceremonia, a Caleb se le asignó como herencia la ciudad de Hebrón en la tribu de Judá (Jos 14:13-15).

Más adelante todavía (*cf.* Jos 18:2), se informa que las «siete tribus» restantes recibieron su herencia *por sorteo* en Silo (Jos 18:1, 8, 10; 19:51; caps. 18–19). Estas siete tribus incluyeron Aser, Neftalí y Dan (descendientes de los tres hijos dados a Jacob por las siervas [Gn 30:1-13], que todavía no habían recibido su herencia); Isacar, Zabulón y Simeón (descendientes de Lea que recibieron territorio en Galilea o en una porción de lo que ya había sido asignado a la tribu de Judá [Jos 19:1b, 9]); y Benjamín (los descendientes restantes de Raquel [Jos 18:11-20]). Como parte de esta asignación final, Josué recibió la ciudad de Timnat-sera dentro del territorio de su tribu nativa de Efraín (Jos 19:49-50). Las tribus de Leví (Jos 13:14, 33; 14:3b-4; 18:7; *cf.* 21:1-42) y Simeón (Jos 19:1b, 9) solamente recibieron ciudades en áreas que ya habían sido asignadas a otra tribu; no recibieron ninguna herencia independiente (Gn 34:25-30).

Con frecuencia se ha observado que las asignaciones tribales tienden a ajustarse a dos patrones descriptivos básicos. Uno de esos patrones parece implicar una verdadera lista de límites, ya que el perímetro de la asignación de una tribu se expresa en términos específicos y a menudo detallados desde un punto a otro. Como regla general, parece haber una correlación en este patrón entre la cantidad de detalles provistos y el grado de proximidad con Jerusalén. Los límites de Judá (Jos 15:1-15), los límites de Efraín (Jos 16:5-10) y los límites de Benjamín (Jos 18:11-20) son los más detallados; los límites de Zabulón (Jos 19:10-16) y de Neftalí en Galilea (Jos 19:32-39) son menos detallados; los límites transjordanos son bastante imprecisos.

El otro patrón de asignación se podría describir más acertadamente como una lista de ciudades en la que a una tribu se le asigna un grupo de ciudades nombradas individualmente, a veces en relación con un cuerpo de agua o un nombre regional. Los ejemplos incluyen la herencia de Manasés oriental (Jos 13:29-31), la herencia de Isacar (Jos 19:17-23) y la herencia de Dan (Jos 19:40-46). Para dos tribus —Judá (Jos 15:1-12, 20-63) y Benjamín (Jos 18:11-20, 21-28)— la información es dada según ambos patrones. Al evaluar los límites tribales articulados en Josué y reflejados en este mapa, hay que tener en mente esta diferencia cualitativa entre los patrones descriptivos.

Hebrón, ciudad de Caleb. La cueva de Macpela está en el primer plano.

Ciudad
Ciudad (ubicación incierta)
Ciudad capital
Monte
Tribus descendidas de Lea
Territorio cedido a Simeón
Tribus descendidas de Zilpa (Lea)
Tribus descendidas de Raquel
Tribus descendidas de Bilha (Raquel)
0 10 20 30 millas
0 10 20 30 40 kilómetros
MAR MEDITERRÁNEO
A S E R
(Jos 19:24 ss.)
NEFTALÍ
(Jos 19:32 ss.)
ZABULÓN
(Jos 19:10 ss.)
ISACAR
(Jos 19:17 ss.)
MANASÉS
(Jos 17:1 ss.)
MANASÉS ORIENTAL
(Jos 13:29 ss.)
EFRAÍN
(Jos 16:5 ss.)
DAN
(Jos 19:40 ss.)
BENJAMÍN
(Jos 18:11 ss.)
GAD
(Jos 13:24 ss.)
RUBÉN
(Jos 13:15 ss.)
JUDÁ
(Jos 15:1 ss.)
SIMEÓN
(Jos 19:1 ss.)
A R A M
AMÓN
MOAB
EDOM
DESIERTO ORIENTAL
MAR DE GALILEA
MAR MUERTO
Damasco
Mte. Hermón
R. Farfar
Ijón
Dan
Tiro
R. Litani
Irón
Cedes
Aczib
Merom
Hazor
Aco
Bet-anat
Capernaúm
Cineret
Acsaf
Cabul
Golán
Astarot
Hanatón
Rimón
Belén
Daberat
Jabneel
Helcat
Quesulot
Sarid
Mte. Tabor
En-hada
Dor
Jocneam
R. Yarmuk
Meguido
Mte. More
Endor
Lo-debar
Edrei
Sunem
Jezreel
Taanac
En-ganim
Bet-sán
Ramot de Galaad
Dotán
Ibleam
Soco
Jabes de Galaad
Tirsa
Gerasa
Samaria
Mte. Ebal
Siquem
Sucot
Peniel
Piratón
Mte. Gerizim
Mahanaim
R. Jordán
R. Jaboc
Micmetat
R. Yarkón
Afec
Tapúa
Janoa
Gat-rimón
Silo
Jazer
Jope
Timnat-sera
Herencia de Josué – Jos 19:50
Bet-nimra
Jehúd
Rabá (Ammán)
Lod
Bet-horón de arriba
Betel
Gibetón
Gitaim
Mizpa
Naarat
Gilgal
Aroer
Gezer
Saalbim
Sitim
Jabneel
Ajalón
Gabaón
Adumín
Jericó
Bet-hogla
Hesbón
Beser
Baalat
Timna
Zora
Jerusalén
Asdod
Ecrón
Quesalón
Quiriat-jearim
Mte. Nebo
Medeba
Bet-semes
Belén
Jahaza
Gat
Cademot
Ascalón
Maresa
Bet-sur
Dibón
Laquis
Hebrón
Herencia de Caleb – Jos 15:13
Aroer
Gaza
Eglón
Mar Muerto
En-gadi
R. Arnón
Gerar
Estemoa
Siclag
Betul
Cabseel
Asán
Arad
Saruhén
Beerseba
Hazar-sual
Baala
Horma
Kir-hareset
Eltolad
Ezem
Tamar
Bosra
Arroyo Zered

LAS CIUDADES LEVÍTICAS Y LAS CIUDADES DE REFUGIO

Como parte del proceso de distribución territorial, miembros de la tribu de Leví viajaron hasta Silo donde el asunto de su herencia se trató por separado y con considerable detalle. Leví no recibió ninguna asignación *tribal* independiente y fija (Jos 13:14, 33; 14:3b-4; 18:7; *cf.* Jos 21). En cambio, se les dio por sorteo un total de 48 ciudades con sus circundantes pastizales, las cuales fueron asentadas según líneas familiares (Jos 21:41; *cf.* Nm 35:7).

Las genealogías bíblicas adjudican a Leví un total de tres hijos: Gersón, Coat y Merari (Gn 46:11; Ex 6:16; Nm 3:17; 26:57; 1 Cr 6:16; 23:6). Sin embargo, como la genealogía de Coat incluía a Aarón y a Moisés, la así llamada «línea aarónica» recibió más elaboración y prestigio sacerdotal en el registro bíblico (1 Cr 6:2-15). Por ese motivo, el relato de Josué 21 y el texto sinóptico de 1 Crónicas 6 dividieron a los levitas en *cuatro* familias identificables en lugar de tres, y la clasificación de las ciudades se presentó en la dirección de las manecillas del reloj, comenzando en Judá:

- Al grupo de coatitas descendientes de Aarón se les entregó 13 ciudades en el territorio de Judá y Benjamín (Jos 21:4, 13-19; 1 Cr 6:54-60);
- A los otros coatitas que no eran de la línea aarónica se les entregó 10 ciudades, ubicadas dentro de las asignaciones tribales de Dan, Efraín y Manasés (Jos 21:5, 20-26; 1 Cr 6:61, 66-70);
- A los gersonitas se les entregó 13 ciudades, todas situadas al norte del valle de Jezreel pero a ambos lados del río Jordán (Jos 21:6, 27-33; 1 Cr 6:62, 71-76); y
- A los meraritas se les entregó 12 ciudades, la mayoría de las cuales estaban ubicadas en los territorios transjordanos de Gad y Rubén (Jos 21:7, 34-40; 1 Cr 6:63, 77-81).

Una comparación de este mapa con los **mapas 42 y 43** deja en claro que algunas ciudades levíticas estaban ubicadas en territorios *más allá* del ámbito de control permanente de Israel, y no llegaron a estar bajo la égida israelita hasta los días de David o Salomón (p. ej., Gezer, Taanac, Ibleam, Naalal y Rehob [Jueces 1]). Además, algunas ciudades levíticas ubicadas *dentro* del área de control permanente de Israel no manifiestan evidencias arqueológicas claras de ocupación hasta los días de la monarquía de Israel (p. ej., Golán, Mefaat, Hesbón, Estemoa[?])[160]. Esto puede ser indicador de una inclinación editorial hacia el detalle y el mantenimiento de registros, una tendencia que se manifiesta claramente en el período monárquico. Por otro lado, esta lista de ciudades —como las asignaciones territoriales halladas justo antes de la misma en los capítulos 13–19 [**mapa 40**]— podría reflejar una visión idealista/utópica de lo que estaba asignado teóricamente y lo que ocurriría a su debido tiempo en el cuerpo político de Israel[161].

Dado el papel crucial e influyente de los sacerdotes, particularmente en la historia premonárquica de Israel, es sorprendente que ciertas ciudades relacionadas con las primeras actividades sacerdotales *no* se identificaran como ciudades levíticas y no fueran incluidas en esta lista. Estuvieron excluidos lugares como Betel (Gn 12:8; 35:7) y Beerseba (Gn 26:23-25), donde los patriarcas de Israel construyeron altares por primera vez en Canaán para adorar a Yahveh. También faltan Gilgal (Jos 4:19), Silo (Jos 18:1; 19:51; Jc 18:31; 1 Sm 2:14b; 4:4) y Betel (Jc 20:26), donde estuvo guardada el arca del pacto en la temprana Israel. Están ausentes Ramá y Mizpa de Benjamín (1 Sm 7:15-17), lugares asociados con el vidente Samuel, quien ofrecía sacrificios por el pueblo de Israel (1 Sm 9:9), ungió a Saúl y a David (1 Sm 10:1; 16:13), y jugó un papel fundamental en el orden eclesiástico premonárquico de Israel (1 Sm 7:9; 9:13; 10:8; 16:1-5).

Finalmente, seis ciudades levíticas fueron demarcadas como «ciudades de refugio» (Jos 20:2; Nm 35:6). Esta era una tierra donde la justicia se administraba principalmente a nivel local. El derramamiento de sangre «contaminaba la tierra» y se requería que fuera vengada (Nm 35:33-34), lo cual era responsabilidad del pariente más cercano o de un representante que los ancianos de la ciudad designaran como el «vengador de sangre» (Nm 35:12; Dt 19:6, 12; Jos 20:3, 5, 9)[162]. Por eso, también existía la necesidad de proteger a las personas que eran verdaderamente inocentes.

Desde tan temprano como la legislación del Sinaí, Israel mantuvo una clara distinción entre el asesinato premeditado (Ex 21:12, 14-15) y un homicidio involuntario (Ex 21:13). Por lo tanto, se tomó la precaución de crear «lugares seguros» para tales casos (Nm 35:6, 9-15; Dt 4:41-43; 19:1-10) mediante la designación de estas seis ciudades para la administración de justicia en el caso de una muerte accidental (*bišgāgâ*, «por error») o no intencional (*biltî-da`at*, «sin conocimiento»). La persona responsable de la muerte tendría acceso a la justicia. Como todos estos seis lugares eran ciudades levíticas, ocupadas por quienes estaban a cargo de las tareas sacerdotales de adoración y enseñanza de la ley (Nm 1:47-54; 3:5-10; Dt 10:8; 33:8-10), es razonable suponer que las enseñanzas del pacto de Sinaí con respecto a ese tema habrían sido conocidas y practicadas en aquellos lugares.

Se eligieron tres ciudades de refugio en cada lado del río Jordán, ubicadas en lugares de fácil acceso. [Vea las rutas en **mapa 27** y observe el comentario en Deuteronomio 19:3a]. Al estar las seis localidades en distintas regiones de Israel (Jos 20:7-9), proveían un acceso bastante parejo a todas las tribus. [Vea las ubicaciones de Cedes (tell Qedesh) en Neftalí, Siquem (tell el-Balata) en Manasés occidental, Hebrón (tell er-Rumeida) en Judá, Golán (Sahm el-Jaulan) en Manasés oriental, Ramot de Galaad (tell ar-Ramit) en Gad, y Beser (Umm al-Amad) en Rubén].

Ciudad
Ciudad (ubicación incierta)
Ciudad de refugio
Del clan gersonita
Del clan merarita
Posiblemente del clan merarita
Del clan coatita
Del clan aaronita
0 10 20 30 millas
0 10 20 30 40 kilómetros
R. Litani
R. Farfar
ASER
NEFTALÍ
MANASÉS
Rehob
Abdón
Cedes
Miseal
Cartán
MAR DE GALILEA
Naalal
Rimón
Golán
Astarot
ZABULÓN
Helcat
Daberat
Hamat
Jocneam
Tabor
R. Cisón
Quisión
R. Yarmuk
ISACAR
Jarmut
Taanac
Ramot de Galaad
En-ganim
Ibleam
MAR MEDITERRÁNEO
MANASÉS
R. Jordán
Siquem
Mahanaim
R. Jaboc
R. Yarkón
Gat-rimón
GAD
EFRAÍN
Kibsaim
Jazer
Elteque
DAN
Bet-horón
Geba
Gezer
Ajalón
BENJAMÍN
Hesbón
Gibetón
Gabaón
Almón
Beser
Anatot
Bet-semes
RUBÉN
Holón
Jahaza
Libna
JUDÁ
Hebrón
Cademot
Mefaat
Debir
Juta
MAR MUERTO
Estemoa
R. Arnón
Jatir
Asán
SIMEÓN
Arroyo Zered

UN ANÁLISIS DEL ASENTAMIENTO ISRAELITA DE PALESTINA

Aunque a primera vista el libro de Josué parece describir una conquista sumamente rápida, agresiva por naturaleza y altamente exitosa, una mirada más atenta a todos los detalles sugiere otro veredicto. Es cierto que se describe a Israel como habiendo experimentado una cadena de éxitos asombrosos en Jericó, Hai, Gabaón y Hazor. No obstante, también es cierto que hacia el final de la vida de Josué quedaban grandes extensiones de Canaán todavía por conquistar, incluyendo:

1. Los territorios de Filistea (Ecrón, Gat, Asdod, Ascalón, Gaza), Fenicia (Aco, Tiro, Sidón, Gebal [Biblos]), Gesur y Maaca (desde el monte Hermón hacia el sur) (Jos 13:1-13; Jc 3:1-3);
2. Ciudades estratégicas en el valle de Jezreel (Meguido, Taanac, Ibleam, Endor y Bet-sán) y la llanura costera (Dor, Afec y Gezer) (Jos 13:4; 16:10; 17:11-12; *cf.* Jc 1:27, 29); y
3. La ciudad de Jerusalén (Jos 15:63; *cf.* Jc 1:21).

Jueces 1 continúa la triste historia de tierras no conquistadas, agregando que grandes extensiones de la llanura fenicia (Ahlab, Rehob, Aczib, Bet-semes, Aco y Naalal), además del paso principal desde las llanuras costeras hacia la zona central de Judá (Saalbim, Ajalón y Har-heres [Bet-semes]), seguían fuera del control de Israel. [**Ver mapa 42**].

Surge una serie de factores geográficos importantes en relación con la forma y la extensión de la ocupación de Israel. Primero, parece que dondequiera que los filisteos o sus aliados podían conducir carros de hierro —en la llanura filistea (Jc 1:19) o en el valle de Jezreel (Jos 17:16)— los israelitas eran incapaces de ocupar el territorio. Pero donde esa ventaja quedaba neutralizada por el relieve escarpado de las montañosas tierras altas del interior de Canaán, y en la accidentada Transjordania, Israel lograba forjar su naciente asentamiento. Un ejemplo especialmente impactante de esto se puede ver cerca del valle de Jezreel, donde los sitios bajos de Taanac, Ibleam y Bet-sán no podían ser conquistados, mientras que el más elevado sitio intermedio de Jezreel sí fue capturado.

Segundo, no hay registro israelita de intromisión egipcia durante el período de su asentamiento, lo cual es curioso puesto que Canaán formaba parte del reino egipcio en ese momento, y el asentamiento israelita tuvo lugar durante un período de relativa fuerza militar en Egipto. Tal vez esta falta de referencias a una presencia egipcia se pueda explicar geográficamente. Tablillas de la Edad del Bronce Tardía del tell el-Amarna dejan en claro que los egipcios tenían un fuerte interés en los asuntos internos de Canaán en esa época, pero muchas de sus campañas en la zona parecen haberse centrado en el Gran Camino Comercial y las ciudades contiguas al mismo en las tierras bajas (Gaza, Afec, Meguido, Bet-sán y Hazor). Incluso en los casos en que se llevaba a cabo alguna campaña *en* Canaán, y no simplemente a través de Canaán (p. ej., Tutmosis III, Amenhotep II, Seti I) [**mapa 44**], los faraones no se alejaban mucho de esa ruta principal. Antes de la época de Mernepta, no parecían mostrar mucho interés en las tierras altas de Canaán central. Al mismo tiempo, Israel era incapaz de ganar una posición considerable en las áreas adyacentes al Gran Camino Comercial. Desde una perspectiva geográfica, entonces, se podría sugerir que los intereses egipcios y los intereses israelitas con respecto a Canaán en ese tiempo eran en gran medida mutuamente excluyentes, lo que podría explicar por qué Egipto parece haber permanecido ajeno a la política local durante la época del asentamiento israelita.

Tercero, en este mapa se puede observar a lo largo de las tierras altas centrales una correlación geográfica bastante estrecha entre el territorio permanentemente controlado por el antiguo Israel y lo que ahora se conoce como «Cisjordania». Durante la Guerra de los Seis Días en junio de 1967, el moderno Israel se apoderó de esencialmente las mismas áreas de la zona montañosa central de Samaria y Judá que la antigua Israel adquirió en el asentamiento bíblico. Esta es una conmovedora ilustración de cómo los factores geográficos pueden determinar cómo y dónde ocurre la historia, aun a pesar de los avances de la tecnología militar moderna.

INTRIGANTES DESCUBRIMIENTOS RECIENTES

Además, justo después de la Guerra de los Seis Días, el Estado de Israel inició un enorme proyecto de topografía y cartografía exhaustiva de la tierra al occidente del río Jordán. Aunque este esfuerzo fue motivado por propósitos principalmente políticos, estratégicos y militares, el territorio nuevamente conquistado había sido también una zona primordial de asentamiento israelita antiguo, así que también enrolaron a modernos arqueólogos israelíes en el proyecto. En consecuencia, a fines de 1967 se inició lo que en términos arqueológicos se conoce como «investigación topográfica extensiva» o «investigación topográfica de emergencia» en todo el nuevo territorio, y el primer volumen de resultados fue publicado pocos años después[163].

Investigaciones subsecuentes en más de una docena de regiones[164] han producido unos llamativos —aun asombrosos— resultados. Han puesto al descubierto cientos de nuevos y pequeños asentamientos tipo campamento, de forma circular o elíptica, que datan de la Edad del Hierro temprana (c 1225–1150 a. C.). Los nuevos sitios aparecen repentinamente y sin ningún indicio de quema ni destrucción, y muchos parecen haber sido abandonados para el 900 a. C. Son pequeños (la mayoría tiene menos de una hectárea de tamaño), simples (arquitectónica y estéticamente sencillos), abiertos (carentes de muros) y austeros (con artefactos de alfarería utilitaria, sin decoración y de tipo doméstico, en lugar de artículos de lujo o productos importados). Los sitios están mayormente ubicados en las colinas: áreas generalmente desocupadas en la Edad del Bronce Tardía. No muestran ningún patrón de urbanización, y esencialmente carecen de muros, de puertas de entrada a la ciudad, y de edificios públicos como un palacio o templo. No exhiben señales de autoridad política central, y sus habitantes parecen haber sido económicamente pobres. En algunos sitios las únicas evidencias de habitación son pozos no enyesados para el almacenamiento de grano, pisos de tierra y cimientos de chozas. Al parecer, enterraban a los difuntos a poca profundidad pero sin artículos de sepultura[165]. Los sitios reflejan un interés pastoral, con gran cantidad de restos de fauna y con bastante espacio vital cedido para el cuidado de ovejas y cabras (que aparentemente se recogían de noche para que la pasaran en un espacio cerrado dentro del área doméstica). Las casas tienen un tamaño más o menos uniforme con espacios abiertos y fácil acceso de una habitación columnada a otra[166], lo cual parece indicar una mentalidad igualitaria y una ideología no jerárquica, muy diferente de lo que se sabe era común en Canaán en el período anterior y de lo que se ve del siglo VIII a. C. en adelante. No se encontraron santuarios, y no se desenterraron prácticamente ningún arma ni huesos de cerdo. Toda esta evidencia demuestra inequívocamente que los nuevos sitios representan algo mucho más que un simple cambio evolutivo entre los grupos básicos de población de la Edad del Bronce Tardía desde un modo de vida sedentario a uno pastoral.

Hasta la fecha se han descubierto más de 700 de esos sitios de la Edad del Hierro temprana[167], lo cual puede proveer una base bastante extensa para formular una demografía de la Edad del Hierro temprana. Tal análisis demográfico indica que la población de Canaán se triplicó entre el 1200 a. C. y el 1000 a C. aproximadamente, y luego volvió a aumentarse por más del doble para el 800 a. C. El gran número de sitios y el incremento poblacional es desconcertante. Solamente podemos especular sobre quiénes eran estos colonos y de dónde vinieron[168].

¿Existe evidencia alguna de una conexión entre esos sitios y el Israel premonárquico? Esos nuevos colonos ¿podrían haber sido «israelitas» o haber estado relacionados de alguna manera con el primitivo Israel? Tal idea ofrece un grado de credibilidad bastante convincente por seis razones:

1. En muchos aspectos, la cultura material de estos nuevos sitios es llamativamente distinta de la que existía inmediatamente antes en la Edad del Bronce Tardía. En términos de artefactos cerámicos y de arquitectura doméstica (la así llamada casa «de cuatro habitaciones» o «de columnas», en contraste con las casas «de patio» propias de la Edad del Bronce Tardía)[169], hay fuertes lazos de continuidad cultural entre los sitios del Hierro temprano y los sitios posteriores del Hierro II (c 800 a. C.). Además, los habitantes de los sitios del Hierro II se identifican casi universalmente como «israelitas», con lo cual los estudiosos están haciendo referencia a los israelitas de la Biblia.

2. Existe una correlación geográfica extraordinaria entre las ubicaciones de estos nuevos sitios y los lugares donde, según la Biblia, los antiguos israelitas se instalaron en Canaán (Jos 11:16-20; 13:1-7; 17:1-18; Jc 1). [**Ver mapa 42**]. Además de Transjordania, Israel llegó a instalarse precisamente en las tierras altas de Samaria, Judá, el Neguev y Galilea oriental, pero no pudo instalarse en las llanuras costeras ni en algunos valles interiores.

3. Hasta ahora estos nuevos sitios y sus inmediaciones han producido un número escaso de documentos escritos, pero estos pocos textos del Hierro temprano que sí se han hallado merecen comentario[170]. Aunque estos textos siguen siendo analizados histórica y lingüísticamente, y seguramente en los próximos años se tendrá más claridad sobre ellos, se puede decir que estos documentos están escritos con una simple letra alfabética arcaica, llamada a veces el «cananeo/hebreo antiguo». Es inequívocamente la misma letra utilizada por los «israelitas» apenas unos años más tarde[171].

4. El tipo de terreno de bosque que dominaba las tierras altas centrales de Canaán es especialmente apto para la cría de cerdos[172], y había varias especies de cerdos nativos de la región[173], de manera que la ausencia de huesos de cerdo es significativa[174]. De hecho, en las tierras altas centrales se hallan huesos de cerdo, a veces en grandes cantidades, tanto *antes* como *después* de estos asentamientos del Hierro temprano[175], mientras que prácticamente desaparecen en las tierras altas *durante* la Edad del Hierro temprana, pero se encuentran precisamente en ese mismo momento en áreas adyacentes a las tierras altas. Los sitios costeros en particular muestran una transición desde el consumo de ovejas y cabras en el Bronce Tardío hacia el consumo de cerdos y reses en el Hierro temprano, pero en virtud de la alfarería de esos sitios son indiscutiblemente asentamientos filisteos[176]. Se dice que los israelitas ocupaban un extremo del valle de Sorec (Bet-semes) durante la Edad del Hierro temprana, y los filisteos ocupaban el interior y el extremo opuesto del mismo valle (Timna, Ecrón). La presencia de huesos de cerdo en Timna y Ecrón y la ausencia de huesos de cerdo en Bet-semes es como mínimo un indicador convincente de distinción étnica. Se postulan diversas razones socioculturales de por qué un pueblo que migraba desde una cultura desértica a una vida más sedentaria no consumiría cerdo (el precio,

Ciudad
Ciudad (ubicación incierta)
Ciudad capital
Ciudad de refugio
Monte
Área bajo el control permanente del antiguo Israel
Frontera actual de Cisjordania
Ciudad no tomada según Josué 17 y Jueces 1
Ciudad ubicada más allá del área de control permanente de los israelitas
Ciudad ubicada dentro del área de control permanente de los israelitas
Ciudad de la que se dice que su rey fue derrotado por Israel (Josué 12)
0   10   20   30 millas
0   10   20   30   40 kilómetros
MAR MEDITERRÁNEO
Damasco
Mte. Hermón
ARAM
Ahlab
Tiro
R. Litani
Quitrón
Dan
MAACA
Gran Camino Comercial
Camino Real
Rehob
Bet-semes
Cedes
Hazor
Aczib
J. Yarmuk
Merom
BASÁN
Bet-anat
Aco
Acsaf
GESUR
MAR DE GALILEA
Afec
Mte. Carmelo
Naalal
Haroset-goim
Golán
Astarot
Simrón
Mte. Tabor
R. Yarmuk
Jocneam
Endor
Meguido
Mte. More
Edrei
Dor
Jezreel
Taanac
Bet-sán
Ramot de Galaad
Ibleam
Hefer
Jabes de Galaad
Soco
Bezec
Tirsa
Mte. Ebal
Mahanaim
Siquem
Sucot
Mte. Gerizim
R. Jaboc
Tapúa
Silo
Jogbeha
AMÓN
R. Yarkón
Jazer
Afec
Jope
Rabá (Ammán)
Betel
Hai
Gezer
Mizpa
Jericó
Hesbón
Saalbim
Gabaón
Ajalón
Jerusalén
Beser
Asdod
Ecrón
Bet-semes (Har-heres)
Mte. Nebo
Gat
Belén
Jahaza
Jarmut
Ascalón
Geder
Libna
Adulam
Laquis
Maceda
Hebrón
Mefaat
Gaza
Eglón
Dibón
Debir
En-gadi
Aroer
MAR MUERTO
Gerar
R. Arnón
Siclag
MOAB
Arad
Beerseba
Horma
FILISTEA
FENICIA
Arroyo de Besor
Gran Camino Comercial
AVEOS
hacia Sihor
DESIERTO DE ZIN
Arroyo Zered
Camino Real
EDOM
DESIERTO ORIENTAL
Kir-hareset
Bosra
R. Jordán

Ciudad
Ciudad (ubicación incierta)
Ciudad capital
Ciudad de refugio
Monte
Área bajo el control permanente del antiguo Israel
Frontera actual de Cisjordania
Ciudades principales ocupadas por los filisteos (Jos 13:3)
Ciudad que, según reportes, fue incendiada o quemada por Israel
Ciudad cuya población, según reportes, fue destruida por Israel
Ciudad que, según reportes, fue sometida por Israel a prohibición sagrada

0   10   20   30 millas
0   10   20   30   40 kilómetros

Damasco
Mte. Hermón
Ahlab
Tiro
R. Litani
Dan
MAACA
ARAM
Quitrón
Gran Camino Comercial
Rehob
Bet-semes
Cedes
Hazor
Aczib
FENICIA
J. Yarmuk
Merom
BASÁN
Bet-anat
Aco
Acsaf
MAR DE GALILEA
GESUR
Afec
Golán
Astarot
Mte. Carmelo
Naalal
Haroset-goim
Simrón
Mte. Tabor
R. Yarmuk
Edrei
Jocneam
Endor
Dor
Meguido
Mte. More
Jezreel
Taanac
Bet-sán
Ramot de Galaad
Ibleam
Hefer
Jabes de Galaad
Soco
Bezec
Tirsa
Mte. Ebal
Mahanaim
Mte. Gerizim
Siquem
Sucot
R. Jaboc
Tapúa
Silo
Jogbeha
AMÓN
Jazer
R. Jordán
Betel
Hai
Rabá (Ammán)
Gezer
Mizpa
Gabaón
Hesbón
Saalbim
Jericó
Ajalón
Asdod
Ecrón
Jerusalén
Bet-semes (Har-heres)
Mte. Nebo
Beser
Gat
Jarmut
Belén
Jahaza
Ascalón
Libna
Geder
Adulam
Gaza
Laquis
Hebrón
Eglón
Maceda
Mefaat
Debir
En-gadi
Dibón
MAR MUERTO
Aroer
Gerar
Siclag
R. Arnón
MAR MEDITERRÁNEO
FILISTEA
Arad
MOAB
Beerseba
Kir-hareset
Horma
Camino Real
Gran Camino Comercial
AVEOS
Arroyo de Besor
hacia Sihor
DESIERTO DE ZIN
Arroyo Zered
EDOM
DESIERTO ORIENTAL
Bosra

el desconocimiento de la opción, la utilidad limitada, prejuicios culturales, la falta de adaptación del cerdo a un escenario rural), pero no se debe despreciar el tabú del propio Antiguo Testamento como una explicación creíble de esa distinción. Las leyes alimentarias de Israel prohibían el consumo de cerdo o de cualquier otro animal «impuro» (Dt 14:8; Lv 11:26-27). En ciertos períodos se criaban cerdos en grandes números en Canaán, un hecho que sugiere que su desaparición en las tierras altas centrales durante el período del Hierro temprano era función de la identidad étnica y/o de la cultura, no del medioambiente ni de la ecología[177].

5. Con frecuencia se describe al antiguo Israel con un modo de vida básicamente «pastoril», con rebaños y manadas, muy similar a los habitantes de los asentamientos recién descubiertos. La Biblia relata de manera consistente que un grupo de antepasados israelitas entraron en Canaán desde otra parte, habiendo sido liberados de la esclavitud una generación antes y habiendo vivido mientras tanto en un medioambiente desértico. Tal realidad socioeconómica concuerda bien con los asentamientos pequeños, comparativamente pobres y carentes de sofisticación cultural. Algunos de los nombres de lugares bíblicos de esta época pueden estar relacionados con un patrón de asentamiento: Guibeá («colina»), Ramá («lugar alto»), Hazor («cercado»), Mahne-dan («asentamiento de Dan») y Gilgal («círculo [¿de piedras?]»). Al mismo tiempo, un nuevo tipo de nombre de lugar, del que no hay evidencias anteriores, comienza a aparecer en el mapa cananeo, uno que contiene el elemento «Baal» (ver también los nombres en el Antiguo Testamento que son compuestos con «Baal»: Baal-berit, Baal-gad, Baal-hermón, Baal-meón, Baal-peor, Baal-perazim, Baal-zebub, etc.). Esto es otro indicio de que los nuevos sitios no estaban siendo ocupados por residentes de la Edad del Bronce Tardía.

    En esta misma línea, aunque está claro que los israelitas primitivos tomaron por la fuerza ciertas ciudades (Jericó, Hai, Hazor), esto probablemente no representaba su método normal de entrar en sus asignaciones tribales y de instalarse a lo largo del tiempo. Aparte de cualquier otra cosa que descubramos en los libros de Josué y Jueces acerca de la ocupación de su tierra, está claro que los israelitas primitivos funcionaban básicamente como una organización social tribal que carecía del tipo de identidad nacional hallada, por ejemplo, en el oficio de un rey. Había pocas estructuras políticas, y los lazos de la tribu o del clan eran el centro del enfoque social. Se tiende a describir a los antiguos israelitas como dependientes de sí mismos —de sus propias cosechas y de sus propios rebaños y manadas— para sus necesidades materiales y su supervivencia. Desde muy temprano se refleja una mentalidad fundamentalmente igualitaria en los relatos de su asentamiento. (Por ejemplo: «No había rey en Israel en esos días, y cada uno hacía lo que le parecía correcto según su propio criterio» [Jc 21:25]). No obstante, ya para el 800 a. C. y posteriormente, existe clara evidencia de estratificación social dentro de Israel (Is 3:14-15; Os 12:8; Am 2:6-8; 3:15; 4:1; 5:11; 6:4; Mi 2:1-12). El mismo patrón socioeconómico se observa en los asentamientos contemporáneos del Hierro temprano[178].

6. Finalmente, este esquema concuerda cronológicamente de manera bastante convincente. En una poética estela de victoria fechada en los años tempranos del reinado del faraón egipcio Mernepta (1213–1203 a. C.), hay una referencia explícita a una entidad *étnica* conocida como «Israel», ubicada en alguna parte dentro de Canaán[179]. [**Ver mapa 44**]. El texto dice lo siguiente:

> «Canaán ha sido saqueado con toda clase de calamidades
> Ascalón ha sido llevado a otra parte
> Gezer ha sido tomado
> Yenoam ha sido hecho inexistente
> Israel ha sido devastado, su simiente ya no es
> Hurru ha quedado viuda [por causa] de Egipto»[180].

LAS CAMPAÑAS DE EGIPTO EN CANAÁN

Ya desde el período del Reino Antiguo (c 2700–2160 a. C.)[181] los faraones egipcios emprendían campañas militares en Asia para proteger sus intereses políticos y comerciales en su frente norte. Gracias a diversas estelas, anales, papiros, listas topográficas, murales de escenas de guerra con inscripciones, pinturas en sepulcros y otros tipos de textos, sabemos de hasta 40 de esas campañas. La mayoría de ellas fueron llevadas a cabo contra enemigos hititas, arameos o mitanios[182]. Sin embargo, como la mayoría de ellas fueron campañas por tierra, Canaán/Palestina también se vio involucrada involuntariamente en estas manio-bras como corredor de transporte y zona de amortiguamiento.

Sin embargo, en unas pocas ocasiones, parece que las batallas se desarrollaron *en* Canaán o que hubieran estado dirigidas prin-cipalmente contra blancos cananeos. Estas escaramuzas —con una excepción (Sisac)— tendían a ocurrir en o cerca de la línea de transporte y comunicación que conectaba Egipto con Meso-potamia [**mapa 25**] y pueden haber tenido un motivo comercial.

TUTMOSIS III

Una de tales ocasiones fue en el 22.º año de Tutmosis III (1457 a. C.), cuando se reunió una coalición siro-cananea en la estratégicamente situada ciudad de Meguido[183]. Para encarar este desafío, Tutmosis condujo su ejército hacia el norte hasta Gaza, sede de la administración egipcia en Canaán que con frecuencia servía de base militar o plataforma de lanzamiento para las campañas egipcias en Asia[184].

Desde Gaza, el faraón marchó al norte, pasó Afec y Soco y llegó a Yaham. En este punto, se requería una importante decisión táctica. Una opción era que el ejército egipcio siguiera más al norte o por un paso occidental en la cadena del monte Carmelo que salía al valle de Jezreel en Jocneam o por un paso oriental que entraba al valle cerca de Taanac. [**Ver mapa 10**]. Una segunda opción era seguir directamente al norte y pasar Aruna por el llamado «paso de Aruna» (wadi Ara). Los generales de Tutmosis abogaban por la primera opción, sabiendo que el paso central era extremadamente estrecho y que pondría al ejército egipcio en una posición poten-cialmente vulnerable al estar dispersado a lo largo de más de 16 km mientras avanzaban hacia el norte camino a Meguido.

Calculando instintivamente que sus adversarios pensarían lo mismo que sus propios generales, Tutmosis optó por la segunda opción. Envió fuerzas secundarias pequeñas por cada uno de los otros dos pasos, pero su ejército principal marchó más allá de Aruna y llegó directamente a las proximidades de Meguido. Su instinto táctico demostró ser acertado. Los siro-cananeos habían desplegado sus tropas cerca de los pasos occidental y oriental, pero no en el paso central. Descubriendo su error casi fatal, las fuerzas de la coalición rápidamente se replegaron a Meguido. El ejército egipcio se vio obligado a sitiar la ciudad durante unos siete meses, pero finalmente obligó a sus enemigos a rendirse[185].

AMENHOTEP II

Aproximadamente 40 años después, Amenhotep II llevó a cabo una campaña en Canaán durante su IX año de reinado (1419 a. C.), que parece haber sido dirigida contra insurgentes cananeos locales[186]. Siguiendo la misma ruta que anteriormente siguió Tutmosis, Amenhotep también marchó hacia el norte.

El elevado y muy fortificado tell de Meguido está estratégicamente ubicado entre el valle de Jezreel/Esdraelón (primer plano de la foto) y el monte Carmelo (fondo) cerca del «paso de Aruna» (wadi Ara).

Pasó Gaza, Afec y Soco antes de llegar a Yaham, donde se detuvo temporalmente para realizar unas incursiones laterales en dirección a la llanura de Sarón, de las que obtuvo mucho botín. No obstante, la motivación principal de su expedición lo llevó por el «paso de Aruna», a través del valle de Jezreel y hacia el oriente hasta Baja Galilea y la ciudad de Anaharat (¿tell Rekesh?). Amenhotep derrotó a la ciudad en menos de una semana, inició su retorno vía Meguido y, con el tiempo, regresó a Menfis.

SETI I

Varios documentos hacen mención de una campaña de Seti I en los años tempranos de su reinado, quizás alrededor de 1289 a. C., realizada en parte contra blancos cananeos[187]. Seti también viajó hacia el norte vía el Gran Camino Comercial, pasando Meguido, y luego viró hacia el oriente. Realizó un gran ataque contra la ciudad dominante de Bet-sán y algunos de sus suburbios antes de lanzar un asalto a la ciudad galilea de Yenoam[188]. Desde Yenoam, es plausible que Seti hubiera retrocedido hasta Meguido para luego continuar su campaña hacia el norte por la costa. En su marcha pasó las ciudades fenicias de Tiro y Ullaza antes de virar tierra adentro para llegar a Cades del Orontes, en Siria.

MERNEPTA

Un bloque de granito negro de tres metros fue originalmente inscrito con un registro de las actividades constructoras del faraón Amenhotep III e instalado en lo que presumiblemente fue su templo mortuorio en Tebas occidental. Más tarde, el faraón Mernepta se apropió de este bloque; hizo tallar en el reverso su celebrada victoria sobre los libios e instaló la estela en su propio templo mortuorio en la cercanía.

En la parte inferior del bloque, evidentemente como un agregado debido a un espacio vacío restante, los escribas de Mernepta añadieron un breve poema que conmemora su triunfo sobre fuerzas en Canaán. El texto menciona que el faraón había vencido las ciudades de Ascalón, Gezer y Yenoam, y que había desolado a «Israel»[189]. Esta es la referencia extra-bíblica más antigua al «Israel» bíblico, y la única referencia extrabíblica conocida antes del siglo VIII a. C. [**Ver página 130**].

Se han descubierto restos en varias partes de Canaán que señalan la presencia de Mernepta allí alrededor de esta época. De un estrato de fines del siglo XIII a. C. en Gezer, se desenterró una cadena de marfil con dos cartuchos con su nombre; en un estrato del siglo XIII a. C. del complejo del templo de Ecrón, se descubrió un cartucho de Mernepta en un colmillo de marfil; y el Papiro Anastasi III del final del siglo XIII a. C. contiene una entrada fechada en el tercer año de Mernepta, que hace referencia a los «pozos de Mernepta» ubicados «en la cadena de montañas», presuntamente de Canaán[190] (Jos 15:9; 18:15 [si se interpreta como «los pozos de Mernepta» (¿Lifta?) en lugar de la lectura redundante «los pozos del agua de Neftoa»]). Sobre la base de esta evidencia literaria y arqueológica, un itinerario factible aunque conjetural de la campaña de Mernepta en Canaán —probablemente alrededor

de su cuarto año (1208 a. C.)— lo habría llevado a sitios como Gaza, Laquis, Ecrón, Gezer, Yenoam y tal vez Lifta.

SISAC

Una campaña del faraón Sisac (Shoshenq I) en Canaán puede ser deducida de la Biblia (1 Re 14:25-28; 2 Cr 12:2-12) y de un relieve de batalla de Sisac hallado en Karnak, Egipto. [**Ver la discusión en páginas 171–172**]. Ninguna de estas fuentes provee un itinerario exacto, de manera que la reconstrucción de la campaña queda conjetural.

Conforme al propio registro de Sisac, parece haber tomado una ruta distinta de la de sus predecesores. Pasó por muchas ciudades diferentes, de manera que tal vez su motivación fuera también distinta. Cualquiera fuera el caso, parece que Sisac condujo su ejército al norte hasta Gaza, donde se dividió. Un contingente egipcio viajó hacia el oriente, pasó por Yurza y Gerar, y siguió su marcha por todo el Neguev. De los regis-tros militares de Sisac parece que estaba bastante preocupado por el Neguev; sus escribas hicieron frecuentes referencias al Neguev o a lugares situados allí (p. ej., Arad, Ezem y tal vez Cades-barnea)[191]. Ahora sabemos de más de 60 fortalezas del siglo X a. C. que estuvieron ubicadas a lo largo y a lo ancho del Neguev[192]. Estos caravasares tal vez fueron construidos por Salomón, y es de suponer que servían propósitos comerciales y/o militares[193]. [**Ver también mapa 64**]. Muchas de ellos fueron destruidos o abandonados hacia el final del siglo X a. C. —un hecho atribuido por muchos estudiosos a la campaña de Sisac[194].

El otro contingente militar de Sisac aparentemente viajó hacia el norte desde Gaza para entrar en el corazón de Palestina. Los siguientes sitios —enumerados en los murales de victoria de Sisac, sobre los cuales afirmaba haber sido victorioso— pueden ser relevantes para reconstruir su itinerario: Gezer (registro núm. 12), Ajalón (núm. 26), Bet-horón (núm. 24), Quiriat-jearim (núm. 25), Gabaón (núm. 23), Gofna (núm. 64), Tapúa (núm. 39), Tirsa (núm. 59), el río Jordán (núm. 150), Adán (núm. 56), Sucot (núm. 55), Peniel (núm. 53), Mahanaim (núm. 22), Rehob (núm. 17), Bet-sán (núm. 16), Sunem (núm. 15), Taanac (núm. 14) y Meguido (núm. 27). [**Ver también mapa 67 y el texto correspondiente**].

Estos datos sugieren que, desde las proximidades de Ecrón y Gezer, Sisac tomó una(s) ruta(s) interior(es) hasta la región de Gabaón y Jerusalén, donde se encaminó hacia el norte. Con el tiempo, viajó hacia el oriente, pasó al otro lado del río Jordán y continuó por el valle del río Jaboc por cierta distancia. Después, debe haber retrocedido hasta el lado occidental del Jordán y marchado al norte hasta llegar a la cabecera del valle de Jezreel, cerca de Bet-sán. Al parecer, giró hacia el occidente y finalmente se encaminó hacia el importante sitio de Meguido. (Allí fue descubierta parte de una estela de victoria de Sisac). Es posible que desde Meguido hubiera realizado una rápida incursión a Galilea y la parte sur de Fenicia. También parece que desde Meguido inició su viaje de regreso, así que pasó los sitios de Aruna, Yaham y Soco por el camino.

Las campañas de Egipto en Canaán

LA ÉPOCA DE LOS JUECES

La época de los jueces israelitas fue una de liderazgo carismático durante el cual el Espíritu de Dios equipaba a un hombre o una mujer para un servicio particular (Jc 3:10; 6:34; 11:29; 13:25; 14:6; 15:14). A diferencia de la institución real que luego surgiría en Israel, la autoridad de los jueces era no hereditaria e independiente de la posición social. Incluidos entre los jueces había una profetisa (4:4), un granjero que se describía a sí mismo como «el más insignificante» (6:11, 15), un soldado (11:1) y un hombre dado a los placeres (16:1, 4). Fuera de las infraestructuras tribales no había ningún aparato burocrático. Las personas implicadas a veces se caracterizaban por una estrecha relación con Dios, y en ocasiones sus proezas estuvieron acompañadas por la realización pública de milagros. En otras ocasiones, su vida no manifestaba ni santidad ni obras maravillosas. Aunque provenían de diferentes tribus y de regiones variadas, los jueces surgieron del territorio asentado por el Israel primitivo o de áreas inmediatamente adyacentes. [**Comparar mapas 42 y 43**].

Lo que *sí* se evidencia en el libro de Jueces es la fórmula cíclica que se recita allí de manera recurrente:

1. Israel se rebela (3:7, 12a; 4:1a; 6:1a; 10:6; 13:1a);
2. Israel es oprimido por poderes externos (3:8; 3:12b; 4:2; 6:1b; 10:7; 13:1b);
3. Israel se arrepiente (3:9a; 3:15a; 4:3a; 6:7; 10:10);
4. Dios levanta un juez (3:9b; 3:15b; 4:6b; 6:14; 11:29);
5. Israel es liberado (3:10; 3:15b-29; 4:14-24; 7:19–8:21; 11:29-40); y
6. Israel disfruta de un período de paz (3:11a; 3:30b; 5:31b; 8:28b; *cf.* 2:11-23).

Este tipo de recurrencia programática podría sugerir que la «opresión» era una categoría estática, pero las opresiones podían asumir una diversidad de formas. El imperialismo filisteo consistía de opresión militar como la que enfrentaron Sansón y Samgar. La opresión podía ser de forma política, como cuando Débora y Barac se opusieron a ciertos cananeos que, después de ser temporalmente desposeídos, habían logrado reagruparse y recuperar territorio previamente reclamado por Israel. Los poderosos madianitas impusieron una opresión económica al saquear estacionalmente los cultivos israelitas en el tiempo de la cosecha… hasta que Gedeón fue llamado para vencerlos.

Tampoco debemos imaginar que todos los jueces funcionaron de la misma manera. La judicatura de Débora tuvo un carácter esencialmente judicial; las judicaturas de Gedeón y Jefté fueron de naturaleza principalmente militar; la de Sansón muestra características sociológicas. No se sabe mucho de las judicaturas de Samgar, Tola, Jair, Ibzán, Elón y Abdón, lo que

Cubriendo unas 12 hectáreas, el prominente sitio de Laquis domina la Sefela sur. Partes del muro de contención exterior son visibles (justo arriba del camino moderno), además del mejor definido muro perimetral que rodea la cima.

Ciudad
Ciudad (ubicación incierta)
Ciudad capital
Ciudad de refugio

0   10   20   30 millas
0   10   20   30   40 kilómetros

A
B
C

Tiro
Dan (Lais)
Cedes
Samgar (3:31) – afiliación desconocida
Aco
Bet-anat
MAR DE GALILEA
Elón (12:11-12) – tribu de Zabulón ?
Ajalón
Cedes-neftalí
Golán
Astarot
Barac de Neftalí (4:1–5:31)
R. Cisón
Dor
Gedeón (6:1–9:57) – tribu de Manasés (Abimelec intenta establecer una monarquía)
Endor
Ofra
Camón
Jair (10:3-5) – de Galaad
R. Yarmuk
Bet-sán
Ramot de Galaad
1
Jabes de Galaad
R. Jordán
Tola (10:1-2) – tribu de Isacar
Samir
Tirsa
Zafón
Jefté (10:6–12:7) – tribu de Manasés ?
2
Abdón (12:13-15) – tribu de Efraín ?
Siquem
Sucot
R. Jaboc
Piratón
Aruma
Abimelec
Adán
Mizpa
R. Yarkón
Ruta de migración de la tribu de Dan (18:1-31) (a través del área del mapa ampliado, aunque no se incluye en él)
Silo
Aod (3:12-30) – tribu de Benjamín
Jazer
MAR MEDITERRÁNEO
Deborá (4:1–5:31) – tribu de Isacar
Betel
Gilgal
Rabá (Ammán)
Ramá
Gabaón
Jericó
Hesbón
Sansón (13:1–16:31) – tribu de Dan
Quiriat-jearim
BENJAMÍN
Beser
Asdod
Zora
Belén
Ibzán (12:8-10) – tribu de Judá ?
Ver mapa 46 en página 136
Ascalón
Hebrón
MAR MUERTO
Dibón
3
Gaza
Otoniel (3:7-11) – tribu de Judá
Debir
R. Arnón
Arroyo de Besor
Ruta de Noemí y Rut de Moab a Belén
Beerseba
M O A B
Kir-hareset
W. el-Arish
Arroyo Zered
E D O M
4
Bosra

ha dado lugar a la expresión «jueces menores». En algunos casos conocemos la ciudad donde los jueces menores vivían y/o fueron sepultados, su filiación tribal, la duración de su ejercicio o algo respecto a sus hijos, pero más allá de estas cosas es muy poco lo que se puede averiguar de los relatos.

Puede ser de utilidad observar que, con unas pocas excepciones, los jueces mayores son presentados en una secuencia geográfica de sur a norte. Al mismo tiempo, se evidencia un patrón de declive continuo en cuanto al carácter personal de los jueces. No es solamente que la institución de juez se representa como carente de poder para evitar la recurrente apostasía en Israel, sino que los jueces mismos parecen estar cada vez más implicados en muchas de las mismas tendencias repugnantes que caracterizaban a la población general en ese tiempo.

Tal vez el denominador común de todos los jueces israelitas es que eran figuras dominantes en una sociedad que de otra manera era altamente descentralizada, caótica —si no anárquica más allá del nivel tribal—, y decadente hasta la médula. Los últimos dos episodios de Jueces (Micaía con su sacerdote y el levita con su concubina [Jc 17–21]) destacan vívidamente la decadencia de Israel, ejemplificada a nivel doméstico (17:1-4a; 19:24-25), moral (19:22-23, 25; 20:13b; 21:20-21), político (17:6; 18:1; 19:1; 21:25), religioso (17:4b-7, 12; 18:4, 30) y cultural (19:11, 15, 18).

Tales historias repulsivas a menudo «revuelven el estómago» de los lectores actuales. Pero es posible que esa haya sido precisamente su intención, en el contexto de la teología bíblica. Se observa que la víctima en ambas historias procedía de la ciudad de Belén, que era ubicada dentro de la asignación tribal de Judá (Mi 5:2). [**Ver mapa 40**]. En ambos casos la víctima fue acosada en «la zona montañosa de Efraín» (17:8b; 19:1b), y en una ocasión, más específicamente en la ciudad de Guibeá (19:16), ubicada dentro de la asignación tribal de Benjamín (19:14b; *cf.* 1 Sm 13:15). Además, la hostilidad de los israelitas estuvo dirigida contra la tribu de Benjamín en la segunda historia (20:13b-16), con una hostilidad similar dirigida contra sus aliados, los habitantes de la ciudad de Jabes de Galaad (¿tell Abu Kharaz?), ubicada en el lado oriental del río Jordán (21:8-12). Por último, se puede observar en estas historias el tema central de una concubina/esposa que había regresado a la casa de su padre y por lo tanto necesitaba ser recuperada por su esposo (19:2b-9; *cf.* 20:4).

Poco después en las Escrituras, descubrimos que la ciudad natal de David era Belén de Judá (1 Sm 17:12), mientras que el benjamita Saúl provenía de la ciudad de Guibeá, en la zona montañosa de Efraín (1 Sm 10:26; 11:4; Is 10:29b). La estrecha conexión entre la tribu de Benjamín y la ciudad de Jabes de Galaad al otro lado del Jordán, una ciudad que es insignificante en otros sentidos, evoca inequívocamente el recuerdo de Saúl. Jabes de Galaad fue el lugar de la única victoria militar ganada

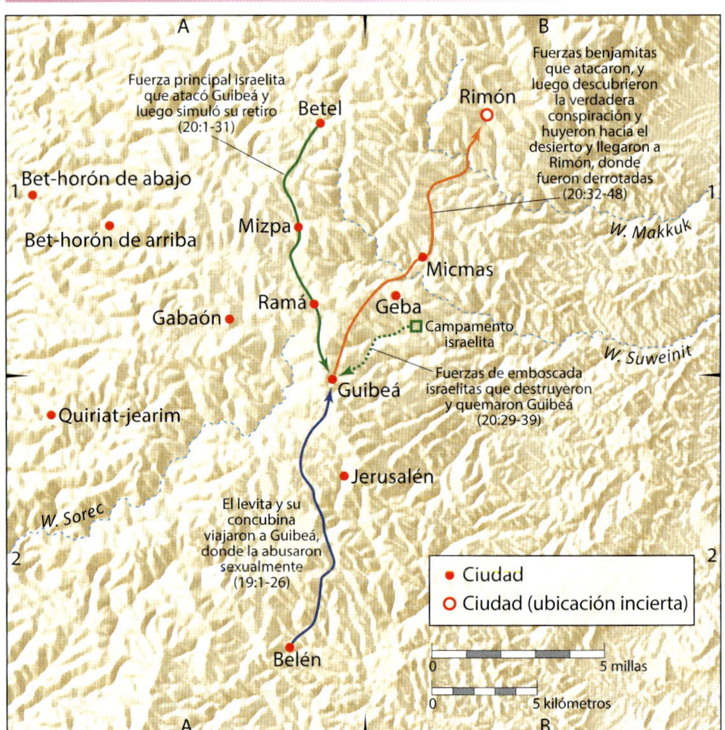

personalmente por Saúl, registrada en la Biblia al inicio de su reinado (1 Sm 11:1-11), y es el lugar donde fue enterrado (1 Sm 31:11-13; *cf.* 2 Sm 2:4b-7; 21:12). Pero aparte de su asociación con estos dos hechos fundamentales de la carrera de Saúl, junto con la historia del levita y su concubina, Jabes de Galaad es prácticamente desconocida en la tradición bíblica. De manera similar, el tema de una concubina/esposa que había regresado a la casa de su padre y necesitaba ser recuperada por su esposo es llamativamente evocativa de la historia de David y Mical (1 Sm 18:27b; 2 Sm 3:12-16).

En consecuencia, parece que estos dos relatos al final de Jueces también pueden jugar un papel significativo y profundamente teológico: aquí es donde se encuentra la fórmula recurrente que provoca el establecimiento de la institución misma de la monarquía. («No había rey en Israel en esos días, y cada uno hacía lo que le parecía correcto según su propio criterio» [17:6; 18:1; 19:1; 21:25; *cf.* Dt 12:8b; Gn 36:31b]). En otras palabras, este refrán presenta una explicación de por qué Israel experimentaba repetidamente la apostasía y la decadencia social.

Ungir un rey parecía ofrecer la posibilidad de acabar con este patrón deplorable. No obstante, tras un análisis más detallado, tal vez las dos historias no insinúan tanto una realeza en general, sino más bien son una súplica por cierto tipo particular de monarquía. En la teología bíblica, historias decadentes como estas de la tribu de Benjamín deberían haber generado mayor cautela respecto de un rey benjamita —representado en la persona de Saúl— y mayor confianza en una monarquía de la tribu de Judá como la encarnada por la persona de David. En consecuencia, se podría argumentar que el libro de los Jueces estaba redactado como una apologética de la monarquía *davídica*[195].

OTONIEL, AOD
Y SANSÓN

OTONIEL

El primero en la lista de jueces es Otoniel, el sobrino de Caleb de la tribu de Judá (Jc 1:13; 3:9; *cf.* Jos 15:17). Otoniel se convirtió en el yerno de Caleb como recompensa por tomar la ciudad de Debir, también conocida como Quiriat-sefer (Jos 15:13-16; Jc 1:11-12). La identidad —tanto personal como nacional— del adversario de Israel durante la judicatura de Otoniel continúa desafiando a los estudiosos de la Biblia. «Cusán-risataim» (Jc 3:8b, 10) significa «Cusán de doble maldad» —un nombre difícilmente dado por un padre a su niño o adoptado por alguien como apellido. Quizás el autor bíblico pretendía asignar una connotación peyorativa a este opresor[196].

La identidad nacional de Cusán-risataim también es incierta. ¿Era un gobernante mesopotámico o edomita? Se dice que era rey de Aram-naharaim («Aram de los dos ríos» [Jc 3:8b, 10]), una expresión geográfica que en otras partes de la Biblia designaba un sector norte de Mesopotamia (Gn 24:10; Dt 23:4). Sin embargo, los opresores en el libro de Jueces generalmente no viajaban desde tierras tan lejanas, y las letras hebreas que componen la palabra Aram [*'rm*] a veces se confunden con las letras de la palabra Edom [*'dm*] (p. ej., 2 Re 16:6 [dos veces]; 2 Cr 20:2; Ez 16:57; 27:16; *cf.* 1 Sm 21:7 [LXX]). Por eso, algunos estudiosos proponen que Cusán-risataim en realidad provenía de Edom. En vista de que las letras hebreas *r/d* son gráficamente similares y se confunden con frecuencia en el texto bíblico, podría ser fácil obtener la lectura «Edom». No obstante, ni en el texto hebreo ni en otras variantes se puede alegar apoyo para «Edom» en este pasaje particular. Incluso si «Edom» fuera traducido «Aram» por error, tal lectura requiere que se ignore «naharaim». Esa palabra carece de sentido evidente si acompaña a Edom, y nunca se la encuentra vinculada con Edom por medio de un guión en la Biblia ni en la literatura del antiguo Oriente Cercano.

Por otra parte, una teoría más atractiva se presenta si uno considera que el idioma hebreo se escribía originalmente sin vocales y sin espacios entre palabras. Tal vez las letras traducidas «Aram-naharaim» —[*'rmnhrym*], carentes de vocales y sin división entre palabras— deberían haberse dividido *después* de, y no antes de, la letra *n*[197]. El resultado sería entonces *'rmn hrym*, lo cual se traduciría «fortaleza/fortificación montañosa»[198]. La palabra *'rmn* («fortaleza») *sí* se usa en otras partes en relación con Edom, una descripción idónea de sus elevadas e inexpugnables fortificaciones montañosas (Is 34:13; Am 1:12b). Además, el único otro ejemplo bíblico del nombre Cusán se encuentra en un texto poético (Ha 3:7) en el que se imagina un lugar cerca de Edom que no tiene nada que ver con Mesopotamia[199]. Aun así, aunque factible contextualmente, esta explicación está lejos de ser concluyente. De manera que el mapa presenta dos posibles rutas para Otoniel: una que podría haber utilizado contra un enemigo mesopotámico [**1a**] y otra por si su enemigo hubiera sido de Edom [**1b**].

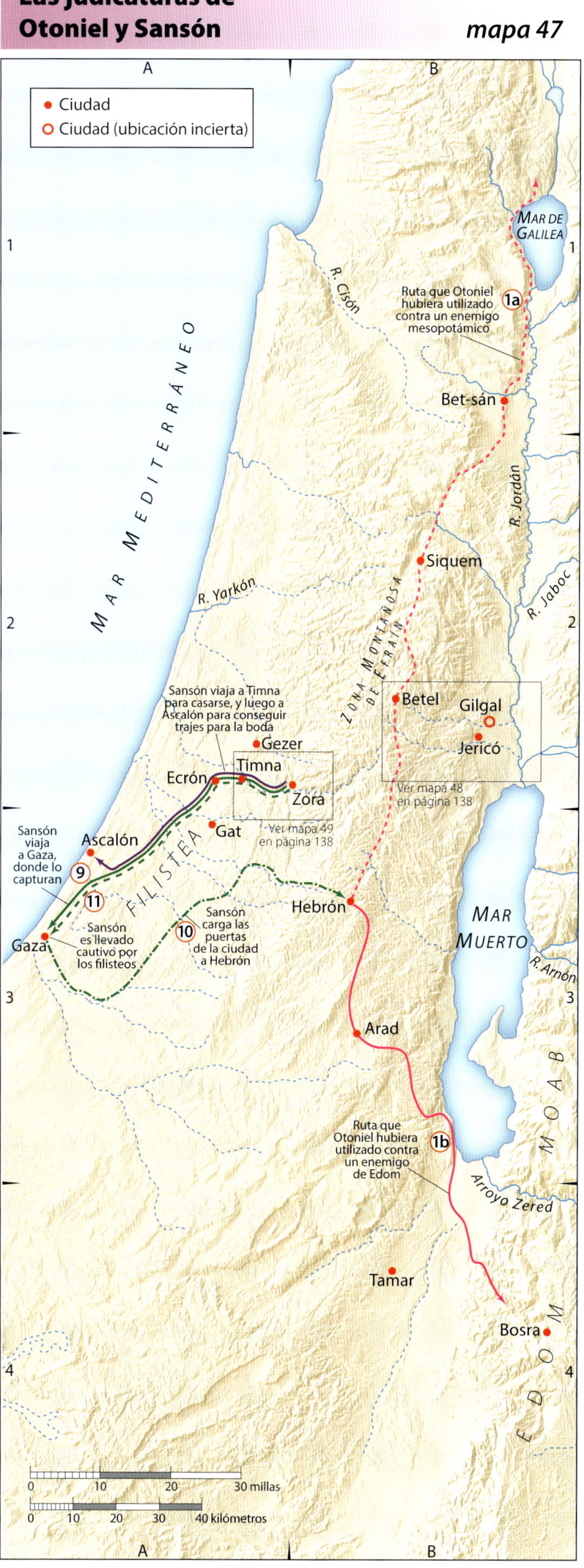

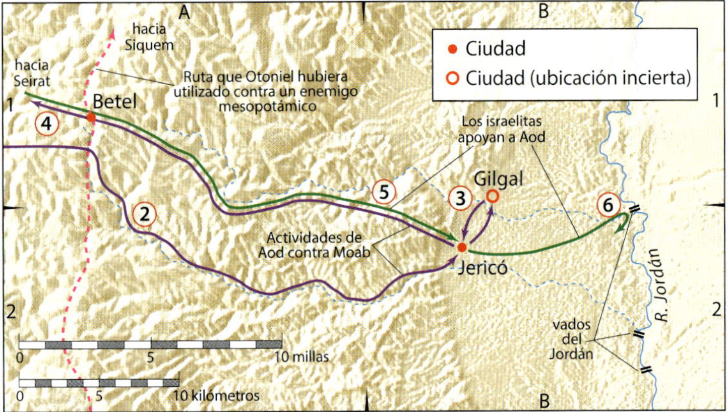

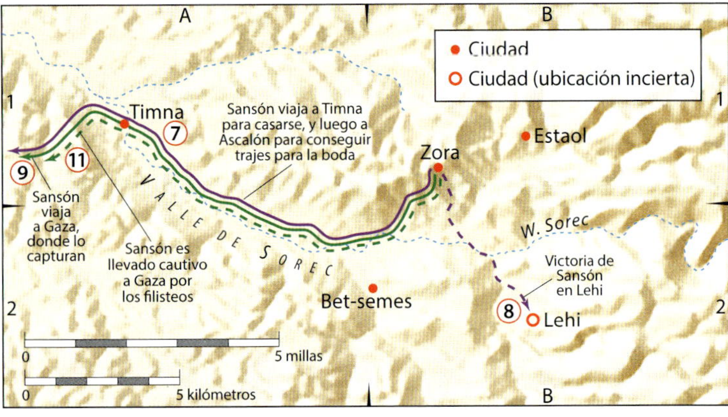

AOD

El llamado de Aod se vio precipitado por la invasión de una confederación de moabitas/amonitas/amalecitas que culminó en una extendida opresión que incluía la ocupación de la «ciudad de las palmeras» por parte del enemigo (Jc 3:12-14). La palabra hebrea para palmeras es *tāmār*, de manera que la escaramuza de Aod a veces es ubicada justo al sur del mar Muerto en la ciudad de Tamar (Jc 1:16; 1 Re 9:18; Ez 47:19; 48:28). Sin embargo, hay que tomarlo con cautela porque «ciudad de las palmeras» también es una descripción explícita de la ciudad de Jericó (Dt 34:3; 2 Cr 28:15). En adición, la ruta de Aod a la ciudad de las palmeras lo llevó por las proximidades de la ciudad de Gilgal: una ubicación incierta, pero que no puede estar situada al sur del mar Muerto. Además, el papel crucial que jugaron los hombres de la «zona montañosa de Efraín» en los «vados del Jordán» (Jc 3:27-28) nos obliga a ubicar el episodio de Aod al *norte* del mar Muerto y cerca del río Jordán. Y aunque Josué maldijo la ciudad de Jericó (Jos 6:26; *cf.* 1 Re 16:34), eso no significa que los *moabitas* no hubieran podido establecerse en ese lugar.

Aod usó la ocasión del pago de impuestos para aprovechar la vulnerabilidad de Eglón, el rey moabita [2]. Cuando la delegación que él dirigía inició el regreso a casa luego de pagar el tributo, Aod volvió solo ante el rey y lo engañó con la promesa de un mensaje secreto [3]. Luego, habiendo asesinado a Eglón, Aod huyó hacia Seirat [4] en la «zona montañosa de Efraín»

(3:27), donde convocó la ayuda de los israelitas. Los hombres que respondieron lo siguieron hasta Jericó [5], mientras que otros pasaron hasta los vados del Jordán [6] e impidieron que los moabitas huyeran hacia sus casas.

SANSÓN

En varios sentidos, Sansón representa una figura enigmática y desconcertante. Como juez, careció de seguidores y al fin y al cabo no tuvo éxito en su intento por acabar con la opresión filistea. (Observamos al final del ciclo de su historia la ausencia de una referencia a un enemigo derrotado o de un período de paz en Israel). Como persona, Sansón expresó un desprecio tácito por los valores de sus padres y por la preparación espiritual de su identidad nazarea. Era impulsivamente sensual y verbalmente vulgar, y la catarsis espiritual vinculada con su muerte modifica muy poco esta evaluación básica. Si el libro de Jueces fue escrito para mostrar una judicatura descentralizada incapaz de evitar la apostasía recurrente, ofreciendo en su lugar argumentos para el oficio de rey, tal vez sea entendible que el ciclo de Sansón represente el último relato de judicatura del libro. En proporciones sin precedentes, Sansón encarna las tendencias innatas de sus propios gobernados.

Los problemas de Sansón con los filisteos comenzaron cuando vio a una muchacha de Timna (tell Batash) y exigió a sus padres que arreglaran la boda con ella [7]. Sin embargo, ante las muchas lágrimas y las preguntas persistentes de su novia, Sansón perdió la apuesta del acertijo de su boda, lo cual lo obligó a hacer un viaje a Ascalón para conseguir trajes para sus acompañantes en la celebración de casamiento (Jc 14:1-20). La mujer fue dada en matrimonio a otro hombre, lo que a su tiempo llevó a Sansón a incendiar los campos de trigo filisteos, probablemente en el valle de Sorec no muy lejos de Zora, su ciudad natal (Jc 15:1-8). Los filisteos se vengaron atacando a los hombres de Judá, quienes inmediatamente se desvincularon de Sansón e intentaron entregarlo a los filisteos en la ciudad de Lehi (15:9-13). Sin embargo, Sansón rompió fácilmente las cuerdas que lo ataban y utilizó una quijada de burro para cobrar venganza sobre sus enemigos por segunda vez [8] (15:14-17).

Más tarde, Sansón fue a Gaza donde se quedó con una prostituta [9]. Pensando que con toda seguridad tenían a su enemigo atrapado en la ciudad, los hombres de Gaza procuraron impedir la partida de Sansón. No obstante, en medio de la noche Sansón sencillamente traspasó la muralla de la ciudad de Gaza, arrancó las puertas de la ciudad junto con sus postes, y huyó a la región de Hebrón (16:1-3) [10]. La aventura amorosa de Sansón con Dalila finalmente lo llevaría de regreso a Gaza, pero en la humillante forma de un esclavo ciego de los filisteos [11] (16:4-22). No satisfechos con tenerlo apresado en Gaza, los filisteos decidieron burlarse públicamente de su trofeo humano. Así fue como este último juez de Israel tuvo la oportunidad de vengarse de sus enemigos por tercera vez, aunque en esta ocasión también pagó por ello con su propia vida (16:23-31).

LA JUDICATURA DE DÉBORA Y BARAC

Débora fue una profetisa y una jueza (Jc 4:4-5) cuya judicatura ha sido singularmente transmitida en dos formas: relatada en prosa (Jc 4) y celebrada en poesía (Jc 5). Posiblemente provenía de la tribu de Isacar (5:15a). En su posición de autoridad convocó a Barac, un habitante de Cedes-neftalí (¿tell Qedesh?), para comandar las fuerzas de Israel contra la cruel opresión cananea que había durado 20 años (4:3b). En contraste con los demás jueces mayores, la judicatura de Débora se relacionaba con los elementos nativos de dentro de Canaán, y en este caso, las fuerzas de Israel también se vieron obligadas a enfrentar una fuerza militar imponente que incluía cientos de carros de hierro.

El relato identifica al antagonista como Jabín, «rey de Canaán» de Hazor (tell el-Qedah). El mariscal de campo de Jabín, Sísara, estaba viviendo en el momento decisivo con su fuerza de carros en un lugar llamado Haroset-goim (Jc 4:2-3), una entidad desconocida que no aparece en otras partes de la literatura antigua. Si la palabra se refiere a una ciudad, un posible candidato sería las ruinas de khirbet el-Harbaj, situadas a unos 13 km al suroriente de la moderna Haifa al lado del río Cisón[200]. Como otra opción, se cree que el primer elemento del nombre —Haroset— deriva de una palabra acadia para *plantación*, abriendo la posibilidad de una «plantación», un «bosque» o incluso una «región/llanura»[201]. Todo lo que se puede decir con cierta confianza es que Haroset-goim tiene que haber sido una entidad geográfica situada muy cerca del río Cisón. Cuando se movilizó para la batalla, el ejército de Sísara se reunió junto al Cisón (4:13), presuntamente no demasiado lejos de Meguido (5:19b). Después de la batalla en el monte Tabor, al retirarse ante la valiente persecución de Barac, Sísara llegó nuevamente a Haroset-goim (4:16), donde sus carros quedaron atrapados en las aguas del Cisón y su ejército fue destruido (Jc 5:21; *cf.* Sal 83:9).

Flanqueado por partes del valle de Jezreel/Esdraelón, el aislado monte Tabor fue el escenario de la victoria de Barac sobre las fuerzas cananeas de Sísara.

La milicia de Barac, carente de entrenamiento y mal equipada (5:8b), incluía hombres de las tribus de Neftalí, Zabulón, Benjamín, Isacar, Efraín y probablemente Manasés (4:6, 10; 5:14-15). Desplegadas en las alturas del monte Tabor, las fuerzas de Barac atacaron a la orden de Débora, lanzándose montaña abajo sobre el ejército cananeo (4:12-14). Las tropas desconcertadas de Sísara fueron rápidamente atrapadas en las aguas crecidas del Cisón[202]. En un intento por escapar, Sísara abandonó su carro y huyó del campo de batalla a pie. Corrió hacia el oriente, hasta llegar finalmente a un lugar en la sección sur de la tribu de Neftalí cerca de Cedes-neftalí (4:11b), identificado como el roble de Saananim (Jos 19:33). Irónicamente, halló traición en lugar de seguridad en la carpa de un *aliado* (Jc 4:17-22).

A las tribus galileas en particular, la victoria de Barac durante la judicatura de Débora las liberó temporalmente del yugo cananeo bajo el cual habían yacido durante décadas y les permitió recuperar territorio previamente controlado por Israel. A pesar de que Hazor sufrió una destrucción masiva en el siglo XIII a. C., recientes investigaciones arqueológicas han mostrado que el sitio fue ocupado de nuevo en el siglo XII a. C., aunque tenía un tamaño muy reducido y consistía mayormente de características arquitectónicas menores[203]. Al mismo tiempo, debido a que esta victoria involucró tribus tanto del lado norte como del lado sur del valle de Jezreel, es posible que hubiera provisto a Israel de una nueva medida de control sobre ese entorno agrícola productivo, al menos por un tiempo breve (Jc 6:3-5).

LAS JUDICATURAS DE GEDEÓN Y JEFTÉ

Las judicaturas de Gedeón y Jefté vieron confrontaciones con dos enemigos transjordanos —los madianitas y los amonitas— que parecen haber estado bien establecidos para la Edad del Hierro[204]. Los madianitas, que aprovechaban la domesticación del camello como nuevo medio de comercio, jugaban un papel importante en el comercio de especias e incienso desde el interior de Arabia[205]. El camello también ofrecía una nueva táctica para la guerra (Jc 6:5; 7:12; 8:21, 26). El ataque nocturno de Gedeón (Jc 7:17-23) puede haber sido diseñado para neutralizar la superior movilidad del enemigo. El estruendo de 300 cuernos de carnero en un escenario nocturno habría provocado el pánico y la estampida de los camellos, y las antorchas podrían haber sido utilizadas para incendiar las carpas de los madianitas. El texto sugiere una victoria israelita abrumadora que abarcó un territorio considerable, desde el monte More (Jc 7:1), pasando por las ciudades de Sucot (¿tell Deir Alla?, 8:5) y Peniel (¿tell edh-Dhahab esh-Sharqia?, 8:8) hasta llegar a Carcor (¿Qarqar?), unos 270 km al suroriente y un importante sitio de caravanas en el wadi Sirhan, en el interior del desierto Oriental (Jc 8:8-10) [**mapa 62**].

Durante el mismo período, los amonitas lograron fortalecer sus fronteras con una serie de enormes fortalezas hacia el occidente y el sur de su capital Rabá/Ammán[206]. Desde allí se envalentonaron y lanzaron ataques contra Galaad e incluso contra las regiones de Judá, Benjamín y Efraín (Jc 10:8b-9), lo que causó que los desesperados ancianos de Galaad acudieran a Jefté, un marginado que tiempo atrás había sido expulsado de la casa de su padre por las circunstancias de su nacimiento (Jc 11:1-3). Jefté había huido a la tierra de Tob (¿et-Taiyiba?), al oriente de la ciudad de Ramot de Galaad, donde había demostrado ser un guerrero eficaz y se había rodeado de un pequeño ejército de mercenarios libertinos. Indudablemente fue con cierto temor e incomodidad que los ancianos recurrieron a Jefté para su liberación. No obstante, como resultado de ciertas hábiles negociaciones, Jefté los acompañó a Mizpa de Galaad (¿khirbet Jel`ad?) donde fue oficialmente instalado como «caudillo y comandante» de toda Galaad (Jc 11:4-11).

Jefté, sin embargo, fue menos exitoso en sus negociaciones con los amonitas, y se vio obligado a reclutar tropas de las tribus de Gad y Manasés oriental para realizar incursiones contra varias ciudades amonitas alrededor de Mizpa y al sur tan lejos como Aroer y Abel-keramim (Jc 11:15-33). Los hombres de Efraín se indignaron por no haber sido incluidos en la formación del ejército de Jefté (Jc 8:1). Sintiéndose despreciados y privados de compartir del botín, «cruzaron [el río Jordán y llegaron] a Zafón» (no «hacia el norte», como se halla en algunas traducciones) donde forzaron a Jefté a entrar en una guerra civil que terminó en una derrota efraimita (Jc 12:1-6).

Lamentablemente para el Israel transjordano, este conflicto interno puede haber hecho que los amonitas se recuperaran más fácilmente de las pérdidas sufridas a manos de Jefté. A comienzos del reinado de Saúl (1 Sm 11:1-4) un ejército amonita confederado logró sitiar la ciudad de Jabes de Galaad. [**Ver también mapa 54**].

La judicatura de Gedeón — mapa 51

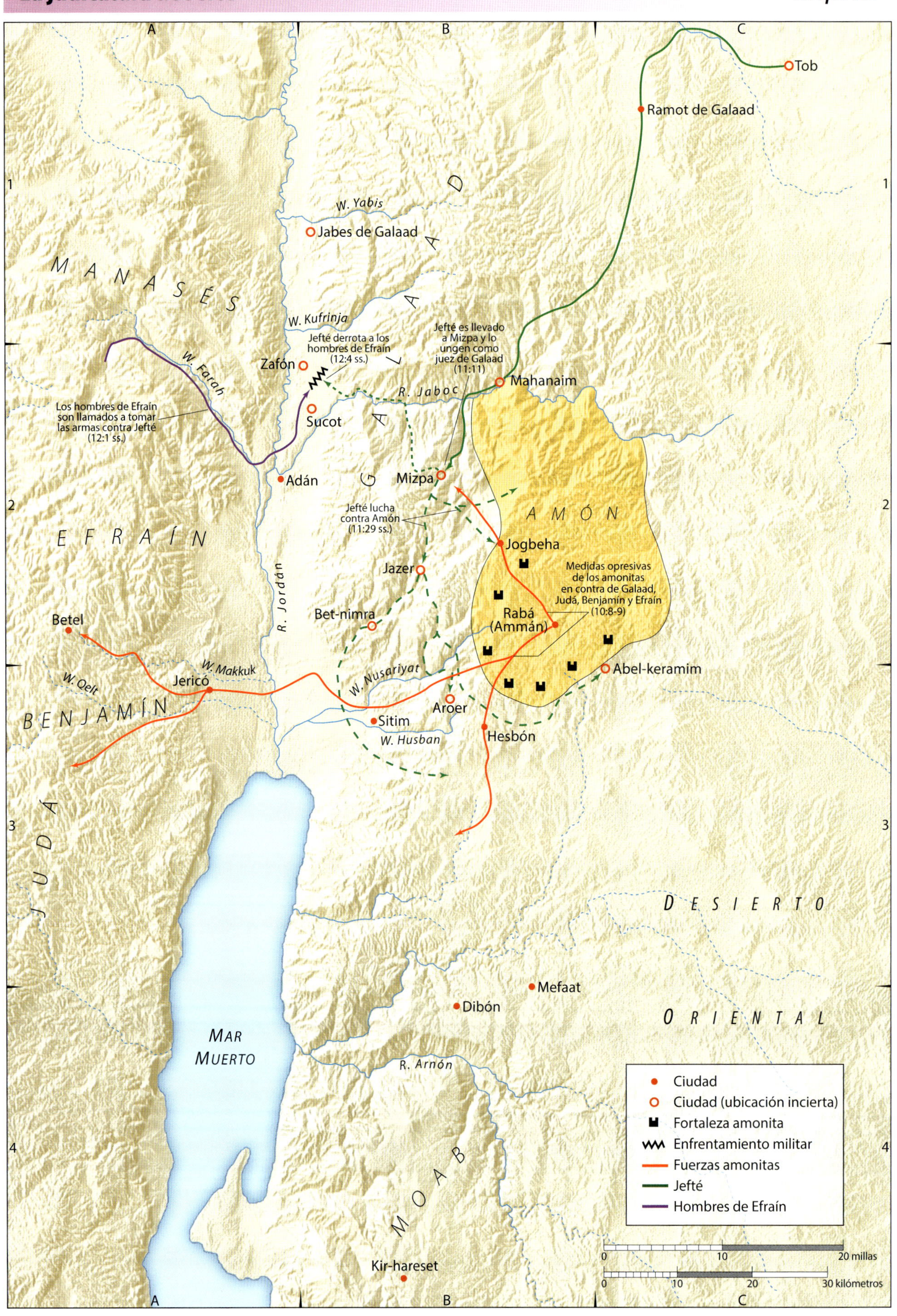
Tob
Ramot de Galaad
MANASÉS
W. Yabis
Jabes de Galaad
GALAAD
W. Kufrinja
Jefté derrota a los hombres de Efraín (12:4 ss.)
Zafón
Jefté es llevado a Mizpa y lo ungen como juez de Galaad (11:11)
W. Farah
Mahanaim
R. Jaboc
Los hombres de Efraín son llamados a tomar las armas contra Jefté (12:1 ss.)
Sucot
Adán
Mizpa
AMÓN
Jefté lucha contra Amón (11:29 ss.)
EFRAÍN
Jogbeha
Jazer
Medidas opresivas de los amonitas en contra de Galaad, Judá, Benjamín y Efraín (10:8-9)
Rabá (Ammán)
Bet-nimra
Betel
R. Jordán
Abel-keramim
W. Makkuk
W. Nusariyat
W. Qelt
Jericó
BENJAMÍN
Sitim
Aroer
Hesbón
W. Husban
JUDÁ
DESIERTO
MAR MUERTO
ORIENTAL
Mefaat
Dibón
R. Arnón
MOAB
Kir-hareset
Ciudad
Ciudad (ubicación incierta)
Fortaleza amonita
Enfrentamiento militar
Fuerzas amonitas
Jefté
Hombres de Efraín
0 10 20 millas
0 10 20 30 kilómetros

LOS MOVIMIENTOS DEL ARCA

Los filisteos, e incluso los israelitas en cierto sentido, eran un pueblo extranjero que había llegado a colonizar las tierras de Canaán aproximadamente al mismo tiempo. Los israelitas lograron el control de las montañosas tierras altas centrales, mientras que los filisteos dominaron las llanuras costeras de Canaán suroccidental. [**Ver mapas 42 y 43**]. Era inevitable que surgieran tensiones entre los dos grupos, especialmente porque ambos intentaban expandirse y explotar los ricos y productivos valles agrícolas de la Sefela que los separaba. [**Ver mapa 12**].

En la época de Samuel, las tensiones dieron lugar a hostilidades abiertas e Israel sufrió una derrota en la ciudad de Afec (tell Afeq), al borde de la llanura costera (1 Sm 4:1b-2). Comprendiendo la gravedad de su situación, los ancianos de Israel decidieron trasladar el arca del pacto. Ya contagiados de la teología cananea con su propensión a la magia y al uso de dioses locales, los ancianos habían llegado a creer que la presencia física de Dios en una batalla garantizaría mágicamente la victoria. Por lo tanto, el arca fue enviada desde Silo (khirbet Seilun) al campamento israelita en Ebenezer (¿Izbet Sartah?). Fue acompañada por Ofni y Finees, los dos hijos de Elí, el principal sacerdote del Señor (4:3-4). El griterío y la celebración que acompañaron la entrada del arca en el campamento de Israel fueron tan grandes que lo oyeron las fuerzas filisteas estacionadas al otro extremo de la llanura

en Afec. Con sus creencias teológicas igualmente cananeas (2 Sm 5:21a; 1 Cr 14:12a), los filisteos comprendieron inmediatamente las implicaciones de este hecho. Intentaron inspirar a sus guerreros «a actuar como hombres y a pelear con valentía» porque suponían que ahora tendrían que luchar contra el ejército de Israel *y* el Dios de Israel (1 Sm 4:5-9).

El fervor filisteo les ganó la victoria, resultando en una derrota catastrófica para Israel. Su ejército fue diezmado. Ofni y Finees, quienes habían cargado el arca, fueron muertos. Lo más humillante de todo fue que el arca sagrada de Israel fue capturada por los filisteos [**1**]. Además, las evidencias arqueológicas parecen indicar que la ciudad sagrada de Silo en sí fue destruida en esa ocasión[207], presuntamente a manos de los mismos filisteos que se vieron alentados a aprovechar su victoria y a ejercer presión en las tierras altas centrales de Canaán (Sal 78:60; Jr 7:12-15; 26:6-9). Lo que *sí* está claro es que Silo dejó de jugar un papel significativo como ciudad sagrada y que los filisteos pudieron establecer guarniciones en otras partes de las tierras altas centrales no lejos de Silo, incluyendo Guibeá, Geba y Belén (1 Sm 10:5; 13:3-4; *cf.* 2 Sm 23:14; 1 Cr 11:16).

Los victoriosos filisteos llevaron el arca capturada a la ciudad de Asdod, donde la instalaron a modo de trofeo en el templo de Dagón [**2**], el dios patrono de los filisteos (*cf.* Jc 16:23; 1 Cr 10:10)[208]. Pero la euforia filistea fue de corta duración. A los

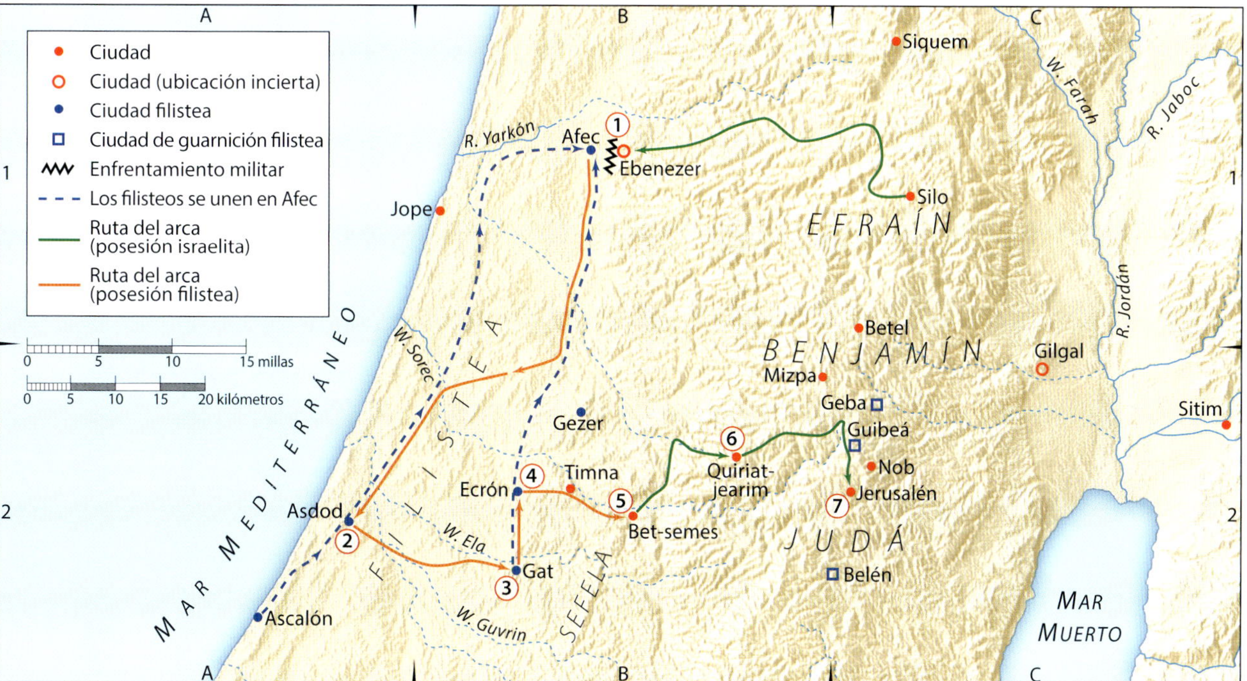

Los movimientos del arca

pocos días Dagón se había caído y roto en pedazos frente al arca, y un brote de «tumores» (posiblemente la peste bubónica)[209] fue reportado por todo el distrito de Asdod (1 Sm 5:1-6). En un intento de evitar más calamidades, se decidió trasladar el arca al interior, a la ciudad filistea de Gat (Ṭeṣ-Ṣafi), pero nuevamente se desató una epidemia [3]. Trasladaron una vez más el arca a la ciudad de Ecrón (tell Miqne), con el mismo resultado [4].

Finalmente, los filisteos reconocieron que había llegado el momento de intentar aplacar la ira de la deidad israelita (1 Sm 5:7-12). Instalaron el arca, junto con una «ofrenda por la culpa», sobre una carreta tirada por dos vacas y la enviaron por el valle de Sorec, pasando por Timna, en dirección a Israel, con lo que acabaron con sus siete meses de sufrimiento (6:1-12). El arca regresó a manos israelitas, llegando en la época de la cosecha en los campos contiguos a la ciudad levítica de Bet-semes (tell er-Rumeilah), donde algunos levitas la recibieron (6:13-16) [5].

Una vez allí, la posesión de ese objeto de la religión israelita fue motivo de gran regocijo, y ofrecieron sacrificios de acción de gracias a Yahveh. Pero cuando algunos de los habitantes de Bet-semes se atrevieron a mirar adentro del arca sagrada, un gran número de ellos murieron, posiblemente junto con sus bueyes[210]. Después de este incidente desafortunado (6:17–7:2), los israelitas llevaron el arca a la ciudad de Quiriat-jearim (tell Qiryat Yearim) y la guardaron allí en la zona montañosa [6].

El arca del pacto permaneció en Quiriat-jearim durante varios años, hasta la época de David (2 Sm 6:1-5; 1 Cr 13:6-8; 2 Cr 1:4), aunque en ciertas ocasiones puede haber sido llevada nuevamente al sitio de algún conflicto israelita (1 Sm 14:18). En su entusiasmo inicial por llevar el arca a su nueva capital de Jerusalén, David descuidó trasladarla de la manera establecida, y una vez más la desgracia vino asociada a este objeto (2 Sm 6:6-9; 1 Cr 13:9-12). No obstante, después de tres meses, otra misión transportó el arca en la manera adecuada a su hogar en la ciudad santa (2 Sm 6:10-19; 1 Cr 15:2-15) [7].

Parece razonable llegar a la conclusión de que, con unas pocas y breves excepciones (2 Sm 11:11; 15:24; *cf.* 2 Cr 35:3), el arca permaneció en Jerusalén por el resto de su existencia. Finalmente, fue trasladada al templo de Salomón (1 Re 8:1-8), donde permaneció hasta que las tropas babilónicas al mando de Nabucodonosor destruyeron sistemáticamente la ciudad

y el templo en el 586 a. C. Lo que ocurrió con el arca en ese momento es asunto de opiniones ampliamente divergentes, y el judaísmo primitivo sugiere por lo menos cuatro respuestas posibles. Tal vez (1) fue llevada a Babilonia y guardada allí durante el cautiverio junto con los demás objetos sagrados del templo (2 Cr 36:10; Esd 1:7-10; 5:14-15; 6:5)[211]; (2) fue ocultada secretamente bajo el complejo del templo mismo[212]; (3) fue llevada por el profeta Jeremías, quien la escondió en el monte Nebo[213]; o (4) fue destruida por los soldados babilónicos como parte de sus estragos en el templo. Por otra parte, una tradición samaritana afirma que el arca fue escondida en el monte Gerizim[214].

Es de suponer que el profeta Jeremías estuviera presente en Jerusalén en ese tiempo e incluso pudo haber sido testigo de la destrucción del templo. Sin embargo, su único comentario pertinente en este sentido fue que el arca «ya no vendría a la mente, ni sería recordada, ni sería extrañada ni sería reconstruida» (Jr 3:16), lo cual lamentablemente es demasiado ambiguo como para ser de ayuda. No hay ninguna referencia posexílica al arca en el Antiguo Testamento, y las únicas dos referencias al arca en el Nuevo Testamento (Hb 9:4-5; Ap 11:19) tampoco son de ayuda.

En el año 63 a. C., el general romano Pompeyo aplastó de golpe a la milicia macabea, capturó Judea y Jerusalén[215] y reclamó el derecho de entrar en los recintos sagrados del templo y de ver todo lo que había sido prohibido que viera la gente[216]. [**Ver también mapa 93**]. Evidentemente, Pompeyo examinó muchos objetos sagrados, incluyendo el candelabro de oro, la mesa de oro, numerosas vasijas y especias y la cámara del tesoro, pero no hay ningún indicio de que haya visto un «arca». De hecho, el historiador Tácito registra explícitamente que el Lugar Santísimo estaba totalmente vacío en ese momento. Suponiendo la exactitud de estos informes, algunos estudiosos han concluido que las formas de culto del judaísmo posexílico y la institución de la sinagoga volvieron superflua el arca. Algunos incluso han relacionado la experiencia de Pompeyo de hallar vacío el Lugar Santísimo con un refrán que con el tiempo se extendió por buena parte del Imperio romano y que tildaba a los judíos de «ateos»[217], una lamentable caracterización errada del judaísmo que pudo haber contribuido a represión innecesaria a manos de varias entidades diferentes en la antigüedad.

LAS GUERRAS DEL REY SAÚL

Si el libro de Jueces había demostrado que Israel era vulnerable a los ataques del enemigo a nivel tribal, la debacle en Ebenezer [**mapa 53**] subrayó vívidamente la misma realidad, pero a escala nacional. De modo que una delegación de ancianos se presentó ante Samuel, pidiéndole que Israel se volviera como sus vecinos y que se le asignara un rey (1 Sm 8:1-6). Ostensiblemente su solicitud se basaba en la edad avanzada de Samuel y en la corrupción de sus hijos, pero al fin de cuentas su motivación era la de crear una monarquía. Querían tener un líder *nacional* quien dirigiría su ejército contra las amenazas enemigas que se presentaran y que evitaría otra calamidad como la pérdida del arca (8:19-20).

En un sentido, su pedido de establecer una monarquía no tenía nada de extraño. Después de todo, ya se había abordado la posibilidad de que una institución así llegara a ser parte de la experiencia de Israel en la tierra de promesa (Dt 17:14-17). Las únicas condiciones eran que la persona elegida no debía ser extranjera y, casi como un contrapunto al reinado de Salomón, el rey no debía multiplicar para sí caballos, esposas o riquezas. Sin embargo, en esta situación particular, el pedido de los ancianos de establecer una monarquía equivalía a repudiar la teocracia. Aun así, Dios le dijo a Samuel que accediera a su pedido.

Samuel acató el pedido, pero declaró, tal vez proféticamente en vista del reinado de Salomón, que el nombramiento de un rey en Israel también traería cuatro resultados indeseables. El rey (1) reclutaría un ejército permanente (1 Sm 8:11b-12a; 1 Re 9:22b); (2) confiscaría terrenos y los redistribuiría entre sus propios siervos (1 Sm 8:14; 1 Re 4:7-19); (3) exigiría pesados impuestos (1 Sm 8:15, 17a;

A lo largo del reinado de Saúl, el montículo de Bet-sán (lado derecho de la foto) quedó en manos egipcias; a su muerte, los restos de Saúl fueron empalados en el muro de la ciudad de Bet-sán. Aquí también aparecen las extensas ruinas de la ciudad del Nuevo Testamento, conocida en ese período como Escitópolis.

Ciudad
Ciudad (ubicación incierta)
Ciudad capital
Monte
Enfrentamiento militar
0 5 10 15 millas
0 5 10 15 20 kilómetros
MAR DE GALILEA
GESUR
R. Cisón
R. Yarmuk
Mte. Tabor
Endor
Mte. More
Sunem
6
Meguido
Ruta de ataque de los filisteos a Sunem
7 Jezreel
Mte. Gilboa
Taanac
Bet-sán
Ibleam
Dotán
Jabes de Galaad
Los amonitas sitian Jabes de Galaad
Bezec
2
1
Ruta de ataque de Saúl contra los filisteos
Ruta de ataque de Saúl contra Amón
Tirsa
GALAAD
W. Farah
Siquem
Mahanaim
R. Jordán
R. Jaboc
MAR MEDITERRÁNEO
R. Yarkón
Afec
Ruta de ataque de Saúl contra Amón
Gilgal (de Saúl)
Recorrido de Samuel como juez de Israel (1 Sm 7:15-17)
Ofra
Betel
Gilgal
Bet-horón de arriba
Mizpa
Micmas
Ruta de ataque de los filisteos contra Judá
Ramá
Guibeá
Ver mapa 55 en página 147
Ajalón
Quiriat-jearim
Ecrón
Jerusalén
Bet-semes
FILISTEA
Azeca
Belén
DESIERTO DE JUDÁ
Gat
MAR MUERTO
R. Arnón
MOAB
Kir-hareset

1 Re 12:4); y (4) impondría trabajos forzados para el estado (1 Sm 8:12b-13, 16; 1 Re 5:13-18; 9:15-19).

Saúl fue escogido como el primer rey de Israel, pero su nombramiento no despertó la aprobación inmediata ni unánime (1 Sm 10:27; 11:12). No obstante, cuando las fuerzas amonitas de Nahas sitiaron la ciudad de Jabes de Galaad (¿tell Abu Kharaz?), le llegó a Saúl su momento de oportunidad (11:1-4) [**1**]. Reuniendo su ejército en Bezec (khirbet Ibziq), Saúl emprendió una marcha nocturna hasta Jabes de Galaad, donde dividió sus fuerzas en tres destacamentos y atacó a los amonitas por varios frentes, desde justo antes del amanecer hasta que el día calentó (11:6-11) [**2**]. Saúl desplegó una brillante estrategia para liberar al pueblo de Jabes de Galaad y, como resultado, su nombramiento fue aclamado por toda la nación (11:14-15).

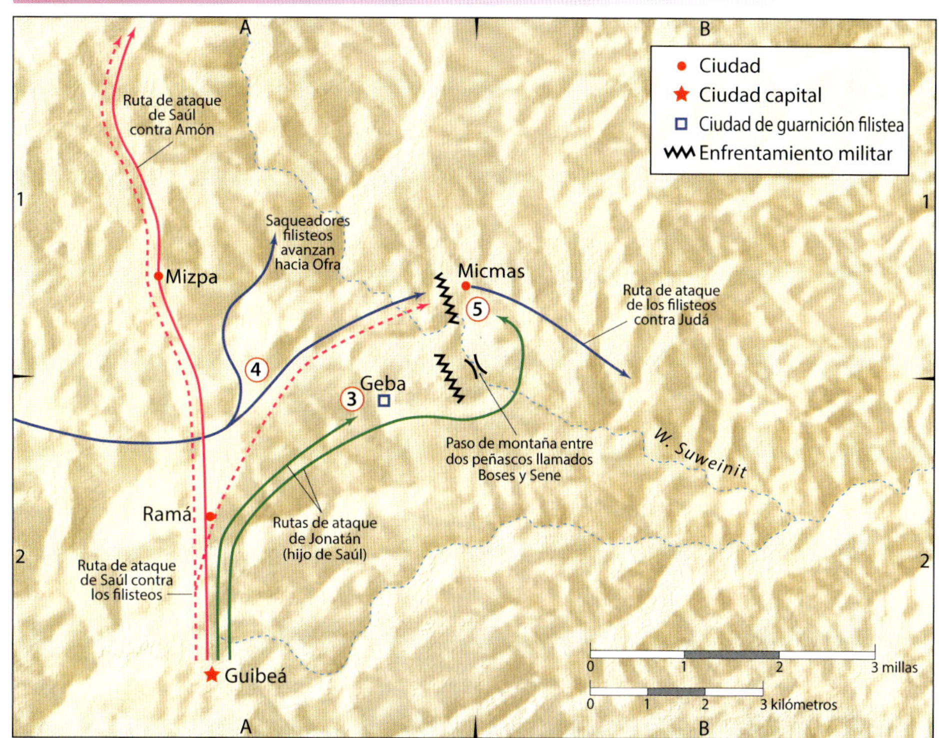

Lamentablemente para él, este sería su único éxito militar descrito detalladamente en la Biblia.

La persistente amenaza de los filisteos todavía no se había resuelto. Cuando Jonatán, el hijo de Saúl, atacó la guarnición filistea en Geba [**3**], el poderoso enemigo occidental contraatacó moviendo miles de caballos, carros y soldados de infantería a una posición para atacar Micmas (khirbet el-Hara el-Fawqa). A la vez, los filisteos enviaron grupos de saqueadores hacia Ofra, Bet-horón y al valle de Seboim (probablemente por el wadi Suweinit desde Micmas hacia el río Jordán [13:15b-23]) [**4**]. El «ejército» de Saúl sencillamente se disolvió frente a una fuerza tan intimidante, y otra vez fue Jonatán quien mostró valentía. Él y su escudero cruzaron furtivamente al campamento filisteo a las afueras de Micmas [**5**], enfrentaron a los enemigos incircuncisos y los derrotaron, persiguiéndolos hacia el occidente por el paso de Ajalón

(14:1-31a). Con la prórroga temporal provista por la redada de Jonatán, aparentemente Saúl se sintió en libertad para iniciar ataques limitados contra otros rivales: Moab, Amón, Edom, Soba y Amalec (14:47-48). [**Ver mapa 56**].

Sin embargo, no muchos años después las fuerzas filisteas consolidadas se reagruparon y establecieron su campamento en el valle de Jezreel en Sunem (Solem), al pie del monte More (28:4a) [**6**]. Tal maniobra hostil efectivamente habría dividido el reino de Saúl de norte a sur. Además, habría hecho imposible que Saúl mantuviera siquiera una apariencia de control sobre el Gran Camino Comercial. En consecuencia, Saúl respondió a este desafío conduciendo su ejército una última vez, hasta el monte Gilboa (28:4b; *cf.* 29:1), al otro lado del valle desde Sunem, donde el escenario ya había sido preparado para una gran confrontación en el valle de Jezreel [**7**]. [Para esta batalla en el monte Gilboa, **ver mapa 59**].

EL REINO DE SAÚL

Varios aspectos tanto del reinado como del reino de Saúl están envueltos en incertidumbre. En cuanto a su reinado, no se puede determinar con certeza ni la edad de Saúl al comienzo de este ni su duración[218]. En cuanto a la extensión de su reino, esa información no es delimitada en ninguna parte de la Biblia. No obstante, sí sabemos que Saúl provenía de la tribu de Benjamín (1 Sm 9:1-2) y vivía en la ciudad de Guibeá (tell el-Ful), que también servía de su ciudad capital durante todo su reinado (10:26). La justificación para una demarcación teórica del reino de Saúl debe hallarse en varios otros hechos.

1. A la muerte de Saúl, su hijo Is-boset fue llevado por el comandante en jefe de Saúl a la ciudad transjordana de Mahanaim (¿tell edh-Dhahab el-Garbi?) y fue instalado allí como el sucesor de su padre. Galaad, Asur[219], Jezreel, Efraín y Benjamín prometieron lealtad a Is-boset (2 Sm 2:8-9), lo cual significa que el emergente reino de Saúl había incluido territorios a ambos lados del río Jordán.

2. Aunque la tribu de Judá no siguió a Is-boset (2 Sm 2:10b), hay evidencia bíblica de que Saúl mismo había disfrutado de mucho apoyo en Judá y en la Sefela oriental. Habría pasado por el territorio de Judá para hacer la guerra a los amalecitas y a los edomitas (1 Sm 14:47-48) y, se puede presumir, para llegar al valle de Ela donde sus fuerzas enfrentaron a los filisteos (1 Sm 17:2; **mapa 57**). Además, David temía por la seguridad de sus padres en Judá (1 Sm 22:3-4) y por su propia vida mientras vivía allí (1 Sm 27:1). Los temores de David eran claramente justificados, ya que Saúl pudo perseguirlo implacablemente a través del territorio de Judá. [**Ver mapa 58**]. En por lo menos dos ocasiones, habitantes del interior de Judá traicionaron a David y mostraron lealtad a Saúl (1 Sm 23:19; 26:1).

3. Un resumen de las hazañas de Saúl incluye la afirmación de que llevó a cabo guerras contra Moab, Amón, Edom, Soba, Filistea y Amalec (1 Sm 14:47-48). [**Vea las flechas rojas en el mapa**]. Aunque una afirmación tan reducida no provee indicación de por qué, cuándo o precisamente dónde ocurrieron esos enfrentamientos, sí sugiere lo que podrían llamarse los «límites exteriores» del reino de Saúl.

En conjunto, estas observaciones sugieren que el centro del reino de Saúl había sido forjado por sus propios compatriotas, los benjamitas, junto con gente de las tierras altas de Efraín, Manasés occidental y Galaad. Saúl tuvo la capacidad de reunir el ejército de Israel en el sitio de Bezec en Manasés (1 Sm 11:8) y se sintió obligado a responder cuando la ciudad de Jabes de Galaad fue atacada (11:5b-7). [**Ver mapa 54**]. La considerable influencia de Saúl se sentía claramente a lo largo de la mayor parte de Judá y, en vista de sus operaciones militares contra los reyes de Soba, es probable que se hubiera extendido por las tierras altas de Galilea también.

Por otra parte, es muy seguro que el reino de Saúl no incluía ni Filistea ni las llanuras costeras más al norte donde está representada arqueológicamente una inequívoca influencia fenicia. Es igualmente evidente que Saúl no pudo mantener el control permanente sobre el valle de Jezreel, donde el masivo sitio egipcio de Bet-sán en particular nunca cayó en manos de Israel[220], lo cual indica que Meguido, el enlace crucial para el transporte desde Bet-sán hacia el sur a Filistea y Egipto, también habría permanecido fuera del control absoluto de Saúl. [**Ver mapa 59**]. De manera semejante, el dominio de Saúl sobre el valle del Jordán probablemente era fluido y tenue. Las evidencias en varias ciudades contiguas al valle, especialmente en el sitio de Saretán (¿tell es-Saidiya?), pero también en el cercano Sucot (¿tell Deir Alla?) y en otros sitios, revelan una presencia filistea conspicua en la primera parte del siglo X a. C.[221] Finalmente, el texto bíblico deja en claro que no fue hasta los días de David que el área de Jebús/Jerusalén fuera incorporada a Israel (2 Sm 5:6-16).

Como resultado, el reino de Saúl puede ser dividido esencialmente en tres sectores: (1) la mayor parte del territorio montañoso entre el valle de Jezreel y al sur hasta Beerseba y las fronteras de Amalec; (2) gran parte de las tierras altas de Galilea al norte del valle de Jezreel, incluyendo el enclave de Dan (1 Sm 3:20; 2 Sm 3:10); y (3) los territorios transjordanos de Galaad y Misor, excluyendo tanto Amón como Moab.

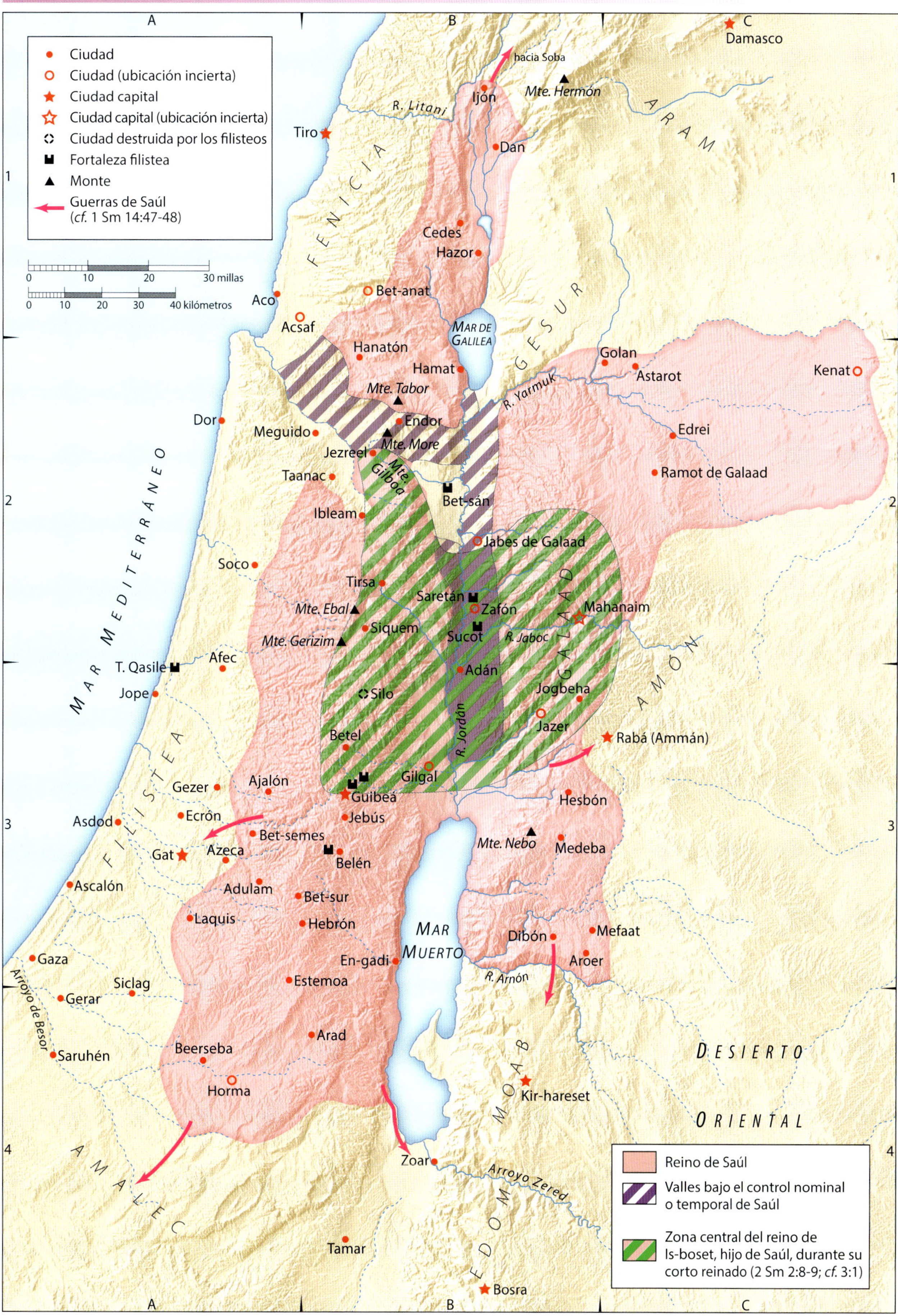

El reino de Saúl
mapa 56

Ciudad
Ciudad (ubicación incierta)
Ciudad capital
Ciudad capital (ubicación incierta)
Ciudad destruida por los filisteos
Fortaleza filistea
Monte
Guerras de Saúl
(cf. 1 Sm 14:47-48)

0   10   20   30 millas
0   10   20   30   40 kilómetros

A   B   C

hacia Soba
Damasco
Ijón
Mte. Hermón
Dan
Tiro
R. Litani
FENICIA
Cedes
Hazor
Bet-anat
Aco
Acsaf
MAR DE GALILEA
GESUR
Hanatón
Hamat
Mte. Tabor
Endor
Mte. More
Golan
Astarot
Kenat
R. Yarmuk
Dor
Meguido
Jezreel
Mte. Gilboa
Edrei
Taanac
Bet-sán
Ramot de Galaad
Ibleam
MAR MEDITERRÁNEO
Jabes de Galaad
Soco
Tirsa
Saretán
Zafón
Mahanaim
Mte. Ebal
Siquem
Sucot
R. Jaboc
GALAAD
Mte. Gerizim
Adán
T. Qasile
Afec
Jogbeha
AMON
Jope
FILISTEA
Silo
Jazer
R. Jordán
Betel
Rabá (Ammán)
Gezer
Ajalón
Gilgal
Hesbón
Guibeá
Jebús
Asdod
Ecrón
Bet-semes
Mte. Nebo
Medeba
Gat
Azeca
Belén
Ascalón
Adulam
Bet-sur
Laquis
Hebrón
Mefaat
Dibón
Gaza
En-gadi
MAR MUERTO
Aroer
R. Arnón
Siclag
Gerar
Estemoa
Saruhén
Arad
Beerseba
DESIERTO
MOAB
Kir-hareset
ORIENTAL
Horma
AMALEC
Zoar
Arroyo Zered
EDOM
Arroyo de Besor
Tamar
Bosra

Reino de Saúl
Valles bajo el control nominal o temporal de Saúl
Zona central del reino de Is-boset, hijo de Saúl, durante su corto reinado (2 Sm 2:8-9; cf. 3:1)

DAVID Y GOLIAT

En lo que fue indudablemente el más celebrado de los numerosos conflictos librados entre los israelitas y los filisteos por el
control de la Sefela de Judá, David enfrentó a Goliat en el valle
de Ela (1 Sm 17:1-54; *cf.* 2 Sm 21:18-22; 1 Cr 20:5-8). Como fue
observado en el capítulo 1, las ciudades a lo largo de los sectores
orientales de la Sefela tendían a reflejar una orientación judaíta
durante toda la Edad del Hierro; las de los bordes occidentales
manifestaban una inclinación geopolítica filistea. En esta ocasión,
los filisteos parecen haber dado el primer paso. Se reunieron en
Soco «en Judá» (khirbet Abbad [2 Cr 28:18]), lo que no se debe
confundir con el Soco en la zona montañosa de Judá (khirbet
Suweika [Jos 15:48]), ubicado aproximadamente a 16 km al
suroccidente de Hebrón. La mención del campamento filisteo
«entre Soco y Azeca» (1 Sm 17:1) indica que los filisteos probablemente ocuparon las crestas del lado *sur* del valle de Ela.

No dispuesto a permitir que tal agresión continuara sin oposición, Saúl y su ejército tomaron sus posiciones, «en las colinas
al otro lado» del valle de Ela (las laderas del lado *norte* del valle).
El valle separaba los dos campamentos (1 Sm 17:1-3). Durante
40 días Goliat, el héroe filisteo, bajaba al valle y se burlaba del
aterrado ejército de Saúl, desafiándolo a enviar a un luchador
para un enfrentamiento personal (17:16). Ese tipo de guerra por
representantes ocurría en varias partes del mundo antiguo[222].

David fue enviado desde Belén por su padre para llevar provisiones y para ver cómo andaban las cosas para sus hermanos que
estaban en el ejército de Saúl. Aparentemente, llegó a la escena
cuando Goliat iniciaba una de sus bélicas acciones de intimi-
dación, y respondió con fe y valentía. David no vio a un gigante
sino a un filisteo incircunciso que desafiaba al ejército del Señor.
Uno lanzaba insultos, pero el otro lanzó una piedra lisa con gran
precisión. El contrincante de David fue muerto con una honda.

Algunos desestiman este relato por considerarlo alegórico o
un ejemplo de exageración historiográfica. Sin embargo, dada
la naturaleza de la guerra en esos tiempos, sería mejor tomarlo
como ilustración de la admirable habilidad que poseían los
antiguos tiradores de honda y la confianza que ponían en esa
arma. El uso de la honda en la guerra está ampliamente atestiguado tanto en el arte como en la literatura de las antiguas Asiria,
Babilonia y Egipto desde tan temprano como mediados del
segundo milenio a. C., y siguió siendo empleada por las tropas
de las ciudades-estado neohititas y de Persia, Grecia y Roma[223].

Al ver que su campeón había sido vencido, los filisteos se dispersaron y huyeron en dirección a sus casas. Algunos echaron a
correr por el valle hacia Gat, mientras que otros se dirigieron en
dirección a Ecrón. Fueron perseguidos por los soldados israelitas, y muchos cayeron a lo largo del camino (17:51-54).

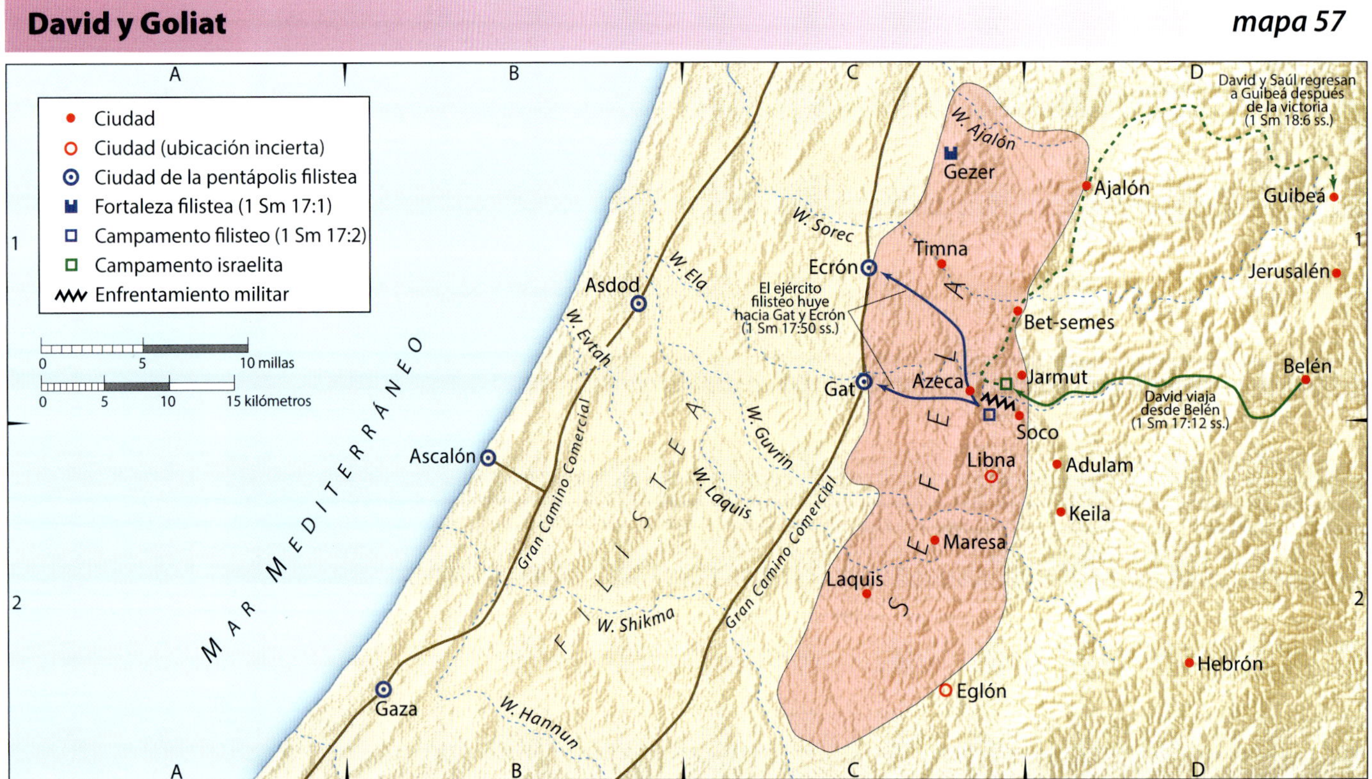

DAVID EL FUGITIVO

«Saúl ha matado a sus miles, y David a sus diez miles» (1 Sm 18:7; *cf.* 21:11; 29:5).

Esto es lo que entonaron las mujeres de Guibeá, la ciudad capital de Saúl, justo después de la asombrosa victoria de David sobre Goliat [**mapa 57**]. Enfurecido por el canto y sus obvias implicaciones políticas, Saúl se dispuso a destruir al joven pastor-soldado. En múltiples ocasiones David se vio obligado a esquivar la lanza de Saúl (1 Sm 18:10-11) antes de reconocer el grado de perturbación del rey (1 Sm 19:1, 11-12). Al ser percibido como enemigo del trono, David no tuvo más alternativa que huir y adoptar la vida de un fugitivo y un bandido, una situación que duró tal vez una década hasta la muerte de Saúl sobre el monte Gilboa (1 Sm 31)[224]. [**Ver mapa 59**].

Primero David huyó y fue a ver al profeta Samuel en Ramá (1 Sm 19:18) [**1**], donde tiempo después fue librado de la mano del rey por Jonatán, el hijo de Saúl. A continuación viajó a Nob [**2**], donde el sacerdote Ahimelec le proveyó de alimento y le entregó la espada de Goliat (1 Sm 21:1-9). Luego David viajó a Gat, la primera de varias ocasiones en las que visitaría la ciudad natal de Goliat (1 Sm 17:4) [**3**]. Mientras estaba en Gat, su fama lo convirtió en un posible blanco del rey y, en una extraña e inquietante ironía, fue forzado a fingir locura para no terminar encarcelado por los filisteos. Huyó tierra adentro a una cueva judaíta en Adulam (1 Sm 22:1-2) [**4**], donde, para ese entonces, se habían unido a él alrededor de 400 guerreros. Aparentemente, David sentía que los miembros de su familia correrían peligro por los ataques de furia de Saúl, así que llevó a su padre y a su madre al refugio seguro de Moab (1 Sm 22:3-4) [**5**], de donde provenía su bisabuela (Rt 4:17-22).

Más adelante, David se estableció en Masada («lugar fuerte») en el desierto de Judá, sobre la costa occidental del mar Muerto (1 Sm 22:4) [**6**], y luego tierra adentro en el bosque de Haret (1 Sm 22:5) [**7**]. Mientras estaba allí, David se enteró de que Saúl le había dado muerte a Ahimelec por haber demostrado lealtad a David. También descubrió que los filisteos estaban saqueando la ciudad judaíta de Keila, así que él y sus hombres —ahora una fuerza de unos 600 guerreros (1 Sm 23:13; 25:13b; 27:2; 30:9)— decidieron ir allí [**8**] y lanzar una contraofensiva (1 Sm 23:5). No obstante, en otro giro irónico David se enteró de que los mismos habitantes judaítas de Keila que él había salvado de la destrucción filistea estarían muy dispuestos a entregarlo en manos de Saúl, de manera que una vez más David huyó (1 Sm 23:5b-14).

Comprendiendo que tanto Saúl como los filisteos lo consideraban una amenaza, y temiendo una posible venganza filistea, David salió de Keila y se metió en el desierto de Judá, primero en el desierto de Zif (1 Sm 23:14) [**9**], y luego en el desierto de Maón

(1 Sm 23:24) [**10**]. Saúl lo perseguía implacablemente, de manera que David siguió hasta un sector inhóspito del desierto de Judá, cerca de En-gadi (1 Sm 23:29) [**11**]. Mientras residía en esa fortaleza, David tuvo una oportunidad ideal para dar muerte a su rival (1 Sm 24:3-7), pero se negó a tomar venganza, sintiendo que no podía hacerle daño al ungido del Señor sin sufrir alguna consecuencia. Después de reconocer que se le había perdonado la vida, Saúl fingió abandonar la persecución, por lo que David se trasladó más al sur y regresó a Masada (1 Sm 24:22) [**12**].

Tiempo después, David reingresó al desierto de Maón [**13**] y llegó hasta las proximidades de las ciudades de Maón y Carmel, donde conoció a Abigail con quien luego se casó (1 Sm 25:1-42). No obstante, una vez más Saúl fue informado de la presencia de David en la región y se sintió inspirado a reanudar su cacería. Se dice que cuando Saúl llegó al desierto, acampó en una colina de Haquila (1 Sm 26:3; *cf.* 23:19). Durante la noche, David y un sirviente entraron sigilosamente al campamento de Saúl. Se llevaron la lanza del rey, que había estado clavada en tierra junto a su cabeza, pero una vez más David eligió no «estirar la mano» contra Saúl (1 Sm 26:5-16). Cuando llegó a una distancia segura, David volvió a recordarle al rey que él no representaba amenaza alguna para la monarquía de Saúl (1 Sm 26:17-25).

Parecería que el trauma de ese incidente marcó un punto de inflexión para David, ya que llegó a creer que su único refugio fuera del alcance de la larga y despiadada sombra de Saúl se encontraba en Filistea. David viajó de nuevo a Gat con sus hombres (1 Sm 27:1-4) [**14**], donde ofreció sus servicios y, presuntamente, su lealtad al rey Aquis. En recompensa David recibió la ciudad de Siclag (tell esh-Sharia)[225], una ciudad en el sur de Filistea, que desde ese momento en adelante debe haber mantenido una fuerte conexión con Judá (1 Sm 27:5-6; *cf.* Ne 11:28a) [**15**]. Tal vez Aquis pensó que sería estratégicamente preferible vigilar este enemigo potencial. O quizás buscaba tener un amortiguador entre él y lo que percibía como una creciente amenaza en dirección de Egipto: las tribus saqueadoras de amalecitas, gesureos y gezritas. Cualquiera fuera el caso, David consideró necesario atacar periódicamente esas regiones en la frontera meridional de Siclag (1 Sm 27:8) [**16**]; (30:8-10) [**19**].

El lamentable efecto de la paranoia de Saúl con relación a David fue que no prestó suficiente atención a su verdadero enemigo: Filistea. Las evidencias muestran que los filisteos habían comenzado a cercar el reino de Saúl, extendiendo su control —que ya incluía la región costera y la ciudad de Bet-sán— al apoderarse del valle de Jezreel y el valle del Jordán. [**Ver mapa 56**]. En preparación por una ofensiva a gran escala, los filisteos reunieron sus tropas en Afec, el escenario de su anterior victoria sobre Israel (1 Sm 4:1-11). [**Ver mapa 53**]. Los soldados

de Aquis formaban parte de esta confederación, y los soldados de David marcharon con ellos a Afec (1 Sm 28:1-2; 29:1-3) [**17**]. Sin embargo, cuando unos comandantes filisteos se opusieron a su presencia, David y sus soldados fueron obligados (y probablemente aliviados) a regresar a Siclag (1 Sm 29:4-11) [**18**].

David se quedó en la región de Siclag por un tiempo, durante el cual le informaron de la muerte de Saúl y Jonatán (2 Sm 1:1-12; 4:10). Después de un tiempo de luto, David le preguntó al Señor sobre sus opciones, ahora que el camino hacia el trono de Judá finalmente carecía de oposición. Siguiendo instrucciones divinas, David y su séquito hicieron un último viaje premonárquico a Hebrón (2 Sm 2:1-4) [**20**], donde fue ungido oficialmente «rey de Judá». ¡El antiguo fugitivo ahora reinaba!

Muchos de los primeros esfuerzos de David en Hebrón parecen haber estado concebidos para sanar la brecha entre Judá y la casa de Saúl. Mandó un mensaje de gratitud a los hombres de Jabes de Galaad por su bondad y valor al proporcionar a Saúl un entierro digno (2 Sm 2:4b-7). De manera tajante y pública se distanció del autoproclamado asesino de Saúl (2 Sm 1:14-16) y del asesinato de Abner (2 Sm 3:33-37). Tomó la iniciativa de entregar a la justicia a los asesinos de Is-boset y de proveer un entierro decente para ese hijo de Saúl (2 Sm 4:9-12). Finalmente, insistió en que su esposa Mical, la hija de Saúl, le fuera devuelta, tal vez como señal inherente para los israelitas del norte de que no quería repudiar la posible sucesión dinástica representada por ese vínculo con Saúl.

LA BATALLA DEL MONTE GILBOA

La serie de sucesos que llevaron al suicidio de Saúl sobre el monte Gilboa es presentada en una forma temática en lugar de cronológica. Una reconstrucción cronológica comienza con los ejércitos filisteos confederados, que estaban decididos a dividir efectivamente en dos al reino de Saúl y, a la vez, reforzar su propio dominio sobre el Gran Camino Comercial. Marcharon de Afec a Sunem (Solem) y dispusieron una línea de batalla en la parte central del valle de Jezreel (1 Sm 28:4a; 29:1, 11b). Aunque comprensiblemente atemorizado, Saúl estaba obligado a enfrentar esta amenaza, de modo que desplegó sus tropas en una estribación periférica del monte Gilboa cerca de Jezreel (1 Sm 28:4b).

Saúl tiene que haber sospechado que la batalla estaba perdida aun antes de comenzar. Los filisteos superaban amplia-mente a su ejército en número de soldados y en tecnología, y el terreno suavemente ondulado en los alrededores de Jezreel serviría de poco para detener la eficacia de la fuerza filistea de carros. Además, había señales inquietantes de juicio divino: Dios se había negado a responder a Saúl por medio de sueños,

Urim o profetas. El silencio de Dios, combinado con la reciente muerte de Samuel, significaba que Saúl se habría sentido solo y abandonado (1 Sm 28:5-6). A pesar de que anteriormente él mismo había intentado erradicar la adivinación en Israel (1 Sm 28:3b), recurrió a la medida extrema de intentar llamar a Samuel a regresar de la muerte para obtener un oráculo de él. Disfrazado y bajo el manto de la oscuridad, Saúl buscó una médium en la ciudad galilea de Endor (khirbet Safsafa), aproxi-madamente a medio camino entre Sunem y el monte Tabor, y contrató sus servicios para conjurar el espíritu de Samuel. No obstante, ¡las palabras de Samuel a Saúl no le dieron consejo ni consuelo! Solamente profetizó calamidades: «Mañana tú y tus hijos estarán conmigo [es decir, muertos]; también el Señor entregará al ejército de Israel en manos de los filisteos» (1 Sm 28:19).

El terreno del monte Gilboa (al fondo) y el valle fértil y plano de Jezreel/Esdraelón se hallan nítidamente diferenciados.

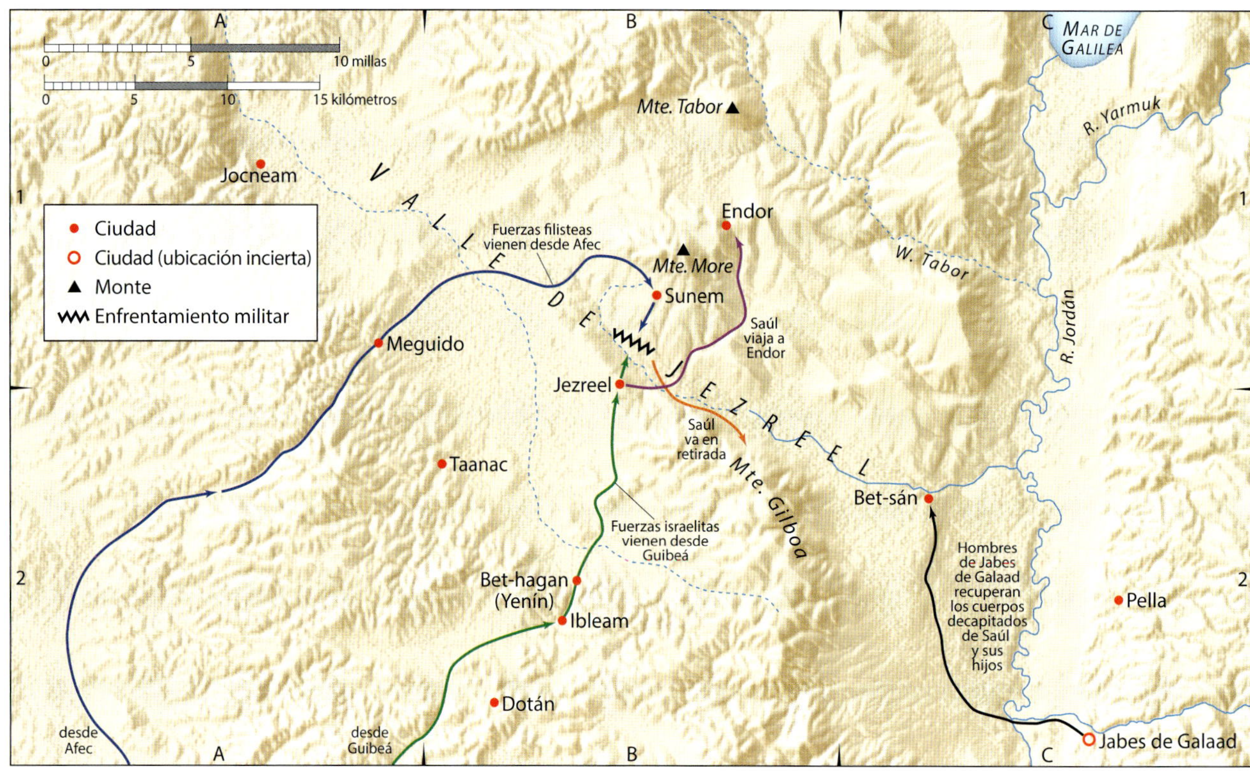

En la batalla del día siguiente los filisteos obtuvieron una victoria rápida y decisiva. El ejército de Saúl fue diezmado y la lista de bajas incluía a tres de sus hijos (1 Sm 31:1-2). El rey mismo fue herido por una flecha. Queriendo evitar la humillación que hubiera implicado su captura, Saúl se echó sobre su propia espada y murió (1 Sm 31:3-5). Al día siguiente, al regresar los soldados filisteos a Gilboa para recoger su botín, se encontraron con el cuerpo de Saúl. Jubilosos, llevaron el cadáver de Saúl a Bet-sán, una importante ciudad en el valle de Jezreel que había sido una isla de dominio egipcio y filisteo durante todo el reinado de Saúl, y allí empalaron su cuerpo decapitado en el muro de la ciudad. También pusieron la armadura de Saúl dentro del templo de Astarot (1 Sm 31:8-10; *cf.* 21:9), una diosa consorte del dios de la tormenta, Baal, principal deidad del panteón cananeo.

Cuando la noticia se difundió, algunos habitantes de Jabes de Galaad (¿tell Abu Kharaz?) oyeron de la profanación hecha contra Saúl y recordaron con gratitud la valentía que Saúl había demostrado en una ocasión anterior cuando los libró de un desastre seguro (1 Sm 11:1-7). De manera que, durante la noche, hombres de Jabes cruzaron el río Jordán, secretamente sacaron de Bet-sán los restos de Saúl y sus hijos, y los llevaron a su propia ciudad para darles un entierro decente (1 Sm 31:11-13).

Cuando las noticias de la desgracia ocurrida en el monte Gilboa llegaron a David en Siclag, él se lamentó por la muerte de Saúl y su hijo Jonatán. «¡Tu gloria, oh Israel, yace muerta en tus alturas! ¡Oh, cómo han caído los poderosos! No lo anuncien en Gat» (2 Sm 1:19-20a). Más adelante, cuando había establecido su gobierno sobre Judá e Israel, David trasladó los restos de Saúl y Jonatán de Jabes de Galaad al sepulcro familiar de ellos en Zela en la tierra de Benjamín (2 Sm 21:12-14).

LAS HAZAÑAS DEL REY DAVID

David tuvo un reinado de 33 años en Jerusalén (2 Sm 5:5b), que llegó a ser el centro neurálgico de un reino que se extendía al sur por lo menos hasta el «río de Egipto» (wadi el-Arish) y el mar Rojo, y tan al norte como Cades del Orontes, Tadmor en el desierto y los bordes de Hamat (2 Sm 8:3, 9-12; 1 Cr 13:5). [**Ver mapa 62**]. Su transformación de la ciudad incluyó mucha construcción y expansión (2 Sm 5:9-11; 1 Cr 11:8-9; 15:1a). [**Ver mapa 93**]. Con el tiempo trajo el arca del pacto dentro de sus muros (2 Sm 6:1-19; 1 Cr 15:3–16:36), con lo que unió por primera y única vez en la historia de Israel su capital política con su capital religiosa. David ambicionaba hacer que esto fuera permanente mediante la construcción de un templo en Jerusalén en el que Yahveh pudiera habitar para siempre (2 Sm 7; 1 Cr 17). No obstante, como David había derramado mucha sangre en batalla, la realización de su sueño quedó reservada para uno de sus hijos (1 Cr 28:3; *cf.* 1 Cr 22:9-10).

El terreno llano en la proximidad de Timna ofrecía a los filisteos un acceso occidental a Judá.

Las principales hazañas militares de David están vinculadas con la primera parte de su reinado. Su ejército tuvo enfrentamientos importantes con los filisteos, los arameos, los edomitas y la alianza amonita-aramea, además de lo que parecen haber sido escaramuzas menores contra los moabitas (2 Sm 8:2; 1 Cr 18:2) y los amalecitas (2 Sm 8:12; 1 Cr 18:11).

En dos ocasiones, no mucho tiempo después de que David había capturado Jerusalén, los filisteos intentaron aplastar a su antiguo vasallo (2 Sm 5:17-21, 22-25; 1 Cr 14:8-12, 13-16) subiendo el valle de Sorec hasta el valle de Refaim, justo al occidente de Jerusalén [**1**]. En por lo menos una de esas incursiones, los filisteos parecen haber sido apoyados por tropas de su guarnición cercana en Belén (*cf.* 2 Sm 23:13-16). En respuesta al primero de esos ataques, David enfrentó directamente a sus enemigos en la ciudad de Baal-perazim, los repelió valle abajo y capturó algunas estatuas de sus dioses que habían sido abandonadas durante su retirada (2 Sm 5:20-21; 1 Cr 14:11-12; *cf.* 1 Sm 4:4-5, 11). En la segunda instancia, flanqueó el asalto de ellos, los atacó por la retaguardia, y los empujó hacia el norte hasta pasar Gabaón y Bet-horón de arriba y tan lejos como Gezer (2 Sm 5:22-25; 1 Cr 14:13-16) [**2**].

Con su frente occidental relativamente seguro, David dirigió su atención hacia sus oponentes transjordanos. Era inevitable que Soba chocara con la monarquía de Israel. La ciudad-estado aramea abarcaba buena parte del Líbano central a lo largo de la frontera septentrional de Israel. No solamente poseía minerales valiosos, viñedos ricos y campos de grano, sino que también sus reyes mostraban a veces tendencias agresivas (2 Sm 10:6-8). David lanzó un golpe exitoso contra Soba, a pesar de que su rey Hadad-ezer recibió apoyo de parte de Damasco (2 Sm 8:3-8; 1 Cr 18:3-8). David se llevó botín de las ciudades sobaítas de Berotai, Tibhat y Cun [**3**]. Esta victoria también llevó a un tratado de amistad entre David y el poderoso reino de Hamat en el norte (2 Sm 8:9-12; 1 Cr 18:9-11). [**Ver mapa 62**].

Después de regresar a Jerusalén, David se enteró de una amenaza presentada por los edomitas, quienes habían bajado de las alturas de su fortaleza y estaban acampando en el

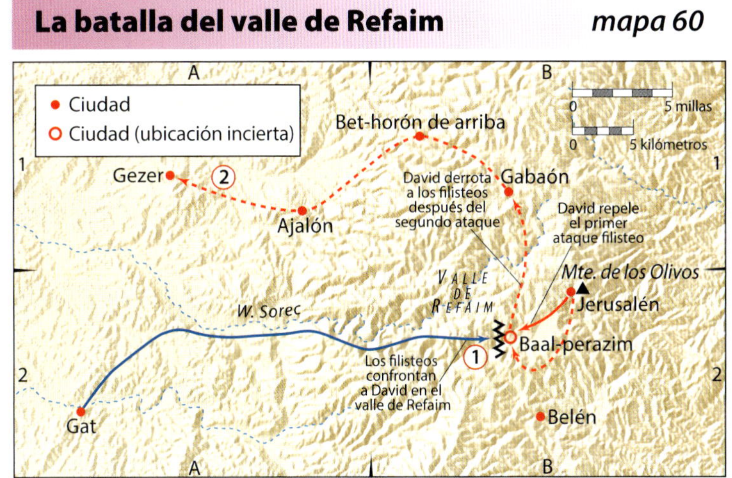

valle de la Sal, cerca del extremo sur del mar Muerto. (Tal vez venían de la antigua capital de Edom, Bosra [Buseirah], sobre el Camino Real, aunque actualmente no se conocen evidencias de la ocupación de este sitio tan temprano como el siglo x a. C.). Actuando rápidamente, David guió sus tropas al valle y aplastó contundentemente al enemigo (2 Sm 8:13b-14; 1 Cr 18:12-13a) [**4**]. Además, tal como había hecho antes en Damasco (2 Sm 8:6; 1 Cr 18:6), David estableció guarniciones militares en varios lugares dentro de Edom (2 Sm 8:14; 1 Cr 18:13) para asegurar su control sobre las vías principales de transporte en las regiones próximas a los bordes nororiental y suroriental de su dominio. Esta victoria también debe haber facilitado mucho el eventual control davídico hacia el sur, hasta el golfo de Aqaba. [**Ver mapa 62**].

Los problemas de David con los amonitas surgieron justo después de la muerte de su rey Nahas, a quien, aparentemente, Saúl había logrado mantener bajo control (1 Sm 11:1-11). A la muerte de Nahas lo sucedió su hijo Hanún, y David envió una delegación para presentar sus condolencias. Sin embargo, los embajadores de Israel fueron públicamente deshonrados en la corte de Rabá (2 Sm 10:1-5; 1 Cr 19:1-5). Dándose cuenta de que David seguramente se vengaría por tal trato humillante de sus hombres, Hanún contrató rápidamente el servicio de una gran fuerza mercenaria de Soba, Bet-rehob, Maaca y Tob, la que marchó en dirección sur hacia Rabá. Mientras tanto, el ejército amonita se puso en pie de guerra a la entrada de su ciudad capital.

Para enfrentar este desafío, Joab —el general del ejército de David— dividió a los soldados israelitas en dos compañías. Él mismo dirigió valientemente un contingente de tropas especiales contra los mercenarios arameos, mientras que el resto del ejército fue puesto al mando de Abisai con la orden de atacar a los amonitas (2 Sm 10:6-14; 1 Cr 19:6-15) [**5**]. El resultado fue una espectacular victoria israelita que incorporó efectivamente el reino de Amón al incipiente dominio de David. [**Ver también mapa 62**].

Poco después de esta derrota, y tal vez con cierta desesperación, Hadad-ezer de Soba solicitó refuerzos de tan lejos como el río Éufrates e intentó un ataque a gran escala contra David, marchando hacia el sur hasta Helam, a corta distancia al nororiente de Ramot de Galaad. Avisado de esta nueva amenaza, una vez más David llevó sus tropas al territorio transjordano. Obtuvo una victoria brillante derrotando rotundamente a los arameos y capturando muchos de sus caballos y carros. Tal triunfo amplió grandemente el horizonte septentrional del reino de David, ya que los vasallos de Hadad-ezer se vieron obligados a realizar un tratado de paz con él (2 Sm 10:15-19; 1 Cr 19:16-19) [**6**].

Un episodio final que ilustra tanto la extensión como la consolidación del reino de David es su censo de la población (2 Sm 24). Enviados bajo la dirección de Joab, un equipo de encuestadores cruzó el río Jordán y comenzó su trabajo en la ciudad de Aroer (Arair), cerca de la frontera de Moab, sobre la orilla norte del río Arnón. Luego viajaron hacia el norte a la ciudad levítica de Jazer (¿khirbet Jazzir?), cerca de la frontera amonita, y después pasaron por Galaad y Galilea antes de llegar a Dan. Desde Dan los encuestadores se dirigieron hacia el mar Mediterráneo junto a Sidón e iniciaron una marcha hacia el sur, pasando por la «fortaleza de Tiro» (¿Ushu?) y las ciudades costeras de los heveos y los cananeos. Terminaron su recorrido en la ciudad de Beerseba en Judá [**8**]. Habiendo pasado casi diez meses en su misión, el grupo regresó a Jerusalén y entregó su informe al rey (2 Sm 24:1-9). Se podría decir que este censo demostró el cierre de un círculo geopolítico que había estado abierto desde los días de la primera ocupación de la tierra por Israel, incorporando especialmente los territorios costeros que no habían sido ocupados en forma permanente por Israel en ese tiempo. [**Ver mapas 42 y 43**].

Dios le había prometido a David que uno de sus hijos construiría un templo en Jerusalén (2 Sm 7:12-16; 1 Cr 17:11-14). Es llamativamente irónico, entonces, que en los años de su declinación cuando David podría haber abrigado esa esperanza para uno de sus hijos, en lugar de ello él mismo se convirtió en objeto de intrigas y repetidas insurrecciones originadas por *sus propios hijos*. El mayor de sus hijos vivos era Absalón, nacido de una esposa que había sido una princesa aramea en Gesur (2 Sm 3:3; 1 Cr 3:2a). Absalón pasó tres años de exilio con su abuelo materno después de asesinar a su medio hermano Amnón en represalia por la violación de su hermana Tamar (2 Sm 13:37-39). Luego, cuando regresó a Jerusalén, Absalón pasó alrededor de cuatro años escuchando las quejas de los súbditos de su padre, ganándose el favor de ellos, y estableciendo una base de poder que incluía hasta a algunos de los consejeros personales de David (2 Sm 14:21-24; 15:1-12). Cuando la oportunidad pareció ser ventajosa, Absalón atacó Jerusalén y logró lo que ningún poder extranjero se hubiera imaginado: expulsar a David de su propia ciudad capital (2 Sm 15:13-37).

Sin embargo, David estaba acostumbrado a ser perseguido y astutamente huyó cruzando el río Jordán (2 Sm 16:1-14) donde buscó refugio en las aisladas tierras altas alrededor de Mahanaim. Recibió provisiones y ayuda de los pueblos de Lo-debar, Rogelim y Rabá (2 Sm 17:27-29) [**7**]. Mientras tanto, allá en Jerusalén, para indicar lo definitivo que era su golpe, Absalón tuvo relaciones sexuales públicamente con las concubinas de su padre (2 Sm 16:22; *cf.* 12:11). Lamentablemente para Absalón, su demora en la ciudad real daría tiempo suficiente a David para preparar una contraofensiva. Cuando Absalón y sus tropas finalmente llegaron, se produjo una batalla en la que Absalón fue muerto por Joab en el bosque de Efraín (2 Sm 18:1-15). ¡La usurpación del poder por parte de Absalón duró realmente poco! Pero en las horas finales de David, aún otro de sus hijos, Adonías, intentó usurpar el reinado. Sin embargo, el título estaba reservado para otro, y David ordenó a Sadoc que ungiera a Salomón (1 Re 1:5-10, 32-40).

Ciudad
Ciudad (ubicación incierta)
Enfrentamiento militar
Ruta del equipo del censo
0 10 20 30 40 millas
0 10 20 30 40 50 60 kilómetros
Tibhat
Cun
SOBA
Berotai
R. Litani
BET-REHOB
David ataca a Hadad-ezer, rey de Soba
Sidón
Damasco
ARAM
Ijón
Dan
Tiro
Ushu (Fortaleza de Tiro)
MAACA
Los amonitas, ayudados por mercenarios arameos, desafían a David
Hadad-ezer guía las fuerzas arameas contra David
Cedes
Hazor
Aco
GESUR
MAR DE GALILEA
Astarot
Helam
Mte. Haurán
David vence a la alianza aramea en Helam
Meguido
R. Yarmuk
Lo-debar
TOB
Bet-sán
Rogelim
Ramot de Galaad
MAR MEDITERRÁNEO
R. Jordán
BOSQUE DE EFRAÍN
GALAAD
Los amonitas, ayudados por mercenarios arameos, desafían a David
Siquem
Afec
Mahanaim
R. Jaboc
AMÓN
Absalón expulsa a David de Jerusalén; provoca una batalla
Fuerzas de Joab
Jazer
Rabá (Ammán)
Fuerzas de Abisai
Gezer
Jericó
Las fuerzas de David conquistan la alianza amonita-aramea
Bahurim
Ajalón
Jerusalén
FILISTEA
Gat
Ver mapa 60 en página 155
Medeba
GAD
Hebrón
Gaza
MAR MUERTO
Aroer
R. Arnón
Arroyo de Besor
Beerseba
NEGUEV
MOAB
Kir-hareset
David derrota por completo a los edomitas
DESIERTO ORIENTAL
VALLE DE LA SAL
Arroyo Zered
Los edomitas amenazan en el valle de la Sal
Bosra
EDOM
Petra

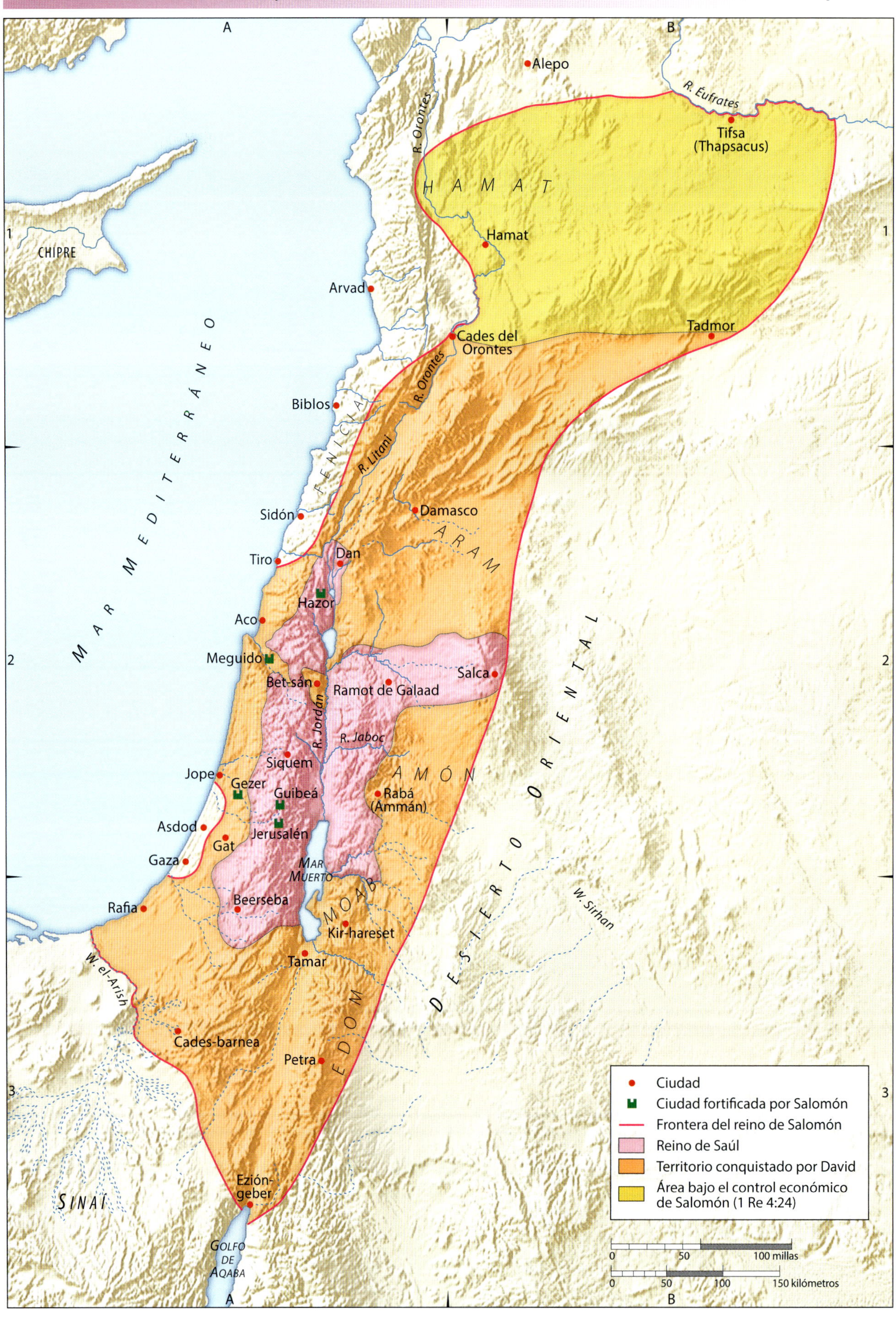
A
B
Alepo
R. Orontes
R. Éufrates
Tifsa
(Thapsacus)
H A M A T
Hamat
Arvad
Cades del
Orontes
Tadmor
F E N I C I A
Biblos
R. Orontes
R. Litani
Sidón
Damasco
A R A M
Tiro
Dan
Hazor
Aco
D E S I E R T O   O R I E N T A L
Meguido
Salca
Bet-sán
Ramot de Galaad
R. Jordán
R. Jaboc
M A R   M E D I T E R R Á N E O
Siquem
A M Ó N
Jope
Gezer
Guibeá
Rabá
(Ammán)
Asdod
Jerusalén
Gat
Gaza
MAR
MUERTO
Beerseba
M O A B
w. Sirhan
Rafia
Kir-hareset
W. el-Arish
Tamar
E D O M
Cades-barnea
Petra
CHIPRE
1
1
2
2
3
3
SINAI
Ezión-
geber
GOLFO
DE
AQABA

Ciudad
Ciudad fortificada por Salomón
Frontera del reino de Salomón
Reino de Saúl
Territorio conquistado por David
Área bajo el control económico
de Salomón (1 Re 4:24)
0   50   100 millas
0   50   100   150 kilómetros

LA RED DE COMERCIO INTERNACIONAL DE SALOMÓN

Salomón heredó un reino extenso y seguro. Su ascenso al trono no fue seriamente desafiado por otros, pero aun así actuó rápida y decisivamente contra Adonías, Abiatar, Joab y Simei (1 Re 2:13-46). En un esfuerzo por garantizar la seguridad externa, Salomón se casó con mujeres de muchas naciones vecinas de Israel (1 Re 11:1-8), incluyendo la hija de un faraón de Egipto (1 Re 3:1; 9:16). Ese matrimonio indudablemente facilitó el camino para la importación de carros de Egipto (1 Re 10:29; 2 Cr 1:17; 9:28)[226], lo mismo que su renovado control sobre Hamat (2 Cr 8:3-4) hizo posible la importación de caballos de Coa/Cilicia (1 Re 10:28; 2 Cr 1:16).

Salomón también llevó a Israel a un breve período de gran expansión comercial. La ubicación, la extensión y la consolidación de su dominio [**mapa 62**] significaron que tenía control sobre las principales vías comerciales que conectaban Egipto, Asia, Arabia y el Mediterráneo [**mapa 64**], lo que produjo beneficios lucrativos para su corte (1 Re 10:14-15; 2 Cr 9:13-14). Es razonable creer que el dominio de esas rutas por parte de Salomón ocasionara la visita de la reina de Saba, que buscaba acceso comercial al mundo mediterráneo y más allá para sus mercancías árabes (1 Re 10:1; 2 Cr 9:1). Al mismo tiempo, él revivió la alianza con Hiram de Tiro, y logró así la importación de grandes cantidades de cedros y cipreses a Israel a cambio de ciertos productos esenciales que no se hallaban en abundancia en Fenicia (1 Re 5:10-11; 2 Cr 2:15-16).

La alianza de Salomón con Hiram se estableció al principio del expansionismo fenicio —tanto comercial como marítimo— en el mundo mediterráneo. Las menciones históricas en la Biblia parecen hablar de dos colaboraciones náuticas entre Hiram y Salomón: una flota mercante compartida en el mar Rojo que navegaba con destino al puerto de Ofir (1 Re 9:26-28; 2 Cr 8:17-18; 9:10-11), y otra en el Mediterráneo que navegaba tan lejos como Tarsis (1 Re 10:22; 2 Cr 9:21). El texto indica que la operación en el mar Rojo, cualquiera que fuera su naturaleza, estaba dirigida casi exclusivamente a explotar los recursos de oro de Ofir (ubicado ya sea en África oriental o en la península arábiga). En cambio, la flota real en el Mediterráneo volvía de Tarsis con cargamentos más variados. Los cronistas bíblicos señalan que los viajes a Tarsis regresaban cada tres años (1 Re 10:22b; 2 Cr 9:21b); no se nos dice con qué frecuencia viajaba la flota en el mar Rojo.

Unos cuantos historiadores influyentes actuales consideran la colaboración de Hiram con Salomón en el mar Rojo como una tradición fiable[227], pero muchas de esas mismas autoridades se vuelven escépticas ante la idea de cualquier iniciativa náutica similar en el Mediterráneo, percibiendo que los historiadores bíblicos estaban valiéndose de la hipérbole, describiendo con estilo imaginativo y exagerado una «edad dorada» de Salomón. Muchísimos eruditos fusionan todos estos textos bíblicos en una única actividad marítima y ubican esa actividad en el mar Rojo, basados en razones de la crítica literaria y/o el peso de un solo texto sinóptico que describe el fallido emprendimiento náutico de Josafat. (Ver abajo). En consecuencia, un espectro muy amplio de estudiosos contemporáneos apoyan la idea de que la frase bíblica «las naves de Tarsis» representa o una designación general poética para el mar o cierto tipo de embarcación apta para navegar en el océano.

TARSIS: UN EMPLAZAMIENTO REAL

No obstante, existen evidencias para justificar un punto de vista alternativo: (1) que en el mar Mediterráneo existió un sitio o sitios en la Edad del Hierro, conocido(s) por los fenicios, asirios e israelitas como «Tarsis»; y (2) que temprano en su historia, ya para el siglo X a. C., hubo fenicios navegando por una amplia extensión del Mediterráneo y que ocuparon en por lo menos una ocasión un sitio conocido como «Tarsis». Estas evidencias son suficientes como para desafiar la idea generalmente aceptada sobre Tarsis descrita previamente, y hasta podrían ser suficientes por sus propios méritos como para acordarles a esas narrativas una verosimilitud histórica a primera vista.

Un examen de las numerosas menciones bíblicas de la palabra «Tarsis» revela cuatro campos semánticos:

- Cuatro veces como nombre de persona (p. ej., Gn 10:4; 1 Cr 7:10);
- Siete veces como una joya o piedra preciosa (p. ej., Ex 28:20; Ez 1:16);
- Diez veces como un elemento de la expresión «la(s) nave(s) de Tarsis» (p. ej., Is 2:16; Ez 27:25); y
- Catorce veces como un nombre de lugar (p. ej., 2 Cr 20:36; Is 66:19; Jon 4:2).

Como nombre de lugar en la Biblia, a menudo Tarsis se asocia con la ciudad de Tiro (Is 23:1, 10-15), el puerto de Jope (Jon 1:3), la isla de Chipre u otras islas/zonas costeras (Ez 27:7; Is 23:6; Sal 72:10)[228], la región de Jonia (Is 66:19; Ez 27:12) u otros lugares inequívocamente ubicados en el mundo mediterráneo (Is 23:10; Ez 27:12-13). Las citas bíblicas sobre Tarsis a veces están regidas por verbos como «yendo a» (2 Cr 9:21; 20:36-37), «huyendo a» (Jon 1:3; 4:2) o «pasando a» (Is 23:6). A veces la palabra contiene un elemento del idioma hebreo, asociado frecuentemente con nombres propios (y especialmente con nombres de lugares), que tiene la función de indicar movimiento o señalar una dirección[229].

A
B
C
1
2
3
4
ESPAÑA
Madrid
R. Duero
R. Tajo
R. Ebro
R. Guadalquivir
Carmona
Tarsis
Cádiz
Gibraltar
Huelva, España
(c 850 a. C.)
OCÉANO
ATLÁNTICO
Rabat
ÁFRICA DEL NORTE
Formentera, España
(c 1250 a. C.)
ISLAS BALEARES
Flota de
Salomón en el
mar Mediterráneo
Rochelongues Point,
Francia
(c 1200 a. C.)
CÓRCEGA
CERDEÑA
Arbatax, Cerdeña
(Edad del Bronce Tardía)
Tharros
Nora
Cartago
MAR
TIRRENO
ITALIA
MAR ADRIÁTICO
Tursu
Pignataro di Fuori,
Italia
(c 1575 a. C.)
SICILIA
MALTA
MAR
JÓNICO
M   A   R   M   E   D   I
SIRTE MENOR
SIRTE M
Kefar Shamir, Israel
(c 1300 a. C.)
HaHoterim, Israel
(c 1200 a. C.)
Newe Yam, Israel
(c 2150 a. C.)
Mte. Carmelo
R. Cisón
Dor
Meguido
Hishuley Carmel, Israel
(c 1400 a. C.)
Hof Dor, Israel
(c 900 a. C.)
Netanya, Israel
(c 1500 a. C.)
Dotán
Soco
Samaria
Piratón
T. Qasile
Afec
(Antípatris)
Jope
M   A   R   M   E   D   I   T   E   R   R   Á   N   E   O
DESIERT
0   5   10 millas
0   5   10 kilómetros
Ciudad
Ciudad
(ubicación incierta)
Ciudad (nombre moderno)
Ubicación alternativa
de Tarsis
Ubicación de pecios
mediterráneos muy
antiguos
Área del mar desde la
que no se alcanza a
ver tierra

R. Danubio
Sozopol, Bulgaria
(Edad del Bronce Tardía)
MAR NEGRO
MACEDONIA
Kimi (Eubea), Grecia (c 1450 a. C.)
MAR EGEO
EUBEA
Dokós, Grecia (c 2200 a. C.)
Islas
Cícladas
Point Iria, Grecia (c 1200 a. C.)
RODAS
CRETA
Uluburun, Turquía (c 1325 a. C.)
Golfo de Antalya, Turquía (c 1450 a. C.)
CHIPRE
Cabo Chelidonia, Turquía (c 1200 a. C.)
Seytan Deresi, Turquía (c 1600 a. C.)
MEDITERRÁNEO
ASIA
R. Halís
Lago Tuz
COA
Tarso
Harán
R. Araxes
R. Cirus
MAR CASPIO
Lago Van
Lago Urmia
Hamat
Tadmor
ARAM
Tiro
Salomón importa caballos de Coa
R. Tigris
R. Éufrates
Babilonia
Vea el recuadro en la página opuesta
Jope
Jerusalén
Ur
Salomón importa carros de Egipto
Menfis
Ezión-geber
EGIPTO
R. Nilo
GOLFO PÉRSICO
Visita de la reina de Saba
DESIERTO DE ARABIA
EL SAHARA
PATROS
Asuán
1.ª catarata
Abu Simbel
2.ª catarata
Flota de Salomón en el mar Rojo
La Meca
ETIOPÍA
3.ª catarata
4.ª catarata
5.ª catarata
MAR ROJO
6.ª catarata
R. Atbara
Jartum
R. Nilo Blanco
R. Nilo Azul
SABA
GOLFO DE ADÉN
Ofir
0 100 200 300 millas
0 100 200 300 400 kilómetros
D
E
F
1
2
3
4

Una conclusión similar se debe obtener en relación con las tres referencias extrabíblicas de «Tarsis». Una inscripción dedicatoria fenicia de ocho líneas desenterrada del sitio arqueológico de Nora en la costa sur de la isla de Cerdeña es fechada paleográficamente en el siglo IX a. C.[230] El texto de la estela de caliza de 100 cm hace referencia a una fuerza militar bajo la dirección de un fenicio llamado Milkûtôn que había llegado a salvo a Cerdeña desde Tarsis y esperaba poder vivir en paz allí[231]. Esta referencia inequívoca a un nombre de lugar conocido por los fenicios como «Tarsis» requiere de una ubicación en algún lugar en o inmediatamente cerca de la parte occidental del mar Mediterráneo[232]. Está igual de claro según la estela que ese Tarsis estaba ocupado por una fuerza militar fenicia, lo que da un fuerte apoyo a la suposición de que los fenicios estaban involucrados en actividades sistemáticas en el Mediterráneo occidental para el siglo IX a. C.

Un segundo testimonio del nombre aparece en una inscripción acadia del rey Esar-hadón del siglo VII a. C. descubierta en Asur[233]. Aparentemente este bloque de alabastro estaba destinado a ensalzar algunos de los grandes logros arquitectónicos y políticos de Esar-hadón. Declara que el rey asirio, habiendo derrotado a Tiro, una «isla en medio del mar» (*cf.* Ez 27:32), prosiguió a conquistar Egipto, Patros y Nubia. Más adelante en el texto, el escriba de Esar-hadón concluye:

> «Todos los reyes en medio del mar —desde Yadanana [Chipre] y Yaman [Jonia, la región del posterior asentamiento griego en y alrededor del mar Egeo] hasta Tarsis— cayeron a mis pies y me entregaron pesados tributos»[234].

Esta inscripción deja en claro que los asirios sabían de un lugar geográfico llamado «Tarsis» que estaba situado indiscutiblemente en el Mediterráneo. Además, si uno supone una secuencia lógica hacia el occidente en el pronunciamiento de Esar-hadón (de Chipre y Jonia a Tarsis), sería necesario ubicar a Tarsis en algún lugar al occidente del mar Egeo. Lo escrito por Isaías (66:19) también yuxtapone Tarsis y Jonia, y dentro de unos pocos versículos la lamentación de Ezequiel por Tiro (Ez 27) menciona a Chipre (27:6), Jonia (27:13) y Tarsis (27:12).

Un tercer texto extrabíblico que menciona a Tarsis —un ostracón en hebreo antiguo que es parte de una colección privada— fue publicado recientemente[235]. Fechado en fines del siglo VII a. C. según el análisis paleográfico, este fragmento de cerámica de cinco líneas es de procedencia desconocida y autenticidad incierta. El documento habla de un individuo que ordena que se donen «tres siclos de plata de Tarsis» para la casa de Yahveh. Además de la cuestión de la autenticidad, este texto también es el menos útil en nuestra búsqueda de ubicación, aunque sí señala claramente a Tarsis como un nombre geográfico y un lugar que aparentemente era una fuente de plata. En consecuencia, se puede presentar un argumento convincente, tanto desde la literatura bíblica como desde la del Cercano Oriente, que «Tarsis» señalaba consistentemente el nombre de un(os) antiguo(s) sitio(s) que tiene(n) que haber estado situado(s) en alguna parte del mundo mediterráneo.

LAS NAVES DE TARSIS

¿Cómo debemos entender la expresión bíblica «la(s) nave(s) de Tarsis»? ¿Se la puede interpretar genéricamente para indicar cierto tipo o cualidad de nave apta para el mar, sin considerar ninguna posible denominación geográfica? Ciertamente el mundo antiguo estaba familiarizado con expresiones náuticas de tipo genérico, como «naves del mar», «naves comerciales», «naves de calado profundo», «naves de madera entablada», «naves de junco», «naves con ariete», «naves a vela», «naves de [una deidad particular]», «naves de [un rey particular]», «naves de [un pueblo particular]» y otras.

En vívido contraste con todas estas, está la expresión «la(s) nave(s) de X», donde se conoce de otras fuentes que X era una entidad *geográfica*. La antigua literatura acadia que describe a los mercaderes marinos de Ur y Eridu está llena de referencias a «la(s) nave(s) de Magan», «la(s) nave(s) de Meluha» o «la(s) nave(s) de Dilmun». Aunque la ubicación exacta de algunos de estos lugares puede permanecer incierta, el elemento «X» se refiere indiscutiblemente y sin excepción a un lugar geográfico específico. Al mismo tiempo, la literatura mesopotámica se refiere ocasionalmente a «la(s) nave(s) de Acad», «la(s) nave(s) de Asur», «la(s) nave(s) de Mari» o «la(s) nave(s) de Ur». De manera similar, textos egipcios mencionan «la(s) nave(s) de Punt», «la(s) nave(s) de Biblos», «la(s) nave(s) de Quitim/ Chipre» o «la(s) nave(s) de Keftiu/Creta». En todos estos casos el elemento «X» representa una entidad geográfica conocida, ya sea que la expresión originalmente designara el punto de destino o la procedencia de las naves respectivas[236].

Por supuesto, una denominación geográfica original puede trasladarse ocasionalmente, pero lo hace a lo largo del tiempo. Por ejemplo, al parecer, Dilmun estaba originalmente situado en lo que hoy es Arabia Saudita oriental[237], pero fue trasladado geográficamente en el período de Ur III a la isla de Bahréin; y Meluha, aunque originalmente situada en algún lugar cerca del valle del Indo, fue trasladada a Nubia para el advenimiento del período neoasirio[238]. «La(s) nave(s) de Meluha» en la literatura llegó a designar un ámbito geográfico completamente diferente. De la misma manera, una designación original puede evolucionar en su significado e incluso volverse poco clara, como cuando una «nave de Meluha» o una «nave de Dilmun» se llamó más adelante una nave-*magillu* (un tipo de embarcación) o una nave-*mabba* (un buque de alta mar). Con el tiempo, «nave de Biblos» se convirtió en una expresión genérica para cualquier buque de alta mar y «nave de Keftiu/Creta» llegó a denotar un viaje mediterráneo a muchos destinos diferentes[239]. No obstante, en *todas* estas situaciones parece haber habido un antecedente histórico que originalmente se relacionó con la ubicación del destino o de la procedencia de una nave determinada. En otras palabras, cada vez que la expresión «la(s) nave(s) de [un nombre de lugar]» se aplica a un ámbito geográfico diferente o se aplica genéricamente, parece ser, sin excepción, solo una aplicación *derivativa*, no una aplicación *nativa*.

Es inapropiado afirmar, entonces, que «la(s) nave(s) de Tarsis» designaba *originalmente* algún tipo genérico de buque de alta mar o que la frase debe interpretarse como tal incluso en sus usos más antiguos en la Biblia. Esa perspectiva atenta contra la documentación y parece representar una afirmación que debe sostenerse sin el apoyo de evidencias de la antigüedad.

Esta comprensión básica es necesaria para entender correctamente 2 Crónicas 20:36-37 (*cf.* 1 Re 22:48), un pasaje que ubica claramente «la(s) nave(s) de Tarsis» en el mar Rojo y es el texto clave para una interpretación «genérica» del Tarsis de la Biblia. Sin embargo, la afirmación está íntegramente contenida en el resumen concluyente del reinado de Josafat, lo que no debe ser subestimado ni tranquilamente desechado.

Los reinados de los reyes de Israel y de Judá son resumidos en el texto bíblico con un asombroso grado de uniformidad. Cada fórmula de resumen comienza con una introducción estandarizada y una referencia a un informe escrito por un cronista, seguido en secuencia por (1) una afirmación de que había muerto; (2) la identificación del lugar de su entierro; y (3) una declaración de sucesión legítima. Con llamativa consistencia, este patrón aparece en el caso de 18 de los 19 reyes de Israel y de 15 de los 19 reyes de Judá. (Las excepciones generalmente están al final de las series cuando los reinos estaban en agitación debido a ataques externos). Este patrón es el mismo sea que el rey fuera del norte o del sur, sea que se encuentre registrado en Reyes o en Crónicas, sea citando una fuente secundaria normal o una fuente inusual, sea que el reinado hubiera sido corto o de muchas décadas, sea que el rey hubiera sido militarmente fuerte o débil, y sea que el rey fuera evaluado por los historiadores bíblicos en términos positivos o negativos.

Cierto es que hay instancias en que no todos los elementos del patrón están presentes, como cuando se omite o la referencia a su muerte (p. ej., Amón), o la mención del lugar de entierro (p. ej., Nadab), o la identificación del sucesor (p. ej., Acab). En unos pocos casos se habrá omitido más de un elemento. No obstante, casi sin excepción, esta fórmula estandarizada no se ve interrumpida por la *introducción de material adicional*. Incluso en los pocos casos en que pueda aparecer un elemento adicional, representa un resumen general de la vida de guerra de ese rey («hubo guerra continua todos sus días») o una descripción de circunstancias inusuales en relación con la muerte del rey (la mención de una enfermedad del pie que provocó la muerte de Asa, una conspiración que provocó la muerte de Joás o Amasías, o una breve explicación de la muerte prematura de Josías o Salum).

Relieve de una embarcación fenicia.

En contraste con este patrón consistente se presenta el registro de resumen singular de Josafat. Es justamente *en medio* de la fórmula de Josafat —inmediatamente después de la referencia a una fuente secundaria (2 Cr 20:34b), e inmediatamente antes de la referencia a su muerte, a su entierro en Jerusalén y a que fue sucedido por Yoram (2 Cr 21:1)— que se encuentra afirmaciones que tienen que ver con su construcción de una flota de «naves de Tarsis» para viajar a Tarsis, incluyendo la posible colaboración de Ocozías en el esfuerzo, y la destrucción subsiguiente de la flota en Ezión-geber.

Se debe ser cauteloso en cuanto a anclar fundamentalmente una afirmación sobre una empresa náutica única en un texto que, de hecho, puede ser una anomalía exegética[240]. Dadas las cuatro generaciones entre Salomón y Josafat y el intervalo estimado de unos 90 años entre sus supuestos emprendimientos náuticos, es posible que el texto sobre Josafat pueda representar un ejemplo evolutivo de la expresión «naves de Tarsis» en lugar de reflejar su original denominación geográfica nativa. Cualquiera sea el caso, se sugiere precaución en contra de permitir que este único texto dictamine y redefina categóricamente el significado de la expresión «la(s) nave(s) de Tarsis». Es el único texto conocido de la antigüedad, bíblico o extrabíblico, que ubica explícitamente el *sitio* de Tarsis, no solo las naves de Tarsis, en algún lugar que no sea el mar Mediterráneo.

EVIDENCIAS DEL COMERCIO FENICIO DEL SIGLO X A. C. EN EL MEDITERRÁNEO

En ocasiones se afirma que la turbulencia asociada con el fin de la Edad del Bronce Tardía en realidad fue providencial para el comercio y la política fenicios. La destrucción de los hititas y la neutralización de importantes ciudades-estado a lo largo de Siria septentrional y la costa siria acabaron con las amenazas serias del norte, y la muerte de Ramsés III parece haber provocado un declive en las operaciones náuticas de Egipto en el sur. Mientras tanto, las redes comerciales micénicas en el Levante y su completo dominio marítimo del Mediterráneo central llegaron a su fin alrededor de 1200 a. C., y hasta el siglo IX a. C. Asiria fue incapaz de sostener su expansionismo hacia el occidente tan lejos como el Mediterráneo [**Ver mapa 75**]. Como resultado, por un tiempo las ciudades fenicias costeras ya no estuvieron a merced de ejércitos imperiales en tránsito o de competencia de otros intereses navales. Los fenicios comenzaron a navegar con mayor libertad más lejos hacia el occidente[241].

El **mapa 63** muestra las áreas del mar desde las cuales se podía ver tierra, desde Tiro y la costa fenicia por toda la extensión del Mediterráneo, aunque a los fenicios se les adjudica la navegación en mar abierto durante la noche[242]. No menos de 19 naufragios antiguos en el gran mundo Mediterráneo pueden fecharse en la época aproximada de Hiram y Salomón o aun antes. [**Ver mapa 63 para ubicaciones y fechas**]. Unos pocos incluyen materiales fenicios y todos se hallan en aguas desde las cuales la tierra es visible[243]. Los debates sobre la fecha de la expansión fenicia hacia el occidente con frecuencia incluyen elementos que pueden carecer de suficiente claridad modal o precisión en la datación[244], de manera que la historia probablemente sea mayor que la expuesta aquí, pero no puede ser menor.

Sin lugar a dudas, los fenicios estuvieron presentes en diversos lugares por todo Chipre para el siglo XI a. C., como está ampliamente demostrado por inscripciones, cerámica estratificada y tal vez hasta evidencias arquitectónicas[245]. Incluso pudieron haber colonizado la isla para fines del siglo X a. C.[246] Las evidencias fenicias por toda Creta datan quizás de tan temprano como fines del siglo XI a. C. y, en cualquier caso, no después del siglo X a. C.[247] Cerdeña ha producido tres textos fenicios primitivos cuyas fechas van desde el siglo XI hasta el siglo IX a. C.[248] Todos son asociados con monumentos y sugieren fuertemente una *presencia* fenicia allí, más que un mero artículo de comercio o algún tipo de reliquia.

El deprimente paisaje de Timna, sitio de las minas de cobre de Salomón.

Las evidencias de una presencia fenicia en la España costera datan de fines del siglo X a. C. o comienzos del siglo IX a. C. En 1998 en la moderna ciudad de Huelva, en la costa atlántica de España al norte de la desembocadura del río Guadalquivir, se desenterró accidentalmente un enorme sitio que ahora se piensa fue un antiguo emporio fenicio[249]. Hasta la fecha, se han encontrado *in situ* (en su ubicación original) más de 3000 trozos de diversos tipos de alfarería inequívocamente fenicia, junto con vestigios de bienes provenientes de todo el Mediterráneo, incluyendo Italia, Cerdeña, Grecia y Chipre[250]. Los materiales fenicios son mayormente de naturaleza doméstica, en lugar de artículos de lujo o prestigio, lo cual puede sugerir la presencia de un verdadero asentamiento y no simplemente una estación de tránsito para el comercio. Pruebas confiables de radiocarbono realizadas en diversas muestras óseas arrojaron una edad calibrada media de 930–830 a. C.[251] Estos hallazgos fenicios, los más antiguos de su tipo en el Mediterráneo occidental, sugieren fuertemente una presencia fenicia *continua* en España. En palabras de los excavadores españoles, son «notoriamente cercanos en fecha a Hiram y Salomón, [...] solamente difieren en unas pocas décadas, si hubiera diferencia»[252].

Este tipo de evidencia puede revelar el momento en que los fenicios iniciaron el asentamiento sistemático en España, pero no contesta la pregunta: ¿en qué momento *llegaron* allí por primera vez los fenicios? ¿Será más lógico suponer que los primeros asentamientos fenicios en la zona costera ibérica fueron fundados bajo el impulso de los marinos que pasaron por el lugar por primera vez alrededor del 930–900 a. C., o por comerciantes/mercaderes que después de tal vez dos o tres generaciones habían desarrollado la necesidad de establecer estaciones más permanentes y no simples embarcaderos litorales? Los estudiosos están de acuerdo en que los primeros contactos fenicios precoloniales en el occidente habrían dejado poco o nada de rastros materiales reconocibles[253]. Los estudiosos de la colonización micénica o griega en el Mediterráneo describen lo que llaman un «desarrollo por etapas» que abarcó algunas generaciones[254]. Parece completamente razonable hacer el mismo tipo de afirmación para el proceso de la colonización fenicia.

La existencia de fenicios en el Mediterráneo central y occidental para el siglo X a. C. tiene el apoyo de escritos y también de hallazgos arqueológicos tanto náuticos como terrestres. Mientras que las evidencias señalan abrumadoramente una motivación mercantilista, que sería coherente con el informe bíblico, no se conocen muy bien las dinámicas ni las modalidades de sus actividades. Además, todavía faltan pruebas directas de alguna participación judaíta en el comercio del mar Mediterráneo[255]. No obstante, aunque muchas complejidades internas todavía requieren esclarecimiento, dada la presencia inequívoca de los fenicios por todo el Mediterráneo para el siglo X a. C., parece razonable acordar un nivel de factibilidad a las narrativas sobre Tarsis en este sentido.

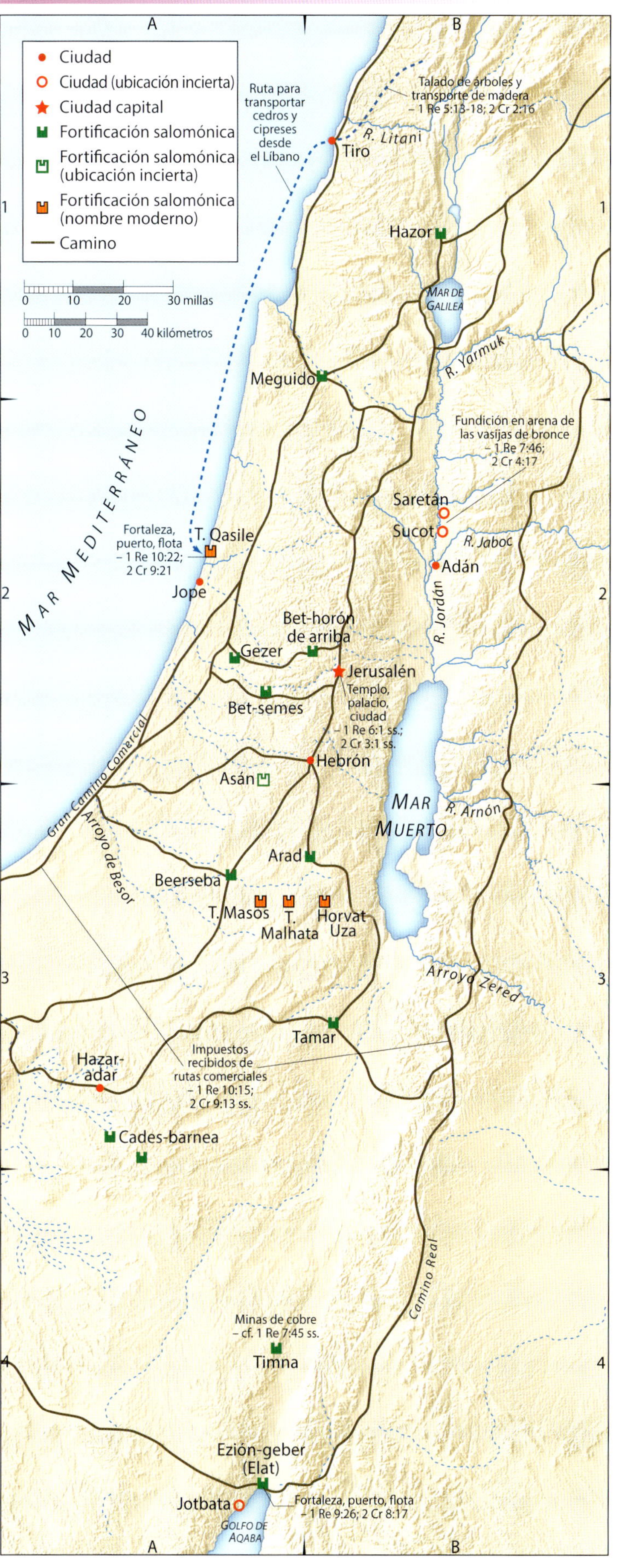

LA ADMINISTRACIÓN NACIONAL DE SALOMÓN

El enorme ejército permanente de Salomón y sus monumentales proyectos de construcción aparentemente requerían mayores fuentes de ingresos de los que incluso sus emprendimientos comerciales podían proveer. En consecuencia, el rey se vio obligado a exigir impuestos cada vez más elevados a la población de Israel, lo que parece ser el cumplimiento de lo que Samuel había predicho en respuesta al pedido original de los israelitas de tener un rey (1 Sm 8:11-22).

Una de esas medidas para enfrentar el déficit de ingresos públicos implicó la división de Israel en 12 distritos administrativos, cada uno con un gobernador regional y la obligación de suministrar provisiones durante un mes al año para la burocracia y el harén reales en Jerusalén (1 Re 4:7-19). Dos de esos gobernadores regionales eran yernos del propio Salomón, un detalle que da autenticidad al valor histórico de la lista y, al mismo tiempo, puede ser indicativo de la grave necesidad de reforzar el cumplimiento a nivel de los distritos. Cualquiera fuera el caso, tal sistema con seguridad representaba una política extremadamente molesta para los súbditos de Salomón. En primer lugar, era sumamente injusto: todo el territorio de Judá parece haber estado exento de sus demandas. Además, esta medida representaba una carga económica muy pesada al ser agregada al ya exigente trabajo forzado de decenas de miles de israelitas en los diversos proyectos de construcción de Salomón (1 Re 4:6b; 5:13-18).

Más adelante Salomón designó al diligente Jeroboam como gobernador de uno de estos distritos (1 Re 11:28), una posición que Jeroboam aparentemente intentó explotar en beneficio político propio (1 Re 11:26-40). A pesar de haber tenido que huir a Egipto para evitar las malas intenciones de Salomón, a la muerte de este Jeroboam regresó a Israel y fue reclutado para ayudar a renegociar esos tributos con el hijo y sucesor de Salomón, Roboam (1 Re 12:1-4). Cuando ese intento falló, la gente del norte se dio cuenta de que el pesado sistema de impuestos de Salomón continuaría durante otra generación (1 Re 12:13-16; 2 Cr 10:6-15) y eso fracturó la monarquía.

Al parecer, Roboam no comprendía la intensidad de ese pedido, porque envió a un hábil miembro de su gabinete que estaba a cargo del trabajo forzado en un intento de hacer cumplir el despreciado impuesto. No obstante, los ciudadanos del norte brutalmente apedrearon a muerte a ese administrador (1 Re 12:18), y acabaron oficialmente tanto con el impuesto como con la monarquía unida de manera abrupta y poco ceremoniosa. Pronto Jeroboam fue convertido en el primer rey de las diez tribus del norte.

Aun con un número de tribus israelitas que correspondía a los meses del año, por alguna razón Salomón había evitado lo que parecería haber sido una manera muy natural de repartir el nuevo impuesto. Se ha sostenido que el criterio de reordenación distrital de Salomón estaba relacionado con la cuestión de si ciertos territorios habían sido o no incorporados a Israel en el momento de su establecimiento original[256]. Sin embargo, parece preferible llegar a la conclusión de que Salomón estaba motivado por una agenda política más contemporánea: borrar las preciadas fronteras tribales y centralizar en mayor grado el poder real en Jerusalén[257].

Esto fue especialmente cierto para los distritos 1, 3–5 y 8–10, cuyos límites en unos pocos casos *atravesaron* fronteras geográficas y/o históricas naturales. [**Comparar con mapa 40**]. Una notable excepción fue el distrito 11, que se correspondía más o menos con la asignación territorial de la tribu de Benjamín. Uno se pregunta si, efectivamente, la medida de Salomón estaba diseñada para ser particularmente represiva hacia los descendientes de Saúl. Considere el tamaño desproporcionadamente reducido de ese distrito, su presumiblemente pequeña población (*cf.* Nm 1:36-37) y el hecho de que la accidentada topografía de la región montañosa de Benjamín habría dificultado aún más cualquier esfuerzo agrícola. Cualquiera haya sido su propósito, la división de los distritos administrativos de Salomón parece haber incluido un esfuerzo consciente de librar a Israel de su atesorada herencia tribal y de reforzar aún más el ideal monárquico.

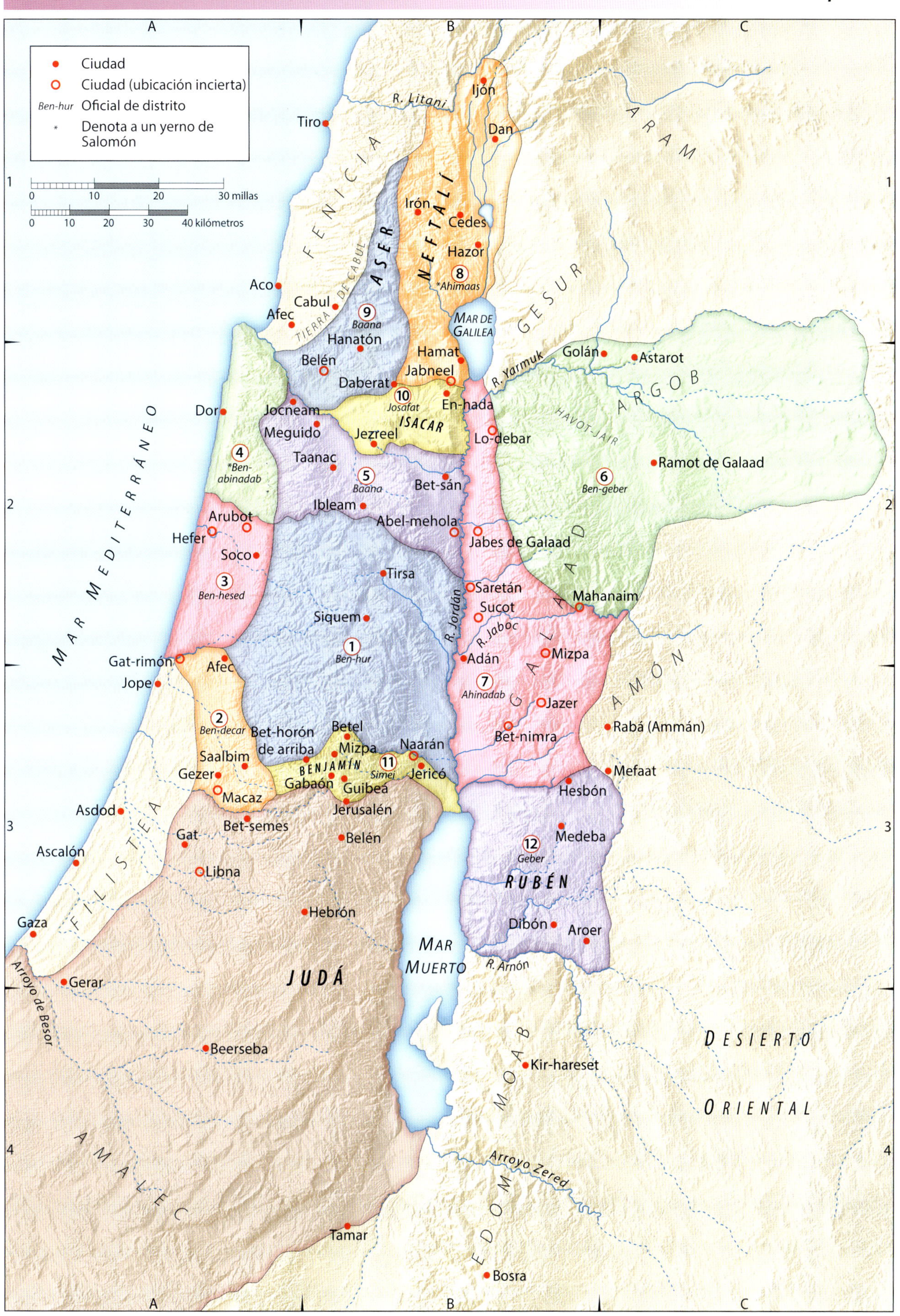
Ciudad
Ciudad (ubicación incierta)
Ben-hur Oficial de distrito
* Denota a un yerno de Salomón
0 10 20 30 millas
0 10 20 30 40 kilómetros
A
B
C
MAR MEDITERRÁNEO
R. Litani
Tiro
Ijón
Dan
ARAM
FENICIA
TIERRA DE CABUL
ASER
NEFTALÍ
Irón
Cedes
Hazor
8
*Ahimaas
GESUR
Aco
Cabul
9
Afec
Baana
Hanatón
Belén
MAR DE GALILEA
Hamat
Jabneel
Daberat
10
Josafat
En-hada
Golán
Astarot
ARGOB
R. Yarmuk
Dor
Jocneam
Meguido
Jezreel
ISACAR
Lo-debar
HAVOT-JAIR
4
*Ben-abinadab
Taanac
5
Baana
Bet-sán
Ramot de Galaad
6
Ben-geber
Ibleam
Abel-mehola
Arubot
Jabes de Galaad
Hefer
Soco
3
Ben-hesed
Tirsa
Saretán
Sucot
Mahanaim
R. Jordán
R. Jaboc
Siquem
1
Ben-hur
Adán
Mizpa
GALAAD
Gat-rimón
Afec
7
Ahinadab
Jazer
AMÓN
Jope
2
Ben-decar
Bet-horón de arriba
Betel
Mizpa
Naarán
Bet-nimra
Rabá (Ammán)
Saalbim
BENJAMÍN
Simei
11
Jericó
Mefaat
Gezer
Gabaón
Guibeá
Hesbón
Macaz
Jerusalén
Asdod
Bet-semes
Belén
12
Medeba
Gat
Geber
Ascalón
Libna
RUBÉN
Hebrón
Dibón
Aroer
FILISTEA
Gaza
MAR MUERTO
R. Arnón
Arroyo de Besor
JUDÁ
MOAB
DESIERTO ORIENTAL
Gerar
Beerseba
Kir-hareset
AMALEC
EDOM
Arroyo Zered
Tamar
Bosra

LA MONARQUÍA SE DIVIDE

A pesar de toda su grandeza y sabiduría, Salomón llevó su extenso reino hasta el borde de la ruina económica y el colapso político, debido a su abuso de poder y el mal uso de su riqueza. Incluso antes de su muerte, los edomitas intentaban reclamar su independencia en el sur de su reino (1 Re 11:14-22) y los arameos le resistían su dominio en los sectores del extremo norte (1 Re 11:23-25). Dentro del reino mismo, las tribus del norte de Israel sentían con cada vez mayor intensidad la presión de un creciente alejamiento (1 Re 11:26-40). [**Ver mapa 65**]. El sabio rey legó a su hijo Roboam un reino que se balanceaba al borde de un precipicio.

Por su parte, Roboam parece haber hecho poco para impedir lo inevitable. Cuando una delegación de ciudadanos del norte se encontraron con él en Siquem y solicitaron una reducción en su carga impositiva, el nuevo monarca respondió intentando imponerles una carga todavía más pesada (1 Re 12:1-15). Fue una apuesta desesperada de parte de Roboam, tal vez una que se vio forzado a hacer. No obstante, encendió las llamas de la anarquía y la secesión tribal (1 Re 12:16; *cf.* 2 Sm 20:1b).

Lo que llegó a ser el reino del norte con frecuencia es llamado las «diez tribus del norte», una denotación legítima basada en la declaración del profeta Ahías a Jeroboam (1 Re 11:30-35), a quien le prometió diez partes de lo que había sido el reino de Salomón. Una parte quedaría reservada para Roboam en virtud de la fidelidad de su abuelo David. Pero siendo que Israel estaba compuesta por 12 tribus y que Ahías cortó su capa en 12 partes, no en 11, esta imprecisión aritmética requiere algún comentario. Si fueron diez las tribus que constituyeron el reino del norte, y la tribu de Judá representaba el reino del sur (*cf.* 1 Re 12:20), ¿qué entidad tribal quedó sin contar en el cómputo de Ahías?

Aunque es geográfica y políticamente cierto que el territorio de la tribu de Simeón fue asimilado por la tribu de Judá (2 Cr 15:9; Jos 19:1-9 [pero ver 15:26-32, 42]; *cf.* Ne 11:26-30) [**mapa 40**], es difícil ver cómo la duodécima pieza de la capa de Ahías podría haber representado la tribu marginada de Simeón. No obstante, la desintegración de la monarquía también resultó en la simultánea e indudablemente dolorosa rasgadura de la tela tribal de Benjamín. Por ejemplo, la ciudad benjamita de Jerusalén quedó dentro del reino de Roboam y de todos sus descendientes dinásticos judaítas hasta que las fuerzas babilónicas de Nabucodonosor destruyeron la ciudad capital. Por otro lado, Jeroboam levantó uno de sus dos becerros de oro en la ciudad benjamita de Betel, la cual siguió siendo una institución de culto israelita a lo largo de toda la existencia de las diez tribus del norte y continuó incluso después de la destrucción

asiria de Israel en el 722 a. C. (2 Re 23:15-17). Aunque es cierto que se le adjudica a Roboam el haber concertado las tribus de Judá y Benjamín *contra* Israel (1 Re 12:21-23; 2 Cr 11:1-3, 23), no es menos cierto que las ciudades benjamitas de Ramá, Geba y Mizpa (1 Re 15:17, 22-23; 2 Cr 16:1-6) se convirtieron en lugares de contienda *entre* Israel y Judá (*cf.* 1 Re 16:34, en el que un hombre de Betel reconstruyó la ciudad benjamita de Jericó). [**Ver mapa 67**]. La Biblia registra varios episodios de hostilidad entre Israel y Judá dentro del territorio de Benjamín durante los primeros tiempos de la monarquía dividida (p. ej., 1 Re 15:16-22; 2 Cr 13:2b-7; 16:1-10), lo cual indica tanto una frontera geográfica fluctuante entre los dos reinos como la secuela de fractura y atomización tribal para los benjamitas. En este sentido se podría decir que la duodécima pieza de la capa de Ahías fue en sí hecha pedazos como resultado de la ruptura de la monarquía.

En realidad, tres naciones fueron creadas a partir de lo que había sido el dominio territorial de Salomón: (1) Judá, el reino del sur; (2) Israel (incluyendo las tribus transjordanas), el reino del norte; y (3) Aram con sus ciudades-estado de Damasco, Hamat y Qatna. [**Ver mapa 62**]. Al mismo tiempo, los territorios de Amón, Moab y Edom se sintieron envalentonados a negarles lealtad a ambos Judá e Israel, y Fenicia continuó sosteniendo la independencia política que venía experimentando ya desde el tiempo de David y Salomón. Políticamente, tanto Judá como Israel quedaron debilitados y relativamente indefensos. De hecho, entre la desintegración de la monarquía de Salomón (c 930 a. C.) y la destrucción de Samaria (722 a. C.) y Jerusalén (586 a. C.), la historia política de ambos reinos consistió mayormente en humillantes ataques y saqueos externos. [**Ver mapas 68, 76, 77 y 80**].

El territorio del desierto meridional era periódicamente disputado por Judá y Edom durante los días de la monarquía dividida. El alcance de Judá se extendió temporalmente hacia el sur en la primera parte del siglo IX a. C., durante los reinados de Josafat (1 Re 22:47-48; 2 Cr 20:35-36) y Yoram (2 Re 8:20-22), y luego nuevamente por un breve momento en la primera mitad del siglo VIII a. C., durante los reinados de Amasías (2 Cr 25:11-13; *cf.* 2 Re 14:7; Am 1:11-12) y especialmente Uzías (2 Re 14:22; 2 Cr 26:2-10). [**Ver mapa 74**]. Pero en su mayoría, estas fueron incursiones temporarias que no llevaron a ocupaciones sostenidas. En cambio, los edomitas establecían cada vez más su presencia duradera en esa región (p. ej., 2 Re 16:6; 2 Cr 28:17; *cf.* Is 63:1-6; Jr 49:7-22). Hay claras evidencias de ocupación edomita en la mayor parte del desierto, incluso tan al norte como el Neguev bíblico, para el siglo VIII a. C. y más adelante[258]. Por supuesto, el labrado de una huella edomita en esta tierra para comienzos del período posexílico se refleja

Ciudad
Ciudad (ubicación incierta)
Ciudad capital
Ciudad-santuario
Puerto marítimo
Monte
Camino internacional
0 10 20 30 40 millas
0 10 20 30 40 50 60 kilómetros
A
B
C
Biblos
Beirut
FENICIA
Sidón
R. Litani
Damasco
Tiro
Mte. Hermón
Dan
Gran Camino Comercial
ARAM
Cedes
Hazor
Aco
Camino Real
MAR MEDITERRÁNEO
MAR DE GALILEA
Mte. Carmelo
R. Cisón
Mte. Tabor
Astarot
Dor
Meguido
R. Yarmuk
Mte. Haurán
Taanac
Bet-sán
Edrei
Ibleam
Mte. Gilboa
Ramot de Galaad
Samaria
Tirsa
Jabes de Galaad
R. Jordán
Mte. Ebal
Peniel
Mahanaim
Siquem
Sucot
Mte. Gerizim
R. Jaboc
Afec
Silo
ISRAEL
AMÓN
Jope
Betel
Jericó
Rabá (Ammán)
Gezer
Ajalón
Jerusalén
Hesbón
Asdod
Gat
Belén
Medeba
Ascalón
Maresa
Mte. Nebo
Gaza
Hebrón
Dibón
Gran Camino Comercial
Arroyo de Besor
FILISTEA
JUDÁ
MAR MUERTO
R. Arnón
Beerseba
MOAB
Kir-hareset
W. el-Arish
Arroyo Zered
Región periódicamente disputada por Edom y Judá
Punón
Bosra
DESIERTO
Cades-barnea
EDOM
Camino Real
DESIERTO ORIENTAL
1
2
3
4

en su nombre regional de ese momento: Idumea [**mapa 85**], de donde surgiría Herodes el Grande a su debido tiempo.

En el frente económico, la división de la monarquía produjo una extraña ironía. Roboam había procurado mantener las ventajas económicas que Judá había conseguido durante los últimos días de Salomón, pero el cisma en realidad generó ventajas económicas para Israel. Cualesquiera que fueran los recursos naturales y el acceso al comercio internacional que poseyera esta tierra, ahora estarían controladas en gran medida por el reino del norte. La mayoría de las ciudades más grandes estaban en Israel, al igual que los únicos puertos marítimos; y las vías principales del Gran Camino Comercial y del Camino Real, fuentes potenciales de gran prosperidad económica, pasaban por el reino del norte, pero rodeaban Judá. Esas ventajas económicas pueden ayudar a explicar por qué las potencias extranjeras conquistaron Israel más de 125 años antes que Judá.

El primer rey de Israel, Jeroboam, fue rápido en aprovechar tradiciones antiguas para legitimar su propia autoridad. Astutamente procuró establecer un cuartel general en Siquem (1 Re 12:25), el sitio donde Abraham había levantado un altar y había adorado a Yahveh por primera vez sobre el terreno de Canaán (Gn 12:6-7), donde fueron enterrados los huesos de José (Gn 50:25; Ex 13:19; Jos 24:32), y donde la nación de Israel había ratificado oficialmente el pacto con Yahveh (Jos 8:30-35; 24:1-28). Sin embargo, Siquem demostró ser una elección táctica inapropiada como ciudad capital porque estaba situada en un valle entre el monte Ebal y el monte Gerizim, haciéndola vulnerable a ataques tanto del eje norte-sur como del de oriente-occidente. Parece que Jeroboam trasladó su capital de Siquem a Tirsa en los primeros años de su reinado (1 Re 14:17; *cf.* 15:21). Alrededor de 35 años después de que terminó el reinado de Jeroboam, el rey Omri compró una colina alta, aislada y relativamente defendible, la cual convirtió en la tercera y última capital de las tribus del norte: la ciudad de Samaria (1 Re 16:24).

Jeroboam dejó un legado permanente en su reino al explotar otro aspecto de la tradición de Israel. Creó ciudades-santuario en Dan y Betel, lugares de fácil acceso en cada extremo de su reino, e instituyó una religión oficial en torno a dos becerros de oro (1 Re 12:25-33). Buscando a todas luces imitar la expresión religiosa de Aarón, el hermano de Moisés, en el monte Sinaí, presentó sus becerros al pueblo con un llamado a la adoración prácticamente idéntico (1 Re 12:28b; *cf.* Ex 32:4, 8). Esta acción de Jeroboam caracterizaría a Israel durante el resto de su existencia preexílica. Los historiadores bíblicos hacen resumen de reinado tras reinado en el norte con palabras como «anduvo en las sendas de Jeroboam y en su pecado» (1 Re 15:34; 16:19, 26; 22:52), «no se apartó del pecado de Jeroboam» (2 Re 10:29; 13:11; 14:24; 15:18, 24, 28), «se aferró al pecado de Jeroboam» (2 Re 3:3) o «consideró poca cosa cometer el pecado de Jeroboam» (1 Re 16:31). Solo tres de los 18 sucesores de Jeroboam quedaron libres de esa declaración: Ela y Salum tuvieron reinados cortos, y Oseas fue el último rey, para quien no se registra ninguna declaración de resumen formal. Además, el veredicto teológico en el momento de la destrucción de Samaria, y el concepto de exilio mismo, están vinculados específicamente al pecado de Jeroboam (2 Re 17:21-23).

En el sur, según se nos dice, la mayoría de los reyes judaítas o adoraron a los ídolos o no se opusieron a la idolatría (1 Re 14:23-24; 15:14a; 22:43; 2 Re 12:3; 14:4; 15:4, 35; 16:4; 23:5; 2 Cr 24:18; 28:2-3; 33:3-7). Es un hecho curioso, entonces, que solo tres reyes en el norte estuvieron explícitamente asociados con Baal (Acab, Ocozías y Joram). Es más, Jehú hasta emprendió una purga sistemática de Baal y el baalismo en Israel (2 Re 10:1-28), pero aun así retuvo los becerros de Jeroboam (2 Re 10:29-31). Tal vez sea justo afirmar que la religión de Jeroboam, como la de Aarón antes que él, manifiesta una perversión de la adoración a Yahveh. El problema no era la idolatría, la importación de una falsa religión, sino más bien la apostasía, la subversión de la verdadera religión.

El parcialmente reconstruido altar de Roboam en Dan.

LAS CIUDADES FORTIFICADAS DE ROBOAM

El pesado sistema de impuestos de Salomón era tanto brutal como injusto. Como administrador en ese sistema (1 Re 11:28), Jeroboam habría escuchado las quejas de primera mano, y parece que podría haber intentado explotar esta situación para su propio provecho político. Aparentemente intuyendo la amenaza potencial de Jeroboam, Salomón intentó darle muerte (1 Re 11:40), de manera que Jeroboam huyó a Egipto donde recibió asilo de un faraón llamado Sisac (Shoshenq I). Anteriormente, Salomón había disfrutado de una relación cercana con un rey egipcio (1 Re 9:16-17a). No obstante, ahora que Jeroboam había regresado de Egipto para convertirse en el primer rey del «reino del norte» (1 Re 12:1-16; 2 Cr 10:1-16), Roboam bien pudo haber sospechado que las lealtades habían cambiado y puede haber anticipado alguna clase de acción agresiva por parte de Egipto.

Parece probable que en preparación para tal invasión, o tal vez como una inmediata consecuencia posterior[259], Roboam creó una línea de defensa fortificada destinada a impedir cualquier tráfico indeseado hacia Judá desde el sur y el occidente (2 Cr 11:5-12), pero irónicamente, no desde el *norte*. Alrededor de 15 de los puntos más estratégicos en la zona montañosa de Judá y en la Sefela oriental fueron fortificados por el rey judaíta y guarnecidos con sus fuerzas, bloqueando así cada acceso conveniente a Jerusalén con un «muro» de defensa perimetral[260].

Como era de esperar, en el quinto año de su reinado, los temores de Roboam se cumplieron cuando Sisac invadió su territorio y se llevó muchos tesoros del templo de Jerusalén (1 Re 14:25-28; 2 Cr 12:2-12). Gracias a la precisión con que se pueden fechar ciertos sucesos que se registran tanto en la literatura asiria como en la Biblia [**ver página 178**],

los sucesos bíblicos de este período pueden ser fechados con un margen de error no mayor que ± un año. Podemos decir con confianza que la Biblia fecha la campaña de Sisac en el quinto año de Roboam: el 926 o el 925 a. C.[261], dependiendo de cuándo durante ese año se lanzó la campaña.

Aquí el relato se desplaza de Jerusalén hasta el Gran Templo en Karnak, unos 1050 km al sur en el alto Egipto. Quizás el complejo religioso más extravagante y ornamentado que jamás se haya construido, y con seguridad el más grande, Karnak contenía 100 hectáreas de templos, capillas, patios, majestuosas torres, obeliscos de granito, mástiles, columnas y muros pintados e inscritos, salas hipóstilas, largas avenidas con esfinges con cabeza de carnero o cabeza humana, y estatuas colosales, todo lo cual proclamaba a viva voz la grandeza de Egipto[262].

Entre los ornamentos de grandeza de este complejo se hallan «relieves de triunfos en batalla» que describen visual y verbalmente campañas militares egipcias contra enemigos asiáticos. En Karnak se hallan por lo menos 17 de tales relieves[263]. El relieve (inacabado) del triunfo en batalla de Sisac durante su campaña en Asia se encuentra en la pared exterior meridional de la gran sala hipóstila, entre las torres II y III, justo al oriente

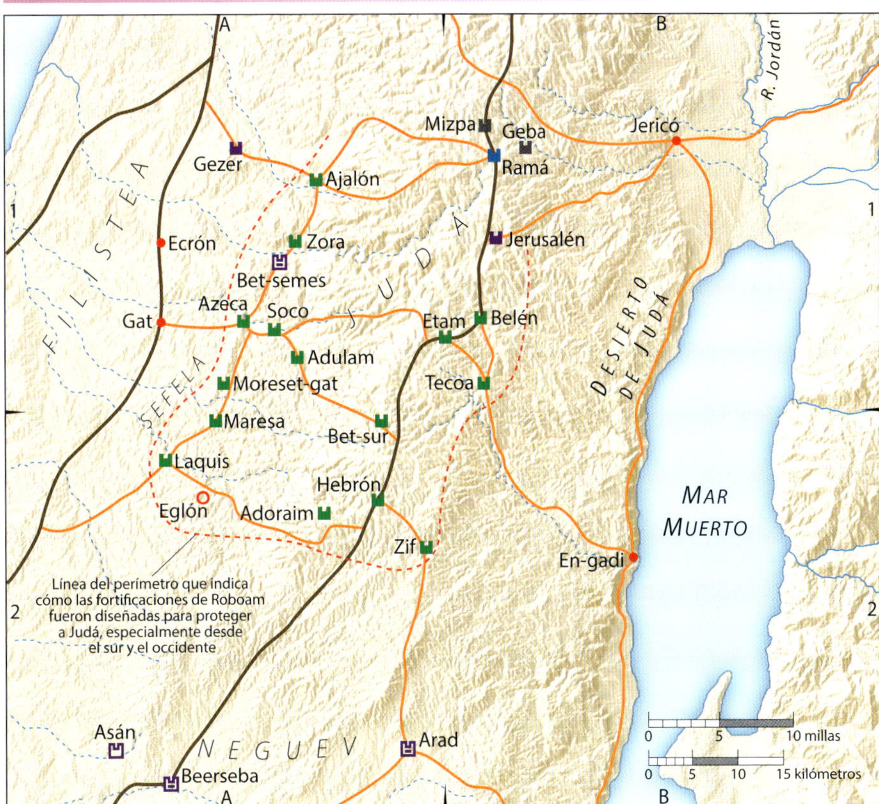

del templo de Ramsés III. Esta parece ser la única campaña que Sisac realizó en Canaán, de modo que podemos afirmar con alto grado de confianza que el evento celebrado en Karnak era el mismo que se lamentaba en Jerusalén en los días de Roboam.

Otro hecho da apoyo a esta afirmación. Los grandes bloques de caliza requeridos para buena parte de la arquitectura colosal de Egipto, incluyendo la de Karnak, fueron cortados de la cantera real en jebel es-Silsila/Kheny (unos 130 km al sur de Karnak, a medio camino entre Edfu y Elefantina). [**Ver mapa 86**]. En esta cantera se halló una inscripción en piedra que menciona a Sisac y describe su construcción monumental en el Gran Templo de Karnak. El texto lleva la fecha de cuando se extrajeron los bloques destinados a la construcción de Sisac. Esta fecha, totalmente libre e independiente de la cronología bíblica, corresponde con precisión a la datación de la campaña de Sisac en Jerusalén determinado por los historiadores bíblicos[264].

Finalmente, entre las ruinas de Meguido, una de las ciudades conquistadas por Sisac según su relieve de Karnak [#27], se desenterró (lamentablemente en un contexto no estratificado) una estela de victoria con inscripción jeroglífica que contiene el cartucho único y completo de Sisac. Se agregan a estas evidencias más de una docena de sitios en Canaán y docenas de fortalezas en las tierras altas del moderno Neguev que manifiestan un nivel de destrucción del siglo X a. C., atribuido por muchas autoridades a la campaña de Sisac[265].

Sin embargo, algunos estudiosos parecen estar preparados para llegar a cualquier extremo para demoler este sincronismo preciso y convincente y discutir otras evidencias. Desafían tanto la historicidad de la campaña de Sisac[266] como la historicidad de las narrativas bíblicas. Un estudioso sostiene que la equivalencia entre el nombre bíblico Sisac y el nombre faraónico Shoshenq es evidente, pero engañosa: que «Sisac» es en realidad un «sobrenombre» de Ramsés II[267]. Esta afirmación ha sido completamente refutada[268]. A nivel más general, se ha puesto de moda entre algunos estudiosos aseverar que lo que la Biblia atribuye al reinado de Roboam es en realidad una creación literaria de un período posterior. Una vez más, hay mucha evidencia que demuestra lo contrario[269].

La evidencia arqueológica no es en absoluto contraria a Roboam. Las fortificaciones conocidas a lo largo del perímetro meridional y occidental de Judá se conforman muy bien con su reinado[270]. La ausencia de fortificaciones situadas al *norte* de Jerusalén también cuadra mejor con lo que se sabe sobre el período de Roboam (1 Re 12:21-24; 2 Cr 11:1-4). Más tarde, en el período monárquico, Abías avanzó desde Jerusalén hacia el norte, se adentró en Benjamín y conquistó las ciudades de Betel, Jesana y Ofra (2 Cr 13:4, 19) [**mapa 66**]. Todavía más tarde, Asa repelió los avances de Baasa en Ramá y construyó fortificaciones judaítas en Mizpa y Geba (1 Re 15:16-22; 2 Cr 16:1-6). [**Ver mapa 67**]. A partir de ahí, la frontera entre Judá e Israel se extendió a lo largo de la meseta de Benjamín y dejó de estar adyacente a Jerusalén.

Además, si esta fuera una historia inventada cientos de años después del hecho por escribas judíos que vivían en exilio en Babilonia, o todavía más tarde en Canaán al regreso del exilio, no hubieran tenido cómo saber sobre un faraón con un nombre particular y con seguridad ninguna manera de saber cómo, cuándo o incluso si realmente atacó Jerusalén. A veces se alega que aquellos cronistas viajaron los 2100 km de ida y vuelta entre Jerusalén y Karnak solamente para estudiar y copiar los relieves de Sisac[271], pero no hay evidencia alguna de eso. Si hubieran realizado el viaje, es muy poco probable que hubieran obtenido acceso a lo que era un «recinto real/sagrado» al que ni siquiera el público general *egipcio* tenía permitido el acceso[272]. Incluso si hubieran viajado a Karnak, si de alguna manera hubieran sido admitidos, y si hubieran podido leer los jeroglíficos, habría que imaginar que su registro de los detalles sería estrechamente análogo al de los escribas egipcios de Sisac. Sin embargo, los dos relatos difieren fuertemente en los detalles: nada en Karnak identifica a Roboam como el antagonista; no se mencionan a «Israel» ni a «Judá»; la ciudad de Jerusalén ni siquiera aparece en la lista de ciudades conquistadas por Sisac[273]; y el relato bíblico pone el foco solo en la ciudad de Jerusalén, mientras que la mayoría de los nombres de lugares conocidos en los registros de Sisac provienen de lo que habrían sido las diez tribus del norte en lugar de Judá. Finalmente, nada en el relieve fecha el suceso con la precisión hallada en los relatos bíblicos. Para obtener esa información cronológica, los supuestos cronistas hubieran tenido que viajar más al sur para visitar la cantera de Silsila, donde hubieran necesitado gran suerte para encontrar la estela de Sisac. Aun así, el suceso hubiera sido fechado en relación con Sisac, mientras que el relato bíblico lo fecha en relación con Roboam.

De la misma manera en que los detalles de la campaña de Sisac y la información topográfica solo se podrían haber basado en datos obtenidos durante la campaña misma —lo cual señala algún tipo de actividad in situ de los escribas en Egipto en ese tiempo— así también el relato bíblico de la campaña señala que escribas tienen que haber estado activos en Jerusalén durante la misma era. Tan temprano como el tiempo de David (2 Sm 8:16; 20:24) y Salomón (1 Re 4:3), se nos dice que se había creado en Israel, a nivel de gabinete, el cargo de «escriba real»[274]. Al mismo tiempo, varias fuentes cronísticas externas llegan a ser citadas a partir de este punto en la Biblia[275].

Tal vez no sepamos quién escribió los libros de Reyes o de Crónicas, o exactamente cuándo o cómo se compusieron, pero las numerosas fuentes externas proveen motivos convincentes para creer que los escribas posteriores de Israel tuvieron acceso a fuentes materiales anteriores que relataban eventos históricos desde el tiempo de David y Salomón y la monarquía unida[276]. Un ejemplo clásico se halla en su informe fáctico de un faraón llamado Sisac que llevó a cabo una campaña militar contra un rey de Judá llamado Roboam —en el quinto año de este último, que corresponde al XXI año del primero— y que, como resultado, regresó a Egipto con parte de la riqueza de Jerusalén[277].

JUDÁ Y JERUSALÉN SITIADOS

Después de la fractura de la monarquía de Salomón y de la creación de los reinos de Judá e Israel, ambas naciones estaban debilitadas y militarmente vulnerables. Isaías se lamentó gráficamente: «Tu país yace desolado, tus ciudades están quemadas por el fuego; extranjeros devoran tus tierras ante tus propios ojos; está hecho un montón, como algo derrocado por extranjeros. Y la hija de Sión ha quedado como una choza en un viñedo, como una casucha en un campo de pepinos, como una ciudad sitiada» (Is 1:7-8). El salmista expresó un lamento similar: «Hasta los jabalíes [animales impuros (extranjeros)] de entre los matorrales devoran [la tierra], todos los animales salvajes del campo la devoran» (Sal 80:13).

En realidad, la historia de Judá y Jerusalén durante el período de la monarquía dividida giró mayormente en torno a una serie de ataques y saqueos a manos de extranjeros. El «reino» era militarmente vulnerable desde casi todas las direcciones [**Ver mapa 68**]. Como tal vez era de esperar, era asaltado por los principales poderíos del mundo de la Edad del Hierro tardía: Egipto, Asiria y Babilonia. Pero lamentable y humillantemente, también fue víctima de protagonistas menores e insignificantes del período (p. ej., Arabia y Edom).

Casi inmediatamente después del cisma, el faraón Sisac invadió con alrededor de 1200 carros y 60.000 soldados de infantería (1 Re 14:25; 2 Cr 12:2) [**1**]. [**Ver mapa 69**]. En adición, durante las primeras generaciones después de Salomón, estallaban hostilidades repetidamente entre Israel y Judá sobre cuál era exactamente su línea fronteriza. Básicamente, el tema en cuestión era el alineamiento de la tribu

Ubicado cerca de Judá meridional, el sitio de Arad, una fortaleza de la Edad del Hierro temprana, domina las llanuras del Neguev oriental. Una ciudadela cuadrada fue fortificada con muros de casamata y destacaba un santuario notablemente similar en su diseño a la descripción del templo en Jerusalén.

Ciudad
Ciudad (ubicación incierta)

0   10   20   30 millas
0   10   20   30   40 kilómetros

desde Asiria
Ruta de ataque de Tiglat-pileser III
desde Ribla
Ruta de ataque de Nabucodonosor II
R. Abaná
Sidón
Ruta de ataque de Hazael
Damasco
ARAM
Ruta de ataque de Senaquerib
R. Litani
R. Farfar
Tiro
13
7
GALILEA
Cedes
Hazor
BASÁN
Aco
12
Ruta de ataque de Tiglat pileser III
MAR DE GALILEA
14
Astarot
Ruta de ataque de Senaquerib
Ruta de ataque de Hazael
R. Yarmuk
Sunem
Meguido
Taanac
GALAAD
Bet-sán
Ruta de ataque de Nabucodonosor II
R. Jordán
Ruta de ataque de Joás
Tirsa
Samaria
Sucot
Peniel
R. Jaboc
Ruta de ataque de Jeroboam I
Siquem
Ruta de ataque de Baasa
Afec
Jope
13
Ruta de ataque de la liga siro-efrainita
2
3
AMÓN
12
14
Betel
Gezer
Jericó
Ecrón
7
8
13
Jerusalén
Gat
MISOR
Ver mapa 69 en página 175
Tecoa
Ascalón
1
13
Maresa
Cuesta de Sis
Laquis
4
Hebrón
5
Gaza
Ruta de ataque de Sísac
En-gadi
MAR MUERTO
Aroer
R. Arnón
Gerar
Ruta de ataque de los moabitas
Rafia
Arroyo de Besor
Arad
11
MOAB
Ruta de ataque de los etíopes
Beerseba
Kir-hareset
desde Egipto
w. el-Arish
Ruta de ataque de los edomitas
Arroyo Zered
desde Edom
MAR MEDITERRÁNEO
FILISTEA

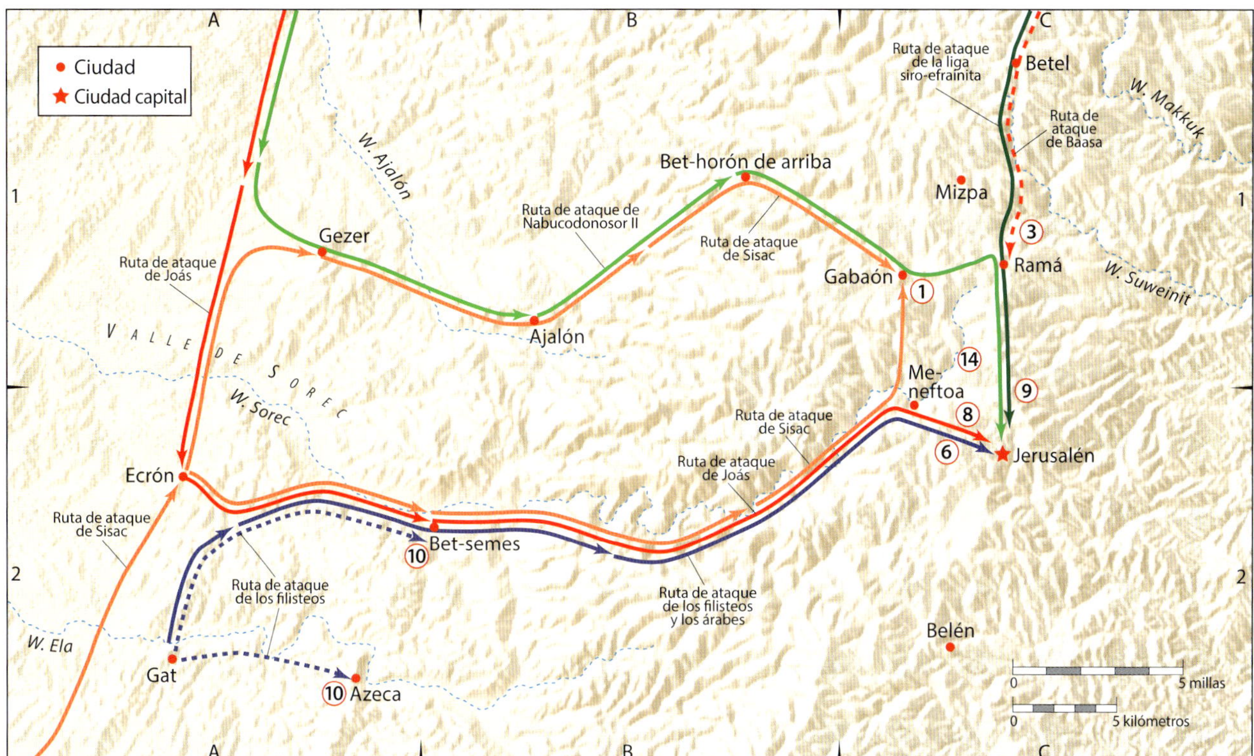

de Benjamín, la que, efectivamente, era reclamada por ambos reinos. [**Ver mapas 65 y 66**]. En la época de Abías, Jeroboam tendió una emboscada cerca de Betel (2 Cr 13:13) [**2**]. Más adelante, en la época de Asa, el rey Baasa de Israel pudo avanzar hacia el sur hasta Ramá, apenas a 8 km de Jerusalén, aunque fue repelido más tarde (1 Re 15:16; 2 Cr 16:1) [**3**].

Judá obtuvo un aplazamiento provisorio cuando el rey Asa derrotó contundentemente a la liga etíope dirigida por Zera (2 Cr 14:9-15; 16:8). En ese caso, las líneas de batalla se establecieron en la ciudad de Maresa, alrededor de 40 km al suroccidente de Jerusalén, y los etíopes fueron empujados hasta Gerar [**4**]. Más tarde, durante los días de Josafat, una alianza moabita atravesó Edom hasta En-gadi, y luego siguió por la cuesta de Sis hasta la ciudad de Tecoa, donde finalmente fue repelida por las fuerzas de Josafat (2 Cr 20:1-26) [**5**].

Sin embargo, la suerte de Judá empeoró de manera dramática comenzando con el reinado de Yoram. No solamente pudo Edom repudiar el señorío judaíta por un tiempo (2 Re 8:20-22), sino que también una confederación de filisteos y árabes lanzaron un ataque contra Jerusalén y se llevaron algo de botín de la ciudad real (2 Cr 21:16-17) [**6**].

Yoás tuvo que enfrentar el poder de la cada vez más fuerte ciudad-estado aramea de Damasco (2 Re 12:17-18; *cf.* 10:32-33). Hazael, el rey de Damasco, se dirigió al sur y capturó la ciudad filistea de Gat [**7**]. Con esa victoria en mano, Hazael puso la mira en Jerusalén. Yoás lo sobornó enviándole el oro del tesoro del templo, librando una vez más a Jerusalén.

El conflicto armado entre Israel y Judá se renovó durante la época de Amasías de Judá. Este contrató algunos mercenarios israelitas en preparación para un operativo militar contra Edom, pero ante la insistencia de un profeta cuyo nombre no se menciona, los dio de baja antes de entrar en batalla (2 Cr 25:5-10; *cf.* 2 Re 14:7). Los enfurecidos mercenarios procedieron a saquear y asesinar camino de regreso al hogar. Cuando Amasías volvió después de su victoria sobre los edomitas, desafió a Joás (rey de Israel) a dar cuenta de la conducta de los mercenarios. Joás no se dejó intimidar y conminó a Amasías a que desistiera, lo que el judaíta se negó a hacer. Así que se enfrentaron en batalla en la ciudad de Bet-semes. El ejército de Amasías fue totalmente derrotado, y él mismo fue llevado cautivo. Las tropas de Joás subieron a Jerusalén, donde derribaron parte de la muralla de la ciudad y se apoderaron de rehenes y de un valioso botín antes de regresar a Samaria (2 Re 14:8-14; 2 Cr 25:17-24) [**8**].

Este sombrío refrán político para Judá fue silenciado a comienzos del siglo VIII a. C., cuando tanto Judá como Israel experimentaron algo parecido a un renacimiento bajo los liderazgos de Jeroboam II en Israel y Uzías en Judá. [**Ver mapa 74**]. Aprovechando la ventaja que su padre había logrado sobre Aram en la ciudadela de Afec (2 Re 13:17, 24-25), Jeroboam II restauró algunas de las fronteras que habían existido en los días de David y Salomón (2 Re 14:25). Hay escasa información sobre esas adquisiciones, aunque el profeta Amós sí hace referencia a la conquista de las ciudades de Lo-debar y Karnaim, y al establecimiento de una frontera desde Lebo-hamat hasta el mar del Arabá (mar Muerto) (Am 6:13-14). [**Ver mapa 74**].

Las hazañas de Uzías no fueron menos impresionantes (2 Re 14:22; 2 Cr 26:6-15). [**Ver mapa 74**]. Derrumbó las murallas de las ciudades filisteas de Gat, Jabnia (ubicación desconocida) y Asdod. Siguió extendiéndose hacia el sur y restauró el control de Judá sobre la ciudad de Elat, en el mar Rojo. Se dice que construyó numerosas fortalezas en el desierto y que recibía tributo de los amonitas. Pero lamentablemente, cuando la influencia recién adquirida empezó a proporcionarles cierta riqueza, Israel y Judá volvieron a sus antiguas conductas. Su renacimiento pronto se desvaneció.

El reino de Judá fue probado severamente en los días de Acaz. Solo unos pocos años antes del ascenso de Acaz al trono (alrededor del 738 a. C.), el rey asirio Tiglat-pileser III (apodado «Pul» en la Biblia y en textos asirios)[278] había avanzado hacia el occidente y recibido tributo de varias ciudades-estado de Siria (p. ej., Carquemis, Malatya, Hamat, Damasco, Biblos y Tiro). [**Ver mapa 75**]. Incluido en la lista de los que pagaban tributo estaba «Manahem de Samaria»[279] (2 Re 15:19-20). Solo cuatro años más tarde, en lo que probablemente era el primer año del reinado de Acaz, el asirio marchó hacia el sur tan lejos como Gaza, donde estableció una base de operaciones cerca del río de Egipto (wadi el-Arish)[280]. En respuesta a estos repetidos movimientos asirios penetrando al interior de Siria y Canaán, varias ansiosas ciudades-estado intentaron armar una coalición antiasiria. Conocida actualmente como la liga siro-efrainita por la participación dominante de los reyes Rezín de Siria y Peka de Israel (Is 7:2), esa coalición aparentemente buscó la colaboración de Acaz.

Cuando Acaz se negó, la liga se volvió en su contra, llevó un ejército hasta Jerusalén e intentó la toma del palacio (2 Re 15:37; 16:5; Is 7:1, 5-6). Acaz sobrevivió, pero al parecer sus enemigos lograron tomar muchos prisioneros y se llevaron un significativo botín (2 Cr 28:5-6, 8) [**9**]. Acaz contempló apelar directamente a Asiria por apoyo militar. El profeta Isaías le instó a no hacerlo, pronosticando que la liga sería destruida en un período de tiempo relativamente corto (Is 7:1-9). No obstante, la preocupación de Acaz por las amenazas del norte lo había vuelto un blanco más fácil de saqueos provenientes del occidente y del sur. Los filisteos se movilizaron para recuperar algunas ciudades de la Sefela (2 Cr 28:10) [**10**], mientras que los edomitas se envalentonaron para invadir el sur de Judá misma (2 Re 16:6; 2 Cr 28:17) [**11**]. Presionado hasta el límite, Acaz recurrió a lo impensable: rechazó el consejo tranquilizador de Isaías, echó mano profunda a los fondos del tesoro de Jerusalén y apeló directamente a nadie menos que a Tiglat-pileser por ayuda (2 Re 16:7-9; 2 Cr 28:16-19).

Tiglat-pileser no era alguien que dejara pasar oportunidades para el imperialismo, así que casi inmediatamente marchó su ejército desde Sidón, pasando por Tiro, Aco y la cordillera de Carmelo, hacia el sur hasta la fortaleza de Gezer, la cual asaltó y conquistó[281] [**12**]. [**Ver también mapa 76**]. El año siguiente Tiglat-pileser invadió Galilea y Galaad, conquistó muchas ciudades e inició por primera vez en Israel una política de deportación (2 Re 15:29). Durante este período, Oseas asesinó al rey Peka de Israel, ocupó su lugar y aparentemente demostró su lealtad a Tiglat-pileser pagándole tributo[282] (2 Re 15:30; 17:1-4). De modo que Acaz había puesto en movimiento una cadena de acontecimientos que, en menos de diez años, traería la imponente y violenta maquinaria de Asiria hasta el umbral de Samaria, la capital de Israel. [**Ver mapas 76 y 77**].

Ezequías llegó al trono de Jerusalén cuando el Imperio asirio bajo Senaquerib estaba llegando a su apogeo. Pero cuando el gobernante asirio se encontraba preocupado por la amenaza de su vecina Babilonia, Ezequías decidió rebelarse (2 Re 18:7b). Puede ser que esto fuera el motivo para una campaña a gran escala hacia el occidente, aparentemente la única realizada por Senaquerib en esa dirección. Su ejército marchó por las ciudades costeras del Líbano antes de arrasar una serie de municipios cananeos, incluyendo Aco, Jope, Ecrón y especialmente Laquis[283] (2 Re 18:13; 2 Cr 32:1; Is 36:1) [**13**]. [**Ver también mapa 77**]. Desde Laquis, Senaquerib dirigió su atención hacia Jerusalén. Afirmaba haber tomado unas 46 ciudades en Judá y capturado a más de 200.000 prisioneros. Continuando su jactancia, hizo referencia a «Ezequías de Judá», declarando que este «estaba encerrado en Jerusalén como un pájaro en una jaula» y que «estaba rodeado de terraplenes que le hacían hasta impensable que pudiera salir de su ciudad»[284]. Ezequías fue obligado a pagar una enorme suma en tributo (2 Re 18:14-17), pero su ciudad fue milagrosamente librada de la aniquilación. Senaquerib volvió a Nínive donde, unos 20 años más tarde, fue asesinado en un golpe palaciego encabezado por uno de sus propios hijos: Adramelec (*cf.* 2 Re 19:36-37; Is 37:37-38)[285].

No obstante, para cuando surgió el reino de Babilonia unos 100 años después, la misericordia de Dios había llegado a su límite. Judá persistió en sus malos caminos y el profeta Jeremías predijo incluso que los babilonios llegarían a ser los agentes de Dios para provocar el fin de Judá (Jr 19; 21:3-6). Así fue como las hordas militares babilónicas de Nabucodonosor saquearon Judá varias veces [**mapa 80**], y finalmente destruyeron Jerusalén, su muralla, el palacio y el templo. Además, muchos de la élite de Jerusalén fueron llevados al exilio en Babilonia (2 Re 24:1-4; 25:27; 2 Cr 36:6-7; Jr 52:28-30) [**14**].

LA BATALLA DE QARQAR

En el sexto año de su reinado, Salmanasar III de Asiria se enfrentó en batalla con una coalición de 12 reyes occidentales, encabezados por Irhuleni de Hamat e incluyendo a Ben-adad II de Damasco y a Acab de Israel[286]. Aunque el reino del monarca israelita estaba lejos del centro de la campaña de Salmanasar, Acab ejercía el control sobre las rutas comerciales desde Egipto y Arabia hacia el norte, y debió haberse sentido amenazado por el creciente expansionismo asirio. [**Ver mapa 75**]. La batalla tuvo lugar en Qarqar (tell Qarqur)[287], un grande, imponente y antiguo sitio de fortaleza ubicado en la ribera oriental del río Orontes medio, al noroccidente de Hamat. La fortaleza protegía a Hamat y las ciudades-estado más al sur contra cualquier enemigo que se acercara desde el norte.

La principal fuente de información en relación con esta significativa batalla es la famosa «inscripción del monolito» de Salmanasar, que fue desenterrada junto con una figura en relieve del propio rey[288] en la moderna ciudad de Kurkh (Turquía), ubicada aproximadamente a 120 km al nororiente de Harán. Según la inscripción, Salmanasar salió de Nínive en la primavera de su sexto año, marchando por la alta Mesopotamia y recibiendo tributo en varias ciudades, incluyendo Pitru (¿Ausheriya?), Sahlala (tell Sahlan) y presuntamente Harán. Desde el río Balí continuó al Éufrates, lo vadeó en una estación de crecida (probablemente en junio) y exigió impuestos de otros municipios, incluyendo Carquemis y Melit (Malatya). Luego viró al sur y marchó hacia Halab/Alepo, donde obtuvo aún más tributos y ofreció sacrificios a Hadad, el dios de la tormenta. Desde allí, Salmanasar entró en el territorio de Irhuleni y finalmente llegó a la ciudad de Qarqar, donde —en el verano del año 853 a. C.— formó su línea de batalla contra la confederación.

Dentro de la confederación, la relativa fuerza militar de Israel se pone de manifiesto por la observación de que

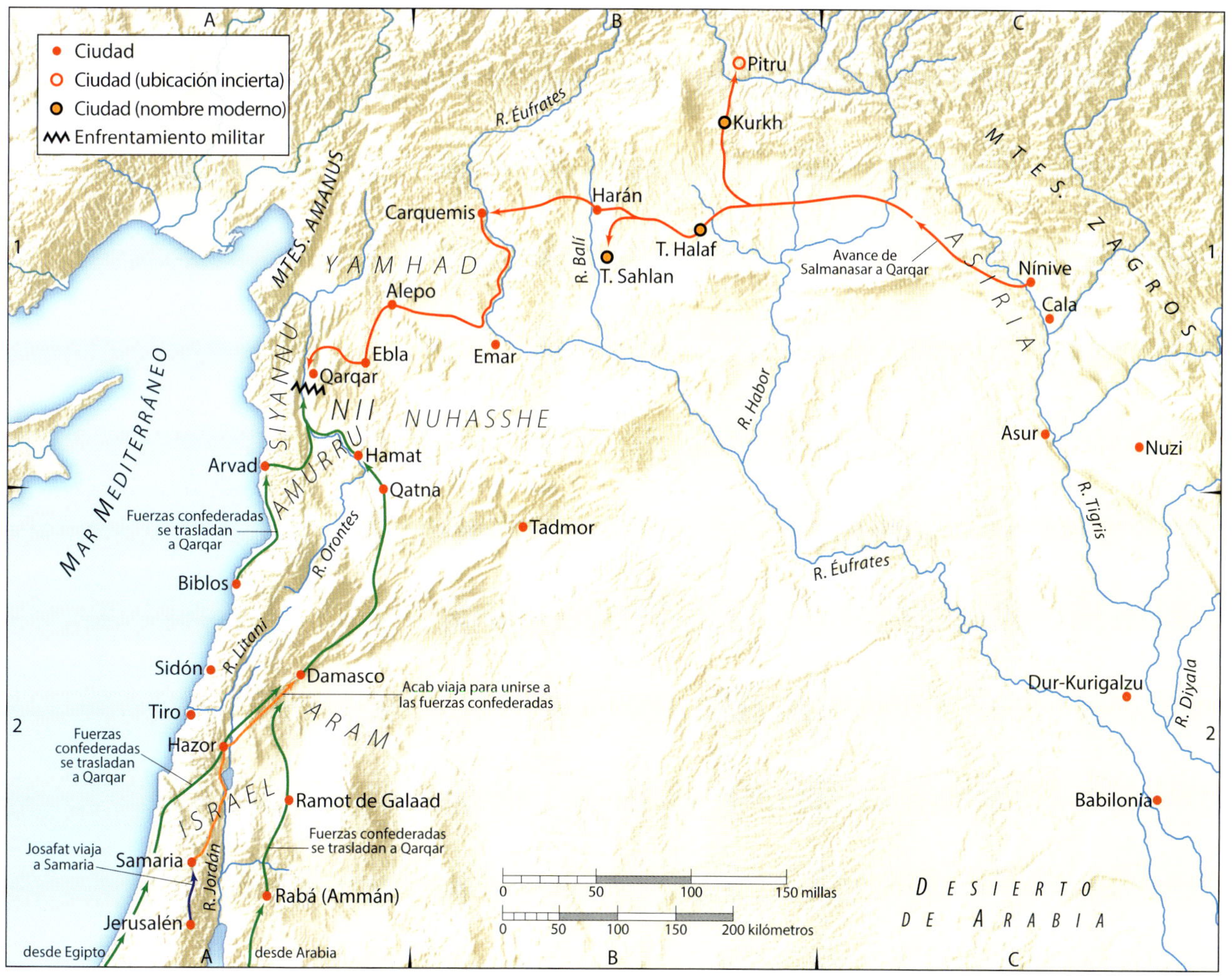

Acab proveyó 2000 carros (más de la mitad de la fuerza total de carros) y 10.000 soldados (por lo menos una sexta parte del total de la infantería). Además, el hecho de que fuerzas de los lejanos Egipto y Arabia estuvieran incluidas en la confederación, mientras que Moab y Edom estuvieran ausentes, puede reflejar que estos últimos eran vasallos de Acab en ese momento. [**Ver mapa 66**].

A pesar de las numerosas inscripciones de Salmanasar III que celebran a Qarqar como un asombroso triunfo asirio, el resultado de esta confrontación está muy en duda hoy. El hecho de que Salmanasar vio necesario volver y confrontar nuevamente una confederación occidental semejante dirigida por los reyes de Hamat y Damasco en los años 10, 11, y 14 de su reinado[289] provee una fuerte indicación de que la coalición por lo menos obtuvo un *impasse* en Qarqar.

Aunque la batalla de Qarqar no es mencionada directamente en la Biblia, es de suma importancia para el estudio del Antiguo Testamento. Durante el período en cuestión, las fechas asirias se pueden fijar con un margen de error de solo un año. Gracias a los registros documentales de esta batalla, se puede establecer el sincronismo exacto más antiguo conocido entre la historia israelita y la asiria y, sobre esa base, comenzar a reconstruir la columna vertebral de una cronología del Antiguo Testamento.

Los registros asirios hacen posible fechar la batalla de Qarqar en el año 853 a. C. (± un año)[290]. Cualquiera haya sido el resultado en Qarqar, la reducción temporaria de la amenaza asiria renovó el conflicto entre los aliados provisorios Ben-adad II y Acab (1 Re 22:1-36; *cf.* 20:1-34). De hecho, cabe preguntarse si tal vez Ben-adad se sintiera envalentonado para renovar su combate con Acab porque este último había sufrido bajas desproporcionadamente elevadas en Qarqar (2 Re 13:7). Igualmente revelador es el hecho de que Acab aparentemente sintió la necesidad de reclutar las fuerzas militares de Judá en su lucha contra Ben-adad (1 Re 22:1-4). En este sentido, es llamativo que Moab intentó recuperar su independencia de Israel a la muerte de Acab (2 Re 3:4-5)[291]. En cualquier caso, la importancia de la renovada confrontación entre Acab y Ben-adad radica en el hecho de que debe haber tenido lugar en el mismo año calendario del reinado de Acab que la batalla de Qarqar.

Esta afirmación se puede sostener por la fuerza de otras evidencias. Cuatro inscripciones concuerdan en que Salmanasar III se jactó de cómo, en su 18.º año, cruzó el río Éufrates por 16.ª vez y que en el curso de su campaña allí recibió tributo de «Jehú, hombre de Bit-Humri» («casa de Omri»)[292]. [**Ver mapas 76 y 77**]. El 18.º año de Salmanasar corresponde evidentemente al año 841 a. C. (± un año)[293]. En otras palabras, Salmanasar afirma haberse encontrado con Acab en su sexto año de reinado y con Jehú en su 18.º año.

Acab fue sucedido por Ocozías, a quien se le adjudicaron oficialmente dos años de reinado (1 Re 22:51). Ocozías fue seguido por Joram[294], cuyo reinado duró 12 años hasta que fue asesinado por su sucesor, Jehú (2 Re 3:1). A primera vista, esto parece implicar que los reinados de Acab y Jehú estuvieron separados aproximadamente por 14 (2 + 12) años. No obstante, se ha demostrado que los reyes de Israel de ese período siguieron un patrón egipcio de cronología antigua llamada el sistema «sin año de ascenso» (antedatación) según el cual a un rey se le acreditaba su primer año de reinado desde el mismo día que ascendía al trono. Entonces, el primer año del nuevo rey correspondía al año de su ascenso y su segundo año se computaba comenzando con el inicio del nuevo año calendario, incluso si el nuevo año hubiera comenzado apenas semanas después del ascenso del nuevo rey al trono. A cada rey se le acreditaba un año entero no importa cuál hubiera sido la parte del mismo que reinara[295]. Esto significa entonces que los supuestos 14 años que separan a Acab de Jehú en realidad deben ser reducidos a un intervalo de solamente 12 años: el último año de Acab habría correspondido al año de ascenso (año primero) de Ocozías, y el último año de Ocozías habría sido contemporáneo con el año de ascenso de Joram.

Algunos estudiosos han intentado sostener que la batalla de Qarqar no necesariamente tuvo que haber ocurrido en el último año del reinado de Acab, que el rey israelita pudo haber seguido vivo por otros tres o cuatro años después de la lucha en Qarqar[296]. Sin embargo, la única forma en que el rey Jehú pudo haber pagado tributo a Asiria en el 18.º año de Salmanasar (841 a. C.), como se registra en numerosos artefactos asirios, es si Acab hubiera muerto durante el sexto año de Salmanasar (853 a. C.), la fecha de la batalla de Qarqar. Por lo tanto, esta fecha se ha convertido en un dato de referencia fundamental para la reconstrucción de una cronología del Antiguo Testamento, especialmente en relación con los períodos de la monarquía unida y de la monarquía dividida.

LAS HAZAÑAS DE JEHÚ CONTRA LA CASA DE ACAB

La lucha territorial entre Aram e Israel que le había cobrado la vida a Acab (1 Re 22:34-35; 2 Cr 18:33-34) continuó en una serie de confrontaciones durante el reinado de su hijo Joram (2 Re 6:9–8:28). En uno de esos choques en la frontera, Joram fue herido en Ramot de Galaad y se retiró al occidente a Jezreel para recibir asistencia médica. Estando allí, Joram fue visitado por Ocozías, el rey de Judá, que había luchado como su aliado en el frente nororiental (2 Re 8:28-29; 9:16; 2 Cr 22:5-6).

También involucrado en la batalla en Ramot de Galaad estaba un comandante militar veterano llamado Jehú, quien fue renombrado como conductor de carros. Cuando era un soldado más joven, Jehú aparentemente había estado entre los guardaespaldas de Acab (2 Re 9:25-26; *cf.* 1 Re 21:1-24) y había oído la predicción condenatoria que Elías pronunció sobre el linaje de Acab y Jezabel. Años más tarde, habiendo sido ungido rey de Israel por un siervo del profeta Eliseo, y en ausencia de Joram, Jehú se movió con celeridad para ser públicamente aclamado como rey por el resto del ejército israelita (2 Re 9:4-13).

Sin pérdida de tiempo, Jehú condujo su carro desde Ramot de Galaad a Jezreel. Su llegada sorpresiva pronto resultó en la muerte tanto de Joram como de su madre, Jezabel (2 Re 9:24-26, 30-37). El rey Ocozías huyó hacia el sur en dirección a Bet-hagan (Yenín), fue perseguido, y fue herido mientras estaba en su carro cerca de Ibleam. Consiguió huir a Meguido, donde luego murió en circunstancias inciertas (2 Re 9:27-29; 2 Cr 22:9)[297]. Mientras Jehú continuaba su camino rumbo a Samaria, cerca de Bet-eked (¿Kefr Ra'i?), encontró a algunos parientes de Ocozías que iban hacia el norte en dirección a Jezreel,

aparentemente para unirse a la misión de hospitalidad de Ocozías (y que desconocían los sucesos recientes allí). Cuando se enteró de sus intenciones, Jehú los hizo ejecutar despiadadamente (2 Re 10:12-14; 2 Cr 22:8-9).

Habiendo ya recibido la humilde sumisión de las autoridades políticas en la ciudad de Samaria, Jehú continuó con la matanza de la línea biológica de Acab. Como paso final, Jehú entró en lo que ahora era su propia ciudad capital, donde se dedicó a una campaña en contra de Baal en que masacró a los adoradores de Baal en Israel (2 Re 10:1-11, 18-27). Con desenfrenado entusiasmo y cruel resolución, Jehú puso fin a la casa de Acab y comenzó su propia dinastía. Estaba destinada a ser la dinastía más duradera en la historia del reino del norte, y continuaría hasta el tiempo de Zacarías (2 Re 15:8-12; *cf.* 10:30).

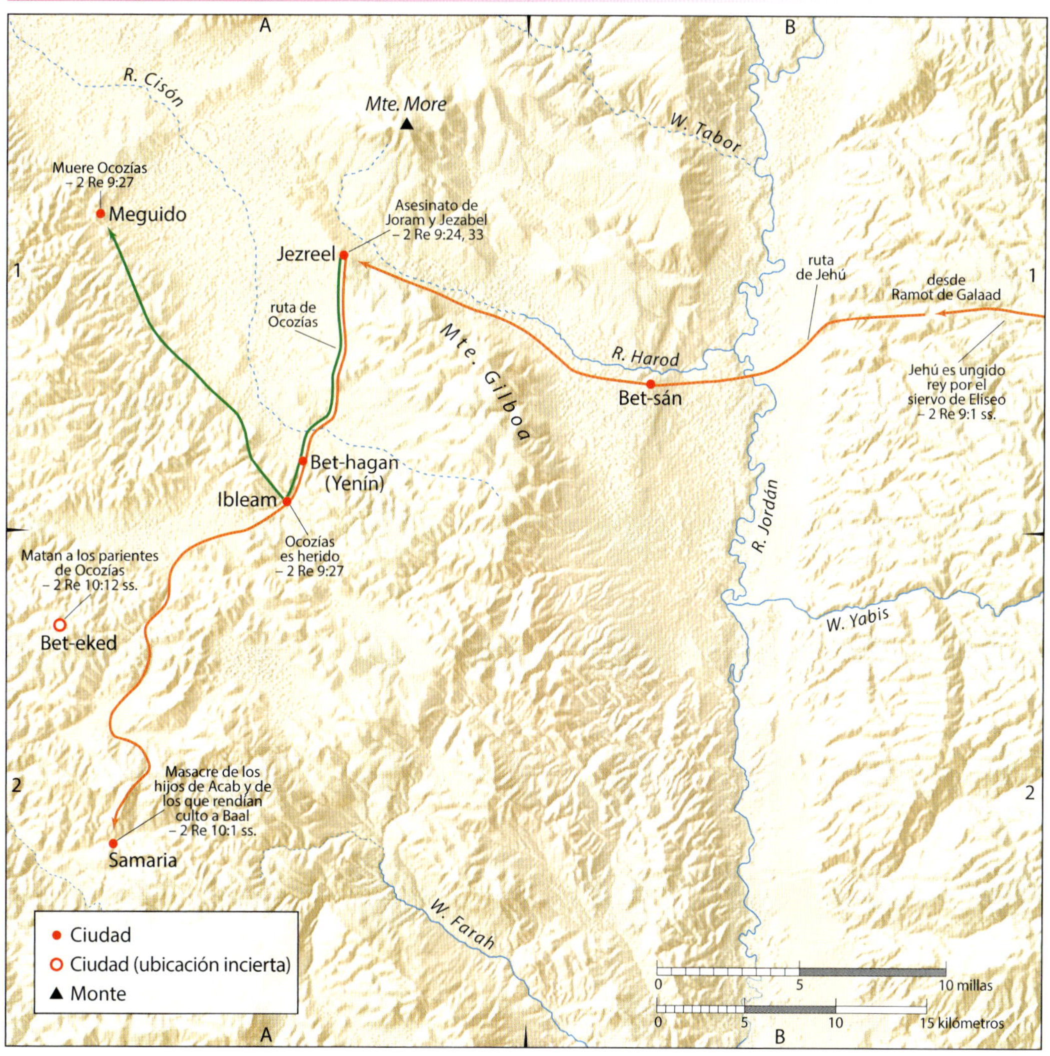

Los ministerios de Elías y Eliseo
mapa 72

Ciudad
Ciudad (ubicación incierta)
Monte

0 10 20 30 millas
0 10 20 30 40 kilómetros

A
B
C

Sidón
La viuda de Sarepta le da de comer a Elías y él resucita al hijo de ella – 1 Re 17:8 ss.
Sarepta
FENICIA

R. Abaná
Eliseo declara la ruina de Ben-adad – 2 Re 8:7 ss.
Damasco
R. Farfar
ARAM

Elías declara la ruina de Acab y Jezabel – 1 Re 21:17 ss.
MAR DE GALILEA
Naamán es sanado de lepra – 2 Re 5:8 ss.
Mte. Carmelo
Elías confronta a los profetas de Baal en el monte Carmelo, manda que los maten en el valle de Cisón, y luego huye a Jezreel – 1 Re 18:18 ss.
R. Cisón
Eliseo resucita al hijo de la mujer de Sunem – 2 Re 4:8 ss.
R. Yarmuk
Eliseo envía a un profeta para que unja a Jehú – 2 Re 9:1 ss.
Sunem
Jezreel
Ramot de Galaad
Eliseo guía al ejército arameo desde Dotán a Samaria – 2 Re 6:13 ss.
Dotán
Lugar de nacimiento de Eliseo – 1 Re 19:16
Arroyo de Querit
Cuervos alimentan a Elías – 1 Re 17:3 ss.
Abel-mehola
Tisbé
Lugar de nacimiento de Elías – 1 Re 17:1
Eliseo profetiza el fin del sitio arameo de la ciudad – 2 Re 6:24 ss.
Samaria
R. Jaboc
GALAAD
R. Jordán
Eliseo purifica un guisado envenenado – 2 Re 4:38 ss.
Elías es llevado al cielo en un torbellino; Eliseo toma el manto de Elías – 2 Re 2:11 ss.
MAR MEDITERRÁNEO
R. Yarkón
Afec
Elías y Eliseo se trasladan de Gilgal a Betel en su viaje a Jericó – 2 Re 2:1 ss.
Gilgal
AMÓN
Betel
Jericó
Ecrón
Los muchachos burlones son atacados por osos – 2 Re 2:23 ss.
Eliseo es reconocido como el sucesor de Elías. Eliseo purifica el agua y recupera una cabeza de hacha – 2 Re 2:15 ss.; 6:1 ss.
FILISTEA
MAR MUERTO
R. Arnón
Arroyo de Besor
Elías huye de Jezabel – 1 Re 19:3
Arad
MOAB
Beerseba
Kir-hareset
DESIERTO DE BEERSEBA
Eliseo profetiza que habrá una inundación – 2 Re 3:15 ss.
Arroyo Zered
DESIERTO ORIENTAL
Encuentro de Elías con un ángel debajo del árbol de retama – 1 Re 19:4 ss.
Elías viaja al monte Horeb (Sinaí) – 1 Re 19:8

LOS PROFETAS DE ISRAEL

Con el establecimiento de la monarquía de Israel, el oficio de sacerdote fue casi totalmente eclipsado. En los primeros años, cuando Samuel proclamó que Saúl había sido despojado de su oficio real (1 Sm 13:13-15; *cf.* 15:24-29), la separación por parte del sacerdote del rey equivalía a la separación por parte de Dios. Saúl parece haber sido incapaz de responder. No obstante, solo dos generaciones después, el rey Salomón ya había acumulado suficiente autoridad como para desplazar a Abiatar de su oficio sacerdotal y desterrarlo a su ciudad natal (1 Re 2:26-27), clara ilustración de la incuestionable autoridad que los israelitas pronto confirieron a su recién creado oficio de rey.

Junto con la virtual desaparición del oficio sacerdotal, vino una nueva tendencia concomitante en Israel hacia la apostasía y la idolatría; la religión levítica dejó de ser el foco central en torno al cual giraría la vida de Israel. Y aunque la institución profética ya había existido de manera formal, y con certeza no surgió simplemente de un impulso nacional, fue principalmente este conjunto de circunstancias históricas el que sirvió para ocasionar que Dios levantara otro ciclo de profetas. Es justo afirmar que el oficio de profeta adquirió un perfil más teocrático y público. Los profetas podían aconsejar a reyes acerca de políticas o reprenderlos por el pecado, al mismo tiempo advirtiendo al pueblo sobre la abominación de los cananeos.

La categorización de los profetas de Israel es una tarea difícil, porque provenían de una diversidad de trasfondos, tribus, clases sociales y niveles de educación. A diferencia de los sacerdotes, los profetas no recibían su oficio por derecho de nacimiento, ni obraban según un patrón o prescripción (Is 20:1-4; Jr 13:1-7; 27:1–28:16; Ez 4:4-17; 5:1-4; Os 1:2-9). Algunos fueron funcionarios del Estado (Isaías) mientras que otros fueron marginados (Elías, Jeremías). Algunos funcionaron de manera individual (Amós); otros sirvieron dentro de escuelas proféticas (Eliseo). Algunos expresaron predicciones (Micaías) mientras que la profecía futurista no jugaba ningún papel en la vida de otros (Natán, Jonás). Algunos realizaron milagros (Elías), y otros, no (Malaquías). Algunos cumplieron su oficio por décadas (Isaías, Jeremías), mientras que otros, hasta donde sabemos, tuvieron esa función solamente por unos meses (Hageo). Lo que *sí* tenían en común los profetas de Israel era una creencia, visión y función compartida. Cada uno tuvo un claro llamado de Dios para ocupar el oficio, cada uno poseía una conciencia profética de la historia, y cada uno funcionaba como anunciador de la Palabra de Dios.

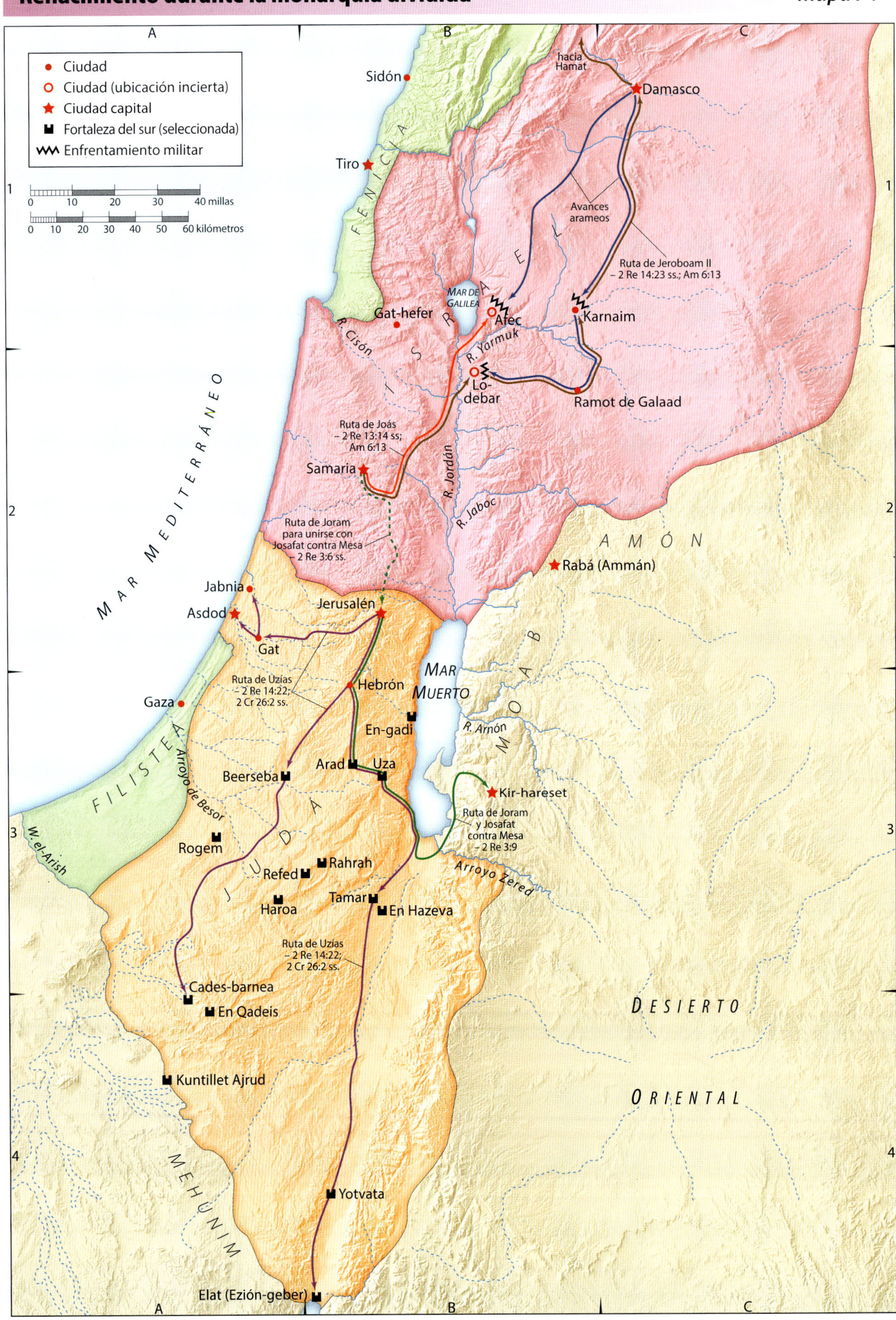
Ciudad
Ciudad (ubicación incierta)
Ciudad capital
Fortaleza del sur (seleccionada)
Enfrentamiento militar
0 10 20 30 40 millas
0 10 20 30 40 50 60 kilómetros
Sidón
hacia Hamat
Damasco
Tiro
FENICIA
Avances arameos
Ruta de Jeroboam II – 2 Re 14:23 ss.; Am 6:13
MAR DE GALILEA
Gat-hefer
R. Cisón
Afec
R. Yarmuk
Karnaim
I S R A E L
Lo-debar
Ramot de Galaad
Ruta de Joás – 2 Re 13:14 ss; Am 6:13
R. Jordán
Samaria
R. Jaboc
Ruta de Joram para unirse con Josafat contra Mesa – 2 Re 3:6 ss.
M A R   M E D I T E R R Á N E O
AMÓN
Rabá (Ammán)
Jabnia
Jerusalén
Asdod
Gat
Ruta de Uzías – 2 Re 14:22; 2 Cr 26:2 ss.
Hebrón
MAR MUERTO
Gaza
En-gadi
R. Arnón
M O A B
FILISTEA
Arroyo de Besor
Arad
Uza
Beerseba
Kir-hareset
Ruta de Joram y Josafat contra Mesa – 2 Re 3:9
W. el-Arish
Rogem
J U D Á
Refed
Rahrah
Arroyo Zered
Haroa
Tamar
En Hazeva
Ruta de Uzías – 2 Re 14:22; 2 Cr 26:2 ss.
DESIERTO
Cades-barnea
En Qadeis
ORIENTAL
Kuntillet Ajrud
MEHUNIM
Yotvata
Elat (Ezión-geber)

EL IMPERIO ASIRIO

El término «Asiria» como designación de un estado territorial unificado apareció primero en el registro histórico durante el reinado de Asur-ubalit I, alrededor del 1350 a. C.[298] En esa época, gente de la ciudad de Asur decidió capturar la ciudad de Nínive y liberarse de un yugo mitanio que había durado un poco más de 100 años[299]. Desde ese tiempo hasta que la ciudad asiria de Asur colapsó en el 614 a. C., lo que se podría llamar la «zona central de Asiria» estuvo siempre en manos asirias [**Ver mapas 75 y 79**].

En los días de Asur-ubalit I la zona central de Asiria comprendía las llanuras que se extendían de ambos lados del Tigris medio, desde un punto justo al norte de Nínive, donde la estepa mesopotámica se convierte en montañas más altas, hasta un lugar a orillas del río justo al occidente de Eshnuna, donde nuevamente una cadena de montañas interrumpe la llanura. Una tablilla del archivo de Amarna[300] en la que Asur-ubalit I se dirige a un faraón egipcio como a un «hermano» (un igual), sugiere la presencia de un estado unificado en la Mesopotamia nororiental. Adad-nirari I agregó tierras desde Babilonia hasta Mitani, ubicada en la cuenca del río Habor superior, lo que significaba que la frontera imperial también se extendía tan al occidente como el río Éufrates. Para cuando reinó Tukulti-ninurta I, la tierra de Asiria formaba un arco desde la ciudad de Babilonia hasta Carquemis, en el Éufrates superior, pero después de su muerte, Asiria entró en decadencia hasta el siglo IX a. C.

Después de un período de estancamiento, el imperialismo asirio resurgió en el tiempo de Asurnasirpal II. Sus acciones incluían campañas frecuentes (casi anuales) para exigir tributos, deportaciones extensas y masivas, y la conversión de países en provincias asirias a cargo de gobernadores asirios: estragos del tipo descrito en la Biblia. [**Ver mapa 78**]. Este monarca asirio realizó incursiones significativas en los montes Zagros al oriente, conquistó Nairi, y comenzó a hacer avances en lo que era en ese tiempo el poderoso reino de Urartu, un continuo rival de Asiria con su imponente y elevada capital de Tushpa en la costa del lago Van. Más tarde, Salmanasar III tomó el control de las principales ciudades costeras fenicias (Arvad, Biblos, Tiro y Sidón), áreas del interior de Siria (p. ej., Carquemis, Hamat y Damasco) y el sur del Líbano. Salmanasar también logró contener en el norte a los enemigos urartianos mientras Asiria aumentaba su dominio mediante las campañas anuales.

Tiglat-pileser III expandió el imperialismo asirio al establecer tratados con estados vasallos e implementar deportaciones masivas. Se apoderó de Sumeria, neutralizó los poderosos reinos de Urartu y Kummuhu en el norte y ganó terreno en las proximidades de Damasco y Basán. Sargón II libró con éxito guerras importantes en Canaán, Frigia, Urartu, Babilonia y a lo largo de la frontera meda en el oriente. Senaquerib arrancó buena parte de Judá de manos del rey Ezequías y destruyó la ciudad de Babilonia. Más tarde, Esar-hadón consiguió el control provisorio de Elam, se apoderó de Transjordania y extendió el dominio asirio hasta el Bajo Egipto al saquear Menfis. El imperio alcanzó su extensión territorial máxima bajo Asurbanipal, quien solidificó el control asirio de Elam, capturó la mayor parte del territorio de Lidia, y tomó Tebas en el Alto Egipto. Si hemos de creerle en su alarde, afirmaba haberse llevado a Nínive (a unos 2320 km) dos enormes obeliscos —cada uno de los cuales se estima que pesaba 154 toneladas— como trofeos de su victoria[301].

A lo largo de su existencia, los líderes del Imperio asirio construyeron cuatro ciudades capitales sucesivas. La primera fue Asur, escogida por Asur-ubalit I (c 1350–875 a. C.). El resurgimiento asirio en la época de Asurnasirpal II se evidenció en la creación de una enorme y magnífica ciudad capital nueva en Cala/Nimrud (c 875–720 a. C.), construida sobre los restos de lo que había sido una pequeña aldea[302]. Durante el reinado de Sargón II, se construyó una tercera

El río Éufrates superior en Carquemis, sitio de un importante centro administrativo asirio. Se podía vadear el río más fácilmente en Carquemis, por lo que los monarcas asirios cruzaban regularmente por aquí camino al Levante.

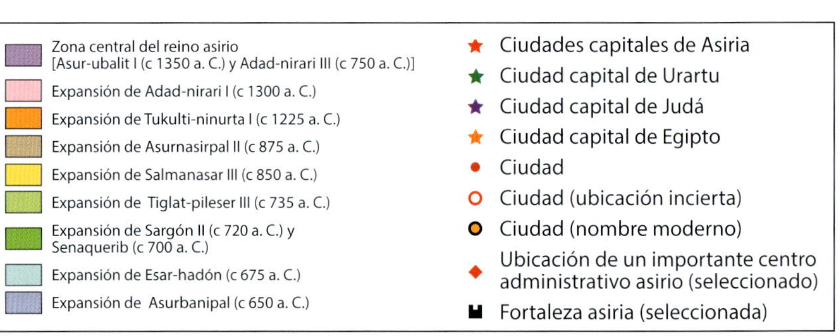

capital en Jorsabad/Dur-Sarrukin («la
fortaleza de Sargón», c 720–700 a. C.).
Finalmente, la capital fue trasladada
por Senaquerib a su ampliada ciudad
de Nínive (c 700–612 a. C.), aunque
esta muestra evidencias de existencia ya
desde el vii milenio a. C., con ocupación
continuada hasta la época de Senaquerib.

    Una observación final puede ser
relevante y útil aquí: ningún nombre
de específicos personajes bíblicos que
vivieron antes del tiempo de la monarquía dividida ha sido
constatado inequívocamente hasta ahora en la literatura
secular antigua, ni hay mención de importantes personajes
seculares en las primeras narrativas bíblicas[303]. Por eso,
es significativo observar *en qué momento* los nombres de
personajes bíblicos (generalmente reyes) comenzaron a ser
registrados en documentación secular y el momento coinci-
dente cuando los monarcas extranjeros comenzaron a aparecer
por nombre en el registro bíblico. Es precisamente cuando
los asirios experimentaron su renacimiento en el siglo ix a. C.

Zona central del reino asirio [Asur-ubalit I (c 1350 a. C.) y Adad-nirari III (c 750 a. C.)]	★ Ciudades capitales de Asiria
Expansión de Adad-nirari I (c 1300 a. C.)	★ Ciudad capital de Urartu
Expansión de Tukulti-ninurta I (c 1225 a. C.)	★ Ciudad capital de Judá
Expansión de Asurnasirpal II (c 875 a. C.)	★ Ciudad capital de Egipto
Expansión de Salmanasar III (c 850 a. C.)	● Ciudad
Expansión de Tiglat-pileser III (c 735 a. C.)	○ Ciudad (ubicación incierta)
Expansión de Sargón II (c 720 a. C.) y Senaquerib (c 700 a. C.)	◉ Ciudad (nombre moderno)
Expansión de Esar-hadón (c 675 a. C.)	◆ Ubicación de un importante centro administrativo asirio (seleccionado)
Expansión de Asurbanipal (c 650 a. C.)	⬛ Fortaleza asiria (seleccionada)

y marcharon hacia el occidente tan lejos como Canaán, es
decir, cuando por primera vez entraron en contacto político
directo, e incluso en conflictos militares, con el reino dividido
de Israel. En ese momento, referencias a personajes bíblicos
específicos comienzan a aparecer en anales seculares, tablillas
y otros artefactos. También aparecen nombres específicos
de la realeza asiria en el testimonio bíblico exactamente en
ese mismo tiempo. Es más, desde ese punto en adelante,
hasta el colapso del Imperio asirio, ¡*cada* monarca asirio
—sin excepción— es mencionado por nombre en la Biblia[304]!

LAS CAMPAÑAS ASIRIAS CONTRA ISRAEL Y JUDÁ

Como observamos anteriormente, la expansión asiria hacia el occidente trajo a su poderoso ejército al territorio israelita. [**Ver mapa 70;** *cf.* **mapa 75**]. En el año 841 a. C., Salmanasar III viajó hacia el occidente pasando por Damasco, atravesó el norte de Israel hasta Bet-arbel (Os 10:14) y fue incluso hasta el monte Haurán. También viajó al occidente del mar de Galilea hasta las proximidades de Meguido (tal vez donde Jehú pagó tributo) y el monte Carmelo[305]. Desde allí, inició una marcha hacia el norte en que pasó Tiro y Sidón y llegó hasta la desembocadura del río el-Kabir [**mapa 4**], donde grabó un monumento a la victoria de su campaña en un acantilado cercano[306].

Unos 45 años más tarde, otro monarca asirio —Adad-nirari III— giró hacia el occidente y sometió a varias entidades políticas a lo largo del norte de Siria, antes de entrar finalmente

Las campañas iniciales de Asiria contra Israel

mapa 76

en territorio israelita. En este caso el asirio se jactó de recibir tributo de diversas ciudades fenicias (Arvad, Sidón y Tiro) y de Mansuate, una provincia en las proximidades de Damasco. Luego recibió tributo de «Joás de Samaria»[307], presuntamente en Samaria[308]. Se dice que desde allí avanzó para someter a los territorios de Filistea y Edom.

Los datos sobre las varias campañas occidentales de Tiglat-pileser III a Canaán son numerosos y diversos en su naturaleza, lo que lleva comprensiblemente a una variedad de interpretaciones. Parece preferible interpretar los datos de la siguiente manera:

1. En el 734 a. C., Tiglat-pileser III marchó hacia el sur pasando las ciudades costeras de Sidón, Tiro y Aco, y llegó a la cordillera del monte Carmelo. Continuando hacia el sur por las llanuras costeras, sitió la ciudad de Gezer, la cual cayó después de un tiempo. [**Ver mapa 68**]. Desde allí, el asirio marchó a Filistea, llegó a Gaza, y luego continuó al río de Egipto (wadi el-Arish) donde estableció una base de operaciones militares[309].

2. Al año siguiente, Tiglat-pileser marchó directamente contra la ciudad de Damasco[310], tal vez como resultado de un pedido de intervención por parte de Judá (2 Re 16:7-9; 2 Cr 28:16-20), y continuó más directamente contra el propio reino del norte. Esta vez marchó a Galilea y tomó ciudades como Ijón (tell ed-Dibbin), Abel-bet-maaca (tell Abil el-Qamh), Hazor, Cedes y Janoa (¿Yanuh?). Se dice que Tiglat-pileser conquistó «toda la región de Neftalí» (2 Re 15:29; *cf.* Is 9:1)[311], y que deportó quizás hasta 13.500 cautivos israelitas a la alta Mesopotamia. [**Ver mapa 81**]. Evidentemente, en esta ocasión cruzó el río Jordán y marchó

Palestina después de la caída del reino del norte

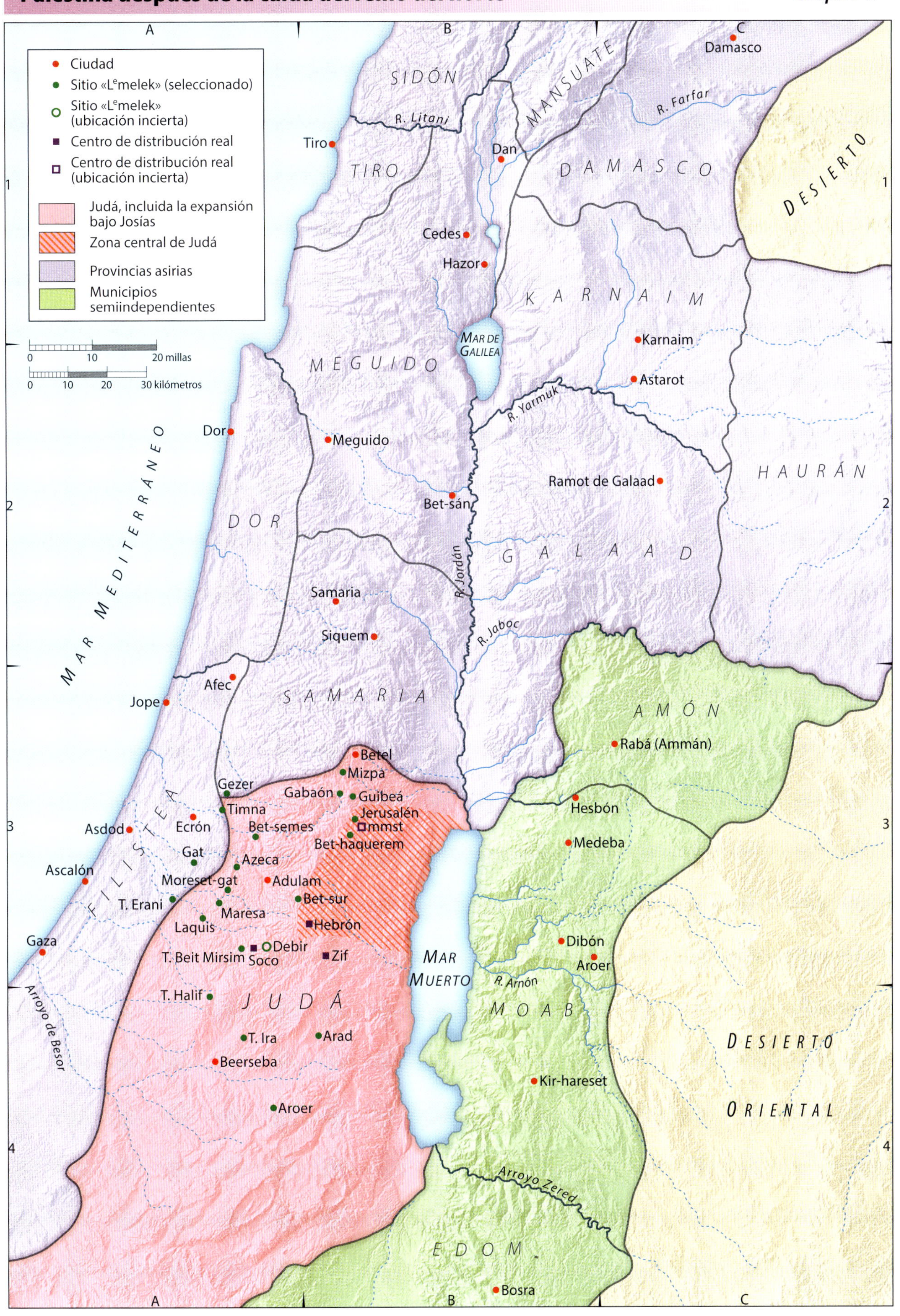

hacia el oriente hasta Ramot de Galaad (tell ar-Ramit)[312], donde anexó sectores de la región de Galaad (1 Cr 5:6, 26) y otra vez realizó deportaciones. Fue tal vez en ese momento de crisis que Oseas mató al rey israelita Peka y entonces rindió lealtad al asirio (2 Re 15:30; 17:3b), impidiendo así la aniquilación de Israel, al menos provisoriamente.

3. Parece que las acciones anteriores de Tiglat-pileser dejaron a Damasco completamente aislado. En consecuencia, en el 732 a. C. el monarca asirio se dirigió exitosamente contra ese blanco[313]. También debió haberse aventurado hacia el sur hasta Astarot, porque se cree que esa ciudad está mencionada y representada en un relieve de caliza asirio hallado en Nimrud[314].

La condena pronunciada sobre Damasco por Isaías (Is 7:1-9) ya se había hecho realidad, pero la destrucción de Samaria esperaba a otro monarca asirio[315]. El ejército asirio de Salmanasar V avanzó hacia el occidente en el año 725 a. C. y sitió varias ciudades de Fenicia e Israel, incluyendo Samaria, la ciudad capital (2 Re 17:1-41 [esp. vv. 4-6]; 18:9-12). La ciudad capital israelita logró resistir durante tres años sin rendirse[316], pero en agosto o septiembre del 722 a. C., Samaria cayó ante el ejército asirio[317] y una vez más se impuso la deportación. [**Ver mapa 81**].

Tanto el Antiguo Testamento (2 Re 17:3b-6; 18:9-12) como la Crónica Babilónica[318] atribuyen este suceso al reinado de Salmanasar. No obstante, el sucesor de Salmanasar, Sargón II, se atribuye a sí mismo una victoria sobre Samaria en por lo menos ocho inscripciones diferentes[319]. Sabemos que Salmanasar V falleció en el 722 a. C. en el mes de diciembre[320], y que Sargón asumió inmediatamente el trono. De manera que tenemos la seguridad de que Salmanasar estaba al mando de la despiadada maquinaria del ejército asirio cuando la ciudad de Samaria cayó en el verano del 722 a. C., aunque actualmente hay evidencias que sugieren que algunas de las afirmaciones de Sargón pueden referirse a una campaña posterior contra Samaria que él condujo en el año 720 a. C.[321] Cualquiera que sea el caso, la predicción de Isaías se cumplió cabalmente.

Sargón II se vio obligado a regresar a Canaán varias veces después de su ataque a Samaria en el 720 a. C. Su expedición en el 712 a. C. es de singular importancia, en particular porque parece ser el motivo de la única cita bíblica sobre este rey. En esta ocasión Sargón marchó hacia el sur y sofocó una importante coalición antiasiria, que aparentemente se había extendido desde Filistea a ciudades en Judá, Edom y Moab[322], que posiblemente actuaban en conjunto con Egipto. Diversos textos de Sargón indican que esta actividad sediciosa se centraba en Asdod, de manera que la ciudad filistea recibió una represalia particularmente dura (Is 20:1), aunque el asirio también enfrentó otras ciudades en las proximidades, incluyendo a Gaza, Rafia, Ecrón y Gat[323].

En el 701 a. C., Senaquerib llevó a cabo otra campaña asiria más contra este territorio[324]. Marchó hacia el sur y tomó las ciudades costeras de Arvad, Biblos, Sarepta, Sidón, Tiro, Aczib y Aco sin enfrentar ninguna resistencia. También afirmó haber tomado rápidamente una serie de ciudades que habían pertenecido al rey de Ascalón (Jope), además de la ciudad de Ecrón (tell Miqne).

En algún momento de esta campaña, Senaquerib enfrentó una coalición egipcia/cusita que había viajado hacia el norte para ayudar a los habitantes de Ecrón (2 Re 18:21-24; Is 36:6-9). La batalla que siguió tuvo lugar en la llanura de Elteque, entre Jope y Ecrón. La pregunta es *cuándo* enfrentó Senaquerib a ese enemigo empedernido. Definitivamente parece haber tenido lugar antes de que su ejército llegara a Jerusalén y probablemente después de haber conquistado Ecrón[325], pero fuera de eso, permanece la incertidumbre.

Se podría argumentar razonablemente que fue desde Laquis que el ejército asirio salió al encuentro de los egipcios. En primer lugar, Laquis era una ciudad significativa, y fue el sitio de una victoria militar decisiva conmemorada conspicuamente por Senaquerib en relieves de murales hallados en su palacio real en Nínive[326]. [**Ver también mapa 81**]. Segundo, Laquis se convirtió en el cuartel general de Senaquerib desde donde desafió a Ezequías en Jerusalén (2 Re 18:14, 17; Is 36:2; 37:8; 2 Cr 32:9). Luego de vencer a los egipcios, Senaquerib puso la mira en el reino de «Ezequías de Judá» y su ciudad capital, Jerusalén. Hizo amenazas y alardes [**ver el texto en página 176**], y Ezequías pagó un precio sumamente alto en tributo (2 Re 18:14-16), pero a Senaquerib se le negó su objetivo final. En palabras de Isaías, Dios había puesto un gancho en su nariz y un freno en su boca, y lo había hecho girar de regreso hacia Nínive (2 Re 19:28; Is 37:29).

LA BATALLA DE CARQUEMIS

El Imperio asirio alcanzó su apogeo en el tiempo del rey Senaquerib. Durante su reinado se experimentó plenamente una era de *Pax Assyriaca* («paz asiria»)[327]. Para cuando descendieron sobre Jerusalén las hordas asirias en el 701 a. C. (2 Re 18:13–19:37; 2 Cr 32:1-23; Is 36:1–38:22), el imponente y despiadado coloso imperial ya había conquistado un territorio aproximadamente del tamaño de la Europa moderna. No obstante, el poder imperialista asirio estaba llegando a sus límites naturales por las demandas que implicaba gobernar tal extensión. Senaquerib y sus sucesores inmediatos son célebres no solamente por su destreza en el campo de batalla, sino también por sus logros administrativos, nacionales y literarios.

Senaquerib fue responsable de la celebrada grandeza de la ciudad de Nínive con sus murallas que se extendían a lo largo de casi 4 km, 15 puertas metálicas, un palacio ornamentado, numerosos templos, proyectos de vivienda pública, un arsenal, una gran hacienda con una fábrica de algodón, jardines zoológicos y muchos otros sitios de interés. Se percibe una gran capacidad de ingeniería en la construcción de su nueva capital. El río Tebiltu se unía al Tigris justo en Nínive. Una represa construida sobre el Tebiltu evitó la erosión del tell sobre el que estaba construida la ciudad, permitió la recuperación agrícola de lo que había sido un pantanal y proveyó agua para una red de canales que Senaquerib hizo cavar a lo largo del distrito.

Los esfuerzos por localizar nuevas fuentes de materiales de construcción llevaron al descubrimiento de una nueva y abundante fuente de agua dulce en las montañas cerca del moderno Bavian. Para llevar ese suministro de agua potable a su capital, Senaquerib construyó un canal de piedra de más de 80 km de longitud. En lo que era claramente uno de los primeros esfuerzos de ingeniería civil, construyó un acueducto de piedra que atravesaba un brazo del río Gomer en la ciudad moderna de Jerwan, lo que permitió que el nuevo suministro de agua continuara su curso hacia el sur en dirección a Nínive[328].

Dos generaciones más tarde, el nieto de Senaquerib, Asurbanipal, trajo a Nínive la literatura y los conocimientos cuando estableció allí una gran biblioteca real. Teniendo incorporados más de 25.000 textos y fragmentos, representando prácticamente cada fase de la sociedad mesopotámica, la biblioteca de Asurbanipal sigue siendo una de las fuentes más importantes de la literatura acadia[329].

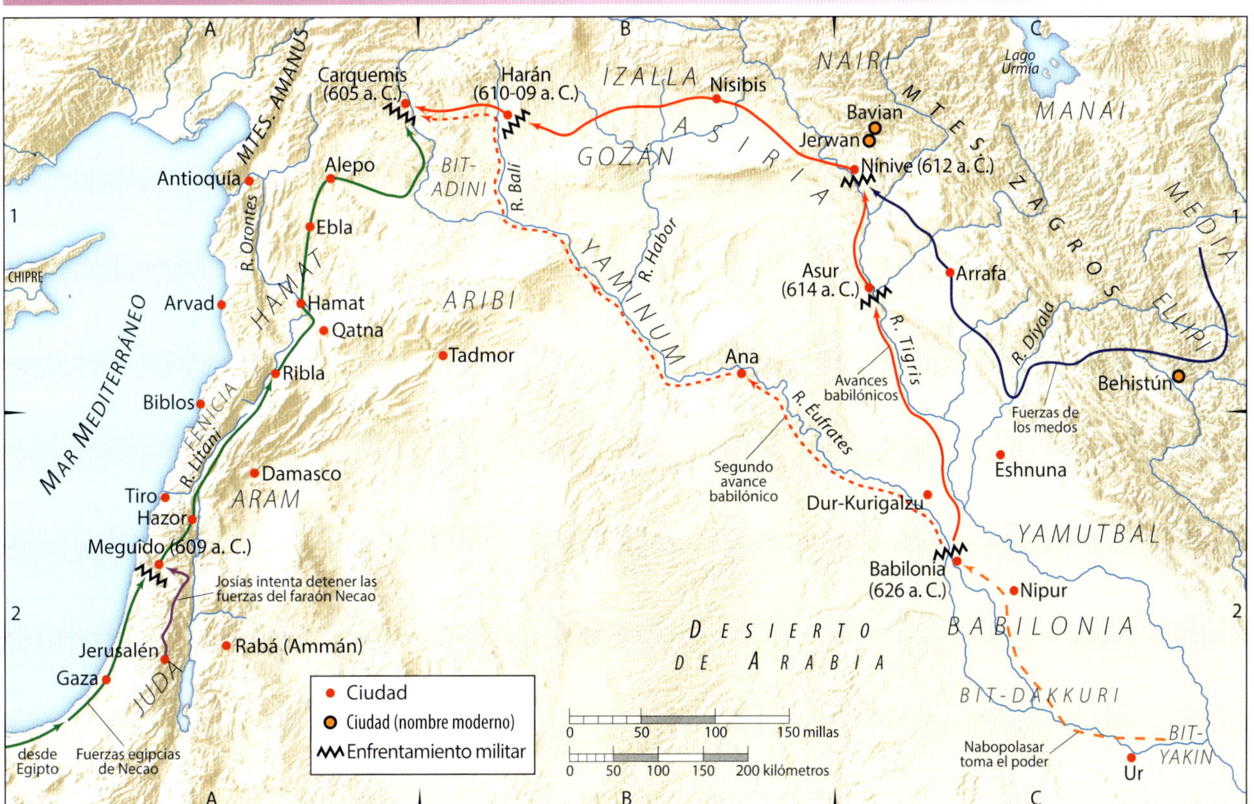

La batalla de Carquemis   *mapa 79*

Tal vez fue el enfoque en el avance cultural lo que hizo del una vez poderoso Imperio asirio una presa tan fácil. En poco más de una década (626–612 a. C.), el predominio asirio tanto nacional como en el exterior llegó a un final abrupto. La persona principalmente responsable de esta rápida desaparición fue Nabopolasar, un príncipe caldeo de la región de Bit-Yakin (cerca del punto de confluencia de los ríos Tigris y Éufrates) que llegaría a ser el padre de Nabucodonosor. Después de haber reunido varias fuerzas políticas diferentes en el territorio de Babilonia, Nabopolasar arrancó la ciudad de Babilonia del control asirio en el 626 a. C. Usando esa ciudad como su base de operaciones, el caldeo logró en el plazo de cuatro años el control de todo el territorio de Babilonia[330].

Después de algunos años, Nabopolasar puso en la mira a Asiria misma. Lamentablemente para Asiria, el rey Ciáxares y los medos decidieron entrar en este conflicto a la misma vez. Aunque Nabopolasar no tuvo éxito en su intento inicial de derrocar la ciudad de Asur, la antigua ciudad capital fue posteriormente aplastada y sus ciudadanos masacrados en el año 614 a. C., presuntamente por fuerzas medas. Nabopolasar y Ciáxares se encontraron cerca de Asur para formalizar una alianza política confirmada con un matrimonio entre sus dos dinastías, de manera que fue una coalición medo-babilónica la que hizo la guerra contra los asirios por algún tiempo[331]. Dirigiendo esta nueva confederación, Nabopolasar marchó contra la ciudadela de Nínive más tarde en el 614 a. C., y luego en el 612 a. C., después de un breve sitio, pudo destruir este último bastión del imperialismo asirio[332]. Dos años más tarde, el ejército confederado de Nabopolasar marchó pasando por Izalla y expulsó a los asirios de los distritos de Harán. Estos se retiraron rápidamente hacia el occidente, hasta el borde mismo de Mesopotamia, en Carquemis[333].

Un tanto inesperadamente, el faraón Necao II intentó en ese momento acudir en ayuda de los asirios que estaban en retirada (2 Re 23:29-30; 2 Cr 35:20-22). Con la intención de dirigir su ejército egipcio a Carquemis, Necao avanzó hacia el norte, pasando por Canaán. Fue en ese momento que Josías, rey de Judá, buscó interponerse, imprudentemente, en el cambiante equilibrio del poder político. Carecía totalmente de afinidad con la agresión asiria, y procuró interceptar la marcha de Necao hacia el norte en el paso estratégico de Meguido[334]. No obstante, los esfuerzos de Josías resultaron tanto

infructuosos como fatales: siendo enormemente superado en hombres y tecnología, su ejército fue diezmado, y Josías mismo fue muerto en la batalla (2 Re 23:29-30; 2 Cr 35:20-24).

Entre paréntesis, los reinados de Necao II (610–595 a. C.) y de Josías (640–609 a. C.) coincidían en el tiempo solamente dentro de un intervalo muy estrecho. En consecuencia, este sincronismo es muy preciso y bastante notable, en vista de que los cálculos de la cronología egipcia y la cronología bíblica para este período se basan en criterios completamente independientes que no guardan relación entre sí.

La muerte prematura de Josías a manos de los egipcios conllevó profundas implicaciones psicológicas para la comunidad del pacto que vivía en Jerusalén en ese tiempo, ya que las esperanzas mesiánicas que habían asociado con su rey los habían llevado a creer erróneamente que Jerusalén se mantendría seguro en medio de la agitación política que lo rodeaba. Sin embargo, la muerte de Josías señaló una nueva oleada de presencia egipcia en Jerusalén (2 Re 23:31-37), una presencia que influyó de manera fundamental en las tendencias facciosas proegipcias/probabilónicas que habían llegado a dominar la vida política durante los últimos 20 años de Judá.

Mientras tanto, en el 607 a. C., fuerzas babilónicas bajo el control del príncipe heredero Nabucodonosor sitiaron la ciudad de Carquemis, donde, por los dos años siguientes, repelieron todos los esfuerzos por parte de la coalición asirio-egipcia por recuperar el territorio mesopotámico. Finalmente, en el 605 a. C., en uno de los puntos de inflexión más importantes de la historia del Cercano Oriente, los dos ejércitos chocaron en una confrontación a gran escala. Nabucodonosor infligió una derrota aplastante a sus enemigos[335], y como resultado pereció una de las civilizaciones más notables y de más larga duración del mundo antiguo (Is 14:24-27; Na 2:1-10; So 2:13).

Con frecuencia los historiadores señalan una extraña ironía tras este evento. En el primer siglo después de Cristo, Asiria finalmente reemergió en la historia como un territorio parto conocido como Adiabene[336]. Uno de sus primeros gobernantes, Izates, se convirtió al judaísmo, fue circuncidado y decretó que la casa real debía seguir su ejemplo[337]. La lealtad de los adiabenos hacia el recién creado estado judío quedó demostrada durante la guerra romana (66–73 d. C.), cuando sus tropas lucharon al lado de los judíos para apoyar su intento por ganar la libertad[338].

JERUSALÉN CAE ANTE BABILONIA

El primer gobernante babilónico nativo mencionado por nombre en el Antiguo Testamento (2 Re 20:12; Is 39:1) fue Merodac-baladán II, un príncipe caldeo de la tribu de Bit-Yakin. [**Ver mapa 79**]. También fue el único babilonio que llegó a ser rey de Babilonia dos veces[339], y durante una docena de años alrededor del 700 a. C. tuvo éxito en disminuir la dominación asiria sobre Babilonia[340]. Después de restablecerse como rey de Babilonia alrededor del 703 a. C., Merodac-baladán procuró incitar a la rebelión en otras partes del Imperio asirio. Es probable que ese haya sido su motivo al enviar una delegación a Ezequías en Jerusalén (2 Re 20:12-19; Is 39:1-8; *cf.* 2 Cr 32:31).

El rey Ezequías dio la bienvenida a los emisarios babilónicos y les llevó en un recorrido del tesoro real para que vieran la riqueza de su dominio. Probablemente eso era su manera de demostrar a los babilonios que representaba un aliado de valor, uno totalmente capaz de reunir un ejército. Sin embargo, cuando Isaías se enteró de lo que había hecho Ezequías, el profeta le advirtió que había sido una maniobra fatal de parte del rey, una que ciertamente daría a los monarcas babilónicos un incentivo económico para regresar a Jerusalén, y que finalmente enviaría a los habitantes de Judá a la cautividad en Babilonia (2 Re 20:14-18; Is 39:3-7). La desconfianza de Isaías hacia Merodac-baladán parece haber sido bien fundada: documentos de Asiria recientemente descubiertos revelan que el monarca babilónico era notorio por su traición habitual[341].

Según el registro bíblico y en confirmación de la predicción de Isaías a Ezequías, entre el 605 y el 582 a. C. el rey Nabucodonosor condujo cuatro campañas que traerían al monarca babilónico y/o a su ejército a la ciudad de Jerusalén. La primera de esas campañas fue ocasionada por el resultado de la batalla de Carquemis. Después de su triunfo en mayo-junio del 605 a. C. [**mapa 79**], el ejército de Nabucodonosor persiguió con vigor a los egipcios que se retiraban rápidamente hacia el sur en dirección a su tierra y los alcanzó en la ciudad de Hamat, donde ocasionó muchas más bajas[342]. Sin embargo, al enterarse de la muerte de su padre, Nabucodonosor regresó inmediatamente del campo de batalla a la ciudad de Babilonia, donde el 7 de septiembre del 605 a. C. fue entronado y reconocido oficialmente como el indiscutible sucesor y verdadero rey de Babilonia.

No obstante, Nabucodonosor regresó sin pérdida de tiempo al frente de batalla en otoño del 605 a. C. y obligó a toda la «tierra de Hatti» (Siropalestina) a presentarse ante él y pagarle un pesado tributo[343]. Aunque esta afirmación en la Crónica Babilónica puede ser algo exagerada[344], sin duda incluía las poderosas ciudades-estado de Damasco y Tiro [**1**]. La marcha de Nabucodonosor hacia el sur contra su enemigo egipcio trajo un contingente de su ejército hasta el umbral de la ciudad de Jerusalén, donde el rey Joacim se convirtió en su vasallo (2 Re 24:1; *cf.* Jr 25:1-2) y sin duda le pagó tributo. También es posible que ciertos ciudadanos de Judá, tal vez

Toro de la puerta de Istar de Nabucodonosor II en la ciudad de Babilonia (una copia en Estambul).

incluyendo a Daniel, fueron llevados en cautividad a Babilonia en ese momento (Dn 1:3-7) [**2**]. Quizás debido a su afiliación egipcia, la ciudad de Ascalón recibió un trato particularmente duro en esa campaña[345] [**3**]. Para ese entonces, las fuerzas de Nabucodonosor controlaban todo el territorio al norte de la frontera de Egipto (2 Re 24:7).

Alrededor de cinco años después, en diciembre del 599 a. C., Nabucodonosor reunió sus tropas nuevamente y marchó a «la tierra de Hatti». Esta vez el suceso precipitador parece haber sido la negativa de Joacim a pagar el tributo anual que debía (2 Re 24:1). Esta campaña parece haber sido dirigida casi exclusivamente contra Jerusalén. De acuerdo a la Crónica Babilónica, el segundo día del mes de adar (que corresponde al 16 de marzo del 597 a. C.), luego de un sitio de la ciudad, Nabucodonosor logró tomar Jerusalén, capturar al rey e instalar allí otro rey de su propia elección[346]. Relacionando este informe con los datos bíblicos, parece que el sitio babilónico duró tres meses (2 Cr 36:9; Ez 40:1), lo que pudo haber correspondido al ejercicio de tres meses del rey Joaquín, quien parece haber sido instalado y también derrocado por Nabucodonosor (2 Re 24:8; *cf.* Jr 52:28). Esto significaría que el rey de Judá capturado que se menciona en la Crónica es muy probablemente Joaquín, quien a continuación fue encadenado y deportado a Babilonia (2 Re 24:12; 2 Cr 36:10)[347].

El fin de la vida de Joacim continúa envuelto en tinieblas. Al igual que Joaquín, también fue llevado como prisionero por Nabucodonosor (2 Cr 36:6), pero aparentemente murió o fue asesinado cuando todavía estaba en la zona de Jerusalén. Sí sabemos que este monarca fue privado de la parcela de entierro privilegiada que se acordaba tradicionalmente para la realeza davídica (Jr 22:19).

En cualquier caso, Jerusalén cayó ante Nabucodonosor exactamente el 16 de marzo del 597 a. C. [**Ver comentario con el mapa 93**]. Después de eso, Matanías (el tío de Joaquín a quien Nabucodonosor le cambió el nombre a Sedequías) fue entronado como títere de Babilonia, y hubo una deportación masiva que involucró a más de 10.000 habitantes de Judá. Ezequiel estaba en este grupo (Ez 40:1). La segunda campaña del babilonio había dejado a Judá debilitado y relativamente indefenso, y la zona central del territorio de Sedequías parece haberse reducido considerablemente de tamaño. [**Ver mapa 78**]. Aparentemente, en ese momento las tropas del reino edomita aprovecharon la oportunidad de hacer su propio saqueo (Lm 4:21-22; *cf.* Sal 137:7-8). Una carta de ese período, descubierta en la ciudad de Arad[348] en el sur de Judá, se refiere a la eficacia de los ataques edomitas [**4**].

La tercera campaña de Nabucodonosor a Palestina registrada en la Biblia parece haber sido producida por la insubordinación de Sedequías y su consiguiente realineamiento con Egipto (2 Re 24:20b–25:2). Como resultado, el cuerpo militar babilónico inició la destrucción sistemática de muchas ciudades de Judá, incluyendo Bet-semes, Hebrón,

Bet-sur, Bet-haquerem y En-gadi [**5**]. Las excavaciones arqueológicas en estos sitios avalan ampliamente la ferocidad de los ataques de Nabucodonosor. Una ciudad tras otra capituló hasta que, además de Jerusalén, solamente las ciudades principales de Azeca y Laquis quedaron en manos de Judá (Jr 34:7). No obstante, al parecer la situación se hizo más desesperada todavía. Las señales de fuego, que eran la forma de comunicarse entre las ciudades restantes, dejaron de verse en Azeca, indicando que esa ciudad también había caído[349] [**6**]. Solo Laquis quedaba en la Sefela [**7**], pero no por mucho tiempo. El estrato de destrucción que se encuentra allí es particularmente intenso. Un análisis químico de las muestras halladas fuera de la puerta principal de la ciudad reveló tierra mezclada con sangre humana. A lo largo de la muralla se habían amontonado árboles talados a los que se les encendió fuego; evidentemente, el incendio llegó a ser tan intenso que hasta la argamasa de la muralla se derritió y volvió a solidificarse en la base de la muralla[350]. Todavía hoy se pueden ver los enormes boquetes en los muros. Con la caída de Laquis, ¡solo restaba Jerusalén!

En enero del 587 a. C., las fuerzas de Nabucodonosor sitiaron Jerusalén (2 Re 25:1)[351]. La ciudad fue cercada con un enorme muro de sitio por un período de tiempo prolongado, y pronto llegaron tanto la pestilencia como el hambre (2 Re 25:3; Jr 52:6; *cf.* Jr 38:2). La materia fecal excavada de baños en Jerusalén indica que los residentes de la ciudad estaban muriendo de hambre, y se veían reducidos a comer la hierba diente de león o carne cruda, lo que dio lugar a la tenia y a otros parásitos intestinales[352]. Finalmente, el 19 de julio del 586 a. C., después de resistir durante unos 18 meses[353], Jerusalén cayó ante el ataque feroz de Nabucodonosor (2 Re 25:1-3; 2 Cr 36:11-21; Jr 52:4-7) [**8**]. Ya sin ninguna esperanza, Sedequías intentó infructuosamente escapar a Transjordania [**9**]. El monarca fue capturado cerca de Jericó y finalmente deportado a Babilonia (2 Re 25:5-7; Jr 52:8-11; *cf.* Jr 39:5). Esta vez Nabucodonosor decidió extender su furia a la ciudad y hasta al templo. Aproximadamente un mes después de la caída de la ciudad (2 Re 25:8-9; Jr 52:12-14; *cf.* 2 Cr 36:19; Jr 39:8), el 16 de agosto del 586 a. C., el templo salomónico fue destruido con fuego. Sus tesoros fueron saqueados o llevados a Babilonia. Se demolieron los muros de la ciudad, se incendió el palacio, y lo que quedaba de la ciudad fue saqueado y expoliado. Y una vez más, ciudadanos de Judá fueron deportados a Babilonia como cautivos (2 Re 25:11; 2 Cr 36:20; Jr 39:9; 52:15). Nabucodonosor designó a un tal Gedalías como gobernador de Judá (2 Re 25:22; Jr 40:5-7), y este estableció un cuartel general en Mizpa, justo al norte de la Jerusalén demolida.

Una cuarta campaña babilónica relatada en la Biblia se llevó a cabo contra Jerusalén en el 582 a. C. (Jr 52:30) en respuesta al asesinato de Gedalías (2 Re 25:25; Jr 41:2-3). De esta misión solo se conocen unos pocos detalles superficiales, aparte del hecho de que otros 745 ciudadanos de Judá fueron deportados a Babilonia.

Ciudad
Primera campaña de Nabucodonosor en Palestina: principio de las deportaciones judías
Segunda campaña de Nabucodonosor
Tercera campaña de Nabucodonosor: destrucción de Jerusalén y el templo
0 10 20 30 millas
0 10 20 30 40 kilómetros
desde Ribla
Damasco
R. Litani
Tiro
Cedes
Hazor
Aco
Capernaúm
MAR DE GALILEA
R. Yarmuk
Meguido
Bet-sán
G A L A A D
Siquem
R. Yarkón
Afec
Jope
A M Ó N
R. Jaboc
R. Jordán
Rabá (Ammán)
Mízpa
Jericó
Ruta de escape de Sedequías
Asdod
Bet-semes
Jerusalén
Bet-haquerem
Azeca
J U D Á
Ascalón
Bet-sur
M A R   M E D I T E R R Á N E O
Laquis
Hebrón
MAR MUERTO
En-gadi
Gaza
R. Arnón
M O A B
Arroyo de Besor
Arad
Beerseba
Ataque edomita
hacia Egipto
Arroyo Zered
E D O M
W. el-Arish
Bosra
F I L I S T E A

LAS DEPORTACIONES Y LOS REGRESOS DE LOS JUDÍOS

El concepto de deportaciones masivas como las empleadas por los neoasirios y los neobabilonios se podría describir como una antigua forma de limpieza étnica, aunque sus motivaciones principales tuvieron más que ver con la administración gubernamental, el reclutamiento militar y las cuestiones socioeconómicas. Documentos antiguos revelan que, comenzando con el imperialista asirio Tiglat-pileser III (744–727 a. C.), los reyes utilizaban regularmente este mecanismo para infligir castigo, mantener la paz, poblar ciudades y reclutar tanto obreros calificados y no calificados como soldados para sus ejércitos. Cuarenta y tres casos documentados indican claramente el número de deportados, revelando que más de 1,2 millones de personas fueron arrancadas de sus patrias y deportadas a ubicaciones muy distantes. Tomando las cifras conocidas como acertadas y extrapolando a partir del hecho de que dos tercios de los documentos sobre deportación o no proveen el número total de los deportados o no proveen ningún número en absoluto, los estudiosos estiman que tal vez hasta 4,5 millones de personas pueden haber sido desarraigadas y deportadas solamente durante el período asirio[354].

Los textos indican que ningún sector del Medio Oriente fue inmune a este fenómeno. Las deportaciones sucedieron en Egipto, en todo el Levante (Samaria, Judea, Aram, Siria, diversas ciudades fenicias costeras), Asia Menor (Mushku), la Mesopotamia septentrional (Bit-Adini, Izalla, Nairi, Urartu), la Mesopotamia oriental (Manai, Media, Elam), la Mesopotamia meridional (Caldea, ciudades de Nipur, Babilonia, Uruk, Sipar, Cuta) y el desierto (Aribi). De igual manera, gente de todos los niveles políticos y socioeconómicos corría el riesgo de deportación: los miembros de las familias reales y los altos funcionarios de las cortes, como es comprensible, pero también comerciantes, soldados y esclavos.

En el mundo antiguo era común el maltrato a los deportados y prisioneros. A veces les cortaban las manos u otras partes del cuerpo. En otras ocasiones, como se representa aquí, estaban atados con cuerdas en el cuello y se veían obligados a realizar marchas forzadas a destinos lejanos.

El Antiguo Testamento documenta una serie de deportaciones de Israel y Judá:

1. Hubo dos deportaciones durante el reinado de Tiglat-pileser III:
   - Una deportación galilea de un número no conocido de personas a Asiria, relacionada con su campaña del 733 a. C. (2 Re 15:29); y
   - Una deportación transjordana de un número no especificado dispersos a diferentes sitios en el año 732 a. C. (1 Cr 5:26) [**página 188**].
2. Bajo Salmanasar V se realizó una deportación extensa a varios sitios como consecuencia de la destrucción de la ciudad de Samaria y la desaparición del reino del norte en el 722 a. C. (2 Re 17:6; 18:11) [**página 188**].
3. Durante el reinado de Nabucodonosor se documentaron cuatro deportaciones a Babilonia [**páginas 191–192**]:
   - 605 a. C.—Un pequeño y selecto grupo que incluía miembros de la familia real y de la élite joven y prometedora con dotes extraordinarias (Dn 1:3-7);

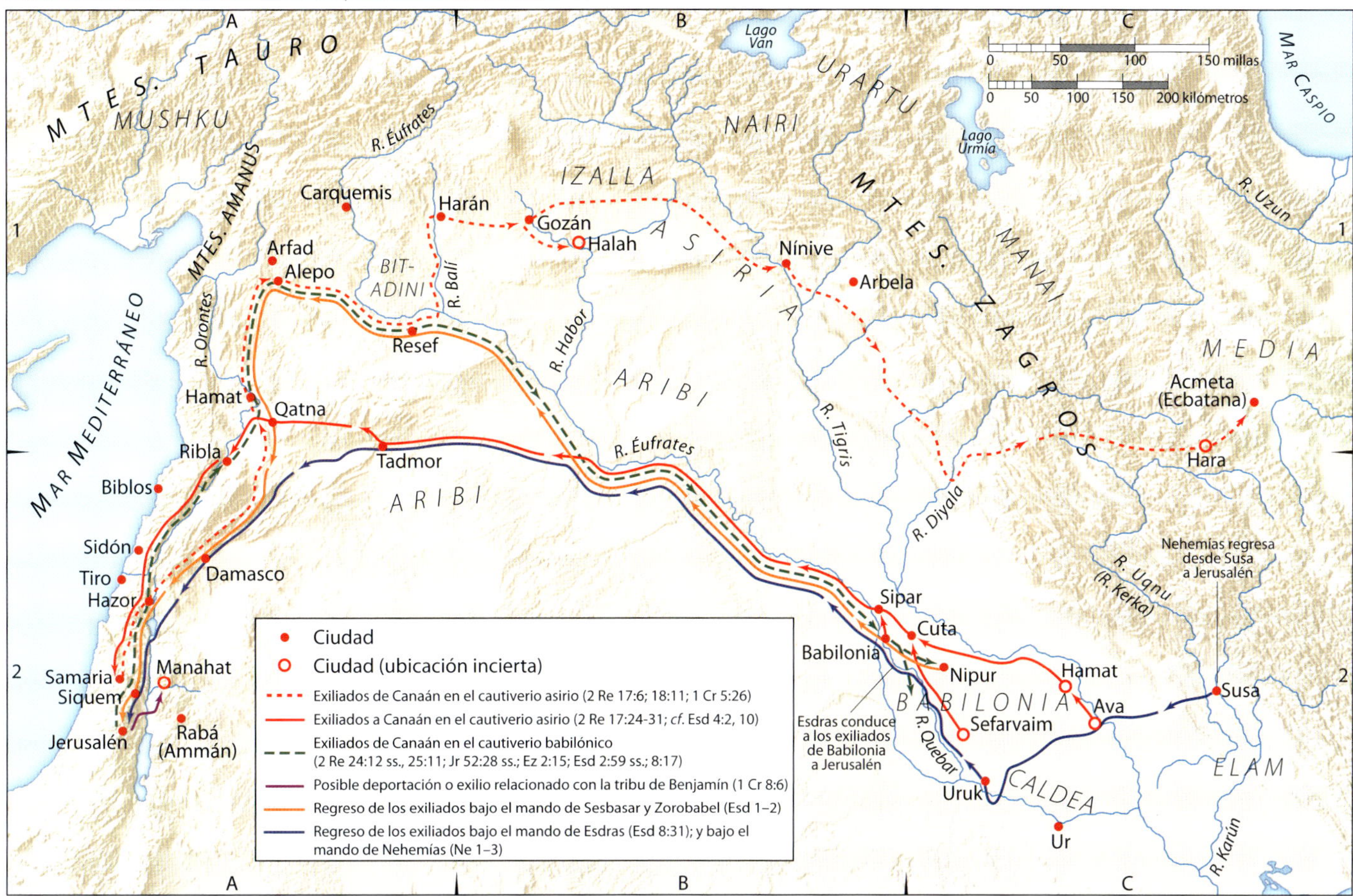

- 597 a. C.—10.000 habitantes de Judá, entre ellos altos funcionarios de gobierno, hombres con destrezas militares y 1000 artesanos y herreros (2 Re 24:14-16; *cf.* Jr 52:28);

- 586 a. C.—Después de la destrucción de Jerusalén, un grupo de personas de cantidad desconocida que incluía algunos de los habitantes más pobres de Judá (2 Re 25:11-12; 2 Cr 36:20; Jr 39:9; 52:15; *cf.* Jr 52:29);

- y 582 a. C.—Un número reducido de ciudadanos de Judá (Jr 52:30).

Mientras que la Biblia solamente se refiere de manera general a Babilonia cuando describe el destino de las deportaciones de Nabucodonosor, se dan detalles más específicos con respecto a las deportaciones asirias[355]. Los israelitas fueron dispersados en sitios de Mesopotamia septentrional como Gozán (tell Halaf), el río Habor y Halah (¿Halahhu?), además de en las «ciudades de los medos» (2 Re 17:6; 18:11; 1 Cr 5:26)[356]. Al mismo tiempo, personas de Babilonia fueron deportadas *a* Samaria[357], desde ciudades surorientales como Babilonia, Cuta (tell Ibrahim), Ava

(¿Ama sobre el río Tigris?), Hamat (¿Amati cerca de Ava?) y Sefarvaim (¿Bit-Amukani?) (2 Re 17:24, 30-31)[358]. A diferencia de los asirios en Samaria, los babilonios no repoblaron Judá con gente de afuera. Por lo tanto, la provincia posexílica de Judá evitó el equivalente del «problema de Samaria» (Esd 4:1-24) que posteriormente se convirtió en el «problema samaritano» (Jn 4:9b) más al norte.

Cuando Ciro emancipó la ciudad de Babilonia y emitió su decreto de clemencia [**página 201**], unas 50.000 personas judías eligieron regresar a Judea en el 538 a. C., bajo el liderazgo de Zorobabel (Esd 1–2; *cf.* Hag 1–2). Alrededor de 80 años después (458 a. C.), Esdras condujo otro grupo probablemente menor que el primer contingente (Esd 8:1-14, 31). En esta instancia, su grupo no tuvo escolta militar (Esd 8:22), lo que muy probablemente significa que utilizó la ruta más peligrosa y menos transitada que pasaba por el desierto y el oasis de Tadmor[359]. Finalmente, alrededor del año 444 a. C., Nehemías regresó de Susa a Jerusalén con un pequeño grupo de personas, pero con cartas del rey que autorizaban la reparación de las murallas y puertas destruidas de la ciudad (Ne 1–3).

EL REINO BABILÓNICO

La confederación medo-babilónica de Nabopolasar tuvo éxito en expulsar a los asirios de Nínive en el 612 a. C. [**mapa 79**], lo que desató una cadena de eventos que llevaría inevitablemente al colapso de Asiria. En ese tiempo, el brillante estratega dirigió sus esfuerzos a adquirir lo más posible de lo que había sido el Imperio asirio. Estableció guarniciones de tropas cerca de Nínive y Cala y también más al norte en la región de Izalla. Cuando sus arduos esfuerzos por anexar tierras al norte de Izalla, en Urartu, fueron repelidos por los escitas, Nabopolasar tuvo que conformarse con obtener Coa[360].

Ilustración de una vista aérea de la ciudad de Babilonia.

Así se formó el reino babilónico. Más precisamente, este era el reino neobabilónico (caldeo), en contraste con el antiguo reino babilónico de Hammurabi. Dentro de un período llamativamente breve, Babilonia tenía bajo control casi todo lo que a Asiria le había llevado siglos subyugar. El triunfo babilónico en Carquemis [**mapa 79**] abrió las puertas del Levante y de Egipto para Nabucodonosor [**mapa 80**], aunque como mucho parece haber mantenido un control endeble sobre Egipto, que estaba constantemente fomentando la revuelta (2 Re 25:22-26; Jr 40:7–41:18; Ez 29:6-21).

Mientras tanto, los medos estaban preocupados por extender el control hacia el norte. Ciáxares arrolló al reino de Urartu y avanzó sobre Asia Menor, donde se enfrentó

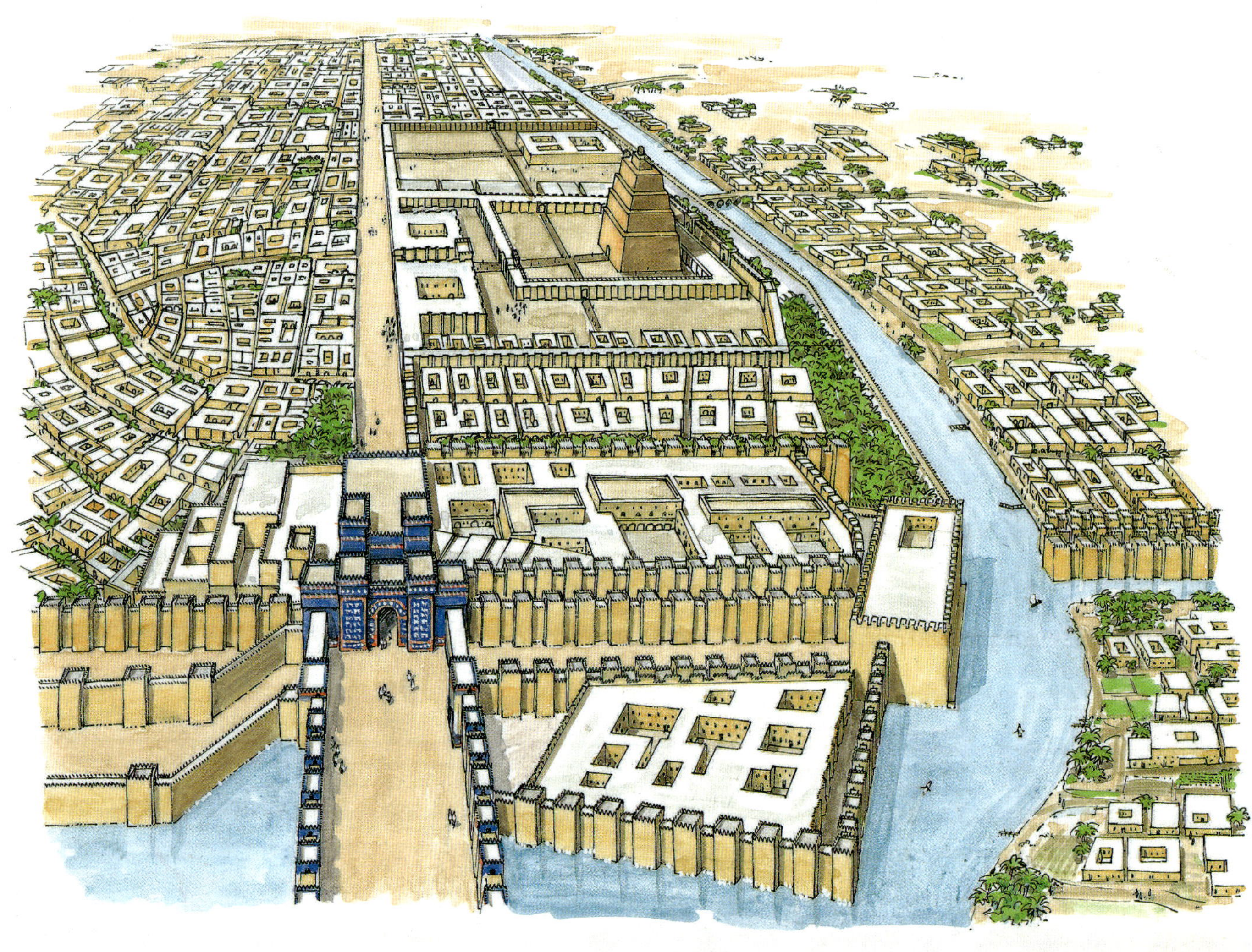

a los lidios durante cinco años de prolongadas batallas. Esas incursiones culminaron en un tratado entre Media y Lidia. Se estableció un límite en el río Halis que fue negociado por Nabónido, un embajador de Nabucodonosor[361]. Sin embargo, un hijo de Nabónido, Belsasar (Dn 5:22), se encontraría con los medos bajo circunstancias menos agradables cuando Ciro el medo fue aclamado como un libertador en Babilonia[362]. Poco después, a las personas desposeídas, incluyendo a los judíos, se les permitiría regresar a sus patrias. [**Ver mapa 86**].

JEREMÍAS ES LLEVADO A EGIPTO

«El Señor decidió derribar las murallas de la hija de Sión
—se lamentaba Jeremías—. La demarcó con una línea de
medición y no retrajo su mano de la destrucción; hizo que
los terraplenes y las murallas lamentaran, juntos yacen
desolados» (Lm 2:8).

La maquinaria militar de Nabucodonosor atravesó las murallas
de Jerusalén el 19 de julio del 586 a. C. y comenzó la demo-
lición y conflagración sistemática de la ciudad y del templo
(2 Re 25:9-10; 2 Cr 36:19-21; Jr 52:13-14). El rey Sedequías,
quien antes había sido entronado por Nabucodonosor, huyó
bajo el manto de la oscuridad, tratando de refugiarse en las
tierras altas transjordanas. Fue atrapado cerca de Jericó y
llevado a Ribla, donde Nabucodonosor tenía su cuartel general
en Siria, desde donde fue exiliado finalmente a Babilonia. Junto
con Sedequías, muchos otros habitantes de Jerusalén fueron
deportados a Babilonia (2 Re 25:4-11; Jr 39:4-9; 52:15).

En lugar de Sedequías, las autoridades babilónicas instalaron como gobernador de Judá a un tal Gedalías (2 Re 25:22;
Jr 40:5, 12). Un sello inscrito que data aproximadamente
del 600 a. C., hallado en Laquis, menciona a un «Gedalías,
supervisor del palacio real»[363]. Fuera o no su dueño la misma
persona que el nuevo gobernador, está claro que el recién
nombrado gobernador había ocupado previamente algún
alto cargo en la administración de Sedequías. Aunque no era
descendiente de David, Gedalías gobernó provisoriamente en
Judá. Su cuartel general estaba en Mizpa porque la cuidad de
Jerusalén había sido arrasada y era inhabitable (*cf.* Lm 2:8-13).
No obstante, justo para cuando los esfuerzos del gobernador
por restaurar Judá comenzaban a tener éxito (2 Re 25:23-24;
Jr 40:7-12), afloró nuevamente el fervor nacionalista y una
pequeña banda de fanáticos asesinó a Gedalías. Temiendo una
rápida y severa represalia babilónica, mucha gente de Judá
comenzó a huir hacia Egipto (2 Re 25:25-26). Cuando Jeremías
se opuso a esa movida (Jr 42:7-22), fue llevado a la fuerza junto
con su escriba Baruc a la ciudad de Tafnes en Egipto (Jr 43:7).
Sin dejarse intimidar, Jeremías continuó advirtiendo a los refugiados que no debían sentirse seguros, porque la pestilencia
y el celo destructivo de Nabucodonosor llegarían con toda
seguridad también a Egipto (Jr 43:8–44:30).

Advertencias de este tipo seguramente contribuyeron al
establecimiento de colonias judías mucho más río arriba,
al lado del Nilo. [**Ver mapa 106**]. Cualquiera que fuera el caso,
la colonización judía en Egipto se generalizó bastante en el
período persa, y Jeremías envió oráculos a los otros judíos
expatriados hasta tan lejos como Patros, en el Alto Egipto
(Jr 44:1).

Una importante colonia militar en la tierra de Patros estaba
ubicada aproximadamente 800 km al sur de Tafnes, en una
isla cerca de la primera catarata del Nilo, frente a la ciudad de
Siena (la moderna Asuán; *cf.* Ez 29:10; 30:6). [**Ver mapa 63**].
En esa isla, conocida actualmente como Elefantina pero en
aquel tiempo como Yeb (Abu en egipcio), se han encontrado
docenas de papiros arameos que datan del siglo v a. C. Esos
textos extremadamente importantes son contemporáneos
con los libros bíblicos de Esdras y Nehemías, y proveen la más
antigua documentación extrabíblica en relación con la vida
socioeconómica y política de una comunidad judía posexílica
dentro o fuera de Palestina. También proveen una perspectiva
valiosa y hasta sorprendente de la vida religiosa judía lejos del
templo y sacerdocio de Jerusalén[364].

Jeremías es llevado a Egipto

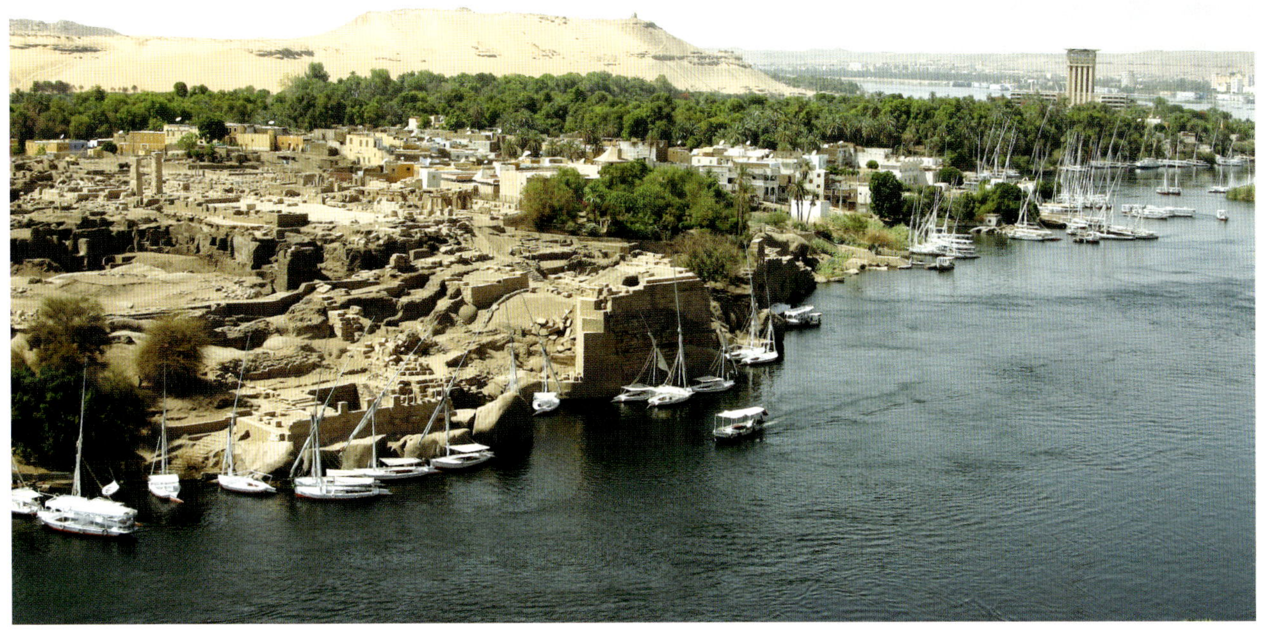

Ubicada en medio del río Nilo superior se encuentra la exuberante isla verde Elefantina, donde se fundó una colonia judía en los días de Esdras y Nehemías.

mapa 83

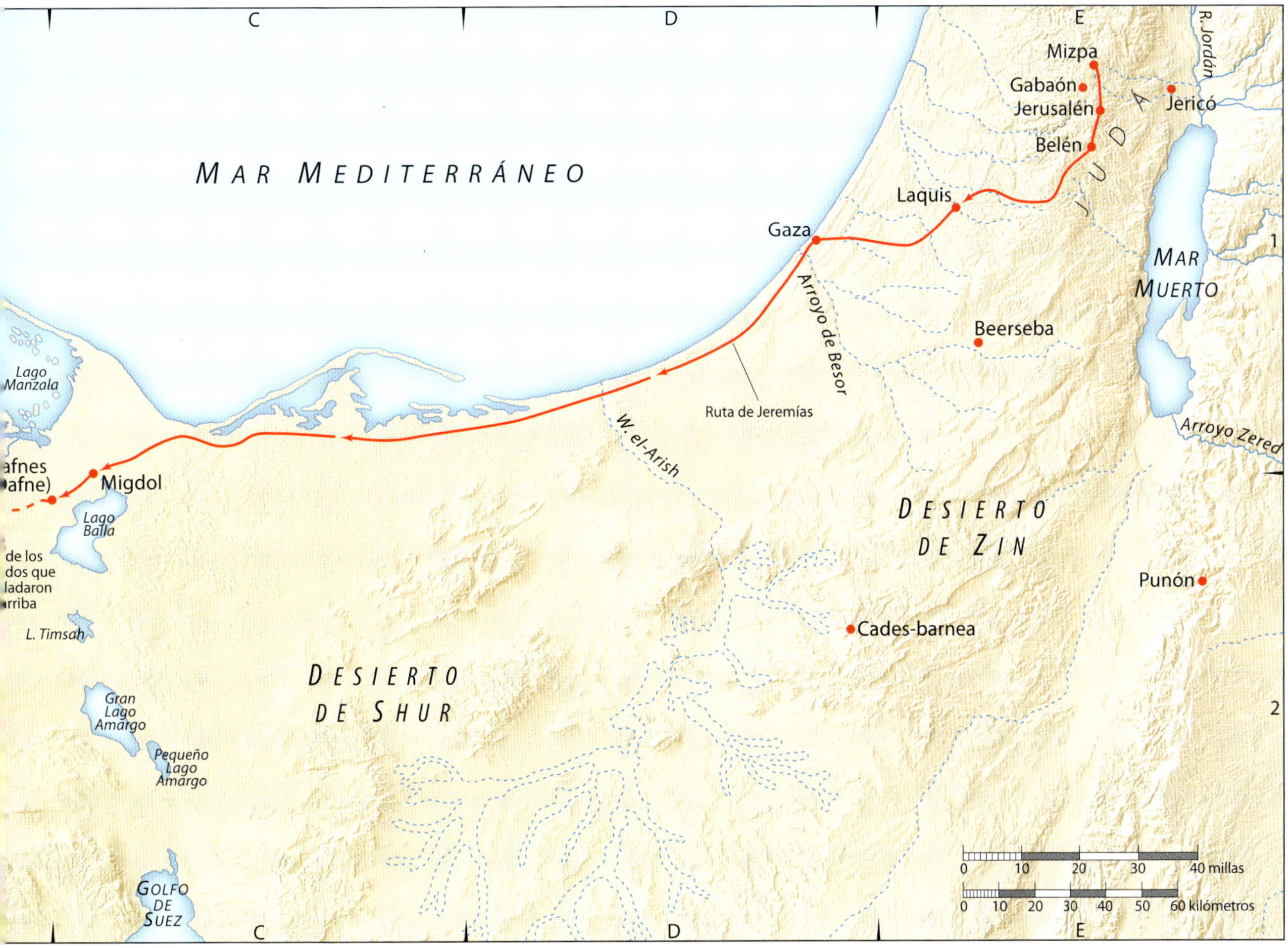

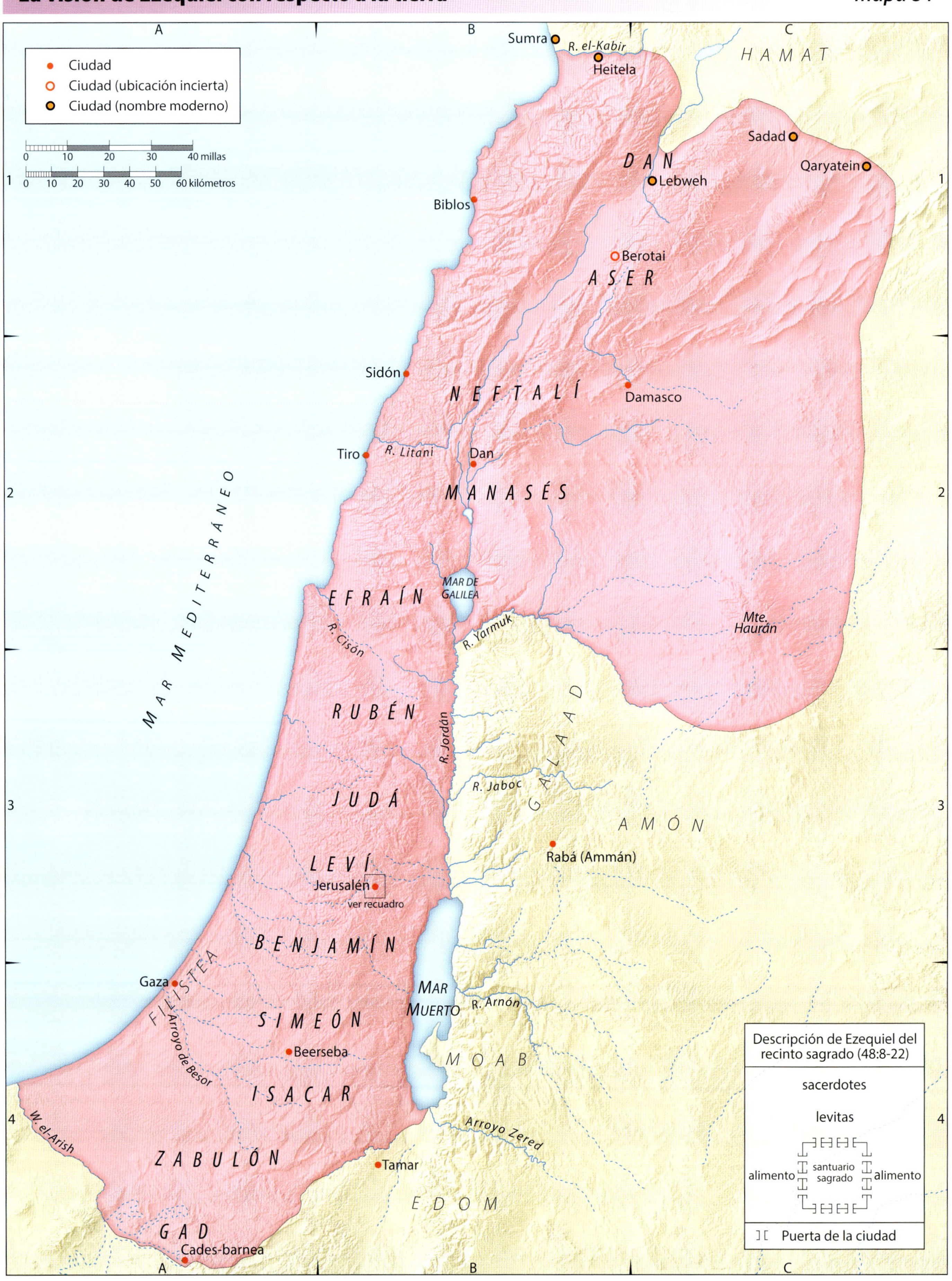
Ciudad
Ciudad (ubicación incierta)
Ciudad (nombre moderno)
0 10 20 30 40 millas
0 10 20 30 40 50 60 kilómetros
Sumra
R. el-Kabir
Heitela
HAMAT
DAN
Sadad
Qaryatein
Lebweh
Biblos
Berotai
ASER
Sidón
NEFTALÍ
Damasco
Tiro
R. Litani
Dan
MANASÉS
MAR MEDITERRÁNEO
MAR DE GALILEA
Mte. Haurán
EFRAÍN
R. Cisón
R. Yarmuk
RUBÉN
R. Jordán
R. Jaboc
GALAAD
JUDÁ
AMÓN
LEVÍ
Jerusalén
ver recuadro
Rabá (Ammán)
BENJAMÍN
Gaza
FILISTEA
Arroyo de Besor
MAR MUERTO
R. Arnón
SIMEÓN
Beerseba
MOAB
ISACAR
W. el-Arish
Arroyo Zered
ZABULÓN
Tamar
EDOM
GAD
Cades-barnea
Descripción de Ezequiel del recinto sagrado (48:8-22)
sacerdotes
levitas
alimento
santuario sagrado
alimento
Puerta de la ciudad

JUDEA DESPUÉS DEL EXILIO

El año 539 a. C. es una de las fechas cruciales en la historia del antiguo Cercano Oriente. Primero, la influencia semítica que había dominado la Media Luna Fértil durante miles de años —acadios, amorreos, antiguos babilonios, asirios, fenicios, caldeos (neobabilonios)— llegó a su fin. Una sucesión de nuevas fuerzas no semíticas —persas, griegos, partos, romanos— llegaron a consolidar el Asia occidental. Segundo, la toma de la ciudad de Babilonia por las fuerzas de Ciro II (el Grande) el 12 de octubre del 539 a. C.[365] significó que los exiliados judíos, junto con otros pueblos desposeídos, podían finalmente regresar a sus propias patrias.

El año después de su toma de Babilonia, Ciro emitió su ahora célebre decreto de clemencia. Declaró: «Busqué el bienestar de la ciudad de Babilonia y todos su centros sagrados. En cuanto a los ciudadanos de Babilonia sobre los que se les había impuesto el trabajo forzado, que no era la voluntad de dios, los alivié de su cansancio y los liberé de ese servicio». Continuó: «De [las ciudades de] Nínive, Asur, Susa, Acad, Eshnuna, Zamban, Meturnu y Der hasta la frontera con los guti —cuyos templos sagrados más allá del río Tigris habían estado en ruinas durante mucho tiempo— los devolví a sus lugares; les permití [es decir, a sus dioses] morar en santuarios permanentes. En cuanto a todos sus pueblos, los reuní y los devolví a sus [antiguas] moradas»[366]. (Ver Esd 1:1-4; 6:1-5; 2 Cr 36:22-23).

Casi de inmediato, un grupo de aproximadamente 50.000 refugiados judíos partieron hacia Judea con Sesbasar, a quien Ciro había designado gobernador provincial (Esd 1:8; 5:14) [**mapa 81**], y con Zorobabel, posiblemente su sobrino (1 Cr 3:17-19) y sucesor (Ne 12:1; Hag 1:1). En cualquier caso, Zorobabel era un descendiente directo de Joaquín (1 Cr 3:17-19), quien pertenecía a la sucesión dinástica de David. El preexílico «anillo de sello» real de Dios (Joaquín) había sido rechazado, arrancado de su dedo y arrojado a los babilonios (Jr 22:24), pero el posexílico «anillo de sello» real (Zorobabel) había sido elegido por Dios y restaurado, y había perdurado más allá de los babilonios (Hag 2:23). Para esta comunidad, que continuaba preguntándose sobre la viabilidad y el estado —en ese momento y en adelante— de las promesas del pacto davídico, habría sido enormemente tranquilizador

El Cilindro de Ciro. Este cilindro de arcilla cocida registra la caída de la ciudad de Babilonia.

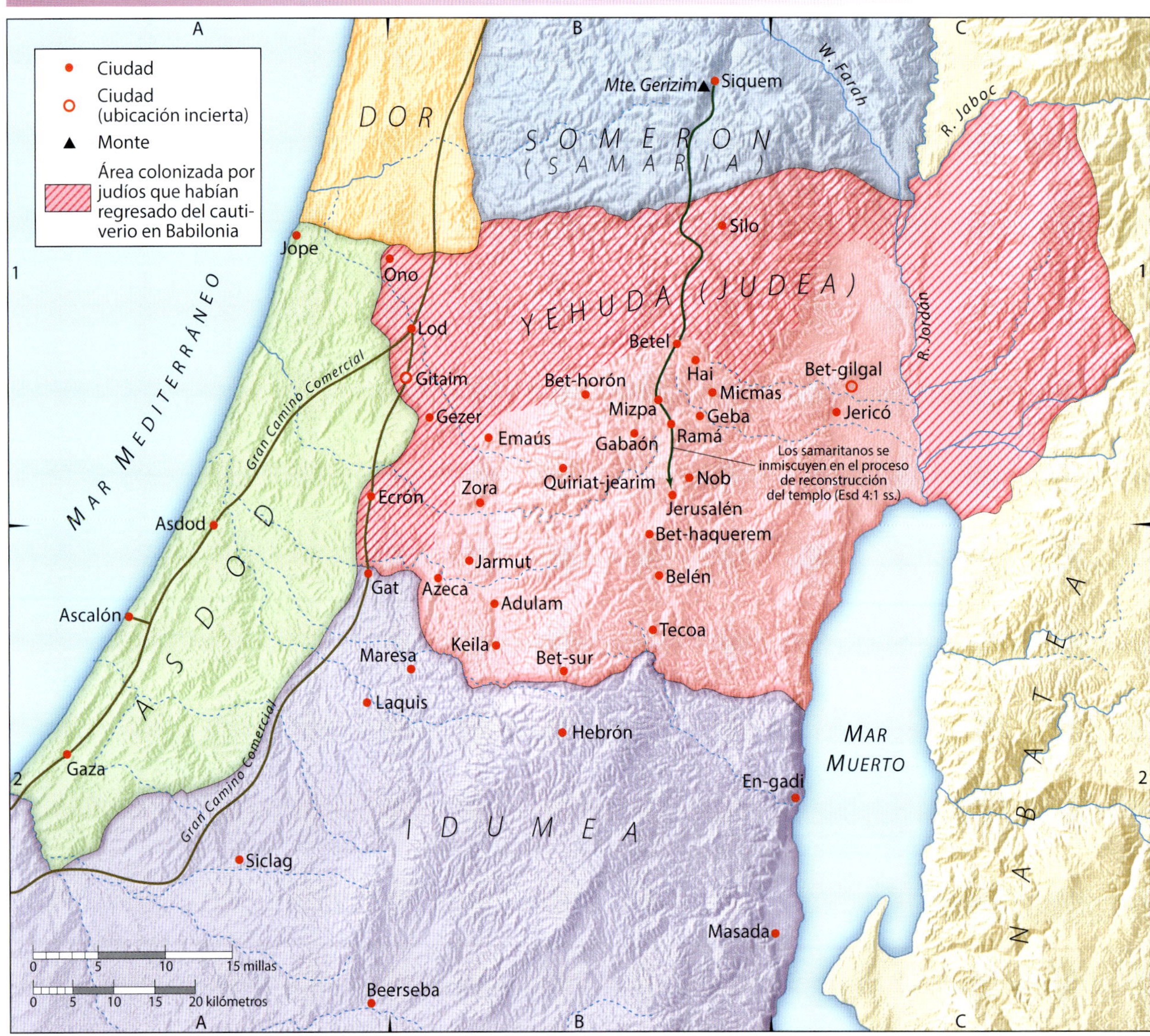

y teológicamente significativo descubrir que el pacto de Dios
¡seguía vivo y en plena vigencia (Mt 1:12-13; Lc 3:27)!

Por motivos que no están completamente claros, la mayoría
de los que regresaron (que no fueran líderes) colonizaron áreas
alrededor de Jerusalén, especialmente sectores al norte, pero
no ocuparon la ciudad misma. Fueron de importancia en este
sentido lugares como Bet-gilgal, Micmas, Betel, Mizpa, Emaús,
Gitaim, Hadid y especialmente Ono y Lod. En el sur, también
fueron significativos Bet-haquerem, Jarmut, Keila y Bet-sur
(Esd 2:21-35; Ne 6:2-3; 7:6-38; 11:25-35; 12:27-29). Nehemías
(11:1-2) describe las medidas que se tomaron más adelante
para llevar al diez por ciento de la población a vivir dentro de
la ciudad santa, mientras que el restante noventa por ciento
podía seguir viviendo en las afueras.

EL IMPERIO PERSA

Aquemenes fue el antepasado misterioso de una dinastía de tribus arias en Pérsida, cuyas raíces se remontan al siglo VII a. C.[367] Bajo sus gobernantes, el Imperio persa creció, adquiriendo gran poder, y luego se tambaleó. A continuación enumeramos algunos de los principales líderes de esta línea de reyes aqueménidas.

CIRO II (CIRO EL GRANDE) (559–529 A. C.)

Este fundador del llamado Imperio persa nació alrededor del 590 a. C. en la provincia occidental de Anshan en Pérsida, hijo de un rey aqueménida (Cambises I) y de la hija de un monarca medo (Astiages). Cuando Ciro asumió el trono en el 559 a. C., había cuatro grandes poderes en el Medio Oriente: Media, Lidia, Babilonia y Egipto.

La carrera política de Ciro durante su célebre reinado de 30 años se puede dividir fácilmente en tres fases:

1. Entre el 559 y el 550 a. C., Ciro entabló una serie de guerras exitosas contra otra rama de la casa aqueménida, y contra su abuelo materno, Astiages, y los medos;
2. Entre el 550 y el 547 a. C., Ciro entabló varias batallas contra el rey Creso y los lidios; y
3. Comenzando en octubre del 539 a. C., cuando Ciro venció a Nabónido, fue reconocido como gobernante indiscutible sobre la ciudad de Babilonia y, por extensión, sobre todo el reino babilónico con la excepción de Egipto[368].

Poco después de acceder al trono, Ciro venció a la rama ariaramnes de la casa aqueménida en Pérsida oriental y unió toda Pérsida bajo un único gobierno. No mucho después, Ciro se negó a reconocer la autoridad de Astiages en Ecbatana, lo cual los enfrentó en un conflicto en una llanura justo al sur de Gabae (Isfahán). Aparentemente, no fue una gran batalla, ya que muchos líderes políticos y militares medos rápidamente trasladaron su lealtad a Ciro. Poco después, con la caída de Ecbatana, Ciro esencialmente había heredado un reino que se extendía desde el centro de Capadocia hacia el oriente hasta el borde de la India. [**Ver mapa 82**]. Para el 550 a. C., tenía un control firme sobre todos los territorios desde el río Halis hasta los montes Hindu Kush en el oriente, y desde el río Jaxartes hacia el sur, hasta el mar de Arabia.

En el 547 a. C. Ciro condujo a su ejército confederado desde Ecbatana hasta Capadocia y a la región de Pteria, donde se enfrentó con las fuerzas lidias del rey Creso de Sardis. El resultado de esta incursión inicial no fue decisivo hasta que Creso decidió imprudentemente retirarse a su ciudad capital, con la intención de que sus tropas pasaran el invierno mientras él solicitaba reclutamientos adicionales de

Grecia, Egipto y Babilonia. Sin embargo, el ejército de Ciro no hizo una pausa por el invierno, y sorprendió a Creso con su llegada inesperada a las puertas de la ciudad de Sardis. Creso se vio obligado a rendirse en solo 14 días, y toda Lidia fue agregada al reino de Ciro. El ejército de Ciro siguió atacando a varias ciudades griegas en Asia Menor que habían estado alineadas con Creso (p. ej., Mileto y Dídima), y extendió el dominio de Ciro hasta el mar Egeo. No obstante, Ciro mismo regresó del campo de batalla a Ecbatana, presuntamente para iniciar los preparativos de guerra contra su rival babilónico, el impopular Nabónido.

Ciro lanzó su invasión al reino babilónico de Nabónido en el 539 a. C. A comienzos de octubre, tuvo éxito contra una confederación babilónica en la ciudad de Opis (Ctesifonte), donde había desaguado el Tigris y conseguido así prácticamente libre acceso a la ciudad. Una victoria estratégica en este lugar, habiendo pasado la barrera del Tigris y estando ya en suelo babilónico, hizo posible que el persa avanzara directamente sobre la ciudad de Babilonia, que capituló sin resistencia el 12 de octubre del 539 a. C.[369] Como resultado de este asombroso giro de los acontecimientos, los súbditos en la Media Luna Fértil —Siria, Fenicia y Palestina—, al igual que algunos de los de Arabia, juraron su absoluta lealtad a Ciro[370]. Solamente Egipto eludió su garra.

CAMBISES II (529–522 A. C.)

Después de la muerte de Ciro alrededor del 530 o 529 a. C., lo sucedió su hijo Cambises II. Continuando con las ambiciones imperialistas de su padre, Cambises invadió Egipto en el 525 a. C. y derrotó decisivamente al ejército egipcio en Pelusio y Menfis. Desde allí siguió en dirección sur hasta Tebas, con la intención original de entrar a Etiopía. Como lo haría Alejandro después de él, Cambises asumió el título de faraón sobre Egipto, en este caso durante la 27.ª dinastía. Así que para ese entonces todo Egipto y Lidia estaban bajo control persa. Para el final de la vida de Cambises en el 522 a. C., Persia era soberana sobre todo el Medio Oriente, desde Bizancio y el norte de África hasta la frontera occidental de la India.

DARÍO I HISTASPES (521–486 A. C.)

El sucesor de Cambises, Darío I Histaspes, se vio obligado a realizar campañas militares en las tierras altas iraníes, Elam, Egipto y la India (donde consiguió modestas adquisiciones en el valle del río Indo y en el Punyab). No obstante, las proezas más notables de Darío no fueron en la expansión militar, sino más bien en el gobierno, la ingeniería naval, la moneda, la astronomía y las artes, la economía y el transporte. Su intento

Ruta de Ciro II (el Grande) para conquistar Lidia (546 a. C.)

Ruta de Ciro II (el Grande) para conquistar Babilonia (539 a. C.)

Ruta de Cambises II para conquistar Egipto (525 a. C.)

Ruta de Cambises II para conquistar Tebas (523 a. C.)

Ruta de Ciro el Joven para luchar contra su hermano Artajerjes II por el trono persa (401 a. C.)

Ruta de los 10.000 mercenarios griegos después de la batalla de Cunaxa (401 a. C.)

D
E
F
1
MAR DE ARAL
R. Jaxartes
CHORASMIA
R. Oxus
MAR CASPIO
SOGDIANA
2
Margiana (Margus)
C A N I A
Zadrakarta (Turang Tepe)
Tesmes (Meshed)
BACTRIA
H I R
Damgan
...DIA
Rhagae
PARTIA
MTES. HINDU KUSH
Ecbatana
A R I A
GANDARA
...tún
SAGARTIA
Taxila
Gabae (Isfahán)
R. Hidaspes
DRANGIANA
...USIANA
...sa
ARACHOSIA
3
Pasargada
Kermán
Persépolis
CARMANIA
PÉRSIDA
R. Indo
GOLFO PÉRSICO
Pura
GEDROSIA (MAKA)
HINDUSH (INDIA)
Patala
4
MAR DE ARABIA
0 100 200 300 400 millas
0 100 200 300 400 500 600 kilómetros
D
E
F

de invadir Grecia fue un desastre; fue derrotado contundentemente en Maratón en el 490 a. C. por una confederación de fuerzas griegas.

Tal vez a Darío se lo recuerda mejor por haber instituido un sistema avanzado de carreteras a lo largo del imperio, una ruta conocida tradicionalmente como el «Camino Real Persa». Según Heródoto, el «padre de la historia»[371], esta carretera se extendía desde Susa (en Elam) hasta Sardis (en Lidia). Comprendía un total de 111 estaciones intermedias para el descanso, pasaba por unas seis provincias persas, y requería un total de 90 días para hacer el recorrido completo de aproximadamente 2700 km. Heródoto agrega que se requerían otros tres días para viajar desde Sardis hasta la costa de Éfeso, lo que ha llevado a algunos estudiosos a deducir que el «Camino Real» podría haberse extendido hasta la costa del Egeo. Al otro extremo, un camino continuaba desde Susa y llegaba a Persépolis y más allá[372].

Basándose en la descripción de Heródoto, se puede inferir razonablemente que la ruta recorría la siguiente trayectoria. Comenzaba en Susa siguiendo una dirección noroccidental hasta un cruce del río Diyala y la ciudad de Arrafa, desde donde continuaba hasta la importante ciudad de Arbela. Todavía está en debate el segmento del Camino Real entre Arbela y el punto de cruce del río Éufrates (casi con toda seguridad en Malatya). La cuestión es desconcertante porque Heródoto menciona «haber cruzado el Tigris» en por lo menos tres ocasiones diferentes, lo que parecería referirse a la diversidad de corrientes de agua que alimentaban el Tigris y no a un itinerario alternativo innecesariamente tortuoso y extremadamente riesgoso, vadeando el río Tigris en sí en tres diferentes lugares. El mapa traza este segmento del camino a lo largo de los tramos septentrionales del Tigris hasta la ciudad de Amedi/Diyarbakir, en lugar de una trayectoria más meridional pasando por Nínive y para llegar a Harán. Desde Amedi/Diyarbakir, la carretera cruzaba la región de Armenia hasta Malatya, donde había un vado natural para cruzar. El camino doblaba hacia el norte por un tiempo y luego giraba hacia el occidente y llegaba a la ciudad de Pteria, antes de pasar por Ancira y Gordio. Desde Gordio, la opción más probable parece haber sido un camino que abarcaba un valle frigio sobre un eje lateral, tomando una ruta bastante directa hasta Sardis. [**Ver mapa 25**].

JERJES I (485–465 A. C.)

El hijo y sucesor de Darío, Jerjes I, emprendió una invasión a Grecia septentrional en el 480 a. C., y derrotó a los griegos en las Termópilas (justo al norte de Delfos). Aunque tuvo éxito allí, su avance más al sur hacia Atenas llevó finalmente a una derrota naval en Salamina, lo que obligó a Jerjes a retirarse nuevamente a Sardis. No obstante, durante algunos años hasta fines de la década del 460 a. C., los restos de su ejército mantuvieron un control nominal sobre partes de Tracia.

DARÍO II NOTUS, SUS HIJOS Y EL DECLIVE DEL IMPERIO PERSA

El último evento trazado en el **mapa 86** tiene que ver con Darío II Notus (423–405 a. C.) y sus dos hijos: Artajerjes II Memnón y Ciro III (Ciro el Joven). Poco antes de su muerte en el 405 a. C., Darío declaró a Artajerjes como su sucesor. Esto enfureció a Ciro, quien intentó, sin éxito, asesinar a su hermano. Fue arrestado, pero luego liberado por Artajerjes solamente gracias a la intensa intercesión de su madre. A Ciro se le permitió volver a su satrapía en Anatolia occidental, donde casi inmediatamente comenzó a fortalecer y expandir sus fuerzas militares. La participación previa de Ciro en la guerra del Peloponeso lo había convencido de la superioridad de los soldados griegos y de los métodos de guerra griegos sobre los de los persas. Con la finalización de esa guerra en el 404 a. C., Ciro pudo reclutar muchos de los soldados que habían servido anteriormente en las filas de Esparta, Tracia y Creta.

Ciro se embarcó en su desafortunada expedición para ganar el trono de Persia en el 401 a. C. Marchó desde Sardis hacia el oriente con sus mercenarios griegos. Pasaron por Cilicia y la ciudad de Tarso, luego por Isus, y continuaron a Thapsacus sobre el Éufrates. Desde allí, las tropas de Ciro siguieron el curso del Éufrates por el desierto de Arabia hasta el sitio de Cunaxa (tell Kuneise, cerca de la moderna Bagdad), donde se entabló la batalla. Los historiadores generalmente reconocen que Ciro casi obtuvo la victoria en Cunaxa, salvo que él mismo fue muerto. Su muerte y la captura de muchos de sus comandantes dejaron varada a gran parte de su ejército de mercenarios griegos, lo cual los obligó a huir de regreso a Grecia sin apoyo militar. Esta «marcha de los 10.000», como se la conoce actualmente, llevó un período de cinco meses. Los mercenarios se retiraron desde Cunaxa hacia el norte, pasando por Opis y llegando al otro lado el río Zab, donde fueron capturados sus generales militares. No obstante, eligieron nuevos generales y continuaron hacia el norte pasando por Cala y Nínive, luego pasando el lago Van y atravesando Armenia antes de llegar a la ciudad de Trapezus en el mar Negro. Desde allí las tropas navegaron hasta Bizancio, lo cual significaba que los «10.000» habían arribado exitosamente a suelo traciano y estaban realmente a salvo en su propio territorio.

Uno de los soldados de Ciro en este grupo era un joven estudioso ateniense llamado Jenofonte, quien sobrevivió a la terrible prueba y registró los hechos en su *Anábasis*. Para los antiguos griegos, la *Anábasis* destruyó el mito de que el temible ejército persa era invencible y su imperio indestructible. Si una fuerza griega numéricamente muy sobrepasada podía regresar a casa a salvo luego de una retirada por el corazón mismo de las provincias de Artajerjes, sin protección y con la pérdida de sus altos mandos militares, un operativo bien planificado y hábilmente ejecutado por el ingenio y la fortaleza militar griega ¡con seguridad podría salir victorioso! De esta manera se sentaron las bases para las proezas de Alejandro.

LA CAMPAÑA DE ALEJANDRO MAGNO CONTRA PERSIA

Felipe II de Macedonia fue uno de los más grandes reformadores de toda la historia griega. Antes de su misteriosa muerte en Pella en el 336 a. C., Felipe había transformado Macedonia en una monarquía fuerte y centralizada, con un ejército permanente entrenado en nuevas tácticas revolucionarias (como una falange de infantería armada con lanzas que medían casi 6 m de largo). El ejército de Felipe había llegado a dominar todas las ciudades-estado de la Grecia continental, excepto Esparta, y había conquistado toda la costa de Tracia hasta el mar Negro. Felipe se había construido una base de poder sobre la que pretendía arrebatar Asia Menor del control persa. Sus notables logros solo son eclipsados por los de su extraordinario hijo, Alejandro III («Magno»)[373].

Como un pretendiente al trono de Macedonia, Alejandro partió en la primavera del 334 a. C. a los 21 años de edad. Su tesoro estaba vacío y sus tropas (mayormente mercenarias) no superaban los 35.000 a 40.000[374]. No obstante, tenía una misión muy ambiciosa, incluso audaz: demoler todo el Imperio persa, no solamente las partes vecinas en Asia Menor. Y, en lo que es posiblemente uno de los más destacados logros en los anales de la historia militar, Alejandro cumplió rápidamente toda su misión —y aún más— en un período de solamente once años.

Cruzó el Helesponto, el estrecho que separa los continentes de Europa y Asia, y así llegó a ser el primer monarca macedonio en pisar suelo asiático. Casi inmediatamente, y con cierta teatralidad, quemó todas sus naves para que sus soldados supieran que no tenían escape y, por lo tanto, lucharan como campeones heroicos. Después de una corta estadía en Troya, donde sacrificó ante la diosa Atenea y se apropió de la armadura de Aquiles, Alejandro condujo personalmente sus tropas en una estrecha victoria sobre parte del ejército persa en el

En la antigüedad las puertas Cilicias (el paso Gülek) servían como el corredor principal desde Asia a Siria y Mesopotamia, por donde pasaban ejércitos, mercaderes, peregrinos y otros grupos en caravana.

El Imperio griego

D
E
F
MAR DE ARAL
R. Jaxartes
MASSAGETAE
CHORASMIA
R. Oxus
CASPIO
Bujará
Maracanda (Samarcanda)
Alejandría Escate
SOGDIANA
Paso de Anzob
Zadrakarta (Turang Tepe)
HIRCANIA
Meshed
Bactra
BACTRIA
MTES. HINDU KUSH
Puertas Caspianas
Damgan
Paso de Jawak
PARTIA
ARIA
Paso de Shibar
río es asesinado en el 330 a. C.
Alejandría de Aria
Paso Khyber
Aornos
DRANGIANA
Cabul
Taxila
Bucéfala
326 a. C.
R. Hidaspes
Proftasia
ARACHOSIA
Kandahar
PUNYAB
MALLI
pae (nán)
persas Susianas)
Pasargada
Persépolis
PÉRSIDA
CARMANIA
R. Indo
PÉRSICO
Harmozia
Pura
GEDROSIA
INDIA
Patala
MAR DE ARABIA
0   100   200   300   400 millas
0   100   200   300   400   500   600 kilómetros

río Gránico[375]. Después de esta batalla inicial, Alejandro se encaminó deliberadamente hacia el sur en lugar de perseguir a los persas en retirada hacia el oriente. Recibió la rendición de las ciudades de Sardis, Éfeso, Mileto, Halicarnaso, Janto, Faselis, Perge y Side[376], y obtuvo así pleno control sobre las costas jónica y caria junto con sus puertos principales, lo cual privó a la flota persa de cualquier base para contraatacar.

A continuación, Alejandro se volvió hacia el interior, dominó a los frigios y tomó la ciudad de Gordio, donde encontró provisiones y donde decidió pasar el invierno, él con sus tropas[377]. Luego, en el verano del 333 a. C., Alejandro marchó a través de la Capadocia occidental, pasó por las puertas Cilicias y avanzó al sitio de Isus en la costa mediterránea. Allí tuvo lugar una de las batallas más cruciales de toda la antigüedad bíblica. [**Ver mapa 89**].

Después de su derrota en Isus, Darío, el líder persa, estaba a la defensiva pero sin dejarse intimidar. Huyó hacia el oriente desde Isus hasta la ciudad de Babilonia para reagrupar sus tropas para otra ocasión[378]. Una vez más, Alejandro eligió no perseguir a su enemigo en retirada. Al contrario, el brillante estratega marchó al sur a través de Siria. Dividió su ejército y despachó un pequeño contingente a tomar Damasco [**mapa 88**], mientras que él personalmente dirigió la mayor parte de sus tropas más allá de Sidón, hasta Tiro. Después de un sitio de siete meses de esa isla bastión, Alejandro tuvo éxito en la construcción de un camino elevado de piedra y madera para llegar a Tiro, lo cual le permitió tomar la ciudad en agosto del 332 a. C.[379] Con la caída de Tiro, la lealtad de Fenicia hacia Darío y sus vínculos con la flota persa se vieron aplastados, lo que dejó a Alejandro libre para dirigirse a otros blancos. El avance de su ejército hacia el sur, pasando Aco, Dora, la torre de Estratón y Samaria, se realizó prácticamente sin oposición. [**Ver mapa 88**]. En cambio, la fuertemente fortificada Gaza ofreció resistencia durante dos meses a fines del 332 a. C., hasta que finalmente las tropas de Alejandro pudieron abrir una brecha en sus muros y tomar la ciudadela[380]. Con la caída de Gaza, ya no quedaba ningún obstáculo militar que separara al macedonio de su objetivo africano.

No obstante, Josefo nos dice que en lugar de marchar directamente a Egipto, Alejandro se encaminó hacia Jerusalén, fue recibido por el sumo sacerdote y fue conducido al templo donde ofreció sacrificios a Dios[381]. Acto seguido, según Josefo, se le mostró a Alejandro una copia del libro de Daniel, que declaraba que un griego destruiría al Imperio persa, y Alejandro consideró que él era el señalado[382]. Viendo que Alejandro había honrado a los judíos al visitar Jerusalén, una delegación de samaritanos se dirigió a las afueras de la ciudad para congraciarse con él y lo invitaron a visitar su santuario en la cima del monte Gerizim[383]. Les prometió una visita a su regreso de Egipto. [**Ver mapa 88**]. Como este breve episodio en la vida de Alejandro es relatado únicamente por Josefo y no se encuentra en otra literatura clásica, es difícil determinar la esencia

histórica del mismo. Ciertamente, es razonable suponer que los líderes judíos de Jerusalén habrían estado sujetos al mismo tipo de requerimientos de sumisión al gobierno de Alejandro que se sabe que eran comunes en todo el imperio, y el rey griego ofreció sacrificios en diversos templos y a diferentes deidades a lo largo de su incipiente reino. Además, la parte del episodio vinculada con los samaritanos, relacionada tal vez con la eventual antipatía de Alejandro hacia ellos, sí está registrada en otras fuentes por autores clásicos, lo que puede dar credibilidad adicional a la historia[384].

Desde Jerusalén, Alejandro marchó a Pelusio donde una muchedumbre de ciudadanos egipcios lo recibió y lo aclamó como libertador. Navegó río arriba hasta Menfis, donde el sátrapa persa se rindió y los sacerdotes egipcios lo aclamaron como el faraón. Desde Menfis, Alejandro continuó hasta la costa mediterránea, donde fundó una ciudad que todavía lleva su nombre[385]. Después se adentró en el desierto libio para visitar el sitio del destacado oráculo de Amón, identificado por los griegos como Zeus, la más poderosa de todas las deidades griegas. El sacerdote principal del oráculo saludó a Alejandro como el «hijo de Amón» y sus historiadores comenzaron a identificarlo como «hijo de Zeus»[386].

La ocupación de Egipto había asegurado a Alejandro el resguardo de su flanco meridional, de manera que en la primavera del 331 a. C., el general partió de allí, vía Palestina, Tiro y Damasco. [**Ver mapa 88**]. Una vez más puso la mira directamente en Darío, esta vez en Mesopotamia, donde tendría lugar su segundo y último encuentro con el persa. A estas alturas, Darío había reclutado un muy considerable ejército[387] y había marchado hacia el norte, desde la ciudad de Babilonia, a un sitio de batalla cuidadosamente elegido justo al occidente de la ciudad de Arbela. La espaciosa llanura de Gaugamela ofrecía a Darío condiciones ideales para la batalla debido a su gran fuerza de caballería, sus carros de guerra especialmente preparados y aun sus elefantes. De hecho, Darío había estado en Gaugamela por algún tiempo dirigiendo a su ejército en juegos de guerra antes de la llegada de Alejandro[388].

Los dos ejércitos se enfrentaron en un conflicto de gran escala el primero de octubre del 331 a. C.[389] Las esperanzas de Darío pronto se hicieron añicos. Como en Isus, la habilidad de Alejandro, quien personalmente se dirigió contra el centro del ejército persa, hizo que Darío abandonara sus tropas y huyera, esta vez en dirección de Ecbatana y el mar Caspio. La zona central del imperio de Darío quedaba así a disposición de Alejandro y en muy rápida sucesión las ciudades capitales de Babilonia, Susa y Persépolis capitularon ante el macedonio[390]. Tal vez lo más significativo para sus mercenarios fue que la toma de Susa y Persépolis también significó que la vasta cantidad de tesoros acumulados a lo largo de los 200 años del gobierno imperial persa, que se estima eran varios miles de toneladas de monedas y metales preciosos, ahora estaba completamente en manos del ejército griego[391].

Partiendo de Persépolis en abril del 330 a. C., Alejandro se encaminó en una ruta directa hacia Ecbatana, la única capital persa que quedaba, donde se había refugiado Darío. Incapaz de reunir otra coalición más contra el macedonio, quien se aproximaba rápidamente, Darío huyó con la intención de viajar hacia el oriente, a Bactria. Sin embargo, el monarca persa solo llegó hasta las proximidades de las puertas Caspianas donde, en julio, fue asesinado por algunos de sus anteriores príncipes del oriente[392]. Enterándose de la muerte de este último rey aqueménida mientras estaba en camino a las puertas Caspianas, Alejandro asumió inmediatamente el papel de su sucesor y defensor de la legitimidad aqueménida contra todos los demás aspirantes.

Por diversas razones militares, políticas y tal vez hasta científicas[393], Alejandro decidió continuar su avance hacia el oriente contra Bactria y Sogdiana. Cruzando los montes Hindu Kush, lanzó una campaña india hacia el río Ganges. En el 326 a. C. luchó con un príncipe indio unos 65 km al oriente del río Indo en la famosa ruta que atraviesa el paso Khyber, cerca de la clásica Taxila, donde obtuvo una victoria decisiva a pesar de que su enemigo se valió de elefantes de guerra[394]. No obstante, cuando Alejandro intentó penetrar aún más en el interior indio, sus tropas se amotinaron en el río Hidaspes, y se vio obligado a dar marcha atrás[395]. Alejandro regresó por el valle del río Indo hasta el mar de Arabia, donde comisionó una fuerza naval bajo su almirante Nearco para navegar por el golfo Pérsico hasta Mesopotamia[396]. Mientras tanto, él y su ejército marcharon por las inhóspitas llanuras de Baluchistán, y pasaron Persépolis hasta llegar a Susa a comienzos del 324 a. C.[397] A inicios del 323 a. C., Alejandro completó su regreso a la ciudad de Babilonia, donde comenzó los preparativos para una invasión a gran escala de Arabia. Sin embargo, Alejandro cayó enfermo a fines de mayo, y a mediados de junio del 323 a. C. murió a los 32 años de edad, presuntamente de fiebre[398].

Como era de esperar, el juego de poder político que siguió inmediatamente a la muerte de Alejandro fue caótico y sangriento. Para alrededor del 275 a. C. el número de rivales importantes se había reducido a tres, y se efectuó la división del Imperio griego. Uno de los generales de Alejandro, Seleuco I (y su dinastía), tomó el control de Mesopotamia, Siria, la mayor parte de Asia Menor y las regiones orientales hasta la frontera de la India. Otro de sus generales, Tolomeo I Soter (y su dinastía), se apoderó de Egipto, Cirene, Palestina, Fenicia, Chipre, varias islas mediterráneas y algunas partes costeras de Asia Menor meridional. Mientras tanto, la dinastía antigónida gobernó la tierra natal de Alejandro, el territorio en las proximidades de Pella. Sin embargo, en el caso de Palestina este esquema pronto cambiaría, y de una manera muy dramática y profunda.

Cuando los tolemaicos perdieron la batalla de Panión (Panías) en el 200 a. C., el dominio sobre Palestina fue entregado a los seléucidas, y de allí en adelante se inauguró

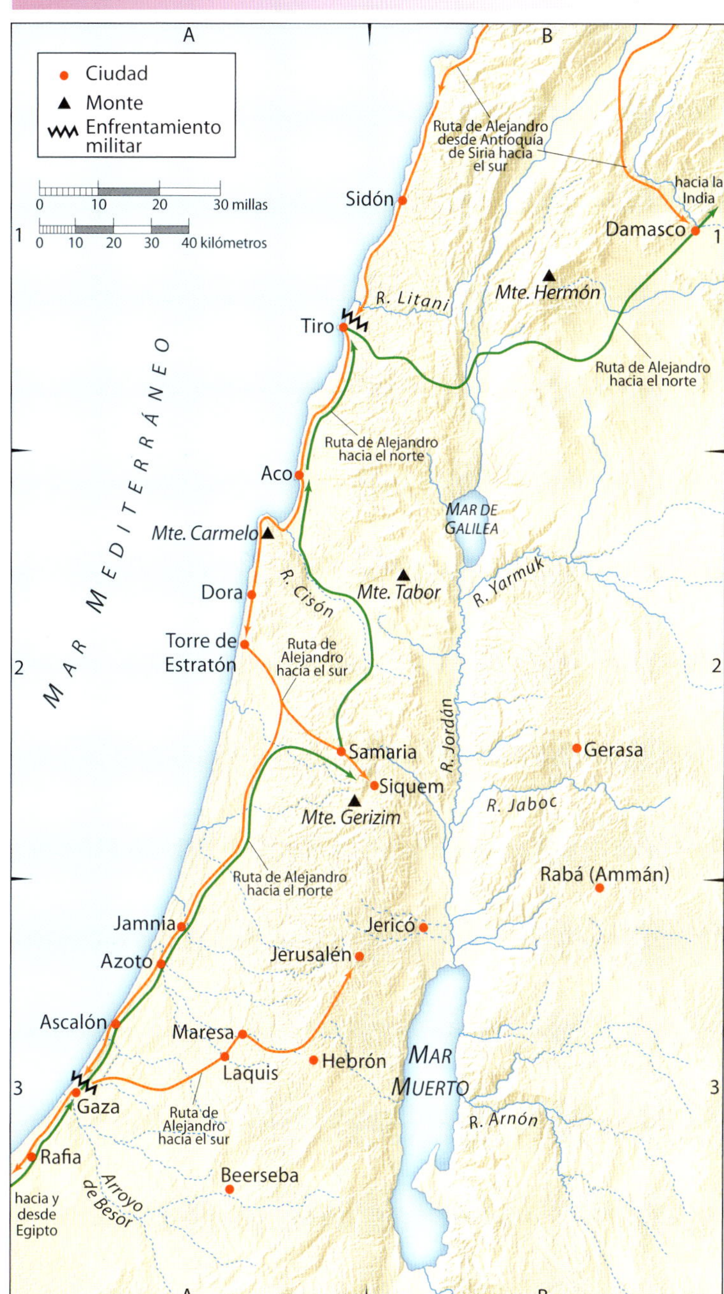

oficialmente la helenización de los estratos altos de la sociedad judía. Las tensiones que resultaron dieron lugar inevitablemente al conflicto entre las varias facciones judías: los judíos más progresistas abrazaron la ideología helenística, pero los más tradicionales la vieron como una amenaza a su religión ancestral. Cuando Antíoco IV Epífanes ascendió al trono seléucida en el 175 a. C., los esfuerzos hacia la helenización llegarían a su punto culminante. [**Ver mapa 91**].

LA BATALLA DE ISUS

Las llanuras de Alea y de Isus comprenden una franja angosta y aislada de tierras bajas al borde del mar. Están encerradas por los montes Tauro en el norte y el occidente, y por los montes Amanus en el oriente. El acceso a estas llanuras habría sido extremadamente difícil salvo por tres pasos: (1) una puerta noroccidental, conocida actualmente como el paso Gülek (antiguamente, las puertas Cilicias)[399]; (2) una puerta nororiental, conocida actualmente como el paso de Bahçe (antiguamente, las puertas de Amanus)[400]; y (3) una puerta meridional, conocida actualmente como el paso de Belén (antiguamente, las puertas de Siria)[401].

Alejandro Magno partió de Gordio en el verano del 333 a. C. [**mapa 87**], marchando hacia el suroriente a través de Galacia y la Capadocia occidental, hasta la ciudad de Tiana (Aurelia Antoniniana). Desde allí, viajó por lo que luego se convertiría en la Vía Tauro, y de esa manera sorteó los Tauro por las puertas Cilicias[402]. Al tomar el control de Cilicia y la ciudad de Tarso, Alejandro se sumergió en las aguas del río Cidnus, que estaban extremadamente frías por el derretimiento de la nieve de los Tauro[403]. Para cuando su ejército llegó a la costa mediterránea en Soli, había desarrollado calambres y severos escalofríos que terminaron en una fiebre tropical. En forma relativamente rápida Alejandro cayó en coma y su vida estuvo en peligro [**1**].

Aparentemente fue durante estos meses en los que Alejandro estuvo cerca de la muerte que Darío III partió de Babilonia con su enorme ejército imperial persa, compuesto de infantería ligera y pesada, caballería, conductores de carros, arqueros y honderos: un total estimado en 300.000, o posiblemente hasta el doble de eso[404]. Por más que sea posible que este número fuera exagerado, su ejército tiene que haber sido muy imponente. Estaba bien alimentado y muy bien pagado. Acompañando a la hueste militar iba un impresionante séquito de unas 600 mulas y 300 camellos que transportaban un tesoro imperial, 365 concubinas reales suntuosamente vestidas, la carroza real de la deidad persa Ahura-mazda, un conjunto de altares de plata que llevaban el «fuego sagrado» de los persas, numerosos sacerdotes y otros no combatientes y aun algunos de la familia real de Darío. Enviando su tesoro y la mayoría de su caravana de abastecimiento a Damasco, Darío tomó posición en Sochi, una ciudad de ubicación incierta que debe haber estado situada cerca de la llanura de Amuq, al oriente de las puertas de Siria [**2**].

Alejandro estaba bastante recuperado a comienzos de octubre, cuando se enteró del campamento militar de Darío en Sochi. Inmediatamente trasladó sus fuerzas a través de la llanura de Alea hasta la ciudad de Isus, donde dejó a aquellos de sus soldados que estaban enfermos o heridos. Convencido de que Darío atacaría por las puertas de Siria, y deseando utilizar ese espacio confinado para neutralizar la vasta superioridad numérica del persa, Alejandro marchó con sus tropas hacia el sur hasta la ciudad de Miriandro, preparó su campamento para la batalla y despachó exploradores para reconocer el paso [**3**].

Subestimando la gravedad de la enfermedad de Alejandro, Darío malinterpretó la demora del griego en Soli como cobardía. También sobreestimó las capacidades de su propio ejército frente a la inferioridad numérica de su adversario. Enterándose del avance de Alejandro desde Isus hacia el sur, a Darío se le aconsejó permanecer en la llanura de Amuq y lanzar desde allí la batalla, en un terreno abierto y amplio que era ideal para su ejército enorme. Sin embargo, Darío rechazó ese consejo, y en cambio, decidió conducir sus fuerzas unos 80 km al norte en una maniobra de flanco. Esperaba entrar en la llanura de Isus por las puertas de Amanus, cortar la línea de abastecimiento de Alejandro en dirección a Anatolia y Grecia, y sorprender al macedonio desde la retaguardia. Era una decisión extremadamente astuta y audaz que logró sorprender a Alejandro y dio una ventaja a Darío, aunque solo provisoriamente. Darío bajó sus hordas a Isus donde mutiló o masacró a los hombres que Alejandro había dejado allí, y luego estableció su línea de combate a lo largo de la ribera septentrional del río Pínaro [**4**].

Tal vez por desconocer la existencia de las puertas de Amanus, Alejandro fue increíblemente sorprendido al recibir informes de la maniobra de Darío[405]. Insistió en que exploradores confirmaran esas noticias antes de trasladar su ejército desde Miriandro y las puertas de Siria. Verificaron que el ejército persa ya había establecido su línea de combate en la retaguardia de Alejandro cerca del Pínaro, de manera que el macedonio se vio obligado a hacer girar a su ejército y marchar rápidamente hacia el norte, estableciendo su propia línea de combate entre la «columna de Jonás» y la ribera meridional del Pínaro [**5**].

Para Darío, la ventaja de la sorpresa pronto quedó menguada por la desventaja en cuanto al espacio. Desde el inicio de la batalla, quedó claro que Darío había cometido un gran error. Allí, cerca del Pínaro, la llanura costera tiene menos de 5 km de ancho entre las laderas de los Amanus y el mar. Darío tenía números y tecnología infinitamente superiores, pero su impulsiva decisión táctica le dejó poca oportunidad para desplegar esa superioridad. Tal vez sin que ninguno de los dos se diera cuenta de ello, las acciones de Darío le dieron a Alejandro la ventaja[406]. Apenas entablada la batalla, Darío y su ejército comprendieron la inminencia de la derrota [**6**]. Intentaron retirarse y escapar entre los elevados montes Amanus. Alejandro y su caballería los persiguieron unos 40 km hacia el oriente, y produjeron muchas más bajas como resultado de los senderos atascados por las multitudes de persas en

retirada. Fuentes clásicas informan de pérdidas persas de hasta 110.000 hombres[407] [**7**].

Después de su victoria aplastante, Alejandro regresó a la escena de la batalla en Isus, tomó el control de la carroza e insignia imperiales de Darío, se bañó en su enorme bañera, se vistió con una túnica persa y se dio un banquete sobre vajillas de oro persas. En la mañana siguiente Alejandro se presentó ante la madre, la esposa, las princesas y el heredero real de Darío. En cuestión de días, las tropas de Alejandro ocuparon Damasco, se apoderaron de los fondos de guerra persas y recibieron su paga por primera vez en meses. Alejandro decidió no perseguir de inmediato a Darío hacia el oriente. En cambio, marchó hacia el sur a través de Siria y Fenicia y neutralizó todo vestigio de influencia de las operaciones navales persas en los puertos del mediterráneo oriental. Su marcha hacia el sur también le entregaría a Egipto y proveería protección a su flanco meridional. Dejaría para otro día el enfrentamiento con Darío.

Las academias y los textos militares escudriñan los aspectos estratégicos y tácticos de la batalla de Isus. El conflicto es visto generalmente como uno de los enfrentamientos militares más importantes en la historia de la humanidad. Más allá de eso, la batalla de Isus también representa un punto de inflexión clave en la historia del Oriente Cercano.

En primer lugar, la victoria de Alejandro en Isus le permitió viajar a Egipto donde sería aclamado como «faraón», y en el camino también marchó a través de Judea y llegó a Jerusalén. [**Ver mapa 88**]. Con la llegada de Alejandro, el «helenismo»

—tanto la mentalidad como la cosmovisión— se convirtió en la influencia dominante en esta región. El helenismo implicaba la introducción de todo lo que era griego: la lengua, el gobierno, el sistema impositivo, la educación, la moneda, la planificación urbana, el entretenimiento, la arquitectura, la religión y el panteón. El concepto helenístico de ósmosis cultural y de una «cultura mundial» se distinguía por la igualdad y la uniformidad. Estar separado de la sociedad era visto como algo peligroso. Por lo tanto, dentro del judaísmo surgió una variedad de reacciones características[408]. Se puede afirmar que el helenismo aceleró grandemente el desarrollo del sectarismo judío (saduceos, fariseos, esenios, nazarenos, minim y zelotes) que, en su esencia, representaba respuestas rivales al desafío fundamental de esta nueva cosmovisión. Diversos grados de aculturación también produjeron una corrupción del sacerdocio de Jerusalén[409], lo cual finalmente llevó al levantamiento macabeo y preparó el camino para la llegada de Roma a Jerusalén y Judea. [**Ver mapa 94**].

Desde luego, los intentos rígidos de explicar la realidad histórica antigua de manera concluyente son notoriamente endebles, y en ocasiones, incluso tristemente simplistas. Las líneas de causa y efecto rara vez son directas o simples. No obstante, es justo afirmar que el entorno neotestamentario en que existían el judaísmo, el sectarismo judío y el cristianismo primitivo —y tal vez hasta la lengua en la que esos grupos escribirían su literatura durante esa época— probablemente habría adquirido una forma diferente si Darío hubiera ganado la batalla de Isus.

CIUDADES HELENÍSTICAS EN PALESTINA

Alejandro Magno y sus sucesores inmediatos establecieron muchas ciudades a lo largo de sus dominios en lugares estratégicos o sobre las principales vías de tránsito, con frecuencia en los sitios de antiguos centros de administración aqueménidas. El construir una nueva ciudad (*polis* en griego) se convirtió en un medio clave para extender la cultura helenística, asentar a los exsoldados y proveer para ellos, y mantener cierto grado de control político local[410].

Tolomeo I Soter y su dinastía comenzaron a ocupar Palestina y partes de Jordania alrededor del 301 a. C., tras las secuelas de la batalla de Ipso. Creó y fortificó las ciudades de Tolemaida (Aco) y Filadelfia (Rabá/Ammán) como principales centros administrativos tolemaicos, los cuales actuaban en conjunto con el cuartel general administrativo tolemaico en Alejandría. Como parte del mismo proceso, a ciertas ciudades en Palestina (p. ej., Dora, Jope, Samaria y Ascalón) los tolomeos les otorgaron derechos municipales, lo que implicaba cierta medida de autonomía política en esos lugares. Durante el reinado de Tolomeo II Filadelfo en particular (285–246 a. C.), algunas ciudades fueron establecidas y nombradas según los miembros de la familia real: Berenice-Pella y Berenice-Elat llevaban el nombre de una de sus hijas, y Filoteria (Beit-Yerah) recibió su nombre por su hermana. [**Ver mapa 90**].

Cuando el dominio sobre Palestina se pasó de los tolemaicos a los seléucidas en el 200 a. C. como resultado de la batalla de Panión (Panías), los esfuerzos hacia la helenización —incluyendo la construcción de ciudades— adquirieron una forma todavía más definida. Al igual que Alejandro Magno, los gobernantes seléucidas eran de origen macedonio y tenían especial gusto por nombrar ciudades en honor a sí mismos. Docenas de ciudades clásicas llevan el nombre Alejandría, Seleucia o Antioquía, incluyendo ciudades en Palestina (p. ej., Demos Seléucida [Gaza], Antioquía [Jerusalén, Hippos] y Antioquía Seleucia [Gadara]).

El ovalado foro romano en Gerasa/Antioquía del Crisorroas («Antioquía sobre el río Dorado») está contiguo a la calle *Cardo Máximo* bordeada de columnas.

Ciudades helenísticas en Palestina
mapa 90
Aldea con un nombre griego
Ciudad con un nombre griego
Ciudad con derechos municipales bajo los tolemaicos
Ciudad con un nombre dinástico tolemaico
Nisa Ciudad con un nombre dinástico seléucida
(i. e., subrayado)
0 10 20 30 millas
0 10 20 30 40 kilómetros
A
B
C
Sidón
R. Litani
Tiro
Antioquía
Panías
Gran Camino Comercial
GALILEA
Tolemaida
Antiochenes
MAR DE
GALILEA
Sicamino
Antioquía (Hippos)
Buculon Polis
R. Cisón
Filoteria
R. Yarmuk
Dora
Itabirio
Abila
Seleucia
Gadara
Antioquía
Seleucia
Torre de Estratón
Escitópolis
Nisa
Berenice-Pella
Narbata
MAR MEDITERRÁNEO
Samaria
Gerasa
Antioquía del Crisorroas
R. Jordán
Apolonia
R. Jaboc
SAMARIA
Pegae
PEREA
Jope
Filadelfia
Puerta de Jamnia
Jamnia
Azoto Paralius
Jerusalén
Antioquía
Azoto
JUDEA
Ascalón
Marisa
MAR
MUERTO
Antedón
Gaza
Demos Seléucida
Arroyo de Besor
R. Arnón
Gran Camino Comercial
IDUMEA
N A B A T E A
Arroyo Zered
A
B
C
1
2
3
4

LA REBELIÓN MACABEA

La inesperada muerte de Alejandro en el 323 a. C. sumergió a buena parte de su reino en un período de sangrienta intriga e incertidumbre mientras sus antiguos generales luchaban para apropiarse del botín territorial. Sin embargo, la vida en Judea no parece haber sido afectada negativamente, por lo menos por un breve período. Numerosos documentos del reinado de Tolomeo II Filadelfo (285–246 a. C.) son particularmente útiles en este sentido. Uno de esos textos habla de un asistente del ministro de finanzas de Tolomeo II (llamado Zenón) que viajó por buena parte de Judea y partes de Transjordania. Informó

de amplio apoyo al gobierno tolemaico, especialmente entre la élite de Jerusalén[411], y de condiciones generalmente pacíficas en los territorios más alejados. Los hacendados en las aldeas de Judea y las granjas en zonas apartadas estaban bastante libres de la interferencia tolemaica[412]. El comercio tanto por tierra como por mar entre Judea y Egipto se mantuvo activo[413]. Las monedas judías acuñadas en Jerusalén y Judea durante ese período a menudo llevaban la imagen de Tolomeo I y su esposa[414]. La Carta de Aristeas, también escrita durante el tiempo de Tolomeo II, informa sobre la liberación de miles de prisioneros, oriundos de Judea, a quienes se dejaba en libertad para que pudieran volver a sus hogares después de haber sido llevados cautivos a Egipto. El mismo documento también describe cómo 72 estudiosos judíos fueron enviados de Judea a Alejandría por la aristocracia de Jerusalén para traducir la ley judía del hebreo al griego, una traducción que llegaría a conocerse como la «Septuaginta»[415]. Poca evidencia indica que Judea estuviera siendo completamente helenizada durante el período tolemaico[416]. [**Ver mapa 90**].

Al pie del monte Hermón (lado derecho de la foto) y junto a la cabecera del río Hermón/Banias (lado izquierdo de la foto) está el sitio de Panías, rebautizado Cesarea de Filipo en los días del Nuevo Testamento. En el mundo clásico, se creía que la enorme cueva en la base del monte Hermón era el lugar adonde Hades (Plutón), dios del inframundo, se había llevado a la hija de Deméter. Fue aquí donde Jesús declaró que Pedro era «la roca» contra la cual «las puertas del Hades no prevalecerían».

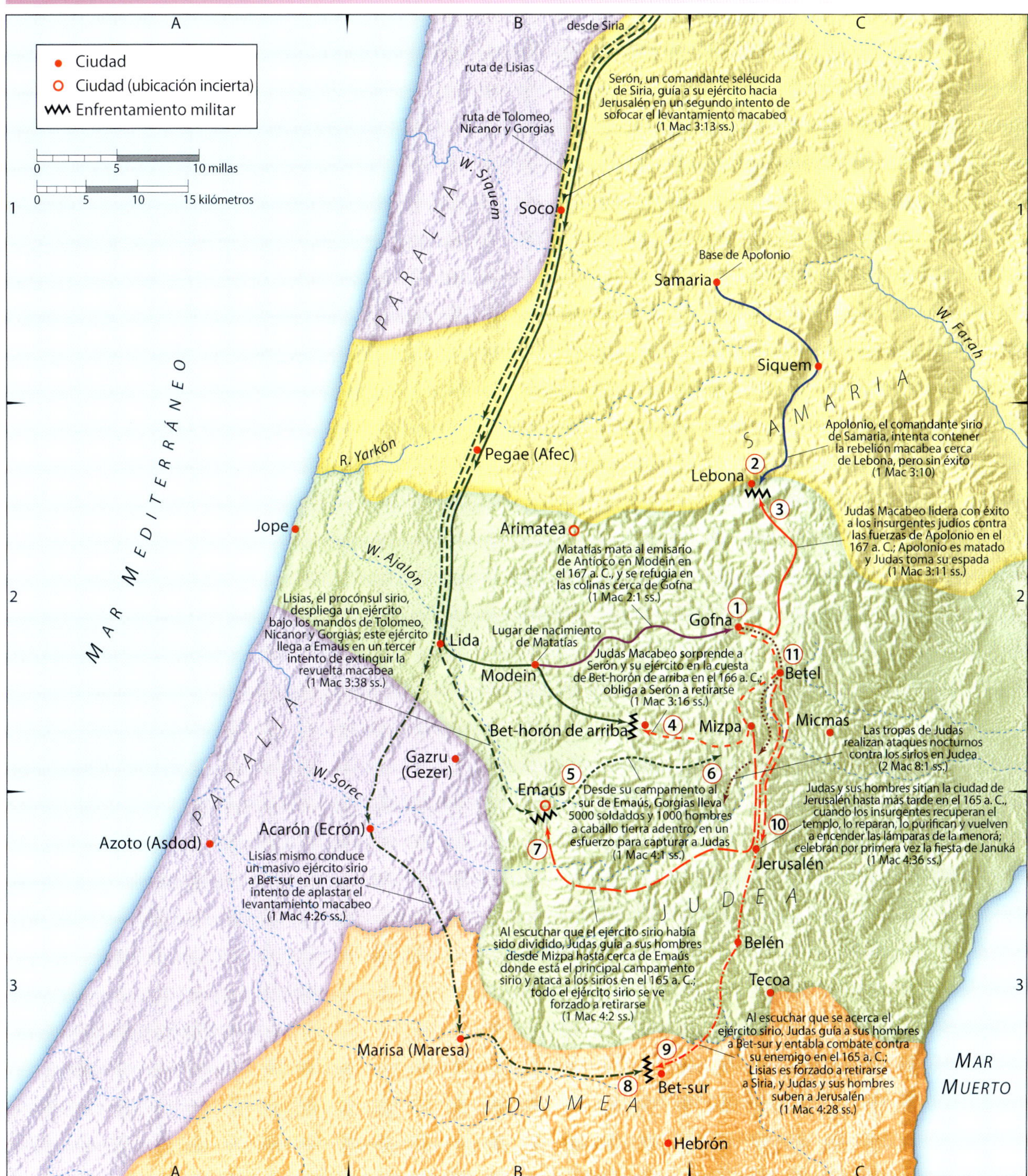

En contraste, hacia fines del tercer siglo a. C., dos nuevas realidades comenzaron a impactar en la gente que vivía en Palestina. La primera de estas fue la centralidad geográfica. Palestina había sido conquistada con frecuencia por extranjeros (egipcios, asirios, babilonios, etc.), pero como la región estaba geográficamente alejada de los respectivos asientos de poder, había logrado mantenerse más o menos al margen de la política. Sin embargo, en ese momento el terreno de Palestina pasó a ser un campo de batalla central y destacado, en tanto los tolemaicos desde el sur y los seléucidas desde el norte se enfrentaron en varias guerras por el control del territorio. Un poder seléucida en ascenso culminó en la batalla de Panión (Panías) en el año 200 a. C., cuando el dominio tolemaico de Palestina se pasó a Antíoco III Megas (223–187 a. C.) y el territorio se incorporó a la Siria seléucida.

El advenimiento del control seléucida sobre Palestina trajo una segunda nueva y dura realidad: la helenización forzosa. La cultura helenística presentó muchos desafíos profundos al judaísmo posexílico. La introducción de la *polis* («ciudad») griega incluyó muchas formas arquitectónicas nuevas (ágoras, baños públicos, teatros y demás) y conceptos problemáticos (la

El reino macabeo
mapa 92
A
B
C
Ciudad
Ciudad (ubicación incierta)
Fortaleza
Judea al principio de la rebelión macabea
Conquistas de Jonatán
Conquistas de Simón
Conquistas de Hircano I
Conquistas de Aristóbulo I
Conquistas de Alejandro Janneo
0   10   20   30 millas
0   10   20   30   40 kilómetros
Sidón
ITUREA
FENICIA
R. Litani
Tiro
Panías
GALILEA
Cedes
Seleucia
Giscala
Merom
Gamala
Tolemaida
Genesaret
Betsaida
Datema
Taricaea
MAR DE GALILEA
Jotapata
Arbela
Hippos
Sicamino
Séforis
R. Yarmuk
Abila
Gadara
Dor
Legio
Torre de Estratón (Cesarea)
Escitópolis
Pella
Dión
SAMARIA
R. Jordán
Gerasa
Samaria
Amatus
Siquem
R. Jaboc
GALAAD
Acrabata
hacia Bostra
R. Yarkón
Alejandrión
Gadara
Jope
Jazer
Filadelfia (Ammán)
Adida
Gofna
Lod
Modein
Micmas
Docus
Jamnia
Bet-horón
Jericó
Esbus (Hesbón)
Gezer
Azoto
Emaús
Jerusalén
Samega
Ecrón
JUDEA
Medeba
Ascalón
MAR MEDITERRÁNEO
Herodión
Bet-sur
Marisa
Maqueronte
Gaza
Hebrón
FILISTEA
Adora
Gerar
IDUMEA
En-gadi
MAR MUERTO
Orda
R. Arnón
Rafia
Arroyo de Besor
Masada
Beerseba
Malata
Kir-moab
Rinocorura
Khaluza
W. el-Arish
Arroyo Zered

lengua griega, las deidades, la educación, el sistema monetario y el entretenimiento). Creó una estructura para la imposición de impuestos municipales y de impuestos del templo, y para establecer empresas estatales. En el fondo, el helenismo representaba una cosmovisión competitiva frente al judaísmo, una que se caracterizaba por la igualdad y la uniformidad, y en la que el estar separado de la cultura dominante se veía como algo peligroso.

El asunto llegó a un punto crítico durante el reinado de Antíoco IV Epífanes (175–164 a. C.), quien construyó en Jerusalén un gimnasio y convirtió a la ciudad en una *polis* helenística que sería conocida como Antioquía[417]. En el 168 a. C., construyó una fortaleza en Jerusalén, llamada el Acra, donde desplegó una legión siria[418]. Al año siguiente, Antíoco extendió más edictos coercitivos contra costumbres y ceremonias particularmente judías, los que se impusieron severamente en Jerusalén, incluyendo la prohibición de la circuncisión y la observancia del día de descanso, además de la quema de copias de la ley. Se profanó el templo y se confiscaron sus tesoros. Se abolió el culto a Yahveh y en el recinto sagrado instalaron un altar y estatua de Zeus del Olimpo, donde ofrecieron sacrificios paganos, incluyendo un cerdo[419]. Se ha debatido mucho sobre las motivaciones de Antíoco, pero el resultado de sus acciones está bien claro.

Profundamente indignado por tal flagrante perversión, un sacerdote llamado Matatías de la aldea de Modein, unos 29 km al noroccidente de Jerusalén, se negó firmemente a ofrecer los sacrificios paganos prescritos. En cambio, dio muerte al emisario de Antíoco, demolió el altar pagano y huyó con sus hijos a las colinas cerca de Gofna para ponerse a salvo[420]. Cuando se extendió por Judea la noticia de su valiente acción, miles de insurgentes, que más tarde se conocieron como los hasidim («piadosos»), se levantaron abiertamente contra Siria bajo el hábil liderazgo de un hijo de Matatías: Judas, apodado Macabeo («cabeza de mazo»). Matatías era descendiente directo de un sacerdote conocido como Asmón, quien en última instancia provenía de Jerusalén, de manera que el movimiento que comenzó en Modein con frecuencia se identifica como asmoneo, y resultó luego en un estado asmoneo[421] [**1**].

Judas dirigió a su bien entrenada banda de rebeldes armados en victorias sucesivas. Apolonio, un comandante sirio estacionado en Samaria, hizo el primer intento por acabar con la revuelta [**2**], pero Judas lo aplastó, aparentemente cerca de Lebona[422] [**3**]. Apolonio fue muerto en el conflicto, y Judas tomó posesión de su espada, la que usó en sus siguientes batallas. Un segundo intento de sofocar el levantamiento fue dirigido por Serón, un comandante seléucida de Siria [**4**]. Mientras las tropas sirias subían la cuesta de Bet-horón de arriba, él también quedó derrotado[423]. El ejército de Serón se vio obligado a retirarse, y es posible que él fuera muerto en esa incursión[424]. Un tercer intento fue protagonizado por Lisias, un pariente de Antíoco IV además de ser el procónsul sirio, quien reunió un ejército de las dimensiones de un batallón bajo los mandos de Tolomeo, Nicanor y Gorgias. Este ejército consolidado marchó hacia el sur

hasta las proximidades de Emaús [**5**], y un contingente al mando de Gorgias avanzó tierra adentro en un intento de capturar a Judas [**6**]. Al enterarse de que el ejército sirio había sido dividido, Judas condujo a sus hombres desde Mizpa, eludió las fuerzas de Gorgias, y se aproximó al campamento principal en Emaús [**7**]. Fue una contundente victoria macabea. Todo el ejército sirio se vio obligado a retirarse hacia el norte[425]. Finalmente, el propio Lisias condujo un masivo ejército sirio desde Antioquía de Siria para aplastar la revuelta. Su ejército se dirigió a la región de Bet-sur, en Idumea septentrional, donde se estableció su línea de batalla [**8**]. Judas se enteró de la aproximación del ejército, llevó a sus hombres hasta Bet-sur y se enfrentó al enemigo una vez más con éxito [**9**]. Lisias, con todo su ejército, se retiró hasta Siria[426].

A continuación, Judas y sus hombres marcharon hacia el norte, a Jerusalén, donde sitiaron la ciudad por un tiempo y repelieron varios intentos de relevar a la legión seléucida dentro del Acra [**10**]. Finalmente, se declaró una tregua. Se les permitió a los hasidim ocupar el monte del Templo, limpiar al templo de objetos paganos y restituir los sacrificios a Yahveh. Alrededor de tres años después de que Antíoco profanó el templo, se encendieron nuevamente los candelabros del templo en nombre de Yahveh en el 164 a. C. Este acontecimiento se conmemora solemnemente cada año en el festival de Januká[427].

Con la pureza religiosa ahora asegurada, Judas se dispuso a lograr también la libertad política. Llevó adelante expediciones militares en todas las direcciones[428]. En el norte, sus guerrilleros obtuvieron victorias en Escitópolis y al oriente en Datema. Más al norte, invadió el territorio de los itureos. En una ocasión, Judas llevó a sus hombres en una marcha de tres días hasta el distrito de Haurán para dar alivio a la población judía en la ciudad de Bostra. El ejército macabeo pudo marchar hacia el oriente contra los nabateos hasta Jazer. En el sur, las ciudades idumeas de Hebrón y Marisa cayeron bajo Judas. Y en la llanura costera, las fuerzas de Judas arrasaron las ciudades de Azoto y Jope. Su intento de lograr la libertad política fue de amplio alcance, ya que en realidad Judas puso en movimiento una cadena de sucesos que culminarían un siglo después con las tropas romanas de Pompeyo siendo aclamadas como libertadoras en Jerusalén.

Pero mientras tanto, los sucesores de Judas crearon un estado judío. Sus dos hermanos —Jonatán (161–142 a. C.) y Simón (142–134 a. C.)— extendieron su control más allá de la zona central de Judea, ganando territorio desde el mar Mediterráneo hasta el desierto Oriental. [**Ver mapa 92**]. La antorcha luego fue recogida por un hijo de Simón, Juan Hircano I (134–104 a. C.), quien incorporó Samaria e Idumea a Judea. Luego vino el corto reinado de Aristóbulo I (104–103 a. C.), quien sometió a Galilea. Lo siguió su hermano Alejandro Janneo (103–76 a. C.), cuyas hazañas lo llevaron tan lejos como la llanura de Dor, Galaad septentrional, buena parte de Nabatea septentrional y el umbral de Egipto. No obstante, con el tiempo, uno de los hijos de Alejandro (Juan Hircano II) sería obligado a someterse a la dominación romana de Pompeyo.

JERUSALÉN A TRAVÉS DE LOS AÑOS

Para judíos, musulmanes y cristianos por igual, Jerusalén es tierra sagrada. Fue el lugar del primer templo judío, es el lugar donde los cristianos creen que Jesús murió y fue resucitado, y es el lugar donde los musulmanes creen que Mahoma ascendió al cielo. Allí coexisten santuarios de las tres religiones, y la oración en o por Jerusalén es un tema prominente, especialmente dentro del judaísmo y el islamismo. La historia de la ciudad de Jerusalén ha sido marcada por decretos divinos[429]. Tal vez no hay otro lugar en el planeta que haya atraído mayor atención, cautivado más peregrinos religiosos a lo largo de la historia o influido tan singularmente en el pensamiento y la literatura del mundo.

EL NOMBRE

Por lo tanto, es sorprendente que el significado del nombre de la ciudad haya eludido la certeza, lo que ha dado lugar a un verdadero caleidoscopio de especulación etimológica que va desde «roca sagrada» hasta «aguacero total». Tal vez una razón sea el asombroso descubrimiento de que la palabra «Jerusalén» está atestiguada raramente en la alta antigüedad. Podríamos haber esperado que la ciudad apareciera en las tablillas de Mari, un vasto archivo de la Edad del Bronce Media de casi 25.000 documentos, que abarcan un amplio horizonte geográfico desde Irán (Susa) hasta Creta, cubriendo prácticamente toda la Media Luna Fértil. [**Ver mapa 23**]. Y sabemos de numerosos anales, papiros y murales que describen docenas de

campañas militares egipcias en Canaán, y que se enumeran los nombres de por lo menos 250 ciudades[430]. No obstante, «Jerusalén» nunca aparece explícitamente en nada de esa literatura[431].

No menos llamativo, la Crónica Babilónica de Nabucodonosor II[432], que documenta oficialmente la caída de Jerusalén ante los babilonios, provee extensos detalles y precisión con respecto a lo cronológico, pero solo ambigüedad en cuanto a lo geográfico. La Crónica simplemente registra que Nabucodonosor tomó «la ciudad de Judá» (*āl Yaḫudi*), pero no menciona «Jerusalén».

Las más antiguas referencias a Jerusalén[433] datan de los siglos XIX o XVIII a. C., en una forma egipcia probablemente transliterada [*U*]*rušalimum*, [*Yu*]*rušalimum* o *Rušalimum*[434]. En el siglo XIV a. C., el nombre de la ciudad aparece unas siete veces en tres cartas procedentes del tell el-Amarna, siendo generalmente escrito *URU**Urusalim*[ki435]. Todavía más tarde, el nombre de la ciudad aparece como *URU**Ursalimmu* en dos inscripciones de Senaquerib/Ezequías de fines del siglo VIII a. C. [436]

Esta evidencia limitada, junto con su diversidad lingüística, sugiere que «Jerusalén» puede estar compuesto de dos elementos semíticos: *uru* («ciudad») y *šalem* (un nombre divino). El incorporar elementos divinos en nombres de lugar era una práctica común en el mundo del antiguo Cercano Oriente, y el dios Salem

El monte del Templo en Jerusalén, mirando hacia el nororiente; en el monte se encuentran la Cúpula de la Roca (domo dorado) y la mezquita de Al-Aksa (edificio con domo plateado justo al interior del muro meridional). Más allá de su diseño rectangular están el monte de los Olivos y Getsemaní (lado derecho de la foto), el valle de Cedrón (entre el monte de los Olivos y el monte del Templo), un parque arqueológico (entre el muro meridional y la calle) y el muro Occidental/muro de los Lamentos (el gran espacio abierto justo fuera de la parte meridional-central del muro occidental).

se conoce como integrante del panteón cananeo[437]. Además, el Antiguo Testamento deja en claro que Jerusalén no era originalmente una ciudad israelita (2 Sm 5:6-10). Por lo tanto, parece razonable proponer que el significado del nombre Jerusalén se entendía originalmente como «la ciudad de [el dios] Salem»[438].

En el Antiguo Testamento hebreo, Jerusalén se escribe regularmente como *yᵉrûšālayim* (p. ej., Jos 10:1), mientras que en las porciones arameas el nombre aparece como *yᵉrûšᵉlēm* (p. ej., Dn 5:2). Aquí el nombre parece combinar los elementos *yārâ* («fundar») con *šālēm* (un nombre divino), dando como resultado «la fundación de [el dios] Salem» o bien «Salem

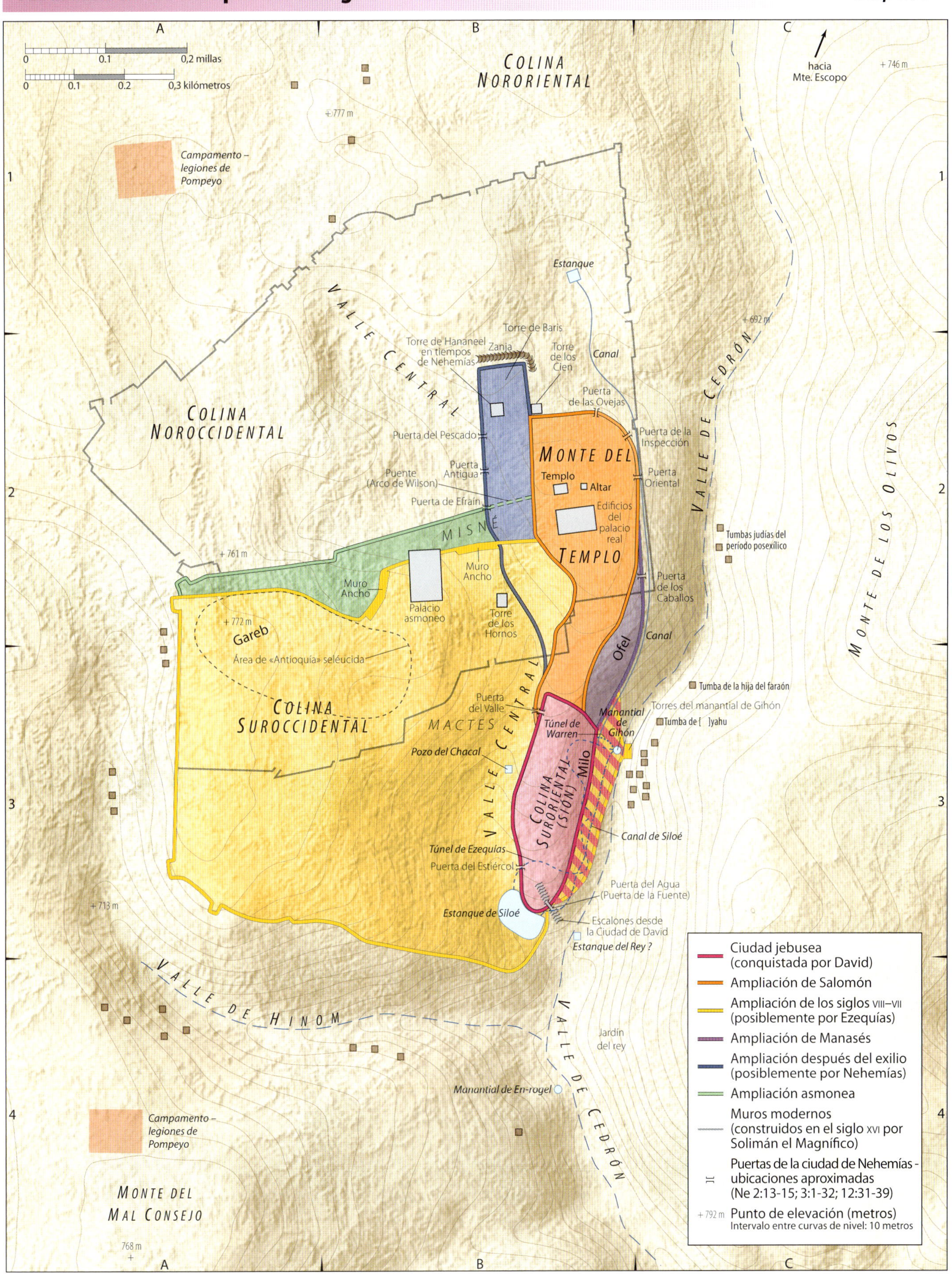
A
B
C
COLINA NORORIENTAL
hacia Mte. Escopo
+746 m
0   0,1   0,2 millas
0   0,1   0,2   0,3 kilómetros
+777 m
Campamento – legiones de Pompeyo
Estanque
+692 m
VALLE CENTRAL
Torre de Baris
Torre de Hananeel en tiempos de Nehemías
Zanja
Torre de los Cien
Canal
Puerta de las Ovejas
VALLE DE CEDRÓN
COLINA NOROCCIDENTAL
Puerta del Pescado
Puerta de la Inspección
MONTE DEL
Templo
Altar
Puerta Oriental
Puente (Arco de Wilson)
Puerta Antigua
Puerta de Efraín
Edificios del palacio real
TEMPLO
MISNÉ
+761 m
Tumbas judías del período posexílico
Muro Ancho
Muro Ancho
Puerta de los Caballos
+772 m
Palacio asmoneo
Torre de los Hornos
MONTE DE LOS OLIVOS
Gareb
Ofel
Canal
Área de «Antioquía» seléucida
Tumba de la hija del faraón
COLINA SUROCCIDENTAL
Puerta del Valle
MACTÉS
Túnel de Warren
Manantial de Gihón
Torres del manantial de Gihón
Tumba de [ ]yahu
Pozo del Chacal
VALLE CENTRAL
COLINA SURORIENTAL (SIÓN)
Milo
Túnel de Ezequías
Canal de Siloé
Puerta del Estiércol
Puerta del Agua (Puerta de la Fuente)
+713 m
Estanque de Siloé
Escalones desde la Ciudad de David
Estanque del Rey ?
VALLE DE HINOM
Jardín del rey
VALLE DE CEDRÓN
Campamento – legiones de Pompeyo
Manantial de En-rogel
MONTE DEL MAL CONSEJO
768 m
A
B
C

Ciudad jebusea (conquistada por David)
Ampliación de Salomón
Ampliación de los siglos VIII–VII (posiblemente por Ezequías)
Ampliación de Manasés
Ampliación después del exilio (posiblemente por Nehemías)
Ampliación asmonea
Muros modernos (construidos en el siglo XVI por Solimán el Magnífico)
Puertas de la ciudad de Nehemías - ubicaciones aproximadas (Ne 2:13-15; 3:1-32; 12:31-39)
+792 m   Punto de elevación (metros)
Intervalo entre curvas de nivel: 10 metros

ha fundado». De esto uno puede conjeturar que Salem se había convertido en el dios patrono de la ciudad.

En el Nuevo Testamento, Jerusalén traduce las dos palabras griegas *'Ierousalēm* (p. ej., Rm 15:19) y *Hierosolyma* (p. ej., Mt 2:1). La primera es simplemente la transliteración griega de la forma aramea; la última refleja la palabra *hieros* («santo»), que representa una instancia clásica de una paronomasia (juego de palabras) helenística[439], pero que no corresponde ni al significado de la raíz semítica ni a la realidad histórica de la ciudad. Aparte de Jerusalén, la ciudad ha sido llamada Salem/Solyma, Jebús, Sión, Moriah, Ariel, la Ciudad, Aelia Capitolina, El-Quds y Beit el-Makdis.

TOPOGRAFÍA

Como Roma, Jerusalén es una ciudad ubicada sobre colinas. Su masa deforestada cuadrilátera comprende un grupo de cinco colinas en un área de 1,6 km de largo por 0,8 km de ancho. Está bordeada de profundos barrancos en todos sus lados excepto el norte. Rodeando la ciudad por el occidente y el sur se encuentra el valle de Hinom (en griego, *Gehena*), y cercando Jerusalén por el oriente se encuentra el valle de Cedrón (el valle de Josafat [Jl 3:2, 12])[440]. Un tercer valle (el valle Central) —conocido desde los tiempos de Josefo como el valle de Tiropeón («fabricantes de quesos»)— se extiende desde la moderna puerta de Damasco en el norte hasta las proximidades del estanque de Siloé en el sur, donde converge con el valle de Cedrón. Estos tres barrancos se conectan entre sí por una serie de valles laterales, segmentando el terreno y creando colinas discretas.

Al oriente del valle Central están tres colinas:

- La más meridional, conocida como la colina Suroriental, fue el sitio de ocupación más antiguo, sin dudas debido a su acceso directo y conveniente al agua en el manantial de Gihón. Esta fue la ciudad jebusea conquistada por David, también conocida en el Antiguo Testamento como Sión (que no debe confundirse con el moderno monte Sión). [**Ver mapa 97**]. La angosta cresta del Sión del Antiguo Testamento no tiene más de 55 m de un lado al otro en la cima y comprende solamente unas 3 hectáreas. Actualmente, esta área se encuentra completamente fuera del muro moderno de la ciudad (del siglo XVI).
- El monte del Templo se encuentra justo al norte de Sión, dominado actualmente por el sitio sagrado donde se halla la Cúpula de la Roca musulmana. Algunos estudiosos asocian esta colina con el sitio del campo de trillar de Arauna (2 Sm 24:18-19)[441] y otros afirman que es el sitio de Moriah (Gn 22:2; 2 Cr 3:1)[442]. (Es cierto que Jerusalén se encuentra a unos 80 km de Beerseba, lo que hace posible la llegada de Abraham allí al tercer día [Gn 22:4], pero es curioso que alguien hubiera cargado leña desde el entorno desértico

Reconstrucción artística del templo de Salomón, con recortes que muestran en su interior el Lugar Santo y el Lugar Santísimo.

de Beerseba hasta la región más arbolada alrededor de Jerusalén). El monte del Templo está separado de la tercera cresta al oriente del valle Central por el «valle de Santa Ana», una depresión lateral que se extiende al oriente hasta la puerta de San Esteban. [**Ver mapa 97**].

- Al norte de esta depresión está la colina Nororiental, que fue ocupada y nombrada Bezeta («la nueva ciudad») durante el período romano cuando la necesidad práctica determinó que se construyera un tercer muro septentrional para tener espacio para una población creciente. [**Ver mapa 94**].

Al occidente del valle de Tiropeón (valle Central) están las otras dos colinas:

- La que se conocía como la colina Suroccidental fue llamada la «Ciudad Alta» por Josefo[443], una referencia a su mayor elevación. Hoy en día, esta colina corresponde más o menos al barrio armenio. Está ocupada por la ciudadela de David (construida sobre los cimientos de las torres de Herodes), la Catedral de Santiago, el tradicional (¡aunque claramente equivocado!) sitio de la tumba de David, el sitio tradicional del «Aposento Alto» y la Abadía de la Dormición. [**Ver mapas 95 y 97**]. En tiempos del Antiguo Testamento, parte de esta colina incluía el Gareb (*cf.* Jr 31:39), lo que los protestantes —hasta cerca del final del siglo XIX— generalmente consideraron como el lugar del Calvario[444].
- La otra colina al occidente se conoce como la colina Noroccidental, y generalmente corresponde al barrio cristiano en la actualidad. Es dominada por la Iglesia del Santo Sepulcro y la Iglesia del Redentor. [**Ver mapa 97**].

Jerusalén es una ciudad no solamente *asentada sobre* colinas, sino también *rodeada de* ellas. Al oriente de la ciudad se eleva la majestuosa cima del monte de los Olivos; al sur están los altos del monte de la Ofensa y del monte del Mal Consejo. El monte Shalmon, Givat Ram y el monte Menuhot se elevan al occidente, mientras que el horizonte norte está dominado por la cima del monte Escopo y por el monte Francés. La realidad de que las colinas de Jerusalén están abrigadas por un entorno aún más elevado se refleja significativamente en las palabras del salmista: «Así como las montañas rodean a Jerusalén, así rodea el Señor a su pueblo, desde ahora y para siempre» (Sal 125:2).

Jerusalén se hallaba en el centro geográfico del territorio, en la cima de la cadena montañosa central y junto al camino montañoso central que conecta Beerseba, Hebrón y Belén con Siquem y puntos más al norte. [**Ver mapa 27**]. El camino lateral a través de las montañas de Judea hacia el oriente (camino a Jericó) no podía pasar al sur de la ciudad, porque estaba bloqueado por el mar Muerto y los escarpados acantilados del desierto de Judea. La única posibilidad natural para esa ruta era a través del collado que se extendía de Jericó a Jerusalén, desde el cual continuaba al occidente por el paso de Ajalón antes de salir a las llanuras. Por lo tanto, Jerusalén se encontraba inmediatamente junto al cruce natural de rutas de Judea[445].

El agua siempre ha sido escasa en Jerusalén. La única fuente natural de agua permanente era el manantial de Gihón, ubicado junto al valle de Cedrón, cerca de la fortaleza jebusea que David conquistó. El túnel de Ezequías fue tallado a lo largo de casi 550 m de caliza dura, lo que permitió que las aguas del Gihón pasaran por el interior de la colina de Sión hasta el estanque de Siloé, al interior del muro de la ciudad (2 Re 20:20; 2 Cr 32:3, 30; *cf.* Is 22:9-11)[446]. Un «estanque superior» (2 Re 18:17; Is 36:2), presuntamente en el lado norte del complejo del templo, también pudo haber sido una fuente de agua. Otro pequeño manantial (En-rogel) alguna vez se encontraba más al sur donde convergen los valles de Hinom y Cedrón (Jos 15:7). Sin embargo, debido a la baja en el nivel freático, este manantial dejó de fluir y, con el tiempo, fue convertido en un pozo. Esas tres fuentes eran claramente insuficientes para sostener una población considerable, por lo que tuvieron que idear toda una red de cisternas, depósitos y conductos para aumentar la provisión de agua. Durante el período del Nuevo Testamento, una serie de acueductos, construidos por Herodes y otros, llevaban cantidades considerables de agua a Jerusalén desde diversos puntos al sur y al occidente[447].

EXPLORACIONES Y EXCAVACIONES

Ninguna ciudad palestina puede jactarse de más excavaciones, pero la mayoría de los resultados arqueológicos de Jerusalén han sido sustancialmente fragmentarios y cronológicamente incoherentes[448]. Esto se debe a la alta densidad de la población contemporánea de la ciudad, su carácter sacro y, lo que es bastante sorprendente, la tardía llegada de la moderna tecnología arqueológica. Mientras que se ha llevado a cabo un número impresionante de exploraciones y excavaciones *en* Jerusalén, nunca se ha realizado una excavación sistemática *de* Jerusalén. De todas maneras, la historia de las excavaciones en la ciudad gira principalmente en torno a cinco períodos creativos, acompañados de una multitud de otros esfuerzos encomiables.

La exploración moderna en Jerusalén parece datar de las investigaciones topográficas de Johann Van Kootwijck (1598–1599)[449], pero fueron los estudios de Edward Robinson los que inauguraron la primera época creativa en Jerusalén[450]. Robinson realizó una serie de investigaciones topográficas que han tenido gran importancia hasta el día de hoy, y sus actividades marcaron el inicio de una marea de nueva literatura. Este estudioso norteamericano se atrevió a desafiar el axioma antiguo de que las tradiciones eclesiásticas eran la fuente principal para reconstruir la historia de la ciudad. En cambio, procuró reconstruir la historia de Jerusalén sobre la base de la largamente ignorada

La ciudad antigua de Jerusalén vista desde el monte de los Olivos.

evidencia de las piedras, con lo que señaló el advenimiento del método arqueológico para el estudio de la ciudad santa[451].

Un segundo período creativo comenzó en 1865 cuando el Fondo de Exploración de Palestina lanzó su primera misión arqueológica en Jerusalén gracias a la contribución filantrópica de Lady Burdett-Coutts, de Londres, quien quería mejorar las condiciones sanitarias y la provisión de agua en la ciudad. Entre 1867 y 1870, esta modesta operación se expandió cuando el capitán (más tarde «Sir») Charles Warren realizó excavaciones extensas alrededor del área del templo, en la colina Suroriental y en el valle de Tiropeón. De especial interés fue su desentierro de una sección de un antiguo muro cerca del sector suroriental del templo. Mientras hacía investigaciones más exhaustivas dentro del túnel de Ezequías, Warren descubrió un arcaico túnel vertical que conectaba el Gihón con una meseta de la colina Suroriental. La información cartográfica acumulada por Warren y su predecesor, Charles Wilson, sigue siendo una fuente invalorable para mucha investigación topográfica contemporánea.

Tras los muy publicitados descubrimientos de Wilson y Warren vino el descubrimiento de la Inscripción de Siloé de fines del siglo VIII a. C.[452], que describe cómo el túnel de Ezequías fue cavado simultáneamente desde ambos extremos (2 Cr 32:30)[453]. Al mismo tiempo, excavaciones detalladas del muro meridional aislaron por primera vez un muro que cruzaba la entrada del Tiropeón, conectando las colinas Suroriental y Suroccidental[454].

Se podría decir que el tercer período creativo se inició con la obra de Raymond Weill. Aunque el área que excavó en la colina Suroriental fue relativamente pequeña, empleó por primera vez en Jerusalén el método estratigráfico de excavación y produjo nuevas perspectivas incisivas sobre la historia de la ciudad antes del tiempo de David. Su trabajo despejó para siempre toda duda sobre la supremacía histórica de la colina Suroriental en los tiempos más antiguos. Después de la Primera Guerra Mundial, diversos equipos exploraron al norte de la ciudad[455] y descubrieron secciones del «tercer muro [septentrional]» de Josefo, que fue comenzado por Herodes Agripa I y completado por los zelotes justo antes del sitio de Jerusalén en el 70 d. C. Excavaciones subsiguientes entre los años 1950 y 1960 desenterraron un cementerio, muros y torres de la era precristiana, y se exploró más a fondo la ciudadela en la puerta de Jaffa[456].

El cuarto período creativo se inició con la prolongada expedición arqueológica bajo el eficiente liderazgo de Kathleen Kenyon. Entre 1961 y 1967, este proyecto de la Escuela Británica de Arqueología exploró varios sectores de Jerusalén, enfocándose principalmente en la colina Suroriental cerca del Gihón, la entrada del Tiropeón, el territorio inmediatamente al sur del área del templo y los jardines armenios justo al interior de la sección occidental de los muros del siglo XVI. Desde 1968, la Universidad Hebrea ha llevado a cabo en forma intermitente investigaciones arqueológicas dentro y en las proximidades de la ciudad, especialmente en el lado oriental. Durante esos mismos años, el Departamento de Antigüedades de Israel ha emprendido excavaciones de lo que se conocía antes de la guerra de 1948 como el barrio judío. Como parte de este último proyecto, el descubrimiento del llamado «muro ancho» demostró más allá de toda duda que en el período del «primer templo» Jerusalén se había extendido al occidente del valle de Tiropeón.

El quinto período creativo comprende una mezcla de notables esfuerzos más recientes en diversos sitios de Jerusalén. Estos incluyen investigaciones en las tumbas, en la Iglesia del Santo Sepulcro, en el llamado «túnel de Warren», en el túnel al noroccidente del monte del Templo, en las torres y el muro que encierran el manantial de Gihón, y tal vez sobre todo, en el área dentro y alrededor del estanque de Siloé y en el valle de Hinom[457].

HISTORIA

Antiguos artefactos de sílex encontrados en la llanura de los Refaim, justo al occidente de Jerusalén, constituyen la más antigua evidencia de la existencia de seres humanos en el área de Jerusalén. Al parecer, cerca del comienzo del cuarto milenio a. C., un grupo sedentario ocupó por primera vez la colina Suroriental, según restos de artefactos recuperados de tumbas construidas sobre el lecho de roca[458]. Para 1800 a. C., la cresta de la colina Suroriental había sido cercada por un muro rudimentario, enormes torres habían sido levantadas alrededor del complejo del Gihón y el canal de Siloé aparentemente llevaba agua desde el manantial de Gihón hacia el sur, hasta el estanque de Siloé.

En el siglo XV a. C. o alrededor del mismo, se iniciaron en Jerusalén extensas actividades de construcción y se introdujeron métodos apreciablemente mejorados de fortificación. Comenzando a unos 50 m abajo en la pendiente oriental de la colina Suroriental, los moradores emprendieron la construcción de terrazas en forma de plataformas, las cuales fueron diseñadas para ser rellenadas hasta el nivel de la cima de la colina y eran reforzadas por una serie de muros de contención diseñados para sostener y retener la enorme cantidad de relleno que habría sido requerida. Los habitantes también construyeron un fuerte terraplén de mampostería cerca del pie de la pendiente, por debajo de un punto donde había algunos huecos naturales de desagüe que tal vez proveían un acceso interno a las aguas del Gihón. Este proyecto proveyó un área mayor de terreno en la cima, un muro mucho más fuerte y permanente para la ciudad y tal vez incluso acceso al agua en tiempos de sitio. Al parecer, el perímetro septentrional de esta fortaleza se extendía hasta justo al sur del moderno muro meridional (del siglo XVI).

Jerusalén no pudo ser conquistado y retenido por los israelitas en el momento de su primera entrada a la tierra (Jos 15:63; Jc 1:21); no cayó en manos israelitas hasta que David y sus hombres arrancaron a la ciudad del control jebuseo (2 Sm 5:6-9; 1 Cr 11:4-8). En tiempos recientes, los detalles logísticos de la toma de la ciudad han sido un tema discutido. Anteriormente, se había pensado que Joab trepó furtivamente por algún tipo de túnel vertical desde el Gihón y tomó por sorpresa a los

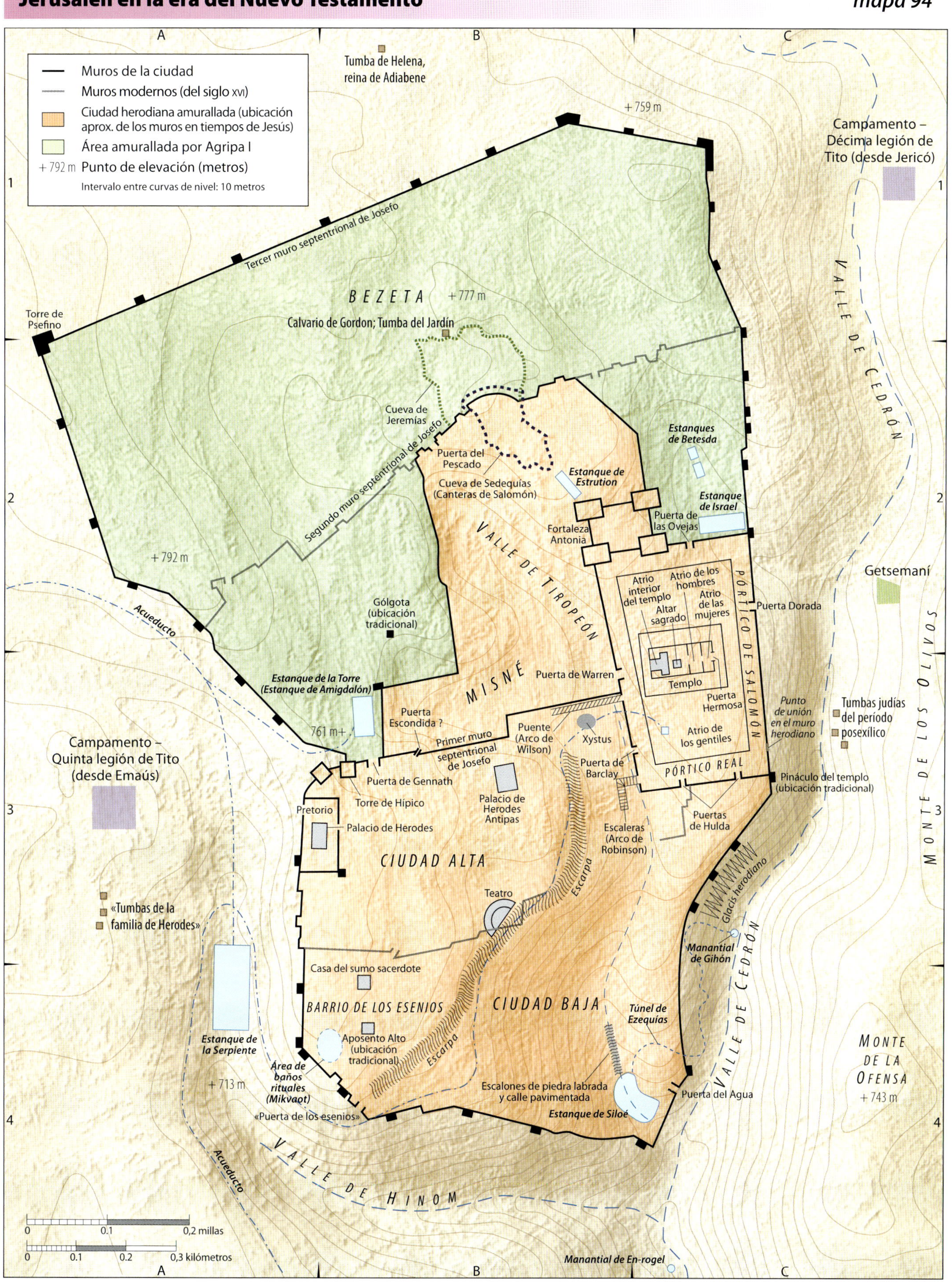
Muros de la ciudad
Muros modernos (del siglo XVI)
Ciudad herodiana amurallada (ubicación aprox. de los muros en tiempos de Jesús)
Área amurallada por Agripa I
+ 792 m Punto de elevación (metros)
Intervalo entre curvas de nivel: 10 metros
A
B
C
1
2
3
4
Tumba de Helena, reina de Adiabene
+ 759 m
Campamento – Décima legión de Tito (desde Jericó)
Tercer muro septentrional de Josefo
BEZETA
+ 777 m
Calvario de Gordon; Tumba del Jardín
Torre de Psefino
Cueva de Jeremías
Segundo muro septentrional de Josefo
Puerta del Pescado
Cueva de Sedequías (Canteras de Salomón)
Estanque de Estrutión
Estanques de Betesda
Estanque de Israel
Fortaleza Antonia
Puerta de las Ovejas
+ 792 m
Gólgota (ubicación tradicional)
VALLE DE TIROPEÓN
Atrio interior del templo
Atrio de los hombres
Altar sagrado
Atrio de las mujeres
PÓRTICO DE SALOMÓN
Puerta Dorada
Getsemaní
Acueducto
Estanque de la Torre (Estanque de Amigdalón)
MISNÉ
Puerta de Warren
Templo
Puerta Hermosa
Punto de unión en el muro herodiano
Tumbas judías del período posexílico
MONTE DE LOS OLIVOS
Puerta Escondida ?
Primer muro septentrional de Josefo
Puente (Arco de Wilson)
Xystus
Atrio de los gentiles
761 m+
Campamento – Quinta legión de Tito (desde Emaús)
Puerta de Gennath
Puerta de Barclay
PÓRTICO REAL
Pináculo del templo (ubicación tradicional)
Pretorio
Torre de Hípico
Palacio de Herodes Antipas
Escaleras (Arco de Robinson)
Puertas de Hulda
Palacio de Herodes
CIUDAD ALTA
Glacis herodiano
«Tumbas de la familia de Herodes»
Teatro
Escarpa
Manantial de Gihón
Casa del sumo sacerdote
VALLE DE CEDRÓN
Estanque de la Serpiente
BARRIO DE LOS ESENIOS
Aposento Alto (ubicación tradicional)
Escarpa
CIUDAD BAJA
Túnel de Ezequías
MONTE DE LA OFENSA
+ 743 m
Área de baños rituales (Mikvaot)
+ 713 m
Escalones de piedra labrada y calle pavimentada
Puerta del Agua
«Puerta de los esenios»
Estanque de Siloé
Acueducto
VALLE DE HINOM
Manantial de En-rogel
0   0,1   0,2 millas
0   0,1   0,2   0,3 kilómetros
VALLE DE CEDRÓN

jebuseos, basado en la referencia bíblica del «túnel de agua» (*ṣinnôr*, 2 Sm 5:8). Sin embargo, investigaciones posteriores han demostrado insostenible esa interpretación[459]. Ya sea que los hombres de David ascendieron la ladera peleando con la ayuda de ganchos para escalar (otro posible significado de *ṣinnôr*)[460] o de otra manera, la incorporación de Jerusalén al reino de David y su transformación en una ciudad real hubiera requerido una construcción considerable. Se dice que el rey fortificó los muros de la ciudad y preparó una extensión de ella (2 Sm 5:9; 1 Cr 11:8).

También se dice que David construyó una residencia real en Jerusalén (2 Sm 5:11). Un texto de Nehemías (12:37) sugiere que esta edificación puede haber estado situada cerca del lado oriental de la colina Suroriental. Al parecer, fue desde una ventana de esa vivienda que Mical se asomó y vio a su esposo comportándose de una manera que ella percibió como poco digna (2 Sm 6:16). También fue desde el techo de este palacio que David observó a Betsabé mientras se bañaba (2 Sm 11:2-5), y donde más tarde su hijo Absalón tuvo relaciones sexuales públicamente con las concubinas de su padre (2 Sm 16:21-22).

Al traer el arca del pacto a Jerusalén (2 Sm 6:12-19; 1 Cr 15:25-29), lo que implicaba que Yahveh también viviría allí, David demostró lo que posiblemente fue su más profundo liderazgo. Con ese acto perspicaz, unió por primera vez en la historia de Israel el centro político con el religioso. De ahí en adelante, Jerusalén asumiría el doble carácter de una «ciudad real» y una «ciudad santa», lo que se reflejaba en sus designaciones como la «ciudad de David» (2 Sm 5:9) y la «ciudad de Dios» (Sal 46:4). A partir de entonces, los varones judíos adultos y sanos harían sus peregrinaciones *a Jerusalén* para participar de las temporadas de fiesta. Solamente faltaba que David estableciera una morada permanente en Jerusalén para Yahveh mediante la construcción de un templo para él (2 Sm 7:1-17), pero la realización de su sueño estuvo reservada para su hijo (2 Sm 7:12-13; 1 Cr 28:3).

Salomón heredó de su padre un reino que era extenso y básicamente seguro. No obstante, hubo que introducir nuevas medidas militares en Jerusalén y en los territorios circundantes. Se dice que fortificó ciertas ciudades clave, incluyendo a Jerusalén[461], y que transformó algunas de ellas en bases militares donde se desplegó un ejército permanente (1 Re 9:15-23). [**Ver mapa 64**]. Y aunque su reinado no fue totalmente pacífico, la historia no registra ninguna campaña militar significativa que él se vio obligado a emprender. Se dice que todo Israel, desde Dan a Beerseba, disfrutó de paz y prosperidad durante la administración de Salomón (1 Re 4:25), y se lo recuerda más por la sabiduría y la arquitectura que por la guerra.

Salomón fue el gran constructor de Jerusalén del Antiguo Testamento. Su principal iniciativa constructiva fue indudablemente el primer templo. Levantado en la cima del monte del Templo, la construcción del edificio llevó unos siete años. Con un plano de piso tripartito, el templo miraba hacia el oriente, la dirección de la salida del sol, y fue un edificio magnífico (1 Re 6:1-38; 7:13-51). Después de completar el templo, Salomón hizo que se trasladaran desde Sión los muebles del tabernáculo, incluyendo el arca (2 Cr 5). El momento cumbre del evento fue una manifestación de la presencia de Dios (1 Re 8:10).

En el centro del recinto sagrado musulmán, conocido actualmente como Haram esh-Sharif («el noble santuario»), se ubica la Cúpula de la Roca. [**Ver mapa 97**]. Debajo de ese santuario hay una gran roca venerada hace mucho tiempo como el lugar sobre el cual estaba el atrio del templo salomónico. Aunque tal tradición puede estar basada en hechos reales, hasta ahora no se ha desenterrado del recinto sagrado nada que date definitivamente de esa época.

Salomón también construyó los muros de la ciudad de Jerusalén (1 Re 3:1; 9:15). Esto probablemente significa que extendió los muros cananeos para encerrar el área ampliada de su propia ciudad. Aunque es improbable que Salomón hubiera expandido la ciudad hacia el sur o el oriente, el abarcar el templo requería construir una extensión del muro hacia el norte[462]. La posición de los muros que se presenta en el **mapa 93** es en gran parte especulativa, basándose en un mínimo de evidencia arqueológica.

Jerusalén y Judea fueron atacados repetidamente a lo largo del período de la monarquía dividida [**mapa 68**], pero no fue hasta la invasión de las fuerzas babilónicas de Nabucodonosor que la ciudad se rindió y cayó. [**Ver mapa 80**]. En el 539 a. C., inmediatamente después de la caída de Babilonia en manos persas [**mapa 86**], el rey Ciro emitió un edicto que permitió la repatriación de personas desposeídas (2 Cr 36:22-23; Esd 1:1-4). A continuación, una humilde compañía regresó a Jerusalén bajo la dirección de Sesbasar, el «príncipe» de Judá (Esd 1:8). Se supone que este término era una manera de señalar a Sesbasar como una persona de ascendencia davídica. No mucho tiempo después, un grupo de unos 50.000 retornados llegaron a Jerusalén bajo el eficiente liderazgo de Zorobabel, también de ascendencia davídica y designado «gobernador» de Judá (Esd 3:8-13; 5:16). Más adelante, en los días de Artajerjes I, el sacerdote Esdras condujo a una compañía más pequeña en su regreso a Jerusalén (Esd 7:1-26).

Aunque a estos retornados se les había permitido reconstruir, adornar y embellecer el templo, la ciudad misma se quedó prácticamente vacía (Ne 11:1). Sus muros y puertas seguían rotos y dilapidados (Ne 1:3). Conmovido por los informes de esas condiciones miserables, Nehemías decidió abandonar su puesto privilegiado como copero del rey Artajerjes I y viajar a Jerusalén (Ne 1:1–2:8). Los anteriores retornados se habían enfocado en el templo; la preocupación de Nehemías eran los muros. La suya es la descripción más completa de los muros y la topografía del Jerusalén posexílico (Ne 2:11-16). Acicateados por su enérgico entusiasmo, diversos grupos de personas de Jerusalén y sus alrededores emprendieron la tarea de reconstrucción. Su trabajo puede haber incluido la incorporación de la torre de Hananeel a Jerusalén (Jr 31:38; Ne 3:1; 12:39; Za 14:10), la que llegó a ser conocida como el Baris durante el período asmoneo.

En el 332 a. C., Jerusalén y el resto de Judea se sometieron pacíficamente al ejército de Alejandro Magno [**Ver mapa 88**].

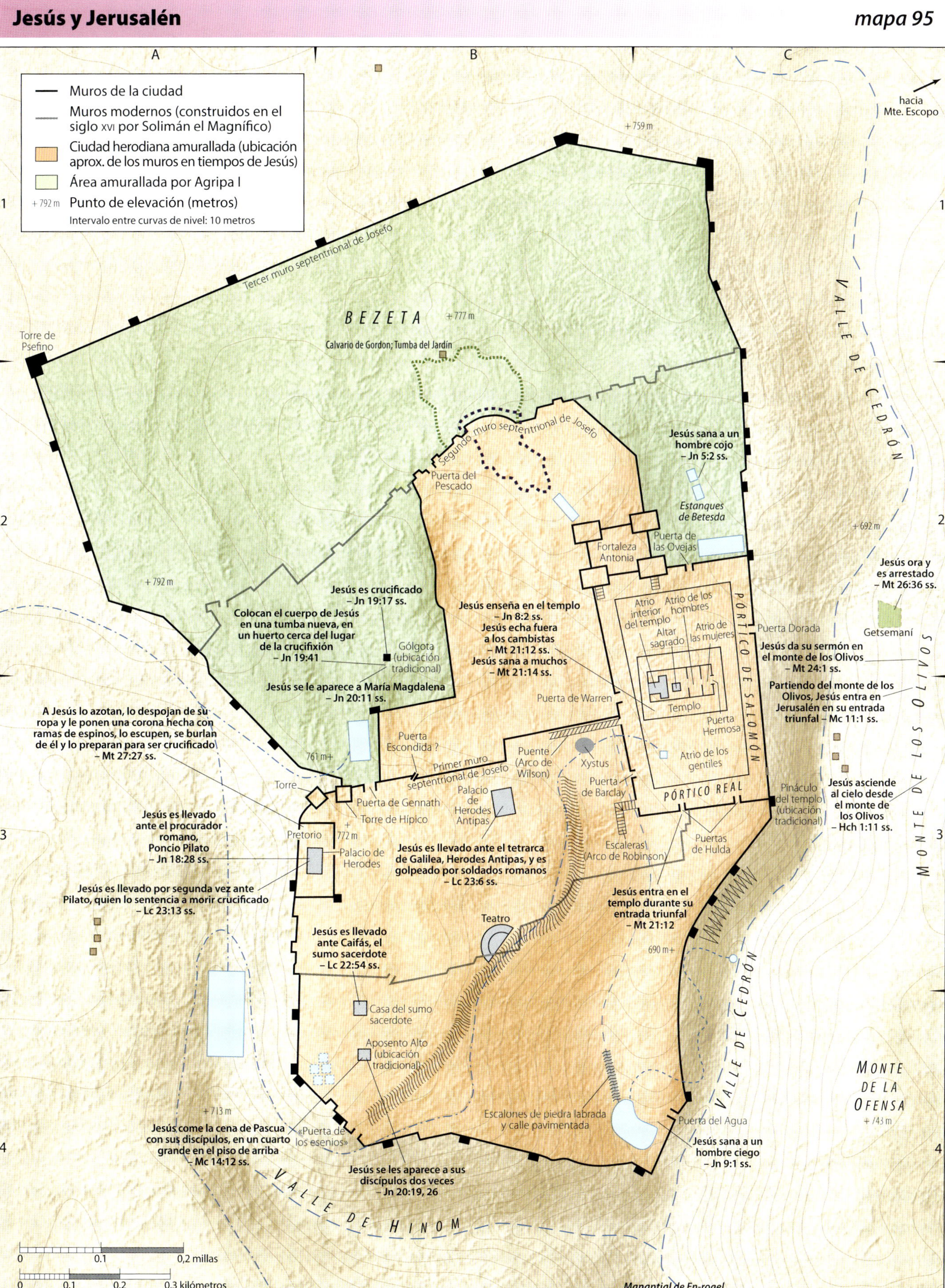
Muros de la ciudad
Muros modernos (construidos en el siglo XVI por Solimán el Magnífico)
Ciudad herodiana amurallada (ubicación aprox. de los muros en tiempos de Jesús)
Área amurallada por Agripa I
+ 792 m Punto de elevación (metros)
Intervalo entre curvas de nivel: 10 metros
A
B
C
1
2
3
4
hacia Mte. Escopo
+ 759 m
VALLE DE CEDRÓN
Tercer muro septentrional de Josefo
BEZETA
+ 777 m
Torre de Psefino
Calvario de Gordon; Tumba del Jardín
Segundo muro septentrional de Josefo
Puerta del Pescado
Jesús sana a un hombre cojo – Jn 5:2 ss.
Estanques de Betesda
+ 692 m
+ 792 m
Fortaleza Antonia
Puerta de las Ovejas
Jesús ora y es arrestado – Mt 26:36 ss.
Jesús es crucificado – Jn 19:17 ss.
Colocan el cuerpo de Jesús en una tumba nueva, en un huerto cerca del lugar de la crucifixión – Jn 19:41
Jesús enseña en el templo – Jn 8:2 ss.
Jesús echa fuera a los cambistas – Mt 21:12 ss.
Jesús sana a muchos – Mt 21:14 ss.
Atrio interior del templo
Atrio de los hombres
Altar sagrado
Atrio de las mujeres
PÓRTICO DE SALOMÓN
Puerta Dorada
Getsemaní
Jesús da su sermón en el monte de los Olivos – Mt 24:1 ss.
Gólgota (ubicación tradicional)
Templo
Jesús se le aparece a María Magdalena – Jn 20:11 ss.
Puerta de Warren
Puerta Hermosa
Partiendo del monte de los Olivos, Jesús entra en Jerusalén en su entrada triunfal – Mc 11:1 ss.
A Jesús lo azotan, lo despojan de su ropa y le ponen una corona hecha con ramas de espinos, lo escupen, se burlan de él y lo preparan para ser crucificado – Mt 27:27 ss.
Puerta Escondida ?
Primer muro septentrional de Josefo
Puente (Arco de Wilson)
Xystus
Atrio de los gentiles
MONTE DE LOS OLIVOS
Jesús asciende al cielo desde el monte de los Olivos – Hch 1:11 ss.
761 m+
Torre
Puerta de Gennath
Torre de Hípico
Palacio de Herodes Antipas
Puerta de Barclay
PÓRTICO REAL
Pináculo del templo (ubicación tradicional)
Jesús es llevado ante el procurador romano, Poncio Pilato – Jn 18:28 ss.
Pretorio
772 m
Palacio de Herodes
Jesús es llevado ante el tetrarca de Galilea, Herodes Antipas, y es golpeado por soldados romanos – Lc 23:6 ss.
Escaleras (Arco de Robinson)
Puertas de Hulda
Jesús es llevado por segunda vez ante Pilato, quien lo sentencia a morir crucificado – Lc 23:13 ss.
Jesús es llevado ante Caifás, el sumo sacerdote – Lc 22:54 ss.
Teatro
Jesús entra en el templo durante su entrada triunfal – Mt 21:12
690 m+
VALLE DE CEDRÓN
Casa del sumo sacerdote
Aposento Alto (ubicación tradicional)
MONTE DE LA OFENSA
+ 743 m
+ 713 m
Escalones de piedra labrada y calle pavimentada
Puerta del Agua
Jesús come la cena de Pascua con sus discípulos, en un cuarto grande en el piso de arriba – Mc 14:12 ss.
«Puerta de los esenios»
Jesús sana a un hombre ciego – Jn 9:1 ss.
Jesús se les aparece a sus discípulos dos veces – Jn 20:19, 26
VALLE DE HINOM
0 0,1 0,2 millas
0 0,1 0,2 0,3 kilómetros
Manantial de En-rogel

Pero la paz pronto fue destrozada cuando las dinastías tolomea y seléucida disputaron entre sí por el control de la región [**mapa 87**], y cuando la segunda de estas dinastías en particular intentó imponer el helenismo en Jerusalén. [**Ver mapas 91 y 92**]. Con el tiempo, el llamado a la autonomía nacional que había avivado las llamas de la revuelta macabea dio lugar a una súplica por «ley y orden» a la muerte de Alejandro Janneo en el 76 a. C. y al ascenso provisorio de su esposa Salomé Alejandra. Muchos aceptaron a regañadientes que ella asumiera los deberes políticos de él, pero consideraron impensable que también asumiera su rol como sumo sacerdote. Así que, a la muerte de ella, sucedieron conflictos sectarios con respecto a quién debería convertirse en el legítimo sumo sacerdote. Los fariseos apoyaban a Juan Hircano II, el hijo de Salomé, y los saduceos apoyaban a Aristóbulo II.

La guerra civil que se produjo solamente benefició a los romanos. Cuando ciudadanos de ambos grupos apelaron a Roma, Pompeyo decidió a favor de Hircano. En respuesta, los partidarios de Aristóbulo se encerraron en el templo y desafiaron su orden, de manera que Pompeyo sitió Jerusalén. En el 63 a. C., se abrió una brecha en el muro y los romanos irrumpieron en el templo. Pompeyo sencillamente disolvió el sincretismo asmoneo y agregó a Jerusalén a la provincia romana de Siria[463], pero la rivalidad entre los dos grupos continuó después de la muerte de Pompeyo e incluso después del asesinato de Julio César, lo que finalmente llevó a que el senado romano designara a Herodes «rey de los judíos»[464].

[**Ver comentarios junto al mapa 99**; *cf.* Mt 2:1-4; Lc 1:5].

Durante los 33 años de su reinado (37–4 a. C.), Herodes transformó el aspecto externo de Jerusalén. Transfirió la sede de gobierno a la colina Suroccidental y, según Josefo, levantó o restauró muchos monumentos arquitectónicos, incluyendo un fastuoso palacio, un hipódromo, un xystus (estadio), un teatro, un anfiteatro y una vasta red de acueductos[465]. Expandió la fortaleza macabea (Baris) y la rebautizó Antonia, en honor del triunviro Marco

Antonio[466]. En el área del templo, extendió la explanada del lado septentrional y especialmente del lado meridional, dándole una forma rectangular[467]. La construcción del templo comenzó en el 20 a. C., pero no se completó hasta el 64 d. C., solo seis años antes de que Tito lo demoliera por completo (*cf.* Jn 2:20)[468].

Los Evangelios del Nuevo Testamento contienen mucha información sobre Jesús y Jerusalén, particularmente durante su semana de pasión. El **mapa 95** muestra que, en los días previos a su crucifixión, Jesús se encontró en todas las cinco colinas de Jerusalén, como también en varias de sus zonas circundantes.

La ubicación de la crucifixión de Jesús ha generado considerable debate. ¿Cuáles son las especificaciones en el Nuevo Testamento sobre este punto? Primero, Jesús fue crucificado fuera de los muros de la ciudad, pero cerca de ella y en las proximidades de una puerta de la ciudad (Jn 19:17-20; Mt 27:32; Hb 13:12-13). [**Ver mapa 95**]. Segundo, fue crucificado cerca de un camino ajetreado y muy transitado (Mt 27:39; implícito en Mc 15:21; Lc 23:26). El escritor romano Quintiliano declaró: «Cada vez que crucificamos a un culpable, se eligen los caminos más transitados, donde lo pueda ver la mayor cantidad de gente posible para infundirles temor»[469]. Miles de prisioneros fueron crucificados a lo largo de la Vía Apia, entre Roma y Capua. Es pertinente recordar que los cuatro Evangelios mencionan una inscripción que expresaba el cargo contra Jesús y que esta fue colgada a su cuello o colocada sobre la cruz (Mt 27:37; Mc 15:26; Lc 23:38; Jn 19:19-20). Solo podemos conjeturar que tal inscripción, escrita en tres idiomas diferentes, estaba diseñada *para ser leída* por todos (Jn 19:20a). Y tercero, el sitio estaba cerca de un jardín con una tumba recientemente tallada en la roca, que todavía no había sido utilizada (Jn 19:41; Mt 27:60).

Hoy en día, los cristianos generalmente identifican uno de dos posibles lugares para la crucifixión de Jesús: el sitio donde está ubicada la Iglesia del Santo Sepulcro, o el sitio del llamado «Calvario de Gordon». Los expertos del tema han demostrado que el sitio del Calvario de Gordon es problemático por varias razones: (1) solo se puede rastrear las raíces del sitio hasta la segunda mitad del siglo xix y no más atrás[470]; (2) un sitio al norte de Jerusalén era parte de un esquema

La Iglesia del Santo Sepulcro en Jerusalén; tradicionalmente se cree que esta iglesia cubre el sitio de la crucifixión.

Muros de la ciudad
Avance romano
Colonia Aelia Capitolina
Construcciones de Adriano
+ 792 m   Punto de elevación (metros)
Intervalo entre curvas de nivel: 10 metros

Tito se traslada desde Cesarea, Samaria y Gofna y llega al monte Escopo junto con las legiones romanas XII y XV; observa Jerusalén desde arriba – 5.68
3
MONTE ESCOPO
+ 819 m
+ 826 m
+ 814 m
+ 746 m

Las legiones XII y XV establecen el campamento principal de Tito – 5.68
4
Campamento principal

A comienzos de junio del 70 d. C., los romanos traspasan el «segundo muro» y obtienen acceso al Misné; de ahí, lanzan un ataque en contra de la fortaleza Antonia y logran tomarla a fines de julio – 5.331; 347; 6.24 ss., 67 ss.
759 m

La legión X romana llega desde Jericó y establece su campamento en el monte de los Olivos – 5.42, 70
2
Campamento

A comienzos de julio, Tito cerca a Jerusalén con un muro de sitio para impedir la fuga, generar el hambre y provocar la rendición – 5.356, 466 ss., 503 ss.
7

A comienzos de agosto del 70 d. C., cesan los sacrificios diarios en el templo y se queman los pórticos reales; después de esto, irrumpen en el templo y lo destruyen con fuego – 6.165 ss., 220 ss.
+ 810 m

Campamento «asirio»
5
Arco triunfal de Adriano
BEZETA
+ 777 m
Tercer muro septentrional de Josefo

A finales de mayo del 70 d. C., los romanos traspasan el «tercer muro» y derriban todo el barrio de Bezeta; Tito entonces establece un nuevo campamento: el campamento «asirio» – 5.302-03

Inscripción «Aelia Capitolina»
Entrada monumental de Adriano
Foro norteño
segundo muro septentrional de Josefo
Santuario de Isis-Serapis (?)
Entrada monumental oriental
+ 692 m
Arco «Ecce Homo»
6
Calle
Foro oriental
Templo de Júpiter (Zeus)
Estatua de Adriano
740 m
Templo de Afrodita (Venus)
Cardo máximo
6
MISNÉ
8
(COLINA ORIENTAL)
Foro occidental
Calle
762 m
PÓRTICO DE SALOMÓN
Muro de sitio
MONTE DE LOS OLIVOS

+ 792 m

Campamento
1
La legión V romana llega desde Emaús y establece su campamento al occidente de Jerusalén – 5.42

+ 772 m
COLINA OCCIDENTAL CIUDAD ALTA
9
Panadería de tiempos de Adriano
PÓRTICO REAL
Inscripción de tiempos de Adriano
COLINA SUROCCIDENTAL
9
690 m

Campamento de la legión X romana en el tiempo de Adriano
Muro de sitio
MONTE SION
CIUDAD BAJA
VALLE CENTRAL
VALLE DE CEDRÓN

Después de la destrucción del templo, a fines de agosto, los romanos toman la Ciudad Alta y luego, durante el siguiente mes, la Ciudad Baja – 6.363 ss., 374 ss., 392 ss.; todo Jerusalén es consumido por el fuego a fines de septiembre – 6.407 ss.

MONTE DE LA OFENSA
+ 743 m

713 m
«Puerta de los esenios»
VALLE DE HINOM (GEHENA)

GIVAT HANANYA
+ 768 m
(MONTE DEL MAL CONSEJO)

+ 642 m
VALLE DE CEDRÓN

0   0.1   0.2   0,3 millas
0   0.1   0.2   0.3   0,4 kilómetros

imaginativo y casi místico de Gordon en el cual la ciudad de Jerusalén fue organizada en la forma de un esqueleto humano, con el cráneo en el lado septentrional; y (3) las tumbas que son parte del complejo del Calvario de Gordon y la Tumba del Jardín están fechadas en forma fidedigna a los siglos VIII y VII a. C., sobre la base de la arquitectura distintiva de las tumbas (arquitectura *arcosolium*: con dos o más cámaras contiguas, con techos planos, donde otras cámaras al costado contienen bancos labrados en la roca, a veces con apoyacabeza) y de cerámica hallada dentro[471].

Por el otro lado, el sitio de la Iglesia del Santo Sepulcro incluye un jardín que contiene por lo menos cuatro tumbas que datan de comienzos del período romano temprano (arquitectura *kokh*, con una cámara principal, techos abovedados y múltiples huecos angostos que generalmente se extienden hacia fuera sobre un eje perpendicular). Se puede rastrear sus raíces por lo menos hasta el cuarto siglo de la era cristiana y probablemente antes[472].

En el 129 o 130 d. C., el emperador Adriano llegó a preocuparse por su frente oriental y visitó Jerusalén[473]. Quiso profanar el sitio venerado por los cristianos como el lugar del entierro y resurrección de Jesús, de manera que construyó allí una estatua y un templo a Afrodita (Venus)[474]. Según Jerónimo[475], entre los tiempos de Adriano y Constantino —unos 180 años— el lugar que había visto la resurrección fue ocupado por una estatua de Afrodita/Venus. El emperador Constantino luego desmanteló ese santuario de adoración idólatra para que «el lugar más milagroso del mundo fuera dignamente adornado»[476], y más adelante se construyó la Iglesia del Santo Sepulcro sobre ese mismo punto. Además, había habido una sucesión ininterrumpida de obispos cristianos en Jerusalén desde el tiempo de Jesús hasta después del tiempo de Constantino[477]. Es casi imposible de creer que el sitio de una tradición cristiana local tan significativa, que fue honrado continuamente durante algo menos que

El muro Occidental (conocido con frecuencia como el muro de los Lamentos) en la ciudad antigua de Jerusalén está compuesto parcialmente de mampostería que sobrevive del muro exterior del templo de Herodes, el cual fue destruido por los romanos durante la rebelión judía en el 70 d. C.

100 años entre Jesús y Adriano, pudo haberse ubicado mal o caído en el olvido de alguna manera. Dado todos estos hechos, uno debe tener gran confianza en que el sitio de la crucifixión de Cristo se conoce hoy en día, en gran medida gracias a las nefastas intenciones de un emperador pagano arrogante.

En el 66 d. C., unos 35 a 40 años después de la vida de Cristo, estalló una guerra abierta entre los judíos y los romanos. [**Ver mapa 115 y texto acompañante**]. Nerón despachó a Vespasiano, uno de sus generales destacados, a aplastar la revuelta, pero el posterior suicidio de Nerón desencadenó una serie de hechos que llevó al mismo Vespasiano al trono imperial solamente dos años después. Con Vespasiano comprometido con los asuntos del Estado, su hijo Tito —un eficaz guerrero con experiencia abundante en el campo de batalla— recibió el mando de las operaciones en Judea. A comienzos de la primavera, Tito partió sin demora de Alejandría y marchó hasta Cesarea, donde concentró la totalidad de sus fuerzas[478]. En conjunto, las tropas de Tito probablemente sumaban entre 40.000 y 45.000 hombres[479].

Tito y sus fuerzas marcharon desde Cesarea, cruzaron por Samaria y pasaron Gofna, por lo cual se acercaron a Jerusalén desde el norte. [**Ver mapa 96**]. La quinta legión subió desde Emaús y estableció su campamento al occidente de Jerusalén [**1**] mientras la décima legión partió de Jericó y se situó en la cima del monte de los Olivos [**2**]. Tito mismo avanzó con su ejército hasta el monte Escopo, desde donde tendría una vista panorámica del campo de batalla por su posición más elevada en el norte [**3**]. Habiendo analizado la situación, Tito decidió mover sus fuerzas e instalar su principal campamento en la colina Noroccidental, no lejos del tercer muro septentrional [**4**], donde se le unió la décima legión. Para fines de mayo, las tropas de Tito lograron abrir una brecha en el tercer muro y tomaron toda el área entre el segundo y el tercer muro (Bezeta), donde Tito estableció otro campamento (llamado el «campamento asirio» por Josefo, porque se pensaba que allí había acampado Senaquerib; 2 Re 19:35) [**5**]. Luego, a comienzos de junio, los romanos abrieron una brecha en el segundo muro y consiguieron acceder al barrio de Misné. También lanzaron un ataque a la fortaleza Antonia, la cual cayó en sus manos a fines de julio [**6**].

Con la victoria ahora a la vista, Tito levantó un muro de sitio alrededor del perímetro de lo que quedaba de Jerusalén para impedir la fuga, generar hambre y provocar la rendición [**7**]. A comienzos de agosto, se abrió una brecha al recinto del templo, cesaron los sacrificios diarios, se quemaron los pórticos reales, y el templo mismo fue penetrado y destruido por el fuego [**8**]. Para fines de agosto, las fuerzas romanas ocuparon tanto la Ciudad Alta como la Ciudad Baja, y luego, a fines de septiembre, todo Jerusalén fue consumido por el fuego (Mt 24:1-2; Mc 13:1-2; Lc 19:41-44)[480] [**9**]. Con su misión cumplida, Tito se retiró de Jerusalén con la mayor parte de sus tropas. Dejó la ciudad en custodia de la décima legión, que seguiría allí en el tiempo de Adriano[481]. [**Ver mapa 96**].

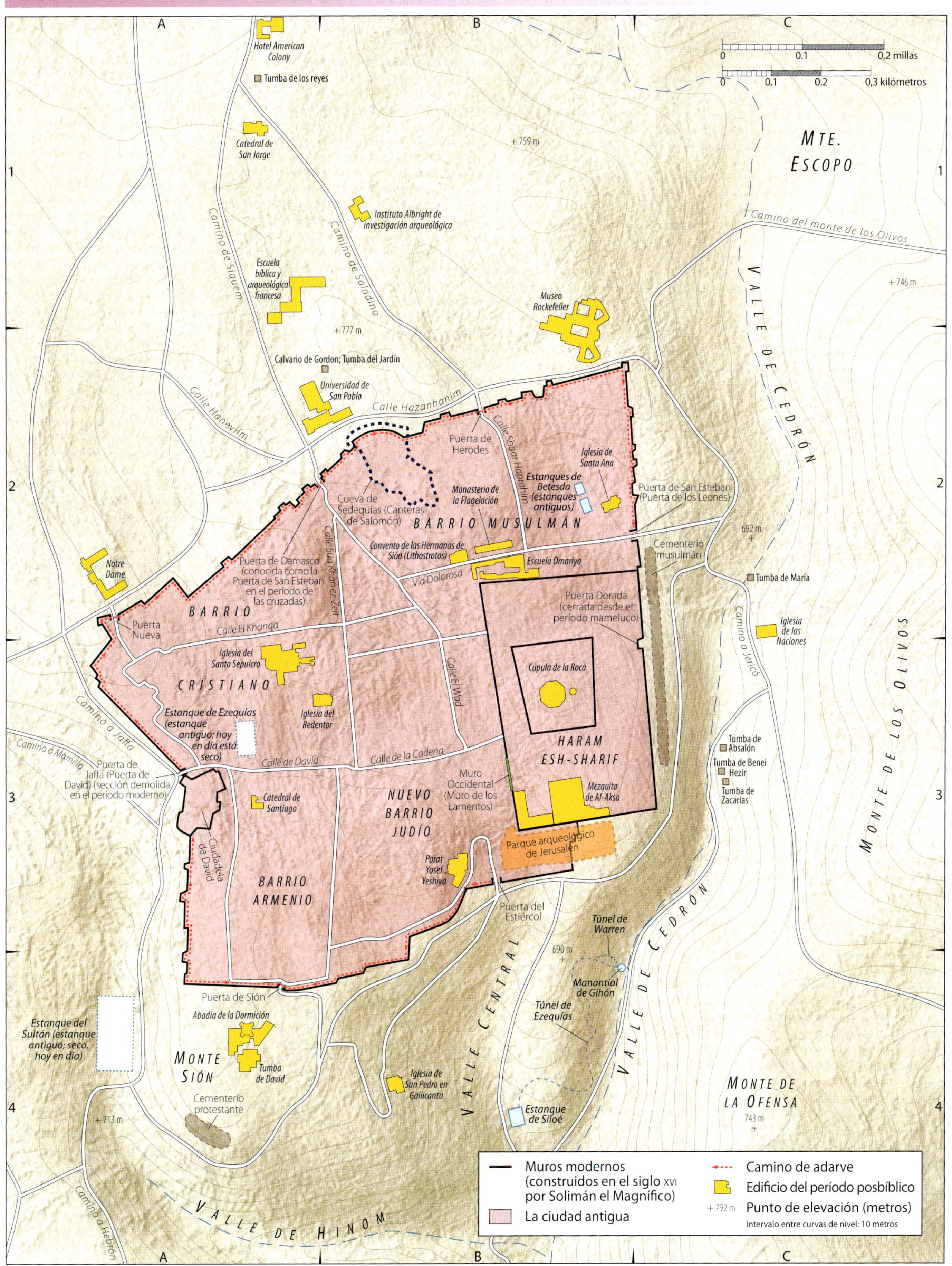

Hotel American Colony
Tumba de los reyes
Catedral de San Jorge
Instituto Albright de investigación arqueológica
+ 759 m
MTE. ESCOPO
Camino de Siquem
Camino de Saladino
Camino del monte de los Olivos
+ 746 m
Escuela bíblica y arqueológica francesa
Museo Rockefeller
VALLE DE CEDRÓN
+ 777 m
Calle Hanevi'im
Calvario de Gordon; Tumba del Jardín
Universidad de San Pablo
Calle Hazanhanim
Calle Sh'ar Haprahim
Puerta de Herodes
Iglesia de Santa Ana
Estanques de Betesda (estanques antiguos)
Puerta de San Esteban (Puerta de los Leones)
Cueva de Sedequías (Canteras de Salomón)
Monasterio de la Flagelación
BARRIO MUSULMÁN
692 m +
Calle Sua Khan ez-Zeit
Puerta de Damasco (conocida como la Puerta de San Esteban en el período de las cruzadas)
Convento de las Hermanas de Sión (Lithostrotos)
Via Dolorosa
Escuela Omariya
Cementerio musulmán
Tumba de María
Notre Dame
BARRIO
Calle El Khanqa
Puerta Dorada (cerrada desde el período mameluco)
Iglesia de las Naciones
Puerta Nueva
Iglesia del Santo Sepulcro
CRISTIANO
Cúpula de la Roca
Camino a Jaffa
Camino a Mamilla
Calle El Wad
Estanque de Ezequías (estanque antiguo; hoy en día está seco)
Iglesia del Redentor
Calle de la Cadena
Calle de David
HARAM ESH-SHARIF
Tumba de Absalón
Tumba de Benei Hezir
Tumba de Zacarías
Puerta de Jaffa (Puerta de David) (sección demolida en el período moderno)
Catedral de Santiago
NUEVO BARRIO JUDÍO
Muro Occidental (Muro de los Lamentos)
Mezquita de Al-Aksa
MONTE DE LOS OLIVOS
Ciudadela de David
Parque arqueológico de Jerusalén
BARRIO ARMENIO
Parat Yosef Yeshiva
Puerta del Estiércol
Túnel de Warren
Manantial de Gihón
690 m
VALLE CENTRAL
VALLE DE CEDRÓN
Puerta de Sión
Abadía de la Dormición
Túnel de Ezequías
Estanque del Sultán (estanque antiguo; seco, hoy en día)
MONTE SIÓN
Tumba de David
Cementerio protestante
Iglesia de San Pedro en Gallicantu
Estanque de Siloé
MONTE DE LA OFENSA
743 m +
+ 713 m
Camino a Hebrón
VALLE DE HINOM
0   0.1   0,2 millas
0   0.1   0.2   0,3 kilómetros
Camino a Jericó
Muros modernos (construidos en el siglo XVI por Solimán el Magnífico)
La ciudad antigua
Camino de adarve
Edificio del período posbíblico
+ 792 m   Punto de elevación (metros)
Intervalo entre curvas de nivel: 10 metros

EL IMPERIO ROMANO

«Ningún otro estado ocupa un lugar tan grande en la historia del mundo como Roma. Fue el logro de esta ciudad unir toda la cuenca del Mediterráneo en un gran imperio bajo un único gobierno y unir de muchas maneras las naciones de toda esta región. Durante siglos, pueblos civilizados desde Escocia hasta Persia pagaron impuestos al mismo tesoro, eran juzgados bajo la misma ley, eran protegidos por los mismos ejércitos y disfrutaron de una paz más profunda y real —la *pax romana*— que en cualquier otro momento. [...] [Este] logro fue hecho posible por la geografía y por una diplomacia competente, liderazgo militar, organización, gobierno y carácter. El genio romano, por ejemplo, se hace más evidente en la creación de un cuerpo de ley, el cual por su amplitud y excelencia debe ser considerado una de las mayores obras legislativas de la raza humana. Es cierto que después de muchos siglos de desarrollo el imperio declinó y finalmente cayó en pedazos, pero de los fragmentos han surgido grandes

El Imperio romano

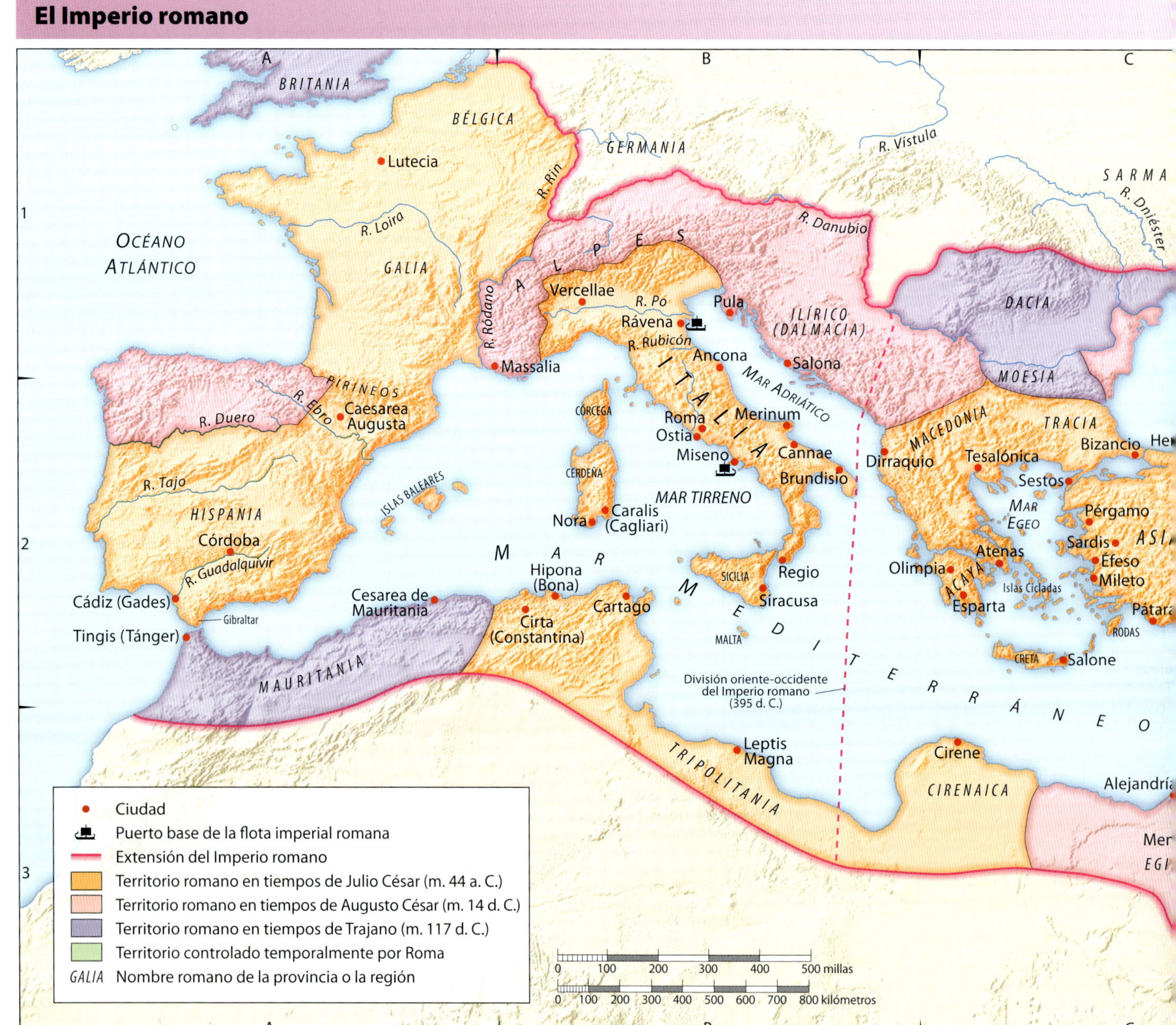

estados modernos, tales como Inglaterra, Francia e Italia, y su civilización, en una forma modificada, ha pasado a la vida moderna»[482].

Esta evaluación reciente de la *pax romana* es muy similar a una expresada hace siglos por Eusebio, el eminente historiador de la iglesia, obispo de Cesarea y metropolitano de Jerusalén durante la era de Constantino, aunque en su perspectiva era un asunto de divina providencia:

«El poder de los romanos llegó a su apogeo precisamente en el momento de la inesperada estadía de Jesús entre los hombres, en la época en que Augusto [César] por primera vez adquirió poder absoluto sobre todas las naciones, al derrotar a Cleopatra y al poner fin a la sucesión de los tolomeos [...] [y desde] ese día hasta hoy la nación judía ha estado sujeta a los romanos, lo mismo que los capadocios, los macedonios, los bitinios y los griegos; en una palabra, todas las naciones que ahora están bajo la autoridad del gobierno romano. Y nadie podría negar que la sincronización de esto junto con el comienzo de la enseñanza sobre el Salvador es una disposición de Dios, si considera las dificultades que tendrían los discípulos para viajar a tierras extranjeras, en caso de que las naciones hubieran estado en guerra unas con otras, o que la diversidad de sus gobiernos hubiera impedido los vínculos entre ellas. Pero cuando todo eso fue abolido, pudieron cumplir su misión prácticamente sin temor y en forma segura, ya que el Dios supremo les había allanado el camino»[483].

La expansión del Imperio romano fue gradual y, en ocasiones, involuntaria. Comenzó tan temprano como el 260 a. C., cuando Sicilia, Cerdeña y Córcega fueron anexadas a una Italia unificada. Para el final de las guerras púnicas, alrededor del 146 a. C., Macedonia, Tripolitania y Acaya habían sido tragadas, y luego a lo largo del siguiente siglo Roma logró agregar Asia, Bitinia y Ponto, Cilicia, Siria, Cirenaica, Galia, Bélgica y partes de Hispania. En los días de Augusto César (27 a. C.–14 d. C.) el imperio vio la incorporación de Egipto, Judea, Galacia, Capadocia, Armenia, Ilírico y el resto de Hispania. Claudio (41–54 d. C.) se impuso sobre Mauritania, Britania y Dacia; Trajano (98–117 d. C.) anexó Nabatea. El territorio montañoso entre los mares Negro y Caspio y la expansiva región de Mesopotamia fueron adquiridos más tarde, pero solo estuvieron controlados temporalmente por Roma[484].

mapa 98

Los restos no reconstruidos de un anfiteatro romano en la ciudad siciliana de Siracusa.

EL ASCENSO DE HERODES EL GRANDE

Durante la era romana, Herodes el Grande fue una de las pocas personas no romanas que alcanzó una extraordinaria posición política y mantuvo su poder durante varias décadas. Nacido en una aristocrática familia idumea[485] que se había convertido al judaísmo durante la época de Juan Hircano I [**mapa 92**], Herodes se alió sistemáticamente con Roma durante toda su vida.

En el 40 a. C., los partos invadieron Siria, lo que puso en peligro la vida de Herodes debido a su oposición a los asmoneos y los partos. Huyó de Judea y se fue a Roma, donde, como leal cliente de Marco Antonio, fue unánimemente elegido «rey de Judea» por el senado romano (Lc 1:5; Mt 2:1-4)[486]. A comienzos del año siguiente, armado con esta nueva autoridad y con el respaldo militar de Roma, Herodes navegó desde Roma hasta el puerto de Tolemaida, donde comenzó una feroz campaña de dos años que terminó a comienzos de la primavera del 37 a. C., cuando las fuerzas romanas capturaron

Jerusalén de nuevo[487]. Herodes gobernó allí como rey durante los siguientes 33 años, hasta su muerte en el 4 a. C.[488]

Ya hemos hablado de los embellecimientos que hizo Herodes para transformar Jerusalén [**mapa 94**], pero no fue menos activo fuera de su ciudad capital. Habiendo recibido de Augusto César la aldea conocida como Torre de Estratón, Herodes comenzó un esfuerzo ambicioso por crear un digno asiento del gobierno provincial romano en Judea. Denominó a la nueva ciudad Cesarea en honor de su nuevo patrocinador. Cesarea fue dotada de la mayoría de los típicos edificios y estructuras arquitectónicas que se encontraban en cualquier ciudad romana importante (templo de Augusto, teatro, anfiteatro, hipódromo, acueductos, foro, basílica y baños)[489]. De lo que se sabe, su amplio puerto representaba el uso más antiguo de cemento hidráulico en construcción bajo el agua al oriente de Italia. [**Ver mapa 100**]. Herodes también agrandó y fortificó fuertemente la ciudad de Samaria, en la zona central de su dominio, en agradecimiento por el apoyo que esta le había dado durante su lucha por conquistar Judea. La rebautizó Sebaste («Augusto» en latín)[490] y la repobló con colonos leales a su trono. Finalmente, Herodes levantó un enorme santuario en Hebrón, sobre el sitio reconocido como el lugar de entierro de los patriarcas hebreos.

Herodión, una fortaleza en el desierto de Judea al oriente de Belén, fue erigida por Herodes el Grande. Hizo trasladar la tierra de una colina a la cima de otra y luego sobrepuso un emplazamiento altamente fortificado. Herodes fue enterrado en Herodión.

El ascenso de Herodes el Grande

Restos de una sección del largo acueducto construido por Herodes el Grande para llevar agua desde el monte Carmelo a la metrópolis de Cesarea. Hoy en día, parte de la estructura está cubierta de dunas de arena.

Herodes también construyó o agrandó otras ciudades a lo largo de su reino, incluyendo Panías, Cedes, Batira, Betsaida, Séforis, Tiberias, Agripina, Antípatris, Qiryat Bene Hassan, Faselis, Docus, Jericó, Antedón, Ascalón, Livias y Callirrhoe. [**Ver mapa 100**]. Además, enriqueció a ciudades que estaban más allá de su reino (p. ej., Sidón, Tiro, Damasco, Biblos, Beirut, pero también Antioquía de Siria, Rodas, Quío, Atenas y Esparta).

No obstante, a pesar de estas grandiosas y costosas obras de construcción, Herodes nunca se sintió cómodo en su relación con los judíos. Por lo tanto, también emprendió la construcción de fortalezas militares que pudieron servir como posiciones defensivas, por si acaso tuviera que huir de Judea por segunda vez[491]. En el sector oriental, levantó Alejandrión, Cipro, Hircania y Herodión (donde luego sería enterrado). En el sur, construyó las fortalezas de Malata y Masada. Y al otro lado del río Jordán, Herodes construyó Amatus, Esbus (Hesbón) y Maqueronte (donde en tiempos posteriores Herodes Antipas haría decapitar a Juan el Bautista; *cf.* Mt 14:3-12). En conjunto, Herodes emprendió proyectos de construcción en más de 25 localidades, solamente contando los que estaban dentro de su reino[492].

A la muerte de Herodes y de acuerdo a su voluntad, Augusto César dividió el reino del idumeo en tres partes, cada una de las cuales sería gobernada por uno de los hijos de Herodes[493]. Arquelao, el mayor, fue designado etnarca[494] sobre Samaria, Judea e Idumea (Mt 2:22); su segundo hijo, Herodes Antipas, fue nombrado tetrarca y se le dieron los territorios de Galilea y Perea (Mt 14:1; Lc 3:1); su tercer hijo, Herodes Felipe, también fue designado tetrarca y se le asignaron Iturea, Gaulanítide, Batanea, Traconite y Auranítide (Lc 3:1; Mt 14:3)[495].

En lo que parece un intento de justificar sus nombramientos, cada uno de los hijos de Herodes trató de imitar la grandeza de su padre al construir ciudades. Arquelao agrandó de manera esplendorosa el palacio real en Jericó y creó una nueva ciudad en un suburbio septentrional a la que bautizó con su propio nombre. Herodes Antipas levantó la ciudad galilea de Tiberias (en honor de Tiberio César; *cf.* Jn 6:23). [**Ver mapa 102**]. Y Herodes Felipe expandió enormemente el sitio de Panías y lo rebautizó como Cesarea de Filipo (*cf.* Mt 16:13)[496].

El área que llegó a ser conocida como la «Decápolis» estaba mayormente compuesta por una serie de ciudades coloniales posalejandrinas y helenizadas que habían sido fundadas en el oriente. Habían sido ocupadas por inmigrantes de habla griega fuertemente opuestos al gobierno judío o nabateo ya desde la época de Alejandro Janneo. Liberadas y convertidas en «ciudades libres» durante la época de Pompeyo[497], estaban sujetas sin mucho rigor a la provincia de Siria. Sin embargo, Augusto César cedió el control nominal sobre parte de esta región a Herodes el Grande, a pesar de repetidas protestas locales a Roma[498]. A la muerte de Herodes, esta región se separó oficialmente del reino herodiano y no fue entregada a ninguno de sus hijos. En cambio, fue adjuntada nuevamente a la provincia de Siria[499].

Los 33 años del reinado de Herodes fueron un período de mucha paz y estabilidad para sus súbditos. Aun así, su muerte se convirtió en la oportunidad para un resurgimiento de fuertes sentimientos antirromanos, los cuales se perciben en las páginas del Nuevo Testamento (p. ej., Mt 22:16-22) y tal vez llegaron a su punto crítico en el año 66 d. C. [**Ver mapa 115**]. Estos sentimientos crecieron debido al uso ocasional de brutalidad por parte de Herodes para imponer la ley, su paranoia personal, su muy evidente falta de consideración por ciertas tradiciones judías (como las implicaciones del patrocinio de los juegos romanos), su control sobre otras instituciones judías (el Sanedrín) y, tal vez sobre todo, su oneroso y opresivo sistema impositivo.

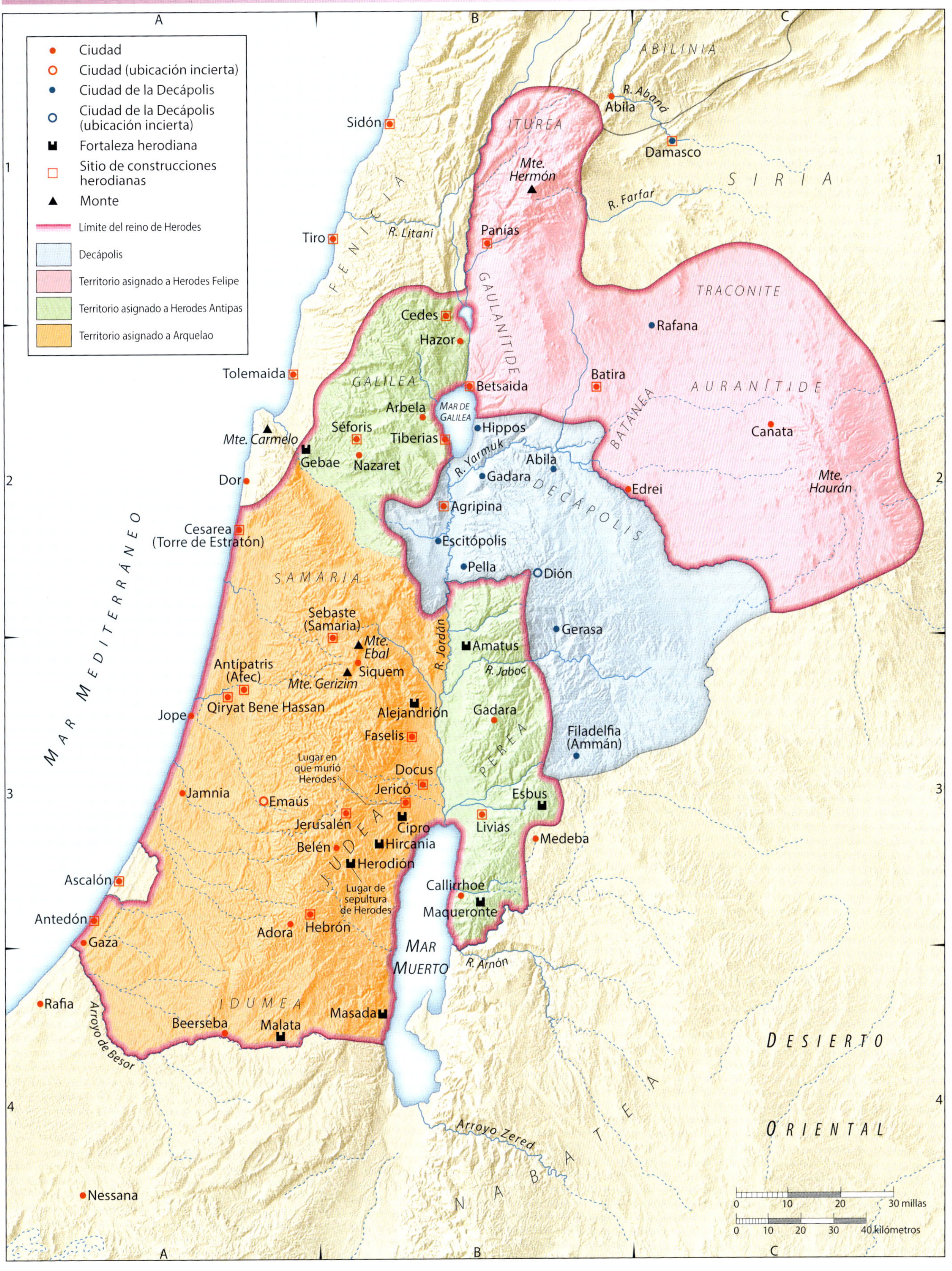
Ciudad
Ciudad (ubicación incierta)
Ciudad de la Decápolis
Ciudad de la Decápolis (ubicación incierta)
Fortaleza herodiana
Sitio de construcciones herodianas
Monte
Límite del reino de Herodes
Decápolis
Territorio asignado a Herodes Felipe
Territorio asignado a Herodes Antipas
Territorio asignado a Arquelao

ABILINIA
SIRIA
ITUREA
Mte. Hermón
R. Aband
Abila
Damasco
R. Farfar
Sidón
FENICIA
R. Litani
Panías
GAULANITIDE
TRACONITE
Rafana
Tiro
Cedes
Hazor
Betsaida
Batira
AURANÍTIDE
GALILEA
Arbela
MAR DE GALILEA
BATANEA
Tolemaida
Séforis
Tiberias
Hippos
Canata
Mte. Carmelo
Gebae
Nazaret
R. Yarmuk
Abila
Gadara
DECÁPOLIS
Mte. Haurán
Dor
Agripina
Edrei
Cesarea
(Torre de Estratón)
Escitópolis
SAMARIA
Pella
Dión
Sebaste
(Samaria)
Mte. Ebal
Siquem
Gerasa
Antipatris
(Afec)
Mte. Gerizim
R. Jordán
Amatus
R. Jaboc
Jope
Qiryat Bene Hassan
Alejandrión
Gadara
Filadelfia
(Ammán)
Faselis
Lugar en que murió Herodes
Docus
PEREA
Jamnia
Emaús
Jericó
Esbus
MAR MEDITERRÁNEO
Jerusalén
Cipro
Belén
JUDEA
Hircania
Livias
Medeba
Herodión
Ascalón
Lugar de sepultura de Herodes
Callirrhoe
Antedón
Maqueronte
Gaza
Adora
Hebrón
MAR MUERTO
R. Arnón
Rafia
Arroyo de Besor
IDUMEA
Masada
Beerseba
Malata
DESIERTO
ORIENTAL
NABATEA
Arroyo Zered
Nessana
0 10 20 30 millas
0 10 20 30 40 kilómetros

LOS PRIMEROS AÑOS DE JESÚS

«Ciertamente aun la ira de los hombres alabará al Señor» (*cf.* Sal 76:10a).

Esta parece ser una caracterización adecuada de las circunstancias que rodearon el nacimiento de Jesucristo. Augusto César (anteriormente conocido como Octavio) decretó la realización de un censo en todo el mundo romano. El censo requeriría que José, quien entonces vivía en Nazaret de Galilea, viajara aproximadamente 110 km hacia el sur hasta la aldea de Belén de Judea para ser inscrito allí, porque era del linaje de David. Y mientras José estaba en Belén con María, su esposa prometida, llegó la hora de su alumbramiento (Lc 2:1-7) [**1**]. Dios se había valido del decreto de un césar romano para hacer posible un escenario en el que Jesús nacería en Belén de Judea, precisamente como lo había declarado el profeta Miqueas muchos años antes (Mi 5:2).

El Evangelio de Lucas (2:7) afirma que Jesús, al nacer, fue acostado en un «pesebre» (*phatnē*) porque no había lugar para su familia en el «mesón» (*kataluma*). Para tener una idea histórica de este contexto y para librarnos de algunos estereotipos inútiles, es conveniente ver cómo el autor del Evangelio, Lucas, utilizaba esas dos palabras en otros lugares.

En la literatura clásica, *kataluma* puede significar tanto una vivienda particular como un hospedaje para viajeros[500], pero en otras partes del Evangelio de Lucas se empleaba esta palabra para describir solamente un «cuarto de huéspedes» en una vivienda particular (Lc 22:11; *cf.* Mc 14:14). No es menos significativo que Lucas tuviera conocimiento de un término diferente (*pandoxeion*) para designar un alojamiento nocturno para viajeros (Lc 10:34)[501]. En la Palestina del primer siglo, la mayoría de las familias de clase baja o media vivían en casas simples: una habitación grande dividida en una sección superior y otra inferior, a veces repartida por tabiques, y/o construida sobre una cueva natural o una cavada por hombre. De noche, los animales podrían cobijarse en una parte de la sección inferior. En tales viviendas, el *phatnē* («comedero»[502]) habría sido un cajón hecho de caliza o un afloramiento rocoso ahuecado. Es bien razonable suponer que José habría buscado refugio para María y para sí mismo en la casa de un pariente en Belén (Lc 1:39-40). Pero al parecer, el «cuarto de huéspedes» ya estaba ocupado —tal vez por algún otro miembro de la familia extendida que estaba allí también por causa del censo—, y por eso fue necesario que José y María se alojaran en la parte inferior de la vivienda familiar, donde también habría habido un comedero para animales.

Ya desde el 150 d. C., la literatura cristiana describía repetidamente el lugar de nacimiento de Cristo como una cueva[503]. Aún antes, estaba bien establecida la tradición oral de una cueva en Belén asociada con el lugar de nacimiento de Cristo. Aparentemente el emperador Adriano (117–138 d. C.) convirtió la cueva en un santuario a Adonis (Tamuz) en un infructuoso intento de eliminar la veneración del sitio por parte de cristianos judíos[504]. En la época de Jerónimo —un habitante de Belén que vivió durante años en una cueva adyacente a la que se identifica como el sitio del nacimiento

La Iglesia de la Natividad domina la Plaza del Pesebre en Belén.

de Cristo—, se afirmaba que tanto a cristianos como a no cristianos se les mostraron la cueva en la que había nacido Cristo y el pesebre en el que lo habían acostado. Orígenes declaró además que la cueva era famosa en la región incluso entre personas ajenas a la fe[505]. Hasta afirmó que el pesebre [*phatnē*] de Lucas 2:7 todavía se conocía en Belén en su época, y que era una grieta en la roca, en una cueva lateral de unos 3 m por 3 m con sencillas paredes de arcilla[506]. En la actualidad, la Iglesia de la Natividad, comenzada por Constantino y completada por Justiniano, está ubicada sobre una serie de cuevas, entre ellas la cueva de la natividad.

Siguiendo la prescripción mosaica (Lv 12:2-8), los padres de Jesús lo llevaron piadosamente a Jerusalén unos 40 días después de su nacimiento y lo presentaron para que fuera consagrado al Señor (Lc 2:22-24), después de lo cual regresaron a Belén [**2**]. Cuando más adelante los reyes magos del oriente acudieron a Herodes en Jerusalén con su inquietante pregunta sobre el paradero de un recién nacido «rey de los judíos», fueron enviados a Belén, donde hallaron y adoraron al niño (Mt 2:1-11).

Advertido en un sueño de la inminente traición de Herodes el Grande, José tomó a María y a Jesús y durante la noche huyó de Belén a Egipto (Mt 2:13-14) [**3**]. Más tarde, al saber de la muerte de Herodes, José sacó a su familia de

Egipto, presuntamente pensando regresar a las inmediaciones de Belén. No obstante, descubrió que Arquelao, el hijo de Herodes, había ascendido al trono de su padre en Judea. Así que José, guiado por Dios a retirarse al distrito de Galilea, llevó a María y al niño a Nazaret (Mt 2:19-23) [**4**].

Fue en la pequeñísima aldea galilea de Nazaret, soñolienta y geográficamente remota, donde Jesús creció hasta ser adulto. A los 12 años, los padres de Jesús lo llevaron nuevamente a Jerusalén, esta vez para celebrar la Pascua [**5**]. Al final del festival, los padres de Jesús viajaron un día entero hacia el norte, posiblemente hasta las proximidades de Lebona, suponiendo que él también iba en la caravana que regresaba a Galilea. Cuando descubrieron su ausencia, regresaron a Jerusalén y lo encontraron en el templo, sentado entre los maestros eruditos que estaban asombrados de su sabiduría (Lc 2:41-47). Regresó con sus padres a Nazaret, donde permaneció durante el resto de los llamados «años silenciosos».

Jesús tenía aproximadamente 30 años cuando inició su ministerio público (Lc 3:23).

Parece ser que el ministerio de Cristo y el de Juan el Bautista comenzaron en el 15.° año de Tiberio César: 27–28 d. C. (Lc 3:1). Aunque Juan era de linaje sacerdotal (Lc 1:5-7) y, según la tradición, era de la ciudad de En-karim de Judea, inmediatamente al suroccidente de Jerusalén[507], sus actividades

Herodes el Grande buscó alivio de sus dolencias físicas agudas en las aguas termales y vertientes minerales de Callirrhoe, conocida hoy como Zarqa Ma'ín.

otros hechos cronológicos en la vida de Cristo (1:39; 4:6; 19:14). Aquí en el contexto, Jesús comenzó por primera vez a reunir discípulos en el sitio en que Juan bautizaba, en Betania más allá del Jordán (1:35-42; *cf.* 1:28); al «día siguiente» decidió viajar a Galilea (1:43-51); y al «tercer día» asistió a una boda en Caná de Galilea (2:1-11). Parece entonces que Jesús viajó desde el sitio de su bautismo a Caná de Galilea en dos días, por estimación inclusiva[513]. En consecuencia, Betania y Caná no podrían haber estado separados por una distancia mayor de la que un grupo de hombres pudieran caminar sin dificultades en dos días. En los tiempos del Nuevo Testamento, el viaje entre Jerusalén y

de predicación y bautismo se concentraron en el valle del río Jordán. El bautismo de Jesús en el Jordán por parte de Juan está registrado en los tres Evangelios sinópticos (Mt 3:13-17; Mc 1:9-11; Lc 3:21-22), pero lamentablemente, no está especificado el sitio del bautismo.

El cuarto Evangelio registra que Juan estaba bautizando en Betania más allá del Jordán (Jn 1:28; *cf.* 3:26), en Enón[508] cerca de Salim (3:23), pero esos textos no indican explícitamente que Jesús fuera bautizado allí. Ya en el siglo III Orígenes sabía de un sitio del bautismo de Jesús frente a Jericó[509], y dio la propuesta asombrosa, incluso audaz, de que «no deberíamos leer "Betania", sino "Betábara" [en Jn 1:28]»[510]. Actualmente, el estado moderno de Israel ubica un sitio bautismal en Qasr el-Yahud (aproximadamente donde está ubicada Betábara en el mapa de Medeba)[511], mientras que autoridades jordanas apuntan al sitio del tell el-Kharrar[512], aproximadamente 8 km al norte del mar Muerto y al lado oriental del río.

Parece que la cuestión de la ubicación del sitio del bautismo de Jesús depende en última instancia de si uno debe interpretar esta porción del Evangelio de Juan cronológicamente. Tal vez se debe favorecer la interpretación cronológica debido a las referencias adicionales por parte de Juan a las tres Pascuas anuales (2:13; 6:4-5; 11:55-56) y su única mención de ciertos

Galilea pasando por Samaria llevaba tres días completos, y viajes medievales entre Jerusalén y Tiberias, por la ruta del río Jordán, requerían cuatro días[514]. En el caso de Juan 1 y 2, habría que considerar el tiempo perdido como resultado de que Felipe debió localizar a Natanael y después traerlo a Jesús —quien luego dialogó con él—, además del tiempo adicional utilizado en cruzar el río mismo. Tal evidencia permite afirmar con confianza que un viaje desde las proximidades de Jericó hasta Caná de Galilea en dos días es altamente improbable.

Como contrapunto, Betania más allá del Jordán (*Bēthania peran toû Iordanou*), en Juan 1:28, podría ser una referencia a Batanea (Basán en el Antiguo Testamento)[515]. Basán era un territorio que a menudo se describía como estando «más allá del Jordán» (p. ej., Nm 32:32; Dt 3:8; 4:47; Jos 9:10)[516]. En tal escenario, sería justificado considerar sitios más al norte a lo largo del Jordán (Mt 4:15), tal vez no lejos de la confluencia del Jordán y el Yarmuk, donde la región de Basán/Batanea era contigua al Jordán[517]. [**Ver mapa 5**]. Desde estas inmediaciones fácilmente sería posible viajar a Caná en dos días [**6**].

Su ferviente denuncia de la maldad real le ganaría a Juan el encarcelamiento y al fin y al cabo Herodes Antipas ordenaría que lo decapitaran (Mt 14:1-12; Mc 6:14-29; Lc 3:18-20), probablemente en la fortaleza herodiana en Maqueronte[518]. Sus discípulos tomaron su cuerpo y lo enterraron en una tumba (Mc 6:29) ubicada —según una tradición cristiana primitiva— en la ciudad de Sebaste/Samaria[519].

JESÚS SE TRASLADA A CAPERNAÚM

No mucho después de que Jesús regresó del desierto, luego de resistir con éxito un período de tentaciones (Mt 4:1-11), hizo de la ciudad de Capernaúm («aldea de Nahúm» *cf.* Mt 4:12-13; Lc 4:16-32) el centro de su ministerio. Ubicado en la costa noroccidental del mar de Galilea, el Capernaúm de la época de Jesús era una próspera aldea de pescadores, aunque carente de muralla y pequeña en tamaño. [**Ver mapa 14**]. Estaba situada cerca de la frontera entre los dominios de Herodes Antipas, que gobernaba Galilea, y Herodes Felipe, que gobernaba la extensión transjordana hacia el norte y el oriente. [**Ver mapa 100**]. Por lo tanto, habría tenido un punto de control aduanero (Mt 17:24; *cf.* Mt 9:10-11). Posiblemente fue cerca de Capernaúm que Jesús llamó a Mateo desde su tarea en la aduana para que lo siguiera (Mc 2:13-14), así como en esta misma zona había llamado a Andrés y a Pedro desde su oficio de pescadores para que se convirtieran en «pescadores de hombres» (Mt 4:18-20).

Restos arqueológicos romanos que han sido exhumados en Capernaúm son realmente impresionantes. Incluyen una sinagoga de dos pisos con columnas de caliza, que mide 20 m de largo por 18 m de ancho. Esta estructura, que aparentemente data del siglo IV d. C., tenía un tejado a dos aguas y galerías por tres lados, bancos para la jerarquía de la sinagoga y una fuente para los lavados ceremoniales. Las galerías y los paseos de columnas circundantes exhiben un amplio despliegue de capiteles corintios y cornisas talladas en piedra decoradas con imágenes como el menorá, el shofar, la estrella de seis puntas y el arca del pacto, además de diversos patrones geométricos. Esta basílica de caliza fue construida sobre un cimiento basáltico anterior, lo que se piensa son los restos de una sinagoga que se remonta a la era del Nuevo Testamento[520]. Inmediatamente al sur de la sinagoga están los restos de una iglesia cristiana octogonal grande, que data del siglo V, construida sobre los restos de una modesta casa del primer siglo donde unas inscripciones sobre las paredes enyesadas

mencionan a «Pedro», lo cual sugiere que la casa pudo haber pertenecido al apóstol Pedro[521] (Mt 8:14; Mc 1:29; Lc 4:38).

Los estudiosos a menudo expresan perplejidad por la elección de Jesús de Capernaúm en Galilea, ya que esto claramente iba en contra de la expectativa dominante en el judaísmo de que Jerusalén sería el centro y el foco del Mesías y de la era mesiánica[522]. ¿Acaso Jesús basó su ministerio en Capernaúm porque no era una ciudad totalmente judía? ¿O se instaló allí porque era donde su mensaje fue prontamente acogido? Sin lugar a dudas, hay una medida de verdad en ambas afirmaciones, y ambas diferenciaban nítidamente a Capernaúm de Nazaret, aunque Cristo no parece haber ministrado mucho a los gentiles de Galilea. Pero sus razones para elegir Capernaúm también pueden haber incluido aspectos geográficos. La ciudad estaba muy cerca del Gran Camino Comercial, la arteria internacional de comercio y transporte que se extendió en forma de un arco por toda la Media Luna Fértil, vinculando a Egipto con Mesopotamia. [**Ver mapa 27**]. A diferencia de la pequeña, soñolienta y aislada aldea de Nazaret, Capernaúm estaba ubicado cerca de un importante cruce de rutas, un conducto por el que fluía una corriente continua de seres humanos que viajaban desde diversos sectores y países del

Una parte de la sinagoga de Capernaúm del siglo IV, parcialmente reconstruida.

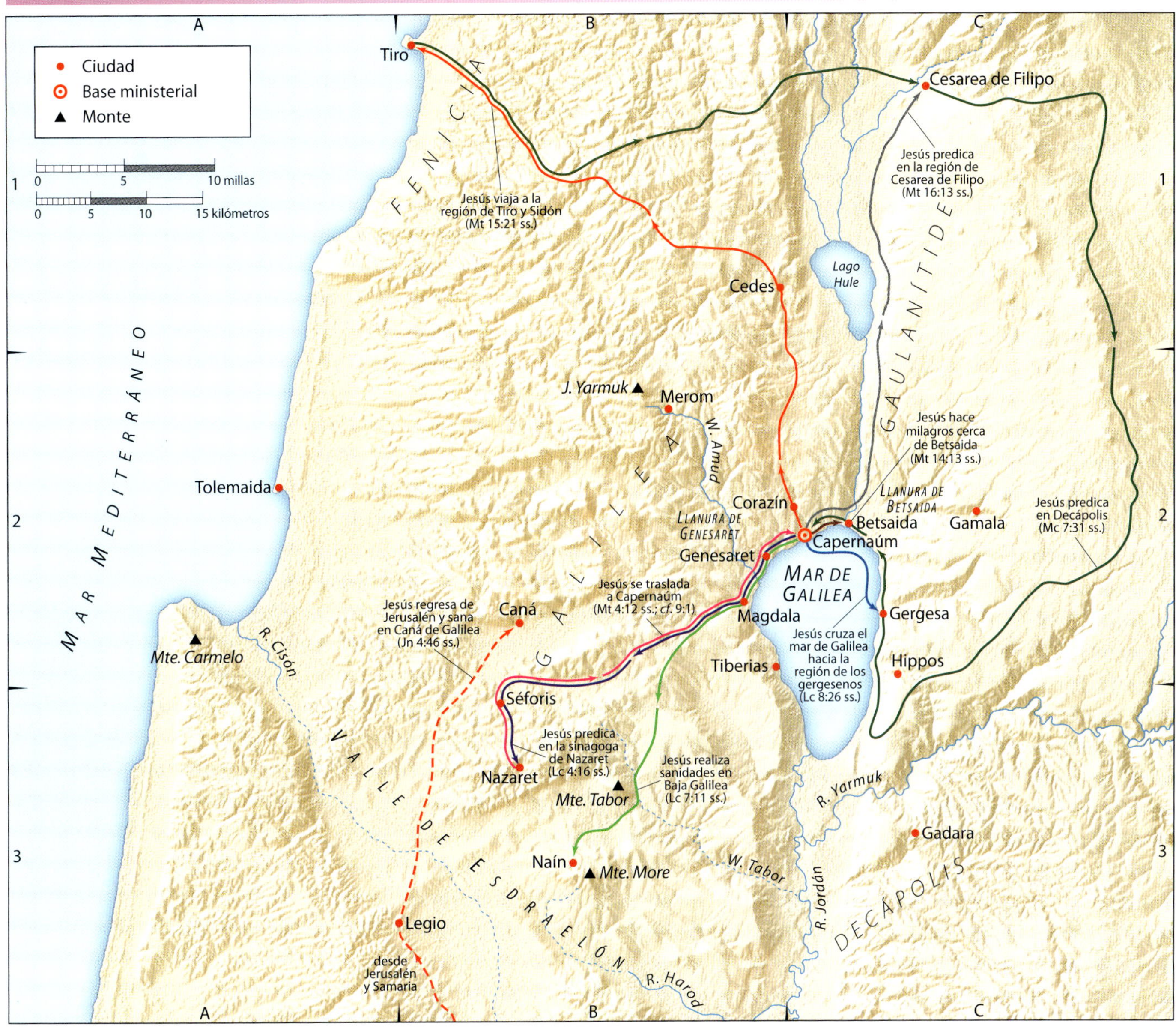

Cercano Oriente. Con perspicacia, Jesús llevó su mensaje a la sinagoga de Capernaúm y a sus viviendas, sus calles y los campos en su alrededor, los cuales palpitaban al ritmo de las actividades y la congestión del internacionalismo.

Aunque el temprano movimiento apostólico aparentemente se extendió desde Jerusalén en dirección norte y noroccidental, algunas de las evidencias cristianas más antiguas y más importantes se encuentran en territorio mesopotámico al *nororiente* de Jerusalén. Entre estas evidencias están la más antigua y arqueológicamente comprobada estructura de una iglesia cristiana y el manuscrito más antiguo del Nuevo Testamento que se haya encontrado fuera de Egipto, ambos encontrados en Dura-Europos. [**Ver mapa 116**]. Uno quedaría perplejo ante estos hechos hasta que llegara a darse cuenta de que tal evidencia no es más que una de las felices consecuencias del astuto traslado de Jesús a Capernaúm[523].

Muchos cristianos de la era moderna están familiarizados con un poema titulado «Una vida solitaria». Esta bella pieza literaria expone las muchas cosas que Jesús nunca hizo y los muchos lugares que nunca visitó. Pero hay que comprender que al anclar su ministerio en Capernaúm, se hizo relativamente innecesario que Jesús viajara grandes distancias. Muchos de aquellos que escucharon y creyeron sus palabras en Capernaúm se convertirían inmediatamente en embajadores de amplio alcance para el evangelio cristiano: hombres y mujeres cuyos viajes vocacionales llevarían el mensaje de Cristo desde la costa norte del mar de Galilea hasta los confines del mundo romano.

La sinagoga de Corazín, parcialmente restaurada.

El ministerio de Jesús en Palestina

Ciudad
Ciudad (ubicación incierta)
Monte

10 millas
15 kilómetros

Tiro

Región de Tiro:
sanidad de la hija de
la mujer sirofenicia
– Mt 15:21-28

hacia Mte. Hermón

(a) posible sitio de la transfiguración – Mt 17:1-13
(b) sanidad de un niño con epilepsia cerca de allí – Mt 17:14-21

Cesarea de Filipo

La gran declaración de Pedro
– Mt 16:13-20

LAGO HULE

FENICIA

Área de Corazín:
(a) juicio anunciado contra Corazín,
Betsaida y Capernaúm
– Mt 11:20-24
(b) posible sitio del Sermón del monte
– Mt 5-7

J. Yarmuk

(a) posible sitio de la transfiguración – Mt 17:1-13
(b) sanidad de un niño con epilepsia cerca de allí
– Mt 17:14-21

(a) pesca milagrosa – Lc 5:1-11
(b) sanidad del endemoniado – Mc 1:21-28
(c) Sermón del monte – Mt 5-7
(d) sanidad de la suegra de Pedro – Mt 8:14-15
(e) sanidad del siervo de un centurión – Mt 8:5-13
(f) sanidad de un paralítico – Mc 2:1-12
(g) sanidad de una mujer con flujo de sangre – Mc 5:25-34
(h) resurrección de la hija de Jairo – Lc 8:40-56
(i) sanidad de dos ciegos – Mt 9:27-31
(j) sanidad de un mudo endemoniado – Mt 9:32-34
(k) sanidad de un hombre con la mano deforme – Mt 12:9-13
(l) sanidad de un ciego y mudo endemoniado – Mt 12:22-37
(m) provisión para el pago de impuestos – Mt 17:24-27
(n) discurso sobre el pan de vida – Jn 6:22-59

Corazín

Capernaúm
Genesaret

camina sobre el agua
– Mt 14:22-23

W. Amud

Betsaida

(a) posible lugar en el que Jesús alimentó a multitudes – Mt 14:13-21
(b) sanidad del hombre ciego – Mc 8:22-26

GALILEA

MAR DE
GALILEA

Gergesa   posible lugar en el que
Jesús expulsó a los demonios;
estos entraron en los
cerdos, y toda la manada
se lanzó al lago por el precipicio
y se ahogó – Lc 8:26-39

Jesús calma
la tormenta
– Mt 8:23-27

(a) posible lugar en el que
Jesús alimentó a multitudes
– Mt 14:13-21; Mt 15:32-39
(b) muchas sanidades – Mc 6:53-56

Caná

(a) transformación del agua en vino – Jn 2:1-11
(b) sanidad del hijo del funcionario de
gobierno en Capernaúm – Jn 4:46-54

MAR MEDITERRÁNEO

Mte. Carmelo

R. Cisón

R. Jordán

W. Tabor

R. Yarmuk

Desierto:
tentación
– Mt 4:1-11

posible lugar en el que Jesús expulsó a los demonios;
estos entraron en los cerdos, y toda la manada se
lanzó al lago por el precipicio y se ahogó – Lc 8:26-39

Gadara

DECÁPOLIS

Mte. Tabor

(a) hogar durante su niñez – Mt 2:19-23;
Lc 4:16-30
(b) rechazado por gente del pueblo – Lc 4:16-30

Nazaret

(a) posible sitio de la transfiguración – Mt 17:1-13
(b) sanidad de un niño con epilepsia cerca de allí – Mt 17:14-21

Naín

Mte. More

resurrección del hijo de la viuda
– Lc 7:11-17

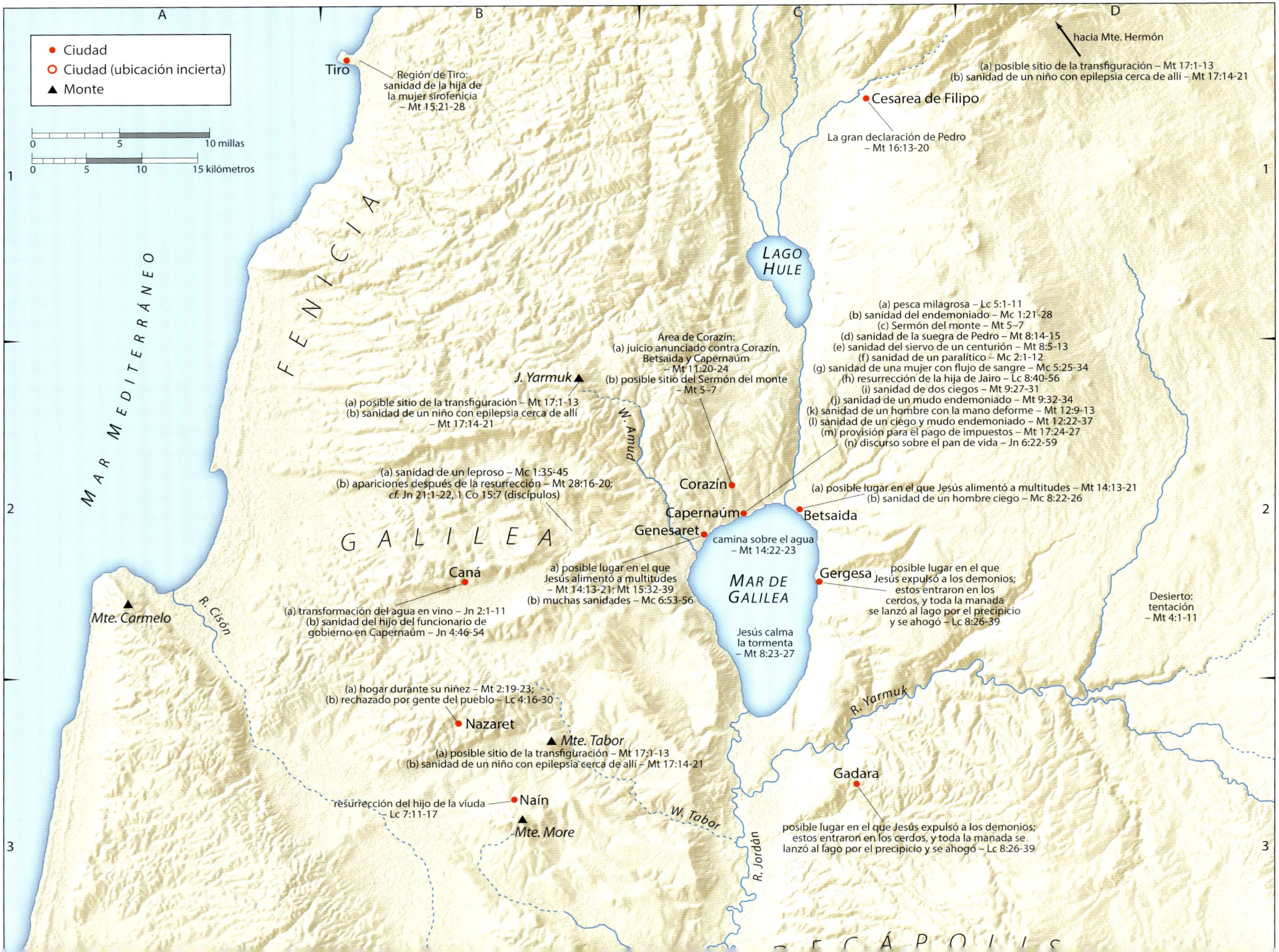

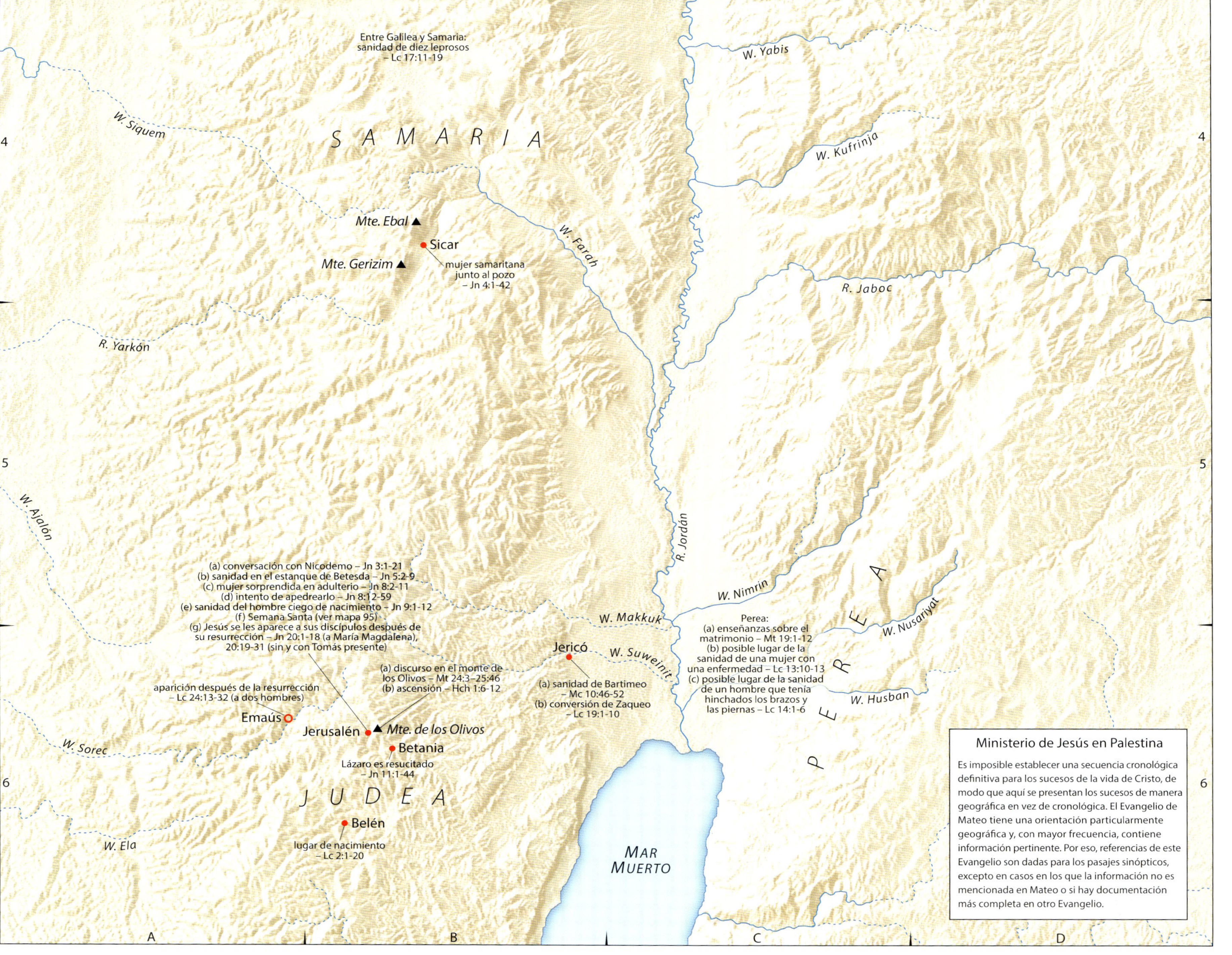

Entre Galilea y Samaria: sanidad de diez leprosos – Lc 17:11-19
W. Yabis
W. Siquem
SAMARIA
W. Kufrinja
4
Mte. Ebal
Sicar
W. Farah
Mte. Gerizim
mujer samaritana junto al pozo – Jn 4:1-42
R. Jaboc
R. Yarkón
5
W. Ajalón
(a) conversación con Nicodemo – Jn 3:1-21
(b) sanidad en el estanque de Betesda – Jn 5:2-9
(c) mujer sorprendida en adulterio – Jn 8:2-11
(d) intento de apedrearlo – Jn 8:12-59
(e) sanidad del hombre ciego de nacimiento – Jn 9:1-12
(f) Semana Santa (ver mapa 95)
(g) Jesús se les aparece a sus discípulos después de su resurrección – Jn 20:1-18 (a María Magdalena), 20:19-31 (sin y con Tomás presente)
R. Jordán
W. Makkuk
W. Nimrin
W. Nusariyat
Perea:
(a) enseñanzas sobre el matrimonio – Mt 19:1-12
(b) posible lugar de la sanidad de una mujer con una enfermedad – Lc 13:10-13
(c) posible lugar de la sanidad de un hombre que tenía hinchados los brazos y las piernas – Lc 14:1-6
Jericó
W. Suweinit
(a) discurso en el monte de los Olivos – Mt 24:3–25:46
(b) ascensión – Hch 1:6-12
aparición después de la resurrección – Lc 24:13-32 (a dos hombres)
(a) sanidad de Bartimeo – Mc 10:46-52
(b) conversión de Zaqueo – Lc 19:1-10
W. Husban
Emaús
Jerusalén
Mte. de los Olivos
Betania
Lázaro es resucitado – Jn 11:1-44
W. Sorec
P E R E A
6
J U D E A
Belén
lugar de nacimiento – Lc 2:1-20
W. Ela
MAR MUERTO
A
B
C
D

Ministerio de Jesús en Palestina

Es imposible establecer una secuencia cronológica definitiva para los sucesos de la vida de Cristo, de modo que aquí se presentan los sucesos de manera geográfica en vez de cronológica. El Evangelio de Mateo tiene una orientación particularmente geográfica y, con mayor frecuencia, contiene información pertinente. Por eso, referencias de este Evangelio son dadas para los pasajes sinópticos, excepto en casos en los que la información no es mencionada en Mateo o si hay documentación más completa en otro Evangelio.

LOS VIAJES DE JESÚS A JERUSALÉN

Jesús hizo numerosos viajes a Jerusalén durante su vida, aunque no existe certeza en cuanto al número exacto de ellos. A fin de cuentas, la respuesta puede depender de la duración del ministerio público de Cristo. Se nos dice que Jesús tenía alrededor de 30 años cuando inició su ministerio (Lc 3:23), pero la información sobre la duración de su misión no es revelada en ninguna parte de los Evangelios. Podemos comparar Lucas 3:1 con Mateo 27:2-26 y determinar que todo su ministerio se llevó a cabo mientras Poncio Pilato era gobernador de Judea (26–36 d. C.). Históricamente, las estimaciones han ido desde un año (sobre la base de Lucas 4:18-19)[524] hasta 20 años (basándose en Juan 8:57)[525], aunque esta última perspectiva parece quedar descartada si se toma en cuenta el vínculo con Poncio Pilato. En la actualidad, muchos estudiosos del Nuevo Testamento argumentan a favor de dos[526] o tres años[527].

Tampoco nos ayuda en nuestra búsqueda el hecho de que el Evangelio de Juan aparentemente registra la asistencia de Jesús a tres Pascuas (2:13; 6:4-5; 11:55-56). El Nuevo Testamento documenta la asistencia de Jesús a solo una Pascua antes de los 30 años (Lc 2:41-42), pero el mismo texto afirma categóricamente que José y María asistían consistentemente a la Pascua cada año. Seguramente por expectativa cultural y por inclinación personal, Jesús habría acompañado a sus padres en la mayoría de esas ocasiones (Lc 4:16). Juan también nos dice que no podía registrar *todo* lo que Jesús hizo y dijo (20:30). Además, por supuesto, los varones judíos adultos y sanos debían hacer peregrinaciones a Jerusalén tres veces por año para celebrar la Pascua/*Pesah*, el Pentecostés/*Shabu`ot* y el festival de los Tabernáculos/*Succot* (*cf*. Lv 23; Dt 16). Por lo tanto, parece prudente dejar abierta la cuestión de cuántos viajes Jesús pudo haber realizado a Jerusalén a lo largo de su vida.

Según registra el historiador Josefo, «Era la costumbre de los galileos [en la época de Jesús] cuando venían a la ciudad santa para los festivales, hacer su viaje por la región de los samaritanos; por el camino que tomaban, había en este tiempo una aldea llamada Ginae, que estaba situada en los límites de Samaria y la gran llanura»[528]. El nombre Ginae se refleja en Yenín, el nombre de la ciudad moderna ubicada cerca del lugar donde la parte meridional del valle de Jezreel da lugar a las montañas de Samaria. De modo que los peregrinos judíos de Galilea habrían utilizado la ruta directa a Jerusalén, pasando las ciudades de Sebaste, Sicar, Lebona y Betel en el camino[529]. Por lo tanto, es razonable concluir que Jesús también usó esta ruta directa para ir a o venir de la ciudad santa. Ciertamente, en una ocasión regresó hacia el norte por esta ruta, porque fue en el pozo de Sicar donde Jesús se encontró con la mujer

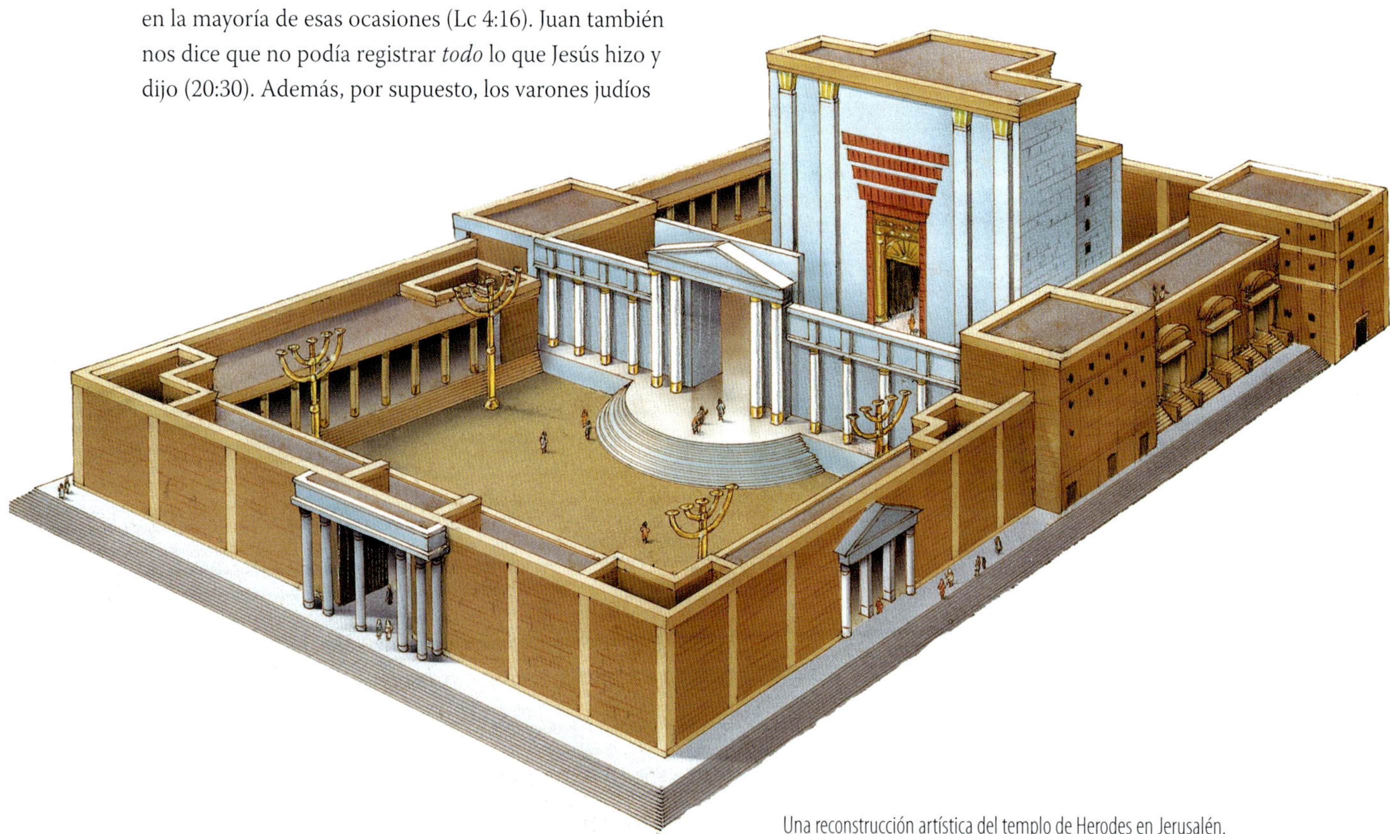

Una reconstrucción artística del templo de Herodes en Jerusalén.

de Samaria y habló con ella sobre la naturaleza de la verdadera religión (Jn 4).

En lo que sería su último viaje de Galilea a Jerusalén, parece que Jesús pensaba tomar otra vez la ruta directa que pasaba por Samaria. Pero a él y a sus discípulos se les negó el paso en cierta aldea samaritana (no nombrada) (Lc 9:51-56)[530]. Se vieron obligados a retroceder y a viajar a Jerusalén tomando otro camino que rodeaba el territorio samaritano. Esta ruta los llevó por las ciudades de Jericó (Mt 19:1; 20:29; Mc 10:1, 46) y Betania (Jn 11:1), de modo que evidentemente se reencaminaron hacia el oriente y probablemente eligieron el camino

bien establecido que corría por el borde occidental del valle del río Jordán desde Escitópolis/Bet-sán, pasando Faselis y Arquelais, hasta Jericó. [**Ver mapa 27**][531].

Cuando Jesús llegó a Betania, su amigo Lázaro, que había muerto cuatro días antes, fue vuelto a la vida (Jn 11:17-44). Cuando la jerarquía religiosa fue informada de esto y de otras «señales», su oposición y conspiración contra Cristo llegaron a un nivel de intensidad sin precedentes. Jesús se recluyó temporalmente con algunos de sus discípulos en la ciudad de Efraín/Ofra (Jn 11:45-54), al norte de Jerusalén, hasta que su hora llegó plenamente.

LAS APARICIONES DE JESÚS DESPUÉS DE SU RESURRECCIÓN

La doctrina de la resurrección de Cristo ha sido un elemento esencial de la enseñanza de la iglesia desde sus inicios. Era afirmada inequívocamente en tempranos sermones apostólicos (Hch 2:22-32; 3:15; 4:33; *cf.* Mt 20:19; Jn 10:18), afirmaciones epistolares (Rm 1:4; 4:24; 8:34; 1 Co 15:3-6; 1 P 1:3; 3:21) y fórmulas del credo[532]. Se debatía sobre las serias diferencias de opinión con respecto a la persona y la naturaleza de Cristo, pero parece que la doctrina de la resurrección nunca generó tal división entre la línea principal de los padres de la iglesia primitiva. Los cristianos de una gran variedad de tradiciones eclesiásticas, en cada generación y en todos los continentes, han aceptado con fervor esta afirmación, a pesar del hecho de que la noción de la resurrección de entre los muertos ha sido generalmente rechazada entre pueblos antiguos y actuales por igual (Hch 17:32).

Tal vez la centralidad de esta creencia fue mejor articulada por el apóstol Pablo, quien sostenía que sin la realidad fundamental de la resurrección de Cristo, la estructura de la fe cristiana colapsaría bajo su propio peso y se mostraría infundada, si no fraudulenta (1 Co 15:12-34). Además, Pablo dijo que era precisamente la resurrección de Jesús lo que constituía el fundamento para la parusía de Jesús (1 Ts 1:10; Flp 3:20-21; *cf.* 2 Co 4:14-15; 1 Ts 4:14-18). Era la resurrección lo que validaba las claras afirmaciones de Pablo sobre la condición única de Jesús con relación a Dios y sobre su papel preeminente en la tierra en lo que sería una nueva era (Ef 1:20-23; Rm 6:9-11; Flp 3:10).

Cuando los primeros apóstoles procuraban corroborar la resurrección de Cristo, les era insuficiente simplemente señalar una tumba vacía en Jerusalén porque el hurto en las tumbas venía siendo una práctica común durante mucho tiempo a través del Medio Oriente (Mt 28:11-15). De hecho, el emperador lo había convertido en una ofensa capital en la época del Nuevo Testamento[533]. Por eso, los apóstoles anclaban su afirmación en las ocasiones históricas en las que el Cristo resucitado se presentó ante ellos y otros, se comunicó con ellos, comió con ellos, fue tocado por ellos o ascendió ante sus ojos.

Basado en el testimonio de los Evangelios, sería conjetural hacer comentarios sobre el número exacto o el orden secuencial de las apariciones de Cristo posteriores a su resurrección (Jn 21:14). Por lo tanto, el mapa provee los datos en forma geográfica. Se pueden discernir con bastante claridad unas 13 ocasiones distintas en las que se afirma que Cristo apareció después de la resurrección:

1. Jesús se apareció (*ὁράω*) a Pedro/Cefas en Jerusalén (Lc 24:34b; 1 Co 15:5a).

2. Jesús se apareció (*φαίνομαι*) a María Magdalena junto a la tumba abierta (Mc 16:9-11; Lc 24:1-11; Jn 20:11-18). Mateo 28:1-10 identifica a María Magdalena y a la otra María (la madre de Santiago y José [Mt 27:56]); Juan 19:25 menciona a la esposa de Cleofas. Al parecer, María Magdalena lo tocó.

3. Jesús se apareció (*ἵστημι*) a 10 de los discípulos en Jerusalén cuando Tomás no estaba presente (Lc 24:36-43; Jn 20:19-24). Lo vieron de carne y hueso, y comió con ellos.

4. Jesús se apareció (*φανερόω*) a los discípulos en Jerusalén, cuando Tomás estaba presente (Mc 16:14-18; Jn 20:26-29; 1 Co 15:5b). Tomás miró las manos traspasadas y lo tocó.

5. Jesús se apareció (*ὁράω*) a todos los apóstoles en un sitio no revelado, pero presuntamente cerca de Jerusalén (1 Co 15:7b).

6. Jesús se apareció (*εἶδον, θεωρέω*) a Esteban, quien estaba en Jerusalén (Hch 7:55-56).

7. Jesús se apareció (*ὁράω*) a Santiago en un sitio no revelado, pero presuntamente cerca de Jerusalén (1 Co 15:7a).

8. Jesús se apareció (*φανερόω, ἐγγίζω . . . ἐπιγινώσκω*) a dos discípulos en el campo camino a Emaús (¿Imwas?) (Mc 16:12-13; Lc 24:13-31).

9. Jesús se apareció (*ὁράω*) a más de 500 creyentes a la vez en una ubicación no revelada, pero presuntamente cerca de Jerusalén (1 Co 15:6). La mayoría de ellos todavía estaban vivos cuando Pablo escribió su epístola.

10. Jesús se apareció (*εἶδον*) a 11 discípulos en algún lugar de Galilea (Mt 28:16-20).

11. Jesús se apareció (*φανερόω*) a siete discípulos junto al mar de Galilea (Jn 21:1-23).

12. Jesús se apareció (*παρίστημι*) a sus discípulos sobre el monte de los Olivos (Hch 1:3-11; *cf.* Mc 16:19; 1 Co 15:5b).

13. Jesús se apareció (*ὁράω*) a Saulo/Pablo en el camino a Damasco (1 Co 15:8; *cf.* Hch 9:3-9).

Dos observaciones finales son dignas de notar. Primero, los narradores bíblicos a veces censuran a los discípulos porque no reconocieron a Jesús de inmediato cuando se apareció (núms. 2, 3 y 8), no esperaban encontrarlo (núms. 11 y 13) o no creyeron los testimonios de otros testigos presenciales con relación a sus apariciones (núms. 1, 2, 4 y 8). Tales comentarios no caracterizan a personas que estuvieran implicadas de alguna manera en un fraude piadoso. Tampoco una historia inventada debiera haber incluido el testimonio presencial ni de un individuo solitario ni de una mujer[534]. Segundo, Jesús se apareció a personas que habían sido instruidas en el judaísmo, quienes probablemente estaban familiarizados con la fórmula antropológica de buena parte del judaísmo primitivo: *bāśār* («cuerpo») + *rûᵃh.* («aliento/espíritu/ser interior») = *nepheš* («ser vivo»). Por lo tanto, es dudoso que de tales círculos pudiera haber surgido la noción de una resurrección no corporal[535].

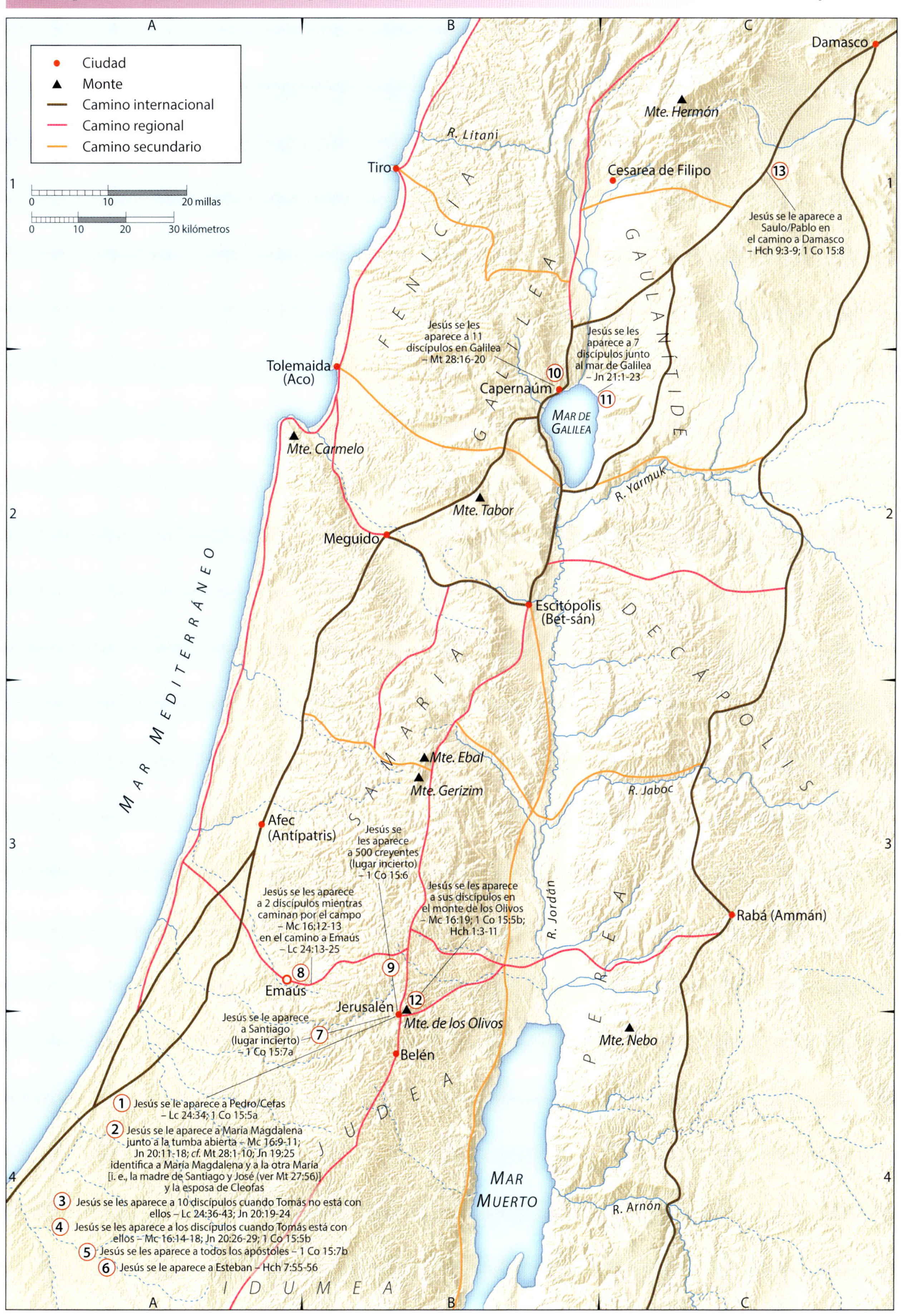

Ciudad
Monte
Camino internacional
Camino regional
Camino secundario

0   10   20 millas
0   10   20   30 kilómetros

Damasco
Mte. Hermón
R. Litani
Tiro
Cesarea de Filipo
13
Jesús se le aparece a
Saulo/Pablo en
el camino a Damasco
– Hch 9:3-9; 1 Co 15:8
FENICIA
GALILEA
GAULANITIDE
Jesús se les
aparece a 11
discípulos en Galilea
– Mt 28:16-20
Jesús se les
aparece a 7
discípulos junto
al mar de Galilea
– Jn 21:1-23
Tolemaida
(Aco)
10
Capernaúm
11
MAR DE
GALILEA
Mte. Carmelo
Mte. Tabor
Meguido
R. Yarmuk
Escitópolis
(Bét-sán)
DECAPOLIS
SAMARIA
Mte. Ebal
Mte. Gerizim
R. Jaboc
MAR MEDITERRÁNEO
Afec
(Antípatris)
Jesús se
les aparece
a 500 creyentes
(lugar incierto)
– 1 Co 15:6
Jesús se les aparece
a sus discípulos en
el monte de los Olivos
– Mc 16:19; 1 Co 15:5b;
Hch 1:3-11
Jesús se les aparece
a 2 discípulos mientras
caminan por el campo
– Mc 16:12-13
en el camino a Emaús
– Lc 24:13-25
R. Jordán
PEREA
Rabá (Ammán)
8
9
Emaús
12
Jerusalén
Mte. de los Olivos
Jesús se le aparece
a Santiago
(lugar incierto)
– 1 Co 15:7a
7
Belén
Mte. Nebo
1 Jesús se le aparece a Pedro/Cefas
   – Lc 24:34; 1 Co 15:5a
2 Jesús se le aparece a María Magdalena
   junto a la tumba abierta – Mc 16:9-11;
   Jn 20:11-18; cf. Mt 28:1-10; Jn 19:25
   identifica a María Magdalena y a la otra María
   [i. e., la madre de Santiago y José (ver Mt 27:56)]
   y la esposa de Cleofas
3 Jesús se les aparece a 10 discípulos cuando Tomás no está con
   ellos – Lc 24:36-43; Jn 20:19-24
4 Jesús se les aparece a los discípulos cuando Tomás está con
   ellos – Mc 16:14-18; Jn 20:26-29; 1 Co 15:5b
5 Jesús se les aparece a todos los apóstoles – 1 Co 15:7b
6 Jesús se le aparece a Esteban – Hch 7:55-56
MAR
MUERTO
R. Arnón
JUDEA
IDUMEA

LA DIÁSPORA JUDÍA EN PENTECOSTÉS

El festival judío de Pentecostés era una conmemoración anual que tenía lugar en el tercer mes del calendario judío, unos 50 días después del festival de Pascua (*cf.* Lv 23:15-22; Dt 16:9-12). El Pentecostés era una de tres ocasiones anuales (junto con la Pascua en la primavera [*cf.* Mt 26:17-19; Jn 2:13] y el Festival de los Tabernáculos en el otoño [*cf.* Jn 7:2, 37]) en que todos los varones judíos adultos y sanos tenían la obligación de presentarse ante el Señor (Ex 23:14-17; 34:22-23; Dt 16:16).

Fue en el día de Pentecostés (Hch 2:1) que el Espíritu Santo descendió sobre los 120 discípulos y ellos comenzaron a «hablar en otras lenguas». Lucas registra que «hombres devotos de todas las naciones bajo el cielo» quedaron desconcertados y perplejos porque cada uno de ellos escuchaba «en su propia lengua nativa» lo que decían los discípulos. Incluso algunos se burlaban, atribuyendo lo que oían a la influencia de vino nuevo. Las «poderosas obras de Dios» eran proclamadas a los peregrinos judíos que visitaban Jerusalén para el festival de Pentecostés desde unas 16 regiones o ciudades nombradas: Partia, Media, Elam, Mesopotamia, Judea, Capadocia, Ponto, Asia, Frigia, Panfilia, Egipto, Libia, Cirenaica, Roma, Creta y Arabia (Hch 2:1-12).

Dado que se informa que estaban presentes «hombres de cada nación», parece probable que la lista de entidades de Lucas era de naturaleza selectiva. No mencionó, por ejemplo, regiones como Adiabene, Siria, Galacia, Macedonia, Grecia, Patros, Idumea o Chipre, lugares que en ese tiempo tenían una población judía conocida y, en algunos casos, importante. La lista de Lucas comenzó en el oriente y, hablando de manera general, hizo un giro en sentido contrario a las agujas del reloj hasta el desierto de Arabia[536]. Desde luego, a esa altura de la historia, el número de judíos que vivían en la diáspora —especialmente en Babilonia, Asia Menor y Egipto— superaba por lejos al número de judíos que vivían en Judea.

LOS MINISTERIOS DE FELIPE Y PEDRO

El libro de los Hechos registra el desarrollo de la triple comisión concéntrica que se encuentra en las palabras del Cristo resucitado (Hch 1:8). Comienza con las actividades apostólicas en y alrededor de Jerusalén (Hch 1:1–8:3) y concluye con las que se extendieron por gran parte del mundo romano (Hch 13:1–28:31). En el medio están los relatos de los ministerios apostólicos de Felipe (8:4-40) y de Pedro (9:32–11:18) en Samaria y Judea.

FELIPE

Felipe había sido uno de los siete hombres escogidos para ministrar a las viudas de habla griega en la iglesia de Jerusalén (Hch 6:5). Más adelante, viajó a una ciudad de Samaria, la cual casi con certeza fue Sebaste[537], donde muchas personas aceptaron la Buena Noticia. Entre ellas era un hechicero de nombre Simón, también conocido como Simón el Mago (Hch 8:4-13). De allí Felipe fue dirigido al sur de regreso a Judea. En el camino que se extendía hacia el sur desde Jerusalén a Gaza, se encontraría con un eunuco de Etiopía, un funcionario de la corte de la reina Candace (Hch 8:26-28).

Los estudiosos de la cartografía de este período han identificado una ruta establecida, de la cual todavía hoy se pueden ver partes pavimentadas, y a lo largo de la cual se han descubierto algunos miliarios (hitos) romanos. Se extendía hacia el sur desde Jerusalén, casi hasta Belén, donde el camino viraba hacia el occidente y seguía lo que actualmente se conoce como la «cresta Husan» hacia el valle de Ela[538]. [**Ver también mapa 57**]. En el Ela, cerca de la Azeca bíblica, este camino doblaba hacia el suroccidente, pasaba el sitio de Betogabris y llegaba a Laquis, donde viraba bruscamente hacia el occidente y se extendía prácticamente en línea directa hacia Gaza.

En algún punto de este camino, el eunuco de Etiopía respondió a ia Buena Noticia acerca de Jesús y pidió ser bautizado. Lucas no revela en qué parte del camino se realizó el bautismo, pero las especulaciones han tendido a enfocarse en dos sitios. Primero, unos pocos kilómetros al sur de Jerusalén, cerca del Gilo moderno, se ubica el sitio de Ein Yael, que manifiesta una gran cantidad de artefactos del primer siglo y un manantial que se piensa fue el sitio bautismal[539]. Segundo, se ha sugerido como el sitio bautismal los manantiales cerca del wadi el-Hasi, al occidente de Laquis, donde el camino romano llega muy cerca del actual wadi Shikma[540]. [**Ver mapas 12 y 107**]. Después de su bautismo, dondequiera que haya ocurrido, el eunuco siguió su camino hacia el sur, en dirección a Etiopía. Felipe se encaminó hacia el norte desde Gaza y llegó a Azoto, donde continuó en dirección norte con su misión de predicar en varias ciudades a lo largo de la llanura costera, hasta Cesarea (Hch 8:40). Presuntamente se instaló allí por algún tiempo (*cf.* Hch 21:8-9).

PEDRO

El ministerio de Pedro en Samaria lo llevó primero a Lida, donde un hombre paralítico llamado Eneas que había sido confinado en cama fue sanado. Como resultado, se dice que

Hoy rodeada por el moderno Tel Aviv (en el fondo), el Jope bíblico está ubicado junto al Mediterráneo y todavía posee un puerto.

Los ministerios de Felipe y Pedro

muchos «se convirtieron al Señor» (Hch 9:32-35). Desde allí, el apóstol fue llamado a la cercana ciudad de Jope, donde una discípula llamada Tabita se había enfermado y había fallecido. Pedro visitó y oró por Tabita, y ella recobró la vida (Hch 9:36-42). Después de esto, Pedro vivió por «muchos días» en Jope.

Un día, mientras oraba, Pedro recibió una visión relacionada con una misión a los gentiles. No mucho después, se le informó de la llegada desde Cesarea de tres siervos de un centurión romano llamado Cornelio, quien era piadoso y temeroso de Dios y quería hablar con él acerca de la Buena Noticia. Inmediatamente, Pedro se fue con los hombres, acompañado de algunos de los creyentes de Jope, a la casa de Cornelio en Cesarea. Como resultado de la proclamación de Pedro acerca de la vida y el ministerio de Jesucristo, Cornelio y toda su casa aceptaron el evangelio (Hch 10:1-48).

Las actividades apostólicas en y alrededor de Jerusalén llevaron a que muchas personas judías aceptaran la Buena Noticia. Como resultado de las actividades de Felipe y Pedro registradas en Hechos 8–10, los convertidos gentiles también comenzaron a aparecer en el registro bíblico. Se podría llegar a la conclusión de que ya se había preparado el terreno para el último círculo concéntrico de actividades apostólicas, la misión de la iglesia *a* los gentiles.

LOS EXTENSOS VIAJES DEL APÓSTOL PABLO

Las distancias recorridas por el apóstol Pablo son nada menos que asombrosas. Según el Nuevo Testamento, el apóstol recorrió el equivalente de unos 21.650 km. Esta estimación es solo un cálculo de los kilómetros aproximados en líneas rectas, así que cuando uno toma en cuenta los caminos y senderos tortuosos que necesariamente tuvo que transitar con todos sus rodeos, la distancia total superaría esa cifra por un margen considerable[541].

Además, parece que el Nuevo Testamento no registra *todos* los viajes de Pablo. Por ejemplo, parece haber hecho visitas no registradas a Corinto (2 Co 12:14; 13:1) y a Ilírico (Rm 15:19). Pablo también se refiere a naufragios de los que no tenemos ningún registro (2 Co 11:25), y expresó el deseo de viajar a España (Rm 15:24, 28; *cf.* 1:10-15). Los estudiosos del Nuevo Testamento siguen debatiendo si Pablo logró cumplir esa meta[542].

Considerando los medios de transporte disponibles en el mundo romano, la distancia promedio que se podía recorrer en un día, los senderos rústicos y el terreno difícil, y a veces montañoso, sobre el cual se tenía que aventurar, se hace prácticamente incomprensible imaginar el enorme gasto de energía física por parte del apóstol. Muchos de esos kilómetros llevaron a Pablo por entornos inseguros y hostiles, controlados en gran medida por bandidos, quienes esperaban ansiosamente a una posible víctima (2 Co 11:26-27; *cf.* Lc 10:30). [**Ver capítulo 1**]. El admirable compromiso del apóstol con el evangelio de Cristo implicaba una vitalidad espiritual inextricablemente unida con niveles muy elevados de valentía y resistencia física.

Lo que sigue es una lista de los viajes documentados de Pablo, con distancias aproximadas para cada uno:

1. Hechos 9:1-30. Jerusalén—Damasco—(Arabia)—Jerusalén—Tarso (1110 km, sin contar el viaje al interior del desierto de Arabia, lo que no se puede calcular, *cf.* Ga 1:17-19; **ver mapa 108**);

2. Hechos 11:25-26. Tarso—Antioquía (145 km; **ver mapa 108**);

3. Hechos 11:27-30; 12:25. Antioquía—Jerusalén—Antioquía (900 km, *cf.* Ga 2:1-10; **ver mapa 108**);

4. Hechos 13:4–14:28. Primer viaje misionero (2250 km; **ver mapa 110**);

5. Hechos 15:3-30. Antioquía—Jerusalén—Antioquía (900 km; **ver mapa 108**);

6. Hechos 15:39–18:22. Segundo viaje misionero (4505 km; **ver mapa 111**);

7. Hechos 18:23–21:17. Tercer viaje misionero (4345 km; **ver mapa 112**);

8. Hechos 23:31-33. Llevado como prisionero de Jerusalén a Cesarea (69 km);

9. Hechos 27:1–28:16. Llevado como prisionero a Roma (3620 km; **ver mapa 113**);

10. Entre un encarcelamiento de dos años (Hch 28:30) y un segundo encarcelamiento en Roma (2 Tm 1:16-17; 4:6-8, 16-18), aparentemente el apóstol visitó muchos lugares en el Imperio romano, incluyendo Creta (Tt 1:5), Mileto (2 Tm 4:20), Éfeso (1 Tm 1:20; 3:14; *cf.* 2 Tm 2:17; 4:14), Colosas (Flm 1:22), Troas (2 Tm 4:13), Macedonia (1 Tm 1:3), Nicópolis (Tt 3:12) y Corinto (2 Tm 4:20): por lo menos 3780 km al reconstruir el itinerario más corto posible sin considerar la secuencia histórica. El total real podría haber sumado los 4425 km[543].

El sector de Antioquía construido sobre las laderas del monte Silpio es donde se cree que estuvo ubicado el corazón del temprano movimiento cristiano.

LOS VIAJES MISIONEROS DE PABLO

Inicialmente suena bastante inverosímil sugerir que la historia de la iglesia primitiva debe gran parte de su forma a un monarca macedonio pagano que vivió siglos antes. No obstante, un examen más cuidadoso de ciertos detalles revela que esta sugerencia bien pudo haber sido la realidad. Seleuco I Nicator fue uno de los generales más destacados de Alejandro Magno y llegó a gobernar la mayor parte de las provincias asiáticas que habían sido parte del vasto dominio de Alejandro. [**Ver mapa 87**]. Al principio de la era seléucida, Seleuco fundó varias áreas metropolitanas, incluyendo la preeminente ciudad de Antioquía, una enorme extensión de unos 21 kilómetros cuadrados, toda ricamente nutrida por una copiosa provisión de agua dulce hallada en la contigua meseta de Dafne hacia el sur [**mapa 109**], y por su cuenca agrícolamente productiva al nororiente. [**Ver mapa 3**].

Antioquía de Siria estaba situada estratégicamente en el angosto valle del río Orontes, que separaba las estribaciones más septentrionales de las escarpadas montañas del Líbano (monte Staurin, monte Silpio, monte Casio) de la topografía más meridional de la cadena de los montes Amanus (monte Atalur). [**Ver mapa 109**]. Proveía el más fácil y directo acceso hacia el interior desde los sectores septentrionales del mar Mediterráneo hacia Capadocia, Armenia, Mesopotamia, el desierto de Arabia y todo el Oriente. (Entre los restos arqueológicos más tempranos de Antioquía se han encontrado porcelanas y sedas chinas). Cualquiera que viajara por tierra en la antigüedad desde un lado al otro de los montes Tauro, ya sea entre Asia Menor y Palestina o Egipto, o entre Asia Menor y Mesopotamia, era canalizado geográficamente casi en forma automática por este cruce fundamental[544]. Para los romanos, Antioquía se convirtió en la ciudad más estratégica en toda Asia y, después de Alejandría y la misma Roma, la ciudad más importante y grande del Imperio romano[545].

Después de que un gran contingente judío colaboró con Seleuco en su victoria crucial sobre Antígono en la batalla de Ipso en Frigia, Seleuco legó a la comunidad judía ciertas zonas dentro de la ciudad de Antioquía y considerables tramos de terreno en las proximidades. Lo que fue aún más importante, ofreció la ciudadanía a personas judías en Antioquía, y les concedió otros privilegios políticos iguales a los otorgados a macedonios y griegos[546]. Más tarde, cuando otros ciudadanos de Antioquía y Alejandría suplicaron a los generales romanos Vespasiano y Tito que revocaran la ciudadanía de los judíos, sus súplicas fueron desatendidas y los judíos retuvieron su condición favorecida en Antioquía[547]. De manera que aunque Vespasiano y Tito estaban enérgicamente ocupados en aplastar la insurrección judía en Jerusalén y Palestina [**mapa 115**], simultáneamente proclamaban una libre ciudadanía para los judíos residentes en Antioquía y sus alrededores, a unos 480 km de distancia.

No es de sorprender entonces que se desarrollara una población judía grande y bien establecida en Antioquía de Siria para la mitad del siglo I de la era cristiana, y que la ciudad tuviera muchas sinagogas de habla griega[548]. Al ser el centro administrativo y político seléucida y romano, Antioquía también disfrutaba de una considerable población no judía, con una población total estimada en 500.000 habitantes. La ciudad mantenía un interés cosmopolita y ecléctico en la indagación filosófica y religiosa, lo mismo que un elevado nivel de orden público y protección policial. Estos factores se combinaban para crear un ambiente en Antioquía en el que el mensaje cristiano podía ser propagado con seguridad y recibido espontáneamente.

Cuando los primeros creyentes enfrentaban la creciente y recurrente persecución que siguió a la muerte de Esteban, muchos se dispersaron desde Jerusalén a otras regiones, incluyendo Fenicia, Chipre y Antioquía, donde hallaron refugio seguro. Algunos de los misioneros anónimos proclamaron la Buena Noticia en la ciudad de Antioquía, y un gran número de personas creyeron y se convirtieron al Señor (Hch 11:19-21).

Cuando a la iglesia de Jerusalén llegaron rumores de numerosas conversiones, los ancianos enviaron a Bernabé a Antioquía para investigar y después informarles. Bernabé rápidamente vio que la obra florecía. Fue a Tarso (la capital de Cilicia), ubicó a Saulo (que más tarde sería conocido como Pablo el apóstol) y lo trajo a la metrópolis siria para ayudar en la instrucción de los nuevos convertidos. El movimiento emergente se volvió tan fuerte que los discípulos de Jesús fueron llamados «cristianos» por primera vez en Antioquía (Hch 11:22-26)[549]. Más adelante, cuando hubo una hambruna generalizada en varios lugares de Asia occidental, fue la comunidad de Antioquía la que envió ayuda a los creyentes que sufrían en Jerusalén (Hch 11:27-30). Por consiguiente, no es de sorprender que fuera esta base cristiana preeminente la que comisionara y fuera el punto de partida de los tres viajes misioneros del apóstol Pablo.

EL PRIMER VIAJE MISIONERO DE PABLO

La misión inicial desde Antioquía involucró a Pablo y a Bernabé, con la ayuda de Juan Marcos, un primo de Bernabé (Col 4:10). Desde Seleucia Pieria, la ciudad portuaria de Antioquía sobre el Mediterráneo [**mapa 109**], se fueron en barco a Chipre, el lugar de nacimiento de Bernabé (Hch 4:36), y arribaron a la ciudad de Salamina. Aunque fue destruida parcialmente por un terremoto en el 15 a. C., para el siglo I d. C. Salamina tenía un templo a Zeus, un gimnasio (un campo deportivo al aire libre, donde los jóvenes recibían educación física y formación académica) y un teatro que tenía cabida para 20.000 personas. Su numerosa comunidad judía requería varias sinagogas (Hch 13:3-5). En lo que se convertiría en su patrón ministerial en otras ciudades, Pablo predicó en una sinagoga en el día de descanso.

El equipo misionero partió de Salamina, atravesó toda la isla y llegó a la ciudad de [Nuevo] Pafos (Hch 13:6a)[550]. Varias tradiciones no verificables sugieren la(s) ruta(s) que Pablo pudo haber utilizado para cruzar Chipre y los lugares donde pudo haberse detenido camino a Pafos[551]. Si utilizó el camino romano a lo largo de la costa sur, su grupo habría pasado las ciudades intermedias de Kitión, Amatus y Curio antes de llegar a Nuevo Pafos.

En la era del Nuevo Testamento, Pafos servía de sede del gobierno de la isla y la ciudad era conocida por su templo y su culto a la diosa Afrodita, quien supuestamente había emergido de la espuma del mar muy cerca de la ciudad. Al llegar los misioneros, fueron convocados a presentarse ante el procónsul romano[552], quien deseaba escuchar personalmente su mensaje. Aquí Pablo se enfrentó a su primera oposición y también tuvo la primera conversión a su mensaje. Un profeta judío de nombre Barjesús (*Elimas* es un nombre griego que significa «hechicero»), casi seguramente un miembro del personal del procónsul, intentó confundir el mensaje del apóstol y disuadir al procónsul. Pero Pablo lo resistió y Barjesús fue herido de ceguera (Hch 13:6b-12). Viendo lo que había ocurrido y sintiéndose atraído por el evangelio, el procónsul —Sergio Paulo— creyó y se hizo discípulo de Cristo[553]. Como resultado de este suceso, la parte occidental de Chipre se convirtió en el primer distrito del Imperio romano gobernado por un cristiano. Y de aquí en adelante, tanto en esta narrativa como en todas las epístolas, siempre se le refieren al apóstol por su nombre romano (Pablo) y ya no por su nombre judío (Saulo).

Pablo y su séquito abandonaron Chipre y navegaron hasta Perge en la

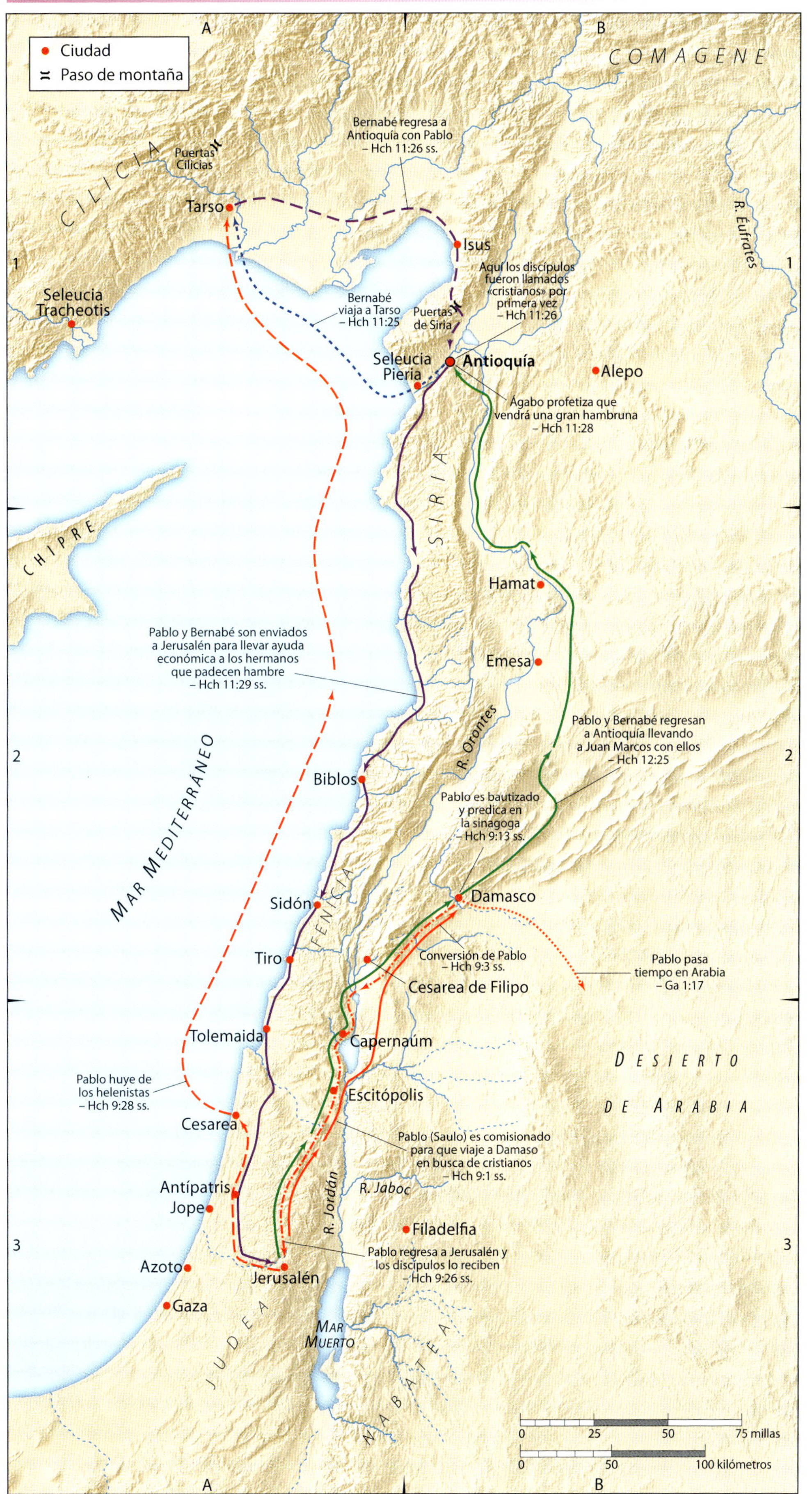

península de Asia Menor[554]. El único evento que Lucas asoció con Perge fue la partida de Juan Marcos, quien dejó al equipo misionero y regresó a Jerusalén (Hch 13:13). Se desconoce el motivo por el cual Marcos dejó a los otros misioneros en este momento y es algo debatido ampliamente en la literatura. ¿Fue a causa de una persistente incertidumbre acerca de una misión hacia los gentiles, que tal vez todavía se consideraba como algo blasfema (*cf.* Ga 2:13)? ¿Estaba celoso de que Pablo había asumido el liderazgo en lugar de su pariente Bernabé? ¿Tuvo temor de los peligros que tenían que enfrentar? ¿Estaba enfermo o extrañaba su hogar? ¿O habrá sido que los extremadamente escarpados montes Tauro eran demasiado exigentes para él? Se han sugerido todas esas posibilidades.

Fuera cual fuera el razonamiento de Marcos, Pablo y Bernabé siguieron sin él desde Perge hasta Antioquía de Pisidia (Hch 13:14). Este tramo de su itinerario los habría llevado a través de la cadena de los montes Tauro cerca del río Cestro, pasando por las ciudades de Termeso, Comana, Lisinia y Apolonia sobre un camino militar romano —la Vía Sebaste— que había sido construido por Augusto tan temprano como el 6 a. C.[555] La densa forestación de los montes Tauro, junto con su gran altura, habría hecho prácticamente imposible el paso hacia su lado septentrional de cualquier otra manera[556].

Otra vez en el día de descanso, Pablo predicó en la sinagoga de Antioquía. En esta ocasión su mensaje estimuló a tal punto la imaginación de su audiencia que fue invitado a hablar nuevamente en el siguiente día de descanso. No obstante, en aquella ocasión fue injuriado por los líderes judíos, por lo que reorientó sus esfuerzos hacia los gentiles de la región. Muchos creyeron el mensaje de Pablo, un hecho que enardeció todavía más las hostilidades judías. Como resultado, los líderes judíos ortodoxos insidiosamente incitaron a la gente de Antioquía en contra de ellos, y los dos misioneros fueron echados de la región (Hch 13:14b-52). Actualmente, se está excavando una iglesia cristiana en Antioquía de Pisidia, construida encima de una sinagoga del siglo I que podría o no resultar relacionada con el lugar donde Pablo predicó.

Entrando al distrito de Licaonia, Pablo y Bernabé comenzaron su ministerio allí en la ciudad de Iconio. El sector oriental de la Vía Sebaste se extendía hacia el suroriente desde Antioquía de Pisidia hasta la provincia de Licaonia, pasando por las ciudades de Neápolis y Tiberiópolis, y continuando hasta Iconio[557]. Pablo y Bernabé permanecieron en Iconio durante mucho tiempo (Hch 14:1-6), y su mensaje captó el interés de muchos. Pero al enterarse de un complot para apedrearlos, huyeron a la ciudad cercana de Listra, un centro de comercio importante en el mundo romano oriental. Mientras estaban allí, Pablo sanó a un hombre que había sido lisiado desde su nacimiento. La gente de Listra estaba asombrada y pensaba que los dioses los estaban visitando. Identificaron a Pablo con Hermes/Mercurio porque era quien hablaba, y a Bernabé con Zeus/Júpiter, a lo mejor por ser de mayor edad y por su aspecto más imponente. Cuando la gente intentó ofrecerles sacrificios (Hch 14:6b-18), Pablo y Bernabé insistieron enérgicamente en que eran simples mortales[558].

Después de eso, judíos de Antioquía de Pisidia y de Iconio consiguieron rastrear a los misioneros hasta Listra, donde persuadieron a algunas personas para que apedrearan a Pablo. El apóstol fue arrastrado fuera de la ciudad donde lo abandonaron

dándolo por muerto (Hch 14:19). La eficacia de esta delegación de afuera va en apoyo a la idea de que había una población judía y tal vez hasta una sinagoga en Listra, aunque ninguna de estas dos cosas se menciona en forma explícita en el texto. A fin de cuentas, la misión de Pablo en Listra debe considerarse un éxito, aunque solo fuera por la conversión de la familia de Timoteo (2 Tm 1:5; Hch 16:1-3).

La última ciudad visitada en este primer viaje fue Derbe, que ahora se sabe estaba ubicada en Kerti Hüyük, gracias al hallazgo allí de una inscripción en caliza de mediados del siglo II y un bloque de piedra con inscripciones del siglo IV o V[559]. En este viaje, Derbe fue el único lugar en Asia donde los apóstoles no fueron perseguidos. (Observe la omisión de Derbe en el comentario posterior de Pablo sobre sus persecuciones [2 Tm 3:11]). El hecho de que se hicieron muchos discípulos mientras Pablo y Bernabé permanecieron en Derbe permite inferir que se podían haber quedado allí por un tiempo considerable (Hch 14:20-21a). Más adelante, se menciona por nombre a Gayo, uno de esos discípulos (Hch 20:4).

En Derbe, Pablo habría estado a menos de 160 km de Tarso, su ciudad natal, y a solo unos 320 km de Antioquía de Siria, el destino final de su primer viaje. No obstante, en lugar de tomar una ruta directa hacia el oriente, que pasaría por las puertas Cilicias y los llevaría a Antioquía en unos 10 días, la preocupación de Pablo por las nuevas iglesias lo obligó a volver sobre sus pasos y viajar unos 1100 km antes de terminar su viaje. Su elección de ese itinerario lo habría llevado de nuevo por ciudades donde poco tiempo antes había sido rechazado y tratado con dureza, lo cual habría implicado una buena dosis de valentía de su parte. Pero Pablo tenía asuntos importantes que atender a lo largo de la ruta que había elegido: «fortaleció a los discípulos», «animó a los creyentes a permanecer fuertes en medio de muchas tribulaciones» y «nombró ancianos en cada iglesia» (Hch 14:22-23). Después de una breve misión de predicación en Perge, Pablo bajó al puerto mediterráneo de Atalia, el principal puerto de Panfilia en ese tiempo[560]. Los misioneros se embarcaron en una nave rumbo a sus hogares en Antioquía, donde pasaron «mucho tiempo» con los creyentes (Hch 14:24-28).

EL SEGUNDO VIAJE MISIONERO DE PABLO

Después de pasar tiempo en Antioquía y Jerusalén (Hch 15:1-35), Pablo sugirió a Bernabé que volvieran a visitar a sus hermanos cristianos en las ciudades de su primer viaje. Sin embargo, mientras aún estaban en la etapa de planificación, surgió un intenso desacuerdo entre ellos. Bernabé insistía en que Juan Marcos los acompañara, pero Pablo no quería tener nada que ver con la idea de llevar a alguien que antes había abandonado la misión. Por lo tanto, tomaron caminos distintos. Bernabé tomó a Marcos y se embarcó hacia Chipre, su tierra natal (Hch 15:36-39). Eximido del ministerio en Chipre, Pablo reclutó a Silas, un judío con ciudadanía romana quien era un miembro importante de la iglesia en Jerusalén (Hch 15:22-32; 16:40). (Pablo y Juan Marcos se reconciliaron más adelante [Col 4:10; 2 Tm 4:11]. De manera similar, el texto posterior de 1 Corintios 9:6 parece reflejar que Pablo conocía y aprobaba el ministerio de Bernabé).

Pablo y Silas partieron rumbo al norte desde Antioquía, por las puertas de Siria y, más tarde, por las puertas Cilicias[561], hasta entrar a las provincias de Cilicia y Galacia (Hch 15:41). Llegaron a Derbe y siguieron a Listra, fortaleciendo a los creyentes en el camino. En esta última ciudad, conocieron a un joven llamado Timoteo. La madre y/o la abuela de Timoteo pueden haber estado entre los primeros convertidos de Pablo en Listra (2 Tm 1:5) y parece que el propio Timoteo se hizo discípulo bajo el tutelaje de Pablo (1 Co 4:17; 1 Tm 1:2). Su reputación entre los creyentes en la región de Licaonia y su herencia judía (Hch 16:1) hicieron de Timoteo un buen y eficaz compañero de misión. Timoteo se unió a Pablo y Silas y tomaron el camino romano hacia el occidente, tal vez pensando seguirlo hasta Éfeso (precisamente la ruta que Pablo empleó en su tercer viaje)[562].

Sin embargo, cuando se acercaban a la provincia de Asia, la entrada les fue «prohibida por el Espíritu Santo» (Hch 16:6b). Eso los habría obligado a abandonar el camino pavimentado, girar hacia el norte en dirección a Bitinia y Ponto, y comenzar una marcha por lo que en ese tiempo habría sido un sendero estrecho y no pavimentado[563]. La ruta más probable los habría hecho seguir el sendero entre Antioquía de Pisidia y la montaña vecina justo al norte (Sultán Dag) en una dirección noroccidental, atravesando Frigia central hasta la ciudad de Cotieo (Kütahya). En Cotieo el sendero daba un giro brusco hacia el nororiente y continuaba hasta la prominente ciudad romana de Dorylaeum (Eskişehir). Desde Dorylaeum, el principal sendero hacia el norte corría en dirección noroccidental hacia Nicea (Iznik) y Prusa (Bursa), manteniéndose al norte de los altos del Olimpo de Misia (Ulu Dag). Fue en este tramo del camino, probablemente no lejos de Nicea, donde de nuevo el equipo de Pablo se vio impedido de entrar en su provincia elegida, Bitinia (Hch 16:7). En cambio, se dirigieron al occidente por un sendero romano que pasaba por la provincia de Misia hasta llegar al Troas alejandrino (Hch 16:8), un puerto en la costa Egea cerca de la legendaria ciudad de Troya[564]. Fundado por Alejandro Magno y convertido en colonia romana por Augusto César, Troas era un puerto de escala regular para las naves que viajaban entre Asia y Macedonia (Hch 20:5).

Mientras estaba en Troas con Silas y Timoteo, Pablo recibió su «llamado macedonio», y con ello el terreno fue preparado para la expansión del evangelio a Europa (Hch 16:9; *cf.* 2 Co 2:12-13). Algunos han especulado que el «hombre de Macedonia» no era otro que Lucas mismo, autor del libro de los Hechos[565]. Se puede encontrar una verosímil base de apoyo para esa premisa en los tres así llamados «pasajes de "nosotros"» del libro de los Hechos (16:10-17; 20:5–21:18; y 27:1–28:16)[566]. A diferencia del resto de Hechos, estas tres narrativas están escritas en primera persona y parecen presentar un informe concreto de un testigo presencial. Sin embargo, pese a las claras señales de la autoría de Lucas, la especulación relativa a la identidad del «hombre de Macedonia» no es más que eso: especulación. Hoy en día, muy pocos estudiosos del Nuevo Testamento se aferran a esa posibilidad.

Desde Troas, Pablo se embarcó hacia Europa, ahora con Silas, Timoteo y Lucas. Los vientos alisios deben de haber sido favorables porque el viaje entre Troas y Neápolis (Kavala) llevó solamente dos días, mientras que el tramo contrario de Neápolis a Troas en el tercer viaje de Pablo llevó cinco días (Hch 20:6). Pasaron la noche de viaje en Samotracia, una isla montañosa que era la sede del culto mistérico en la religión romana. Desde Neápolis, Pablo y sus compatriotas se encaminaron directamente a Filipos. Entre Neápolis y Tesalónica, pudieron viajar por la Vía Egnatia, una carretera arterial pavimentada de casi 800 km que se extendía entre Bizancio/Estambul en el mar de Mármara y Dirraquio en el mar Adriático[567]. Era, en esencia, una continuación de la Vía Apia que abarcaba el territorio italiano desde Roma hasta Brundisio sobre el Adriático, así que unió las provincias orientales con Italia. [**Ver mapa 26**].

Filipos, nombrado en honor al padre de Alejandro, era el sitio más grande e importante en todo el norte de Grecia en ese tiempo. Alrededor de 100 años antes de la visita de Pablo, en el 42 a. C., las llanuras de Filipos fueron el sitio de una aplastante derrota infligida a Bruto y Casio por las fuerzas de Marco Antonio y Octavio (conocido más tarde como Augusto César). César convirtió a Filipos en una colonia romana, y la ciudad sirvió de hogar para muchos de los veteranos de esa guerra y de otros conflictos militares posteriores. Fue la única colonia romana que se denota como tal en el libro de los Hechos (16:12). Como colonia, la autoridad municipal estaba en manos de dos «magistrados» (Hch 16:20), conocidos en latín como «pretores» (Flp 1:13; Mt 27:27; Hch 23:35).

Siguiendo su patrón anterior, Pablo buscó una oportunidad de predicar en Filipos en el día de descanso. No obstante, en este caso, habló en «un lugar de oración fuera de la puerta (de la ciudad) junto al río» (Hch 16:13, 16), probablemente un afluente del río Gangites que corría cerca de la parte suroccidental de la ciudad. Dada la terminología poco común e incluso poco clara de Lucas aquí, parece sugerir que Filipos tenía una población judía muy pequeña y carecía de sinagoga[568]. Los esfuerzos iniciales de Pablo por predicar en Filipos fueron recompensados cuando Lidia creyó y fue bautizada, junto con toda su casa. Provenía de la ciudad de Tiatira en la provincia de Asia y estaba en Filipos como «vendedora de púrpura». (Una inscripción hallada en Filipos menciona a «tintoreros de púrpura» procedentes de «Tiatira» y sugiere que posiblemente trabajaban allí como gremio)[569]. Irónicamente, el primer convertido de Pablo registrado en Europa provenía precisamente de la provincia asiática a la que se le había prohibido entrar y evangelizar (Hch 16:6b).

Más adelante, Pablo exorcizó un espíritu de una niña esclava, y sus dueños comprendieron que ya no podrían sacar provecho explotando su extraño don. Pablo y Silas fueron arrastrados ante un tribunal en el ágora romana (la plaza del mercado), azotados y encarcelados (Hch 16:18-24; *cf.* 1 Ts 2:2)[570]. Alrededor de la medianoche, mientras oraban y cantaban himnos en lo más profundo de la prisión, un terremoto abrió las puertas y soltó las cadenas de los presos. El carcelero, suponiendo que sus presos habían escapado y que debería pagar el precio de sus vidas con la suya, se dispuso a suicidarse. Pero Pablo le aseguró que ni uno

de los presos había escapado. Aterrorizado y desconcertado, el carcelero entró a la celda de Pablo donde fue cautivado por el mensaje de Cristo y se convirtió. Entonces llevó a Pablo y a Silas a su casa, atendió sus necesidades físicas y fue bautizado junto con toda su familia. Por la mañana, los magistrados descubrieron que habían azotado a ciudadanos romanos y les ofrecieron sus disculpas. A pesar de ello, pidieron a Pablo que abandonara Filipos, probablemente por temor a la represalia en caso de que la noticia de los azotes se conociera afuera (Hch 16:25-40).

Pablo y su grupo, presuntamente sin Lucas, viajaron por la Vía Egnatia, pasando por Anfípolis[571] y Apolonia, hasta Tesalónica (Hch 17:1). Esta era una ciudad portuaria en un cruce estratégico de la Vía Egnatia, cerca de la intersección con otra carretera importante que conectaba el mar Egeo con el río Danubio al norte[572]. Tal vez fue a razón de este escenario geográfico particular que Pablo escribió más tarde que la fe de la iglesia de Tesalónica se había «extendido por todo el mundo» (1 Ts 1:8). Al parecer, el equipo de Pablo encontró

alojamiento en Tesalónica en la casa de un hombre llamado Jasón. Durante tres días de descanso sucesivos Pablo expuso con poder las Escrituras relativas a Cristo. Muchos creyeron, pero una vez más se despertó la ira de los líderes judíos locales, quienes incitaron a una turba para que atacara la casa de Jasón. No pudiendo hallar a Pablo ni a Silas adentro, tomaron a Jasón y lo golpearon por albergar a personas sediciosas (Hch 17:2-9).

Pablo y sus acompañantes abandonaron Tesalónica durante la noche y recorrieron la corta distancia hasta Berea. Allí su ministerio en la sinagoga encontró una audiencia receptiva, y parece que muchas personas creyeron y se fundó una iglesia numerosa. Pero cuando la noticia de este ministerio en Berea llegó a oídos de algunos judíos en Tesalónica, fueron a Berea buscando hacerle daño a Pablo. Silas y Timoteo se quedaron atrás mientras Pablo fue sacado rápidamente de Berea y llevado al mar Egeo (probablemente a Dion, el lugar de una colonia romana cerca de la base septentrional del monte Olimpo), donde se embarcó en una nave rumbo a Atenas (Hch 17:10-15).

Desde la nave, Pablo habría podido ver el monte Olimpo, el mítico hogar de Zeus, dios principal del panteón griego, pero en Atenas enfrentaría el sinnúmero de dioses que componían el panteón[573]. Consternado por el apabullante despliegue de deidades que se adoraban en esta ciudad, Pablo no perdió tiempo en iniciar debates tanto en la sinagoga judía como en el ágora. A pesar de que mucha de su anterior grandeza se había perdido para entonces, Atenas seguía siendo el centro intelectual del mundo antiguo en los días de Pablo. Cuando se extendió la noticia de que un nuevo maestro de religión había llegado, Pablo fue invitado a hablar ante el Areópago, una corte que según se decía había sido fundada por la diosa Atenea misma y que en tiempos anteriores había sido la sede del alto concilio de Atenas.

Puesto que se estaba dirigiendo a gente sin trasfondo judío en absoluto, Pablo no siguió su procedimiento normal de ir a la sinagoga y demostrar cómo las promesas del Antiguo Testamento habían sido cumplidas por medio de la muerte y resurrección de Cristo. En cambio, inició un elocuente discurso con base en la visión griega de Dios como creador, presente en todo lugar del universo. Apoyó su argumento con una referencia a un cercano altar «a un dios desconocido» (Hch 17:22-27a), y citó a poetas griegos: a Arato («Nosotros somos su descendencia» [17:28b]) y presuntamente a Epiménides («En él vivimos, nos movemos y existimos» [17:28a]). Pero en cuanto llegó Pablo a la doctrina de la resurrección de Cristo, su audiencia filosófica se dividió en forma inmediata y tajante. Algunos se burlaban de él (Hch 17:32); otros se referían a él como un «picoteador de semillas» (*spermologos* [Hch 17:18]: un término despectivo para alguien que andaba por el Areópago «picoteando» trozos de información de uno y otro lado)[574]; y otros más creyeron. Entre los convertidos se encontraban Dionisio, un miembro del Areópago, y una mujer llamada Dámaris (Hch 17:34)[575]. Cuando Pablo partió de Atenas, había hecho algunos convertidos, pero según parece no fundó allí una iglesia. De Atenas se encaminó hacia el occidente, a Corinto.

Corinto era una extensa ciudad portuaria situada en un istmo de 5,5 km que separaba el mar Egeo del mar Adriático, con un puerto en cada lado[576]. Al cruzar este istmo para pasar de un mar al otro, los viajeros y los mercaderes podían evitar el viaje prolongado y extremadamente arriesgado alrededor de todo el Peloponeso. Nerón intentó sin éxito construir un canal a través del istmo, pero en la época de Pablo había una calzada de piedra que lo cruzaba, lo que permitió transportar embarcaciones por tierra, directamente de un mar al otro. Corinto tenía una abundante provisión de agua dulce, y la ciudad era anfitriona de los Juegos Ístmicos[577], un festival panhelénico que se realizaba cada dos años en honor de Poseidón/Neptuno, el dios del mar. Estos Juegos atraían a muchos delegados, atletas, visitantes y mercaderes, y generaban muchos ingresos adicionales para los residentes locales. Pablo pudo haberse beneficiado personalmente de los Juegos porque se habría necesitado un gran número de carpas para refugiar a los visitantes (Hch 18:1-3; *cf.* 1 Co 9:24-27).

Como centro cosmopolita estratégicamente ubicado, con mucho comercio internacional, Corinto disfrutaba de una extravagante prosperidad que también atraía a mucha gente de mala reputación. Ese ambiente significaba que la ciudad se había convertido en un lugar de afamada inmoralidad. La palabra griega *korinthiazō* significaba «fornicar» (1 Co 5:1-11; 6:15-20; 7:1-2), y había más de 1000 prostitutas sagradas asignadas al templo de Afrodita en Corinto[578]. La ciudad también tenía otros grandes templos así como muchos otros edificios propios de una ciudad romana importante.

Los estudiosos del Nuevo Testamento creen que pueden fechar los 18 meses de la estadía de Pablo en Corinto con bastante precisión (Hch 18:11). A su llegada, Pablo encontró a Priscila y Aquila, judíos que acababan de llegar de Roma (Hch 18:2b) luego de ser expulsados de esa ciudad como parte de la purga de Claudio en el año IX de su reinado (49 d. C.)[579]. Hacia el final de su estadía en Corinto, Pablo fue llevado ante Galión, el procónsul de Acaya (Hch 18:12), quien resultó ser hermanastro del poeta y dramaturgo romano Séneca. Una inscripción de Claudio, descubierta en Delfos, menciona a un tal Junio Galión como procónsul de Acaya. Está fechada en el año 52 d. C. y se permite determinar que Galión fue procónsul de Acaya entre el 1 de julio del 51 d. C. y el 1 de julio del 52 d. C.[580] Parece entonces que Pablo llegó a Corinto en el invierno (tal vez en enero) del 50 d. C., poco después de la llegada de Priscila y Aquila a fines del 49 d. C., y se fue a fines del verano del 51 d. C.[581]

En el camino cercano al teatro romano en Corinto, hay una inscripción tallada en caliza de un hombre llamado Erasto, que describe cómo una sección del camino cerca del teatro fue construida a sus expensas y a cambio de su posición como *aedile*. Un *aedile* era un prominente funcionario electo en la colonia con responsabilidad por el mantenimiento y el bienestar de las propiedades de la ciudad, incluyendo calles, edificios públicos, el ágora y otras[582]. Con base en los resultados de su excavación, se piensa que este pavimento fue colocado alrededor del 50 d. C.[583], la época en la que Pablo estaba en Corinto. Y aunque el nombre personal Erasto era poco frecuente en los escritos del siglo I, Pablo hizo referencia a un compañero en la obra cristiana de Corinto llamado Erasto (Rm 16:23, escrito desde Corinto), a quien describía como el «tesorero» de la ciudad. Esta palabra se aproxima a la función del *aedile* corintio, y es la creencia generalizada de que el compañero cristiano de Pablo y la persona mencionada en la inscripción del pavimento pueden haber sido la misma persona[584].

Como compañeros en el oficio de fabricantes de carpas o curtidores de cuero, resultaba muy natural que Pablo terminara siendo socio, amigo e incluso huésped de Priscila y Aquila (Hch 18:3; *cf.* 1 Co 4:12). En algún momento durante este período, el matrimonio aceptó la Buena Noticia y, más tarde, viajó con Pablo hasta Éfeso. Se narra que tiempo después Priscila y Aquila incluso arriesgaron su vida por Pablo y el evangelio (Rm 16:3-4). Muchos otros también se convencieron

gracias a la predicación semanal de Pablo en Corinto, incluyendo a Crispo, un importante líder de la sinagoga, y Ticio Justo, cuya vivienda estaba contigua a la sinagoga y llegó a convertirse en el sitio de una iglesia casera (Hch 18:6-9). Con el tiempo algunas de las autoridades judías inventaron cargos contra Pablo y lo llevaron ante Galión. Sin embargo, Galión se convenció de que el asunto era de incumbencia estrictamente judía; se negó a juzgarlo, y Pablo pudo continuar con su misión en Corinto (Hch 18:12-17).

No obstante, Pablo pronto decidió volver a Antioquía de Siria. Llevando a Priscila y Aquila con él (Hch 18:18), y cruzando el istmo hasta el puerto en Cencrea, abordó un barco rumbo a Éfeso. Dejó a Priscila y Aquila allí, pero rechazó el pedido de los efesios de que permaneciera un tiempo con ellos. En lugar de eso, se embarcó en una nave romana que iba a Cesarea. Desde allí el apóstol subió y saludó a la iglesia de Jerusalén antes de emprender el último tramo del viaje de regreso a Antioquía de Siria (Hch 18:18-22).

EL TERCER VIAJE MISIONERO DE PABLO

La descripción de Lucas de las fases iniciales del tercer viaje misionero de Pablo es lamentablemente resumida. Al comienzo de Hechos 18:23 Pablo estaba a punto de partir de Antioquía de Siria; al versículo siguiente ya había llegado a Éfeso, ubicado al otro lado de Asia Menor, sobre el mar Egeo.

Lucas ofrece dos comentarios adicionales que pueden estar relacionados con el itinerario de Pablo en su camino a Éfeso. En el primero, Lucas afirma que Pablo «fue de lugar en lugar a través de las regiones de Galacia y Frigia, fortaleciendo a todos los discípulos» (Hch 18:23b). Esto lógicamente se toma como indicador de que Pablo estaba volviendo a visitar las iglesias que había fundado durante sus misiones anteriores, al volver sobre sus pasos desde Antioquía de Siria pasando por las puertas Cilicias y la Vía Sebaste hasta Antioquía de Pisidia. En su segundo comentario (Hch 19:1), Lucas declara que al ir hacia Éfeso, Pablo «viajó por las regiones del interior» (NTV)[585]. Es muy posible que, desde Antioquía de Pisidia,

Pablo continuara hacia el occidente por la Vía Sebaste en una ruta bastante directa y pasara por las importantes ciudades de Apamea y Laodicea, desde donde habría iniciado un recorrido hacia el occidente por el valle del río Meandro. El camino romano corría por este valle ininterrumpido, pasando las ciudades de Tralles y Magnesia [**mapa 114**] para llegar finalmente a Éfeso[586].

Sin embargo, algunos estudiosos argumentan en contra de esta ruta propuesta vía Laodicea, sobre la base de Colosenses 2:1, que indica que Pablo no había tenido contacto directo con los creyentes de Colosas o Laodicea. Esta objeción supone que Pablo se habría dedicado a evangelizar si hubiera pasado por esas regiones, y por lo tanto, habría estado personalmente involucrado en la formación de iglesias tempranas allí. Al contrario, parece claro que la fundación de iglesias en Laodicea y Colosas estuvo vinculada con la obra de Epafras (Col 4:12-13)[587], y por eso se sostiene que Pablo debió haber tomado otra ruta hasta Éfeso. No obstante, hay varios otros lugares por los que pasó el apóstol en sus viajes donde él evidentemente no evangelizó[588]. Este parece haber sido el caso cuando Pablo había determinado llegar a un destino particular (como Jerusalén [Hch 20:16]), lo que pudo haber sucedido aquí. En su segundo viaje, había rechazado una invitación para quedarse más tiempo en Éfeso, y había expresado un profundo deseo de regresar allí (Hch 18:19-21).

Desde la perspectiva de Pablo, Éfeso estaba cerca del centro geográfico de todos los lugares que había evangelizado anteriormente. Era una de las ciudades más grandes y claramente la más importante de toda Asia en cuanto a lo político y lo comercial, además de ser el principal puerto marítimo de Asia Menor y el mejor emporio en Asia[589]. La ciudad ostentaba el gran templo a Artemisa/Diana (una de las siete maravillas del mundo antiguo)[590], por lo menos otros tres templos, un enorme hipódromo, un inmenso teatro, una basílica, una plaza cívica y una plaza de mercado, dos grandes gimnasios, un gran despliegue de fuentes y baños públicos y numerosas piezas de arte e inscripciones[591]. En el siglo II, se construyó la biblioteca de Celso, y Trajano hizo aún más mejoras arquitectónicas en la ciudad.

Pablo proclamó el evangelio en Éfeso durante su estadía de dos a tres años (Hch 19:10, 22; 20:31). Un gran número de creyentes fueron bautizados y hubo muchos milagros. Durante este período, su ministerio se extendió desde Éfeso al otro lado del Egeo: envió a Timoteo a Macedonia y Corinto (Hch 19:22; 1 Co 4:17; 16:10-11), y en una ocasión parece que Pablo mismo visitó Corinto para encarar los problemas que había allí (2 Co 12:14; 13:1). Una señal de la influencia de Pablo en Éfeso se puede observar en la reacción de Demetrio, un platero. Pensando que el mensaje de Pablo amenazaba el sustento de los artesanos de la ciudad, si no el culto mismo a Artemisa, Demetrio convocó a otros artesanos y los incitó a provocar disturbios. En la refriega que siguió, dos de los compañeros de Pablo, Gayo y Aristarco, fueron aprehendidos y arrastrados al teatro de Éfeso. Aunque

Pablo mismo salió ileso, el incidente ayudó a reforzar su decisión de partir para Macedonia y Grecia (Hch 19:23–20:2).

Parece razonable inferir que Pablo, después de salir de Éfeso, volvió a visitar a los hermanos y hermanas macedonios en Filipos, Tesalónica y Berea antes de pasar a Corinto, probablemente pasando de largo Atenas (Hch 20:2). Fue durante su estadía de tres meses en Corinto (Hch 20:3a) que redactó la Epístola a los Romanos en la que expresó su sincera esperanza de visitar España algún día (Rm 15:22-33). No obstante, primero tenía planes de ir a Jerusalén (Rm 15:25).

Parece que, justo cuando Pablo estaba a punto de embarcarse para Jerusalén (posiblemente para la Pascua), hubo una amenaza contra su vida (Hch 20:3). Como resultado, decidió viajar por tierra a través de Macedonia hasta Filipos y su puerto, Neápolis. Aparentemente, después de celebrar la Pascua cristiana en Filipos[592], Pablo abordó un buque de carga y cruzó hasta Troas. Desde allí, se dirigió a la ciudad de Asón, donde alcanzó a sus compañeros de viaje que habían navegado directamente desde Cencrea, y juntos se embarcaron hacia Siria (Hch 20:3b-14).

Este viaje por mar llevó al apóstol a las islas de Lesbos, Quío y Samos antes de llegar al enorme puerto de Mileto[593]. Como en esta ocasión había decidido pasar de largo Éfeso en un intento por llegar a Jerusalén para el Pentecostés, Pablo convocó a los ancianos de Éfeso a reunirse con él en Mileto. En lo que fue su único discurso registrado en el que se dirigió a una audiencia exclusivamente cristiana, Pablo los exhortó y oró con ellos. Los ancianos lo abrazaron, lo besaron y lloraron, suponiendo que era la última vez que lo verían (Hch 20:17-38).

Desde Mileto, la embarcación de Pablo pasó Cos y Rodas[594] y finalmente arribó al puerto licio de Pátara (Hch 21:1). En los días de Pablo, Pátara era un centro de comercio muy importante en el Mediterráneo oriental y sede del famoso templo del Apolo licio, que en ese tiempo rivalizaba con Delfos en riqueza y autoridad. Pablo encontró otra nave que iba directamente a Fenicia, así que la abordó, pasó Chipre «por la izquierda» y llegó a la ciudad portuaria de Tiro (Hch 21:2-3). Durante una escala de siete días mientras bajaban la carga del barco, Pablo buscó a discípulos en esa ciudad. Esos creyentes le advirtieron que no siguiera a Jerusalén, pero se sintió obligado por un impulso divino y continuó con su viaje. La nave pasó el puerto de Tolemaida y siguió navegando hasta Cesarea, donde Pablo encontró alojamiento en la casa de Felipe el evangelista (Hch 21:3b-8). Tanto Ágabo, un profeta de Judea, como otros de su propio equipo, incluyendo el mismo Lucas, le suplicaron nuevamente a Pablo que no subiera a Jerusalén (Hch 21:10-12), pero el apóstol se mantuvo resuelto en su intención de ir a la ciudad santa.

Al llegar a Jerusalén, Pablo se reunió con Santiago y los ancianos de la iglesia y compartió con ellos los detalles de su ministerio entre los gentiles. Siguiendo su consejo y atendiendo a la costumbre judía, Pablo fue al templo con otros cuatro adoradores para llevar a cabo ritos de purificación y cumplir votos. Sin embargo, antes de terminar los siete días de purificación,

unos hombres de Asia —se presume de Éfeso— lo reconocieron
y lo acusaron falsamente de profanar el templo por llevar a un
gentil al recinto sagrado (Hch 21:18-29). Esto habría sido un
delito capital en el tiempo de Pablo. Sobre las puertas principales del templo había inscripciones que prohibían, bajo pena
de muerte, la entrada de los gentiles a los recintos interiores.

En consecuencia, Pablo fue inmediatamente aprehendido y
golpeado. Cuando el tribuno romano se enteró de la refriega y
llegó a la escena con sus soldados, hizo que arrestaran a Pablo
y lo llevaran a la fortaleza Antonia. Pablo permaneció allí hasta
que el tribuno se enteró de una conspiración judía contra el
apóstol (Hch 21:30–23:22). Por eso, amparado por la oscuridad
y escoltado por una fuerte guardia[595], Pablo fue transferido a la
prisión provincial en Cesarea donde permaneció preso dos años.
Cuando llegó a Jerusalén el nuevo procurador, Porcio Festo, de
algún modo los sacerdotes principales le informaron sobre la
supuesta traición cometida por Pablo. De manera que cuando
regresó a Cesarea, Festo pidió que Pablo fuera llevado ante él
para investigar el caso. Y como parte de su defensa, Pablo apeló
al César (Hch 23:23–25:12). El procurador no podía hacer otra
cosa que acceder a este pedido de un ciudadano romano.

EL VIAJE DE PABLO A ROMA

Después de dos años de encarcelamiento en Cesarea (Hch 24:27),
Pablo fue entregado por las autoridades romanas a un centurión
de nombre Julio para que lo llevara a Roma. Julio era integrante
de la Cohorte Augusta, un regimiento auxiliar del ejército
romano probablemente identificado con la «Cohors Augusta I»
que por otras fuentes se sabe que se había desplegado en Siria y
Batanea durante el siglo i d. C.[596] Es entendible que «Julio» fuera
un nombre bastante común adoptado por los tempranos comandantes militares romanos[597]. Saliendo de Cesarea junto con otros
presos, Pablo fue acompañado en su viaje por Aristarco de Tesalónica (Hch 19:29; 20:4) y por Lucas, quien había viajado con el
apóstol a Jerusalén dos años antes y presuntamente había permanecido en Palestina durante el período intermedio, reuniendo
material para sus escritos posteriores[598]. Fueron puestos a bordo
de un barco que se dirigía a Adramitio, su puerto base y un
importante centro de comercio del Egeo oriental[599]. Probablemente Julio pensaba que desde un punto más septentrional
podría conseguir un barco mayor viajando hacia el occidente
a Roma. La embarcación de Pablo tocó puerto en Sidón, luego
continuó a sotavento de Chipre (al oriente de Chipre, en vista de
los vientos alisios dominantes del noroccidente), pasó las costas
de Cilicia y Panfilia y finalmente llegó a Mira, un puerto importante para el tráfico imperial de grano[600] (Hch 27:1-5).

Se ha estimado que la ciudad de Roma necesitaba importar
entre 135.000 y 180.000 toneladas de grano por año solamente
para satisfacer las necesidades de sus ciudadanos allí, además
de lo que habría sido necesario para suplir las legiones acuar-
teladas en provincias más lejanas[601]. [**Ver mapa 26**]. Mucho de
este grano se habría transportado desde el granero de Egipto,

Una inscripción hecha en piedra en el templo de Herodes, que dice: «Ningún extranjero ha
de entrar al atrio interior ni pasar la balaustrada que rodea el santuario. Quienquiera que
sea hallado allí deberá culparse a sí mismo por la muerte que sufrirá posteriormente».

y cantidades importantes habrían pasado por el puerto de Mira
para fines del siglo i d. C.[602]

En Mira, Julio encontró un barco grande de Alejandría que
transportaba trigo a Roma (Hch 27:6, 38), a bordo del cual fueron
puestos Pablo y sus compañeros. Esta embarcación, cuya tripula-
ción y pasajeros sumaban unas 276 personas (Hch 27:37), navegó
con cierta dificultad durante algunos días contra los dominantes
vientos alisios otoñales del noroccidente[603], pero finalmente
llegó a la costa de Gnido[604]. Continuando la navegación, los
marineros lograron alcanzar el extremo oriental de la isla de
Creta, el cabo de Salmón (cabo Sidero). Navegaron a sotavento
de Creta y finalmente llegaron a la ciudad de Buenos Puertos
(Kalí Liménes), inmediatamente al occidente de Lasea (Lassaia)
y solamente unos 9 km al oriente del borde del cabo León, que en
ocasiones se consideraba el punto más distante al que un barco
podía navegar con seguridad en esta época del año. Habría sido
entre mediados y fines de octubre si se supone que «el ayuno» de
Hechos 27:9 se refiere al Yom Kippur[605]. Sin embargo, en contra
del consejo de Pablo y aparentemente a causa de las insuficientes
capacidades portuarias en Buenos Puertos, el capitán del barco
decidió seguir adelante, con la idea de pasar el invierno en el
puerto algo protegido de Fenice (Loutros), otros 80 km más al
occidente por la costa meridional de Creta (Hch 27:6-13)[606].

Los historiadores y comentaristas del Nuevo Testamento
con frecuencia afirman que la navegación en el Mediterráneo
se consideraba peligrosa después del 15 de septiembre, y que en
realidad se paralizaba durante el invierno desde tres días antes de
los idus de noviembre (el 11 de noviembre) hasta seis días antes
de los idus de marzo (el 10 de marzo). En el fondo, esta afirmación se basa en los escritos de Flavio Vegecio Renato[607], quien fue
oficialmente comisionado por uno de los últimos emperadores
romanos para escribir un tratado imperial sobre las reglas generales de guerra en el Medio Oriente. No obstante, es razonable

suponer que muchas de las sugerencias militares de Vegecio habrían sido muy amplias y demasiado cautelosas. Además, hay factores atenuantes de naturaleza geográfica e histórica que se deben tener en cuenta cuando un barco navegaba con propósitos económicos en vez de militares, como habría sido el caso con la embarcación de Pablo. El clima varía considerablemente entre un cuadrante del Mediterráneo y otro. Por ejemplo, el cuadrante noroccidental se mantiene bastante tormentoso, incluso en medio del verano, mientras que el cuadrante suroriental del Mediterráneo solo raramente se presenta tormentoso, incluso en medio del invierno[608]. El emperador romano Claudio había ofrecido bonificaciones significativas, incentivos impositivos e incluso la ciudadanía romana a los dueños de barcos que se arriesgaran a navegar incluso en la estación invernal, debido a la cruda realidad de la escasez de alimentos durante los meses de invierno en Roma[609]. En defensa adicional del capitán de la embarcación de Pablo, las tormentas eléctricas en las inmediatas proximidades de Creta son realmente muy raras, y su siguiente escala (Fenice) le habría provisto agua dulce, inmediatamente accesible y abundante, para pasar el invierno.

Por supuesto, la navegación en el Mediterráneo en la antigüedad no era para el inexperto, ni el mal preparado ni el pusilánime. Con todo, esto nos puede ayudar a entender por qué un experimentado capitán de navío habría tenido suficiente incentivo, tal vez aumentado por cierta medida de codicia, para aventurar un tramo más en mar abierto antes del invierno[610]. Pero antes de que pudiera llegar a Fenice, el barco de Pablo fue golpeado repentinamente por un feroz viento huracanado del nororiente (un «Euroclidón»). Fue arrastrado hacia el sur, siendo alejado de la costa de Creta, por lo que pasó a sotavento de la isla de Cauda (Hch 27:14-17a). Los marineros a bordo lograron asegurar el barco por lo menos de forma provisoria —probablemente tensaron cuerdas de refuerzo de proa a popa— y subieron a bordo el esquife, tal vez porque ya se había llenado de agua. Pero al ser violentamente arrastrados de allí en dirección suroccidental, enfrentaron una amenaza más ominosa e incluso infame: podrían perecer en los bancos de arena superficiales y traicioneros de la Sirte Mayor y la Sirte Menor al occidente de Cirene, de manera que los marineros comenzaron a arrojar la carga y los aparejos por la borda (Hch 27:17b-19). La Sirte, uno de los tramos más temidos del Mediterráneo, era una extensión de 640 km de costa bastante estéril al norte de África que tenía corrientes fuertes y erráticas, restingas y bancos de arena peligrosos y una pobre visibilidad[611].

Evitaron las Sirte, pero aun así no habían salido del peligro. Después de dos semanas en el mar, y en medio de la noche, los atribulados compañeros de barco de Pablo hicieron diversos sondeos y descubrieron que una vez más estaban a punto de encallar, de manera que echaron cuatro anclas pequeñas «por la popa», probablemente preparando el barco para dar con tierra[612]. Algunos de los hombres procuraban escapar del desastre y bajaron el esquife al mar bajo el pretexto de echar las anclas principales. Pero Pablo insistió en que todos los que permanecieran a bordo se salvarían, de manera que cortaron las cuerdas y dejaron el esquife a la deriva (Hch 27:27-32). A la mañana siguiente, al ver tierra, los marineros decidieron «cortar» las anclas principales (no «levantarlas» como se traduce a veces) e intentar llegar a tierra[613], pero dieron con un arrecife[614] y el barco se partió completamente. No obstante, todos los pasajeros pudieron llegar a salvo a tierra, tal como había dicho el apóstol (Hch 27:33-44).

Habían llegado a la isla de Malta, un lugar de parada regular en los viajes trans-mediterráneos desde la Edad del Bronce Tardía y a lo largo del período romano. Es extraño que el registro de esta estadía invernal de tres meses en Malta no incluya ningún indicio de una misión de predicación ni registro alguno de convertidos nuevos (Hch 28:1-10). Más adelante, Pabló abordó otro barco carguero de granos proce-dente de Alejandría, uno que había pasado el invierno en Malta, presuntamente en el puerto de Valeta. Este barco tenía como mascarón de proa las figuras de dos deidades

La bahía de Smith, Malta, posible sitio del naufragio de Pablo.

 ATLAS BÍBLICO DE TYNDALE

griegas, Cástor y Pólux, quienes eran los hijos gemelos de Zeus, hermanos de Helena de Troya y patronos de la navegación[615].

La etapa final del viaje de Pablo a Roma carecería de incidentes. Zarpando de Malta, el barco tocó el puerto de Siracusa, un sitio que había sido colonizado por griegos corintios ya en el 734 a. C.[616] Un camino romano —la Vía Pompeia— recorría toda la línea de costa oriental de Sicilia, conectando a Siracusa con el resto de la isla. Alimentada por al menos cuatro acueductos distintos[617], Siracusa estaba ricamente provista con las espléndidas estructuras de una próspera ciudad romana: dos teatros, un anfiteatro con capacidad para 40.000 personas sentadas (más tarde utilizado en la persecución de cristianos)[618], templos a Apolo y Atenea, un altar de Hierón y un ninfeo (fuente). Desde Siracusa, el barco de Pablo siguió hasta Regio, un sitio estratégico en la península italiana frente a la ciudad siciliana de Mesina, y adelante por el traicionero estrecho de Mesina[619]. Entonces el barco encontró vientos favorables del sur y navegó hasta el puerto de Poteoli en un solo día (Hch 28:11-13). Justo antes de llegar, Pablo habría pasado frente a la isla de Capri, desde donde Tiberio César gobernó el imperio durante los últimos 10 años de su reinado (28–37 d. C., i. e., abarcando todo el período del ministerio de Jesús), y donde fue criado Gayo Calígula. Al aproximarse al puerto, Pablo habría visto el monte Vesubio, que se levantaba justo al oriente, descollando sobre toda la bahía de Poteoli, unos 20 años antes de la erupción que enterró los sitios de Pompeya y Herculano.

Antes de que Ostia, el puerto de Roma, se desarrollara completamente en el siglo II, Poteoli servía como puerto principal de Italia y posiblemente era el mayor puerto comercial de todo el Mediterráneo occidental[620]. En la época de Pablo, prácticamente no se transportaba por tierra ningún producto alimenticio, lo que habría sido demasiado costoso. En cambio, toda clase de granos, incienso, especias, vinos y esclavos desde todo el Medio Oriente y el norte de África se importaban por Poteoli. Para el siglo II, ya entraban por este puerto productos exóticos, estatuillas de marfil, sedas y especias desde tan lejos como la India y China[621]. Incluida entre las exportaciones de Poteoli ya desde el siglo III a. C. estaba un polvo volcánico —llamado *pozzolana*— que constituía un excelente material adhesivo para la fabricación de hormigón hidráulico. Este polvo, por ejemplo, se utilizó como endurecedor del cemento submarino en el puerto de Herodes el Grande en Cesarea[622]. Según Josefo[623], había en Poteoli una comunidad judía muy importante, aparentemente la más antigua de Italia aparte de la de Roma.

Después de desembarcar, Pablo permaneció siete días en Poteoli con unos hermanos cristianos antes de iniciar su viaje por tierra hacia Roma. Probablemente tomó un camino de enlace hacia el norte, hasta Capua, donde se unía con la Vía Apia, la cual lo habría llevado hasta Roma[624]. Por esa carretera pavimentada, Pablo pasó frente a dos paradas bien conocidas: el Foro de Apio y Las Tres Tabernas. Al enterarse del acercamiento del gran apóstol, algunos cristianos de Roma habían caminado hacia el sur para recibirlo en estos lugares, y luego escoltaron a su grupo hasta Roma (Hch 28:14-16). Pablo permaneció en Roma bajo arresto domiciliario —solo y con guardia[625]— durante dos años, viviendo a cuenta propia (Hch 28:16, 30).

LAS SIETE IGLESIAS DE ASIA

La isla egea de Patmos (Ap 1:9) está a poco menos de 65 km al occidente de Mileto y la costa de Asia. Presuntamente, el apóstol Juan fue enviado allí en exilio durante el reinado del emperador Domiciano[626], y fue desde Patmos que se dirigió por carta a las «siete iglesias [de Asia Menor]» (Ap 1:4, 11).

Asia Menor occidental es una designación geográfica para la península de tierra limitada al norte por el mar de Mármara y el estrecho del Helesponto (Dardanelos), al sur por el Mediterráneo, al oriente por la meseta montañosa de Frigia oriental y al occidente por el mar Egeo. La masa peninsular se inclina levemente hacia el noroccidente. Extendiéndose hacia el occidente desde las tierras altas frigias hay algunas crestas alejadas que dividen el terreno y crean valles laterales (incluyendo el valle del río Hermo y el valle del río Meandro) a través de los cuales los romanos construyeron caminos. Una importante carretera entraba a Frigia desde un punto justo al

El gigantesco teatro romano en Éfeso, con 24.000 asientos, fue cortado en la ladera de una colina y tenía enfrente al puerto sobre el Mediterráneo.

occidente de Antioquía de Pisidia [**mapas 25 y 112**], pasaba junto a Laodicea y seguía el valle del Meandro pasando por Tralles y Magnesia hasta los puertos occidentales de Éfeso o Mileto. Una rama importante de esa carretera se extendía al noroccidente desde Laodicea y pasaba por Filadelfia hasta Sardis, donde se dividía. En ese punto una rama viraba hacia el occidente hasta Esmirna y el Egeo; la otra se extendía en dirección de Tiatira, Pérgamo, Adramitio y Troas[627].

Es poco clara la relación entre Juan y las iglesias a las que fue dirigido el Apocalipsis. Los estudiosos del Nuevo Testamento no tienen certeza del motivo que tuvo el apóstol para dirigirse a esas iglesias mientras que excluyó otras iglesias antiguas de Asia, como Colosas, Hierápolis y Troas. Aparte del uso repetido por Juan del número siete en otras partes del libro, y del hecho de que Ignacio, el segundo obispo de Antioquía de Siria, también compuso cartas tempranas a siete iglesias (incluyendo Éfeso, Esmirna y Filadelfia), se ha sugerido que Juan seleccionó específicamente estas siete iglesias y que el mensaje a ellas parece haber sido ordenado en una secuencia particular debido a consideraciones geográficas.

Las siete iglesias de Asia — *mapa 114*

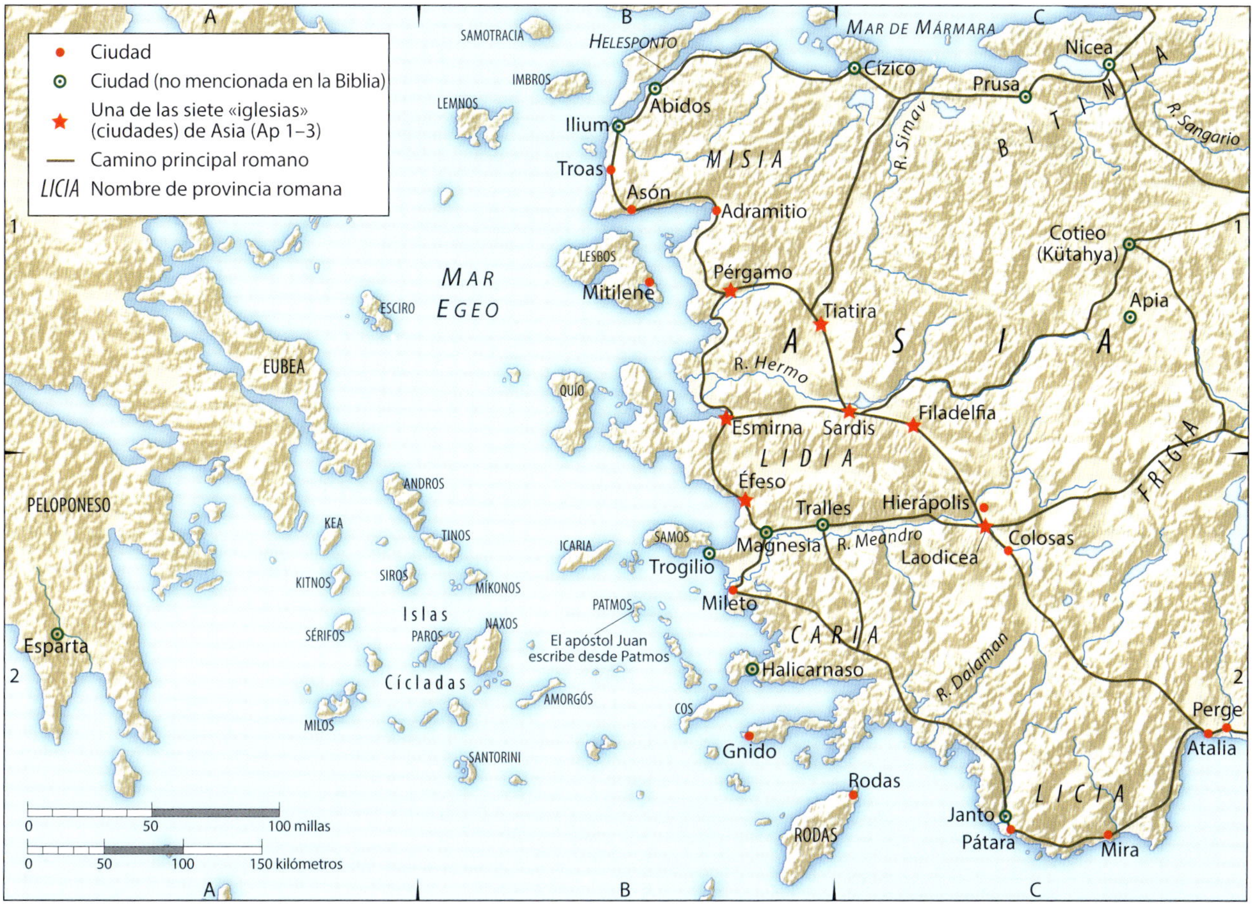

Las siete ciudades, sin excepción, estaban situadas en importantes rutas romanas utilizadas por mensajeros postales[628]. Un mensajero de Patmos podría haber desembarcado en el puerto de Éfeso (Ap 2:1-7) y viajado hacia el norte, pasando por Esmirna (Ap 2:8-11) hasta Pérgamo (Ap 2:12-17). Desde allí, podría haber dado la vuelta hacia el suroriente para encaminarse directamente por la arteria romana que llevaba por Tiatira (Ap 2:18-29), Sardis (Ap 3:1-6), Filadelfia (Ap 3:7-13) y, finalmente, Laodicea (Ap 3:14-22)[629].

Si ese hubiera sido el caso, se sigue que las exhortaciones de Juan no constituían siete cartas distintas, cada una de las cuales habría sido dirigida a y leída por una de las siete iglesias en particular. Es muy probable que constituyeran una carta circular comunitaria (*cf.* Gálatas), la que debía ser leída sucesivamente y en su totalidad por cada iglesia mencionada cuando le llegara la carta.

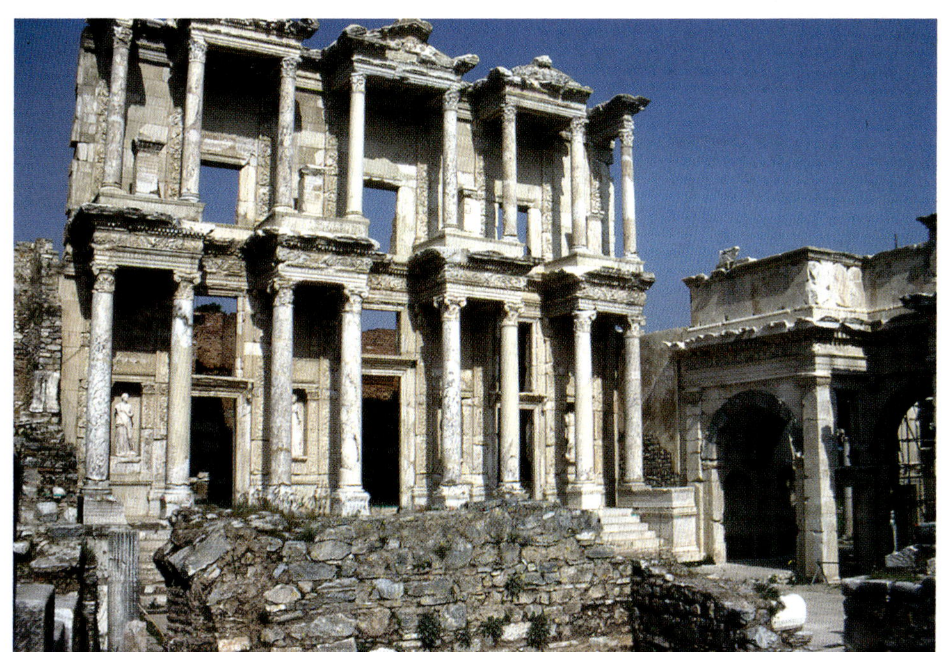

La biblioteca de Celso, Éfeso.

LA PRIMERA REVUELTA JUDÍA

A lo largo de gran parte del primer siglo de la era cristiana, una combinación de secularismo helenístico, política romana e ideología judía creó una extraña alquimia en la cultura y sociedad palestina. Los procuradores romanos a veces eran crueles y desafiantes, a veces corruptos o despectivos de las prácticas religiosas judías y siempre eran ansiosos de imponer una carga impositiva excesiva sobre ellos. En respuesta, hacía

tiempo que el sectarismo judío era un caldo de cultivo para las voces de insurrección y los movimientos de resistencia. Incluso entre aquellos que habían procurado evitar la confrontación con Roma, se podían oír tonos cada vez más audaces y amargamente resentidos en relación con el imperialismo tiránico de Roma[630]. También había la secta judía nacionalista conocida como los zelotes, que era enérgica y absolutamente dedicada a la creación de un estado judío independiente a cualquier precio. (Josefo se refería a esta como una «cuarta filosofía» en contraste con los tres grupos filosóficos de larga data: los fariseos, los saduceos y los esenios)[631]. La desconfianza avivaba las mutuas animosidades, y la intriga encubierta con frecuencia daba lugar a la hostilidad abierta. En Judea se

La elevada y aislada meseta de Masada está coronada de arquitectura de la época de Herodes el Grande. Una elevada rampa de sitio de 90 m construida por los romanos, visible por el lado occidental (lado derecho de la foto), sirvió para poder utilizar trabuquetes (lanzapiedras) y arietes para conquistar la ciudad, y de esa manera terminar con la primera revuelta judía.

había creado un ambiente en el que era inminente la revolución.

Durante la primavera y el comienzo del verano del 66 d. C., ocurrieron una serie de altercados en rápida sucesión que provocaron la explosión de una revuelta. La ira judía se inflamó violentamente en Cesarea cuando un individuo inescrupuloso ofreció un sacrificio «pagano» en la entrada de una sinagoga judía y así profanó la casa de adoración. Cuando las autoridades judías intentaron detener la ofensa, un llamado a la violencia fue desatado en la población general de Cesarea, y los judíos se vieron obligados a escabullirse rápidamente con su rollo de la Torá a otra ciudad cercana[632].

Hubo una pronta represalia judía por la afrenta en Cesarea, la que vino en forma de un edicto teológico: todo sacrificio por parte de extranjeros, incluso aquellos del propio César, serían rechazados de allí en adelante en Jerusalén. Solamente los paisanos judíos tendrían permiso de entrar en los recintos sagrados del templo. Poco después, el procurador romano Gesio Floro (64–66 d. C.) se presentó en Jerusalén y, probablemente como acto de represalia, exigió un pago exorbitante del tesoro del templo. Cuando los judíos intentaron reprochar al procurador por su excesiva exigencia, Floro ordenó a sus tropas que asesinaran y saquearan a voluntad. Los ciudadanos judíos fueron sometidos a violaciones, azotes públicos, pillaje y crucifixión. En total, hubo alrededor de 3600 víctimas judías, incluyendo algunos niños[633].

De inmediato, estalló la revuelta en Jerusalén. Los insurgentes judíos invadieron las calles, donde primero dominaron a los soldados romanos y los forzaron a salir de la Ciudad Alta. Luego prendieron fuego al palacio herodiano de Agripa II y a la casa del sumo sacerdote (a quien consideraban haber sido excesivamente solícito con Roma). [**Ver mapa 94**]. Prendieron fuego a los archivos oficiales para destruir todos los registros de deudas y deudores y asaltaron y quemaron la fortaleza romana Antonia. Mientras tanto, otros rebeldes ocuparon las fortalezas de Masada, Maqueronte y Chipre, y regresaron finalmente a Jerusalén con una carga de armamento para sus aliados ubicados allí[634].

Cuando la noticia del estallido llegó al gobernador Cestio Galo, este partió inmediatamente de Antioquía de Siria hacia Jerusalén con su legión imperial XII y algunas tropas adicionales, una fuerza total que, según se dice, ascendía a más de 30.000 hombres. Pasó por Tolemaida y Cesarea y prendió fuego a Lida. Pero cuando las fuerzas

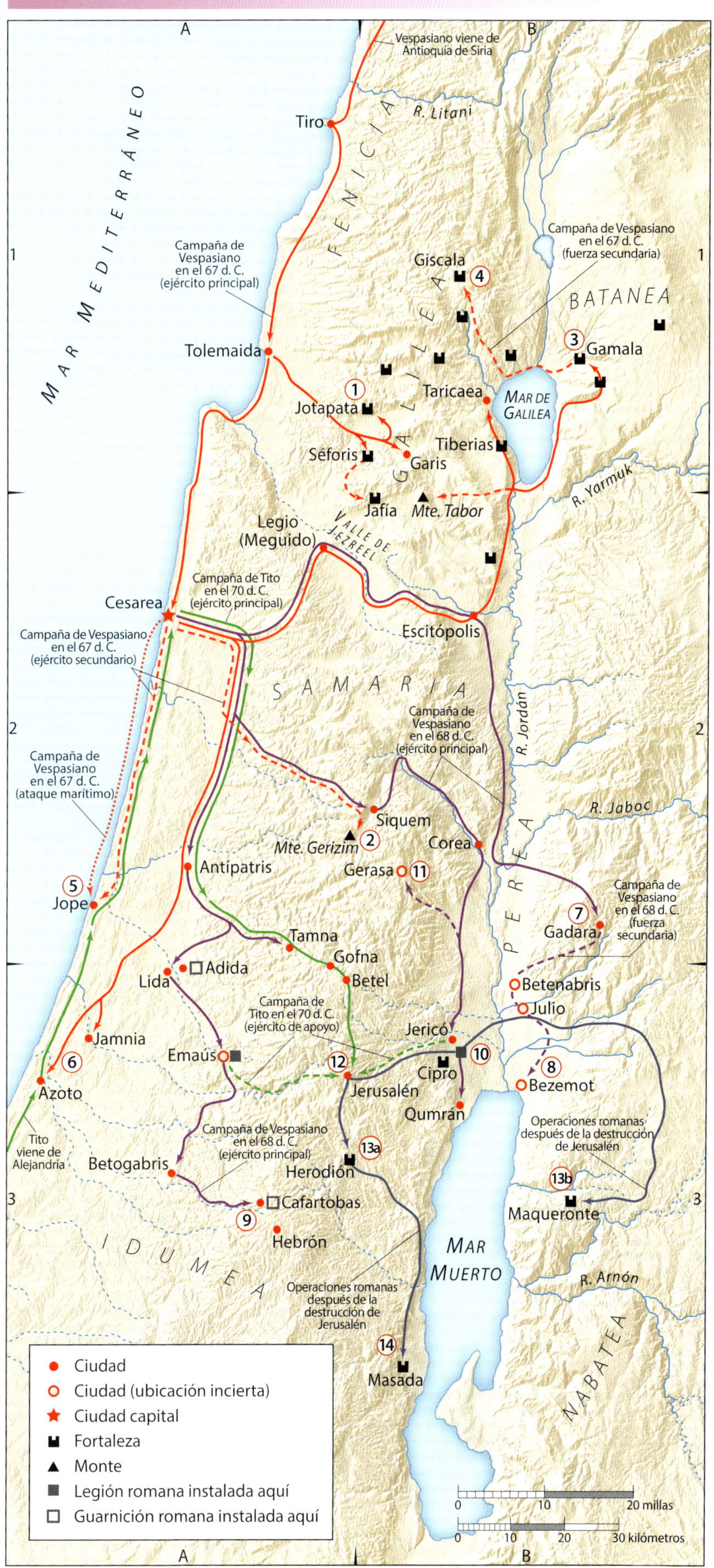

experimentadas de Galo intentaron ascender por el paso de Bet-horón[635], fueron emboscadas por los insurgentes, quienes se habían vuelto expertos en las tácticas guerrilleras. Aunque los legionarios finalmente llegaron a Jerusalén e incluso lograron hacer una brecha en el «tercer muro», no pudieron entrar en el centro de la ciudad. Con el tiempo, se vieron obligados a retirarse. Roma perdió un águila imperial, parte de su equipo de asedio y la mejor parte de su retaguardia, en tanto que los judíos lograron temporalmente la autonomía nacional y se preparaban para una contraofensiva romana a gran escala. El mando del distrito galileo —una de las siete divisiones militares judías— le fue entregado a un sacerdote de nombre José, conocido actualmente como el historiador Flavio Josefo[636].

Roma no se hizo esperar. El emperador Nerón mandó a Vespasiano al campo de batalla. Vespasiano era un general que antes se había destacado en Germania y que magistralmente había agregado Britania al imperio[637]. Movilizó tres legiones (v, x y xv; se estima que las fuerzas sumaban entre 55.500 y 57.500 hombres)[638] para sofocar la amenaza judía de una vez por todas. A su llegada a Tolemaida desde Antioquía de Siria en la primavera del 67 d. C., Vespasiano planificó una estrategia hábil y deliberada para lograr un control cada vez más ajustado sobre el centro mismo de la revuelta: Jerusalén. Comenzó su desmembramiento sistemático de la rebelión judía atacando Galilea, uno de los más fuertes aliados filosóficos de Jerusalén. Sus fuerzas entraron de golpe en la fortaleza de Séforis sin encontrar resistencia. Las fuerzas de Josefo se habían retirado a Jotapata, donde se vieron forzadas a rendirse unos 47 días después [**1**]. Vespasiano envió una fuerza secundaria para sofocar un levantamiento sobre el monte Gerizim [**2**] mientras conducía su ejército principal desde Cesarea a través del valle de Jezreel[639] a Taricaea, el centro galileo de la revuelta. Siguió una batalla decisiva en los cercanos acantilados de Arbel y luego en la ciudad misma, seguida de una batalla naval desigual, truculenta y sangrienta en el mar de Galilea[640].

Los romanos cruzaron rápidamente el Jordán y dominaron la imponente fortaleza de Gamala [**3**]. Vespasiano mandó a su hijo Tito con la orden de derrotar a los revolucionarios en Giscala [**4**], donde logró sofocar la rebelión en Galilea y también cortó su línea de sustento con Babilonia. Antes de la llegada del invierno, Jope cayó ante un ataque por mar y por tierra [**5**], las ciudades de Jamnia y Azoto fueron sometidas al dominio romano [**6**] y el control sobre el corredor de transporte y comunicación hacia Egipto fue asegurado[641].

Después de albergar a sus legionarios en Cesarea y Escitópolis durante el invierno, la campaña de Vespasiano del 68 d. C. también fue hábilmente planeada. Aumentando su control sobre Jerusalén, Vespasiano se movió con prontitud para dominar Perea e Idumea. Una vez que sus fuerzas ocuparon Gadara [**7**], regresó a Cesarea con su ejército principal mientras una fuerza secundaria se movió rápidamente hacia el sur hasta Bezemot [**8**], con lo que neutralizó toda resistencia transjordana significativa aparte de Maqueronte. A estas alturas, Vespasiano se embarcó en una misión hacia el sur desde Cesarea a Idumea. Sometió Antípatris, Tamna, Lida y Emaús, donde instaló los soldados de la quinta legión. Continuando el avance hacia el sur, sus tropas tomaron Betogabris y Cafartobas, donde fue desplegada una guarnición de soldados para continuar el hostigamiento a los idumeos y ganar un control nominal sobre la salida meridional de Jerusalén [**9**]. Su ejército principal volvió sobre sus pasos desde Cafartobas hacia Samaria, y de paso instaló una guarnición adicional en Adida[642]. Vespasiano mismo marchó hacia el oriente pasando Siquem, continuó más allá de Corea y tomó el Jericó del Nuevo Testamento, donde dejó instalada la décima legión [**10**]. Al mismo tiempo, un contingente de tropas fue enviado hacia el norte desde Jericó para tomar la ciudad de Gerasa [**11**][643]. Para entonces, legiones romanas tenían el control completo de la única carretera desde Jerusalén hacia el interior transjordano y más allá, de las dos principales carreteras desde la ciudad santa al mar Mediterráneo y de la salida meridional de la ciudad hacia Hebrón, Beerseba y Egipto.

Vespasiano regresó a Cesarea en junio del 68 d. C. Se estaba preparando para una ofensiva definitiva contra Jerusalén, cuando se enteró del suicidio de Nerón[644]. Durante el siguiente año, el poder ejecutivo del imperio vio una rápida sucesión: Galba, Otón y Vitelio. Pero para fines del 69 d. C., había surgido una dinastía Flavia, y Vespasiano mismo ascendió al trono imperial en Roma. De manera que fue su hijo Tito el destinado a someter los últimos baluartes de la resistencia judía. En la primavera del 70 d. C., Tito marchó desde Alejandría hasta Cesarea, se aproximó a Jerusalén desde el norte y directamente sitió la ciudad santa [**12**]. Vencida por el peso de cuatro resueltas legiones romanas, la ciudad cayó ante las fuerzas de Tito a fines de agosto de ese año [**Ver mapa 96**].

Después de la captura de Jerusalén, todo lo que quedaba de la revuelta eran tres fortalezas. Herodión [**13a**] y Maqueronte [**13b**] cayeron con poca dificultad, y solo quedó Masada. En el 73 d. C., un nuevo y ambicioso gobernador provincial —Flavio Silva— puso toda su atención en el único baluarte que permanecía. Después de rodear completamente el lugar con un masivo muro de asedio hecho de piedras, Silva construyó una rampa elevada de más de 90 m de altura contra el frente de la roca, del lado occidental de la fortaleza. Los trabuquetes (lanzapiedras) y los arietes harían su trabajo desde la parte elevada de la rampa y en el fin, Masada caería[645], cumpliendo (en forma póstuma) el sueño de Nerón de destruir la amenaza judía [**14**].

LA DISPERSIÓN DEL CRISTIANISMO EN EL MUNDO ROMANO

«Uno de los hechos más asombrosos y significativos de la historia es que a cinco siglos de su nacimiento, el cristianismo se ganó la declarada lealtad de la arrolladora mayoría de la población del Imperio romano e incluso el apoyo del Estado romano. Comenzando como una secta poco conocida del judaísmo, una entre veintenas y hasta cientos de religiones y grupos religiosos que competían en ese entorno, venerando como figura central a uno que había sido llevado a la muerte por la maquinaria de Roma, y a pesar de haber sido largamente proscrita por ese gobierno y, con el tiempo, debiendo soportar todo el peso del Estado en su contra, el cristianismo demostró ser victorioso a tal punto que el imperio buscó aliarse con él y el ser ciudadano romano llegó a ser prácticamente idéntico a ser cristiano»[646].

La exhortación de Jesús de ir a todo el mundo y predicar la Buena Noticia (Mt 28:19) había sido tomada en serio. No menor entre los factores que jugaron un papel fundamental en la dispersión del cristianismo, ni por mucho, fue una ferviente respuesta apostólica a la gran comisión. Los factores ambientales generados por el Imperio romano también contribuyeron a la rápida dispersión del evangelio. A los territorios dentro del imperio se les legó una era de paz. El comercio floreció, y viajar se volvió más asequible, y mucho más seguro, que nunca antes. Las carreteras construidas para el comercio o para las legiones romanas fueron igual de útiles para los mensajeros de la cruz. También fue importante la lengua griega, utilizada ampliamente por todo el imperio tanto por judíos como por gentiles. Esto significó que el cristianismo pudo articular su pensamiento y sus doctrinas en formas fáciles de entender.

Pero, irónicamente, la persecución también se convirtió en un factor significativo en la diseminación del cristianismo: un testimonio de la eficacia de las primeras actividades misioneras y los escritos apologéticos. La más infame de las persecuciones tempranas tuvo lugar dentro y alrededor de Roma en el 64 d. C., bajo Nerón. Según Tácito[647], después de que Nerón fue acusado de haber dado la orden de prender fuego a Roma, lo cual devastó dos tercios de la ciudad, el emperador intentó lograr

Enormes muros fortificados del período bizantino rodean a la ciudad de Nicea (la moderna Iznik), al oriente de Constantinopla/Estambul en el norte de Turquía, donde la iglesia primitiva realizó su primer concilio ecuménico en el año 325 d. C.

La dispersión del cristianismo en el mundo romano

Ciudad con una comunidad cristiana para fines del siglo I
Ciudad con una comunidad cristiana para fines del siglo II
Sitio de concilio ecuménico de la iglesia primitiva [fechado]
Extensión del Imperio romano
GALIA Nombre de provincia o región romana

D
E
F
1
R. Dniéster
R. Dniéper
R. Volga
SARMATIA
DACIA
BÓSFORO
R. Danubio
MOESIA
MAR NEGRO
MTES. DEL CÁUCASO
MAR CASPIO
2
Anchialos
Debeltum
CEDONIA
TRACIA
Calcedonia [451]
Amastris
Ionópolis
Sinope
BITINIA Y PONTO
R. Cirus
Filipos
Constantinopla (Bizancio) [381]
Amisos
esalónica
Apolonia
Nicomedia
Ancira
R. Halis
ARMENIA
erea
Pario
Nicea [325]
CAPADOCIA
R. Araxes
risa
Troas
MISIA
FRIGIA
GALACIA
Lago Van
ópolis
MAR EGEO
Pérgamo
Antioquía de Pisidia
Lago Tuz
Malatya
Lago Urmía
ACAYA
Tiatira
Cesarea Mazaca
Samosata
Beit Zabde
Atenas
Sardis
Hierápolis
Iconio
Éfeso [431]
Laodicea
Listra
Edesa
Nisibis
Corinto
Tralles
Colosas
Derbe
CILICIA
Esparta
Mileto
Atalia
Perge
Tarso
MESOPOTAMIA
PARTIA
RODAS
Mira
Antioquía
Alejandría de Siria
R. Tigris
Laodicea
Apamea
Cnosos
Salamina
SIRIA
Dura-Europos
R. Éufrates
CRETA
CHIPRE
Trípolis
3
Gortina
Pafos
Sidón
Damasco
R
Á
N
E
O
Cirene
Ver mapa 117 en página 275
Tiro
Apolonia
Jerusalén
RENAICA
Alejandría
Gaza
NABATEA
Naucratis
Menfis
Babilonia
EGIPTO
GOLFO PÉRSICO
Antinoópolis
DESIERTO DE ARABIA
R. Nilo
MAR ROJO
4
0 100 200 300 400 500 millas
0 100 200 300 400 500 600 700 800 kilómetros
D
E
F

que la culpa recayera sobre los cristianos, quienes habían dicho que el fin del mundo sería en llamas. Para desviar la sospecha de su propio acto pirómano, Nerón afligió a los cristianos con furia implacable e ingeniosa brutalidad. Algunos creyentes fueron envueltos en pieles de animales salvajes para que perros hambrientos los descuartizaran. Otros, atados a cruces, fueron quemados vivos para iluminar los jardines de Nerón por las noches[648]. Tales abusos, además de la subsiguiente ronda de persecuciones bajo Domiciano (95 d. C.), combinados con una hostilidad enormemente intensificada por parte de las autoridades judías de Jerusalén, desencadenaron un desplazamiento generalizado de cristianos hacia entornos más seguros.

Para fines del siglo I, el cristianismo se extendía desde Roma tan lejos hacia el oriente como el valle superior de Mesopotamia, incorporando mucho del Levante [**mapa 117**] y partes de Asia Menor, el norte de África y la península griega[649]. Para fines del siglo II, el nuevo movimiento se había extendido hasta las fronteras del imperio mismo, desde Mesopotamia y Armenia (y tal vez, incluso la India) hasta tan lejos hacia el occidente como Bélgica e Hispania, y posiblemente incluso hasta Britania[650].

Los emergentes centros cristianos dominantes incluían las ciudades de Antioquía de Siria (donde habían originado las expediciones misioneras de Pablo, y donde Ignacio ejerció su influencia considerable sobre varias doctrinas cristianas tempranas) y Pella (a donde huyeron muchos cristianos para ponerse a salvo tras la primera revuelta judía, 66–73 d. C.). [**Ver mapa 117**]. Mesopotamia tenía dos centros principales: uno en Edesa (donde el cristianismo fue establecido como religión oficial en una fecha muy temprana)[651] y otro en Dura-Europos (donde arqueólogos han descubierto la iglesia casera cristiana más antigua conocida)[652]. El norte de África también produjo dos importantes centros de teología y estudios cristianos: Alejandría y Cartago. Alejandría fue el hogar de Orígenes, quien escribió el primer tratado sistemático de teología cristiana y quien dio a la iglesia la Hexapla (seis traducciones paralelas de la Biblia). También fue la base de operaciones de Atanasio, un temprano obispo quien defendió hábilmente la doctrina trinitaria y la doctrina sobre la persona de Cristo. Cartago fue donde Tertuliano, el influyente apologista cristiano, predicó y se dedicó a su enorme producción de escritos, y donde Cipriano sirvió como un temprano obispo, sembrando muchas semillas eclesiásticas y doctrinales que dieron fruto en la época de Agustín.

No es de extrañar que el preeminente centro cristiano en Europa fue la misma Roma. Para la época de Eusebio (a fines del siglo III y a comienzos del IV), se decía que la iglesia de Roma tenía un obispo, 46 presbíteros, siete diáconos, 42 monaguillos, 50 lectores, exorcistas y porteros, además de unas 1500 viudas y personas pobres a su cargo[653]. Lyon también adquirió influencia y prestigio durante el famoso obispado de Ireneo en ese lugar.

Las primeras comunidades cristianas en Palestina

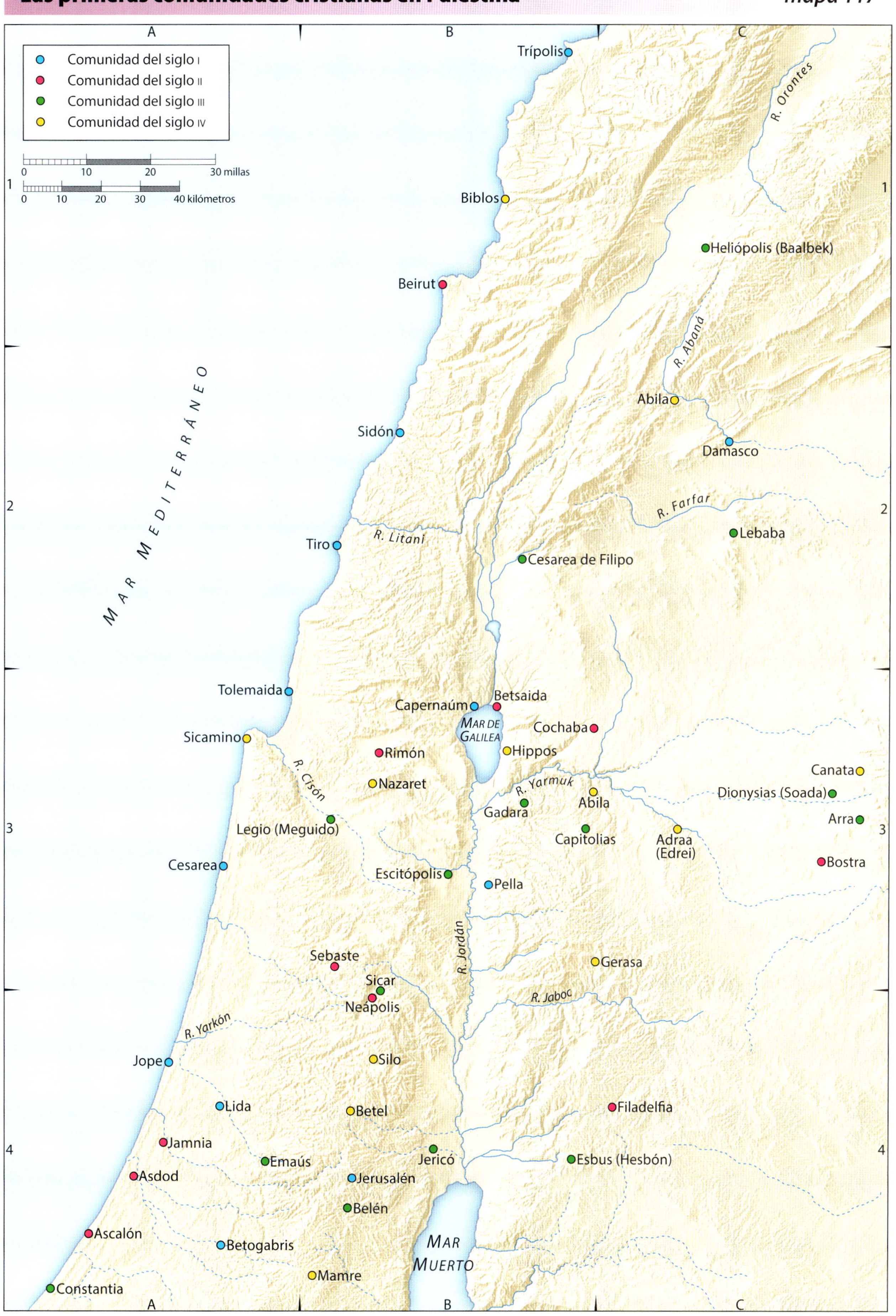

Los límites del moderno Israel

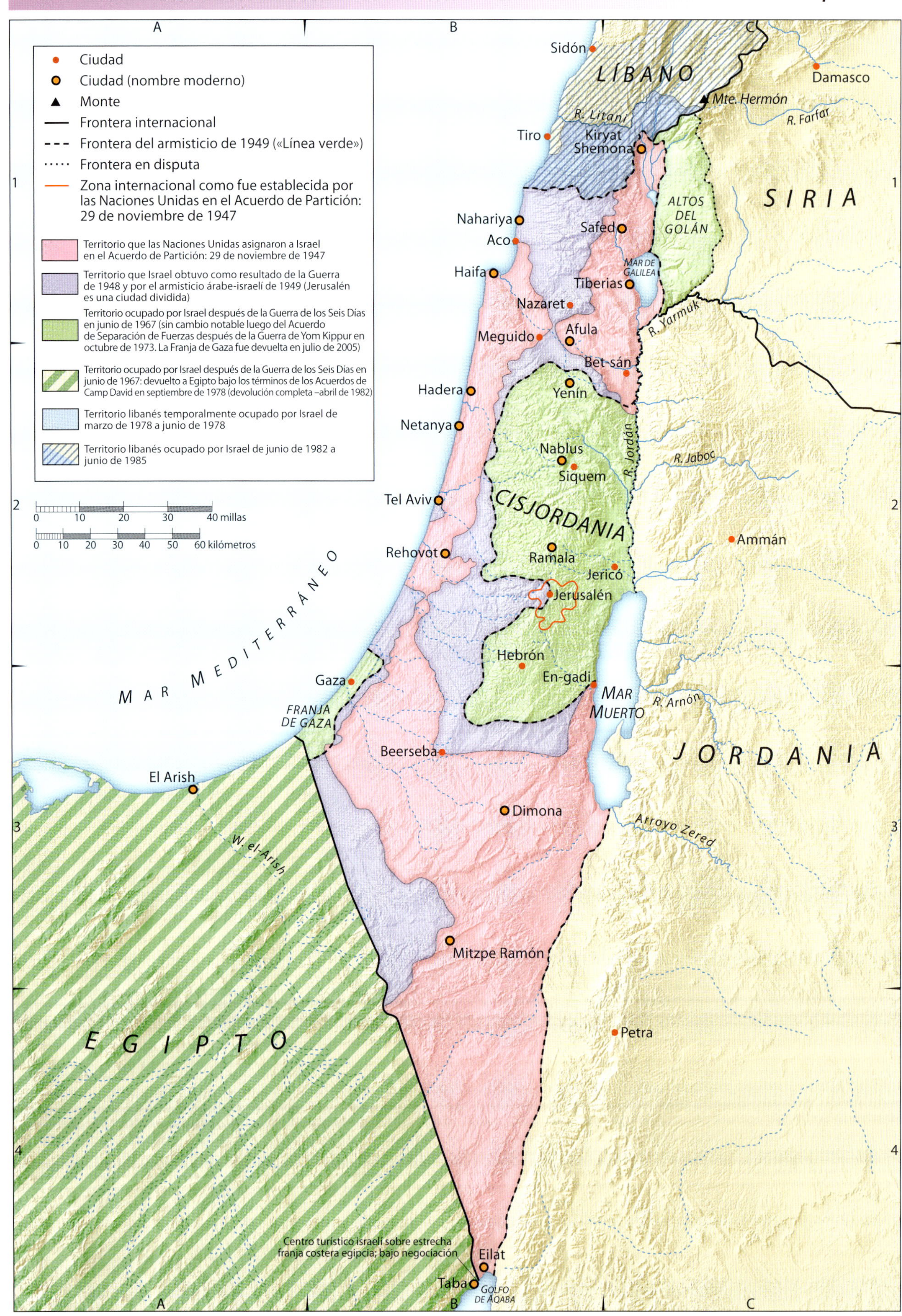

NOTAS FINALES DEL CAPÍTULO 1

1. La expresión «Medio Oriente» parece haber originado en y alrededor de la Oficina de la India británica entre los años1880 y 1890 (así C. R. Koppes, «Captain Mahan, General Gordon, and the Origins of the Term "Middle East"», *Middle Eastern Studies* 12/1, [1976], 95–98), en una época cuando la tendencia expansionista de Gran Bretaña y Rusia generaba una lucha por ganar influencia en el Asia central, entre Arabia y la India, enfocada en el golfo Pérsico. Es probable que originalmente la expresión denotara Persia y los territorios adyacentes, a diferencia del «Cercano Oriente» (i. e., el mundo mediterráneo oriental) y del «Lejano Oriente» (i. e., el mundo del pacífico occidental); *contra* G. S. P. Freeman-Grenville, *Historical Atlas of the Middle East*, (Nueva York: Simon & Schuster, 1993), prefacio. Pese a lo que Kipling había escrito relativo a que Oriente y Occidente nunca se encontrarían, los dos sí se encontraron, y en tiempos modernos el encuentro inicial fue en el Medio Oriente. De todas maneras, «Medio Oriente» se ha convertido en un término común en el lenguaje político, socioeconómico y militar desde la primera década del siglo xx, particularmente en el mundo angloparlante. Hoy en día también se emplea en relación con ciertos estudios académicos y en títulos de libros, documentales y revistas profesionales. (Ver también T. Scheffler, «"Fertile Crescent", "Orient", "Middle East": The Changing Mental Maps of Southwest Asia», *European Review of History* 10/2, [2003], 253–272).

2. J. Michelet, *Histoire de France*, (Paris: A. Lacroix, 1833), 1.2, traducido por el autor.

3. El 26 de diciembre del 2004 prácticamente todo el mundo fue testigo de los resultados catastróficos de la actividad sísmica cuando un maremoto cerca de la provincia de Aceh en la Indonesia noroccidental desplazó una porción del suelo marino y generó un tsunami que mató a unas 240.000 personas. La mayor pérdida de vida humana como resultado de un terremoto ocurrió en la provincia de Shaanxi de la China central el 23 de enero de 1556, cuando tal vez hasta 830.000 personas fallecieron.

4. La bibliografía sobre esto es extensa; ver A. Kaloyeropoulou, ed., *Acta of the 1st International Scientific Congress on the Volcano of Thera*, (Atenas: Archaeological Services of Greece, 1971) para mayores detalles; consultar también S.W. Manning, «The Bronze Age Eruption of Thera: Absolute Dating, Aegean Chronology and Mediterranean Cultural Interrelations», *Journal of Mediterranean Archaeology* 1/1, (1988), 17–82; P.M. Warren, «The Date of the Thera Eruption in Relation to Aegean-Egyptian Interconnections and the Egyptian Historical Chronology», en E. Czerny, I. Hein, H. Hunger, D. Melman y A. Schwab, eds., Timelines: Studies in Honour of Manfred Bietak (Leuven: Peeters, 2006), 305–321.

5. K. O. Emery y D. Neev, «Mediterranean Beaches of Israel», *Bulletin of the Geological Survey of Israel* 26, (1960), 9–10; D. J. Stanley y H. Sheng, «Volcanic shards from Santorini (Upper Minoan ash) in the Nile Delta, Egypt», *Nature* 320/6064, (1986), 733–735.

6. p. ej., N. C. Flemming, *Archaeological Evidence for Eustatic Change of Sea Level and Earth Movements in the Western Mediterranean during the Last 2000 Years*, (Boulder, Colo.: Geological Society of America, 1969); R. Chapman, «Climatic Changes and Evolution of Landforms in the Eastern Province of Saudi Arabia», *Geological Society of America Bulletin 82*, (1971), 2713–2728; Van Zeist 1985; Shehadeh 1985; H. J. Bruins, «Comparative chronology of climate and human history in the Southern Levant from the Late Chalcolithic to the Early Arab Period», en O. Bar-Yosef y R. Kra, eds., *Late Quaternary Chronology and Paleoclimates of the Eastern Mediterranean*, (Tucson: Radiocarbon, 1994), 301–314; A. M. Rosen y S. A. Rosen, «Determinist or Not Determinist?: Climate, Environment, and Archaeological Explanation in the Levant», en S. R. Wolff, ed., *Studies in the Archaeology of Israel and Neighboring Lands*, (Chicago: University of Chicago Press, 2001), 535–549; M. Staubwasser y H. Weiss, «Holocene climate and cultural evolution in late prehistoric—early historic West Asia», *Quaternary Research* 66/3, (2006), 372–387; E. Linden, *The Winds of Change: Climate, Weather, and the Destruction of Civilizations*, (Nueva York: Simon & Schuster, 2006), 9–178.

7. En 1624, el capitán John Smith supuestamente declaró: «La geografía sin la historia se parece a un cadáver sin movimiento; asimismo la historia sin la geografía deambula como un vagabundo sin una morada fija». (Ver G. M. Grosvenor, «New Atlas Unfurls Nation's History», *National Geographic* 174/3, [1988], 430).

8. La declaración actual es «La civilización existe por consentimiento de la geología, sujeta a modificación sin previo aviso». Se atribuye a *The Story of Philosophy* de Durant (p. ej., *Cole's Quotables* #4607; *Rand Lindsly's Quotations* #21280; FamousQuotes.com; QuoteAddiction.com), aunque su presencia en estas fuentes no puede ser citada por el número de página, y es discutible. Para un ejemplo del uso no documentado de la cita en la literatura científica, ver W. I. Rose, J. J. Bommer y C. A. Sandoval, «Natural hazards and risk mitigation in El Salvador: An Introduction», *Geological Society of America, Special Paper* 3, (2004), 2.

9. Algunas partes de esta sección se basan en el prólogo en B. J. Beitzel, consultor principal, *Biblica, The Bible Atlas: A Social and Historical Journey Through the Lands of the Bible*, (Londres: Penguin Books Ltd., 2006).

10. Así W. Bruggemann, *The Land*, (Filadelfia: Fortress Press, 1977); ver también W. D. Davies, *The Gospel and the Land: Early Christianity and Jewish Territorial Doctrine*, (Berkeley: University of California Press, 1974), 15–48.

11. La expresión «la tierra santa» (*admat haqqōdes*) designando explícitamente un territorio dentro de la antigua Canaán se encuentra en escritos bíblicos tan temprano como Zacarías 2:12 (cf. Sal 78:54 [*gᵉbûl qōdšô*], «[la frontera de] su tierra santa»). La misma expresión se encuentra en escritos apócrifos y seudoepigráficos (p. ej., Sabiduría de Salomón 12:3; 2 Macabeos 1:7; 2 Baruc 63:10; 84:8; cf. W. D. Davies, *The Gospel and the Land: Early Christianity and Jewish Territorial Doctrine*, [Berkeley: University of California Press, 1974], 49–74). En otros textos este terreno es identificado como la «frontera santa» (4 Esdras 13:48), la «tierra gloriosa» (Dn 11:16, 41) o, lo que es más común, «la tierra» (*hāʾāres*, p. ej., Gn 12:1, 6-7; Dt 17:14; Jos 19:49; Is 6:3b). Otros escritores tan temprano como el siglo I d. C. (p. ej., Pseudo-Filón, *Liber Antiquitatum Biblicarum*, 19:10) identificaron a la tierra de Israel como «la tierra santa» (*terra sancta*), aunque anteriormente Virgilio (*Aeneid*, 3.73) había empleado una fraseología similar para denotar la isla de Delos, que en la mitología griega era el lugar de nacimiento tanto de Apolo como de Diana. La expresión «la tierra prometida» no ocurre en el Antiguo Testamento ni en otros escritos tempranos; más bien, esta parece ser una denominación cristiana de la tierra dada a Abraham y su simiente (Hb 11:9, *gēn tēs ʾepaggelias*; y ver Wilken 1988:233 para el uso posterior de «tierra santa» para denotar el área alrededor de Jerusalén como un territorio cristiano). Por último, tan temprano como el tiempo de Cristo, la expresión «la tierra santa» se empleó metafóricamente para referirse al cielo (p. ej., TestJob 33:5).

12. Josefo, *Antiquities of the Jews*, 17.299–303.

13. Josefo, *Antiquities of the Jews*, 17.339–340.

14. Algunas partes de esta sección se basan en B. J. Beitzel, «Geography of the Levant», en S. Richard, ed., *Near Eastern Archaeology: A Reader*, (Winona Lake, Ind.: Eisenbrauns, 2003), 3–9 y la bibliografía allí citada.

15. J. H. Breasted, *Ancient Times: A History of the Early World*, (Boston: Ginn and Company, 1916), 100–101.

16. Ver Polibio (p. ej., 5.48.16), Estrabón (p. ej., 2.1.26; 16.1.21–27) y Josefo (p. ej., *War*, 4.531; *Antiquities of the Jews*, 1.244, 278, 285).

17. J. M. Wagstaff, *The Evolution of Middle Eastern Landscapes: An Outline to A.D. 1840*, (Totowa, N.J.: Barnes & Noble Books, 1985), 96–97; ver también T. Jacobsen y R. M. Adams, «Salt and Silt in Ancient Mesopotamian Agriculture», *Science* 128/3334, (1958), 1251–1258.

18. T. B. Jones, *Ancient Civilization*, (Chicago: Rand McNally College Publishing Company, 1960), 46–49.

19. J. B. Pritchard, ed., *Ancient Near Eastern Texts Relating to the Old Testament*, (Princeton: Princeton University Press, 1969), 280; ver también D. D. Luckenbill, *Ancient Records of Assyria and Babylonia*, (Chicago: University of Chicago Press, 1926–1927), 1.243 (§672); 1.294 (§821).

20. p. ej., D. D. Luckenbill, *Ancient Records of Assyria and Babylonia*, (Chicago: University of Chicago Press, 1926–1927), 2.314 (§818).

21. p. ej., Y. Aharoni y M. Avi-Yonah, *The Macmillan Bible Atlas*, (Nueva York: Macmillan Publishing Company, 1993), 209 [comenzando con la cuarta edición, ya se conoce como *The Carta Bible Atlas*]; J. Simons, *The Geographical and Topographical Texts of the Old Testament*, (Leiden: Brill, 1959), 102.

22. Lebo-hamat refiere a un sitio específico y no a la más genérica «entrada de Hamat» (cf. lo que de otra manera sería una doble preposición en 1 Re 8:65; 2 Cr 7:8; Am 6:14, *millebôʾ h.amāt*; ver también ʾad lebôʾ h.amāt en 1 Cr 13:5); notar que esto es una modificación de traducción entre la RVR1960 y la RVA-2015.

23. Egipcia (p. ej., W. W. Hallo y K. L. Younger, Jr., eds., *The Context of Scripture*, [Leiden: Brill, 1997–2002], 2.21a; cf. Y. Aharoni, *The Land of the Bible: A Historical Geography*, [Filadelfia: Westminster Press, 1979], 72–73); asiria (A. M. Bagg, *Die Orts- und Gewässernamen der neuassyrischen Zeit*, Répertoire Géographique des Textes Cunéiformes 7/1, [Wiesbaden: Reichert, 2007], 151); clásica (p. ej., R. J. A. Talbert, ed., *Barrington Atlas of the Greek and Roman World*, [Princeton: Princeton University Press, 2000], 68 [B5]).

24. Para la importancia de esta depresión para Egipto, ver A. F. Rainey y R. S. Notley, *The Sacred Bridge: Carta's Atlas of the Biblical World*, (Jerusalén: Carta, 2006), 80–82; en relación con las consecuencias de sa batalla de Cades, ver Rainey y Notley, 96–98; en relación con la frontera de Amurru, ver G. Kestemont, «La Nahr el-Kebir et le pays d'Amurru», *Berytus* 20, (1971), 47–55; Astour 1981:9–10; W. L. Moran, *The Amarna Letters*, (Baltimore: Johns Hopkins University Press, 1992), 388 (y notar también en Jos 13:4b-5, que la tierra aun no poseída por Israel se extendía más allá de Biblos, a Lebo-hamat, y tan lejos como *la frontera de los amorreos*); en relación con la frontera de Fenicia, ver Plinio, *Natural History*, 5.18.79; Estrabón 16.2.12; 16.2.15.

25. cf. J. Simons, *The Geographical and Topographical Texts of the Old Testament*, (Leiden: Brill, 1959), 102; Y. Aharoni, *The Land of the Bible: A Historical Geography*, (Filadelfia: Westminster Press, 1979), 80 n. 40.

26. p. ej., A. L. Oppenheim, *et al.*, eds., *The Assyrian Dictionary of the Oriental Institute of the University of Chicago*, (Chicago: The Oriental Institute, 1956), 4.8.

27. Ver este mismo tipo de fluidez en Daniel 10:4, en el que la expresión idéntica denota explícitamente el río Tigris.

28. Considerar, por ejemplo, los siguientes himnos: *Guíame Tú, oh gran Jehová* («Cuando llegue a la orilla del Jordán, ordena que mis temores y ansiedades se disipen; muerte de la muerte y destrucción del infierno; cuando reposo salvo, del lado de Canaán»); *Estando a orillas del Jordán* («Estando a orillas del Jordán, ansioso miro allá a Canaán, la celestial, donde el justo morará»); *Me guía Él* («Y cuando se aproxime el fin, y llegue el tiempo de partir; con mi Señor he de cruzar las aguas frías del Jordán»); y *El Jordán solo no cruzaré* («Cuando esté en las riberas del río Jordán, y que el mar tempestuoso esté; me estará esperando mi Cristo allá y el Jordán solo no cruzaré»).

29. En cuanto a esta distinción territorial, ver Na`aman 1986b:39–73.

30. R. de Vaux, *The Early History of Israel*, (Filadelfia: Westminster Press, 1978), 555–556, y la literatura allí citada.

31. El texto de Génesis 15:18 sí utiliza la expresión *nehar mis.rayim*, pero ya hemos observado que este versículo parece describir los puntos terminales territoriales idealizados en lugar de dar las delimitaciones de fronteras reales. Por consiguiente, y porque la crítica textual no lo apoya, veo pocas razones para proponer junto con J. Simons (*The Geographical and Topographical Texts of the Old Testament*, [Leiden: Brill, 1959], 96) una enmienda textual en Génesis (*nāhār* a *nah.al*) que lo pondría en conformidad geográfica con los textos fronterizos de Números, Josué y Ezequiel.

32. A. L. Oppenheim, et al., eds., *The Assyrian Dictionary of the Oriental Institute of the University of Chicago*, (Chicago: The Oriental Institute, 1956), 11/1.125; cf. S. Parpola, *Neo-Assyrian Toponyms*, Alter Orient und Altes Testament 6, (Neukirchen-Vluyn: Butzon and Bercker Kevelaer, 1970), 256; ver también J. B. Pritchard, ed., *Ancient Near Eastern Texts Relating to the Old Testament*, (Princeton: Princeton University Press, 1969), 286, 290, 292.

33. R. J. A. Talbert, ed., *Barrington Atlas of the Greek and Roman World*, (Princeton: Princeton University Press, 2000), mapa 70 (D3).

34. p. ej., E. Orni y E. Efrat, *Geography of Israel*, (Jerusalén: Israel Universities Press, 1980), 125–126, 365.

35. N. Na`aman («The Brook of Egypt and Assyrian Policy on the Border of Egypt», *Tel Aviv* 6, [1979], 68–90; «The Shihor of Egypt and Shur That Is before Egypt», *Tel Aviv* 7, [1980], 95–109) ha propuesto que el arroyo/wadi de Egipto no debe ser identificado con el wadi el-Arish, sino con el arroyo de Besor, un riachuelo que deposita sus aguas en el Mediterráneo alrededor de 8 km al sur de Gaza, en tell el-Ajjul. [**Ver mapa 4**]. Según él, el «arroyo/wadi de Egipto» solamente llegó a asociarse con el wadi el-Arish en el período intertestamentario. (Ver también H. Verreth, «The Egyptian Eastern Border Region in Assyrian Sources», *Journal of the American Oriental Society* 119/2, [1999], 235 n.15; cf. P. K. Hooker, «The Location of the Brook of Egypt», en M. P. Graham, W. P. Brown y J. K. Kuan, eds., *History and Interpretation: Essays in Honour of John H. Hayes*, [Sheffield, Inglaterra: JSOT Press, 1993], 203–214, quien está de acuerdo con que una transferencia de nombre en realidad ocurrió, pero que esto tuvo lugar en el período asirio tardío). Para una refutación convincente de Na`aman, ver A. F. Rainey («Toponymic Problems», *Tel Aviv* 9/2, [1982], 131–132; A. F. Rainey y R. S. Notley, *The Sacred Bridge: Carta's Atlas of the Biblical World*, [Jerusalén: Carta, 2006], 34–35, 283; cf. G. A. Buttrick, ed., *The Interpreter's Dictionary of the Bible*, [Nueva York: Abingdon Press, 1962], 2.66–67; J. Simons, *The Geographical and Topographical Texts of the Old Testament*, [Leiden: Brill, 1959], 27).

36. p. ej., M. H. Woudstra, *The Book of Joshua*, The New International Commentary on the Old Testament, (Grand Rapids: Eerdmans, 1981), 235; R. S. Hess, *Joshua: An Introduction and Commentary*, Tyndale Old Testament Commentaries, (Leicester, Inglaterra: Inter-Varsity Press, 1996), 242, aunque por otra parte ver J. A. Soggin, *Joshua: A Commentary*, Old Testament Library, (Filadelfia: Westminster Press, 1972), 172.

37. I. Singer, «The Hittites and the Bible Revisited», en A. M. Maeir y P. de Miroschedji, eds., «*I Will Speak the Riddle of Ancient Times*»: *Archaeological and Historical Studies in Honor of Amihai Mazar on the Occasion of His Sixtieth Birthday*, (Winona Lake, Ind.: Eisenbrauns, 2006), 725–727.

38. Las referencias a «Canaán» comienzan en el siglo xviii a. C. en un texto de Mari (B. Groneberg, *Die Orts- und Gewässernamen der altbabylonischen Zeit*, Répertoire Géographique des Textes Cunéiformes 3, [Wiesbaden: Reichert, 1980], 139; Archives royales de Mari: transcriptions et traductions 16/1.19). El término también aparece, con referencia a una entidad territorial, en Alalak (D. J. Wiseman, *The Alalakh Tablets*, [Londres: British Institute of Archaeology in Ankara, 1953], 155), Ugarit (C. H. Gordon, *Ugaritic Textbook*, Analecta Orientalia 38, [Roma: Pontifical Biblical Institute, 1965], 421; G. del Olmo Lete y J. Sanmartín, eds., *A Dictionary of the Ugaritic Language in the Alphabetic Tradition*, Handbuch der Orientalistik 67, [Leiden: Brill, 2003], 1.449), Bogazkoy (G. F. del Monte y J. Tischler, *Die Orts- und Gewässernamen der hethitischen Texte*, Répertoire Géographique des Textes Cunéiformes 6/1, [Wiesbaden: Reichert, 1978], 208), Amarna (A. F. Rainey, «Who is a Canaanite? A Review of the Textual Evidence», *Bulletin of the American Schools of Oriental Research* 304, [1996], 6–10; K. Nashef, *Die Orts- und Gewässernamen der mittelbabylonischen und mittelassyrischen Zeit*, Répertoire Géographique des Textes Cunéiformes 5, [Wiesbaden: Reichert, 1982], 167; W. L. Moran, *The Amarna Letters*, [Baltimore: Johns Hopkins University Press, 1992], 389) y en otros lugares en Egipto (M. Görg, «Der Name "Kanaan" in ägyptischer Wiedergabe,» *Biblische Notizen* 18, [1982], 26–27).

39. *Papyrus Anastasi I*; cf. J. B. Pritchard, ed., *Ancient Near Eastern Texts Relating to the Old Testament*, (Princeton: Princeton University Press, 1969), 557b; la ciudad de Ammiya estaba situada en Canaán, pero varios sitios no muy lejos al norte no lo estaban; *Papyrus Anastasi III* y varios textos de campaña también asocian Canaán con la fortaleza de Sile/tell Hebua, situada cerca de los tramos inferiores del delta oriental. [**Ver mapa 33**].

40. M. C. Astour, «The Origin of the terms "Canaan", "Phoenician", and "Purple"», *Journal of Near Eastern Studies* 24, (1965), 346–350.

41. El fonema /ʿ/ en hebreo aparece frecuentemente en acadio como /Ḫ/ (A. F. Rainey, «The Toponymics of Eretz-Israel», *Bulletin of the American Schools of Oriental Research* 231, [1978], 9; cf. L. Koehler y W. Baumgartner, eds., *The Hebrew and Aramaic Lexicon of the Old Testament*, [Leiden: Brill, 2001], 1.485), y en el acadio con frecuencia se duplica la consonante final de los nombres de lugares (p. ej., Amurru, Siyannu, Kazallu, Kisurra, Ḫilakku, Izalla, etc.). Ver también A. L. Oppenheim, et al., eds., *The Assyrian Dictionary of the Oriental Institute of the University of Chicago*, (Chicago: The Oriental Institute, 1956), 8.379.

42. *Anchor Bible Dictionary*, 5.557–560; ver también I. I. Ziderman «First Identification of Authentic *Tĕkēlet*», *Bulletin of the American Schools of Oriental Research* 265, (1987), 25–33; «Seashells and Ancient Purple Dyeing», *Biblical Archaeologist* 53/2, (1990), 98–101.

43. E. Stern, «The Persistence of Phoenician Culture», *Biblical Archaeology Review* 19/3, (1993), 47–49; cf. R. R. Stieglitz, «The

Minoan Origin of Tyrian Purple», *Biblical Archaeologist* 57/1, (1994), 46–54.

44 Ver Job 41:6 (con la palabra paralela *h.abbār* [«socio comercial»]); Isaías 23:8 (con la palabra paralela *sah.ar* [«ganancia comercial»]); Oseas 12:7 (en el que la palabra se relaciona con los «pesos falsos en una balanza»); Sofonías 1:11 (en el que la palabra se relaciona con «pesar plata»); *cf.* Proverbios 31:24; Zacarías 11:7, 11 (LXX); 14:21.

45 *Anchor Bible Dictionary*, 5.1059–1061, y la literatura allí citada. Para lecturas adicionales sobre los pueblos del mar, consultar M. C. Astour, «New Evidence on the Last Days of Ugarit», *American Journal of Archaeology* 69, (1965), 253–258; I. Singer, «The Origin of the Sea Peoples and Their Settlement on the Coast of Canaan», en M. Heltzer y E. Lipiński, eds., *Society and Economy In the Eastern Mediterranean (c. 1500—1000 b.c.)*, (Louvain: Peeters, 1988); D. B. Redford, *Egypt, Canaan, and Israel in Ancient Times*, (Princeton: Princeton University Press, 1992), 241–256; T. Dothan y M. Dothan, *People of the Sea: The Search for the Philistines*, (Nueva York: Macmillan Publishing Company, 1992); L. E. Stager, «Biblical Philistines: A Hellenistic Literary Creation?», en A. M. Maeir y P. de Miroschedji, eds., *«I Will Speak the Riddle of Ancient Times»: Archaeological and Historical Studies in Honor of Amihai Mazar*, (Winona Lake, Ind.: Eisenbrauns, 2006).

46 Para lo más reciente, ver I. Shai, «The Political Organization of the Philistines», en A. M. Maeir y P. de Miroschedji, eds., *«I Will Speak the Riddle of Ancient Times»: Archaeological and Historical Studies in Honor of Amihai Mazar on the Occasion of His Sixtieth Birthday*, (Winona Lake, Ind.: Eisenbrauns, 2006), 347 n. 1, y la literatura allí citada.

47 Este punto de vista se escucha en algunos círculos, tanto judíos (p. ej., L. H. Feldman, «Some Observations on the Name of Palestine», *Hebrew Union College Annual* 61, [1990], 1–23) como cristianos (p. ej., T. S. McCall, «Palestine vs. Israel as the Name of the Holy Land», Carta de Zola Levitt, diciembre de 1997 [ver también www.levitt.com/essays/palestine.html]), tal vez de una inclinación más sionista, así como en escritos más informales (p. ej., *Biblical Archaeology Review* 32/5, [2006], 6c). No quisiera denigrar a los Dres. Feldman o McCall de ninguna manera. Al contrario, he optado por utilizar sus nombres y citar sus bibliografías porque, en mi opinión, puede ser que representen la mejor expresión de sus respectivas escuelas de pensamiento.

48 Si se sostiene que «Palestina» no debe ser utilizada en los escritos y gráficos contemporáneos porque el nombre no aparece en la Biblia y, en ese sentido, no es bíblico, yo respondería enumerando los nombres de otras entidades geográficas invariablemente utilizadas en discusiones contemporáneas (incluso en muchos casos por aquellos que denuncian el uso de Palestina) que son asimismo «no bíblicos» en ese sentido: p. ej., el mar Mediterráneo, el mar Muerto, el golfo Pérsico, el río Tigris, el río Nilo, Egipto, Mesopotamia, Sumeria, Grecia y Turquía, para nombrar unos pocos.

49 La palabra asiria para Palestina se escribía normalmente como *Pilištu* o *Palaštu* (*cf.* hebreo *Peléšet*). Para otros usos tempranos de la palabra, ver A. M. Bagg, *Die Orts- und Gewässernamen der neuassyrischen Zeit*, Répertoire Géographique des Textes Cunéiformes 7/1, (Wiesbaden: Reichert, 2007), 189–191; S. Parpola, *Neo-Assyrian Toponyms*, Alter Orient und Altes Testament 6, (Neukirchen-Vluyn: Butzon and Bercker Kevelaer, 1970), 272.

50 W. W. Hallo y K. L. Younger, Jr., eds., *The Context of Scripture*, (Leiden: Brill, 1997–2002), 2.276; J. B. Pritchard, ed., *Ancient Near Eastern Texts Relating to the Old Testament*, (Princeton: Princeton University Press, 1969), 281.

51 Steindorff 1939:30–33; J. B. Pritchard, ed., *Ancient Near Eastern Texts Relating to the Old Testament*, (Princeton: Princeton University Press, 1969), 264.

52 Consultar I. Shai, «The Political Organization of the Philistines», en A. M. Maeir y P. de Miroschedji, eds., *«I Will Speak the Riddle of Ancient Times»: Archaeological and Historical Studies in Honor of Amihai Mazar on the Occasion of His Sixtieth Birthday*, (Winona Lake, Ind.: Eisenbrauns, 2006), 1.355–356; ver también O. Margalith, «Where Did the Philistines Come From?», *Zeitschrift für die alttestamentliche Wissenschaft* 107/1, (1995), 102–110.

53 Es cierto que mucho más de la mitad de las citas se producen en Josefo, y en estas el historiador usualmente, pero no siempre, se encuentra ensayando la historia de los filisteos bíblicos, de manera que no pueden ser empleadas para reforzar mi afirmación. Sin embargo, señalaría de paso que Josefo utiliza la misma palabra *Palaistinē* para citar tanto a los filisteos como al país de los filisteos (p. ej., Josefo, *Antiquities of the Jews*, 2.322–323, en donde es explícito), y en cierto momento cerca de la conclusión de sus *Antiquities* (20.259) Josefo sí parece utilizar *Palaistinē* como una referencia a la totalidad de Israel. (Habla de su obra literaria que reúne los sucesos acontecidos a los judíos en Egipto, Siria y Palestina; *cf.* 1.145). Muchas de las citas restantes o son ambiguas o son insuficientemente precisas como para ser incorporadas a mi argumento, y otras tantas

son irrelevantes porque se refieren o a una entidad geográfica en la Mesopotamia septentrional cerca del río Eufrates (p. ej., Plinio, *Natural History*, 6.31.132; Ovidio, *Fasti*, 2.464) o a un puerto romano en el mar Adriático (Julio César, *Civil Wars*, 3.6.3; Lucano, *Civil War*, 5.460).

54 Debido a limitaciones de espacio, aquí solo puedo citar algunos de los ejemplos. Hay citas adicionales, pero las que siguen serán suficientes para demostrar lo afirmado:

(1) Heródoto (siglo v a. C.; 2.104) habla de fenicios y sirios de Palestina que afirman haber aprendido de los egipcios la práctica de la circuncisión. Josefo (*Antiquities of the Jews*, 8.262; *Apion*, 1.168–171) reitera de manera explícita esta declaración de Heródoto, pero luego añade su propia interpretación: «En consecuencia, Heródoto dice que los sirios palestinos fueron circuncidados; pero los judíos son los únicos habitantes de Palestina que adoptan esta práctica. Por lo tanto, debe haber sabido esto, y su alusión es a la nación judía» (*cf.* notar también en la Biblia las repetidas referencias a los filisteos «incircuncisos» [Jc 14:3; 15:18; 1 Sm 14:6; 17:26, 36]);

(2) Aristóteles (siglo iv a. C.; *Meteorologica*, 2.359a.17–18), al describir cómo el agua se vuelve más densa cuando es mezclada con sal, habla de un lago en Palestina (el mar Muerto) donde se puede atar a un hombre o un animal y echarlo en el lago, aún así flotará y no se hundirá; añade que el lago es tan amargo y salado que no contiene peces. (Se dice que Vespasiano puso a prueba esta teoría al ordenar que a ciertas personas que no sabían nadar se les atara sus manos a la espalda y que fueran arrojados a las aguas del mar Muerto [*cf.* Josefo, *War*, 4.476–477]);

(3) en el siglo II a. C., Agatárquidas [5.89a, 89b, 89c] en varias ocasiones menciona haber explorado el mar Rojo y llegado a la isla de las Focas (Tirán), desde donde, añade, hay un promontorio que se extiende hasta la roca de los árabes (Petra) y el país de Palestina (*cf.* una declaración similar en Estrabón 16.4.18);

(4) En cierta parte, Filón (siglo I a. C.; *Abraham*, 133) habla de la tierra de los sodomitas, una parte de Canaán llamada posteriormente Siria palestina; lo que él quiere decir aquí con Siria palestina se aclara mejor con el siguiente ejemplo;

(5) En otro pasaje, Filón (*Every Good Man*, 75) afirma que Siria palestina no ha fallado en producir una alta excelencia moral. En este país, añade, viven muchos de la muy poblada nación de los judíos, más de 4000 de los cuales son llamados esenios;

(6) En un texto de Estrabón (siglo I a. C.; *Geog Headings*, 1.16), el geógrafo enumera ciudades y provincias que se encuentran entre Siria, la costa arábiga y la India, en medio de lo cual hay una referencia a Palestina que parece incorporar toda la zona entre Fenicia y Arabia; en el pasaje se lee «Adiabene y Mesopotamia, toda Siria, Fenicia, Palestina, toda Arabia...» (*cf.* Plinio, *Natural History*, 5.69);

(7) Ovidio (43 a. C.–17 d. C.; *Love*, 1.416) habla de la fiesta del séptimo día que los judíos de Palestina observan (y hay que notar que aun L. H. Feldman [«Some Observations on the Name of Palestine», *Hebrew Union College Annual* 61, (1990), 14] concede que esta mención del día de descanso es una clara referencia a los judíos);

(8) En un texto en que está describiendo regalos funerarios, Estacio (45–96 d. C.; *Silvae*, 5.1.213) yuxtapone santuarios palestinos y esencias hebreas;

(9) En otro pasaje, Estacio (*Silvae*, 3.2.105) hace referencia a una persona a la que se le habían dado los estandartes del Oriente y las cohortes de Palestina (entendido comúnmente como refiriéndose a un mando militar en el frente oriental);

(10) Silio Itálico (26–101 d. C.; *Punica*, 3.606), al describir los diversos logros militares de Vespasiano, añade que el hijo (Tito) se ocupará de continuar la obra de su padre y mientras aún sea joven pondrá fin a la guerra con la feroz gente de Palestina (la guerra que se centró en Galilea y Judea y culminó en Jerusalén en el año 70 d. C.) [**ver mapa 115**]; y

(11) En un texto, el sofista Dion Crisóstomo (40–112 d. C.; *Testimony* 5) elogia a los esenios, y añade que es una comunidad que está situada junto al mar Muerto, en el interior de Palestina cerca de Sodoma.

55 *Treatise of Shem* 1:11; 11:11; J. H. Charlesworth, ed., *The Old Testament Pseudepigrapha*, (Garden City, N.Y.: Doubleday, 1983), 1.474.

56 El Talmud se refiere normalmente a la tierra de Israel como «la Tierra» o «el Occidente», y en unos pocos casos como «Sión» o «este país». Algunas de las menciones de «Palestina» que son más útiles se encuentran en *Qiddushin* 50a, 69b; `*Erubin* 19a; *Pesah.im* 51a; *Bez.ak* 9a; *Rosh Hashanah* 9b; *Ta`anith* 2a, 9b, 10ab, 27a; *Mo`ed Qat.an* 8a, 27a y *Nedarim* 22a. Para referencias a Palestina en la literatura rabínica, ver G. Reeg, *Die Ortsnamen Israels nach der rabbinischen Literatur*, (Wiesbaden: Reichert, 1989), 514–516.

57 Consultar también D. M. Jacobson («Palestine and Israel», *Bulletin of the American Schools of Oriental Research* 313, [1999], 65–74; «When Palestine Meant Israel», *Biblical*

Archaeology Review 27/3, [2001], 42–47, 57), aunque sigo sin convencerme de que la palabra Palestina (Palaistinē) hubiera resultado de un juego de palabras helenístico con la palabra para «luchador» (palaistēs).

58 El reino del norte de Israel, según A. M. Bagg, *Die Orts- und Gewässernamen der neuassyrischen Zeit*, Répertoire Géographique des Textes Cunéiformes 7/1, (Wiesbaden: Reichert, 2007), 221.

59 Para la traducción, ver W. W. Hallo y K. L. Younger, Jr., eds., *The Context of Scripture*, (Leiden: Brill, 1997–2002), 2.137–138; J. B. Pritchard, ed., *Ancient Near Eastern Texts Relating to the Old Testament*, (Princeton: Princeton University Press, 1969), 320–321.

60 A. Lemaire, «"House of David" Restored in Moabite Inscription», *Biblical Archaeology Review* 20/3, (1994), 37; *cf.* E. Lipiński, *On the Skirts of Canaan in the Iron Age*, Orientalia Lovaniensia Analecta 153, (Leuven: Peeters, 2006), 350.

61 Algunas de las palabras y lugares bíblicos utilizados en la inscripción de Mesa incluyen: *h.esed* («lealtad pactual», l. 17), *bāmâ* («lugar alto», l. 3), *ophel* («montículo», l. 22), Gad (l. 10), Yahveh (l. 18 [la referencia extrabíblica más temprana al Dios de Israel]) y *bēt David* («casa/dinastía de David», l. 31). Varias ciudades moabitas asociadas con la ocupación de Moab por tribus transjordanas son mencionadas en la piedra de Mesa: p. ej., Medeba (ll. 8, 30; *cf.* Jos 13:9), Baal-meón (ll. 9, 30; *cf.* Nm 32:38), Quiriataim (l. 10; *cf.* Nm 32:37), Sarón (l. 13; *cf.* 1 Cr 5:16), Atarot (ll. 10, 11; *cf.* Nm 32:34), Nebo (l. 14; *cf.* Nm 32:38), Aroer (l. 26; *cf.* Nm 32:34), Jahaza (ll. 19, 20; Jos 13:18), Beser (l. 27; *cf.* Jos 20:8), Dibón (l. 2, 21, 28; *cf.* Nm 32:34), y posiblemente Diblataim (l. 30; *cf.* Nm 33:46).

62 Josefo, *War*, 3.35; *cf.* Plinio, *Natural History*, 5.75.

63 Así Josefo, *War*, 2.573; 3.35; *cf.* 1.22; Judit 1:8.

64 *War*, 3.48.

65 *Mercator's World* 3/5, (1998), 13.

66 G. A. Smith, *The Historical Geography of the Holy Land*, (Nueva York: Harper & Row, 1966), 206–215.

67 Notar la ubicación de Edrei en **mapa 5**. Para una reciente tabulación de topónimos transjordanos, ver J. R. Bartlett, *Mapping Jordan Through Two Millennia*, Palestine Exploration Fund Annual 10, (Leeds, U. K.: Maney, 2008), 135–146.

68 Josefo, *Antiquities of the Jews*, 17.189, 319; *War*, 2.95; *cf.* *War*, 1.398–400; Estrabón 16.2.2.20; ver también R. S. Notley y Z. Safrai, *Eusebius, Onomasticon*, (Leiden: Brill, 2005), 107, 155: Gaulanítide, Traconite, Auranítide (Haurán), Batanea (Basán) e Iturea.

69 *Anchor Bible Dictionary*, 1.573–574; L. Koehler y W. Baumgartner, eds., *The Hebrew and Aramaic Lexicon of the Old Testament*, (Leiden: Brill, 2001), 2.1055b; *cf.* Plinio, *Natural History*, 12.98; Diodoro 2.49.1; Estrabón 16.2.41.

70 Eusebio (R. S. Notley y Z. Safrai, *Eusebius, Onomasticon*, [Leiden: Brill, 2005], 79); Josefo, *War*, 3.446; Plinio, *Natural History*, 5.74; Tolomeo, *Geog*, 5.14.18.

71 Aunque estoy siguiendo la lista presentada por Plinio (*Natural History*, 5.74), es difícil establecer una lista definitiva de las diez ciudades, o incluso prueba alguna de que solamente había diez. Aun mientras delinea su propia selección de ciudades, Plinio admite que no todos los escritores están de acuerdo sobre este asunto. [**Ver mapa 100**]. La lista de Tolomeo del siglo II d. C. (*Geog*, 5.15–22–23) agrega Edrei, Abila, Lisanias, Saana, Gedor, Capitolias, Heliópolis y Bostra.

72 Un sinónimo griego de Abarim («la región al otro lado»; *cf.* Nm 27:12; 33:47–48; Dt 32:49; Jr 22:20); ver también Eusebio (R. S. Notley y Z. Safrai, *Eusebius, Onomasticon*, [Leiden: Brill, 2005], 18).

73 Josefo, *Antiquities of the Jews*, 18.116–119; *War*, 3.44–47; 4:413–418.

74 Para documentación temprana sobre los nabateos, consultar Diodoro 2.48.1–6; 19.94.1–97.6; Estrabón 16.4.18.

75 Para las evidencias de ruinas habitacionales encontradas bajo las aguas del mediterráneo cerca de la costa, ver E. Galili, D. Kaufman y M. Weinstein-Evron, «8,000 Years Under the Sea», *Arch* 41/1, (1988); E. Galili et al., «Atlit-Yam: A Prehistoric Site on the Sea Floor off the Israeli Coast», *Journal of Field Archaeology* 20/2, (1993); A. Ronen, «Late Quaternary Sea Levels Inferred from Coastal Stratigraphy and Archaeology in Israel», en P. M. Masters y N. C. Flemming, eds., *Quaternary Coastlines and Marine Archaeology*, (Londres: Academic Press, Inc., 1983), 126–130; A. Raban, «Submerged Prehistoric Sites Off the Mediterranean Coast of Israel», en P. M. Masters y N. C. Flemming, eds., *Quaternary Coastlines and Marine Archaeology*, (Nueva York: Academic Press, Inc., 1983), 215–232; A. Raban y E. Galili, «Recent Maritime Archaeological Research in Israel—A Preliminary Report», *International Journal of Nautical Archaeology* 14/4, (1985), 321–356.

76 *cf.* Judit 1:8; 3:9; 4:6; 7:3; 1 Macabeos 5:52; 12:49.

77 El lenguaje apocalíptico en Apocalipsis 16:16 que menciona el «Armagedón» ha sido interpretado de diversas y desconcertantes maneras. Aunque su significado exacto

permanece en duda, parece claro que la palabra en sí era usada simbólicamente como referencia a una decisiva batalla final. En tal contexto, el nombre puede ser un juego de palabras con el nombre del lugar Meguido, un término que, para personas del siglo I d. C. familiarizadas con el perfil militar de Meguido, habría evocado una imagen tan profunda y matizada como la harían palabras como «Gettysburg», «El Álamo» o «Pearl Harbor» para una persona norteamericana hoy en día.

78 Para algo más reciente, ver el resumen animado y detallado de E. H. Cline, *The Battles of Armageddon*, (Ann Arbor: University of Michigan Press, 2002).

79 Referencias al monte Carmelo se encuentran en: la inscripción votiva dedicada a Melkart (W. Beyerlin, ed., *Near Eastern Religious Texts Relating to the Old Testament*, Old Testament Library, [Filadelfia: Westminster, 1978], 232–234); varias listas en templos de Egipto (Simons 1937:111, 157, 165); y el Obelisco Negro (J. B. Pritchard, ed., *Ancient Near Eastern Texts Relating to the Old Testament*, [Princeton: Princeton University Press, 1969], 280; A. M. Bagg, *Die Orts- und Gewässernamen der neuassyrischen Zeit*, Répertoire Géographique des Textes Cunéiformes 7/1, [Wiesbaden: Reichert, 2007], 40–41; S. Parpola, *Neo-Assyrian Toponyms*, Alter Orient und Altes Testament 6, [Neukirchen-Vluyn: Butzon and Bercker Kevelaer, 1970], 57); *cf.* las tablillas de tell el-Amarna 288–289; W. L. Moran, *The Amarna Letters*, (Baltimore: Johns Hopkins University Press, 1992), 330–333.

80 C. K. Nyamweru, «The African Rift System», en W. M. Adams, A. S. Goudie y A. R. Orme, eds., *The Physical Geography of Africa*, (Nueva York: Oxford University Press, 1996), 18–33.

81 La bibliografía sobre esto es extensa; consultar p. ej., C. K. Nyamweru, «The African Rift System», en W. M. Adams, A. S. Goudie y A. R. Orme, eds., *The Physical Geography of Africa*, (Nueva York: Oxford University Press, 1996), 18–33; I. G. Main y P. W. Burton, «Information Theory and the Earthquake Frequency-Magnitude Distribution», *Bulletin of the Seismological Society of America* 74/4, (1984), 1409–1426; *Atlas of Israel* 1970: 9–12, folio 9; 1985: mapa 9; N. C. Flemming, «Predictions of Relative Coastal Sea-Level Change in the Mediterranean Based on Archaeological, Historical and Tide-Gauge Data», en L. Jeftić, J. D. Milliman y G. Sestini, eds., *Climatic Change and the Mediterranean*, (Londres: Edward Arnold, 1992), 268–271; Niemi, Ben-Avraham y Gat 2000; Z. Ben-Avraham, T. M. Niemi, C. Heim, J. F. W. Negendank y A. Nur, «Holocene stratigraphy of the Dead Sea: Correlation of high-resolution Seismic reflection profiles to sediment cores», *Journal of Geophysical Research* 104/B8, (1999), 17, 617–17, 626; consultar también www.icdp—online.de/news/PDF_Files.

82 Ver A. Ben-Menahem y E. Aboodi, «Micro- and macroseismicity of the Dead-Sea Rift and off-coast Eastern Mediterranean», *Tectonophysics* 80, (1981), 199–233. Para un estudio de los terremotos históricos, incluyendo las fechas, los epicentros y las magnitudes aproximadas, consultar R. Ken-Tor, A. Agnon, Y. Enzel, M. Stein, S. Marco y J. Negendank, «High-resolution geological record of historic earthquakes in the Dead Sea basin», *Journal of Geophysical Research* 106/B2, (2001), 2228–2229; A. Shapira, «On the seismicity of the Dead Sea basin», en T. M. Niemi, Z. Ben- Avraham y J. R. Gat, eds., *The Dead Sea: The Lake and Its Setting*, Oxford Monographs on Geology and Geophysics 36, (Nueva York: Oxford University Press, 1997), 82; D. H. K. Amiran, E. Arieh y T. Turcotte, «Earthquakes in Israel and Adjacent Areas: Macroseismic Observations since 100 b.c.e.», *Israel Exploration Journal* 44/3–4, (1994), 265–291; A. Ben-Menahem, «Four Thousand Years of Seismicity Along the Dead Sea Rift», *Journal of Geophysical Research* 96/B12, (1991), 20, 205–206; *cf.* N. Ambraseys, «Studies in historical seismicity and tectonics», en W. C. Brice, ed., *The Environmental History of the Near and Middle East since the Last Ice Age*, (Nueva York: Academic Press, 1978), 185–210.; R. Ken-Tor, M. Stein, Y. Enzel, A. Agnon, S. Marco y J. Negendank, «Precision of calibrated radiocarbon ages of historic earthquakes in the Dead Sea basin», *Radiocarbon* 43/3, (2001), 1371–1382; C. Migowski, R. Bookman, J. F. W. Negendank y M. Stein, «Recurrence Pattern of Holocene Earthquakes along the Dead Sea Transform Revealed by Varve-Counting and Radiocarbon Dating of Lacustrine Sediments», *Earth and Planetary Science Letters* 222, (2004), 301–314; ver también Josefo, *Antiquities of the Jews*, 15.121–122.

83 Watson 1895; *cf.* R. de Vaux, *The Early History of Israel*, (Filadelfia: Westminster Press, 1978), 386, 607.

84 *Atlas of Israel*, 1970, 3.4.

85 J. Garstang, *Joshua-Judges*, (Londres: Constable and Company, 1931), 136–139, pl. 25; *cf.* J. Garstang y J. B. E. Garstang, *The Story of Jericho*, (Londres: Marshall, Morgan & Scott, 1948), 139–140; Ver el pesimismo exhibido anteriormente por de Vaux (*The Early History of Israel*, [Filadelfia: Westminster Press, 1978], 607 n.45); *cf.* D. H. K. Amiran, E. Arieh y T. Turcotte, «Earthquakes in Israel and Adjacent Areas: Macroseismic Observations since 100 b.c.e.», *Israel Exploration Journal* 44/3–4, (1994), 302. Más recientemente, se han expresado serias dudas

cientíﬁcas sobre el informe de segunda mano de Garstang, aunque en realidad hay dos cuestiones distintas aquí: (1) la ubicación del epicentro del terremoto, y (2) la extensión del daño en tell ad-Damiya; consultar A. Shapira, R. Avni y A. Nur, «A new estimate for the epicenter of the Jericho earthquake of 11 July 1927», *Israel Journal of Earth Sciences* 42/2, (1993), 93–96; R. Avni, D. Bowman, A. Shapira y A. Nur, «Erroneous interpretation of historical documents related to the epicenter of the 1927 Jericho earthquake in the Holy Land», *Journal of Seismology* 6, (2002), 469–476. Sin embargo, consecuencias catastróﬁcas similares sí ocurrieron en tell ad-Damiya en 1267, en 1546, aparentemente en 1906 (R. St. John, *Roll Jordan Roll: The Life Story of a River and Its People*, [Garden City, N.Y.: Doubleday & Company, 1965], 121) y posiblemente el 10 de diciembre del 1033 y el 23 de mayo de 1834.

86   Z. Gal, «Khirbet Roš Zayit—Biblical Cabul», *Biblical Archaeologist* 53/2, (1990), 88–97.

87   «Studies in Palestinian Geography», *The Biblical World* 4/6 (1894): 421–431.

88   M. Nun, *The Sea of Galilee and Its Fishermen in the New Testament*, (Ein Gev, Israel: Kinnereth Sailing Company, 1989).

89   W. F. Lynch, *Narrative of the United States Expedition to the River Jordan and the Dead Sea*, (Filadelﬁa: Lea and Blanchard, 1849), 217–265.

90   Vogel 1982:1120.

91   M. Har-el, «The Pride of the Jordan: The Jungle of the Jordan», *Biblical Archaeologist* 41/2, (1978), 64–75.

92   H. Donner, *The Mosaic Map of Madaba*, (Kampen: Kok Pharos Publishing House, 1992), mapa.

93   Escrito o como *nekra thalassa* (Estrabón, *Geog Headings*, 1.16) o como *nekron hudôr* (Dion Crisóstomo, *Testimony*, 5).

94   K. Nebenzahl, *Maps of the Holy Land: Images of* Terra Sancta *through Two Millennia*, (Nueva York: Abbeville Press, 1986), 19.

95   T. M. Niemi, «The Life of the Dead Sea», *Biblical Archaeology Review* 34/1, (2008), 37–46.

96   A. Frumkin, G. Kadan, Y. Enzel y Y. Eyal, «Radiocarbon chronology of the Holocene Dead Sea: attempting a regional correlation», *Radiocarbon* 43/3, (2001), 1179–1180; Y. Enzel et al., «Late Holocene climates of the Near East deduced from Dead Sea level variations and modern regional winter rainfall», *Quaternary Research* 60/3, (2003), 265–266.

97   G. Shapland, *Rivers of Discord: International Water Disputes in the Middle East*, (Nueva York: St. Martin's Press, 1997), 5–56; A. Soﬀer, *Rivers of Fire: The Conﬂict over Water in the Middle East*, (Lanham, Md.: Rowman & Littleﬁeld Publishers, 1999), 119–203; J. A. Allan, *The Middle East Water Question*, (Londres: I. B. Tauris Publishers, 2002).

98   A. Oren, «Microbiological studies in the Dead Sea: 1892–1992», en T. M. Niemi, Z. Ben-Avraham y J. R. Gat, eds., *The Dead Sea: The Lake and Its Setting*, Oxford Monographs on Geology and Geophysics 36, (Nueva York: Oxford University Press, 1997), 205.

99   R. Carter, «Boat remains and maritime trade in the Persian Gulf during the sixth and ﬁfth millennia B.C.», *Antiquity* 80/307, (2006), 57.

100   J. A. Harrell y M. D. Lewan, «Sources of mummy bitumen in ancient Egypt and Palestine», *Archaeometry* 44/2, (2002), 285–293; J. Rullkötter y A. Nissenbauer, «Dead Sea asphalt in Egyptian mummies: Molecular evidence», *Naturwissenschaften* 75/4, (1988), 618–621; notar que la palabra egipcia *mummiya* originalmente signiﬁcaba «bitumen».

101   Diodoro 2.48; Estrabón 16.2.41.

102   A. Nissenbaum, «Shipping Lanes of the Dead Sea», *Rehovot* 11/1, (1991), 21.

103   Para lo más reciente, ver T. M. Niemi, «The Life of the Dead Sea», *Biblical Archaeology Review* 34/1, (2008), 45–49.

104   Ver S. M. Head, «Introduction», en A. J. Edwards y S. M. Head, eds., *Red Sea*, (Oxford: Pergamon Press, 1987), 2–4 para los perﬁles topográﬁcos transversales de las profundidades del mar Rojo.

105   Consultar B. MacDonald, *«East of the Jordan»: Territories and Sites of the Hebrew Scriptures*, (Boston: American Schools of Oriental Research, 2000), 21–43 para un resumen útil.

106   Consultar *Atlas of Israel*, 1970, 3/4.

107   No hay ninguna palabra hebrea ni griega para «petróleo» empleada en la Biblia. La palabra «aceite» es usada con gran frecuencia en el Antiguo Testamento, por supuesto, pero esa palabra se reﬁere sin excepción al aceite de oliva, no al petróleo (*šemen*; cf. árabe—*samn*; acadio—*šamnu*; fenicio y ugarítico—*šmn*). La palabra a veces se yuxtapone de manera explícita con la palabra «oliva» (Ex 27:20; 30:24) y también se utiliza (1) en relación con los árboles («madera de aceite» era la forma natural para referirse a la madera de olivo [1 Re 6:23, 31-33; Is 41:19]); (2) como parte de un paradigma dietético («grano, vino y aceite» [Dt 8:8; Ez 16:19]); (3) en la medicina (Is 1:6; Lc 10:34; St 5:14); (4) como una referencia a perfume (Rt 3:3; 2 Sm 12:20; Pr 27:9; Ct 1:3; 5:1; Am 6:6); y (5) como un ablandador de cuero (2 Sm 1:21). La palabra «aceite nuevo»

(*yis.har*) frecuentemente se empareja con vino nuevo (*tîrôš*) y se reﬁere al producto de aceite de oliva recién triturada (Dt 7:13; 11:14; Jr 31:12; Hag 1:11), no al petróleo.

108   Merodac también desempeñó una función mágica en la sociedad babilónica.

109   W. E. Rast, *Through the Ages in Palestinian Archaeology*, (Filadelﬁa: Trinity Press International, 1992), 23–24; ver A. Zertal, «The Water Factor during the Israelite Settlement Process in Canaan», en M. Heltzer y E. Lipiński, eds., *Society and Economy in the Eastern Mediterranean (c. 1500–1000 B.C.)*, (Louvain: Peeters, 1988), 341–352 para el factor de agua durante el proceso de asentamiento.

110   Para declaraciones similares en textos seculares antiguos, ver J. B. Pritchard, ed., *Ancient Near Eastern Texts Relating to the Old Testament*, (Princeton: Princeton University Press, 1969), 257, 471.

111   J. Kay, «Human Dominion over Nature in the Hebrew Bible», *AAAG* 79/2, (1989), 216–217.

112   Del mismo modo, la presencia de rocío se convirtió en una señal de benevolencia y bendición (Gn 27:28; Dt 33:28; Jc 6:38; Jb 29:19; Is 18:4; Os 14:5; Mi 5:7; Za 8:12).

113   D. Baly, *The Geography of the Bible*, (Nueva York: Harper & Row, 1974), 44–47, 221; E. Orni y E. Efrat, *Geography of Israel*, (Jérusalén: Israel Universities Press, 1980), 44, 147, 155; *Atlas of Israel* 1970: 4/1, mapas R–T; *Anchor Bible Dictionary*, 5.124–125.

114   J. J. Bimson y J. P. Kane, eds., *New Bible Atlas*, (Leicester, Inglaterra: Inter-Varsity Press, 1985), 15.

115   Ver también E. Levine, «The Land of Milk and Honey», *Journal for the Study of the Old Testament* 87, (2000), 43–57.

116   p. ej., J. B. Pritchard, ed., *Ancient Near Eastern Texts Relating to the Old Testament*, (Princeton: Princeton University Press, 1969), 19b, 239b; W. W. Hallo y K. L. Younger, Jr., eds., *The Context of Scripture*, (Leiden: Brill, 1997–2002), 3.32a; cf. N. Na῾aman, «Economic Aspects of the Egyptian Occupation of Canaan», *Israel Exploration Journal* 31/3–4, (1981), 181; E. D. Oren, «The Establishment of Egyptian Imperial Administration on the "Ways of Horus": An Archaeological Perspective from North Sinai», en E. Czerny, et al., eds., *Timelines: Studies in Honour of Manfred Bietak*, Orientalia Lovaniensia Analecta 149, (Leuven: Peeters, 2006), 289.

117   *Anchor Bible Dictionary*, 6.1150; J. M. Wagstaﬀ, *The Evolution of Middle Eastern Landscapes: An Outline to A.D. 1840*, (Totowa, N.J.: Barnes & Noble Books, 1985), 86.

118   cf. www.rehov.org/bee.htm; A. Mazar y N. Panitz-Cohen, «To What God? Altars and a House Shrine from Tel Rehov Puzzle Archaeologists», *Biblical Archaeology Review* 34/4, (2008), 42–44; A. Mazar, D. Namdar, N. Panitz-Cohen, R. Neumann y S. Weiner 2008.

119   La expresión «una tierra donde ﬂuyen leche y miel» a veces se entiende ya sea como una exageración teológica (Y. Ben-Arieh, «Perceptions and Images of the Holy Land», en R. Kark, ed., *The Land That Became Israel: Studies in Historical Geography*, [New Haven: Yale University Press, 1990], 42) o como degradación medioambiental (S. D. Waterhouse, «A Land Flowing with Milk and Honey», *Andrews University Seminary Studies* 1, [1963], 154). Sin embargo, el concepto de la degradación ambiental no ha sido corroborado cientíﬁcamente, y exageración teológica es innecesaria.

120   Ver R. J. A. Talbert, ed., *Barrington Atlas of the Greek and Roman World*, (Princeton: Princeton University Press, 2000), para mapas clásicos que incluyen acueductos; para el acueducto asirio anterior de Senaquerib entre Jerwan y Nínive, ver T. Jacobsen y S. Lloyd, *Sennacherib's Aqueduct at Jerwan*, Oriental Institute Publications 24, (Chicago: University of Chicago Press, 1935); E. G. Garrison, *A History of Engineering and Technology*, (Boca Raton: CRC Press, 1998), 32–36, 66–72.

121   D. Sperber, *The City in Roman Palestine*, (Nueva York: Oxford University Press, 1998), 128–148.

122   D. P. Crouch, *Water Management in Ancient Greek Cities*, (Nueva York: Oxford University Press, 1993), 338.

123   Y. Goldreich, «Temporal changes in the spatial distribution of rainfall in the Central Coastal Plain of Israel», en S. Gregory, ed., *Recent Climatic Change: A Regional Approach*, (Londres: Belhaven Press, 1988), 116–124.

124   W. A. Dando, «Biblical Famines, 1850 B.C.—A.D. 46: Insights for Modern Mankind», *Ecology of Food and Nutrition* 13/2, [1983], 231–249; «Famine», en A. S. Goudie, ed., *Encyclopedia of Global Change, Environmental Change and Human Society* (Nueva York: Oxford University Press, 2002), 425–430.

125   Ver D. P. Crouch, *Water Management in Ancient Greek Cities*, (Nueva York: Oxford University Press, 1993), 35–36 sobre algunas diﬁcultades en cuanto a la absorción de lluvias tempranas que son copiosas.

126   Ver J. Katsnelson, «The Frequency of Hail in Israel», *Israel Journal of Earth-Sciences* 16, (1967), 1–4 para la extrema estacionalidad del granizo.

127   Ver Y. Enzel et al., «Late Holocene climates of the Near East deduced from Dead Sea level variations and modern regional winter rainfall», *Quaternary Research* 60/3, (2003), 270.

128   Ver A. Horowitz, «Recent pollen sedimentation in Lake Kinneret, Israel», *Pollen and Spores* 11/2, (1969), 353–384; «Preliminary Palynological Indications as to the climate of Israel during the last 6000 years», *Paléorient* 2/2, (1974), 407–414; «Human Settlement Pattern in Israel: A Discussion of the Impact of Environment», *Expedition* 20/4, (1978), 55–58; Palynology of arid lands, (Ámsterdam: Elsevier, 1992); J. Guiot, «Methodology of the last climatic cycle reconstruction from pollen data», *Palaeogeography, Palaeoclimatology, Palaeoecology* 80, (1990), 49–69); M. Fontugne et al., «Paleoenvironment, sapropel chronology and Nile River discharge during the last 20,000 years as indicated by deep-sea sediment records in the Eastern Mediterranean», en O. Bar-Yosef y R. Kra, eds., *Late Quaternary Chronology and Paleoclimates of the Eastern Mediterranean*, (Tucson: Radiocarbon, 1994), 75–77; N. Liphschitz, *Timber in Ancient Israel: Dendroarchaeology and Dendrochronology*, (Tel Aviv: Tel Aviv University, 2007); Van Zeist y Bottema 1982; Van Zeist 1985.

129   Consultar T. A. Wertime, «The Furnace versus the Goat: The Pyrotechnologic Industries and Mediterranean Deforestation in Antiquity», *Journal of Field Archaeology* 10/4, (1983), 446; cf. J. D. Hughes, «How the Ancients Viewed Deforestation», *Journal of Field Archaeology* 10/4, (1983), 439–443; E. Galili et al., «Atlit-Yam: A Prehistoric Site on the Sea Floor oﬀ the Israeli Coast», *Journal of Field Archaeology* 20/2, (1993), 152. Wertime (pág. 450) nos recuerda que se requerían 1000 cargas de burro de madera de enebro para una quema en un solo horno de cal en las tierras altas de Grecia. Al parecer, los hogares también utilizaron el estiércol con ﬁnes de calefacción. Todavía se utiliza el estiércol como combustible en hogares a lo largo del Medio Oriente contemporáneo.

130   J. B. Pritchard, ed., *The Harper Atlas of the Bible*, (Nueva York: Harper & Row Publishers, 1987), 58; B. Golomb y Y. Kedar, «Ancient Agriculture in the Galilee Mountains», *Israel Exploration Journal* 21, (1971), 136–140; cf. Jb 28:1-11.

131   S. Ahituv, «Economic Factors in the Egyptian Conquest of Canaan», *Israel Exploration Journal* 28/1–2, (1978), 100–101.

132   p. ej., N. C. Flemming, *Archaeological Evidence for Eustatic Change of Sea Level and Earth Movements in the Western Mediterranean during the Last 2000 Years*, (Boulder, Colo.: Geological Society of America, 1969); W.C. Brice, ed., *The Environmental History of the Near and Middle East Since the Last Ice Age*, (Londres: Academic Press, 1978); T. M. Wigley, M. J. Ingram y G. Farmer, eds., *Climate and History: Studies in past climates and their impact on Man*, (Cambridge: Cambridge University Press, 1981); S. Bottema and W. Van Zeist, «Palynological Evidence for the Climatic History of the Near East, 50,000–6,000 BP», en J. Cauvin y P. Sanlaville, eds., *Préhistoire du Levant: chronologie et organisation de l'espace depuis les origines jusqu'au VIe millénaire*, (Paris: Centre national de la recherche scientiﬁque, 1981); A. F. Harding, ed., *Climatic Change in Later Prehistory*, (Edinburgh: Edinburgh University Press, 1982); J. L. Bintliﬀ y W. Van Zeist, eds., *Palaeoclimates, Palaeoenvironments and Human Communities in the Eastern Mediterranean Region in Later Prehistory*, BAR International Series I, (Oxford: British Archaeological Reports, 1982), I 33 (i, ii); Shehadeh 1985; H. E. Wright et al., *Global Climates since the Last Glacial Maximum*, (Minneapolis: University of Minnesota Press, 1993); H. J. Bruins, «Comparative chronology of climate and human history in the Southern Levant from the Late Chalcolithic to the Early Arab Period», en O. Bar-Yosef y R. Kra, eds., *Late Quaternary Chronology and Paleoclimates of the Eastern Mediterranean*, (Tucson: Radiocarbon, 1994), 301–314; A. S. Issar, *Climate Changes during the Holocene and their Impact on Hydrological Services*, (Cambridge: Cambridge University Press, 2003); M. Staubwasser y H. Weiss, «Holocene climate and cultural evolution in late prehistoric—early historic West Asia», *Quaternary Research* 66/3, (2006), 372–387.

133   p. ej., un barco encontrado junto a la gran pirámide de Keops; cf. textos del Reino Antiguo (p. ej., J. B. Pritchard, ed., *Ancient Near Eastern Texts Relating to the Old Testament*, [Princeton: Princeton University Press, 1969], 227, 416); cf. A. Ben-Tor, «The Relations between Egypt and the Land of Canaan during the Third Millennium B.C.», en G. Vermes y J. Neusner, eds., *Essays in Honour of Yigael Yadin*, (Totowa, N.J.: Allanheld, Osmun & Company, 1983), 12. Príncipes libaneses cortando madera como tributo aparecen en el registro superior de la pared esquinera exterior nororiental de la sala hipóstila en Karnak.

134   R. L. Hohlfelder, «Herod the Great's City on the Sea: Caesarea Maritima», *National Geographic* 171/2, (1987), 265.

135   N. Shepherd, *The Zealous Intruders: The Western Rediscovery of Palestine*, (San Francisco: Harper & Row Publishers, 1987), 202–205.

136   Ver Heródoto 1.28–33, 50–52, 94; 5.101; 6.125; Estrabón 13.4.5; 14.5.28; Diodoro 9.10.6.

137   C. J. Hemer, *The Letters to the Seven Churches of Asia in Their Local Setting*, (Sheﬃeld: JSOT Press, 1986), 131.

138   G. W. Treumann, *The Role of Wood in the Rise and Decline of the Phoenician Settlements on the Iberian Peninsula*, (Tesis doctoral inédita, University of Chicago, 1997), 102–175, ha demostrado de manera beneﬁcial cómo la ubicación de muchas ciudades portuarias en el mundo mediterráneo ilustra efectivamente el principio rector de la topografía regional. Lo mismo podría decirse de varias ciudades situadas en ciertos lugares junto a ríos (Ur sobre el Éufrates; Kanis sobre el Halis; Hamat sobre el Orontes; tell el-Amarna sobre el Nilo; etc.) o junto a vados (Malatya sobre el Éufrates; Carquemis sobre el Éufrates; Asuán sobre el Nilo; y posiblemente Enón sobre el Jordán Inferior).

139   Por ejemplo, Jerusalén resistió repetidamente los ataques. [**Ver mapa 68**.] Samaria frustró un sitio prolongado durante el tiempo de Eliseo (2 Re 6:25), resistió la poderosa máquina militar asiria durante tres años y frenó los ataques de Juan Hircano durante un año. Masada logró resistir durante siete meses un sitio y ataques sin tregua de parte de la décima legión romana y numerosas fuerzas auxiliares. (Ver S. E. Iakovidis, «The Impact of Trade Disruption on the Mycenaean Economy in the 13th—12th Centuries B.C.E.», en A. Biran y J. Aviram, eds., *Biblical Archaeology Today, 1990*, [Jerusalén: Israel Exploration Society, 1993], 314–315 para la ubicación de Micenas de acuerdo con la topografía local).

140   B. J. Beitzel, «Did Zimri—Lim Play a Role in Developing the Use of Tin-Bronze in Palestine?», en G. D. Young, M. W. Chavalas y R. E. Averbeck, eds., *Crossing Boundaries and Linking Horizons*, (Bethesda, Md.: CDL Press, 1997), 135–139.

141   La estratiﬁcación se ilustra muy claramente en J. N. Tubb y R. L. Chapman, *Archaeology and The Bible*, (Londres: Trustees of the British Museum, 1990), 26–29.

142   Ver A. F. Rainey, «Historical Geography», en J. F. Drinkard, Jr., G. L. Mattingly y J. M. Miller, eds., *Benchmarks in Time and Culture: Essays in Honor of Joseph A. Callaway*, (Atlanta: Scholars Press, 1988), 362.

143   F. Brown, S. R. Driver y C. A. Briggs, eds., *A Hebrew and English Lexicon of the Old Testament*, (Oxford: Clarendon Press, 1966), 67; L. Koehler y W. Baumgartner, eds., *The Hebrew and aic Lexicon of the Old Testament*, (Leiden: Brill, 2001), 1.80.

144   W. Helck (*Die Beziehungen Ägyptens zu Vorderasien im 3. und 2. Jahrtausend v. Chr.* ÄA 5, [Wiesbaden: Harrassowitz, 1971], 52, 121, 160) menciona hasta cinco sitios con el nombre «Afec» en fuentes egipcias (cf. *Anchor Bible Dictionary*. 1.275–277).

145   L. Koehler y W. Baumgartner, eds., *The Hebrew and Aramaic Lexicon of the Old Testament*, (Leiden: Brill, 2001), 2.1312.

146   Este fenómeno también se produce fuera de la Biblia. Por ejemplo, la literatura clásica cita al menos 18 ciudades llamadas Antioquía, 14 llamadas Alejandría, 14 llamadas Seleucia y 11 denominadas Tolemaida.

147   Ver también A. F. Rainey, «Historical Geography», en J. F. Drinkard, Jr., G. L. Mattingly y J. M. Miller, eds., *Benchmarks in Time and Culture: Essays in Honor of Joseph A. Callaway*, (Atlanta: Scholars Press, 1988), 359–362; B. MacDonald, *«East of the Jordan»: Territories and Sites of the Hebrew Scriptures*, (Boston: American Schools of Oriental Research, 2000), 13–19; *IDBSupp* 825–827; cf. notar algunas precauciones necesarias expresadas por H. J. Franken, «The Problem of Identiﬁcation in Biblical Archaeology», *Palestine Exploration Quarterly* 108, (1976), 3–11; consultar también J. M. Miller, «Site Identiﬁcation: A Problem Area in Contemporary Biblical Scholarship», *Zeitschrift des deutschen Palästina-Vereins* 99, (1983), 119–129; «Biblical Maps: How Reliable Are They?», *Bible Review* 3/4, (1987), 32–41.

148   Ver las identiﬁcaciones de sitio de E. Robinson y E. Smith (*Biblical Researches in Palestine, and in the Adjacent Regions*, [Boston: Crocker and Brewster, 1868]; *Later Biblical Researches in Palestine, and in the Adjacent Regions*, [Boston: Crocker and Brewster, 1871]), quienes a menudo adoptan esta línea de razonamiento.

149   Ver A. M. Bagg, *Die Orts- und Gewässernamen der neuassyrischen Zeit, Répertoire Géographique des Textes Cunéiformes* 7/1, [Wiesbaden: Reichert, 2007], 10–11; 1 Macabeos (p. ej., 10:89) y Josefo (p. ej., *Antiquities of the Jews*, 5.87; 6.30). Eusebio también conﬁrma la ubicación (R. S. Notley y Z. Safrai, *Eusebius, Onomasticon*, [Leiden: Brill, 2005], 22–23).

150   S. Gitin, «Philistia in Transition: The Tenth Century BCE and Beyond», en S. Gitin, A. Mazar y E. Stern, eds., *Mediterranean Peoples in Transition: Thirteenth to Early Tenth Centuries BCE*, (Jerusalén: Israel Exploration Society, 1998), 173–174, 178; S. Gitin, «Excavating Ekron: Major Philistine City Survived by Absorbing Other Cultures», *Biblical Archaeology Review* 31/6, (2005), 51–53.

151   Algunas partes de esta sección se basan en B. J. Beitzel, 1992a y 1992b.

152   G. D. Mumford y S. Parcak, «Pharaonic Ventures into South Sinai: El-Markha Plain Site 346», *Journal of Egyptian Archaeology* 89, (2003), 112; cf. D. French, «The Roman

Road-system of Asia Minor», en H. Temporini y W. Haase, eds., *Aufstieg und Niedergang der Römischen Welt*, (Berlin: Walter de Gruyter, 1980), 729.

153 A. T. Olmstead, *History of Assyria*, (Chicago: University of Chicago Press, 1964), 271, 334, 555–556.

154 *cf.* B. Isaac y I. Roll, «A Milestone of A.D. 69 from Judaea: the Elder Trajan and Vespasian», *Journal of Roman Studies* 66, (1976), 15–19; B. Isaac y I. Roll, *Roman Roads in Judaea: the Legio-Scythopolis Road*, BAR International Series 141, (Oxford: Archaeopress, 1982); I. Roll, «The Roman Road System in Judaea», *The Jerusalem Cathedra* 3, (1983); *cf.* D. French, *Roman Roads and Milestones of Asia Minor*, BAR International Series 329 (i, ii), (Londres: British Institute of Archaeology at Ankara, 1988).

155 *cf.* M. C. Astour, «841 B.C.: The First Assyrian Invasion of Israel», *Journal of the American Oriental Society* 91, (1971).

156 Un texto extraordinario procedente de Mari hace referencia a una caravana de 3000 burros (A. Finet, «Adalšenni, roi

Burundum», *Revue d'assyriologie et d'archéologie orientale* 60, [1966], 24–28; consultar también G. Wilhelm, «When a Mittani Princess Joined Pharaoh's Harem», *Archaeology Odyssey* 4/3, [2001], 28).

157 Heródoto 8.98.

158 W. Durant, *Caesar and Christ*, The Story of Civilization 3, (Nueva York: Simon & Schuster, 1944), 323.

159 R. J. Forbes, *Studies in Ancient Technology* 2, (Leiden: Brill, 1965), 138.

160 Hay disponibles numerosos textos de archivo, itinerarios y anales militares de todas partes del antiguo mundo del Cercano Oriente: Egipto, Babilonia, Asiria, Persia y Asia Menor. Algunas de estas evidencias considerables provienen del segundo milenio a. C., y otras porciones se derivan del primer milenio a. C.

161 El camino del Arabá o un camino a través del centro del Sinaí; G. I. Davies, «The Significance of Deuteronomy 1.2 for the

Location of Mount Horeb», *Palestine Exploration Quarterly* 111/2, (1979), 99–101; *Anchor Bible Dictionary*, 5.1071–1073.

162 *cf.* Josefo, *Antiquities of the Jews*, 3.318; 11.135.

163 *cf.* N. P. Milner, ed., *Vegetius: Epitome of Military Science*, (Liverpool: Liverpool University Press, 1996), 10.

164 Josefo, *Life*, 52; J. Wilkinson, *Jerusalem Pilgrimage 1099—1185*, (Londres: Hakluyt Society, 1988), 154.

165 Para leer por qué es inadecuado aplicar el título «Vía Maris» a esta arteria de transporte, ver B. J. Beitzel, «The *Via Maris* in Literary and Cartographic Sources», *Biblical Archaeologist* 54/2, (1991), 64–75.

166 Esta rama puede haber visto un uso limitado durante las estaciones lluviosas del período del Antiguo Testamento y fue sometida a una modificación ligeramente serpenteante en el período romano. No es representada en el mapa de Peutinger, el único ejemplar restante de un mapa de carreteras de la época romana.

167 *cf.* A. L. Oppenheim, et al., eds., *The Assyrian Dictionary of the Oriental Institute of the University of Chicago*, (Chicago: The Oriental Institute, 1956), 6.108, 232; 17/2.101, en el que se emplea la misma expresión para identificar a varios caminos mesopotámicos.

168 D. F. Graf, «les routes romaines d'Arabie Pétrée», *Le Monde de la Bible* 59/2, (1989), 54–56.

169 Ver B. J. Beitzel, «The Old Assyrian Caravan Road in the Mari Royal Archives», en G. D. Young, ed., *Mari in Retrospect: Fifty Years of Mari and Mari Studies*, (Winona Lake, Ind.: Eisenbrauns, 1992), 35–57; G. J. Barjamovic, *The Historical Geography of Anatolia in the Assyrian Colony Period*, (Tesis doctoral inédita, University of Copenhagen, 2005); Wilkinson y Tucker 1995:53–57, 147–153.

170 *cf.* A. Flinder, «Is This Solomon's Seaport?», *BARev* 15/4, (1989), 42.

NOTAS FINALES DEL CAPÍTULO 2

1 La cuestión de si el verbo de Nehemías 9:25 (`dn) es un cognado de Edén o es simplemente un homónimo sigue sin resolverse (p. ej., F. Brown, S. R. Driver y C. A. Briggs, eds., *A Hebrew and English Lexicon of the Old Testament*, [Oxford: Clarendon Press, 1966], 726b; L. Koehler y W. Baumgartner, eds., *The Hebrew and Aramaic Lexicon of the Old Testament*, [Leiden: Brill, 2001], 1.792b). La palabra en Eclesiastés 4:3 (`dn) debe traducirse de forma adverbial («todavía no») y no está relacionada etimológicamente con Edén. Sería tentador identificar la referencia bíblica a Bet-edén (Am 1:5) en el noroccidente de Mesopotamia (Bit-Adini, **mapa 79**) con la ubicación del jardín, pero con la evidencia actual, tal especulación no es sostenible. Una correlación de «cosas encantadoras o preciadas» con Edén probablemente explica por qué la LXX denomina al Edén como «paraíso» y por qué además la Vulgata Latina describe al Edén como un lugar «voluptuoso». Hay un cognado siríaco (`dn, p. ej., R. Payne Smith, ed., *A Compendious Syriac Dictionary*, [Winona Lake, Ind.: Eisenbrauns], 401), pero estos datos son demasiado tardíos para ser útiles. Una raíz arábiga (`gadan, p. ej., H. Wehr, ed., *A Dictionary of Modern Written Arabic*, [Ithaca, N.Y.: Cornell University Press, 1966], 666b: «flaccidez, letargo») parece no estar relacionada con nuestra palabra.

2 Para el territorio neoasirio Bit-Adini en el noroccidente de Mesopotamia, cf. S. Parpola y M. Porter, *The Helsinki Atlas of the Near East in the Neo-Assyrian Period*, (Helsinki: Vammalan Kirjapaino Oy, 2001), 7.

3 p. ej., A. L. Oppenheim, et al., eds. *The Assyrian Dictionary of the Oriental Institute of the University of Chicago*, (Chicago: The Oriental Institute, 1956), 4.33a; cf. M. Bonechi, *I nomi geografici dei testi di Ebla*, Répertoire Géographique des Textes Cunéiformes 12/1, (Wiesbaden: Reichert, 1993), 135.

4 p. ej., C. H. Gordon, *Ugaritic Textbook*, Analecta Orientalia 38, (Roma: Pontifical Biblical Institute, 1965), 3.454a; G. del Olmo Lete y J. Sanmartín, eds., *A Dictionary of the Ugaritic Language in the Alphabetic Tradition*, Handbuch der Orientalistik 67, (Leiden: Brill, 2003), 1.150; L. Koehler y W. Baumgartner, eds., *The Hebrew and Aramaic Lexicon of the Old Testament*, (Leiden: Brill, 2001), 2.1944; ver también R. S. Hess, «Eden—a Well-watered Place», *Bible Review*, 7/6 (1991), 30–32.

5 W. von Soden, ed., *Akkadisches Handwörterbuch*, (Wiesbaden: Harrassowitz, 1959–1975), 3.1378–79; cf. A. L. Oppenheim, et al., eds. *The Assyrian Dictionary of the Oriental Institute of the University of Chicago*, (Chicago: The Oriental Institute, 1956), 19.42–44.

6 Los nombres Éufrates y Tigris son de origen griego. Los nombres hebreos traducidos Éufrates (*perät*) y Tigris (*h.iddeqel*) también se encuentran con frecuencia en textos acadios para indicar los mismos ríos (*purattu*, p. ej., R. Zadok, *Geographical Names According to New- and Late-Babylonian Texts*, Répertoire Géographique des Textes Cunéiformes 8, [Wiesbaden: Reichert, 1985], 396–398; *idiglat*, p. ej., Zadok 1985, 361). Como puede ser evidente para el lector, este discurso sobre la ubicación del jardín del Edén adopta esencialmente un punto de vista calvinista, y no luterano, con respecto a la geografía antediluviana. Lutero («Lectures on Genesis Chapters 1–5», en J. Pelikan, ed., *Luther's Works*, [St. Louis: Concordia Publishing House, 1958], 1.87–91, 98–99) argumentó que incluso el preguntar dónde se encontraba el jardín en un mundo contemporáneo era una pregunta inútil e imponderable sobre algo que había sido borrado por completo. Para Lutero, el paraíso no solo se había perdido en el sentido miltoniano, sino también porque el diluvio de Noé había asolado la superficie de la tierra y había alterado de manera fundamental el paisaje geográfico del mundo. Por otra parte, Calvino (*Commentaries on the First Book of Moses Called Genesis*, [Grand Rapids: Eerdmans, 1948], 1.118–120), siguiendo una opinión mayoritaria en aquel entonces, insistió en que la geografía antediluviana no había sido materialmente desordenada ni sustancialmente alterada como resultado del diluvio.

7 A. Scafi, *Mapping Paradise: A History of Heaven and Earth*, (Chicago: University of Chicago Press, 2006), 37–39.

8 Ben Sirac (Libro del Eclesiástico) 24:25, 27; Jubileos 8:15; Jeremías 2:18 (LXX); Qumrán (*Genesis Apocryphon* de la cueva 1 en Qumrán, col. 21.15, 18–19), y una posible cita en Pseudo-Filón (D. J. Harrington, «Biblical Geography in Pseudo-Philo's *Liber Antiquitatum Biblicarum*», en F. Campbell y R. G. Boling, eds., *Essays in Honor of George Ernest Wright*, [Missoula, Mont.: Scholars Press, 1976], 68b).

9 El etimologizar de Josefo (*Antiquities of the Jews*, 1.38–39) es fantasioso y nada convincente en este sentido (Pisón = «multitud»; Gihón = «lo que brota del mundo opuesto»).

10 A. Scafi, *Mapping Paradise: A History of Heaven and Earth*, (Chicago: University of Chicago Press, 2006), 13, 35–40; T. Suárez, *Early Mapping of Southeast Asia*, (Singapur: Periplus Editions, 1999), 69, 105.

11 U. Cassuto, *A Commentary on the Book of Genesis: From Adam to Noah*, (Jerusalén: Magnes Press, 1961), 119–120; L. Koehler y W. Baumgartner, eds., *The Hebrew and Aramaic Lexicon of the Old Testament*, (Leiden: Brill, 2001), 1.110b.

12 p. ej., C. F. Keil y F. Delitzsch, *Biblical Commentary on the Old Testament: Pentateuch*, (Grand Rapids: Eerdmans, 1969), 81–83; P. D. Huet, *Traité de la situation du paradis terrestre*, (París: Jean Anisson, 1691), pl. 3; D. Rohl, *Legend: The Genesis of Civilisation*, (Londres: Century, 1998), 46–68; M. Chahin, *The Kingdom of Armenia: A History*, (Richmond, Surrey: Curzon, 2001), 54.

13 E. A. Speiser, «The Rivers of Paradise», en J. J. Finkelstein y M. Greenberg, eds., *Oriental and Biblical Studies: Collected Writings of E.A. Speiser*, (Filadelfia: University of Pennsylvania Press, 1967a), 23–34; W. L. Holladay, ed., *A Concise Hebrew and Aramaic Lexicon of the Old Testament*, (Grand Rapids: Eerdmans, 1974), 361b; pero ver L. Koehler y W. Baumgartner, eds., *The Hebrew and Aramaic Lexicon of the Old Testament*, (Leiden: Brill, 2001), 2.1424b.

14 Una recensión (revisión crítica) del Pentateuco Samaritano en el versículo 13 denomina a Gihón como «Askof», que es el nombre antiguo del río Kerka (cf. Heródoto 5.52—Choaspes).

15 cf. W. von Soden, ed., *Akkadisches Handwörterbuch*, (Wiesbaden: Harrassowitz, 1959–1975), 3.1426–1427; J. A. Brinkman, *A Political History of Post-Kassite Babylonia*, Analecta Orientalia 43, (Roma: Pontifical Biblical Institute, 1968), 269; S. Parpola, *Neo-Assyrian Toponyms*, Alter Orient und Altes Testament 6, (Neukirchen-Vluyn: Butzon und Bercker Kevelaer, 1970), 406; S. Parpola y M. Porter, *The Helsinki Atlas of the Near East in the Neo-Assyrian Period*, (Helsinki: Vammalan Kirjapaino Oy, 2001), 18; cf. F. Vallat, *Les noms géographiques des sources suso-élamites*, Répertoire Géographique des Textes Cunéiformes 11, (Wiesbaden: Reichert, 1993), 337–338; A. Fuchs, *Die Inschriften Sargons II. aus Khorsabad*, (Göttingen: Cuvillier, 1994), 466–467; K. L. Younger, Jr., «The Repopulation of Samaria (2 Kings 17:24, 27-31) in Light of Recent Study», en J. K. Hoffmeier y A. Millard, eds., *The Future of Biblical Archaeology: Reassessing Methodologies and Assumptions*, (Grand Rapids: Eerdmans, 2004), 264.

16 Para lo más reciente, ver D. J. Hamblin, «Has the Garden of Eden Been Located at Last?», *Smithsonian* 18/2 (1987), 127–135; J. Sauer, «A New Climatic and Archaeological View of the Early Biblical Traditions», en M. D. Coogan, J. C. Exum y L. E. Stager, eds., *Scripture and Other Artifacts: Essays on the Bible and Archaeology in Honor of Philip J. King*, (Louisville: Westminster/John Knox Press, 1994), 381–388; J. Sauer, «A Lost River of Eden: Rediscovering the Pishon», en M. D. Meinhardt, ed., *Mysteries of the Bible: From the Garden of Eden to the Shroud of Turin*, (Washington, D.C.: Biblical Archaeology Society, 2004), 3–11; pero ver también el mapa de Beroaldus de 1575 en A. Scafi, *Mapping Paradise: A History of Heaven and Earth*, (Chicago: University of Chicago Press, 2006), 296; y consultar M. Dietrich, «Das biblische Paradies und der babylonische Tempelgarten», en B. Janowski y B. Ego, eds., *Das biblische Weltbild und seine altorientalischen Kontexte*, Forschungen zum Alten Testament 32, (Tübingen: Mohr Siebeck, 2001), 311–320; K. A. Kitchen, *On the Reliability of the Old Testament*, (Grand Rapids: Eerdmans, 2003), 428–430.

17 A. N. S. Lane, *John Calvin: Student of the Church Fathers*, (Grand Rapids: Eerdmans, 1999), 6–7, 212, 240.

18 A. Scafi, *Mapping Paradise: A History of Heaven and Earth*, (Chicago: University of Chicago Press, 2006), 271–275.

19 J. Calvin, *Commentaries on the First Book of Moses Called Genesis*, (Grand Rapids: Eerdmans, 1948), 1.119–124. Para reforzar lo que obviamente era una interpretación novedosa, Calvino publicó un mapa que representaba el flujo de los ríos del Edén, lo cual, por lo que yo sé, fue la primera vez que un mapa fue incorporado a un comentario bíblico impreso. (Ver A. Scafi, *Mapping Paradise: A History of Heaven and Earth*, [Chicago: University of Chicago Press, 2006], 272, para una copia del mapa de la edición de 1553 de Calvino). Al presentar su mapa, Calvino declaró: «Pongo un plano a consideración, para que los lectores puedan saber dónde creo yo que Moisés colocó el

paraíso» (Calvin 1948:1.120). En última instancia, el mapa de Calvino se basaba en la teoría cartográfica de Claudio Tolomeo (K. Nebenzahl, *Maps of the Holy Land: Images of Terra Sancta through Two Millennia*, [Nueva York: Abbeville Press, 1986], 16–17), el famoso cartógrafo de Alejandría del siglo II a quien se le atribuye la creación de un sistema cuadricular de paralelos y meridianos que hizo posible la proyección de un mundo esférico sobre una superficie plana. Lo que en su mapa Calvino rotuló Éufrates inferior, en su texto lo identificó como el Gihón, y lo que representó como el Tigris inferior, lo identificó como el Pisón.

20 p. ej., P. Lawrence, *The IVP Atlas of Bible History*, (Downers Grove, Ill.: InterVarsity Press, 2006), 15–17, más recientemente.

21 p. ej., J. O. Thomson, *History of Ancient Geography*, (Nueva York: Biblo and Tannen, 1965), 15.

22 p. ej., Plinio, *Natural History*, 6.124–126.

23 J. A. Gifford, «Sea Levels and Ancient Seafaring», *American Institute of Nautical Archaeology Newsletter*, 3/2, (1976), 1–3; P. M. Masters y N. C. Flemming, eds., *Quaternary Coastlines and Marine Archaeology*, (Nueva York: Academic Press, 1982); K. Lambeck y J. Chappell, «Sea level change through the last glacial cycle», *Science*, 292/5517 (2001), 679–686; V. Yanko-Hombach et al., eds., *The Black Sea Flood Question: Changes in Coastline, Climate and Human Settlement*, (Dordrecht, Netherlands: Springer, 2007), 230, 258–272, 798.

24 G. M. Lees y N. L. Falcon, «The Geographical History of the Mesopotamian Plains», *Geographical Journal*, 118/1 (1952), 24–39; C. E. Larsen, *Life and Land Use on the Bahrain Islands: The Geoarcheology of an Ancient Society*, (Chicago: University of Chicago Press, 1983), 1–5, 120–125.

25 La representación en G. Barraclough (*The Times Atlas of World History*, [Maplewood, N.J.: Hammond, 1984], 37) es útil en cuanto a esto, aunque data de otro período; ver también J. M. Wagstaff, *The Evolution of Middle Eastern Landscapes: An Outline to A.D. 1840*, (Totowa, N.J.: Barnes & Noble Books, 1985), 93–97. Se sabe que existen rastros de similares ruinas de hábitat humano inundadas de ese período general, a lo largo de la costa del Israel moderno (E. Galili, D. Kaufman, y M. Weinstein-Evron, «8,000 Years Under the Sea», *Archaeology*, 41/1, [1988], 66–67; E. Galili et al., «Atlit-Yam: A Prehistoric Site on the sea floor off the Israeli Coast», *Journal of Field Archaeology*, 20/2, [1993], 133–157; A. Ronen, «Late Quaternary sea levels inferred from coastal stratigraphy and archaeology in Israel», en P. M. Masters y N. C. Flemming, eds., *Quaternary Coastlines and Marine Archaeology*, [Londres: Academic Press, Inc., 1983], 126–130; A. Raban, «Submerged Prehistoric Sites Off the Mediterranean Coast of Israel», en P. M. Masters y N. C. Flemming, eds., *Quaternary Coastlines and Marine Archaeology*, [Nueva York: Academic Press, Inc., 1983], 215–230; A. Raban y E. Galili, «Recent maritime archaeological research in Israel—A preliminary report», *International Journal of Nautical Archaeology*, 14/4, [1985], 321–356) y en otros lugares del Mediterráneo (C. Davaras, *Guide to Cretan Antiquities*, [Park Ridge, N.J.: Noyes Press, 1976], 113).

26 La teoría de la costa antigua, aparte de su ciencia obsoleta, parece haber sido aplicada de manera bastante incongruente por sus partidarios al golfo Pérsico, sin que sea aplicada también al mar Mediterráneo, al delta del Nilo, al mar Negro o incluso al mar Muerto, en los que sabemos de fluctuaciones en los niveles de agua con el paso del tiempo.

27 cf. P. S. Alexander, «Notes on the "Imago Mundi" of the Book of Jubilees», en G. Vermes y J. Neusner, eds., *Essays in Honour of Yigael Yadin*, (Totowa, N.J.: Allanheld, Osmun & Company, 1982), 202–203.

28 Ver también B. J. Beitzel, «Exegesis, Dogmatics and Cartography: A Strange Alchemy in Earlier Church Traditions», *Archaeology in the Biblical World*, 2/2, (1994), 8–21; J. O. Thomson, *History of Ancient Geography*, (Nueva York: Biblo and Tannen, 1965), 27–33.

29 J. B. Pritchard, ed., *Ancient Near Eastern Texts Relating to the Old Testament*, (Princeton, N.J.: Princeton University Press, 1969), 303a; 451a.

30 Heródoto 1.15–16, 4.11–13.

31 Para el texto del persa antiguo, consultar Kent 1953:117–123, 209; para el texto acadio, ver E. N. von Voigtlander, *The Bisitun Inscription of Darius the Great, Babylonian Version*, Corpus Inscriptionum Iranicarum 1/2, (Londres: Lund Humphries, 1978), 54–57; y para el texto elamita, referirse a G. G. Cameron, «The Elamite Version of the Bisitun Inscriptions», *Journal of Cuneiform Studies*, 14, (1960), 59–68.

32 En su representación del mundo bíblico, los cartógrafos medievales a menudo incluían el dominio de Gog en un punto al norte o nororiente de Israel. El área de Gog puede aparecer rodeado por un muro evidente de aspecto robusto, presuntamente diseñado para contener las fuerzas diabólicas de Gog (B. J. Beitzel, «Exegesis, Dogmatics and Cartography: A Strange Alchemy in Earlier Church Traditions», *Archaeology in the Biblical World*, 2/2, [1994], 13–15; p. ej., el «mapa del salterio», adjunto a un manuscrito latino del año 1250 del libro de los Salmos).

33 K. Farrokh, *Shadows in the Desert: Ancient Persia at War*, (Oxford: Osprey Publishing, 2007), 24–36.

34 p. ej., F. Vallat, *Les noms géographiques des sources suso-élamites*, Répertoire Géographique des Textes Cunéiformes 11, (Wiesbaden: Reichert, 1993), 109–110; R. Zadok, *Geographical Names According to New- and Late-Babylonian Texts*, Répertoire Géographique des Textes Cunéiformes 8, (Wiesbaden: Reichert, 1985), 186–188.

35 Heródoto 3.94. Parece extraño que Josefo (*Antiquities of the Jews*, 1.124) identifique a Tubal con la península Ibérica.

36 S. Parpola, *Neo-Assyrian Toponyms*, Alter Orient und Altes Testament 6, (Neukirchen-Vluyn: Butzon und Bercker Kevelaer, 1970), 252–253; K. Nashef, *Die Orts- und Gewässernamen der mittelbabylonischen und mittelassyrischen Zeit*, Répertoire Géographique des Textes Cunéiformes 5, (Wiesbaden: Reichert, 1982), 199; M. Robbins, *Collapse of the Bronze Age: The Story of Greece, Troy, Israel, Egypt, and the Peoples of the Sea*, (Nueva York: Authors Choice Press, 2001), 172–176.

37 J. H. Breasted, *Ancient Records of Egypt*, (Nueva York: Russell & Russell, 1962), 3.240–252; K. A. Kitchen, *Ramesside Inscriptions, Historical and Biographical*, (Oxford: Blackwell, 1969), 4.2–12, 39–41.

38 F. Vallat, *Les noms géographiques des sources suso-élamites*, Répertoire Géographique des Textes Cunéiformes 11, (Wiesbaden: Reichert, 1993), 167; R. Zadok, *Geographical Names According to New- and Late-Babylonian Texts*, Répertoire Géographique des Textes Cunéiformes 8, (Wiesbaden: Reichert, 1985), 219–220; D. D. Luckenbill, *Ancient Records of Assyria and Babylonia*, (Chicago: University of Chicago Press, 1926–1927), 2.207, 2.213; cf. S. Parpola, *Neo-Assyrian Toponyms*, Alter Orient und Altes Testament 6, (Neukirchen-Vluyn: Butzon und Bercker Kevelaer, 1970), 178, 236–237.

39 Rifat se escribe «Difat» en 1 Crónicas 1:6. La evidencia en los manuscritos y diversas versiones antiguas apoyan fuertemente la lectura «Rifat». La forma de las letras hebreas [d] y [r] es gráficamente similar y, por lo tanto, estas pueden ser fácilmente confundidas.

40 *Antiquities of the Jews*, 1.126.

41 Textos hititas procedentes de Bogazkoy mencionan con frecuencia el sitio Takarama/Tagarama (L. L. Orlin, *Assyrian Colonies in Cappadocia*, [París: Mouton, 1970], 86; G. F. del Monte y J. Tischler, *Die Orts- und Gewässernamen der hethitischen Texte*, Répertoire Géographique des Textes Cunéiformes 6/1, [Wiesbaden: Reichert, 1978], 383–384), ubicado en las proximidades del Éufrates superior cerca del sitio del moderno Gürün, al norte de la moderna Malatya. [**Ver mapa 23**]. Pareciera que esta misma entidad es conocida como Til-garimmu (D. D. Luckenbill, *Ancient Records of Assyria and Babylonia*, [Chicago: University of Chicago Press, 1926–1927], 2.138, 2.148; S. Parpola, *Neo-Assyrian Toponyms*, Alter Orient und Altes Testament 6, [Neukirchen-Vluyn: Butzon und Bercker Kevelaer, 1970], 353–354) en textos acadios posteriores, que también indican que el sitio debe estar ubicado cerca del río Éufrates superior, probablemente cerca de su costa occidental. (Ver H. Cazelles, «Zephaniah, Jeremiah, and Scythians in Palestine», en L. G. Perdue y B. W. Kovacs, eds., *A Prophet to the Nations*, [Winona Lake, Ind.: Eisenbrauns, 1984], 136).

42 Y. L. Holmes, «The Location of Alashiya», *Journal of the American Oriental Society* 61, (1971), 426–429; J. D. Muhly, *Copper and Tin*, (New Haven: Connecticut Academy of Arts and Sciences, 1973), 176; M. C. Astour, «Ugarit and the Aegean», en H. A. Hoffner, Jr., ed., *Orient and Occident: Essays Presented to Cyrus H. Gordon on the Occasion of His Sixty-fifth Birthday*, 17–27, Alter Orient und Altes Testament 22, (Neukirchen-Vluyn: Butzon and Bercker Kevelaer, 1973), 18.

43 G. F. del Monte y J. Tischler, *Die Orts- und Gewässernamen der hethitischen Texte*, Répertoire Géographique des Textes Cunéiformes 6/1, (Wiesbaden: Reichert, 1978), 6; B. Groneberg, *Die Orts- und Gewässernamen der altbabylonischen Zeit*, Répertoire Géographique des Textes Cunéiformes 3, (Wiesbaden: Reichert, 1980), 10; D. J. Wiseman, *The Alalakh Tablets*, (Londres:

British Institute of Archaeology in Ankara, 1953), 154; W. L. Moran, *The Amarna Letters*, (Baltimore: Johns Hopkins University Press, 1992), 104–113, 189; C. H. Gordon, *Ugaritic Textbook*, Analecta Orientalia 38, (Roma: Pontifical Biblical Institute, 1965), 3.360; G. del Olmo Lete y J. Sanmartín, eds., *A Dictionary of the Ugaritic Language in the Alphabetic Tradition*, Handbuch der Orientalistik 67, (Leiden: Brill, 2003), 1.67–68; J. B. Pritchard, ed., *Ancient Near Eastern Texts Relating to the Old Testament*, (Princeton: Princeton University Press, 1969), 29 n. 43.

44 C. H. Gordon, *Ugaritic Textbook*, Analecta Orientalia 38, (Roma: Pontifical Biblical Institute, 1965), 3.424a; G. del Olmo Lete y J. Sanmartín, eds., *A Dictionary of the Ugaritic Language in the Alphabetic Tradition*, Handbuch der Orientalistik 67, (Leiden: Brill, 2003), 1.468; Z. S. Harris, *A Grammar of the Phoenician Language*, American Oriental Series 8, (New Haven: American Oriental Society, 1936), 113; J. Friedrich y W. Röllig, *Phönizisch-Punische Grammatik*, Analecta Orientalia 46, (Roma: Pontifical Biblical Institute, 1999), 2.40–41.

45 Por ejemplo, cuando 1 Macabeos 1:1 indica que Alejandro Magno vino de Quitim para derrotar a Darío, la referencia indicaría o el lugar de nacimiento de Alejandro (Macedonia), o bien el lugar desde donde partió en su campaña contra Darío (Grecia), pero no tendría nada que ver con Chipre. Asimismo, Quitim aparece en cinco ostraca de Arad (W. W. Hallo y K. L. Younger, Jr., eds., *The Context of Scripture*, [Leiden: Brill, 1997–2002], 3.82 [1,2], 83 [4,7], 84 [17]), en los que el nombre parece designar a pueblos griegos en general, sean o no procedentes de Chipre. Por último, en su contexto, la frase «naves de Quitim» (Dn 11:30) debe referirse a la llegada de una flota de naves romanas al puerto egipcio de Alejandría, enviada para repeler el avance del rey seléucida Antíoco IV. (Quitim se traduce como «romano» en la Vulgata Latina).

46 D. Neiman, «The Two Genealogies of Japhet», en H. A. Hoffner, Jr., ed., *Orient and Occident: Essays Presented to Cyrus H. Gordon on the Occasion of His Sixty-fifth Birthday*, Alter Orient und Altes Testament 22, (Neukirchen-Vluyn: Butzon and Bercker Kevelaer, 1973), 121.

47 M. Bunson, *The Encyclopedia of Ancient Egypt*, (Nueva York: Facts on File, 1991), 192; B. G. Davies, *Egyptian Historical Records of the Later Eighteenth Dynasty*, Fasc. 4, (Warminster, Inglaterra: Aris & Phillips, 1992), 62; Estrabón 17.1.53.

48 Estrabón 16.4.8 (cf. 17.1.2; Heródoto 2.30); H. von Wissmann, *Über die frühe Geschichte Arabiens und das Entstehen des Sabäerreiches*, (Viena: Österreichischen Academie der Wissenschaften, 1975), 87–88, 102–105, Abb. 13.

49 Westermann 1984:511; Kitchen 1997:145; F. V. Winnett, «The Arabian Genealogies in the Book of Genesis», en H. T. Frank and W. L. Reed, eds., *Translating and Understanding the Old Testament: Essays in Honor of Herbert Gordon May*, (Nashville: Abington Press, 1970), 175–179.

50 Así C. Westermann, *Genesis 1—11: A Commentary*, (Minneapolis: Augsburg Publishing House, 1984), 511; G. J. Wenham, *Genesis 1—15*, Word Bible Commentary, (Waco: Word Books, 1987), 221.

51 En Génesis, se deletrea el nombre *Ra`mâ*, mientras que en 1 Crónicas, se deletrea *Ra`mä*. Aún más revelador que esto, el nombre se escribe *Regma* en la LXX, lo que sugiere que cuando los traductores de la LXX trataron con `ayin, la segunda letra de la raíz hebrea, escucharon *ghayin* (cf. la alternancia similar de `*môrâ* en el TM pero Gomorra en la LXX, y `*azzâ* en el TM pero Gaza en la LXX).

52 Tolomeo 6.7.14.

53 El intento por M. C. Astour de relacionar esta palabra con el faraón Shabataka, quien formó parte de la 25.ᵃ dinastía de Egipto («Sabtah and Sabteca: Ethiopian Pharaoh Names in Genesis 10», *Journal of Biblical Literature* 84, [1965], 422–425), no es convincente y no proporciona ningún contexto geográfico en absoluto para la entidad.

54 p. ej., *Anchor Bible Dictionary*, 5.862; cf. Plinio, *Natural History*, 12.69–70.

55 cf. S. Parpola, *Neo-Assyrian Toponyms*, Alter Orient und Altes Testament 6, (Neukirchen-Vluyn: Butzon and Bercker Kevelaer, 1970), 297.

56 Se puede encontrar un artículo esclarecedor sobre los restos de Saba en Yemen en T. J. Wilkinson, «Excavating the Land of Sheba», *Archaeology Odyssey* 4/6, (2001), 44–51, 57–58.

57 Ezequiel 27:15 en la LXX indica Rodiôn, en lugar de Dedán.

58 En vista de esta ubicación, es muy dudoso que el Dedán bíblico deba asociarse de manera alguna con el grupo nómada amorreo D/Tidnum (D. O. Edzard y G. Farber, *Die Orts- und Gewässernamen der Zeit der 3. Dynastie von Ur*, Répertoire Géographique des Textes Cunéiformes, [Wiesbaden: Reichert, 1974], 30; D. O. Edzard, G. Farber y E. Sollberger, *Die Orts- und Gewässernamen der präsargonischen und sargonischen Zeit*, Répertoire Géographique des Textes Cunéiformes 1, [Wiesbaden: Reichert, 1977], 157) conocido en fuentes acadias.

59 G. F. del Monte y J. Tischler, *Die Orts- und Gewässernamen der hethitischen Texte*, Répertoire Géographique des Textes

Cunéiformes 6/1, (Wiesbaden: Reichert, 1978), 344; W. L. Moran, *The Amarna Letters*, (Baltimore: Johns Hopkins University Press, 1992), 108, 391; J. B. Pritchard, ed., *Ancient Near Eastern Texts Relating to the Old Testament*, (Princeton: Princeton University Press, 1969), 247b.

60 En la LXX, el texto de Génesis 10:12 indica Dasêm, en lugar de Resén.

61 Para la literatura cuneiforme, ver K. Nashef, *Die Orts- und Gewässernamen der mittelbabylonischen und mittelassyrischen Zeit*, Répertoire Géographique des Textes Cunéiformes 5, (Wiesbaden: Reichert, 1982), 199; F. Vallat, *Les noms géographiques des sources suso-élamites*, Répertoire Géographique des Textes Cunéiformes 11, (Wiesbaden: Reichert, 1993), 190–192; A. L. Oppenheim, et al., eds. *The Assyrian Dictionary of the Oriental Institute of the University of Chicago*, (Chicago: The Oriental Institute, 1956), 10/2:116a; para la literatura hitita, ver G. F. del Monte y J. Tischler, *Die Orts- und Gewässernamen der hethitischen Texte*, Répertoire Géographique des Textes Cunéiformes 6/1, (Wiesbaden: Reichert, 1978), 273–275; para una cita minea, ver J. B. Pritchard, ed., *Ancient Near Eastern Texts Relating to the Old Testament*, (Princeton: Princeton University Press, 1969), 665b. La literatura cuneiforme también atestigua de otro Mus.ri (p. ej., Nashef 1982:198; W. W. Hallo y K. L. Younger, Jr., eds., *The Context of Scripture*, [Leiden: Brill, 1997–2002], 2.214b), refiriéndose a una entidad geográfica al norte de los montes Tauro en Asia Menor. Algunos estudiosos también creen que en el Antiguo Testamento hay unas cuantas referencias a esta región (p. ej., 1 Re 10:28; 2 Re 7:6; 2 Cr 9:28).

62 Ambos nombres aparecen en Génesis en el lugar apropiado de la LXX; sin embargo, los versículos 11-16 y 17b-24a faltan de Crónicas en la LXX, por lo que ninguno de los dos nombres aparece allí.

63 En Isaías 66:19, inmediatamente antes de Lud, se encuentra la entrada «Pul», la que, al parecer, no es atestiguada como entidad geográfica en ninguna otra fuente del mundo antiguo. (Es casi seguro que esta no guarda relación con la ciudad de Pulau, conocida a partir de un texto neoasirio y situada cerca del Éufrates superior; cf. S. Parpola y M. Porter, *The Helsinki Atlas of the Near East in the Neo-Assyrian Period*, [Helsinki: Vammalan Kirjapaino Oy, 2001], 14). Pul es denominado «Foud» en la LXX, que ha llevado a algunos estudiosos a equiparar la entrada con Fut, que por otras fuentes ha sido ubicado en el norte de África. Sin embargo, contextos no genealógicos de Put en otras partes del Antiguo Testamento parecen denominarlo como Libyes en lugar de Phoud. (Ver J. N. Oswalt, *The Book of Isaiah: Chapters 40–66*, The New International Commentary on the Old Testament, Grand Rapids: Eerdmans, 1998], 681).

64 Así W. F. Albright, «A Colony of Cretan Mercenaries on the Coast of the Negeb», *Journal of the Palestine Oriental Society* 1, (1921), 191–192.

65 Así Heródoto 2.32; cf. Diodoro 3.49.1; 17.50.2; Estrabón 17.3.20, 17.3.23; Josefo, *War*, 2.381.

66 p. ej., V. P. Hamilton, *The Book of Genesis: Chapters 1–17*, The New International Commentary on the Old Testament, (Grand Rapids: Eerdmans, 1990), 341.

67 p. ej., E. A. Speiser, *Genesis*, Anchor Bible, (Garden City, N.Y.: Doubleday and Company, 1964), 267; G. A. Buttrick, ed., *The Interpreter's Dictionary of the Bible*, (Nueva York: Abingdon Press, 1962), 2.615; cf. Génesis 36:2.

68 cf. S. Parpola y M. Porter, *The Helsinki Atlas of the Near East in the Neo-Assyrian Period*, (Helsinki: Vammalan Kirjapaino Oy, 2001), mapa 8.

69 Para lo más reciente, ver K. A. Kitchen, *On the Reliability of the Old Testament*, (Grand Rapids: Eerdmans, 2003), 596; A. F. Rainey y R. S. Notley, *The Sacred Bridge: Carta's Atlas of the Biblical World*, (Jerusalén: Carta, 2006), 27b; W. L. Moran, *The Amarna Letters*, (Baltimore: Johns Hopkins University Press, 1992), 390.

70 C. H. Gordon, *Ugaritic Textbook*, Analecta Orientalia 38, (Roma: Pontifical Biblical Institute, 1965), 3.449b; G. del Olmo Lete y J. Sanmartín, eds., *A Dictionary of the Ugaritic Language in the Alphabetic Tradition*, Handbuch der Orientalistik 67, (Leiden: Brill, 2003), 2.774; S. Parpola, *Neo-Assyrian Toponyms*, Alter Orient und Altes Testament 6, (Neukirchen-Vluyn: Butzon and Bercker Kevelaer, 1970), 311; S. Parpola y M. Porter, *The Helsinki Atlas of the Near East in the Neo-Assyrian Period*, (Helsinki: Vammalan Kirjapaino Oy, 2001), mapa 8.

71 p. ej., E. Ebeling y B. Meissner, eds., *Reallexikon der Assyriologie*, (Berlin: Walter de Gruyter, 1928), 2.37; ver A. F. Rainey y R. S. Notley, *The Sacred Bridge: Carta's Atlas of the Biblical World*, (Jerusalén: Carta, 2006), 107.

72 p. ej., D. O. Edzard y G. Farber, *Die Orts- und Gewässernamen der Zeit der 3. Dynastie von Ur*, Répertoire Géographique des Textes Cunéiformes, (Wiesbaden: Reichert, 1974), 45; D. O. Edzard, G. Farber y E. Sollberger, *Die Orts- und Gewässernamen der präsargonischen und sargonischen Zeit*, Répertoire Géographique des Textes Cunéiformes 1, (Wiesbaden: Reichert, 1977), 42–46.

73 R. Zadok, *Geographical Names According to New- and Late-Babylonian Texts*, Répertoire Géographique des Textes Cunéiformes 8, (Wiesbaden: Reichert, 1985), 130–132; cf. B. Groneberg, *Die Orts- und Gewässernamen der altbabylonischen Zeit*, Répertoire Géographique des Textes Cunéiformes 3, (Wiesbaden: Reichert, 1980), 70–71; K. Nashef, *Die Orts- und Gewässernamen der mittelbabylonischen und mittelassyrischen Zeit*, Répertoire Géographique des Textes Cunéiformes 5, (Wiesbaden: Reichert, 1982), 102–103.

74 J. Skinner, *A Critical and Exegetical Commentary on Genesis*, International Critical Commentary, (Edinburgh: T. & T. Clark, 1969), 205.

75 Westermann 1984:512.

76 cf. B. Groneberg, *Die Orts- und Gewässernamen der altbabylonischen Zeit*, Répertoire Géographique des Textes Cunéiformes 3, (Wiesbaden: Reichert, 1980), 21–22; K. Nashef, *Die Orts- und Gewässernamen der mittelbabylonischen und mittelassyrischen Zeit*, Répertoire Géographique des Textes Cunéiformes 5, (Wiesbaden: Reichert, 1982), 38–39; K. Nashef, *Die Orts- und Gewässernamen der altassyrischen Zeit*, Répertoire Géographique des Textes Cunéiformes 4, (Wiesbaden: Reichert, 1991), 13.

77 p. ej., R. Zadok, *Geographical Names According to New- and Late-Babylonian Texts*, Répertoire Géographique des Textes Cunéiformes 8, (Wiesbaden: Reichert, 1985), 213; S. Parpola, *Neo-Assyrian Toponyms*, Alter Orient und Altes Testament 6, (Neukirchen-Vluyn: Butzon and Bercker Kevelaer, 1970), 227.

78 Ver R. G. Kent, *Old Persian*, American Oriental Series 33, (New Haven, Conn.: American Oriental Society, 1961), 166; E. N. von Voigtlander, *The Bisitun Inscription of Darius the Great, Babylonian Version*, Corpus Inscriptionum Iranicarum 1/2, (Londres: Lund Humphries, 1978), 12.

79 cf. L. Koehler y W. Baumgartner, eds., *The Hebrew and Aramaic Lexicon of the Old Testament*, (Leiden: Brill, 2001), 1.207b.

80 Zadok 1987:334; cf. Josefo, *Antiquities of the Jews*, 1.148–150.

81 p. ej., L. Koehler y W. Baumgartner, eds., *The Hebrew and Aramaic Lexicon of the Old Testament*, (Leiden: Brill, 2001), 2.1543b; *Anchor Bible Dictionary*, 5.1192–1193.

82 D. van der Meulen y H. von Wissmann, *H.ad.ramaut: Some of Its Mysteries Unveiled*, (Leiden: Brill, 1964), 3–5.

83 cf. L. Koehler y W. Baumgartner, eds., *The Hebrew and Aramaic Lexicon of the Old Testament*, (Leiden: Brill, 2001), 1.438a; A. L. Oppenheim, et al., eds. *The Assyrian Dictionary of the Oriental Institute of the University of Chicago*, (Chicago: The Oriental Institute, 1956), 1/2.259–263; C. H. Gordon, *Ugaritic Textbook*, Analecta Orientalia 38, (Roma: Pontifical Biblical Institute, 1965), 3.414–415; cf. Tara, Jericó.

84 *Anchor Bible Dictionary*, 6.775–776.

85 Ver R. J. A. Talbert, ed., *Barrington Atlas of the Greek and Roman World*, (Princeton: Princeton University Press, 2000), mapa 89; D. J. Wiseman, *Chronicles of Chaldean Kings*, (Londres: British Museum, 1961), 22, 62–63, 82.

86 Así A. Millard, «Uzal», en J. D. Douglas, ed., *The Illustrated Bible Dictionary*, (Wheaton, Ill.: Tyndale House Publishers, 1986), 3.1615; A. F. Rainey y R. S. Notley, *The Sacred Bridge: Carta's Atlas of the Biblical World*, (Jerusalén: Carta, 2006), 29.

87 Así L. Koehler y W. Baumgartner, eds., *The Hebrew and Aramaic Lexicon of the Old Testament*, (Leiden: Brill, 2001), 1.794b.

88 Así L. Koehler y W. Baumgartner, eds., *The Hebrew and Aramaic Lexicon of the Old Testament*, (Leiden: Brill, 2001), 2.1381–1382.

89 Así L. Koehler y W. Baumgartner, eds., *The Hebrew and Aramaic Lexicon of the Old Testament*, (Leiden: Brill, 2001), 1.297a.

90 U. Cassuto, *A Commentary on the Book of Genesis: From Noah to Abraham*, (Jerusalén: Magnes Press, 1964), 222–223.

91 El nombre bíblico «Harán» deriva de un término sumerio y, al igual que su equivalente acadio «Harran», significa «camino/sendero/calle» o «caravana/expedición». Es probable que el sitio haya recibido su nombre original por estar ubicado en una intersección de rutas comerciales.

92 A. Malamat, «Mari», *Biblical Archaeologist*, 34/1, (1971), 12–22.

93 Una ciudad con este nombre se encuentra en material de archivo procedente de Hatusa (G. F. del Monte y J. Tischler, *Die Orts- und Gewässernamen der hethitischen Texte*, Répertoire Géographique des Textes Cunéiformes 6/1, [Wiesbaden: Reichert, 1978], 457–458), en el que parece haber estado situada en la costa de Cilicia occidental, tal vez no muy lejos de las ruinas de Ourwa/Olbia (A. K. Grayson, *Assyrian and Babylonian Chronicles*, [Winona Lake, Ind.: Eisenbrauns, 2000], 265; ver R. J. A. Talbert, ed., *Barrington Atlas of the Greek and Roman World*, [Princeton: Princeton University Press, 2000], 66; cf. L. Koehler y W. Baumgartner, eds., *The Hebrew and Aramaic Lexicon of the Old Testament*, [Leiden: Brill, 2001], 1.25; Estrabón 14.5.10) o de Mersin (M. Robbins, *Collapse of the Bronze Age: The Story of Greece, Troy, Israel, Egypt, and the Peoples of the Sea*, [Nueva York: Authors Choice Press, 2001], 181). Por otro lado, el nombre se manifiesta en Ugarit (G. del Olmo Lete y J. Sanmartín, eds., *A Dictionary of*

the Ugaritic Language in the Alphabetic Tradition, Handbuch der Orientalistik 67, (Leiden: Brill, 2003], 1.95), donde la ciudad parece haber estado situada en la costa mediterránea justo al sur de Ugarit (ver W. van Soldt, «Studies in the Topography of Ugarit [2]», *Ugarit-Forschungen*, 29, [1997], 702; «Studies in the Topography of Ugarit [3]», *Ugarit-Forschungen*, 30, [1998], 719). Atestaciones de «Ur(a/u)» en Ebla (M. Bonechi, *I nomi geografici dei testi di Ebla*, Répertoire Géographique des Textes Cunéiformes 12/1, [Wiesbaden: Reichert, 1993], 310) o en listas de censos procedentes de Alalak (D. J. Wiseman, *The Alalakh Tablets*, [Londres: British Institute of Archaeology in Ankara, 1953], 157) son geográficamente imprecisas en sus contextos y puede ser que haga referencia al sitio cerca de Ugarit, o bien, lo que tal vez sea más probable, a una ubicación del interior, más cercana a Ebla y/o Alalak. Hay una atestación intrigante sobre Ur(a/u), conocida por originar de tell Shemshara (B. Groneberg, *Die Orts- und Gewässernamen der altbabylonischen Zeit*, Répertoire Géographique des Textes Cunéiformes 3, [Wiesbaden: Reichert, 1980], 247), en donde la ciudad es asociada con otros lugares mejor conocidos sobre los cuales se podría decir con fundamento que se sitúan entre el río Tigris y el Habor superior, al sur de la cordillera de Tur `Abdin (la clásica Mons Izalla) (J. Laessøe, *Det Første Assyriske Imperium et Aspekt*, [Copenhagen: University of Copenhagen Press, 1966], 76, 96; «An Aspect of Assyrian Archaeology», en M. Lurker, ed., *Beiträge zu Geschichte, Kultur und Religion des Alten Orients*, [Baden- Baden: Valentin Koerner, 1971], 191–195). Una cita de un nombre de lugar lingüísticamente similar en Nuzi es ambigua en su ubicación geográfica, pero sería extremadamente raro que un texto de Nuzi haga referencia a una ciudad tan lejana como la costa mediterránea, ya se esperaría con mucho más probabilidad una ubicación interior más cercana a Nuzi, aunque no se sabe si el sitio de Shemshara y el sitio de Nuzi son uno y el mismo.

94 En la temprana era cristiana, al peregrino Egeria (383 d. C.) le informaron de la existencia de la ciudad en algún lugar en el río Habor superior y el área del río Tigris superior (J. Wilkinson, *Egeria's Travels to the Holy Land*, [Jerusalén: Ariel Publishing House, 1981], 120).

95 E. A. Speiser, *Genesis*, Anchor Bible, (Garden City, N.Y.: Doubleday and Company, 1964), 80–81; C. Westermann, *Genesis 1–11: A Commentary* (Minneapolis: Augsburg Publishing House, 1984), 135; V. P. Hamilton, *The Book of Genesis: Chapters 1–17*, The New International Commentary on the Old Testament, (Grand Rapids: Eerdmans, 1990), 363–365; y C. H. Gordon, «Where Is Abraham's Ur?», *Biblical Archaeology Review* 3/2, (1977), 20–21, 52; y «Abraham's Ur: Is the Pope Going to the Wrong Place?», *Biblical Archaeology Review*, 26/2, (2000), 62–63, 69.

96 p. ej., *Codex Hammurapi* §§116, 214, 252; *Archives royales de Mari* 8.10 (1/3 mina = 20 siclos).

97 p. ej., A. L. Oppenheim, et al., eds. *The Assyrian Dictionary of the Oriental Institute of the University of Chicago*, (Chicago: The Oriental Institute, 1956), 6.84–85.

98 p. ej., W. E. Rast y R. T. Schaub, «Preliminary Report of the 1979 Expedition to the Dead Sea Plain, Jordan», *Bulletin of the American Schools of Oriental Research*, 240, (1980), 21–61; W. E. Rast, «Bab edh-Dhra and the Origin of the Sodom Saga», en L. G. Perdue, et al., eds., *Archaeology and Biblical Interpretation: Essays in Memory of D. Glenn Rose*, (Atlanta: John Knox Press, 1987), 185–201; ver también R. G. Khouri, *The Antiquities of the Jordan Rift Valley*, (Ammán: Al Kutba Publishers, 1988), 114–118; J. A. Loader, *A Tale of Two Cities*, (Kampen: J.H. Kok Publishing House, 1990).

99 J. Wilkinson, *Egeria's Travels to the Holy Land*, (Jerusalén: Ariel Publishing House, 1981), 219; K. Nebenzahl, *Maps of the Holy Land: Images of* Terra Sancta *through Two Millennia*, (Nueva York: Abbeville Press, 1986), 57, 75, 78, 97, 109, 117, 123, 125, 129, 131, 132, 139; E. Wajntraub y G. Wajntraub, *Hebrew Maps of the Holy Land*, (Viena: Brüder Hollinek, 1992), 34; A. Tishby, ed., *Holy Land in Maps*, (Jerusalén: The Israel Museum, 2001), 97.

100 J. Wilkinson, *Egeria's Travels to the Holy Land*, (Jerusalén: Ariel Publishing House, 1981), 162; comparar J. Wilkinson, *Jerusalem Pilgrimage 1099—1185*, (Londres: Hakluyt Society, 1988), 79; cf. *Genesis Rabbah* 3 (82.10.1).

101 cf. L. Koehler y W. Baumgartner, eds., *The Hebrew and Aramaic Lexicon of the Old Testament*, (Leiden: Brill, 2001), 1.460a; A. L. Oppenheim, et al., eds. *The Assyrian Dictionary of the Oriental Institute of the University of Chicago*, (Chicago: The Oriental Institute, 1956), 8.331–333.

102 En el sitio de Beni Hasan [**mapa 23**], pinturas murales en tumbas que datan de tan temprano como el siglo xix a. C. representan a un grupo de pueblos nómadas, de aspecto y vestimenta semíticos, probablemente provenientes de Canaán (J. B. Pritchard, ed., *The Ancient Near East in Pictures Relating to the Old Testament*, [Princeton: Princeton University Press, 1954], 37 [#122]; A. Mazar, *Archaeology of the Land of the Bible*

10,000–586 B.C.E., [Nueva York: Doubleday, 1990], 171), cuyo líder lleva un nombre claramente semítico occidental, Ab(i)shar (J. B. Pritchard, ed., *Ancient Near Eastern Texts Relating to the Old Testament*, [Princeton: Princeton University Press, 1969], 229a; J. Bourriau, «The Second Intermediate Period», en I. Shaw, ed., *The Oxford History of Ancient Egypt*, [Oxford: Oxford University Press, 2002], 192). Estos nómadas están ocupados en diversas actividades, como la pesca, la navegación, la caza, el tejido, la metalurgia, el comercio y, sobre todo, la agricultura.

103 p. ej., Manetón, *Aegyptiaca*, 42.82; Josefo, *Apion*, 1.82.

104 L. E. Stager, «Chariot Fittings from Philistine Ashkelon», en S. Gitin, et al., eds., *Confronting the Past: Archaeological and Historical Essays on Ancient Israel in Honor of William G. Dever*, (Winona Lake, Ind.: Eisenbrauns, 2006), 169–176.

105 C. A. Redmount, «Bitter Lives: Israel in and out of Egypt», en M. D. Coogan, ed., *The Oxford History of the Biblical World*, (Oxford: Oxford University Press, 1998), 80–81; M. Bietak, «The Predecessors of the Hyksos», en S. Gitin, et al., eds., *Confronting the Past: Archaeological and Historical Essays on Ancient Israel in Honor of William G. Dever*, (Winona Lake, Ind.: Eisenbrauns, 2006), 285–293.

106 J. K. Hoffmeier, *Israel in Egypt: The Evidence for the Authenticity of the Exodus Tradition*, [Nueva York: Oxford University Press, 1996], 63–65, 117–119; *Ancient Israel in Sinai: The Evidence for the Authenticity of the Wilderness Tradition*, [Nueva York: Oxford University Press, 2005], 53–58.

107 M. Bietak, «Avaris, Capital of the Hyksos Kingdom: New Results of Excavations», en E. D. Oren, ed., *The Hyksos: New Historical and Archaeological Perspectives*, (Filadelfia: The University Museum, 1997), 115–117.

108 K. A. Kitchen, *On the Reliability of the Old Testament*, (Grand Rapids: Eerdmans, 2003), 255 (cita a E. Pusch).

109 E. Pusch, «Pi-Ramesses-Beloved-of-Amun Headquarters and their Chariotry», en A. Eggebrecht, ed., *Pelizaeus-Museum Hildesheim: the Egyptian Connection*, (Mainz: P. von Zabern, 1996), 126–144.

110 M. Bietak, *Tell el-Dab`a II: der Fundort im Rahmen einer archäologisch- geographischen Untersuchung über das ägyptische Ostdelta*, (Viena: Österreichischen Akademie der Wissenschaften, 1975), 179–221.

111 La tablilla parece haber sido un fragmento de correspondencia diplomática del rey hitita Hattusili III enviada a Ramsés II; ver http://weekly.ahram.org.eg/2003/659/hr2.htm.

112 Papiro Anastasi VI.4.11–5.5; *cf.* J. B. Pritchard, ed., *Ancient Near Eastern Texts Relating to the Old Testament*, (Princeton: Princeton University Press, 1969), 259a; W. W. Hallo y K. L. Younger, Jr., eds., *The Context of Scripture*, (Leiden: Brill, 1997–2002), 3.16–17. El papiro describe miembros de una tribu de Edom que viajaban de oriente a occidente a lo largo del wadi Tumilat en un intento por encontrar agua. El texto indica que pasaron la fortaleza de (el faraón) Mernepta, que está en Tjeku, y luego llegaron a los estanques de Pitón de Mernepta, lo que indica que Pitón se encontraba al occidente de Tjeku/Sucot. (Ver también que Heródoto 2.158 ubica la ciudad de Patumus [Pitón, así M. Bietak, «Canaanites in the Eastern Nile Delta», en A. F. Rainey, ed., *Egypt, Israel, Sinai: Archaeological and Historical Relationships in the Biblical Period*, 41–56, en el wadi Tumilat]). Esta misma secuencia de oriente a occidente se refleja en un miliario romano encontrado en tell el-Maskhuta (K. A. Kitchen, *On the Reliability of the Old Testament*, [Grand Rapids: Eerdmans, 2003], 258), aunque se reconoce que esto pertenece a un periodo mucho más tardío.

113 J. K. Hoffmeier, *Israel in Egypt: The Evidence for the Authenticity of the Exodus Tradition*, (Nueva York: Oxford University Press, 1996), 120; C. A. Redmount, «Bitter Lives: Israel in and out of Egypt», en M. D. Coogan, ed., *The Oxford History of the Biblical World*, (Oxford: Oxford University Press, 1998), 67; K. A. Kitchen, *On the Reliability of the Old Testament*, (Grand Rapids: Eerdmans, 2003), 258.

114 D. B. Redford, «An Egyptological Perspective on the Exodus Narrative», en A. F. Rainey, ed., *Egypt, Israel, Sinai: Archaeological and Historical Relationships in the Biblical Period*, (Tel Aviv: Tel Aviv University, 1987), 142; así A. H. Gardiner, *Egyptian Grammar: being an introduction to the study of hieroglyphs*, (Londres: Oxford University Press, 1950), 555.

115 A. Sneh, T. Weissbrod y I. Perath, «Evidence for an Ancient Egyptian Frontier Canal», *American Scientist* 63, (1975), 542–548; W. H. Shea, «A Date for the Recently Discovered Eastern Canal of Egypt», *Bulletin of the American Schools of Oriental Research*, 226, (1977), 31–38; J. K. Hoffmeier, *Israel in Egypt: The Evidence for the Authenticity of the Exodus Tradition*, (Nueva York: Oxford University Press, 1996), 164–175; J. K. Hoffmeier, *Ancient Israel in Sinai: The Evidence for the Authenticity of the Wilderness Tradition*, (Nueva York: Oxford University Press, 2005), 105–109.

116 Papiro Anastasi VI.4.11–5.5, a veces denominado el «Maktar/ Migdol de Seti (I)», *cf.* J. B. Pritchard, ed., *Ancient Near Eastern Texts Relating to the Old Testament*, (Princeton: Princeton University Press, 1969), 259a; W. W. Hallo y K. L. Younger, Jr., eds., *The Context of Scripture*, (Leiden: Brill, 1997–2002), 3.16–17.

117 A. H. Gardiner, «The Ancient Military Road between Egypt and Palestine», *Journal of Egyptian Archaeology* 6/2, (1920), 99–116; G. Cavillier, «The Ancient Military Road Between Egypt and Palestine Reconsidered: A Reassessment», *Göttinger Miszellen* 185, (2001), 23–31; K. A. Kitchen, *On the Reliability of the Old Testament*, (Grand Rapids: Eerdmans, 2003), 632; J. K. Hoffmeier, *Ancient Israel in Sinai: The Evidence for the Authenticity of the Wilderness Tradition*, (Nueva York: Oxford University Press, 2005), 90–94; J. K. Hoffmeier, «"The Walls of the Ruler" in Egyptian Literature and the Archaeological Record: Investigating Egypt's Eastern Frontier in the Bronze Age», *Bulletin of the American Schools of Oriental Research* 343, (2006), 1–20; E. D. Oren, «The Establishment of Egyptian Imperial Administration on the "Ways of Horus": An Archaeological Perspective from North Sinai», en E. Czerny, et al., eds., *Timelines: Studies in Honour of Manfred Bietak*, Orientalia Lovaniensia Analecta 149, (Leuven: Peeters, 2006), 279–292.

118 Papiro Anastasi V.19.2–20.6; *cf.* J. B. Pritchard, ed., *Ancient Near Eastern Texts Relating to the Old Testament*, (Princeton: Princeton University Press, 1969), 259b; W. W. Hallo y K. L. Younger, Jr., eds., *The Context of Scripture*, (Leiden: Brill, 1997–2002), 3.16.

119 p. ej., Heródoto 1.180, 189; 4.37; Beroso 1.5; Arriano, *Anabasis*, 7.16.2; *Indica*, 19.9; 32.8; 37.3; 40.2; 43.1; Jenofonte, *Cyropaedia*, 8.6.10, 21; 8.8.1; Estrabón 11;14.7; Diodoro de Sicilia 1.19.6; 18.5.3; 19.17.3; Josefo, *Antiquities of the Jews*, 1.38; Jubileos 8:21; 9:2; Enoc 32:2; 77:6–7; consultar H. Liddell, R. Scott y H. S. Jones, *A Greek-English Lexicon*, (Oxford: Clarendon Press, 1968), 693a; J. D. Muhly, «Homer and the Phoenicians», *Berytus* 19, (1970), 25; W. Raunig, «Adulis to Aksum: charting the course of antiquity's most important trade route in East Africa», en P. Lunde y A. Porter, eds., *Trade and Travel in the Red Sea Region*, Biblical Archaeology Review 1269, (Oxford: Archaeopress, 2004), 87; ver también *yammā' simmôqā'* en *Génesis apócrifo* de la cueva 1 en Qumrán, 21.17–18 y el fragmento de *Enoc* de la cueva 4 en Qumrán (4.7). Para Diodoro (p. ej., 2.11.2), y también para Heródoto (p. ej., 1.1) y Eratóstenes (*cf. J. O. Thomson, History of Ancient Geography*, [Nueva York: Biblo and Tannen, 1965], 81), todas las aguas al sur del continente asiático eran conocidas generalmente como *erythrá thálassa*, e incluso mapas que reflejan el periodo clásico ubican a *erythrá thálassa* al sur de Asia. Para el mapa mundial de Heródoto, ver Thomson 1965:99; para el mapa mundial de Estrabón, ver B. J. Beitzel, *The Moody Atlas of Bible Lands*, (Chicago: Moody Press, 1985), 199; para el mapa mundial de Eratóstenes, ver O. A. W. Dilke, *Greek and Roman Maps*, (Ithaca, N.Y.: Cornell University Press, 1985), 33. En esos mapas, a menudo el mar Rojo moderno se designa como Sinus Arabicus (por lo tanto, también su derivado en latín *mare Rubrum*; ver especialmente Plinio, *Natural History*, 6.28.107–109, donde la equiparación es explícita tanto en nombre como en extensión; *cf.* el mapa romano de M. Agripa en la época del emperador Octavio, ver Dilke 1985, 50–51). En el Nuevo Testamento, la frase *erythrá thálassa* se encuentra en contextos en donde se recuerdan los sucesos del Éxodo (Hch 7:36; Hb 11:29), siendo que estos pasajes de la Escritura también fueron escritos durante el periodo clásico y reflejan con exactitud el significado de la expresión en esa época. Este mismo concepto se encuentra tan tardíamente como Juan Calvino (*Commentaries on the First Book of Moses Called Genesis*, [Grand Rapids: Eerdmans, 1948], 121–122), quien declaró que el río Tigris y el río Éufrates desembocan en el «mar Rojo».

120 *cf.* T. O. Lambdin, «Egyptian Loan Words in the Old Testament», *Journal of the American Oriental Society* 73, (1953), 153; L. Koehler y W. Baumgartner, eds., *The Hebrew and Aramaic Lexicon of the Old Testament*, (Leiden: Brill, 2001), 1.747. La palabra *twf(y)* en egipcio frecuentemente designaba una región donde se hallaban juntos pantanos de juncos y prados de pastura, situada en la zona al oriente de Pi(r)-Raamsés y el delta del Nilo (*The Zondervan Pictorial Encyclopedia of the Bible*, 5.46). J. K. Hoffmeier (*Ancient Israel in Sinai: The Evidence for the Authenticity of the Wilderness Tradition*, [Nueva York: Oxford University Press, 2005], 85–89) declara que la palabra puede referirse a cualquiera de los lagos entre el lago Balla y el Pequeño Lago Amargo, y prefiere el lago Balla como el punto de cruce (*cf. The Zondervan Pictorial Encyclopedia of the Bible*, 2.430b; M. Bietak, «Canaanites in the Eastern Nile Delta», en A. F. Rainey, ed., *Egypt, Israel, Sinai: Archaeological and Historical Relationships in the Biblical Period*, 41–56, [Tel Aviv: Tel Aviv University, 1987], 167; W. H. Shea, «La ruta del éxodo: desde Rameses hasta el Sinaí», *Theo* 6, [1991], 292–298). K. A. Kitchen (*On the Reliability of the Old Testament*, [Grand Rapids: Eerdmans, 2003], 261–263) está fundamentalmente de acuerdo con esta evaluación, y cree que el cruce podría haber ocurrido ya sea en el lago Balla, el lago Timsah o en uno de los lagos Amargos.

121 E. Robinson y E. Smith, *Biblical Researches in Palestine, and in the Adjacent Regions*, [Boston: Crocker and Brewster, 1868], 1.87 sostienen que el cruce no duró más de tres a cuatro horas.

122 Para una historia sísmica de toda la fosa tectónica del Jordán, incluyendo el golfo de Aqaba, ver S. Marco y A. Agnon, «Prehistoric earthquake deformations near Masada, Dead Sea graben», *Geology* 23/8, (1995), 695–698; A. Ben-Menahem, «Four Thousand Years of Seismicity Along the Dead Sea Rift», *Journal of Geophysical Research* 96/B12, (1991), 20,195–20,216; y R. Ken-Tor et al., «High-resolution geological record of historic earthquakes in the Dead Sea basin», *Journal of Geophysical Research* 106/B2, (2001), 2,221–2,234.

123 Así M. Noth, *Exodus*, Old Testament Library, (Filadelfia: Westminster Press, 1962), 159–160; U. Cassuto, *A Commentary on the Book of Exodus*, (Jerusalén: Magnes Press, 1967), 232; J. I. Durham, *Exodus*, Word Bible Commentary, (Waco: Word Books, 1987), 271, 346; P. C. Craigie, *The Book of Deuteronomy*, The New International Commentary on the Old Testament, (Grand Rapids: Eerdmans, 1976), 133–134.

124 Por ejemplo, Heródoto define «Arabia» como aquella parte de Egipto que se encuentra inmediatamente al oriente del Nilo (2.15; *cf.* Diodoro 1.21.4; 1.32.2; 1.89.1–2; 16.47.7; 19.105.1) o un área que puede ser inundada por el Nilo (2.19; *cf.* notar que en Gn 45:10 y 46:34 en la LXX, Gosén es denominado «Gesem *de Arabia*»). En otra parte, Heródoto identifica un lugar conocido como Patumus, ubicado cerca del Nilo, como una ciudad arábiga (2.158; se dice que esta ciudad egipcia queda un poco al occidente de Ismailía, que es exactamente donde el «Pitón» bíblico también se sitúa). Tanto Heródoto (2.8) como Estrabón (17.1.21, 34) y Diodoro de Sicilia (1.63.5; 3.8.1) identifican de manera explícita el terreno entre Bajo Egipto y el mar Rojo como Arabia.

125 (1) Arabia, el nombre de la provincia romana, que se extendía desde el mar de Galilea hacia el oriente hasta el desierto Oriental, luego hacia el sur para incluir en su totalidad los lugares bíblicos de Moab, Edom y Sinaí (p. ej., R. J. A. Talbert, ed., *Barrington Atlas of the Greek and Roman World*, [Princeton: Princeton University Press, 2000], 100; *cf.* Estrabón 16.4.2; ¿Gal 1:17?); (2) Arabia Nomos, el 20.ª nomo de Bajo Egipto, una región a lo largo del wadi Tumilat entre el Nilo y el lago Timsah (p. ej., R. J. A. Talbert, ed., *Barrington Atlas of the Greek and Roman World*, [Princeton: Princeton University Press, 2000], 74; *cf.* W. Helck, *Die altägyptischen Gaue*, [Wiesbaden: Reichert, 1974], 197–198; M. Bietak, *Tell el-Dab`a II: der Fundort im Rahmen einer archäologisch- geographischen Untersuchung über das ägyptische Ostdelta*, [Viena: Österreichischen Akademie der Wissenschaften, 1975], 173–176, en los que «Arabia» como un nomo también aparace en recibos tributarios egipcios de papiro); (3) Arabia Félix, la península arábiga (p. ej., S. Mittman y G. Schmitt, eds., *Tübinger Bibelatlas*, [Stuttgart: Deutsche Bibelgesellschaft, 2001], B.5.22.recuadro; *cf.* Estrabón 2.5.32; 16.4.2; Tolomeo, *Geography*, 1.7, 17; 6.7; mapa 4 de África; mapa 6 de Asia); (4) Arabia Ereme, o Jordania oriental (p. ej., Mittman y Schmitt, B.5.22; *cf.* Tolomeo *Geography* 5.19; mapa 5 de Asia—Arabia Deserta); y (5) Arabia Pétrea, el área de Petra, e incluyendo Sinaí septentrional y oriental (p. ej., Mittman y Schmitt, B.4.17.recuadro 3, B.5.7, B.5.17; R. J. A. Talbert, ed., *Barrington Atlas of the Greek and Roman World*, [Princeton: Princeton University Press, 2000], 76; *cf.* Tolomeo, *Geography*, 2.1; 5.17; mapa 4 de África; mapa 4 de Asia; ver también cómo es representada en varias ilustraciones tolemaicas del mapa mundial).

126 G. I. Davies, *The Way of the Wilderness: A Geographical Study of the Wilderness Itineraries in the Old Testament*, (Cambridge: Cambridge University Press, 1979), 60, y la bibliografía allí citada; M. G. Swanepoel, «Die "drie dae"—motief in die Ou Testament [El tema de "tres días" en el Antiguo Testamento]», *Nederduits Gereformeerde Teologiese Tydskrif* 32, (1991), 541–551; U. Cassuto, *A Commentary on the Book of Exodus*, (Jerusalén: Magnes Press, 1967), 43.

127 M. Har-el, «The Route of the Exodus of the Israelites from Egypt and their Wandering in the Sinai Desert: A Geographical Study», (Tesis doctoral inédita, New York University, University Microfilm, 65–7296, 1965), 183–184; G. J. Wenham, *Numbers: An Introduction & Commentary*, (Leicester, Inglaterra: Inter-Varsity Press, 1981), 228.

128 Ver también Números 33:3 (primer mes); Éxodo 13:3-6 (mes de abib=primer mes, correspondiente a marzo-abril); 16:1 (segundo mes); 19:1 (tercer mes); *cf.* 23:15 (abib); 34:18 (abib); Deuteronomio 16:1 (abib).

129 G. A. Pyman, «Autumn raptor migration in the eastern Mediterranean», *Ibis* 95, (1953), 550–551; U. Safriel, «Bird migration at Elat, Israel», *Ibis* 110, (1968), 283–320, y ver la bibliografía allí citada; P. L. Meininger y W. C. Mullié, *The Significance of Egyptian Wetlands for Wintering Waterbirds*, (Nueva York: Holy Land Conservation Fund, 1981); *cf.* M. Brawer, *Atlas of the Middle East*, (Nueva York: Macmillan Publishing Company, 1988), 16–17; P. Dillett, «A Birding Pilgrimage», *Birder's World*, (February, 1997), 48–52; F. S. Bodenheimer, *Animal and Man in Bible Lands*, (Leiden: Brill, 1960), 59; *National Geographic Supplement* 205/5 mapa adjunto; *Atlas of Israel* VII/2; www.Israel-mfa.gov.il/mfa/birds.html.

130 Consultar Diodoro 1.60.5–10; J. J. Hobbs, *Mount Sinai*, (Austin: University of Texas Press, 1995), 47; C. W. Jarvis (*Yesterday and To-day in Sinai*, [Londres: William Blackwood & Sons, 1931], 169–170) habla largo y tendido sobre lo fácil que es atrapar aves fatigadas cerca de la costa mediterránea, pero él hace referencia de forma explícita a una migración otoñal e incluso menciona los meses de septiembre y octubre; lo mismo es cierto en E. Tchernov («The Fauna: Meeting Point of Two Continents», en B. Rothenberg, ed., *Sinai: Pharaohs, Miners, Pilgrims and Soldiers*, [Nueva York: Joseph J. Binns Publisher, 1979], 99); y observar un aterrizaje otoñal en Egipto en el *Report of Wenamun* (W. W. Hallo y K. L. Younger, Jr., eds., *The Context of Scripture*, [Leiden: Brill, 1997–2002], 1.92).

131 Así U. Cassuto, *A Commentary on the Book of Exodus*, (Jerusalén: Magnes Press, 1967), 204–205.

132 Así S. R. Driver, *A Critical and Exegetical Commentary on Deuteronomy*, International Critical Commentary, (Edinburgh: T. & T. Clark, 1965), 390–393; R. G. Boling, *Judges*, Anchor Bible, (Garden City, N.Y.: Doubleday & Company, 1975), 108; P. C. Craigie, *The Book of Deuteronomy*, The New International Commentary on the Old Testament, (Grand Rapids: Eerdmans, 1976), 393.

133 Así S. R. Driver, *A Critical and Exegetical Commentary on Deuteronomy*, International Critical Commentary, (Edinburgh: T. & T. Clark, 1965), 5–6; J. A. Thompson, *Deuteronomy: An Introduction and Commentary*, (Londres: Inter-Varsity Press, 1975), 81–82; P. C. Craigie, *The Book of Deuteronomy*, The New International Commentary on the Old Testament, (Grand Rapids: Eerdmans, 1976), 91.

134 B. Rothenberg, *God's Wilderness: Discoveries in Sinai*, (Londres: Thames and Hudson, 1961), 170; A. Negev, *The Inscriptions of Wadi Haggag, Sinai*, Qedem 6, (Jerusalén: Hebrew University, 1977), 73–80.

135 W. M. F. Petrie, *Researches in Sinai*, (Nueva York: E. P. Dutton and Company, 1906), 251–255.

136 H. Skrobucha, *Sinai*, (Londres: Oxford University Press, 1966), 19; J. J. Hobbs, *Mount Sinai*, (Austin: University of Texas Press, 1995), 113, 321 n57.

137 J. Wilkinson, *Egeria's Travels to the Holy Land*, (Jerusalén: Ariel Publishing House, 1981), 93–98.

138 B. Rothenberg, «Ancient Copper Industries in the Western Arabah», *Palestine Exploration Quarterly* 94/1, [1962], 44–56; *Timna: Valley of the Biblical Copper Mines*, [Londres: Thames and Hudson, 1972], 203–207; A. Flinder, «Is This Solomon's Seaport?», *Biblical Archaeology Review* 15/4, (1989), 39–43.

139 F. M. Abel, *Géographie de la Palestine*, (París: J. Gabalda, 1967), 2.307; R. de Vaux, *The Early History of Israel*, (Filadelfia: Westminster Press, 1978), 431; Y. Aharoni, *The Land of the Bible: A Historical Geography*, (Filadelfia: Westminster Press, 1979), 200.

140 Tolomeo, *Geography*, 6.17.1; mapa 4 de Asia; M. Har-el, «The Route of the Exodus of the Israelites from Egypt and their Wandering in the Sinai Desert: A Geographical Study», (Tesis doctoral inédita, New York University, University Microfilms 65–7296, 1965), 147; Y. Aharoni, *The Land of the Bible: A Historical Geography*, (Filadelfia: Westminster Press, 1979), 199.

141 p. ej., B. Rothenberg, *God's Wilderness: Discoveries in Sinai*, (Londres: Thames and Hudson, 1961) 162–163, 185–189.

142 Identificaciones de cualquier ubicación específica del monte Sinaí basadas en características específicas dentro del texto bíblico o en una supuesta singularidad de formaciones rocosas locales son a lo sumo espurias. Por ejemplo, es irónico que tanto jebel Karkom (ver E. Anati, «Mt. Sinai—in the Negev? Ancient Cult Center Discovered on Desert Peak», en M. D. Meinhardt, ed., *Mysteries of the Bible: From the Garden of Eden to the Shroud of Turin*, [Washington D.C.: Biblical Archaeology Society, 2004], 47–69) en Sinaí septentrional como jebel al-Lawz (ver A. Kerkeslager, «Mt. Sinai—in Arabia? Ancient Jewish Tradition Locates Holy Mountain», en M. D. Meinhardt, ed., *Mysteries of the Bible: From the Garden of Eden to the Shroud of Turin*, [Washington, DC: Biblical Archaeology Society, 2004], 33–46) en la moderna Arabia Saudita han sido ambos declarados el «verdadero monte de Dios» precisamente por el descubrimiento de algunas de las mismas características en ambos lugares: (1) una «hendidura en la roca» (Ex 33:21-23; Anati, 59; Kerkeslager, 40); (2) un «altar con 12 columnas» (Ex 24:4; Anati, 51, 58; Kerkeslager, 40); (3) una «cueva» en el lado del monte (Ex 24:18; 1 Re 19:8-13; Anati, 67–68; Kerkeslager, 40); (4) evidencias de roca quemada o cenizas en la cima del monte (Ex 19:18; Anati, 68; Kerkeslager, 41); (5) un gran espacio abierto cerca de la base del monte en cuestión, capaz de albergar a los israelitas acampados (Anati, 54; Kerkeslager, 40); y (6) la presencia de dibujos en la roca o arte rupestre cerca de la base del monte, lo que indica la presencia de un numeroso grupo de personas (Anati, 52; Kerkeslager, 40).

143 G. D. Mumford y S. Parcak, «Pharaonic Ventures into South Sinai: El-Markha Plain Site 346», *Journal of Egyptian*

Archaeology 89, (2003), 92–93; *cf.* S. Mittman y G. Schmitt, eds., *Tübinger Bibelatlas*, (Stuttgart: Deutsche Bibelgesellschaft, 2001), mapa del Sinaí.

144 Durante la Edad del Bronce Tardía, Serabit el-Khadim figuraba como el sitio egipcio preeminente para la minería de turquesa y cobre. Allí fue erigido un templo para Hathor, una diosa egipcia de la turquesa (G. Pinch, *Votive Offerings to Hathor at New Kingdom Temples*, [Oxford: University of Oxford, 1993], 49–58), en el que fueron descubiertas algunas de las primeras evidencias que se conocen de un alfabeto semítico (S. Wachsmann, *Seagoing Ships & Seamanship in the Bronze Age Levant*, [College Station, Tex.: Texas A & M University Press, 1998], 32). Pero Serabit el-Khadim era básicamente un complejo de minas, campamentos base, sitios de fundición e incluso puntos de refugio periféricos (W. F. Albright, «Exploring in Sinai with the University of California African Expedition», *Bulletin of the American Schools of Oriental Research* 109, [1948], 10, 13–15) que, según textos egipcios e inscripciones, incluía a miles de personas —egipcios y súbditos de ellos— asignadas al lugar en servicio obligatorio a la corona (D. M. Dixon, «Pharaonic Egypt and Red Sea arms trade», en P. Lunde y A. Porter, eds., *Trade and Travel in the Red Sea Region*, Biblical Archaeology Review, International Series 1269, [Oxford: Archaeopress, 2004], 34). El sitio era fuertemente fortificado y protegido por el ejército egipcio. Al parecer, esto fue el caso especialmente durante los meses de la primavera y a principios del verano, el período de las condiciones óptimas para navegar al otro lado del mar Rojo (G. D. Mumford y S. Parcak, «Pharaonic Ventures into South Sinai: El-Markha Plain Site 346», *Journal of Egyptian Archaeology* 89, [2003], 88–89), precisamente en el momento del año en que los israelitas habrían atravesado el sector. Además, la ruta a través de Serabit el-Khadim no habría pasado junto al oasis Feiran, el oasis más grande y más abundante en todo el Sinaí occidental, que se encontraba muy cerca del jebel Serbal.

145 Ver mapas de 1976 procedentes de Survey of Israel [agencia cartográfica de Israel], Di Zahav, 1:100,000; S. Mittman y G. Schmitt, eds., *Tübinger Bibelatlas*, (Stuttgart: Deutsche Bibelgesellschaft, 2001), mapa del Sinaí.

146 P. C. Craigie, *The Book of Deuteronomy*, The New International Commentary on the Old Testament, (Grand Rapids: Eerdmans, 1976), 112 sugiere que los «38 años» desde la partida de Cades-barnea (Dt 2:14) puede referirse a la primera salida de Israel de Cades (Dt 1:41-46; *cf.* Nm 14:1-10), cuando los israelitas intentaron sin éxito entrar en Canaán desde Cades-barnea y fueron repelidos por los habitantes locales.

147 Ver C. R. Krahmalkov, «Exodus Itinerary Confirmed by Egyptian Evidence», *Biblical Archaeology Review* 20/5, (1994), 54–62 para las varias paradas a lo largo de esta parte de su travesía.

148 U. Seetzen, *A Brief Account of the Countries Adjoining the Lake of Tiberias, the Jordan, and the Dead Sea*, (Londres: Hatchard and Piccadilly, 1810), 2 n.C.; J. Schwarz, *A Descriptive Geography and Brief Historical Sketch of Palestine*, (Filadelfia: A. Hart, 1969), 48; C. Ritter, *The Comparative Geography of Palestine and the Sinaitic Peninsula*, (Nueva York: Greenwood Press, 1968), 3.40–55.

149 C. W. J. Phythian-Adams, *The Call of Israel: An Introduction to the Study of Divine Election*, (Londres: Oxford University Press, 1934), 138; B. MacDonald, *«East of the Jordan»: Territories and Sites of the Hebrew Scriptures*, (Boston: American Schools of Oriental Research, 2000), 52.

150 R. S. Notley y Z. Safrai, *Eusebius, Onomasticon*, (Leiden: Brill, 2005), 6, 65.

151 D. Livingston, «Location of Biblical Bethel and Ai Reconsidered», *Westminster Theological Journal* 33, (1970–71), 20–44; «Traditional Site of Bethel Questioned», *Westminster Theological Journal* 34, (1971–72), 39–50; B. Z. Luria, «The Location of Ai», *Beth Mikra* 35, (1989–90), 197–201; *cf.* Isaías 10:28; B. Wood, «Let the Evidence Speak», *Biblical Archaeology Review* 33/2, (2007), 78.

152 *The International Standard Bible Encyclopedia* 1.471; D. W. Patten, R. R. Hatch y L. C. Steinhauer, *The Long Day of Joshua and Six Other Catastrophes*, (Seattle: Pacific Meridian Publishing Company, 1973), 178–179.

153 Otras explicaciones astronómicas o meteorológicas incluyen algún tipo de presagio o conjuro celeste (p. ej., J. H. Walton, «Joshua 10:12–15 and Mesopotamian Celestial Omen Texts», en A. R. Millard, J. K. Hoffmeier y D. W. Baker, eds., *Faith, Tradition and History*, (Winona Lake, Ind.: Eisenbrauns, 1994), 181–190); un espejismo o una ilusión óptica (p. ej., C. F. Keil y F. Delitzsch, *Biblical Commentary on the Old Testament: Joshua, Judges, Ruth*, [Grand Rapids: Eerdmans, 1963], 110); el efecto de la colisión de un meteorito con la Tierra (p. ej., I. Velikovsky, *Worlds in Collision*, [Garden City, N.Y.: Doubleday, 1950], 48–76, 172–187); la erupción volcánica de Santorini (ver capítulo 1, págs. 14-15); la ocurrencia de una tormenta de granizo (p. ej., R. B. Y. Scott, «Meteorological Phenomena and Terminology in the Old Testament», *Zeitschrift für die alttestamentliche Wissenschaft* 64, [1952], 19–20); o el efecto de un «deslumbrante» sol matutino (p. ej., A. Malamat, *The History of Biblical Israel*, [Leiden: Brill, 2004], 92–93).

154 Las fechas de los eclipses solares son: el 19 de agosto de 1157, a las 8:35 a. m.; el 30 de septiembre de 1131, a las 12:35 p. m.; y el 23 de noviembre del 1041, a las 7:40 a. m. (M. Kudlek y E. H. Mickler, *Solar and Lunar Eclipses of the Ancient Near East from 3000 B.C. to 0 with Maps*, Alter Orient und Altes Testament Sonderreiche 1, [Neukirchen-Vluyn: Butzon & Bercker Kevelaer, 1971], 60–62, 185; F. R. Stephenson, «Astronomical Verification and Dating of Old Testament Passages Referring to Solar Eclipses», *Palestine Exploration Quarterly* 107, [1975], 112; *cf.* J.F.A. Sawyer, «Joshua 10:12–14 and the solar eclipse of 30 September 1131 B.C.», *Palestine Exploration Quarterly* 104, [1972], 139–140).

155 La bibliografía sobre esto es extremadamente vasta y los estudiosos toman ese punto de vista casi como un axioma. Para un ejemplo del punto de vista que cree que la oración de Josué tuvo lugar por la mañana, consultar B. Margalit, «The day the sun did not stand still: a new look at Joshua X 8–15», *Vetus Testamentum* 42/4, (1992), 479.

156 *Anchor Bible Dictionary*, 3.87–88.

157 B. J. Beitzel, «Did Zimri-Lim Play a Role in Developing the Use of Tin-Bronze in Palestine?», en G. D. Young, M. W. Chavalas y R. E. Averbeck, eds., *Crossing Boundaries and Linking Horizons*, (Bethesda, Md.: CDL Press, 1997), 124–139.

158 J. B. Pritchard, ed., *Ancient Near Eastern Texts Relating to the Old Testament*, (Princeton: Princeton University Press, 1969), 242b; A. F. Rainey y R. S. Notley, *The Sacred Bridge: Carta's Atlas of the Biblical World*, (Jerusalén: Carta, 2006), 101.

159 W. L. Moran, *The Amarna Letters*, (Baltimore: Johns Hopkins University Press, 1992), 235, 288–290, 362; www.digitorient. com, 10/22/06.

160 Ver J. L. Peterson, *A Topographical Surface Survey of the Levitical «Cities» of Joshua 21 and 1 Chronicles 6: Studies on the Levites in Israelite Life and Religion*, (Tesis doctoral inédita, Seabury-Western Theological Seminary, 1977), 698–705.

161 p. ej., M. Haran, «Studies in the Account of the Levitical Cities II: Utopian and Historical Reality», *Journal of Biblical Literature* 80, (1961), 157–165; Y. Kaufmann, *The Biblical Account of the Conquest of Palestine*, (Jerusalén: Magnes Press, 1953), 40–46.

162 R. L. Hubbard, Jr., «The Go'el in Ancient Israel: Theological Reflections on an Israelite Institution», *Bulletin for Biblical Research* 1, (1991), 4–5.

163 M. Kochavi, «The Land of Judah», in M. Kochavi, ed., *Judaea, Samaria and the Golan, Archaeological Survey 1967–1968*, (Jerusalén: Israel Department of Antiquities [Hebrew], 1972).

164 Se han realizado investigaciones arqueológicas en: (1) la región de Efraín (I. Finkelstein, *The Archaeology of the Israelite Settlement*, [Jerusalén: Israel Exploration Society, 1988); 1993; «The Emergence of Israel: A Phase in the Cyclic History of Canaan in the Third and Second Millennia B.C.E.», en I. Finkelstein y N. Na`aman, eds., *From Nomadism to Monarchy: Archaeological and Historical Aspects of Early Israel*, [Jerusalén: Israel Exploration Society, 1994], 150–178; I. Finkelstein, Z. Lederman y S. Bunimovitz, *Highlands of Many Cultures I: The Sites*, [Tel Aviv: Institute of Archaeology, 1997]); (2) Manasés (A. Zertal, *The Israelite Settlement in the Hill Country of Manasseh*, [Tesis doctoral inédita, Tel Aviv University, 1986]; A. Zertal, «To the Land of the Perizzites and the Giants: On the Israelite Settlement in the Hill Country of Manasseh», en I. Finkelstein y N. Na`aman, eds., *From Nomadism to Monarchy: Archaeological and Historical Aspects of Early Israel*, [Jerusalén: Israel Exploration Society, 1994], 47–69; A. Zertal, *The Manasseh Hill Country Survey: The Shechem Syncline*, [Leiden: Brill, 2004]); (3) Judá (A. Ofer, *The Highlands of Judah during the Biblical Period*, [Tesis doctoral inédita, Tel Aviv University, 1993]; A. Ofer, «All the Hill Country of Judah: From a Settlement Fringe to a Prosperous Monarchy», en I. Finkelstein y N. Na`aman, eds., *From Nomadism to Monarchy: Archaeological and Historical Aspects of Early Israel*, [Jerusalén: Israel Exploration Society, 1994], 92–121; A. Ofer, «The Monarchic Period in the Judaean Highland», en A. Mazar, ed., *Studies in the Archaeology of the Iron Age in Israel and Jordan*, [Sheffield: Sheffield Academic Press, 2001], 14–37); L. E. Stager, «Forging an Identity: The Emergence of Ancient Israel», en M. D. Coogan, ed., *The Oxford History of the Biblical World*, [Nueva York: Oxford University Press, 2001], 90–131); (4) el área alrededor de Jerusalén (I. Finkelstein y Y. Magan, eds., *Archaeological Survey of the Hill Country of Benjamin*, [Jerusalén: Israel Antiquities Authority, 1993]; A. Mazar, «Jerusalem and its Vicinity in Iron Age I», en I. Finkelstein y N. Na`aman, eds., *From Nomadism to Monarchy: Archaeological and Historical Aspects of Early Israel*, [Jerusalén: Israel Exploration Society, 1994], 70–91); (5) Alta Galilea (R. Frankel, «Upper Galilee in the Late Bronze Age: Iron I Transition», en I. Finkelstein y N. Na`aman, eds., *From Nomadism to Monarchy: Archaeological and Historical Aspects of Early Israel*, [Jerusalén: Israel Exploration Society, 1994], 18–34); (6) Baja Galilea (Z. Gal, *Lower Galilee during the Iron Age*, [Winona Lake, Ind.: Eisenbrauns, 1992]; Z. Gal, «Iron I in Lower Galilee and the Margins of the Jezreel Valley», en I. Finkelstein y N. Na`aman, eds., *From Nomadism to Monarchy: Archaeological and Historical Aspects of Early Israel*, [Jerusalén: Israel Exploration Society, 1994], 35–46); (7) el Neguev (R. Cohen, *The Settlement of the Central Negev in the Light of Archaeology and Literary Sources during the 4th—1st Millennia B.C.E.*, [Tesis doctoral inédita, Hebrew University of Jerusalem, 1986]; M. Haiman, «Preliminary report of the western Negev Highlands emergency survey», *Israel Exploration Journal* 39, [1989], 173–191; Z. Herzog, «The Beer-Sheba Valley: From Nomadism to Monarchy», en I. Finkelstein y N. Na`aman, eds., *From Nomadism to Monarchy: Archaeological and Historical Aspects of Early Israel*, [Jerusalén: Israel Exploration Society, 1994], 122–149); (8) la Sefela (Y. Dagan, *The Shephelah of Judah during the Period of the Monarchy in Light of Archaeological Excavations and Surveys*, [Tesis de maestría inédita, Tel Aviv University, 1992]); y (9) el valle de Jezreel (D. Inbar, *The Geographical History of Beth-shean Valley and its Adjacent Mountainous Area: from the LB IIb to the End of the Iron IIc Periods*, [Tesis doctoral inédita, Bar Ilan University, 2001]). A la vez, otros estudiosos han llevado a cabo investigaciones similares en (10) Galaad (S. Mittman, *Beiträge zur Siedlungs und Territorialgeschichte des nördlichen Ostjordanlandes*, [Wiesbaden: Harrassowitz, 1970]); (11) el terreno alrededor de Ammán (R. D. Ibach, *Archaeological Survey of the Hesban Region: Catalogue of Sites and Characterization of Periods*, [Berrien Springs, Mich.: Andrews University Press, 1987]); (12) la región de Moab (J. M. Miller, *Archaeological Survey of the Kerak Plateau Conducted during 1978–1982 under the Direction of J. Maxwell Miller and Jack M. Pinkerton*, [Atlanta: Scholars Press, 1991]); (13) la zona a lo largo de la parte septentrional de Edom (B. MacDonald, *The Wadi el Hasa Archaeological Survey 1979–1983: West-Central Jordan*, [Waterloo, Ont.: Wilfrid Laurier University Press, 1988]; y (14) el valle del Jordán (M. Ibrahim, J. Sauer y K. Yassine, «The East Jordan Survey, 1975», *Bulletin of the American Schools of Oriental Research* 222, [1976], 41–66); E. J. van der Steen, «The Central East Jordan Valley in the Late Bronze and Early Iron Ages», *Bulletin of the American Schools of Oriental Research* 302, [1996], 51–74).

165 R. Kletter, «People without Burials? The Lack of Iron I Burials in the Central Highlands of Palestine», *Israel Exploration Journal* 52, (2002), 28–48.

166 *cf.* D. R. Clark, «Bricks, Sweat and Tears: The Human Investment in Constructing a "Four-room" House», *Near Eastern Archaeology* 66/1–2, (2003), 36.

167 L. E. Stager, «Forging an Identity: The Emergence of Ancient Israel», en M. D. Coogan, ed., *The Oxford History of the Biblical World*, (Nueva York: Oxford University Press, 2001), 100; W. G. Dever, «Israel, History of (Archaeology and the "Conquest")», *Anchor Bible Dictionary*, (1992), 548–549; A. Mazar 2007:86 agrega 40 sitios galileos, de los cuales más del 90 por ciento son sitios nuevos (Stager, 100).

168 Rainey observa (en A. F. Rainey y R. S. Notley, *The Sacred Bridge: Carta's Atlas of the Biblical World*, [Jerusalén: Carta, 2006], 111b): «Todos están de acuerdo en que hay una asombrosa multiplicación de sitios de aldeas pequeñas en las zonas montañosas durante este período e incluso se ha admitido que probablemente no había suficientes personas en la mermada población cananea para proporcionar ocupantes para los sitios nuevos de la Edad del Hierro». L. E. Stager («Respondents», en J. Amitai, ed., *Biblical Archaeology Today*, [Jerusalén: Israel Exploration Society, 1985], 84) declara: «Dada la baja suma de la población de todo Canaán en la Edad del Bronce Tardía, parece poco probable que el campesinado, aun si se hubiera "rebelado" en masa, pudiera haber sido lo suficientemente numeroso como para representar la población total de las aldeas de la Edad del Hierro...». Dever («Israel, History of [Archaeology and the "Conquest"]», *Anchor Bible Dictionary*, [1992], 549a) añade: «Sería muy difícil que los demógrafos atribuyeran este fuerte aumento [de la población] solamente al crecimiento natural. Es evidente que hubo una afluencia de nuevos colonos, pero ¿quiénes *eran*, y de dónde *vinieron*?» (el énfasis es de Dever).

169 M. Bieniada, «Factors which effected changes in settlement pattern and the character of "Israelite settlement" during the Transitional Late Bronze and Early Iron Age in Palestine», *The Polish Journal of Biblical Research* 1/2, (2001), 157–197; S. Bunimovitz y A. Faust, «The Four-Room House and the Israelite Mind», en W. G. Dever y S. Gitin, eds., *Symbiosis, Symbolism, and Power of the Past*, (Winona Lake, Ind.: Eisenbrauns, 2003), 411–423; D. R. Clark, «Bricks, Sweat and Tears: The Human Investment in Constructing a "Four-room" House», *Near Eastern Archaeology* 66/1–2, (2003).

170 Hasta la fecha, los textos descubiertos del Hierro temprano incluyen: (1) el fragmento alfabético de Izbet Sartah (A. Demsky, «A Proto-Canaanite Abecedary (`Izbet Sartah)», *Tel Aviv* 4, [1977], 14–27); (2) la piedra alfabética reutilizada del tell Zayit; (3) tres breves inscripciones del tell Batash, tell Amal, y Rosh Zayit; (4) un nombre tallado en el tablero de un juego en Bet-semes (S. Bunimovitz y Z. Lederman, «Beth-Shemesh: Culture Conflict in Judah's Frontier», *Biblical Archaeology Review* 23/1, [1997], 42–49, 75–77); (5) un sello de timbre del Hierro temprano del kibutz Revadim; y (6) una breve inscripción del tell Rehov (A. Mazar, «Remarks on Biblical Traditions and Archaeological Evidence concerning Early Israel», en W. Dever y S. Gitin, eds., *Symbiosis, Symbolism and the Power of the Past: Canaan, Ancient Israel, and Their Neighbors from the Late Bronze Age through Roman Palaestine*, [Winona Lake, Ind.: Eisenbrauns, 2003], 90), además de una diversidad de sellos, impresiones de sellos y bulas que datan de este período (G. I. Davies, «Some Uses of Writing in Ancient Israel in the Light of Recently Published Inscriptions», en P. Bienkowski, C. Mee y E. Slater, eds., *Writing and Ancient Near Eastern Society: Papers in Honour of Alan R. Millard*, [Londres: T. & T. Clark, 2005], 155–174).

171 G. I. Davies, *Ancient Hebrew Inscriptions: Corpus and Concordance, Part 2*, (Cambridge: Cambridge University Press, 2004).

172 L. E. Stager, «When Canaanites and Philistines Ruled Ashkelon», *Biblical Archaeology Review*, 17/2, (1991), 31.

173 *cf.* la historia sobre los demonios echados fuera de un hombre que entraron en una gran manada de cerdos que posteriormente se ahogaron en el mar de Galilea (Mt 8:28-34; Mc 5:1-20; Lc 8:26-39), y la parábola de Jesús sobre el hijo pródigo quien terminó alimentando a los cerdos de otra persona (Lc 15:11-32); *cf. Anchor Bible Dictionary*, 6.1130–1134.

174 C. S. Ehrlich («"How the Mighty Are Fallen": The Philistines in Their Tenth Century Context», en L. K. Handy, ed., *The Age of Solomon*, [Leiden: Brill, 1997], 179–201) destaca la presencia/ausencia de huesos de cerdo como un auténtico marcador étnico.

175 P. Wapnish y B. Hesse, «Urbanization and the Organization of Animal Production at Tell Jemmeh in the Middle Bronze Age Levant», *Journal of Near Eastern Studies* 47, (1988), 81–94; A. Faust, *Israel's Ethnogenesis: Settlement, Interaction, Expansion and Resistance*, (Londres: Equinox Publishing Ltd., 2006), 35–40; Finkelstein 2007:79.

176 L. E. Stager, «Biblical Philistines: A Hellenistic Literary Creation?», en A. M. Maeir y P. de Miroschedji, eds., *«I Will Speak the Riddle of Ancient Times»: Archaeological and Historical Studies in Honor of Amihai Mazar*, (Winona Lake, Ind.: Eisenbrauns, 2006), 378–379; *cf.* E. Bloch-Smith, «Israelite Ethnicity in Iron I: Archaeology Preserves What Is Remembered and What Is Forgotten in Israel's History», *Journal of Biblical Literature* 122/3, (2003), 415.

177 L. E. Stager, «When Canaanites and Philistines Ruled Ashkelon», *Biblical Archaeology Review* 17/2, (1991), 31; B. Hesse, «Animal Use at Tel Miqne-Ekron in the Bronze Age and Iron Age», *Bulletin of the American Schools of Oriental Research* 264, (1986), 17–27.

178 p. ej., Tirsa, Siquem y Hazor, en particular.

179 E. Lipiński, *On the Skirts of Canaan in the Iron Age*, Orientalia Lovaniensia Analecta 153, (Leuven: Peeters, 2006), 60.

180 M. G. Hasel, «The Structure of the Final Hymnic-Poetic Unit on the Merenptah Stela», *Zeitschrift für die alttestamentliche Wissenschaft* 116/1, (2004) 80.

181 Todas las fechas egipcias, tanto aquí como en todo este atlas, en esencia se ajustan al sistema cronológico adoptado por E. F. Wente (Crítica de K. A. Kitchen, «The Third Intermediate Period of Egypt», *Journal of Near Eastern Studies* 35/4, [1976], 275–279); W. J. Murnane (*The Penguin Guide to Ancient Egypt*, [Harrisonburg, Va.: R. R. Donnelley & Sons Company, 1983]; K. A. Kitchen («Egypt, History of [Chronology]», en D. N. Freedman, ed., *The Anchor Bible Dictionary*, [Nueva York: Doubleday, 1992]); y W. W. Hallo y W. K. Simpson (*The Ancient Near East: A History*, [Nueva York: Harcourt Brace College Publishers, 1998], 297–300).

182 En el período del Reino Nuevo, varias de las primeras campañas fueron dirigidas en contra de los hicsos («gobernantes de tierras extranjeras»), muchos de los cuales, es casi seguro, procedían de Canaán. Sin embargo, parece que muchas de esas campañas en realidad fueron diseñadas para forzar a los hicsos a trasladarse hacia el norte, más allá de Canaán.

183 Ver W. W. Hallo y K. L. Younger, Jr., eds., *The Context of Scripture*, (Leiden: Brill, 1997–2002), 2.5–13; M. Lichtheim, *Ancient Egyptian Literature: A Book of Readings*, (Berkeley: University of California Press, 1975–1980), 2.29–35; E. H. Cline, *The Battles of Armageddon*, (Ann Arbor: University of Michigan Press, 2002), 6–29; D. B. Redford, *The Wars in Syria and Palestine of Thutmose III*, Culture and History of the Ancient Near East 16, (Leiden: Brill, 2003), 7–51, 206–209.

184 Los egipcios tenían diversos nombres para Gaza, como «el-botín-del-gobernante», «el-premio-del-gobernante» o «la-ciudad-de-Canaán». El estatus de Gaza en los asuntos egipcios de Canaán está bien documentado en tablillas cuneiformes de

Taanac y tell el-Amarna (E. Stern, ed., *The New Encyclopedia of Archaeological Excavations in the Holy Land*, [Jerusalén: Israel Exploration Society and Carta, 1993], 4.1431; W. L. Moran, *The Amarna Letters*, [Baltimore: Johns Hopkins University Press, 1992], 306–308, 340–341).

185 Este detalle, registrado más tarde en la estela de jebel Barkal (W. W. Hallo y K. L. Younger, Jr., eds., *The Context of Scripture*, [Leiden: Brill, 1997–2002], 2.16), permite la inferencia de que el ejército de Tutmosis no era invencible y proporciona una indicación clara de que Meguido debe haber sido fortificado en aquel momento. La retórica apasionada del faraón reflejaba la importancia estratégica de la ciudad: «La captura de Meguido es [como] la captura de 1000 ciudades, así que ¡capturen[lo] con firmeza, capturen[lo] con firmeza!».

186 W. W. Hallo y K. L. Younger, Jr., eds., *The Context of Scripture*, (Leiden: Brill, 1997–2002), 2.21–23; J. B. Pritchard, ed., *Ancient Near Eastern Texts Relating to the Old Testament*, (Princeton: Princeton University Press, 1969), 246–247; E. H. Cline, *The Battles of Armageddon*, (Ann Arbor: University of Michigan Press, 2002), 34–37.

187 W. W. Hallo y K. L. Younger, Jr., eds., *The Context of Scripture*, (Leiden: Brill, 1997–2002), 2.23–27; J. B. Pritchard, ed., *Ancient Near Eastern Texts Relating to the Old Testament*, (Princeton: Princeton University Press, 1969), 254.

188 Puede ser que Yenoam es tell Ovadya, aunque es cierto que ha sido encontrada una estela de Seti I en el sitio transjordano tell esh-Shihab, un lugar mencionado más tarde en la «estela de Israel» de Mernepta.

189 De los cuatro nombres geográficos mencionados, los tres primeros son calificados por un indicador semántico de una región/ciudad. Solamente Israel es calificado por un indicador semántico de un grupo étnico, que probablemente es significativo tanto en el contexto como en aquel momento de la historia premonárquica de Israel. Es posible razonar con justificación que el mismo tipo de enfrentamiento en Canaán se describe y se representa en el relieve de batalla de Mernepta en Karnak, situado en la pared exterior occidental de la así llamada «Cour de la Cachette» (W. W. Hallo y K. L. Younger, Jr., eds., *The Context of Scripture*, [Leiden: Brill, 1997–2002], 2.40–41; M. Lichtheim, *Ancient Egyptian Literature: A Book of Readings*, [Berkeley: University of California Press, 1975–1980], 2.77–78; M. G. Hasel, *Domination and Resistance: Egyptian Military Activity in the Southern Levant, ca. 1300–1185 b.c.*, [Leiden: Brill, 1998], 178–181, 194–205; así F. J. Yurco, «Merenptah's Canaanite Campaign», *Journal of the American Research Center in Egypt* 23, [1986], 190–215; F. J. Yurco, «Merenptah's Canaanite Campaign and Israel's Origins», en E. S. Frerichs y L. H. Lesko, eds., *Exodus: The Egyptian Evidence*, [Winona Lake, Ind.: Eisenbrauns, 1997], 27–55).

190 E. Stern, ed., *The New Encyclopedia of Archaeological Excavations in the Holy Land*, (Jerusalén: Israel Exploration Society and Carta, 1993), 2.504; S. Gitin, «Excavating Ekron: Major Philistine City Survived by Absorbing Other Cultures», *Biblical Archaeology Review* 31/6, (2005), 50–52; así J. B. Pritchard, ed., *Ancient Near Eastern Texts Relating to the Old Testament*, (Princeton: Princeton University Press, 1969), 258b.

191 Este es un caso en que el Neguev egipcio y el Neguev moderno son básicamente coextensivos, en contraste con el Neguev bíblico.

192 E. Lipiński, *On the Skirts of Canaan in the Iron Age*, Orientalia Lovaniensia Analecta 153, (Leuven: Peeters, 2006), 105–130; A. Faust, «The Negev "Fortresses" in Context: Reexamining the "Fortress" Phenomenon in Light of General Settlement Processes of the Eleventh—Tenth Centuries b.c.e.», *Journal of the American Oriental Society* 126/2, (2006), 135–160; T. E. Levy et al., «Reassessing the chronology of Biblical Edom: new excavations and 14C dates from Khirbet en-Nahas (Jordan)», *Antiquity* 78/302, (2004), 863–876; M. Haiman, «The 10th century b.c. Settlements of the Negev Highlands and Iron Age Rural Palestine», en A. M. Maeir, S. Dar y Z. Safrai, eds., *The Rural Landscape of Ancient Israel*, BAR International Series 1121, (Oxford: Basingstoke Press, 2003), 71–90; M. Haiman, «The Iron Age II Sites of the Western Negev Highlands», *Israel Exploration Journal* 44, (1994), 36–61; G. Barkay, «The Iron Age II–III», en A. Ben-Tor, ed., *The Archaeology of Ancient Israel*, (New Haven: Yale University Press, 1992), 302–373; R. Cohen, «Iron Age Fortresses in the Central Negev», *Bulletin of the American Schools of Oriental Research* 236, (1980), 61–79.

193 Así R. Cohen, «Iron Age Fortresses in the Central Negev», *Bulletin of the American Schools of Oriental Research* 236, (1980), 77–78; M. Haiman, «The 10th century b.c. Settlements of the Negev Highlands and Iron Age Rural Palestine», en A. M. Maeir, S. Dar y Z. Safrai, eds., *The Rural Landscape of Ancient Israel*, BAR International Series 1121, (Oxford: Basingstoke Press, 2003), 76–77.

194 Así A. Mazar, «Remarks on Biblical Traditions and Archaeological Evidence Concerning Early Israel», en W. Dever y S. Gitin, eds., *Symbiosis, Symbolism and the Power of the Past: Canaan, Ancient Israel, and Their Neighbors from the Late Bronze Age through Roman Palestine*, (Winona Lake, Ind.: Eisenbrauns, 2003), 93; L. E. Stager, «The Patrimonial Kingdom of Solomon», en W. G. Dever y S. Gitin, eds., *Symbiosis, Symbolism, and the Power of the Past: Canaan, Ancient Israel, and Their Neighbors from the Late Bronze Age through Roman Palestine*, (Winona Lake, Ind.: Eisenbrauns, 2003), 63–74; Y. Aharoni, *The Land of the Bible: A Historical Geography*, (Filadelfia: Westminster Press, 1979), 323–330.

195 cf. M. A. Sweeney, «Davidic polemics in the Book of Judges», *Vetus Testamentum* 47/4, (1997), 517–526 y la literatura allí citada.

196 No es posible conocer la identidad del antagonista de Caleb. En el Antiguo Testamento, son escasos los nombres personales que contienen el elemento *-baal*, si bien *-baal* tiende a ser un componente más común de los nombres de lugares. No se encuentra esta característica en otras partes del libro de los Jueces, pero el fenómeno sí se produce más tarde en algunos nombres en la progenie del rey Saúl. El hijo menor y sucesor provisional de Saúl es identificado como Es-baal («hombre de Baal») de manera sistemática en Crónicas (p. ej., 1 Cr 8:33; 9:39) pero como Is-boset («hombre de vergüenza») en Samuel (p. ej., 2 Sm 2:8-15; 3:8-15; 4:5-12). El nieto de Saúl es identificado como Merib-baal (¿«héroe de Baal»?) en Crónicas (p. ej., 1 Cr 8:34; 9:40), pero como Mefiboset (¿«expresión de vergüenza»?) en Samuel (p. ej., 2 Sm 4:4b; 9:6-13; 16:1-4; 19:24-30; 21:7).

197 Así R. G. Boling, *Judges*, Anchor Bible, (Garden City, N.Y.: Doubleday & Company, 1975), 80–81.

198 D. J. A. Clines, ed., *The Dictionary of Classical Hebrew*, (Sheffield: Sheffield Academic Press, 1993), 1.382–383; L. Koehler y W. Baumgartner, eds., *The Hebrew and Aramaic Lexicon of the Old Testament*, (Leiden: Brill, 2001), 1.254–255.

199 R. L. Smith, *Micah–Malachi*, Word Bible Commentary, (Waco: Word Books, 1984), 114; *Anchor Bible Dictionary*, 1.1220a.

200 Así J. Simons, *The Geographical and Topographical Texts of the Old Testament*, (Leiden: Brill, 1959), 288–289; L. Koehler y W. Baumgartner, eds., *The Hebrew and Aramaic Lexicon of the Old Testament*, (Leiden: Brill, 2001), 1.358b.

201 Así A. L. Oppenheim, et al., eds., *The Assyrian Dictionary of the Oriental Institute of the University of Chicago*, (Chicago: The Oriental Institute, 1956), 4.300b; G. C. Rasmussen, *Zondervan NIV Atlas of the Bible*, (Grand Rapids: Zondervan, 1989), 237; C. R. Krahmalkov, «Exodus Itinerary Confirmed by Egyptian Evidence», *Biblical Archaeology Review* 20/5, (1994), 79; Y. Aharoni, *The Land of the Bible: A Historical Geography*, (Filadelfia: Westminster Press, 1979), 221; *Anchor Bible Dictionary*, 3.63; A. F. Rainey y R. S. Notley, *The Sacred Bridge: Carta's Atlas of the Biblical World*, (Jerusalén: Carta, 2006), 137c.

202 Josefo (*Antiquities of the Jews*, 5.205–206) comentó que el fin de Sísara fue provocado por una gran tormenta que convirtió valles en lodazales y arroyos en torrentes, lo que habría neutralizado la superioridad militar y la movilidad de una fuerza de carros de guerra.

203 E. Stern, ed., *The New Encyclopedia of Archaeological Excavations in the Holy Land*, (Jerusalén: Israel Exploration Society and Carta, 1993), 2.595–603.

204 La literatura reciente es bastante extensa: para los madianitas, ver p. ej., *Anchor Bible Dictionary*, 4.817–818; K. A. Kitchen, *On the Reliability of the Old Testament*, (Grand Rapids: Eerdmans, 2003), 213–214; para los amonitas, consultar B. MacDonald, *«East of the Jordan»: Territories and Sites of the Hebrew Scriptures*, (Boston: American Schools of Oriental Research, 2000), 161–170; E. Lipiński, *On the Skirts of Canaan in the Iron Age*, Orientalia Lovaniensia Analecta 153, (Leuven: Peeters, 2006), 299–303.

205 L. Koehler y W. Baumgartner, eds., *The Hebrew and Aramaic Lexicon of the Old Testament*, (Leiden: Brill, 2001), 1.197; *Anchor Bible Dictionary*, 1.824–826; A. L. Oppenheim, et al., eds., *The Assyrian Dictionary of the Oriental Institute of the University of Chicago*, (Chicago: The Oriental Institute, 1956), 7.2b.

206 A. Malamat, «Mari», *Biblical Archaeologist*, 34/1, (1971), 156–157; cf. Números 21:24b.

207 I. Finkelstein, «Shiloh Yields Some, But Not All, of Its Secrets», *Biblical Archaeology Review* 12/1, (1986), 22–26; R. S. Hess, «Early Israel in Canaan: A Survey of Recent Evidence and Interpretations», *Palestine Exploration Quarterly* 125/2, (1993), 137–138.

208 Fuentes aparte de la Biblia reconocen la existencia temprana del culto a Dagón en el valle del Éufrates (Archives royales de Mari: transcriptions et traductions 16/1.260; Kupper 1954:54, 69–71; S. Dalley, *Mari and Karana: Two Old Babylonian Cities*, [Londres: Longman, 1984], 112–113, 120–125), Siria (P. Artzi, «Some Unrecognized Syrian Amarna Letters [EA 260, 317, 318]», *Journal of Near Eastern Studies* 27/3, [1968], 163–164), y Palestina (p. ej., H. Donner y W. Röllig, eds., *Kanaanäische und aramäische Inschriften*, [Wiesbaden: Harrassowitz, 1962], 1.20–23).

209 Así R. P. Gordon, *I & II Samuel: A Commentary*, (Grand Rapids: Zondervan Publishing House, 1986), 99.

210 El texto hebreo de 1 Samuel 6:19 está ligeramente distorsionado, y las versiones antiguas lo hacen aún más difícil de entender, especialmente en relación con el número de víctimas. Dependiendo de la fuente antigua que uno emplea, el número de víctimas podría ser 50.000; 50.070; 5070; 1057; o 70. Hay varios argumentos incisivos, tanto sintácticos como históricos, sobre por qué un número compuesto puede no estar en mente aquí. En primer lugar, en el hebreo los números compuestos se configuran normalmente en una secuencia descendente: miles + cientos + decenas + unidades (cf. T. O. Lambdin, *Introduction to Biblical Hebrew*, [Nueva York: Charles Scribner's Sons, 1971], 255–256 [§182]; W. Gesenius, E. Kautzsch y A. Cowley, *Gesenius' Hebrew Grammar*, [Oxford: Clarendon Press, 1963], 434 [§134i]), mientras que en este texto, si representara un número compuesto, está organizado en un orden ascendente (literalmente «70 hombres 50.000 hombres,» i. e., decenas + miles). En segundo lugar, se supone que los diversos elementos de un número compuesto se unen por cópulas intermedias (C. F. Keil y F. Delitzsch, *Biblical Commentary on the Books of Samuel*, [Grand Rapids: Eerdmans, 1963], 68; S. R. Driver, *Notes on the Hebrew Text and the Topography of the Books of Samuel*, [Oxford: Clarendon Press, 1966], 58; cf. H. Bauer y P. Leander, eds., *Grammatik der Hebräischen Sprache Des Alten Testamentes*, [Hildesheim: Olms, 1962], 627 [§79u]), mientras que en este texto no aparece tal cópula. En cuanto a lo histórico, el tamaño de Bet-semes era de solo unas 2,8 hectáreas (E. Stern, ed., *The New Encyclopedia of Archaeological Excavations in the Holy Land*, [Jerusalén: Israel Exploration Society and Carta, 1993], 1.249a), lo que significa que su población residencial no habría superado unas 1200 personas. En este caso, el desastre ni siquiera tuvo lugar dentro de los límites de la ciudad misma, sino más bien fuera de ella, en medio de un campo, lo que hace aún más difícil concebir un número compuesto que potencialmente involucre a decenas de miles de personas. Por estas razones, numerosos estudiosos consideran la cifra de «50.000» como una glosa posterior (así Keil y Delitzsch, 68; D. M. Fouts, «Added support for reading "70 men" in 1 Samuel vi 19», *Vetus Testamentum* 42, [1992], 394; E. Van Staalduine-Sulman, *The Targum of Samuel*, [Leiden: Brill, 2002], 252–253; cf. las traducciones encontradas en la DHH, NTV, NVI, RVA-2015, contra LBLA, NBLH, RVR1960; consultar también Josefo, *Antiquities of the Jews*, 6.16). Se podría dar cierta consideración también a otro escenario, si bien es cierto que es especulativo. La parte pertinente del versículo en hebreo se podría leer literalmente: «Y mató a algunos de los hombres de Bet-semes, porque habían mirado en el arca de Yahveh; mató de las personas 70 hombres [y] 50 bueyes de [los] hombres». En tal escenario, el lexema *'elef* no se lee «mil» sino más bien «bueyes» (ver F. Brown, S. R. Driver y C. A. Briggs, eds., *A Hebrew and English Lexicon of the Old Testament*, [Oxford: Clarendon Press, 1966], 48b; L. Koehler y W. Baumgartner, eds., *The Hebrew and Aramaic Lexicon of the Old Testament*, [Leiden: Brill, 2001], 1.59b; cf. Deuteronomio 7:13; 28:4, 18, 51; Salmo 8:7; Proverbios 14:4; Isaías 30:24 [«bueyes/toro/ganado»]), lo que en realidad es el significado primordial de esta raíz cuando se hace una comparación de los idiomas semíticos (cf. acadio [*alpu*], ugarítico [*alp*], fenicio [*alp*]). Los bueyes habrían estado en el campo debido a que el incidente tuvo lugar durante la cosecha de trigo (1 Sm 6:13), y los bueyes se habrían matado porque eran la propiedad y, por lo tanto, parte de la personalidad extendida de los individuos que miraron dentro del arca (cf. Jos 7:24b donde *todo* lo relacionado con Acán fue destruido).

211 Así el Talmud Babilónico, *Yoma* 53b–54a; 1 Esdras 1:54; 4 Esdras 10:22.

212 Así el Talmud Babilónico, *Yoma* 53b–54a; 2 Baruc 6:7.

213 Así 2 Macabeos 2:4–8.

214 Ver C. D. Matthews, *Palestine—Mohammedan Holy Land*, Yale Oriental Series, Researches 24, (New Haven: Yale University Press, 1949), 30; cf. Josefo, *Antiquities of the Jews*, 18.85–86.

215 Plutarco, *Pompey*, 39; Dion Casio 37.15–17; Apiano, *Mithridatic Wars*, 106; Estrabón 16.2.40.

216 Josefo, *Antiquities of the Jews*, 14.71–73; *War*, 1.152–153; Tácito, *Histories*, 5.9; Cicerón, *Pro Flacco*, 67–68; cf. Salmos de Salomón 2:2.

217 p. ej., Tolomeo, *Tetrabiblios*, 2.3.66; Livio 14.102.frag.26a; C. Ritter, *The Comparative Geography of Palestine and the Sinaitic Peninsula*, (Nueva York: Greenwood Press, 1968), 2.26.

218 Pareciera en el texto hebreo faltan varias partes de 1 Samuel 13:1. Tal como aparece, el versículo dice literalmente: «Saúl tenía... año(s) de edad cuando comenzó a reinar, y reinó... y dos años sobre Israel». Teóricamente, el texto podría leerse como sigue: «Saúl tenía un año cuando comenzó a reinar (que es poco creíble), y reinó dos años sobre Israel» (que es inverosímil, pese a A. D. H. Mayes, «The Period of the Judges and the Rise of the Monarchy», en J. H. Hayes y J. M. Miller, eds., *Israelite and Judaean History*, [Filadelfia: Westminster Press, 1977], 329). En algunas traducciones, la edad de Saúl cuando comenzó a reinar ha sido reconstruida para leerse 30

años (así LBLA, NTV, NVI), mientras que otras dicen «mayor de edad» (así DHH) o «cierta edad» (así PDT), y aun otras dicen que «había ya reinado un año» (así RVR1960). Del mismo modo, la duración de su reinado se interpreta como 42 años (así LBLA, NTV, NVI, RVA-2015) o como «algunos años» (así DHH), mientras otras dicen «cuando hubo reinado dos años» (así RVR1960) (cf. Hch 13:21; Josefo, *Antiquities of the Jews*, 6.378).

219 O Gesur (así en la versión siríaca y en la Vulgata Latina).

220 A. Mazar, «Four Thousand Years of History at Tel Beth-Shean: An Account of the Renewed Excavations», *Biblical Archaeologist* 60/2, (1997), 62–74.

221 Ver R. G. Khouri, *The Antiquities of the Jordan Rift Valley*, (Ammán: Al Kutba Publishers, 1988), 42–45 para Saidiya; ver *Anchor Bible Dictionary*, 6.218 para Deir Alla.

222 p. ej., W. W. Hallo y K. L. Younger, Jr., eds., *The Context of Scripture*, (Leiden: Brill, 1997–2002), 1.79; G. A. Wainwright, «Some early Philistine history», *Vetus Testamentum* 9, (1959), 79–80.

223 Y. Yadin, *The Art of Biblical Warfare in Biblical Lands*, (Nueva York: McGraw-Hill Book Company, 1963), 1.9–10, 159, 229; 2.364; A. Glock, *Warfare in Mari and Early Israel*, (Tesis doctoral inédita, University of Michigan, 1968), 198; G. A. Wainwright, «Some early Philistine history», *Vetus Testamentum* 9, (1959), 79–80; A. L. Oppenheim, et al., eds. *The Assyrian Dictionary of the Oriental Institute of the University of Chicago*, (Chicago: The Oriental Institute, 1956), 1/1.39; 1/2.339, 342; L. Koehler y W. Baumgartner, eds., *The Hebrew and Aramaic Lexicon of the Old Testament*, (Leiden: Brill, 2001), 2.1106; C. H. Gordon, *Ugaritic Textbook*, Analecta Orientalia 38, (Roma: Pontifical Biblical Institute, 1965), 478 (#2233); *Anchor Bible Dictionary*, 6.893–895; cf. Jueces 20:16; 2 Reyes 3:25; 1 Crónicas 12:2; 2 Crónicas 26:14.

224 Comparar 1 Samuel 17:33, 42, 55, 58 en donde David, probablemente sin barba (1 Sm 17:42b, así H. W. Hertzberg, *I & II Samuel: A Commentary*, Old Testament Library, [Filadelfia: Westminster Press, 1964], 152), todavía soltero y viviendo en casa, es descrito repetidamente como un *na'ar* («adolescente, menor [de edad], joven»; W. A. VanGemeren, ed., *New International Dictionary of Old Testament Theology and Exegesis*, [Grand Rapids: Zondervan, 1997], 3.124–125), i. e., alguien que todavía no había alcanzado la condición de adulto, lo que se cumpliría normalmente a los 20 años) con 2 Samuel 5:4 (en donde David tenía 30 años de edad cuando comenzó a reinar).

225 contra V. Fritz, «Where Is David's Ziklag?», *Biblical Archaeology Review* 19/3, (1993), 58–61, 76; ver ahora *Anchor Bible Dictionary*, 6.1090b–1093.

226 Ikeda 1982; T. Barako, «Philistines Upon the Seas», *Biblical Archaeology Review* 29/4, (2003), 23.

227 p. ej., J. M. Miller y J. H. Hayes, *A History of Ancient Israel and Judah*, (Louisville: Westminster/John Knox Press, 2006), 208–211; J. M. Miller, «Separating the Solomon of History from the Solomon of Legend», en L. K. Handy, ed., *The Age of Solomon: Scholarship at the Turn of the Millennium*, (Leiden: Brill, 1997), 11; G. W. Ahlström, *The History of Ancient Palestine*, (Minneapolis: Fortress Press, 1993), 516–518; J. A. Soggin, *A History of Ancient Israel*, (Filadelfia: Westminster Press, 1985), 78.

228 cf. M. C. A. Korpel, «The Greek Islands and Pontus in the Hebrew Bible», *Old Testament Essays* 19/1, (2006), 105–109 sobre '*iyyîm* como una designación del mundo helénico en la temprana parte del Antiguo Testamento.

229 T. O. Lambdin, *Introduction to Biblical Hebrew*, (Nueva York: Charles Scribner's Sons, 1971), 51–52 (§58).

230 H. Donner y W. Röllig, eds., *Kanaanäische und aramäische Inschriften*, (Wiesbaden: Harrassowitz, 1962), 46 = Corpus Inscriptionum Semiticarum 1.144; F. M. Cross, «An Interpretation of the Nora Stone», *Bulletin of the American Schools of Oriental Research* 208, [1972], 13–14; «Phoenicians in the West: The Early Epigraphic Evidence», *Studies in Sardinian Archaeology* 2, [1986], 118; G. Bunnens, *L'expansion phénicienne en Méditerranée*, (Bruxelles: Institut Historique Belge de Rome, 1979), 40; E. Lipiński, *Itineraria Phoenicia*, Orientalia Lovaniensia Analecta 127, (Leuven: Peeters, 2004), 234.

231 Así B. Peckham, «The Nora Inscription», *Orientalia* [New Series] 41, (1972), 459; F. M. Cross, *Leaves from an Epigrapher's Notebook: Collected Papers in Hebrew and West Semitic Palaeography and Epigraphy*, (Winona Lake, Ind.: Eisenbrauns, 2003), 251; así G. W. Ahlström, «The Nora Inscription and Tarshish», *Maarav* 7, (1991), 43.

232 Algunos estudiosos investigando este texto han intentado localizar a Tarsis en algún lugar de la misma Cerdeña (p. ej., D. Neiman, «Phoenician Place-Names», *Journal of Near Eastern Studies* 24, [1965] 115; F. M. Cross, «An Interpretation of the Nora Stone», *Bulletin of the American Schools of Oriental Research* 208, [1972], 16; C. R. Krahmalkov, *Phoenician-Punic Dictionary*, [Leiden: Brill, 2000], 499; E. Lipiński, *Itineraria Phoenicia*, Orientalia Lovaniensia Analecta 127, [Leuven: Peeters, 2004], 238), en algún lugar al oriente o al suroriente de Cerdeña (G. W. Ahlström, «The Nora Inscription and Tarshish», *Maarav* 7, [1991], 44) o en algún lugar más allá de Cerdeña,

desde una perspectiva fenicia, probablemente en la región costera de España (p. ej., B. Peckham, «The Nora Inscription», *Orientalia* [New Series] 41, (1972), 467–468; B. Peckham, «Phoenicians in Sardinia: Tyrians or Sidonians?» en M. S. Balmuth y R. H. Tykot, eds., *Sardinian and Aegean Chronology: Towards the Resolution of Relative and Absolute Dating in the Mediterranean*, [Oxford: Oxbow Books, 1998], 352; M. Elat, «Tarshish and the problem of Phoenician Colonisation in the Western Mediterranean», *Orientalia Lovaniensia Periodica* 13, [1982], 60–61).

233 Keilschrifttexte aus Assur historischen Inhalts 1.75=Assur 3916=Istanbul 6262; *cf.* R. Borger, *Die Inschriften Asarhaddons, Königs von Assyrien*, (Innsbruck: Biblio-Verlag, 1967), 86–89.

234 *cf.* A. L. Oppenheim, et al., eds., *The Assyrian Dictionary of the Oriental Institute of the University of Chicago*, (Chicago: The Oriental Institute, 1956), 8.144–145; 17/2.297a.

235 P. Bordreuil, F. Israel y D. Pardee, «Deux ostraca paléo-hébreux de la collection Sh. Moussaïeff», *Semitica* 46, [1996], 49–76; «King's Command and Widow's Plea: Two New Hebrew Ostraca of the Biblical Period», *Near Eastern Archaeology* 61/1, [1998], 2–13; *cf.* W. W. Hallo y K. L. Younger, Jr., eds., *The Context of Scripture*, (Leiden: Brill, 1997–2002), 2.174.

236 *cf.* A. Padilla Monge, «Consideraciones sobre el Tarsis bíblico», *Aula Orientalis* 12/1, (1994), 56.

237 Así Potts 1995:1455.

238 W. W. Hallo y K. L. Younger, Jr., eds., *The Context of Scripture*, (Leiden: Brill, 1997–2002), 2.297 n9.

239 P. J. King, «Travel, Transport, Trade*», *Eretz-Israel* 26, (1999), 96*.

240 Hace mucho tiempo el análisis de W. F. Albright («New Light on the Early History of Phoenician Colonization», *Bulletin of the American Schools of Oriental Research* 83, [1941], 20–22) le llevó a sugerir que deberíamos suponer que un nombre como Tarsis llegara a ser asociado con varias ubicaciones comerciales (como ha sido señalado previamente con Meluha y Dilmun, y que se produce en un momento posterior con el emporio comercial fenicio de Cartago).

241 M. Liverani, «The collapse of the Near Eastern regional system at the end of the Bronze Age: the case of Syria», en M. Rowlands, M. Larsen, y K. Kristiansen, eds., *Centre and Periphery in the Ancient World*, New Directions in Archaeology 1, (Cambridge: Cambridge University Press, 1987), 69–73.

242 D. L. Davis, «Sailing the Open Seas», *Archaeology Odyssey* 6/1, (2003), 61–62.

243 *cf.* A. J. Parker, «*Ancient Shipwrecks of the Mediterranean and the Roman Provinces*», BAR International Series 580, (Oxford: Tempus Reparatum, 1992); J. S. Illsley, «*An indexed bibliography of underwater archaeology and related topics*», (Oswestry, Shropshire: Anthony Nelson, 1996); M. Jurišić, «*Ancient Shipwrecks of the Adriatic: Maritime Transport during the First and Second Centuries A.D.*», BAR International Series 828, (Oxford: Archaeopress, 2000). Después de que se creó el **mapa 63**, fue anunciado el descubrimiento accidental de un ancla, con inscripciones jeroglíficas, y otros artefactos fechados aproximadamente al 1000 a. C., que fueron encontrardos frente a la costa de Kirenia, en la costa septentrional de Chipre. Este hallazgo puede resultar ser otro sitio de naufragio (*Turkish Daily News*, el 11 de abril de 2008).

244 Por ejemplo, la presencia en el occidente de ciertas innovaciones tecnológicas atribuidas a la artesanía fenicia, como la copelación (un proceso del siglo x en España en el cual se calentó el plomo para que el metal se convirtiera en un óxido, dejando plata pura en su estado sólido) o novedosos diseños artísticos de tipo oriental (p. ej., estelas de guerrero) puede muy bien sugerir una presencia fenicia en esta o aquella ubicación occidental. Sin embargo, en mi opinión, esta evidencia no es concluyente a menos que se encuentre en un contexto estratificado o esté controlado por algunos otros criterios objetivos. J. N. Coldstream («The First Exchanges between Euboeans and Phoenicians: Who Took the Initiative?», en S. Gitin, A. Mazar y E. Stern, eds., *Mediterranean Peoples in Transition*, [Jerusalén: Israel Exploration Society, 1998], 353–355) y G. E. Markoe (*Phoenicians*, [Berkeley: University of California Press, 2000], 139) han demostrado una evidencia clara de contacto directo entre Tiro y Lefkandi (en la costa occidental de la isla griega de Eubea) en forma de tumbas que son fechables al siglo x a. C., que contienen cuencos y jarras fenicias distintivas, y de una estatua de bronce del dios fenicio Melkart del siglo XIII a. C. que fue descubierto por casualidad frente a la costa meridional de Sicilia. Pero de qué manera cualquiera de estos objetos llegó allí o quién fue responsable de ello, aún no está claro. Incluso el empleo de cerámica fenicia distintiva encontrada en un contexto no estratificado puede ser problemático en este sentido. Por lo tanto, deseo limitar mis comentarios a un margen bastante estrecho de lo que considero ser evidencias más precisas y sin ambigüedades.

245 Así B. Peckham, «The Phoenician Foundation of Cities and Towns in Sardinia», en R. H. Tykot y T. K. Andrews, eds., *Sardinia in the Mediterranean: A Footprint in the Sea*, (Sheffield: Sheffield Academic Press, 1992), 412; G. E. Markoe, *Phoenicians*, (Berkeley: University of California Press, 2000), 170; *Anchor Bible Dictionary*, 5.352a; J. M. Sasson, ed., *Civilizations of the Ancient Near East*, (Nueva York: Charles Scribner's Sons, 1995), 1324; A. Raban, «Near Eastern Harbors: Thirteenth—Seventh Centuries B.C.E.», en S. Gitin, A. Mazar y E. Stern, eds., *Mediterranean Peoples in Transition*, (Jerusalén: Israel Exploration Society, 1998), 430.

246 J. D. Muhly, «Homer and the Phoenicians», *Berytus* 19, (1970), 45–46.

247 Un cuenco/taza de bronce que contiene una inscripción fenicia se encontró in situ en una tumba intacta (J) en Tekke, una necrópolis en el norte de Cnosos. Por motivos paleográficos, F. M. Cross («Newly Found Inscriptions in Old Canaanite and Early Phoenician Scripts», *Bulletin of the American Schools of Oriental Research* 238, [1980], 17; ver ahora *Leaves from an Epigrapher's Notebook: Collected Papers in Hebrew and West Semitic Palaeography and Epigraphy*, [Winona Lake, Ind.: Eisenbrauns, 2003], 227–230) fechó esta inscripción a finales del siglo XI a. C. (así J. Naveh, *Early History of the Alphabet: An Introduction to West Semitic Epigraphy and Palaeography*, [Leiden: Brill, 1982], 40–41; E. Puech, «Présence phénicienne dans les îles à la fin du IIe millénaire», *Revue Biblique* 90/3, [1983], 385–391; O. Negbi, «Early Phoenician Presence in the Western Mediterranean», en M. S. Balmuth, ed., *Nuragic Sardinia and the Mycenaean World*, BAR International Series 387, [Oxford: BAR, 1987], 248; E. Lipiński, «Notes d'épigraphie phénicienne et punique», *Orientalia Lovaniensia Periodica* 14, [1983], 130–133 fecha el cuenco a c 1000 a. C.). Tal fecha parece ser corroborada por el hecho de que la tumba contenía también algunas cerámicas «protogeométricas griegas tempranas» así como un sello del Minoico Tardío IIIc (1200–1000 a. C.). Además, al otro lado de la isla en la costa meridional de Creta han sido encontrados numerosos fragmentos de cerámica fenicia distintiva del siglo X en contextos estratificados en el Templo A (925–800 a. C.) en Kommos (J. Boardman, «Aspects of "Colonization"», *Bulletin of the American Schools of Oriental Research* 322, [2001], 36), lo que señala algún tipo de iniciativa fenicia continua en ese lugar.

248 Estos textos incluyen la estela de Nora (Corpus Inscriptionum Semiticarum 1.145), fechada por Cross («The Oldest Phoenician Inscription from Sardinia: The Fragmentary Stele from Nora», en D. M. Golomb, ed., «*Working With No Data»: Semitic and Egyptian Studies Presented to Thomas O. Lambdin*, [Winona Lake, Ind.: Eisenbrauns, 1987], 65–72), según un detallado análisis paleográfico, al siglo XI a. C., una fecha aceptada por una multitud de estudiosos, incluyendo a J. Naveh (*Early History of the Alphabet: An Introduction to West Semitic Epigraphy and Palaeography*, [Leiden: Brill, 1982], 40–41, 59); E. Puech («Présence phénicienne dans les îles à la fin du IIe millénaire», *Revue Biblique* 90/3 [1983], 385–391); O. Negbi («Early Phoenician Presence in the Western Mediterranean», en M. S. Balmuth, ed., *Nuragic Sardinia and the Mycenaean World*, BAR International Series 387, [Oxford: BAR, 1987], 248); M. Balmuth («Phoenician Chronology in Sardinia: Prospecting, Trade and Settlement before 900 B.C.», en T. Hackens y G. Moucharte, eds., *Studia Phoenicia IX: Travaux du Groupe de contact interuniversitaire d'études phéniciennes et puniques sous les auspices du Fonds National de la Recherche Scientifique*, [Louvain: Université Catholique de Louvain, 1992], 218); y G. S. Webster y M. Teglund («Toward the Study of Colonial-Native Relations in Sardinia from c. 1000 B.C.—A.D. 456», en R. H. Tykot y T. K. Andrews, eds., *Sardinia in the Mediterranean: A Footprint in the Sea*, [Sheffield: Sheffield Academic Press, 1992], 448). E. Lipiński (*Itineraria Phoenicia*, Orientalia Lovaniensia Analecta 127, [Leuven: Peeters, 2004]) adelanta la fecha del fragmento al siglo IX o a principios del siglo XII a. C. Además, un pequeño fragmento de piedra encontrado en Bosa (Corpus Inscriptionum Semiticarum 1.162), en el noroccidente de Cerdeña alrededor de 160 km de Nora, que consiste en unas pocas letras que son parte de una inscripción monumental, es fechado de manera paleográfica al siglo IX a. C. por F. M. Cross («Phoenicians in the West: The Early Epigraphic Evidence», *Studies in Sardinian Archaeology* 2, [1986], 120). Además, destacados estudiosos en cuanto a Cerdeña (F. Barreca, «Phoenicians in Sardinia: The Bronze Figurines», *Studies in Sardinian Archaeology* 2, [1986], 131–133; M. Balmuth, 218–222) han sostenido durante mucho tiempo que los fenicios estaban presentes tanto en la costa septentrional de Cerdeña como en la meridional para al 1000 a. C., basando su afirmación en pequeñas figuras fenicias de bronce encontradas en numerosos sitios sardos pero fechadas solamente sobre la base de su forma estilística. Más recientemente, sin embargo, F. R. Serra Ridgway («Commentary: some remarks on A. M. Bisi's paper Near Eastern Bronzes in Sardinia: imports and influences», en M. S. Balmuth, ed., *Nuragic Sardinia and the Mycenaean World*, BAR International Series 387, [Oxford: BAR, 1987], 251–252) ha informado del prometedor descubrimiento de una parte de una de tales figuras, encontrada en un lugar sellado que no puede ser fechado posterior al siglo XI a. C. (*cf.* C. Burgess, «The

East and the West: Mediterranean Influence in the Atlantic World in the Later Bronze Age, c. 1500–700 B.C.», en C. Chevillot y A. Coffyn, *L'Age du Bronze atlantique*, [Dordogne, Francia: Association des Musées du Sarladais, 1991], 36).

249 F. González de Canales, P. L. Serrano y G. J. Llompart (*El emporio fenicio precolonial de Huelva (ca. 900–770 a.C.)*, [Madrid: Biblioteca Nueva, 2004]; y «The Pre-colonial Phoenician Emporium of Huelva ca 900–770 B.C.», *Bulletin Antieke Beschaving* 81, [2006], 13–29).

250 González de Canales et al., «The Pre-colonial Phoenician Emporium of Huelva ca 900–770 B.C.», *Bulletin Antieke Beschaving* 81, (2006), 13.

251 Con respecto a estas muestras, tomadas del estrato fenicio, la calidad de las determinaciones se evaluó como excelente, habiendo resultado en una edad calibrada media de 930 a 830 a. C., con un bajo análisis de error ($\pm$ 25 años) y un alto grado (94 por ciento) de probabilidad (A. J. Nijboer y J. van der Plicht, «An interpretation of the radiocarbon determinations of the oldest indigenous-Phoenician stratum thus far, excavated at Huelva, Tartessos [south-west Spain]», *Bulletin Antieke Beschaving* 81, [2006], 31).

252 González de Canales et al., «The Pre-colonial Phoenician Emporium of Huelva ca 900–770 B.C.», *Bulletin Antieke Beschaving* 81, (2006), 27.

253 A. R. Rodríguez, «The Iron Age Iberian Peoples of the Upper Guadalquivir Valley», en M. Díaz-Andreu y S. Keay, eds., *The Archaeology of Iberia*, (Londres: Routledge, 1997), 175–191; Lipiński 1992:166.

254 p. ej., K. Kilian, «Mycenaean Colonization: Norm and Variety», en J.-P. Descœudres, ed., *Greek Colonists and Native Populations*, (Oxford: Clarendon Press, 1990), 465; p. ej., S. Pomeroy et al., *Ancient Greece: A Political, Social, and Cultural History*, (Nueva York: Oxford University Press, 1999), 90–95.

255 C. Burgess, «The East and the West: Mediterranean Influence in the Atlantic World in the Later Bronze Age, c. 1500–700 B.C.», en C. Chevillot y A. Coffyn, *L'Age du Bronze atlantique*, [Dordogne, Francia: Association des Musées du Sarladais, 1991], 33 especula que Hiram le otorgó a Salomón una porción de su ya existente comercio de Tarsis como un quid pro quo por el acceso al nuevo comercio en el mar Rojo y Ofir. J. M. Miller y J. H. Hayes (*A History of Ancient Israel and Judah*, [Louisville: Westminster/John Knox Press, 2006], 208) sostienen, con mayor ponderación, que el emprendimiento del mar Rojo era en realidad «un proyecto fenicio en el que se le permitió participar a Salomón» porque este controlaba el acceso al golfo de Aqaba. Propongo que su argumento inferencial podría aplicarse de igual manera a las pruebas que existen con respecto a la navegación fenicia en el Mediterráneo, puesto que no me queda claro cómo un emprendimiento náutico conjunto hacia un puerto extranjero en el Mediterráneo es intrínsecamente más hiperbólico o exagerado que una afirmación similar para el mar Rojo, donde no se ha descubierto todavía ninguna evidencia distintiva de actividad náutica fenicia de cualquier tipo durante la Edad del Hierro.

256 A. F. Rainey y R. S. Notley, *The Sacred Bridge: Carta's Atlas of the Biblical World*, (Jerusalén: Carta, 2006), 177; A. F. Rainey, «Aspects of Life in Ancient Israel», en R. E. Averbeck, M. W. Chavalas y D. B. Weisberg, eds., *Life and Culture in the Ancient Near East*, (Bethesda, Md.: CDL Press, 2003), 264.

257 W. W. Hallo, «Sumer and the Bible: A Matter of Proportion», en J. K. Hoffmeier y A. Millard, eds., *The Future of Biblical Archaeology*, (Grand Rapids: Eerdmans, 2004), 174–175; J. Bright, *A History of Israel*, (Filadelfia: Westminster Press, 1981), 221–223; *cf.* J. Gray, *I and II Kings, A Commentary*, Old Testament Library, (Londres: SCM Press Ltd., 1970), 135–136.

258 I. Beit-Arieh, «Edomites Advance into Judah», *Biblical Archaeology Review* 22/6, (1996), 28–36; E. Lipiński, *On the Skirts of Canaan in the Iron Age*, Orientalia Lovaniensia Analecta 153, (Leuven: Peeters, 2006), 370–418.

259 Así S. Japhet, *I & II Chronicles: A Commentary*, Old Testament Library, (Louisville: Westminster/John Knox Press, 1993), 666; L. C. Allen, *The First and Second Books of Chronicles*, The New Interpreter's Bible, (Nashville: Abingdon Press, 1999), 3.521.

260 *contra* T. R. Hobbs, «The "Fortresses of Rehoboam": Another Look», en L. M. Hopfe, ed., *Uncovering Ancient Stones: Essays in Memory of H. Neil Richardson*, (Winona Lake, Ind.: Eisenbrauns, 1994), 41–61.

261 A menos que se especifique lo contrario, las fechas de reinado de los reyes de Israel y Judá se adoptan de E. R. Thiele (*The Mysterious Numbers of the Hebrew Kings*, [Exeter, Devon: The Paternoster Press, 1965]; *cf.* M. Cogan, «Chronology», en D. N. Freedman, ed., *The Anchor Bible Dictionary*, [Nueva York: Doubleday, 1992], 1.1010; A. F. Rainey, «Down-to-Earth Biblical History», *Journal of the American Oriental Society* 122/3, [2002], 545; B. J. Beitzel, consultor principal, *Biblica, The Bible Atlas: A Social and Historical Journey Through the Lands of the Bible*, [Londres: Penguin Books Ltd., 2006], 498). Más allá de los datos sobre Asiria, fechas cercanas al comienzo de la monarquía dividida también pueden ser tratadas provechosamente por

medio de la lista de reyes de Tiro que es cronológicamente distinta pero contemporánea, sobre la cual consultar *Anchor Bible Dictionary*, 5.356; W. H. Barnes, *Studies in the Chronology of the Divided Monarchy of Israel*, Harvard Semitic Monographs 48, (Atlanta: Scholars Press, 1991), 29–55; F. M. Cross, «Newly Discovered Inscribed Arrowheads of the 11th Century B.C.E.», en A. Biran y J. Aviram, eds., *Biblical Archaeology Today, 1990*, (Jerusalén: Israel Exploration Society, 1993), 540 n.3; F. M. Cross, *Leaves from an Epigrapher's Notebook: Collected Papers in Hebrew and West Semitic Palaeography and Epigraphy*, (Winona Lake, Ind.: Eisenbrauns, 2003), 207 n.3; Liverani 2006:166–174.

262 Ver más recientemente, E. Blyth, *Karnak: Evolution of a temple*, (Londres: Routledge, 2006).

263 Los relieves de triunfos en batalla de Karnak incluyen los de Tutmosis III (1479–1425 a. C.; seis relieves), probablemente el estratega militar más destacado de la historia egipcia, quien emprendió al menos 21 campañas militares en Asia y se jactó de que incluso había «cruzado el Éufrates» para derrotar al enemigo. Esta gran tradición fue continuada por Amenhotep II (1427–1400 a. C.; dos relieves), Amenhotep III (1390–1352 a. C.; un relieve), Horemheb (1323–1295 a. C.; un relieve), Seti I (1294–1279 a. C.; dos relieves), Ramsés II (1279–1213 a. C.; dos relieves), Mernepta (1213–1203 a. C.; un relieve), Sisac (945–924 a. C.; un relieve) y Taharqa (690–664 a. C.; un relieve). Uno se detiene aquí para observar una sucesión bastante ininterrumpida entre Tutmosis III y Mernepta, seguida luego por una pausa de 260 años hasta Sisac, seguida por otro intervalo de 245 años hasta Taharqa.

264 La inscripción registra la fecha de la extracción de los bloques para Sisac como el «21.° año, segundo mes de la tercera temporada» (estela 100; K. A. Kitchen, *The Third Intermediate Period in Egypt (1100–650 B.C.)*, [Warminster, Inglaterra: Aris & Phillips Ltd., 1973], 73 n.358). Era un procedimiento normal que los faraones comenzaran a erigir relieves sobre sus triunfos en batalla inmediatamente después de regresar de esas batallas victoriosas. En este caso, sabemos que el reinado de Sisac terminó cerca del final de su 21.° año (lo que probablemente explica por qué sus murales en relieve nunca fueron terminados), por lo que hay razones de sobra para concluir que él también actuó de esta manera. Todo esto significa que la campaña asiática de Sisac concluyó no mucho tiempo antes de la fecha de esta inscripción de cantera. Sisac comenzó su reinado en el año 945 a. C. (así E. Blyth, *Karnak: Evolution of a temple*, [Londres: Routledge, 2006], xxiv; W. W. Hallo y W. K. Simpson, *The Ancient Near East: A History*, [Nueva York: Harcourt Brace College Publishers, 1998], 299; K. A. Kitchen, «Egypt, History of (Chronology)», en D. N. Freedman, ed., *The Anchor Bible Dictionary*, [Nueva York: Doubleday, 1992], 2.329; W. J. Murnane, *The Penguin Guide to Ancient Egypt*, [Harrisonburg, Va.: R. R. Donnelley & Sons Company. 1983], 354) o 946 a. C. (así E.F. Wente, Review of K. A. Kitchen, *The Third Intermediate Period of Egypt*, *Journal of Near Eastern Studies* 35/4, [1976], 278), y por lo tanto su 21.° año sería o bien el 926/925 a. C. (Wente) o el 925/924 a. C. (Hallo y Simpson; Kitchen; Murnane), dependiendo si fue una campaña otoñal o primaveral.

265 p. ej., A. Mazar, *Archaeology of the Land of the Bible 10,000–586 B.C.E.*, (Nueva York: Doubleday, 1990), 398; p. ej., Y. Aharoni, *The Land of the Bible: A Historical Geography*, (Filadelfia: Westminster Press, 1979), 323–330; R. Cohen, «Iron Age Fortresses in the Central Negev», *Bulletin of the American Schools of Oriental Research* 236, (1980), 61–79; G. Barkay, «The Iron Age II-III,» en A. Ben-Tor, ed., *The Archaeology of Ancient Israel*, (New Haven: Yale University Press, 1992), 323–327; M. Haiman, «Negev», en S. Richard, ed., *Near Eastern Archaeology: A Reader*, (Winona Lake, Ind.: Eisenbrauns, 2003), 282; A. Faust, «The Negev "Fortresses" in Context: Reexamining the "Fortress" Phenomenon in Light of General Settlement Processes of the Eleventh—Tenth Centuries B.C.E.», *Journal of the American Oriental Society* 126/2, (2006), 153–154. **[Ver mapa 44]**.

266 Algunos críticos atacan la autenticidad del propio relieve. Puesto que en la documentación egipcia no hay ningún otro registro de una campaña de Sisac en Asia, sostienen que Sisac procuró hacerse grande en su país simplemente fabricando sobre piedra lo que algunos de sus predecesores habían logrado en realidad en Asia (p. ej., J. Wellhausen, *Israelitische und Jüdische Geschichte*, [Berlín: Georg Reimer, 1914], 68 n.1). Sostienen que nadie había escrito sobre tales cosas durante más de 250 años en Karnak. Sin embargo, la ortografía egipcia del relieve de Sisac difiere notablemente de relieves anteriores (A. F. Rainey y R. S. Notley, *The Sacred Bridge: Carta's Atlas of the Biblical World*, [Jerusalén: Carta, 2006], 185), y de los más o menos 150 nombres de lugar que aparecen en los murales de su relieve, alrededor de 50 nombres son exclusivos de Sisac y no se encuentran en relieves anteriores, incluyendo lugares como Gabaón [núm. 23], Bet-horón [núm. 24], Ajalón [núm. 26], Tapúa [núm. 39], Peniel [núm. 53], Adán [núm. 56], Mahanaim [núm. 22], Sucot [núm. 55] y el río Jordán [núm. 150]. Esto casi con toda seguridad significa que la ruta de la invasión de

267 Sisac difería de cualquiera de sus predecesores egipcios y lo
llevó hacia el interior, a la zona montañosa de Judá y Samaria,
e incluso, al parecer, a cruzar el río Jordán. [**Ver mapa 44**].
Cualquier persona que deseaba seguir la ruta más fácil desde
el Gran Camino Comercial hasta Jerusalén habría pasado
por consecuencia los sitios de Ajalón, Bet-horón y Gabaón.
[**Ver mapa 27**]. Tales elementos novedosos no pueden hacer
otra cosa que ayudar a autenticar tanto el relieve como los
sucesos que este describe.

267 D. Rohl, *Pharaohs and Kings: A Biblical Quest*, (Nueva York:
Crown Publishers, Inc., 1995), 163.

268 Redford (*Anchor Bible Dictionary*, 5.1221b) ha demostrado
que Sisac y toda la 22.ª dinastía que fundó era de origen libio.
(Se dice que su ejército incluía elementos procedentes de Libia
[2 Cr 12:3b]). Además, el nombre Sisac deriva claramente de
una raíz libia, registrada también en acadio y en griego.

269 Algunos desean atribuir el relato de Roboam a Josías (p. ej.,
E. Junge, *Der Wiederaufbau des Heerwesens des Reiches Juda
unter Josia*, [Stuttgart: W. Kohlhammer, 1937], 73–80; V. Fritz,
«The "List of Rehoboam's Fortresses" in 2 Chr. 11:5–12 —
A Document from the Time of Josiah», *Eretz-Israel* 15, [1981],
50*), porque el «tema de construcción» en Crónicas debe
ser tomado como indicador de un rey que disfruta de las
bendiciones de Dios como resultado de la obediencia, lo
cual está en desacuerdo con el veredicto del cronista sobre
Roboam (2 Cr 12:1-8, 14). Otros atribuyen el relato a Ezequías
(p. ej., N. Na`aman, «Hezekiah's Fortified Cities and the *LMLK*
Stamps», *Bulletin of the American Schools of Oriental Research*
261, [1986], 5–21; S. L. McKenzie, *1–2 Chronicles*, Abingdon
Old Testament Commentaries, [Nashville: Abingdon Press,
2004], 265–266; S. S. Tuell, *First and Second Chronicles*,
Interpretation, [Louisville: John Knox Press, 2001], 159;
P. R. Ackroyd, *I & II Chronicles, Ezra, Nehemiah*, [Londres:
SCM Press, 1973], 131), ya sea por motivos de crítica textual
(la similitud de redacción en 1 Reyes 14:25 y 2 Reyes 18:13,
en los que Senaquerib invade Judá y Jerusalén) o por motivos
arqueológicos (la distribución a lo largo de todo Judá de
jarras de vino, con asas que llevan un sello real «lemelek»
[«perteneciente al/para el rey»], asociado a Ezequías y sus
preparativos para la guerra asiria). El argumento textual aquí
puede ser de naturaleza coincidental y está atenuado por
el hecho de que una fórmula estilística similar se encuentra
también en otros textos en los que una lista de ciudades
fortificadas claramente no está en mente (p. ej., 2 Re 15:29;
16:5; 18:9; 25:1). Existe también el hecho, como ha señalado
S. Japhet (*I & II Chronicles: A Commentary*, Old Testament
Library, [Louisville: Westminster/John Knox Press, 1993],
678), que se dice que ciudades fueron «salvadas» durante los
días de Ezequías (2 Cr 32:21-23), lo que significa que en su
tiempo una amenaza asiria fue evitada en última instancia.

270 *cf.* H. G. M. Williamson, *1 and 2 Chronicles*, New Century Bible
Commentary, (Grand Rapids: Eerdmans Publishing Company,
1982), 240–241; J. Myers, *I Chronicles*, Anchor Bible, (Garden
City, N.Y.: Doubleday & Company, 1965), 69; C. Mangan,
1–2 Chronicles, Ezra, Nehemiah, (Wilmington, Del.: Michael
Glazier, Inc., 1982), 96; *cf.* J. Miller, «Rehoboam's Cities of
Defense and the Levitical City List», en L. G. Perdue, et al., eds.,
*Archaeology and Biblical Interpretation: Essays in Memory of
D. Glenn Rose*, (Atlanta: John Knox Press, 1987), 278–282.

271 p. ej., F. Clancy, «Shishak/Shoshenq's Travels», *Journal for the
Study of the Old Testament* 86, (1999), 20.

272 E. Blyth, *Karnak: Evolution of a temple*, (Londres: Routledge,
2006), xviii, 187–212.

273 Según D. Edelman («Forward», en L. K. Handy, ed., *The Age of
Solomon: Scholarship at the Turn of the Millennium*, [Leiden:
Brill, 1997], xviii), esto puede ser simplemente una cuestión
de legibilidad.

274 Algunas de las «listas» incluidas en la historia de David y
Salomón deben haber sido preparadas por tales escribas
como parte de su mantenimiento administrativo de registros.
Por ejemplo: una lista de los «hombres valientes» de David
(2 Sm 23:8-39); una lista de las esposas y los hijos de David
(2 Sm 3:2-5; 1 Cr 3:1-9); una lista de las victorias militares de
David (2 Sm 8:1-14; 21:15-22); una lista del censo de David
(2 Sm 24:1-9); una lista de los funcionarios del gabinete de
David (2 Sm 8:15-18; 20:23-26); una lista de los funcionarios
del gabinete de Salomón (1 Re 4:2-6); una lista de los 12
distritos administrativos de Salomón (1 Re 4:7-19); y una lista
de numerosos funcionarios militares y civiles (1 Cr 27).

275 Por ejemplo: «El rollo de los hechos de Salomón» (1 Re 11:41),
«La historia de Natán el profeta» (2 Cr 9:29), «El rollo de las
crónicas de los reyes de Judá» (1 Re 14:29), «Las crónicas de
Semaías el profeta y de Iddo el vidente» (2 Cr 12:15) y «El rollo
de las crónicas de los reyes de Israel» (1 Re 14:19).

276 *cf.* K. van der Toorn, *Scribal Culture and the Making of the Hebrew
Bible*, (Cambridge: Harvard University Press, 2007), 23, 82.

277 J. Taylor, «The Third Intermediate Period (1069–664 a. C.)», en
I. Shaw, ed., *The Oxford History of Ancient Egypt*, (Oxford: Oxford
University Press, 2002), 335–336.

278 *cf.* J. A. Brinkman, *A Political History of Post-Kassite Babylonia*,
Analecta Orientalia 43, (Roma: Pontifical Biblical Institute,
1968), 240 n.1544(b).

279 J. B. Pritchard, ed., *Ancient Near Eastern Texts Relating to the Old
Testament*, (Princeton: Princeton University Press, 1969), 283a;
W. W. Hallo y K. L. Younger, Jr., eds., *The Context of Scripture*,
(Leiden: Brill, 1997–2002), 2.285, 287.

280 J. B. Pritchard, ed., *Ancient Near Eastern Texts Relating to the
Old Testament*, (Princeton: Princeton University Press, 1969),
282–283; W. W. Hallo y K. L. Younger, Jr., eds., *The Context of
Scripture*, (Leiden: Brill, 1997–2002), 2.290, 291.

281 Restos arqueológicos de Gezer avalan ampliamente su
destrucción en este tiempo (E. Stern, ed., *The New Encyclopedia
of Archaeological Excavations in the Holy Land*, [Jerusalén: Israel
Exploration Society and Carta, 1993], 2.505b), y los artistas del
propio Tiglat-pileser crearon un relieve en una pared del palacio
en Nimrud que conmemoraba la victoria (J. B. Pritchard, ed.,
The Ancient Near East in Pictures Relating to the Old Testament,
[Princeton: Princeton University Press, 1954], 129 [#369]).

282 *cf.* J. B. Pritchard, ed., *Ancient Near Eastern Texts Relating to
the Old Testament*, (Princeton: Princeton University Press,
1969), 284a; W. W. Hallo y K. L. Younger, Jr., eds., *The Context
of Scripture*, (Leiden: Brill, 1997–2002), 2.222, 291, 292.

283 Ver también J. B. Pritchard, ed., *The Ancient Near East in Pictures
Relating to the Old Testament*, (Princeton: Princeton University
Press, 1954), 129–132 [#371–374] para escenas de batalla de
Senaquerib en Laquis, encontradas en su palacio en Nínive.

284 J. B. Pritchard, ed., *Ancient Near Eastern Texts Relating to the Old
Testament*, (Princeton: Princeton University Press, 1969), 288a;
W. W. Hallo y K. L. Younger, Jr., eds., *The Context of Scripture*,
(Leiden: Brill, 1997–2002), 2.303; para la misma expresión, ver
también Hallo y Younger, 2.286; A. L. Oppenheim, et al., eds.,
*The Assyrian Dictionary of the Oriental Institute of the University
of Chicago*, (Chicago: The Oriental Institute, 1956), 7:212; las
tablillas de tell el-Amarna 105.8–9; (*cf.* 2 Re 18:14–19:37;
2 Cr 32:2-22; Is 36:2–37:38).

285 Las circunstancias del asesinato de Senaquerib están
registradas en la Biblia (2 Re 19:37; Is 37:38) y en literatura
extrabíblica. Al igual que el Antiguo Testamento, la Crónica
Babilónica (A. K. Grayson, *Assyrian and Babylonian Chronicles*,
[Winona Lake, Ind.: Eisenbrauns, 2000], 81) y un texto posterior
de Nabónido (J. B. Pritchard, ed., *Ancient Near Eastern Texts
Relating to the Old Testament*, [Princeton: Princeton University
Press, 1969], 309a) atribuyen su muerte a la traición de
uno de sus hijos (y en este último texto, como en el Antiguo
Testamento, se ofrece una explicación teológica de la muerte
de Senaquerib). Y al igual que el Antiguo Testamento, un
prisma de Esar-hadón (J. B. Pritchard, ed., *Ancient Near Eastern
Texts Relating to the Old Testament*, [Princeton: Princeton
University Press, 1969], 289) indica que el responsable (o los
responsables) del acto se escapó a otra tierra (T. C. Mitchell, *The
Bible in the British Museum: Interpreting the Evidence*, [Nueva
York: Paulist Press, 2004], 73–74). S. Parpola («The Murderer
of Sennacherib», en B. Alster, ed., *Death in Mesopotamia*,
[Copenhagen: Akademisk Forlag, 1980], 171–182) ahora ha
demostrado que el nombre del asesino de Senaquerib fue
el de su hijo mayor sobreviviente —Arad-Mulissi—quien
Parpola comprende ser la misma persona que el Adramelec
de 2 Reyes 19:37 (así W. W. Hallo y K. L. Younger, Jr., eds.,
The Context of Scripture, [Leiden: Brill, 1997–2002], 3.244).
Cualquiera sea el caso, el informe de este evento posterior,
el cual se produjo en la lejana Asiria, representa un ejemplo
bastante inusual de historiografía judaíta escrito décadas
después de la campaña de Senaquerib a Jerusalén.

286 Reyes de menor importancia en esta batalla eran de Biblos,
Arvad, Arabia, Amón y Egipto, además de algunas ciudades
adicionales. Significativamente, la entrada en el monolito
de Salmanasar incluye «Gindibu el árabe». Al parecer, esta
es la primera vez que alguien denominado un «árabe» es
mencionado por nombre en la literatura extrabíblica (I. Eph`al,
*The Ancient Arabs: Nomads on the Borders of the Fertile Crescent
9th–5th Centuries* B.C., [Jerusalén: The Magnes Press, 1982], 21,
75–76). R. Byrne («Early Assyrian Contacts with Arabs and the
Impact on Levantine Vassal Tribute», *Bulletin of the American
Schools of Oriental Research* 331, [2003], 12–17) sostiene que
las atestaciones asirias de «árabe(s)» comenzando en el siglo IX
a. C. y posteriormente, así como su posible representación en
relieves asirios del siglo VIII a. C., no representa la aparición de
un nuevo grupo de inmigrantes, sino más bien una función
de la geografía, debido a que los asirios se penetraban más
profundamente en el Levante y en el desierto Oriental (la patria
árabe). Del mismo modo, es en un contexto del siglo IX a. C. que
la Biblia usa por primera vez la palabra «árabe» para denotar a
un habitante de Arabia (2 Cr 17:11; 21:16; 22:1; *cf.* 1 Re10:15).
Textos bíblicos anteriores parecen designar esa zona como «la
tierra del oriente» (Gn 25:6) y a sus habitantes como «el pueblo
del oriente» (Jc 6:3, 33; 7:12; 8:10; 1 Re 4:30; *cf.* L. Koehler y
W. Baumgartner, eds., *The Hebrew and Aramaic Lexicon of the
Old Testament*, [Leiden: Brill, 2001], 2.1070).

287 Así E. Ebeling y B. Meissner, eds., *Reallexikon der Assyriologie*
10/1–2, (Berlín: Walter de Gruyter, 1928), 131–132; S. Mittman
y G. Schmitt, eds., *Tübinger Bibelatlas*, (Stuttgart: Deutsche
Bibelgesellschaft, 2001), B/IV/14; A. F. Rainey y R. S. Notley,
The Sacred Bridge: Carta's Atlas of the Biblical World, (Jerusalén:
Carta, 2006), 200; Y. Ikeda, «Royal Cities and Fortified Cities»,
Iraq 41/1, (1979), 79–84, 87; M. C. Astour, «The Partition of the
Confederacy of Mukiš-Nuh`ašše-Nii by Šuppiluliuma: A Study in
Political Geography of the Amarna Age», *Orientalia* [*New Series*]
38/3, (1969), 412.

288 Ver W. W. Hallo y K. L. Younger, Jr., eds., *The Context of
Scripture*, (Leiden: Brill, 1997–2002), 2.261–264; T. C. Mitchell,
The Bible in the British Museum: Interpreting the Evidence,
(Nueva York: Paulist Press, 2004), 49–50; consultar J. B.
Pritchard, ed., *The Ancient Near East in Pictures Relating to the
Old Testament*, (Princeton: Princeton University Press, 1954),
153 (#443).

289 *cf.* D. D. Luckenbill, *Ancient Records of Assyria and Babylonia*,
(Chicago: University of Chicago Press, 1926–1927), 1.239
(§652), 240 (§§654, 659).

290 Aunque varios esquemas cronológicos muestran desviación
en algunos otros puntos, este dato es tomado por una amplia
gama de autoridades cronológicas como una verdad establecida,
p. ej., J. Finegan, *Handbook of Biblical Chronology*, (Princeton:
Princeton University Press, 1964), 196 (§303); E. R. Thiele, *The
Mysterious Numbers of the Hebrew Kings*, (Exeter, Devon: The
Paternoster Press, 1965), 11, 66, 205; J. H. Hayes y P. K. Hooker,
A New Chronology for the Kings of Israel and Judah, (Atlanta: John
Knox Press, 1988), 29, 35; W. H. Barnes, *Studies in the Chronology
of the Divided Monarchy of Israel*, Harvard Semitic Monographs
48, (Atlanta: Scholars Press, 1991), 153; G. Galil, *The Chronology
of the Kings of Israel and Judah*, (Leiden: Brill, 1996), 32, 44;
A. F. Rainey, «Stones for Bread: Archaeology versus History»,
Near Eastern Archaeology 64/3, (2001), 146.

291 *cf.* Inscripción de Mesa; para lo más reciente en cuanto a su
traducción, ver W. W. Hallo y K. L. Younger, Jr., eds., *The Context
of Scripture*, (Leiden: Brill, 1997–2002), 2.137–138; A. Lemaire,
«Notes d'épigraphie nord-ouest sémitique», *Syria* 64/3, (1987),
205–21; A. F. Rainey, «The Chronicler and his Sources—
Historical and Geographical», en M. P. Graham, K. G. Hoglund
y S. L. McKenzie, eds., *The Chronicler as Historian*, (Sheffield:
Sheffield Academic Press, 1997), 305–307; E. Lipiński, *On the
Skirts of Canaan in the Iron Age*, Orientalia Lovaniensia Analecta
153, (Leuven: Peeters, 2006), 335–337.

292 Las cuatro inscripciones fechadas incluyen (1) dos grandes
colosos-toro encontrados en Nimrud/Cala (ver W. W. Hallo
and K. L. Younger, Jr., eds., *The Context of Scripture*, [Leiden:
Brill, 1997–2002], 2.266–267; E. Ebeling y B. Meissner, eds.,
Reallexikon der Assyriologie, [Berlin: Walter de Gruyter, 1928],
3.42–48); (2) una losa de mármol encontrada en Asur (Hallo
y Younger, 2.267–268; Ebeling y Meissner 3.50–56); (3) la
llamada «Estatua de Kurba'il» encontrada en Nimrud/Cala
(Hallo y Younger, 2.268–269; Ebeling y Meissner 3.58–61); y
(4) el ahora famoso «Obelisco Negro» encontrado en Nimrud/
Cala. (Para el texto, consultar Hallo y Younger, 2.269–270;
Ebeling y Meissner 3.62–71, 149–150; para una representación
de la escultura, ver J. B. Pritchard, ed., *The Ancient Near East in
Pictures Relating to the Old Testament*, [Princeton: Princeton
University Press, 1954], 120–125 [#351–361, especially #355];
T. C. Mitchell, *The Bible in the British Museum: Interpreting
the Evidence*, [Nueva York: Paulist Press, 2004], 51–54). Si
bien estos textos varían ligeramente en algunos detalles
periféricos, en las siguientes afirmaciones centrales de logros
militares todos coinciden: Salmanasar III se jactó de que, en su
18.º año, cruzó el río Éufrates por 16.ª vez y marchó al monte
Senir (¿monte Hermón?). Desde allí, lanzó primeramente un
ataque en el monte Haurán, después de lo cual declaró que
recibió tributo de la gente de Tiro y Sidón, y de «Jehú, hombre
de Bit-Humri».

293 Así J. Finegan, *Handbook of Biblical Chronology*, (Princeton:
Princeton University Press, 1964), 196 (§304); E. R. Thiele, *The
Mysterious Numbers of the Hebrew Kings*, (Exeter, Devon: The
Paternoster Press, 1965), 66, 76, 205; J. H. Hayes y P. K. Hooker,
A New Chronology for the Kings of Israel and Judah, (Atlanta:
John Knox Press, 1988), 42–43; W. H. Barnes, *Studies in the
Chronology of the Divided Monarchy of Israel*, Harvard Semitic
Monographs 48, (Atlanta: Scholars Press, 1991), 156; G. Galil,
The Chronology of the Kings of Israel and Judah, (Leiden: Brill,
1996), 33, 45; A. F. Rainey, «Stones for Bread: Archaeology
versus History», *Near Eastern Archaeology* 64/3, (2001), 146;
E. Lipiński, *On the Skirts of Canaan in the Iron Age*, Orientalia
Lovaniensia Analecta 153, (Leuven: Peeters, 2006), 170.

294 En cuanto a la ortografía de los nombres de los reyes Yoram/
Joram y Yoás/Joás, he seguido W. H. Barnes (*Studies in the
Chronology of the Divided Monarchy of Israel*, Harvard Semitic
Monographs 48, [Atlanta: Scholars Press, 1991], 152–153) y
K. L. Younger, Jr. («"Hazael, Son of a Nobody": Some Reflections
in Light of Recent Study», en P. Bienkowski, C. Mee y E. Slater,
eds., *Writing and Ancient Near Eastern Society: Papers in Honour
of Alan R. Millard*, [Londres: T. & T. Clark, 2005], 250–252) en un
intento de reflejar de forma consistente los supuestos dialectos
septentrional y meridional. Por lo tanto, en este volumen,
«Yoram» y «Yoás» se nombran como reyes de Judá, mientras
que «Joram» y «Joás» son reyes de Israel.

295 E. R. Thiele, *The Mysterious Numbers of the Hebrew Kings*,
(Exeter, Devon: The Paternoster Press, 1965), 16–38; Thiele
ha sido seguido de manera explícita, p. ej., por M. C. Astour,
«841 B.C.: The First Assyrian Invasion of Israel», *Journal of the
American Oriental Society* 91, (1971), 383–384; A. F. Rainey,
«Stones for Bread: Archaeology versus History», *Near Eastern
Archaeology* 64/3, (2001), 146; K. A. Kitchen, «How We
Know When Solomon Ruled», *Biblical Archaeology Review*
27/5, (2001), 34 [cubierta delantera del fascículo está mal
etiquetada como 27/4]; y de manera implícita por una
multitud de resoluciones.

296 Si ese fuera el caso, se desprende que el ascenso de Jehú
también tendría que ser adelantado tres o cuatro años,
hasta alrededor del 838/837 a. C., lo que sería imposible si,
según indican los colosos-toro, la losa de mármol, la Estatua
de Kurba'il y el Obelisco Negro, rindió homenaje como rey a
Salmanasar en el 18.º año de este (841 a. C.). Por otra parte, si
uno sostuviera que Jehú pudiera no haber rendido homenaje
en el primer año de su reinado, suponiendo que el ascenso
de Jehú se produjo alrededor del 846/845 a. C., entonces la
muerte de Acab necesariamente también habría ocurrido unos
12 años antes, o alrededor del 858/857 a. C., que de nuevo no
sería posible si el rey Acab aún viviera en 853 para luchar contra
Salmanasar en Qarqar.

297 Las circunstancias geográficas exactas de la muerte de
Ocozías siguen siendo poco claras. Según 2 Reyes 9:27-28,
fue herido en Ibleam y huyó a Meguido, donde murió.
Pero 2 Crónicas 22:9 informa que Ocozías fue capturado
mientras se escondía en Samaria, y llevado a Jehú en un
lugar indeterminado, presuntamente la ciudad capital (así
S. Japhet, *I & II Chronicles: A Commentary*, Old Testament
Library, [Louisville: Westminster/John Knox Press, 1993],
823), donde le dieron muerte. Técnicamente hablando, la
ciudad de Meguido se encontraba en la región de Samaria,
pero todas las demás citas de Samaria en Crónicas se refieren
claramente a la *ciudad* de Samaria, no a la *región* de Samaria.
Otros intentos de armonización son tratados brevemente por
R. B. Dillard (*2 Chronicles*, Word Bible Commentary, [Waco:
Word Books, 1987], 172–173).

298 N. Postgate, «Ancient Assyria—A Multi-Racial State», *ARAM*
1/1, (1989), 3.

299 *Anchor Bible Dictionary*, 4.737.

300 tablilla 16; *cf.* tablilla 15.

301 Ver J. B. Pritchard, ed., *Ancient Near Eastern Texts Relating
to the Old Testament*, (Princeton: Princeton University Press,
1969), 295; E. Blyth, *Karnak: Evolution of a temple*, (Londres:
Routledge, 2006), 87, 208.

302 J. Oates y D. Oates, *Nimrud: An Assyrian Imperial City Revealed*,
(Londres: British School of Archaeology in Iraq, 2001), 36–42.

303 Consultar B. J. Beitzel, consultor principal, *Biblica, The Bible
Atlas: A Social and Historical Journey Through the Lands
of the Bible*, (Londres: Penguin Books Ltd., 2006), 499;
L. J. Mykytiuk, *Identifying Biblical Persons in Northwest
Semitic Inscriptions of 1200–539 B.C.E.*, (Atlanta: Society
of Biblical Literature, 2004); M. Cogan, *The Raging Torrent:
Historical Inscriptions from Assyria and Babylonia Relating
to Ancient Israel*, (Jerusalén: Carta, 2008).

304 Tiglat-pileser III: 744–727 (2 Re 15:29); Salmanasar V:
727–722 (2 Re 17:3); Sargón II: 722–705 (Is 20:1); Senaquerib:
705–681 (2 Re 18:13); Esar-hadón: 681–669 (2 Re 19:37); y
Asurbanipal (Asnapar): 669–627 (Esd 4:10). (Generalmente se
considera que el reinado de nombre Asnapar se refiere a Asurbanipal, p. ej.,
H. G. M Williamson, *Ezra, Nehemiah*, Word Bible Commentary,
[Waco: Word Books, 1985], 55; *Anchor Bible Dictionary*, 5.50).

305 Para Salmanasar, el monte Carmelo era conocido como
«Baal-rosh», *cf.* el papel de Baal en las narraciones sobre Elías.

306 S. Yamada, *The Construction of the Assyrian Empire: A Historical
Study of the Inscriptions of Shalmaneser III (859–824 B.C.)
Relating to His Campaigns to the West*, (Leiden: Brill, 2000),
185–195.

307 E. Ebeling y B. Meissner, eds., *Reallexikon der Assyriologie*,
(Berlin: Walter de Gruyter, 1928), 3.211; W. W. Hallo y
K. L. Younger, Jr., eds., *The Context of Scripture*, (Leiden: Brill,
1997–2002), 2.276n. 4; D. D. Luckenbill, *Ancient Records
of Assyria and Babylonia*, (Chicago: University of Chicago
Press, 1926–1927), 1.262 (§739); no es mencionado en el
Antiguo Testamento.

308 W. W. Hallo y K. L. Younger, Jr., eds., *The Context of Scripture*,
(Leiden: Brill, 1997–2002), 2.276—Adad-nirari III identificó a
Samaria de otro modo, como «la tierra de Humri» (Omri).

309 *cf.* W. W. Hallo y K. L. Younger, Jr., eds., *The Context of Scripture*,
(Leiden: Brill, 1997–2002), 2.290, 292?

310 A. Millard, *The Eponyms of the Assyrian Empire 910–612 B.C.*,
(Helsinki: Helsinki University Press, 1994), 45.

311 Ver también W. W. Hallo y K. L. Younger, Jr., eds., *The Context of Scripture*, (Leiden: Brill, 1997–2002), 2.286, 291, probablemente incluyendo a ciudades tales como Irón, Merom y Daberat. [**Ver mapa 40**].

312 H.Tadmor, «The Southern Border of Aram», *Israel Exploration Journal* 12/2, (1962), 118–119.

313 A. Millard, *The Eponyms of the Assyrian Empire 910–612 B.C.*, (Helsinki: Helsinki University Press, 1994), 45.

314 J. B. Pritchard, ed., *The Ancient Near East in Pictures Relating to the Old Testament*, (Princeton: Princeton University Press, 1954), #366; *Anchor Bible Dictionary*, 1.491.

315 Ver W. W. Hallo y K. L. Younger, Jr., eds., *The Context of Scripture*, (Leiden: Brill, 1997–2002), 2.292, en donde Tiglat-pileser indicó que perdonó a Samaria.

316 Ver también A. F. Rainey y R. S. Notley, *The Sacred Bridge: Carta's Atlas of the Biblical World*, (Jerusalén: Carta, 2006). Durante el sitio de tres años, la ciudad de Siquem cayó ante los asirios, como está atestiguado claramente por el descubrimiento de un sello asirio entre los escombros de una casa. (Ver E. Stern, ed., *The New Encyclopedia of Archaeological Excavations in the Holy Land*, [Jerusalén: Israel Exploration Society and Carta, 1993], 4.1353–1354; *cf.* M. Cogan y H. Tadmor, *II Kings*, Anchor Bible, [Garden City, N.Y.: Doubleday & Company, 1988], 228, ilustración 11[a]).

317 W. W. Hallo y W. K. Simpson, *The Ancient Near East: A History*, (Nueva York: Harcourt Brace College Publishers, 1998), 133.

318 A. K. Grayson, *Assyrian and Babylonian Chronicles*, (Winona Lake, Ind.: Eisenbrauns, 2000), 73.

319 p. ej., W. W. Hallo y K. L. Younger, Jr., eds., *The Context of Scripture*, (Leiden: Brill, 1997–2002), 2.293–294, 295 (dos veces), 296–297, 297, 298 (dos veces); *cf.* K. L. Younger, Jr., «Recent Study on Sargon II, King of Assyria: Implications for Biblical Studies», en M. W. Chavalas y K. L. Younger, Jr., eds., *Mesopotamia and the Bible*, (Grand Rapids: Baker, 2002), 291.

320 Su quinto año de reinado, en el mes tebet, el décimo mes (diciembre); *cf.* W. W. Hallo y K. L. Younger, Jr., eds., *The Context of Scripture*, (Leiden: Brill, 1997–2002), 1.467.

321 Ver K. L. Younger, Jr., «The Deportations of the Israelites», *Journal of Biblical Literature* 117/2, (1998), 215–227.

322 J. B. Pritchard, ed., *Ancient Near Eastern Texts Relating to the Old Testament*, (Princeton: Princeton University Press, 1969), 286–287.

323 W. W. Hallo y K. L. Younger, Jr., eds., *The Context of Scripture*, (Leiden: Brill, 1997–2002), 2.294, 296–297, 297, 299–300. Una tablilla adicional que puede estar relacionada con este evento habla de la toma asiria de la ciudad de Azeca. El texto indica que previamente había sido capturada y fortificada por «[ ]ias de la tierra de Judá» (Hallo y Younger, 2.304–305). Se había pensado anteriormente que este rey de Judá, cuyo nombre es solo parcialmente legible, era «[Uz]ías» y, por lo tanto, el texto se dataría del reinado de Tiglat-pileser III. Pero más recientemente se ha sostenido que el rey en cuestión era «[Ezequ]ías» (2 Re 18:8) y, por lo tanto, el texto debe guardar relación o con Senaquerib o, más probablemente, con Sargón. Si es con este último, lo más probable es que se refiera a su purga de Filistea en el año 712 a. C. (p. ej., H. Tadmor, «The Campaigns of Sargon II of Assur: A Chronological-Historical Study», *Journal of Cuneiform Studies* 12, [1958], 22–40, 77–100; G. Galil, «A New Look at the "Azekah Inscription"», *Revue Biblique* 102, [1995], 321–329]. **Mapa 77** refleja este punto de vista bastante verosímil, producto de estudios recientes, aunque es cierto que todavía se requieren pruebas adicionales de corroboración.

324 W. R. Gallagher, *Sennacherib's Campaign to Judah*, (Leiden: Brill, 1999).

325 El Cilindro de Rassam, §§49–51, §§42–43.

326 J. B. Pritchard, ed., *The Ancient Near East in Pictures Relating to the Old Testament*, (Princeton: Princeton University Press, 1954), 129–132 (#371–374).

327 p. ej., W. W. Hallo y W. K. Simpson, *The Ancient Near East: A History*, (Nueva York: Harcourt Brace College Publishers, 1998), 134.

328 J. Ur, «Sennacherib's Northern Assyrian Canals: New Insights from Satellite Imagery and Aerial Photography», *Iraq* 67/1, (2005), 320–321, 335–343.

329 Incluidas entre lo que queda de la biblioteca hay obras como *Descent of Ishtar into Hades*, *Enuma Elish* (el relato babilónico de la creación), *Ludlul bēl nēmeqi* (un supuesto «Job babilónico») y el *Gilgamesh Epic*, (un supuesto relato babilónico del diluvio). Pero en lugar de ser una historia del diluvio de por sí, hoy en día se cree que esta obra aborda la cuestión de cómo podría un ser humano alcanzar la inmortalidad (p. ej., W. G. Lambert, *Babylonian Wisdom Literature*, [Winona Lake, Ind.: Eisenbrauns, 1996], 11–12).

330 A. K. Grayson, *Assyrian and Babylonian Chronicles*, (Winona Lake, Ind.: Eisenbrauns, 2000), 87–90; D. J. Wiseman, *Chronicles of Chaldean Kings*, (Londres: British Museum, 1961), 5–11.

331 A. K. Grayson, *Assyrian and Babylonian Chronicles*, (Winona Lake, Ind.: Eisenbrauns, 2000), 94–95; D. J. Wiseman, *Chronicles of Chaldean Kings*, (Londres: British Museum, 1961), 13–15.

332 A. K. Grayson, *Assyrian and Babylonian Chronicles*, (Winona Lake, Ind.: Eisenbrauns, 2000), 92–93; D. J. Wiseman, *Chronicles of Chaldean Kings*, (Londres: British Museum, 1961), 15–17.

333 A. K. Grayson, *Assyrian and Babylonian Chronicles*, (Winona Lake, Ind.: Eisenbrauns, 2000), 95–96; D. J. Wiseman, *Chronicles of Chaldean Kings*, (Londres: British Museum, 1961), 18–20.

334 Ver B. J. Beitzel, consultor principal, *Biblica, The Bible Atlas: A Social and Historical Journey Through the Lands of the Bible*, (Londres: Penguin Books Ltd., 2006), 328–329 para evidencias de las tendencias expansionistas de Josías hacia el norte y el occidente.

335 A. K. Grayson, *Assyrian and Babylonian Chronicles*, (Winona Lake, Ind.: Eisenbrauns, 2000), 97–100; D. J. Wiseman, *Chronicles of Chaldean Kings*, (Londres: British Museum, 1961), 23–28; *cf.* Jeremías 46:1-2.

336 *cf.* Plinio, *Natural History*, 5.13.66–67.

337 Josefo, *Antiquities of the Jews*, 20.17–91.

338 p. ej., Josefo, *Wars*, 2.520; 5.474; 6.567.

339 Comparar la lista de reyes babilónicos (W. W. Hallo y K. L. Younger, Jr., eds., *The Context of Scripture*, [Leiden: Brill, 1997–2002], 1.462) con la Crónica Babilónica (A. K. Grayson, *Assyrian and Babylonian Chronicles*, [Winona Lake, Ind.: Eisenbrauns, 2000], 73–77).

340 *Anchor Bible Dictionary*, 4.744–745.

341 p. ej., M. Dietrich, *The Babylonian Correspondence of Sargon and Sennacherib*, State Archives of Assyria 17, (Helsinki: Helsinki University Press, 2003), 25, 119; J. A. Brinkman, «Merodach-Baladan II», en R. D. Biggs y J. A. Brinkman, eds., *Studies Presented to A. Leo Oppenheim*, (Chicago: Oriental Institute of the University of Chicago Press, 1964), 12–18.

342 D. J. Wiseman, *Chronicles of Chaldean Kings*, (Londres: British Museum, 1961) 1961:69.

343 ibíd. 69.

344 A. K. Grayson, *Assyrian and Babylonian Chronicles*, (Winona Lake, Ind.: Eisenbrauns, 2000), 100.

345 ibíd. 100.

346 A. K. Grayson, *Assyrian and Babylonian Chronicles*, (Winona Lake, Ind.: Eisenbrauns, 2000), 102; D. J. Wiseman, *Chronicles of Chaldean Kings*, (Londres: British Museum, 1961) 1961:72–73.

347 Varias tablillas cuneiformes exhumadas de Babilonia, y que datan del reinado de Nabucodonosor (J. B. Pritchard, ed., *Ancient Near Eastern Texts Relating to the Old Testament*, [Princeton: Princeton University Press, 1969], 308b; D. W. Thomas, ed., *Documents from Old Testament Times*, [Nueva York: Harper & Row Publishers, 1958], 86), detallan diversas y algo generosas asignaciones de alimentos a un «Ya'u-kinu [Joaquín] rey de la tierra de Judá». Joaquín fue liberado de una prisión babilónica en el 37.º año de su cautiverio (560 a. C.) (2 Re 25:27-30; Jr 52:31-34).

348 Y. Aharoni, «Arad: Its Inscriptions and Temple», *Biblical Archaeologist* 31/1, (1968), 17–18.

349 Esta fuente es el ostracón 4, encontrado en el complejo de puertas de Laquis (W. W. Hallo y K. L. Younger, Jr., eds., *The Context of Scripture*, [Leiden: Brill, 1997–2002], 3.80).

350 E. Stern, ed., *The New Encyclopedia of Archaeological Excavations in the Holy Land*, (Jerusalén: Israel Exploration Society and Carta, 1993), 3.907–909; *Anchor Bible Dictionary*, 4.121–123, aunque allí la evidencia es fechada en la época de la conquista asiria.

351 *cf.* Ezequiel 24:1-2; Jeremías 33:4; ver también Josefo, *Antiquities of the Jews*, 10.116.

352 B. J. Beitzel, consultor principal, *Biblica, The Bible Atlas: A Social and Historical Journey Through the Lands of the Bible*, (Londres: Penguin Books Ltd., 2006), 336–337.

353 2 Reyes 25:1-3; Jeremías 39:1-2; 52:4-6, i. e., desde el décimo mes del noveno año de Sedequías hasta el cuarto mes de su undécimo año; *cf.* Josefo, *Antiquities of the Jews*, 10.116.

354 B. Oded, *Mass Deportations and Deportees in the Neo-Assyrian Empire*, (Wiesbaden: Reichert, 1979), 18–22.

355 La literatura cuneiforme refuerza los datos bíblicos para el reino del norte en varios puntos, incluyendo un registro de un determinado número de deportados. Desde una perspectiva asiria, aproximadamente 40.000 personas de Israel fueron deportadas (alrededor de una décima parte de la población estimada). Estas deportaciones se llevaron a cabo en conjunto con la campaña de Tiglat-pileser III en el 733 a. C., después de la cual él declaró que había deportado alrededor de 13.500 personas de varias ciudades de Galilea (W. W. Hallo y K. L. Younger, Jr., eds., *The Context of Scripture*, [Leiden: Brill, 1997–2002], 2.286), y con la victoria de Sargón II, quien se jactó en varios textos diferentes que deportó de Samaria o 27.280 personas (Hallo y Younger, 2.295) o 27.290 personas (Hallo y Younger, 2.296). Por otro lado, Senaquerib declaró, con bastante hipérbole, que se llevó a más de 200.000 personas de Judá (Hallo y Younger, 2.303).

356 S. Parpola y M. Porter, *The Helsinki Atlas of the Near East in the Neo-Assyrian Period*, (Helsinki: Vammalan Kirjapaino Oy, 2001), mapa 4.

357 Tablillas cuneiformes de varios sitios en Palestina central (Samaria, Gezer, tell Hadid [cerca del moderno Lod]) presuntamente tienen conexión con personas de diversas localidades de Mesopotamia quienes fueron reubicadas forzosamente a Samaria por Sargón II. Ver N. Na`aman y R. Zadok, «Assyrian Deportations to the Province of Samerina in the Light of Two Cuneiform Tablets from Tel Hadid», *Tel Aviv* 27, (2000), 159–188; *cf.* afirmaciones similares de Sargón que había deportado a árabes a Samaria (R. Byrne, «Early Assyrian Contacts with Arabs and the Impact on Levantine Vassal Tribute», *Bulletin of the American Schools of Oriental Research* 331, [2003], 12).

358 Para las ubicaciones propuestas para estos sitios, ver R. Zadok, «Geographical and Onomastic Notes», *Journal of the Ancient Near Eastern Society* 8, (1976), 113–126; R. Zadok, *Geographical Names According to New- and Late-Babylonian Texts*, Répertoire Géographique des Textes Cunéiformes 8, (Wiesbaden: Reichert, 1985), 36, 12, 267; N. Na`aman y R. Zadok, «Sargon II's Deportations to Israel and Philistia (716–708 a. C.)», *Journal of Cuneiform Studies* 40/1, (1988), 44; S. Parpola y M. Porter, *The Helsinki Atlas of the Near East in the Neo-Assyrian Period*, (Helsinki: Vammalan Kirjapaino Oy, 2001).

359 P. Sanlaville, «L'espace géographique de Mari», *Mari, Annales de Recherches Interdisciplinaires* 4, (1985), 21; A. Bossuyt, L. Bronze y V. Ginsburg, «On Invisible Trade Relations between Mesopotamian Cities during the Third Millennium B.C.», *Professional Geographer* 53/3, (2001), 375.

360 P. Briant, *From Cyrus to Alexander: A History of the Persian Empire*, (Winona Lake, Ind.: Eisenbrauns, 2002), 22–24.

361 Heródoto 1.74–75.

362 A. K. Grayson, *Assyrian and Babylonian Chronicles*, (Winona Lake, Ind.: Eisenbrauns, 2000), 109–110.

363 W. W. Hallo y K. L. Younger, Jr., eds., *The Context of Scripture*, (Leiden: Brill, 1997–2002), 2.198.

364 *Anchor Bible Dictionary*, 2.445–455, y la extensa bibliografía allí citada; *cf.* W. W. Hallo y K. L. Younger, Jr., eds., *The Context of Scripture*, (Leiden: Brill, 1997–2002), 3.116–134, 141–198.

365 A. K. Grayson, *Assyrian and Babylonian Chronicles*, (Winona Lake, Ind.: Eisenbrauns, 2000), 109–110.

366 En las propias palabras de Ciro, según figuran en lo que se ha llamado el «Cilindro de Ciro» (adaptadas de W. W. Hallo y K. L. Younger, Jr., eds., *The Context of Scripture*, [Leiden: Brill, 1997–2002], 2.315; *cf.* 1 Esdras 2:1–7; Josefo, *Antiquities of the Jews*, 11.1–18).

367 Para referencias mesopotámicas a Pérsida, ver R. Zadok, *Geographical Names According to New- and Late-Babylonian Texts*, Répertoire Géographique des Textes Cunéiformes 8, (Wiesbaden: Reichert, 1985), 247–248; F. Vallat, *Les noms géographiques des sources suso-élamites*, Répertoire Géographique des Textes Cunéiformes 11, (Wiesbaden: Reichert, 1993), 207–211; S. Parpola, *Neo-Assyrian Toponyms*, Alter Orient und Altes Testament 6, (Neukirchen-Vluyn: Butzon and Bercker Kevelaer, 1970), 274–275.

368 La evolución del Imperio persa (aqueménida) es mucho más compleja que el resumen bastante sencillo presentado aquí. Para información más completa, consultar E. M. Yamauchi, *Persia and the Bible*, (Grand Rapids: Baker Book House, 1990); P. Briant, *From Cyrus to Alexander: A History of the Persian Empire*, (Winona Lake, Ind.: Eisenbrauns, 2002); J. Curtis y N. Tallis, *Forgotten Empire: The World of Ancient Persia*, (Londres: British Museum Press, 2005); K. Farrokh, *Shadows in the Desert: Ancient Persia at War*, (Oxford: Osprey Publishing, 2007).

369 *cf.* el Cilindro de Ciro; W. W. Hallo y K. L. Younger, Jr., eds., *The Context of Scripture*, (Leiden: Brill, 1997–2002), 2.315; la Crónica Babilónica, A. K. Grayson, *Assyrian and Babylonian Chronicles*, (Winona Lake, Ind.: Eisenbrauns, 2000), 109–110.

370 P. Briant, *From Cyrus to Alexander: A History of the Persian Empire*, (Winona Lake, Ind.: Eisenbrauns, 2002), 44–49; K. Farrokh, *Shadows in the Desert: Ancient Persia at War*, (Oxford: Osprey Publishing, 2007), 44.

371 Heródoto 5.52–53; Muchas porciones de este camino habían existido mucho antes de que Darío llegara al trono. No es sino una de varias carreteras «reales» dentro del dominio del persa (Diodoro 19.19.2; Pseudo-Aristótles, *Oeconomia*, 2.2.14b; P. Briant, *From Cyrus to Alexander: A History of the Persian Empire*, [Winona Lake, Ind.: Eisenbrauns, 2002], 357). Para la expresión «camino real» en acadio (*girri šarri*), consultar A. L. Oppenheim, et al., eds., *The Assyrian Dictionary of the Oriental Institute of the University of Chicago*, (Chicago: The Oriental Institute, 1956), 5.90; para la misma expresión en hebreo (*derek hammelek*), ver L. Koehler y W. Baumgartner, eds., *The Hebrew and Aramaic Lexicon of the Old Testament*, (Leiden: Brill, 2001), 1.232.

372 Heródoto 5.54; así P. Briant, *From Cyrus to Alexander: A History of the Persian Empire*, (Winona Lake, Ind.: Eisenbrauns, 2002), 357–364.

373 Este segmento de la historia griega es mucho más complejo y detallado de lo que puede ser presentado aquí. Para información más completa, se aconseja al lector que consulte W. G. Sinnegen y C. A. Robinson, *Ancient History*, (Nueva York: Macmillan Publishing Company, 1981); S. Pomeroy et al., *Ancient Greece: A Political, Social, and Cultural History*, (Nueva York: Oxford University Press, 1999); P. Briant, *From Cyrus to Alexander: A History of the Persian Empire*, (Winona Lake, Ind.: Eisenbrauns, 2002). Los datos derivan en última instancia de varios autores clásicos: p. ej., Plutarco, Diodoro de Sicilia, Arriano y Quinto Curcio.

374 Arriano, *Anabasis*, 1.2.3; Plutarco 15.1–2.

375 Diodoro 17.23.2.

376 Diodoro 17.23.4ff; Plutarco 17.1ff; Josefo, *Antiquities of the Jews*, 11.313ff.

377 Plutarco 18.2.

378 Diodoro 17.39.1.

379 Diodoro 17.40.5; Quinto Curcio 4.2.1.

380 Plutarco 25.4f; Diodoro 17.48.7.

381 Josefo, *Antiquities of the Jews*, 11.329–339; *cf.* Pseudo-Calístenes, *Romance of Alexander*, 2.24; ver también A. F. Rainey y R. S. Notley, *The Sacred Bridge: Carta's Atlas of the Biblical World*, (Jerusalén: Carta, 2006), 298–299 para la literatura rabínica pertinente; C. Ritter, *The Comparative Geography of Palestine and the Sinaitic Peninsula*, (Nueva York: Greenwood Press, 1968), 2.24 para un breve discurso crítico sobre la visita a Jerusalén.

382 Josefo, *Antiquities of the Jews*, 11.337; *cf.* Daniel 8:21; 11:3; Enoc 90:1–5.

383 Josefo, *Antiquities of the Jews*, 11.340–344.

384 p. ej., Quinto Curcio 4.8.9–10; *cf.* Arriano, *Anabasis*, 2.25.4; Josefo, *Apion*, 2.42–43, pero ver C. T. R. Hayward, *The Jewish Temple: A non-biblical sourcebook*, (Nueva York: Routledge, 1996), 18–25.

385 Diodoro 17.52; Quinto Curcio 4.8.1ff.

386 W. G. Sinnegen y A. Robinson, Jr., *Ancient History*, (Nueva York: Macmillan Publishing Company, 1981), 262.

387 El tamaño del ejército de Darío en Gaugamela varía entre 500.000 (Justino 2.12.5) y 1.000.000 (Diodoro 17.53.3; Plutarco 31.1; Arriano 3.8.6).

388 Diodoro 17.53.4.

389 Diodoro 17.55.6ff; Plutarco 33.3ff; Arriano, *Anabasis*, 3.14.1ff.

390 Diodoro 17.64.3; 65.4; 70.1.

391 Diodoro 17.74.3–5.

392 Diodoro 17.73.2.

393 Como antiguo alumno de Aristóteles, a Alejandro se le había enseñado acerca de la esfericidad de la Tierra y que todo el mundo habitado, desde Gibraltar hasta India, era relativamente pequeño y probablemente rodeado por todos lados por un océano. En relación con eso, Alejandro llevó consigo topógrafos encargados de mantener los libros de registro diario de su campaña, registrar las distancias entre las paradas y describir las características del suelo y del paisaje a lo largo del camino. Está bastante claro que la expedición de Alejandro se convirtió en una fuente principal de nuevos datos cartográficos en el mundo clásico.

394 Diodoro 17.86.5.

395 Diodoro 17.94.5.

396 Diodoro 17.104.3.

397 Diodoro 17.108.6.

398 Diodoro 17.117.5ff.

399 Así Plinio, *Natural History*, 5.91; Estrabón 12.2.7–9; Jenofonte, *Anabasis*, 1.2.21; Arriano, *Anabasis* 2.4.3.

400 Así Estrabón 14.5.18; Arriano, *Anabasis*, 2.7.1.

401 Así Arriano, *Anabasis*, 2.5.1; Diodoro 14.20.3–5; 17.32.2.

402 J. D. Montagu, *Battles of the Greek and Roman Worlds*, (Londres: Greenhill Books, 2000), 102–103.

403 Plutarco, *Alexander*, 19.1–3.

404 Quinto Curcio 3.2.1–9; otros estimados del número de personas incluyen 400.000 (Diodoro 17.31.2; Justino 11.9.1) o incluso 600.000 (Arriano, *Anabasis*, 2.8.8).

405 Quinto Curcio 3.8.17.

406 M. Bennett, «Alexander at Issus (Turkey, 333 B.C.)», en M. Stephenson, ed., *Battlegrounds: Geography and the History of Warfare*, (Washington D.C.: National Geographic, 2003), 14–20.

407 Diodoro 17.34.7–9; Plutarco, *Alexander*, 20.10; Quinto Curcio 3.11.27.

408 Eclesiastés habla de una pérdida de fe que impregnaba este nuevo entorno; Jubileos representa una polémica en contra de la laxitud religiosa que resultaba de estar expuestos a esta nueva cultura; *cf.* las adiciones griegas al libro de Ester.

409 E. Schürer, *The History of the Jewish People in the Age of Jesus Christ*, (Edinburgh: T. & T. Clark, 1979), 2.381–414, 550–590; A. J. Levine, «Visions of Kingdoms: From Pompey to the First Jewish Revolt», en M. D. Coogan, ed., *The Oxford History of the*

Biblical World, (Nueva York: Oxford University Press, 2001), 364–379; J. C. VanderKam, *From Joshua to Caiaphas: High Priests After the Exile*, (Minneapolis: Fortress Press, 2004).

410 J. M. Wagstaff, *The Evolution of Middle Eastern Landscapes: An Outline to A.D. 1840*, (Totowa, N.J.: Barnes & Noble Books, 1985), 144–145.

411 *Encyclopaedia Judaica* 16.991–992; cf. Josefo, *Antiquities of the Jews*, 12.160ff.

412 S. Schwartz, «A New View on the Social Type and Political Ideology of the Hasmonean Family», *Journal of Biblical Literature* 112/2, (1993), 306.

413 D. Sperber, «Objects of Trade between Palestine and Egypt in Roman Times», *Journal of the Economic and Social History of the Orient* 19/2, (1976), 113–115.

414 L. I. A. Levine, «The Age of Hellenism: Alexander the Great and the Rise and Fall of the Hasmonean Kingdom», en H. Shanks, ed., *Ancient Israel*, (Washington D.C.: Biblical Archaeology Society, 1988), 179.

415 R. J. H. Shutt, «Letter of Aristeas», en J. H. Charlesworth, ed., *The Old Testament Pseudepigrapha* 2, (Garden City, N.Y.: Doubleday & Company, 1985), 12–34.

416 R. Harrison, «Hellenization in Syria-Palestine: The Case of Judea in the Third Century B.C.E.», *Biblical Archaeologist* 57/2, (1994), 98–107.

417 1 Macabeos 1:10–15; 2 Macabeos 4:7–12; Josefo, *Antiquities of the Jews*, 12.237ff.

418 Josefo, *Antiquities of the Jews*, 12.251–252.

419 1 Macabeos 1:21–23, 54–64; 2 Macabeos 5:15–16; 6:1–12; Josefo, *Antiquities of the Jews*, 12.248ff; cf. Daniel 11:30–31.

420 1 Macabeos 2:1ff; cf. Josefo, *War*, 1.45.

421 Josefo, *Antiquities of the Jews*, 12.265; *War*, 1.36.

422 1 Macabeos. 3:10–12.

423 1 Macabeos 3:13–26.

424 cf. Josefo, *Antiquities of the Jews*, 12.292.

425 1 Macabeos 3:38–4:25; 2 Macabeos 8:8–29.

426 1 Macabeos 4:26–35; 2 Macabeos 11:1–14; Josefo, *War*, 1.41ff.

427 1 Macabeos 4:36–61; cf. Juan 10:22.

428 Los eventos que dieron origen a un estado asmoneo son recordados detalladamente en Josefo, *Antiquities of the Jews*, 13; *War*, 1; los libros de los Macabeos.

429 Una paráfrasis de T. Szulc («Abraham: Journey of Faith», *National Geographic* 200/6, [2001], 126).

430 Para lo más reciente, ver A. F. Rainey y R. S. Notley, *The Sacred Bridge: Carta's Atlas of the Biblical World*, (Jerusalén: Carta, 2006), 72–75, 93, 186–188.

431 Si apareció o no originalmente el nombre de Jerusalén en los murales mal conservados del rey egipcio Sisac debe seguir siendo una cuestión sin resolver (D. Edelman, «Foreword», en L. K. Handy, ed., *The Age of Solomon: Scholarship at the Turn of the Millennium*, [Leiden: Brill, 1997], xviii). El punto de vista de G. A. Smith (*Jerusalem: the Topography, Economics and History from the Earliest Times to A.D. 70*, [Nueva York: A. C. Armstrong and Son, 1908], 1.268), que Jerusalén aparece en los registros de Sisac bajo el título Rabbat («ciudad capital»), es un caso de alegato especial y es insostenible por varios motivos. Asimismo, la afirmación de Rohl (*Pharaohs and Kings: A Biblical Quest*, [Nueva York: Crown Publishers, Inc., 1995], 149–150) de que Salem (Jerusalén) se encuentra en lo alto de la torre septentrional del Ramesseum no es comúnmente aceptada por los estudiosos, aunque en su octavo año, Ramsés II sí emprendió una campaña que se adentró al Levante meridional, incluyendo el entrar a Canaán.

432 A. K. Grayson, *Assyrian and Babylonian Chronicles*, (Winona Lake, Ind.: Eisenbrauns, 2000), 99–100.

433 Encontradas en los Textos de Execración egipcios almacenados actualmente en Berlin (K. Sethe, *Die Ächtung feindlicher Fürsten, Völker und Dinge auf altägyptischen Tongefässscherben des mittleren Reiches*, [Berlín: Akademie der Wissenschaften, 1926], 53 [grupo f18]; pero ver N. Na`aman, «Canaanite Jerusalem and its Central Hill Country Neighbours in the Second Millennium B.C.E.», *Ugarit-Forschungen* 24, [1992], 278–279) y Bruselas (G. Posener, *Princes et pays d'Asie et de Nubie: Textes hieratiques sur des figurines d'envoûtement du Moyen Empire*, [Bruselas: Fondation Étyptologique Reine Elisabeth, 1940], 39–45, 86 [E45]; cf. A. Ben-Tor, «Do the Execration Texts Reflect an Accurate Picture of the Contemporary Settlement Map of Palestine?», en Y. Amit et al., eds., *Essays on Ancient Israel in Its Near Eastern Context*, [Winona Lake, Ind.: Eisenbrauns, 2006], 66–70).

434 L. Koehler y W. Baumgartner, eds., *The Hebrew and Aramaic Lexicon of the Old Testament*, (Leiden: Brill, 2001), 1.437; A. F. Rainey y R. S. Notley, *The Sacred Bridge: Carta's Atlas of the Biblical World*, (Jerusalén: Carta, 2006), 58; *Anchor Bible Dictionary*, 3.751.

435 De la correspondencia de Abdi-Hepa encontrada en tell el-Amarna; W. L. Moran, *The Amarna Letters*, (Baltimore: Johns Hopkins University Press, 1992), 328–334; W. W. Hallo y K. L. Younger, Jr., eds., *The Context of Scripture*, (Leiden: Brill, 1997–2002), 3.237–239.

436 i. e., la «inscripción de los toros», como se la ha llamado; ver D. D Luckenbill, (*The Annals of Sennacherib*, Oriental Institute Publications 2, [Chicago: University of Chicago Press, 1924], 70; cf. G. Smith, *History of Sennacherib*, [Edinburgh: Williams and Norgate, 1878], 60–63); y el denominado «prisma del Instituto Oriental» (Luckenbill, 31–33; cf. W. W. Hallo y K. L. Younger, Jr., eds., *The Context of Scripture*, [Leiden: Brill, 1997–2002], 2.302–303; S. Parpola, *Neo-Assyrian Toponyms*, Alter Orient und Altes Testament 6, [Neukirchen-Vluyn: Butzon and Bercker Kevelaer, 1970], 375).

437 G. del Olmo Lete y J. Sanmartín, eds., *A Dictionary of the Ugaritic Language in the Alphabetic Tradition*, Handbuch der Orientalistik 67, (Leiden: Brill, 2003), 820; C. H. Gordon, *Ugaritic Textbook*, Analecta Orientalia 38, (Roma: Pontifical Biblical Institute, 1965), 3.490; *Anchor Bible Dictionary*, 5.1152–1153; cf. Génesis 14:18.

438 Consultar L. Koehler y W. Baumgartner, eds., *The Hebrew and Aramaic Lexicon of the Old Testament*, (Leiden: Brill, 2001), 1.25; F. Brown, S. R. Driver y C. A. Briggs, eds., *A Hebrew and English Lexicon of the Old Testament*, (Oxford: Clarendon Press, 1966), 436.

439 Ver también D. M. Jacobson, «Palestine and Israel», *Bulletin of the American Schools of Oriental Research* 313, (1999), 67; cf. Josefo, *Antiquities of the Jews*, 7.67; *War*, 6.438.

440 cf. Eusebio, *Onomasticon*, #618.

441 p. ej., H. W. Hertzberg, *I & II Samuel: A Commentary*, Old Testament Library, (Filadelfia: Westminster Press, 1964), 414.

442 p. ej., V. P. Hamilton, *The Book of Genesis: Chapters 18—50*, The New International Commentary on the Old Testament, (Grand Rapids: Eerdmans, 1995), 102–103; R. B. Dillard, *2 Chronicles*, Word Bible Commentary, (Waco: Word Books, 1987), 27.

443 p. ej., *War*, 1.39; *Antiquities of the Jews*, 14.477.

444 p. ej., el mapa del año 1475 de Brandis de Schass; ver E. Laor, *Maps of the Holy Land: Cartobibliography of Printed Maps, 1475–1900*, (Nueva York: Alan R. Liss, Inc., 1986), 18.

445 Y. Tsafrir, L. Di Segni y J. Green, *Tabula Imperii Romani: Iudaea, Palaestina*, (Jerusalén: Israel Academy of Sciences and Humanities, 1994), mapas.

446 Y. Shiloh, «Underground Water Systems in Eretz-Israel in the Iron Age», en L.G. Perdue, L. E. Toombs y G. L. Johnson, eds., *Archaeology and Biblical Interpretation: Essays in Memory of D. Glenn Rose*, (Atlanta: John Knox Press, 1987), 215–222.

447 A. Mazar, «The Aqueducts of Jerusalem», en Y. Yadin, ed., *Jerusalem Revealed: Archaeology in the Holy City 1968–1974*, (New Haven: Yale University Press and the Israel Exploration Society, 1976), 79–84; cf. Josefo, *Antiquities of the Jews*, 18.60; *War*, 2.175.

448 Para información más completa, consultar D. Bahat, *The Illustrated Atlas of Jerusalem*, (Nueva York: Simon & Schuster, 1990), 16–19; E. Stern, ed., *The New Encyclopedia of Archaeological Excavations in the Holy Land*, (Jerusalén: Israel Exploration Society and Carta, 1993), 2.801–804; G. J. Wightman, *The Walls of Jerusalem: From the Canaanites to the Mamluks*, (Sidney: University of Sydney, 1993); cf. F. J. Bliss, *The Development of the Palestine Exploration Fund*, (Nueva York: Charles Scribner's Sons, 1906).

449 Otros notables trabajos tempranos en y alrededor de Jerusalén fueron llevados a cabo por personas como Niebuhr, Pococke, Bonomi, Catherwood, Arundale y Clark. (Ver F. J. Bliss, *The Development of the Palestine Exploration Fund*, [Nueva York: Charles Scribner's Sons, 1906], 137–183).

450 E. Robinson y E. Smith, *Biblical Researches in Palestine, and in the Adjacent Regions*, (Boston: Crocker and Brewster, 1868); *Later Biblical Researches in Palestine, and in the Adjacent Regions*, (Boston: Crocker and Brewster, 1871).

451 Ver F. J. Bliss, *The Development of the Palestine Exploration Fund*, (Nueva York: Charles Scribner's Sons, 1906), 184–223.

452 La reciente afirmación de que el túnel y la Inscripción de Siloé datan del período asmoneo en el siglo II a. C. (J. Rogerson y P. R. Davies, «Was the Siloam Tunnel Built by Hezekiah?», *Biblical Archaeologist* 59/3, [1996], 138–149) ha sido refutada efectivamente de manera paleográfica, ortográfica, filológica (R. S. Hendel, «The Date of the Siloam Inscription: A Rejoinder to Rogerson and Davies», *Biblical Archaeologist* 59/4, [1996], 233–237; J. Hackett et al., «Defusing Pseudo-Scholarship: The Siloam Inscription Ain't Hasmonean», *Biblical Archaeology Review* 23/2, [1997], 41–50, 68), geológica (D. Gill, «The Geology of the City of David and Its Ancient Subterranean Waterworks», en D. T. Ariel y A. DeGroot, eds., *Various Reports*, [Jerusalén: Hebrew University, 1996], 22) y radiométrica (A. Frumkin, A. Shimron y J. Rosenbaum, «Radiometric dating of the Siloam Tunnel, Jerusalem», *Nature* 425/6954, [2003], 169–171). Un análisis detallado del texto en sí se halla en K. L. Younger, Jr., «The Siloam Tunnel Inscription: an Integrated Reading», *Ugarit-Forschungen* 26 (1994), 543–556.

453 La logística usada para cavar este túnel es examinada en S. Rosenberg («The Siloam Tunnel Revisited», *Tel Aviv* 25/1, [1998], 116–130), aunque sigue en debate si los excavadores seguían una grieta kárstica natural en la roca, fueron guiados por comunicaciones acústicas desde la superficie o seguían algún otro proceso.

454 La obra de F. J. Bliss (*The Development of the Palestine Exploration Fund*, [Nueva York: Charles Scribner's Sons, 1906]).

455 La colina Suroriental volvió a ser el objeto de una campaña por Weill, de un equipo bajo la supervisión de Macalister y Duncan, y de una expedición liderada por Crowfoot y Fitzgerald. Desde 1925 a 1927, Sukenit, Mayer y Fisher descubrieron secciones del muro septentrional de Josefo.

456 Iliffe desenterró un cementerio, y Johns excavó la ciudadela fortificada en la puerta de Jaffa. Los esfuerzos incansables de Johns fueron recompensados con el descubrimiento de muros y torres de la era precristiana. Justo antes de la Segunda Guerra Mundial, Hamilton realizó trabajos fuera del muro nororiental cerca de la puerta de San Esteban; y desde 1949 a 1953, Testa llevó a cabo excavaciones en Betfagé.

457 Estos descubrimientos y otros trabajos han sido llevados a cabo por Barkay, Broshi, Gill, Bahat, Mazar (p. ej., E. Mazar, «The Solomonic Wall in Jerusalem», en A. M. Maeir y P. de Miroschedji, eds., *«I Will Speak the Riddles of Ancient Times»: Archaeological and Historical Studies in Honor of Amihai Mazar*, [Winona Lake, Ind.: Eisenbrauns, 2006], 775–786; cf. J. Cahill, «Jerusalem in David and Solomon's Time», *Biblical Archaeology Review* 30/6, [2004], 20–31, 62–63) y Reich, Shukron y la Israel Antiquities Authority (p. ej., R. Reich y E. Shukron, «The History of the Gih.on Spring in Jerusalem», *Levant* 36, [2004], 211–223; H. Shanks, «Everything You Ever Knew About Jerusalem Is Wrong (Well, Almost)», *Biblical Archaeology Review* 25/6, [1999], 20–35; cf. D. Ussishkin, «The Original Length of the Siloam Tunnel in Jerusalem», *Levant*, [1976], 82–95).

458 G. Auld y M. Steiner, *Jerusalem I: From the Bronze Age to the Maccabees*, (Cambridge: The Lutterworth Press, 1996), 22–33.

459 R. Reich y E. Shukron, «Light at the End of the Tunnel», *Biblical Archaeology Review* 25/1, (1999), 22–33, 72; H. Shanks, «Everything You Ever Knew About Jerusalem Is Wrong (Well, Almost)», *Biblical Archaeology Review* 25/6, [1999], 20–35.

460 L. Koehler y W. Baumgartner, eds., *The Hebrew and Aramaic Lexicon of the Old Testament*, (Leiden: Brill, 2001), 2.1038.

461 Ver A. Lemaire, «The United Monarchy: Saul, David and Solomon», en H. Shanks, ed., *Ancient Israel: A Short History from Abraham to the Roman Destruction of the Temple*, (Washington D.C.: Biblical Archaeology Society, 1988), 106–108; E. Mazar, «The Solomonic Wall in Jerusalem», en A. M. Maeir y P. de Miroschedji, eds., *«I Will Speak the Riddles of Ancient Times»: Archaeological and Historical Studies in Honor of Amihai Mazar*, (Winona Lake, Ind.: Eisenbrauns, 2006), 775–786.

462 Los restos de una ocupación temprana de la zona septentrional de la colina Suroccidental (el llamado «muro ancho») han sido atribuidos por algunos autores a una expansión salomónica hacia el occidente, aunque esto lo considero bastante inverosímil y estoy más inclinado a asociar este muro con la expansión de Jerusalén hacia el occidente en el tiempo de Ezequías (p. ej., 2 Re 22:14; 2 Cr 32:5; 34:22). (Ver también N. Na`aman, «When and How Did Jerusalem Become a Great City? The Rise of Jerusalem as Judah's Premier City in the Eighth-Seventh Centuries B.C.E.», *Bulletin of the American Schools of Oriental Research* 347, [2007], 21–56).

463 R. Seager, *Pompey the Great*, (Oxford: Blackwell Publishing, 2002), 58–59; D. Saddington, «The administration and the army in Judaea in the early Roman period (From Pompey to Vespasian, 63 B.C.—A.D. 79)», en M. Sharon, ed., *Pillars of Smoke and Fire: The Holy Land in History and Thought*, (Johannesburg: Southern Book Publishers Ltd., 1988), 33–35; S. J. D. Cohen, «Roman Domination: The Jewish Revolt and the Destruction of the Second Temple», en H. Shanks, ed., *Ancient Israel*, (Washington D.C.: Biblical Archaeology Society, 1988), 205–235.

464 Aunque Pompeyo había dejado a Hircano a cargo de Jerusalén, tres veces en la próxima década Aristóbulo o sus compatriotas intentaron tomar el control. Durante todos estos asaltos, Hircano fue apoyado por su patrocinador romano y por un astuto idumeo (edomita) llamado Antípater. A la muerte de Pompeyo, Hircano y Antípater se alinearon con Roma y Julio César, mientras que un hijo de Aristóbulo, Matatías Antígono, recibió una acogedora recepción por parte de los partos. Cuando el César fue asesinado en el 44 a. C., Marco Antonio estableció a los dos hijos de Antípater —Fasael y Herodes— como tetrarcas de Judá (Josefo, *Antiquities of the Jews*, 14.324–326). Pero la preocupación romana con asuntos políticos fuera de Palestina proporcionó una oportunidad a Antígono. Con la ayuda de los partos en el 40 a. C., Antígono atacó Jerusalén y obligó a Fasael, Herodes y Antípater a asumir una postura defensiva. En un esfuerzo por negociar una tregua, Fasael e Hircano viajaron a Galilea para reunirse con el rey parto. Pero cayeron en una trampa, y ambos fueron tomados prisioneros (Josefo, 14.337–348). Cuando Herodes descubrió la traición, se trasladó rápidamente a la fortaleza de Masada, luego a Petra y finalmente a Egipto (Josefo, 14.352–376). Desde allí, Herodes navegó a Roma, donde, a través del patrocinio de Marco Antonio, el Senado lo nombró por unanimidad para el cargo de «rey de los judíos».

465 Josefo, *Antiquities of the Jews*, 15.268; 15.317–322; 17.255; *War*, 2.44; 6.377.

466 *War*, 1.402.

467 D. M. Jacobson, «Herod's Roman Temple», *Biblical Archaeology Review* 28/2, (2002), 18–27, 60–61; E. Stern, ed., *The New Encyclopedia of Archaeological Excavations in the Holy Land*, (Jerusalén: Israel Exploration Society and Carta, 1993), 2.736–740; cf. Josefo, *Antiquities of the Jews*, 1.401ff.

468 Las dimensiones del templo de Herodes fueron aproximadamente 760 m por 300 m, con dos atrios concéntricos dando dimensión adicional a la estructura. El atrio exterior (el «atrio de los gentiles») era la única área en la que podían entrar los no judíos. La arqueología ha producido varias inscripciones griegas que advierten a los gentiles que no deben avanzar más allá de este atrio y entrar al atrio interior. [**Ver fotografía en página 263**]. El atrio interior tenía tres subdivisiones: una para mujeres, una para hombres y una para sacerdotes y levitas. Rodeando el monte del Templo, se construyó un inmenso muro de apoyo, porciones del cual todavía se mantienen en pie hoy en día. Una pequeña sección del perímetro occidental de este muro es conocida hoy en día como el «muro Occidental [muro de los Lamentos]». [Para las extensas aportaciones arquitectónicas de Herodes en toda Judea, **ver mapa 100**].

469 *Declamationes minores* 274.

470 C. G. Gordon, «Eden and Golgotha», *Palestine Exploration Fund Quarterly Statement*, (1885), 78–81; reimpreso en R. P. Gordon, *Holy Land, Holy City: Sacred Geography and the Interpretation of the Bible*, (Carlisle, U.K.: Paternoster, 2004), 127–133.

471 cf. G. Barkay y A. Kloner, «Jerusalem Tombs From the Days of the First Temple», *Biblical Archaeology Review* 12/2, (1986), 22–39.

472 J. Wilkinson, *Egeria's Travels to the Holy Land*, (Jerusalén: Ariel Publishing House, 1981), 36–46; Eusebio, *Onomasticon* § 365; cf. W. E. Rast, *Through the Ages in Palestinian Archaeology*, (Filadelfia: Trinity Press International, 1992), 170–172.

473 Se conoce de la visita de Adriano a Jerusalén tanto por autores clásicos (Epifanio, *Weights and Measures*, 14.54c; Dion Casio, *Roman History*, 69.12.1; cf. J. L. Sheler, *Is the Bible True? How Modern Debates and Discoveries Affirm the Essence of the Scriptures*, [Nueva York: Harper SanFrancisco, 1999], 114–117; *Anchor Bible Dictionary*, 3.761–762) como por los restos arqueológicos. Su nombre aparece en un bloque de piedra que aparentemente era la base de una estatua; ha sido reutilizado y colocado boca abajo en el muro meridional exterior del templo (D. Bahat, *The Illustrated Atlas of Jerusalem*, [Nueva York: Simon & Schuster, 1990], 67). Ver **mapa 96** para otra arquitectura atribuida comúnmente a Adriano; ver también E. Mazar, «Hadrian's Legion Encamped on the Temple Mount», *Biblical Archaeology Review* 32/6, (2006), 52–58, 82–83. Esta fue la ocasión en que Adriano rebautizó la ciudad como Aelia Capitolina, en honor a Júpiter Capitolino. Monedas romanas acuñadas justo después de ese tiempo a veces llevan el nombre romano oficial de la ciudad y muestran una imagen de Júpiter en el reverso (G. Vermes y F. Millar, *The History of the Jewish People in the Age of Jesus Christ (175 B.C.—A.D. 135)*, [Edinburgh: T. & T. Clark, 1973], 1.553–555). Dion Casio también declaró que mientras Adriano estaba allí, erigió en el antiguo sitio del templo un nuevo templo a Júpiter (Zeus), lo que, agregó el escritor, con el tiempo llevó a la segunda revuelta judía (132–135 d. C.); (cf. Jerónimo, *Commentary on Isaiah*, 1.2.9 [Corpus Christianorum Series Latina 73.33]).

474 Así Eusebio, *Life of Constantine*, 3.26.

475 *Letter to Paulinus*, 58.3 (The Fathers of the Church 6.120).

476 Eusebio, *Life of Constantine*, 3.30–32; cf. W. H. C. Frend, *The Archaeology of Early Christianity*, (Minneapolis: Fortress Press, 1996), 2–5; J. Wilkinson, *Egeria's Travels to the Holy Land*, (Jerusalén: Ariel Publishing House, 1981), 164–165; J. Finegan, *The Archeology of the New Testament: The Life of Jesus and the Beginning of the Early Church*, (Princeton: Princeton University Press, 1969), 120–121, 163–165.

477 Eusebio, *Ecclesiastical History*, 4.5; cf. su enumeración tabular en el índice A.

478 Vespasiano había colocado a dos legiones en puntos estratégicos para mantener a Jerusalén aislado dentro de Judea (la quinta legión [Macedónica] en Emaús y la décima legión [Fretensis] en Jericó). Tito también convocó a las legiones XII [Fulminata] y XV [Apollinaris], y tenía el apoyo de un considerable cuerpo de auxiliares sirios, 2000 soldados selectos de Alejandría, 3000 desde el Éufrates, además de un cuadro de lanceros, un grupo de caballería, mercenarios, máquinas de asedio y una caravana de abastecimiento.

479 Josefo describe con amplio detalle cada acto importante de Tito en el año 70 d. C., (*War*, 5.1; 5.39–46; 5.47–50; 7.17–20).

480 H. Geva, «Searching for Roman Jerusalem», *Biblical Archaeology Review* 23/6, (1997), 34–45, 72–73.

481 *War*, 7.17–20; E. Mazar, «Hadrian's Legion Encamped on the Temple Mount», *Biblical Archaeology Review* 32/6, (2006), 52–58, 82–83.

482 W. G. Sinnegen y C. A. Robinson, *Ancient History*, (Nueva York: Macmillan Publishing Company, 1981), 373.

483 Eusebio, *Demonstratio Evangelica*, 3.7.139–140.

484 Para una descripción más detallada del desarrollo del Imperio romano, consultar G. Picard, *The Ancient Civilization of Rome*, (Nueva York: Cowles Book Company, 1969); W. G. Sinnegen y C. A. Robinson, *Ancient History*, (Nueva York: Macmillan Publishing Company, 1981); T. Cornell y J. Matthews, *Atlas of the Roman World*, (Nueva York: Checkmark Books, 1982); J. Boardman, J. Griffin y O. Murray, *The Oxford History of the Classical World*, (Nueva York: Oxford University Press, 1986); M. Grant, *Atlas of Classical History*, (Nueva York: Oxford University Press, 1994); N. Constable, *Historical Atlas of Ancient Rome*, (Nueva York: Checkmark Books, 2003); y M. T. Boatwright, D. J. Gargola y R. J. A. Talbert, *The Romans: From Village to Empire*, (Nueva York: Oxford University Press, 2004).

485 A veces se afirma que Herodes el Grande nació en Ascalón. Eusebio (*Ecclesiastical History*, 1.6.2–3) cita a Julio Africano para concluir que el padre de Herodes, Antipas, había pasado su niñez con un siervo en el templo de Apolo en Ascalón. Cuando a Antipas se le declaró rey sobre toda Idumea, estableció relaciones comerciales muy estrechas entre los nabateos y la ciudad de Ascalón (Josefo, *Antiquities of the Jews*, 14.10). Josefo (*War*, 1.422) también informa sobre baños públicos, fuentes y paseos de columnas que Herodes erigió en Ascalón para la población de ese lugar e informa que, a su muerte, Herodes legó un palacio en Ascalón a Augusto César.

486 Josefo, *Antiquities of the Jews*, 14.385; *War*, 1.282–286.

487 Josefo, *Antiquities of the Jews*, 14.394–467.

488 Durante el régimen de Herodes, este transfirió su lealtad subordinada con éxito de Marco Antonio a Octavio, el sobrino de Julio César. (Más adelante, Octavio fue nombrado «Augusto César» por el Senado). Antonio se había suicidado en el período inmediatamente posterior a la batalla de Accio (*cf.* Josefo, *Antiquities of the Jews*, 15.161–164; 17.246; *War*, 1.386–397) cuando el Segundo Triunvirato fue disuelto oficialmente. En ese momento Octavio fue reconocido como el jefe indiscutible de todo el Imperio romano, y Herodes llegó a ser conocido como su «amigo y aliado».

489 *cf.* Josefo, *Antiquities of the Jews*, 15.331–341; 16.136–141.

490 Josefo, *War*, 1.403.

491 Josefo, *Antiquities of the Jews*, 15.292–295.

492 V. H. Matthews, *Manners and Customs in the Bible*, (Peabody, Mass.: Hendrickson, 1988), 206–213; J. McRay, *Archaeology and the New Testament*, (Grand Rapids: Baker Book House, 1991), 91–149.

493 Josefo, *Antiquities of the Jews*, 17.317–320; *War*, 2.93–100.

494 Etnarca («gobernador») era un título de rango intermedio, inferior a rey y superior a tetrarca. El significado literal de «tetrarca» era «gobernante de una cuarta parte», pero el término había llegado a significar «gobernante menor» en un sentido más general.

495 En este caso, el dominio de Herodes fue dividido en cuatro partes: a Arquelao le fueron dadas dos cuartas partes y a cada uno de sus hermanos se le dio una cuarta parte (Josefo, *Antiquities of the Jews*, 17.318–319; *War*, 2.94–95). Mateo 2:22 y Josefo (*Antiquities of the Jews*, 18.93) hacen referencia a Arquelao en términos generales como «rey»; Marcos 6:14 y 6:26 ofrecen la misma descripción de Herodes Antipas. También conviene señalar que las ciudades de Azoto, Jamnia y Faselis dentro del dominio de Arquelao fueron dadas a la hermana de Herodes, Salomé, bajo la supervisión de Arquelao (Josefo, *Antiquities of the Jews*, 17.321–323; *War*, 2.98). Después de que Arquelao fue removido por Augusto César en 6 d. C. y desterrado a Galia, Gaza y sus suburbios fueron transferidos al procónsul de Siria.

496 Josefo, *Antiquities of the Jews*, 17.339–341; 18.36–38; *War*, 2.168.

497 Josefo, *Antiquities of the Jews*, 14.75–76; *War*, 1.155–157.

498 Josefo, *Antiquities of the Jews*, 15.351–360.

499 Josefo, *Antiquities of the Jews*, 17.320.

500 J. H. Moulton y G. Milligan, *The Vocabulary of the Greek Testament Illustrated from the Papyri and other Non-Literary Sources*, (Grand Rapids: Eerdmans, 1930), 329; H. Liddell, R. Scott y H. S. Jones, *A Greek-English Lexicon*, (Oxford: Clarendon Press, 1968), 899; G. W. H. Lampe, *A Patristic Greek Lexicon*, (Oxford: Clarendon Press, 1961), 711.

501 *cf.* W. Bauer, W. F. Arndt, F. W. Gingrich y F. W. Danker, *A Greek-English Lexicon of the New Testament*, (Chicago: University of Chicago Press, 1979), 612; H. Liddell, R. Scott y H. S. Jones,

A Greek-English Lexicon, (Oxford: Clarendon Press, 1968), 1296–1297; J. H. Moulton y G. Milligan, *The Vocabulary of the Greek Testament Illustrated from the Papyri and other Non-Literary Sources*, (Grand Rapids: Eerdmans, 1930), 476; G. W. H. Lampe, *A Patristic Greek Lexicon*, (Oxford: Clarendon Press, 1961), 1002; y tome nota de la presencia de un mesonero (*pandoxeus*) quien podría proveer alimentación y cuidados; *cf.* Josefo, *Antiquities of the Jews*, 8.41; y ver el uso que se da en la LXX en Job 6:5; 39:9; Isaías 1:3.

502 W. Bauer, W. F. Arndt, F. W. Gingrich y F. W. Danker, *A Greek-English Lexicon of the New Testament*, (Chicago: University of Chicago Press, 1979), 1050; J. H. Moulton y G. Milligan, *The Vocabulary of the Greek Testament Illustrated from the Papyri and other Non-Literary Sources*, (Grand Rapids: Eerdmans, 1930), 665; R. E. Brown, *The Birth of the Messiah: A Commentary on the infancy narratives in Matthew and Luke*, (Garden City, N.Y.: Image Books, 1979), 399; ver G. A. Buttrick, ed., *The Interpreter's Dictionary of the Bible*, (Nueva York: Abingdon Press, 1962), 3.257 para una fotografía de un pesebre como ese; en Laquis, una pequeña cueva debajo de una casa privada albergaba un pequeño pesebre de mampostería.

503 Así *Protevangelium of James*, 18.1; ver también Justino Mártir (*Dialogue with Trypho*, 78.5; *cf.* 70.1); Orígenes (*contra Celsum*, 1.51; *Commentary on the Gospel of Matthew*, 10:17); Jerónimo (*Ep. 108.12, ad Eustochium Virginem; Homily 88, On the Nativity of the Lord*).

504 Así Jerónimo (*Ep. 58.3, ad Paulinum*); D. Baldi, *Enchiridion Locorum Sanctorum. Documenta S. Evangelii Loca Respicientia*, (Jerusalén: Franciscan Printing Press, 1982), 83–91; E. Stern, ed., *The New Encyclopedia of Archaeological Excavations in the Holy Land*, (Jerusalén: Israel Exploration Society and Carta, 1993), 1.204–205; P. W. L. Walker, *Holy City, Holy Places? Christian Attitudes to Jerusalem and the Holy Land in the Fourth Century*, (Oxford: Clarendon Press, 1990), 181–184; *cf.* acciones similares de Adriano en Jerusalén.

505 *contra Celsum* 1.51.

506 *cf.* D. Baldi, *Enchiridion Locorum Sanctorum. Documenta S. Evangelii Loca Respicientia*, (Jerusalén: Franciscan Printing Press, 1982), 91.

507 Ver J. Wilkinson, *Jerusalem Pilgrimage 1099—1185*, (Londres: Hakluyt Society, 1988), 72–73.

508 Según los tempranos viajes de Egeria (J. Wilkinson, *Egeria's Travels to the Holy Land*, (Jerusalén: Ariel Publishing House, 1981), 110–111, pero ver 161) y el mapa de Medeba (H. Donner, *The Mosaic Map of Madaba*, [Kampen: Kok Pharos Publishing House, 1992], mapa y 37), Enón estaba situado a unos 13 km al sur de Escitópolis (frente a la desembocadura del wadi Yabis), donde algunos manantiales abundantes de ed-Der emergen cerca del tell Sheikh Salim (así D. Baldi, *Enchiridion Locorum Sanctorum. Documenta S. Evangelii Loca Respicientia*, (Jerusalén: Franciscan Printing Press, 1982], 215–217). Además, el Rollo de Cobre de Qumrán (3Q15.12.6) describe un grupo esenio que practicaba el bautismo, que se estableció cerca de este lugar (*cf.* Discoveries in the Judaean Desert, 4.262; B. Pixner, «Unravelling the Copper Scroll Code: a Study on the Topography of 3Q15», *Revue de Qumran* 11/3, [1983], 335–338, 357–361).

509 *Anchor Bible Dictionary*, 1.703–705.

510 En su *Commentary on the Gospel of John* (The Fathers of the Church 80.6.204–206; *cf.* 89.13.455), Orígenes incluso ofreció una defensa etimológica de su punto de vista. (La afirmación de Orígenes influyó en la traducción de la RVA y la RVR1960).

511 Un sitio conocido como Betábara se conoce por el mapa mosaico de Medeba del siglo VI (H. Donner, *The Mosaic Map of Madaba*, [Kampen: Kok Pharos Publishing House, 1992], mapa y 38); ese sitio estaba ubicado contiguo a la ribera occidental del Jordán, no lejos del mar Muerto.

512 R. G. Khouri, «Where John Baptized: Bethany beyond the Jordan», *Biblical Archaeology Review* 31/1, (2005), 34–43.

513 Este es el punto de vista propugnado por D. A. Carson, *The Gospel According to John*, (Grand Rapids: Eerdmans, 2000), 167–168; R. W. Yarbrough, *John*, Everyman's Bible Commentary, (Chicago: Moody Press, 1991), 29; E. Haenchen, *A Commentary on the Gospel of John, Chapters 1–6*, Hermeneia, (Filadelfia: Fortress, 1980), 172; C. K. Barrett, *The Gospel According to St. John*, (Filadelfia: Westminster Press, 1978), 189–190; L. Morris, *The Gospel According to John*, The New International Commentary on the New Testament, (Grand Rapids: Eerdmans Publishing Company, 1971), 177; R. E. Brown, *The Gospel According to John (i–xii)*, Anchor Bible, (Garden City, N.Y.: Doubleday & Company, 1966), 97; E. F. Harrison, *John: The Gospel of Faith*, (Chicago: Moody Press, 1962), 21; W. Hendrickson, *Exposition of the Gospel According to John*, (Grand Rapids: Baker Book House, 1953), 113.

514 Josefo, *Life*, 52; ver J. Wilkinson, *Jerusalem Pilgrimage 1099—1185*, (Londres: Hakluyt Society, 1988), 154.

515 Batanea es la transliteración helenizada de la ortografía aramea del nombre hebreo Basán; así W. H. Brownlee, «Whence the

Gospel According to John?», en J. H. Charlesworth, ed., *John and Qumran*, (Londres: Geoffrey Chapman, 1972), 169; *cf. Anchor Bible Dictionary*, 1.704; L. Koehler y W. Baumgartner, eds., *The Hebrew and Aramaic Lexicon of the Old Testament*, (Leiden: Brill, 2001), 1.165. El fonema protosemítico /θ/ aparece en hebreo como /š/ pero en arameo como /t/ (así A. F. Rainey, «The Toponymics of Eretz-Israel», *Bulletin of the American Schools of Oriental Research* 231, [1978], 9).

516 LXX: *peran toû Iordanou; cf.* Josefo, *Antiquities of the Jews*, 8.37; en el Antiguo Testamento, la expresión «más allá del Jordán» puede denotar territorio al oriente del río Jordán (p. ej., Nm 34:15; Dt 4:49; 32:32; Jos 1:14; 2:10; 9:10; 13:8; 18:7) o al occidente del Jordán (p. ej., Gn 50:10-11; Nm 32:19; Dt 3:20; Jos 5:1; 9:1; 12:7; 22:7; Is 9:1), a menudo pero no siempre dependiendo de la perspectiva del narrador; ver también M. H. Woudstra, *The Book of Joshua*, The New International Commentary on the Old Testament, (Grand Rapids: Eerdmans, 1981), 153–154.

517 Para un punto de vista similar, referirse a W. R. Wilson, *Travels in the Holy Land, Egypt*, (Londres: Longman, Brown, Green y Longmans, 1847), 2.31–32; C. Kopp, *The Holy Places of the Gospels*, (Nueva York: Herder and Herder, 1963), 129–137; W. H. Brownlee, «Whence the Gospel According to John?», en J. H. Charlesworth, ed., *John and Qumran*, (Londres: Geoffrey Chapman, 1972), 168–173; R. Riesner, «Bethany beyond the Jordan (John 1:28)», *Tyndale Bulletin* 38, (1987), 29–63; P. Lawrence, *The IVP Atlas of Bible History*, (Downers Grove, Ill.: InterVarsity Press, 2006), 139; *Anchor Bible Dictionary*, 1.703–705.

518 Así Josefo, *Antiquities of the Jews*, 18.119; *cf.* C. Ritter, *The Comparative Geography of Palestine and the Sinaitic Peninsula*, (Nueva York: Greenwood Press, 1968), 3.70–71; 4.322.

519 Ver J. Wilkinson, *Egeria's Travels to the Holy Land*, (Jerusalén: Ariel Publishing House, 1981), 201.

520 *Anchor Bible Dictionary*, 1.868; J. McRay, *Archaeology and the New Testament*, (Grand Rapids: Baker Book House, 1991), 70–72 (*cf.* Mc 1:21; Lc 7:2-5).

521 V. Corbo, *The House of Saint Peter at Capharnaum*, Publications of the Studium Biblicum Franciscanum 5, (Jerusalén: Franciscan Printing Press, 1969), 53–69; *Anchor Bible Dictionary*, 1.867–868; E. Stern, ed., *The New Encyclopedia of Archaeological Excavations in the Holy Land*, (Jerusalén: Israel Exploration Society and Carta, 1993), 1.295; J. Wilkinson, *Egeria's Travels to the Holy Land*, (Jerusalén: Ariel Publishing House, 1981), 194–196.

522 W. D. Davies, *The Gospel and the Land: Early Christianity and Jewish Territorial Doctrine*, (Berkeley: University of California Press, 1974), 235–236; pero referirse a Jerónimo *Commentary on Isaiah* 9:1 (Patrologia Latina 24.125 §130) para una tradición cristiana temprana de que el Mesías aparecería en Galilea.

523 E. M. Meyers y L. M. White, «Jews and Christians in a Roman World», *Archaeology* 42/2, (1989), 32–33; *Anchor Bible Dictionary*, 2.242–243; H. T. Frank, *Bible, Archaeology and Faith*, (Nueva York: Abingdon Press, 1971), 306–307; W. H. C. Frend, *The Archaeology of Early Christianity*, (Minneapolis: Fortress Press, 1996), 198–199; Tatian's *Diatessaron*; J. McRay, *Archaeology and the New Testament*, (Grand Rapids: Baker Book House, 1991), 354.

524 El punto de vista de Clemente de Alejandría (*Stromata*, 1.21) y de Orígenes (*De principiis*, 4.5; *cf. contra Celsum*, 2.12; *cf. Homilies on Luke*, 32.5).

525 El punto de vista de Ireneo (*Adversus haereses*, 2.22.5–6).

526 p. ej., D. A. Carson y D. J. Moo, *An Introduction to the New Testament*, (Grand Rapids: Zondervan, 2005), 125–126.

527 p. ej., H. Hoehner, *Chronological Aspects of the Life of Christ*, (Grand Rapids: Zondervan, 1977), 55–63.

528 Josefo, *Antiquities of the Jews*, 20.118.

529 Consultar también Josefo, *Life*, 52, y ver el mismo camino utilizado por diversos peregrinos medievales, así J. Wilkinson, *Jerusalem Pilgrimage 1099—1185*, (Londres: Hakluyt Society, 1988), 110–111, 230, 238.

530 Solo unos pocos años más tarde, tuvo lugar un incidente sangriento y prolongado en Ginae entre samaritanos y peregrinos judíos que pretendían ir a Jerusalén (Josefo, *Antiquities of the Jews*, 20.118–136). El incidente es indicativo de la hostilidad que a veces existía entre samaritanos y peregrinos judíos, e ilustra por qué los peregrinos normalmente viajaban en caravana (Lc 2:44).

531 A veces se ha sugerido que una ruta alternativa como esta habría permitido que Jesús y sus discípulos pasaran totalmente más allá del territorio samaritano y cruzaran el río Jordán para atravesar los entornos más seguros de la Perea judía camino a Jerusalén (p. ej., G. C. Morgan, *The Gospel According to John*, [Londres: Fleming H. Revell Company, 1933], 71). Este punto de vista, sin embargo, se basa en una interpretación muy amplia y general de Juan 4:9, desmentida de forma contundente en el texto por la propia interacción de Jesús con la mujer de Sicar (*cf.* Lc 17:11-19). En cualquier caso, el camino por el valle tectónico

se encontraba más allá de las tierras altas samaritanas y estaba efectivamente fuera de Samaria. Además, esta ruta habría evitado la ardua y peligrosa tarea de cruzar el río Jordán dos veces en un viaje solo de ida. Por último, el camino por el valle tectónico está claramente documentado y era bien conocido en todo el período romano. (Ver I. Roll, «The Roman Road System in Judaea», *The Jerusalem Cathedra* 3, [1983], 136–161; Y. Tsafrir, L. Di Segni y J. Green, *Tabula Imperii Romani: Iudaea, Palaestina*, [Jerusalén: Israel Academy of Sciences and Humanities, 1994], mapas). Ningún camino correspondiente existía a lo largo de la totalidad de los tramos orientales del valle del Jordán hasta tan al sur como las proximidades de Jericó.

532 p. ej., Ignacio, *Tralles*, 9.2; Policarpo, *Philippians*, 2.2; Ireneo, *Adversus haereses*, 1.10.1; 3.4.2; Arístides, *Apology*; Tertuliano, *De praescriptione haereticorum*, 13.4; *Adversus Praxean* 2.1; *De virginibus velandis* 1.3; Orígenes, *De principiis*, 1.4; *cf.* tempranos concilios eclesiásticos comenzando con Nicea en el 325 d. C.; ver J. Pelikan y V. Hotchkiss, *Creeds & Confessions of Faith in the Christian Tradition*, (New Haven: Yale University Press, 2003), 1.37–154.

533 A. Millard, *Discoveries from the Time of Jesus*, (Oxford: Lion Publishing, 1990), 134–135.

534 Josefo, *Antiquities of the Jews*, 4.219.

535 Según Josefo (*War*, 2.150–166; *Antiquities of the Jews*, 18.12–22), los fariseos suscribían a la doctrina de la resurrección corporal de los justos, a diferencia tanto de los saduceos, que mantenían que ambos el alma y el cuerpo perecen con la muerte, como de los esenios que creían, en efecto, en la inmortalidad del alma, siguiendo el pensamiento griego (Mc 12:18-27; Hch 23:6-8).

536 El reconocimiento de una selectividad en el relato de Pentecostés ha llevado a numerosos estudiosos del Nuevo Testamento a relacionar la lista de Lucas con un antiguo tratado astrológico de Paulo Alejandrino que tiene que ver con los doce signos del zodíaco, con lo cual se sugiere una perspectiva mundial en Pentecostés. Para una descripción y crítica de este punto de vista, ver B. M. Metzger, «Ancient Astrological Geography and Acts 2:9–11», en W. W. Gasque y R. P. Martin, eds., *Apostolic History and the Gospel*, (Grand Rapids: Eerdmans, 1970), 123–133.

537 La evidencia más fuerte de los manuscritos para Hechos 8:5 respalda que se lea «*la ciudad de Samaria*» (ver F. F. Bruce, *The Book of Acts*, The New International Commentary on the New Testament, [Grand Rapids: Eerdmans, 1988], 163 n.17; B. M. Metzger, *A Textual Commentary on the Greek New Testament*, [Nueva York: United Bible Societies, 1975], 355–356), no simplemente cualquier ciudad en la región de Samaria. Según Justino Mártir (*First Apologia*, 26), Simón el Mago provenía de la ciudad samaritana de Gitta (¿tell Gatt?), a unos 18 km al nororiente de Sebaste, y por lo tanto, a su juicio, este evento sucedió allí, no en Sebaste.

538 I. Roll, «The Roman Road System in Judaea», *The Jerusalem Cathedra* 3, (1983), 139–141; Y. Tsafrir, L. Di Segni y J. Green, *Tabula Imperii Romani: Iudaea, Palaestina*, [Israel Academy of Sciences and Humanities, 1994), 118–119, mapas; *cf.* el mapa de Peutinger muestra un camino que va hacia el suroccidente desde Jerusalén, pasando Betogabris y siguiendo hasta la llanura costera.

539 Y. Rapuano, «Did Philip Baptize the Eunuch at Ein Yael?», *Biblical Archaeology Review* 16/6, (1990), 44–49.

540 E. Robinson y E. Smith (*Biblical Researches in Palestine, and in the Adjacent Regions*, [Boston: Crocker and Brewster, 1868], 2.46–48; *Later Biblical Researches in Palestine, and in the Adjacent Regions*, [Boston: Crocker and Brewster, 1871], 3.278) y F. F. Bruce (*The Book of Acts*, The New International Commentary on the New Testament, [Grand Rapids: Eerdmans, 1988], 177, pero él erróneamente ubicó los manantiales en un punto al nororiente de Gaza). Existe también una extensa tradición cristiana que ubica el sitio del bautismo en Bet-sur, unos 8 km al norte de Hebrón (así Eusebio, *Onomasticon* 52.1; Bordeaux Pilgrim [J. Wilkinson, *Egeria's Travels to the Holy Land*, (Jerusalén: Ariel Publishing House, 1981), 162]; Pedro el Diácono [Wilkinson, 188]; mapa de Medeba [H. Donner, *The Mosaic Map of Madaba*, (Kampen: Kok Pharos Publishing House, 1992), 26, mapa]). Aunque posible, esta ubicación es geográficamente improbable debido a las dificultades inherentes asociadas con encontrar una ruta para un camino desde Jerusalén a Bet-sur y luego hasta Gaza. Requeriría que el eunuco tomara o bien una ruta tortuosa con rodeos desde Hebrón subiendo de nuevo hasta Marisa o, peor aún, que siguiera al camino hacia el sur desde Hebrón hasta Beerseba, y luego avanzar al noroccidente tan lejos como Gaza. Parecería que, en ambos casos, alguien que viajaba por carro en el camino montañoso central tanta distancia hacia el sur como Hebrón, camino a Egipto, muy probablemente hubiera seguido una ruta básicamente hacia el sur pasando Beerseba y más allá, a través del camino a Shur, directamente a Egipto. [**Ver mapa 34**].

541 Para los kilómetros estimados sobre la base de la configuración de los caminos, ver E. M. Yamauchi, «On the Road with Paul», *Christian History* 14/3, (1995), 18 [17,285 miles]; E. Schnabel, *Early Christian Mission*, (Leicester, Inglaterra: Apollos, 2004), 1288 [15,500 miles]; referirse también a R. Jewett, *A Chronology of Paul's Life*, (Filadelfia: Fortress Press, 1979), 59–61 [el tramo de ida del segundo viaje de Pablo hasta Corinto asciende a aproximadamente 2930 kilómetros, costándole un tiempo estimado de 68 días de viaje]; J. Murphy-O'Connor, «On the Road and on the Sea with St. Paul», *Bible Review* 1/1, (1985), 41.

542 Indicios tempranos de que Pablo realmente viajó a España incluyen 1 Clemente 5:1-7 («Paul llegó a los límites más lejanos del occidente»); el *Muratorian Canon* («Lucas cuenta "al excelente Teófilo" que los diversos incidentes tuvieron lugar en su presencia, y de hecho lo hace muy claro al omitir la pasión de Pedro, así como el viaje de Pablo cuando salió de Roma rumbo a España»); y *Acts of Peter* (ver E. Hennecke y W. Schneemelcher, eds., *New Testament Apocrypha*, [Filadelfia: Westminster Press, 1964], 2.279–287; cf. F. F. Bruce, *Paul: Apostle of the Heart Set Free*, [Grand Rapids: Eerdmans, 1977], 446–450). Más tarde, el viaje de Pablo a España fue tomado como un hecho histórico tanto por Juan Crisóstomo, un temprano obispo de Constantinopla (*Homilies on Matthew* 75.2; *Homilies on 1 Corinthians* 13.6; *Homilies on 2 Timothy* [2 Tm. 4:20]; *Homilies on Hebrews*, Argument 2), como por Jerónimo (*De uiris illustribus*, 5; O. F. A. Meinardus, *St. Paul's Last Journey*, [New Rochelle, N.Y.: Caratzas Brothers, 1979], 126; F. F. Bruce, *Paul: Apostle of the Heart Set Free*, [Grand Rapids: Eerdmans, 1977], 449). Si Pablo de verdad llegó a España, lo que hubiera encontrado se describe muy bien en J. S. Richardson, *The Romans in Spain*, (Cambridge, Mass.: Blackwell Publishers, 1996).

543 Si uno siguiera los itinerarios posencarcelamientos de Pablo que son históricamente más probables, propuestos por G. D. Fee (*1 and 2 Timothy, Titus*, New International Biblical Commentary, [Peabody, Mass.: Hendrickson Publishers, 1988], 3–5) o F. F. Bruce (*Paul: Apostle of the Heart Set Free*, [Grand Rapids: Eerdmans, 1977], 446–448), viajaría un total aproximado de 4425 km en líneas rectas.

544 p. ej., Hattušili I, Muršili I, pueblos del mar, Asurbanipal, Ciro el Joven, Alejandro Magno, varios reyes seléucidas, Vespasiano en el 67 d. C., Trajano, muchos peregrinos cristianos (Egeria, Peregrino de Burdeos), Abu Bakr, muchos cruzados, Solimán el Magnífico.

545 R. R. Hann, «Judaism and Jewish Christianity in Antioch: Charisma and Conflict in the First Century», *Journal of Religious History* 14/4, (1987), 341–343; J. M. Wagstaff, *The Evolution of Middle Eastern Landscapes: An Outline to A.D. 1840*, (Totowa, N.J.: Barnes & Noble Books, 1985), 134; cf. notar el lugar prominente otorgado a Antioquía en el mapa de Peutinger, de la época romana (K. Nebenzahl, *Maps of the Holy Land: Images of Terra Sancta through Two Millennia*, [Nueva York: Abbeville Press, 1986], 20–21); el puerto de Antioquía —Seleucia Pieria, unos 40 km río abajo y también construido por Seleuco— llegó a adquirir su propia importancia política, comercial y militar.

546 W. A. Meeks y R. L. Wilken, *Jews and Christians in Antioch in the First Four Centuries of the Common Era*, (Ann Arbor, Mich.: Scholars Press, 1978), 1–52; cf. Josefo, *War*, 7.44–45.

547 Josefo, *Antiquities of the Jews*, 12.119–124; *War*, 12.100–115.

548 cf. Hechos 6:5; Josefo, *War*, 7.43–46.

549 Sería poco probable que este tipo de detalle haya sido inventado por Lucas (así W. A. Meeks y R. L. Wilken, *Jews and Christians in Antioch in the First Four Centuries of the Common Era*, [Ann Arbor, Mich.: Scholars Press, 1978], 15–16). Inicialmente, «cristiano(s)» parece haber sido un término aplicado por no creyentes a los creyentes (Hch 11:26; 26:28). Tácito [*Annals*, 15.44] relata como Nerón, en un intento de desviar la atención de su propio acto pirómano, culpó a los «cristianos» de haber iniciado el incendio que asoló Roma. Evodio, el primer obispo de Antioquía, fue aparentemente el primer creyente en utilizar «cristiano(s)» como una designación de la nueva entidad, más allá de judíos y gentiles (referir a A.S. von Stauffenberg, *Die Römische Kaisergeschichte bei Malalas*, [Stuttgart: W. Kohlhammer, 1931], 25 [§247.2]; cf. E. Jeffreys, M. Jeffreys y R. Scott, *The Chronicle of John Malalas: A Translation*, [Melbourne: University of Sydney, 1986], 131). Parece que Ignacio, el segundo obispo de Antioquía, fue la primera persona que usó la palabra «cristianismo» (*christianismos*; ver *Romans*, 3.3; *Magnesians*, 10.1.3 [dos veces]; *Philadelphia*, 6.1; cf. *Ante-Nicene Fathers*, 1.182–183, 210–211). Ignacio también empleaba la palabra «cristiano» (*christianos*) tanto en forma de sustantivo (p. ej., *Romans*, 3.2; *Magnesians*, 4.1; *Polycarp*, 7.3) como de adjetivo (p. ej., *Tralles*, 6.1; cf. *Didache*, 12.4; Teófilo [un temprano obispo de Antioquía] *Ad Autolycum*, 1.1, 12). Otra designación con relación a los primeros creyentes, empleada tanto como autodesignación como por ajenos, era «el Camino» o «seguidores del Camino» (Hch 9:2; 19:9, 23; 22:4; 24:14, 22). En el islam temprano, la expresión «gente del Libro» fue utilizada a menudo para denotar a los cristianos.

550 *cf.* Plinio, *Natural History*, 5.130, a diferencia del puerto fenicio de Viejo Pafos que se hallaba cercano (Estrabón 14.6.3).

551 Ni siquiera es seguro que Pablo tomara una sola ruta, ya que Chipre contaba con al menos 15 ciudades en ese momento (Plinio, *Natural History*, 5.130).

552 En distritos pacíficos, llamados «provincias senatoriales», no se emplazaban tropas romanas y el control se mantenía por medio de un «procónsul», quien era responsable ante el Senado. En los distritos más problemáticos, llamados «provincias imperiales», se emplazaban tropas y el control se mantenía por medio de un legado («gobernador»), quien era responsable directamente ante el emperador.

553 Para una posible identificación de Sergio Paulo de Hechos con un tal Lucio Sergio Paulo encontrado en varias inscripciones latinas tempranas, referir al más reciente R. Riesner, *Paul's Early Period: Chronology, Mission Strategy, Theology*, (Grand Rapids: Eerdmans, 1998), 137–146; E. J. Schnabel, *Early Christian Mission*, (Leicester, Inglaterra: Apollos, 2004), 1084–1089.

554 Estrabón (14.4.2) localizó el puerto de Perge unos 11 km tierra adentro, río arriba por el Cestro, donde había un templo de Artemisa quizás tan importante como el de Éfeso. Cerca de allí había un estadio de casi 250 m de largo y un gran teatro que podía acomodar a unas 14.000 personas. El escrito *Acts of Barnabas* (Ante-Nicene Fathers, 8.493b) indica que Pablo tuvo una estancia de dos meses en Perge.

555 Ver D. French, *Roman Roads and Milestones of Asia Minor*, BAR International Series 329 (i, ii), (Londres: British Institute of Archaeology at Ankara, 1988), mapas 5, 8; R. J. A. Talbert, ed., *Barrington Atlas of the Greek and Roman World*, (Princeton: Princeton University Press, 2000), mapas 62, 65; W. M. Calder y G. E. Bean, *A Classical Map of Asia Minor*, (Londres: British Institute of Archaeology at Ankara, 1957), mapa; D. French, «Acts and the Roman Roads of Asia Minor», en D. W. J. Gill y C. Gempf, eds., *The Book of Acts in Its Graeco-Roman Setting*, (Grand Rapids: Eerdmans, 1994), 50–52; S. Mitchell y M. Waelkens, *Pisidian Antioch: The Site and its Monuments*, (Londres: Gerald Duckworth & Company, 1998), 2–4.

556 Hablando técnicamente, esta Antioquía no estaba en la provincia de Pisidia (contra Tolomeo, *Geography*, 5.5.4 pero ver mapa 1 de Asia; Plinio, *Natural History*, 5.24.94), sino más bien en Frigia Galática cerca de Pisidia (cf. Estrabón 12.6.4; 12.8.14). Sin embargo, ya que había otra Antioquía en Frigia (Antiochia ad Maeandrum, ver R. J. A. Talbert, ed., *Barrington Atlas of the Greek and Roman World*, [Princeton: Princeton University Press, 2000], mapa 65 [A2]), esta ciudad llegó a conocerse como «Antioquía en/de/por/hacia Pisidia». Dieciocho diferentes «Antioquías» fueron fundadas en la era seléucida, de las cuales nueve estaban situadas en Asia Menor (cf. I. H. Marshall, *The Acts of the Apostles*, Tyndale New Testament Commentaries, [Grand Rapids: Eerdmans, 1980], 222).

557 La Vía Sebaste se dividía en Iconio: un ramal se dirigía casi directamente al oriente y llegaba a la Vía Tauro y las puertas Cilicias [**mapa 89**], y el otro ramal viraba hacia el sur desde Iconio y llegaba al sitio de Listra, donde doblaba hacia el suroriente y pasaba por varios sitios, incluyendo Laranda y Derbe (Kerti Hüyük, no Devrişehir), antes de unirse con el ramal más septentrional que se extendía directamente desde Iconio hacia las puertas Cilicias (D. French, *Roman Roads and Milestones of Asia Minor*, BAR International Series 329 [i, ii], [Londres: British Institute of Archaeology at Ankara, 1988], mapas 2, 5, 8; R. J. A. Talbert, ed., *Barrington Atlas of the Greek and Roman World*, [Princeton: Princeton University Press, 2000], mapas 65, 66; W. M. Calder y G. E. Bean, *A Classical Map of Asia Minor*, [Londres: British Institute of Archaeology at Ankara, 1957], mapa; S. Mitchell y M. Waelkens, *Pisidian Antioch: The Site and its Monuments*, [Londres: Gerald Duckworth & Company, 1998], 2–4).

558 Ovidio (*Metamorphoses*, 8.620–719) relata una historia de principios del siglo I en la que Zeus y Hermes (hijo de Zeus y nieto de Atlas) se disfrazaron de mortales, fueron a la provincia de Frigia y se instalaron con una pareja de ancianos quienes eran muy pobres pero que, sin embargo, generosamente prodigaron a sus huéspedes varios platos de rica comida y bebida. Pero cuando un cuenco vacío que estaba sobre su mesa milagrosamente seguía rellenándose de vino y esto había despertado el interés de la pareja, los dos dioses revelaron su verdadera identidad y explicaron realmente por qué habían venido de visita (cf. J. L. Kelso, *An Archaeologist Follows the Apostle Paul*, [Waco: Word Books, 1970], 48; ver también C. J. Hemer, *The Book of Acts in the Setting of Hellenistic History*, Wissenschaftliche Untersuchungen zum Neuen Testament 49, [Tübingen: J. C. B. Mohr, 1989], 111, n. 24).

559 La inscripción más temprana fue descubierta en el sitio mismo, haciendo referencia a la «gente de Derbe» (M. Ballance, «The Site of Derbe; A New Inscription», *Anatolian Studies* 7, [1957], 147–151). La segunda dice «Miguel, obispo de Derbe», y fue encontrada en Kerti Hüyük por residentes locales quienes la llevaron a otro sitio a unos 4 km de distancia (B. van Elderen, «Some Archaeological Observations on Paul's Second Missionary Journey», en W. W. Gasque y R. P. Martin, eds.,

Apostolic History and the Gospel, [Grand Rapids: Eerdmans, 1970], 156–161; cf. *The International Standard Bible Encyclopedia* 1.924–925).

560 Para evidencias de un camino romano que conectaba Perga con Atalia, ver R. J. A. Talbert, ed., *Barrington Atlas of the Greek and Roman World*, (Princeton: Princeton University Press, 2000), mapa 65; D. French, «Acts and the Roman Roads of Asia Minor», en D. W. J. Gill y C. Gempf, eds., *The Book of Acts in Its Graeco-Roman Setting*, (Grand Rapids: Eerdmans, 1994), mapa 5.

561 Diodoro 17.32.2; Arriano 2.5.1; Plinio, *Natural History*, 5.91; Estrabón 12.2.9.

562 Para el sistema de caminos a lo largo de Asia Menor, ver D. French, «The Roman Road-system of Asia Minor», en H. Temporini y W. Haase, eds., *Aufstieg und Niedergang der Römischen Welt*, (Berlin: Walter de Gruyter, 1980), 698–729; R. J. A. Talbert, ed., *Barrington Atlas of the Greek and Roman World*, (Princeton: Princeton University Press, 2000), mapas 56, 61–62, 65. Unos 100 años antes de Pablo, Cicerón había hecho marchar a un ejército romano a través de lo que es esencialmente este mismo terreno, pero en dirección opuesta, de Éfeso a Tarso. El viaje de Cicerón duró un total estimado de cinco meses, y el orador describió su viaje como «difícil» y pasando sobre «caminos calurosos y polvorientos» (*Epistulae ad Atticum*, 107–120 [5.14–6.7]; *Epistulae ad familiares*, 103, 105 [15.2–3]).

563 Adoptando la terminología de D. French, «The Roman Road-system of Asia Minor», en H. Temporini y W. Haase, eds., *Aufstieg und Niedergang der Römischen Welt*, (Berlin: Walter de Gruyter, 1980), 703.

564 D. French, *Roman Roads and Milestones of Asia Minor*, BAR International Series 329 (i, ii) (Londres: British Institute of Archaeology at Ankara, 1988), mapas 7–8, 10; R.J.A. Talbert, ed. *Barrington Atlas of the Greek and Roman World*, (Princeton: Princeton University Press, 2000), mapas 52, 62; W. M. Calder y G. E. Bean, *A Classical Map of Asia Minor*, (Londres: British Institute of Archaeology at Ankara, 1957), mapa; D. French, «Acts and the Roman Roads of Asia Minor», en D. W. J. Gill y C. Gempf, eds., *The Book of Acts in Its Graeco-Roman Setting*, (Grand Rapids: Eerdmans, 1994), 53–54; S. Mitchell, *Anatolia: Land, Men, and Gods in Asia Minor*, (Oxford: Clarendon Press, 1993), mapas 2–4, 6–8.

565 W. M. Ramsay, *St. Paul the Traveller and the Roman Citizen*, (Londres: Hodder and Stoughton, 1897), 200–205. Según esta teoría, Lucas había estado ejerciendo la medicina (Col 4:14) en Filipos y, ya sea por haber oído de la llegada del apóstol a Troas o por acuerdo previo, se encontró con Pablo y le rogó que llevara el evangelio a Europa. F. F. Bruce, *The Book of Acts*, New International Commentary on the New Testament, [Grand Rapids: Eerdmans, 1988], 308; *Commentary on the Book of Acts*, The New International Commentary on the New Testament, [Grand Rapids: Eerdmans, 1971], 328) sostiene que Lucas estaba ejerciendo la medicina en Troas.

566 En el segundo viaje misionero, Lucas se unió a Pablo en Troas y se quedó atrás cuando Pablo salió de Filipos (Hch 16:10-17). En el tercer viaje misionero, Lucas se unió a Pablo a su regreso a Filipos y viajó con él hasta Asón; de Asón Lucas viajó por mar mientras que Pablo viajó por tierra a Troas, donde se volvieron a encontrar y viajaron por nave a Cesarea y luego por tierra a Jerusalén (Hch 20:5–21:18). Y en el viaje de Pablo de Cesarea a Roma, Lucas lo acompañó en todo el trayecto (Hch 27:1–28:16).

567 R. J. A. Talbert, ed., *Barrington Atlas of the Greek and Roman World*, (Princeton: Princeton University Press, 2000), mapas 49–52.

568 Pero ver E. J. Schnabel, *Early Christian Mission*, (Leicester, Inglaterra: Apollos, 2004), 1153.

569 F. F. Bruce, *The Book of Acts*, The New International Commentary on the New Testament, (Grand Rapids: Eerdmans, 1988), 311; C. J. Hemer, *The Book of Acts in the Setting of Hellenistic History*, Wissenschaftliche Untersuchungen zum Neuen Testament 49, (Tübingen: J. C. B. Mohr, 1989), 114–115.

570 La plaza del mercado romana en Filipos y los cimientos del tribunal (*bēma*) todavía se pueden ver hoy en día.

571 Anfípolis figuró de manera destacada en las guerras del Peloponeso en los siglos V y IV a. C. Un puente de madera del siglo V a. C. todavía atraviesa el río Estrimón. Alejandro Magno erigió en Anfípolis un gran monumento de piedra en forma de león para marcar la tumba de más de 250 de sus hombres que habían muerto cerca del allí en la batalla de Queronea (E. M. Sanford, *The Mediterranean World in Ancient Times*, [Nueva York: Ronald Press Company, 1951], 220–223, 277–281).

572 M. Grant, *The Ancient Mediterranean*, (Londres: Weidenfeld and Nicolson, 1969), 305–306; cf. R. J. A. Talbert, ed., *Barrington Atlas of the Greek and Roman World*, (Princeton: Princeton University Press, 2000), mapa 50.

573 Según parece, Silas y Timoteo se juntaron con Pablo por un tiempo en Atenas (1 Ts 3:1), desde donde Timoteo fue enviado de regreso a Tesalónica (1 Ts 3:2) y Silas fue enviado a otro lugar en Macedonia (Hch 18:5), tal vez a Filipos. Aparentemente,

Pablo se quedó solo en Atenas (1 Ts 3:1) y más tarde viajó a Corinto, donde tanto Silas como Timoteo finalmente volvieron a reunirse con el apóstol (Hch 18:5; 1 Ts 3:6).

574 W. Bauer, W. F. Arndt, F. W. Gingrich y F. W. Danker, *A Greek-English Lexicon of the New Testament*, (Chicago: University of Chicago Press, 1979), 937; J. H. Moulton y G. Milligan, *The Vocabulary of the Greek Testament Illustrated from the Papyri and other Non-Literary Sources*, (Grand Rapids: Eerdmans, 1930), 583; cf. G. W. H. Lampe, *A Patristic Greek Lexicon*, (Oxford: Clarendon Press, 1961), 1249.

575 Eusebio (*Ecclesiastical History*, 4.23) dejó registrado que Dionisio se convirtió en el primer obispo de Atenas, y O. F. A. Meinardus (*St. Paul in Greece*, [New Rochelle, N.Y.: Caratzas Brothers, 1979], 57) señaló que él sufrió el martirio durante las persecuciones de Domiciano hacia el final del siglo I.

576 Estrabón 8.6.20: Cencrea sobre el Egeo (*cf.* Hch 18:18; Rm 16:1, escritos desde Corinto), Lequeo sobre el Adriático (*cf.* Estrabón 8.6.22; Diodoro 22.8.6).

577 Estrabón 8.6.20.

578 H. Liddell, R. Scott y H. S. Jones, *A Greek-English Lexicon*, (Oxford: Clarendon Press, 1968), 981; Estrabón 8.6.20.

579 Suetonio, *Life of Claudius*, 25.4; cf. J. Finegan, *Handbook of Biblical Chronology*, (Princeton: Princeton University Press, 1964), 319; C. J. Hemer, *The Book of Acts in the Setting of Hellenistic History*, Wissenschaftliche Untersuchungen zum Neuen Testament 49, (Tübingen: J. C. B. Mohr, 1989), 167–168.

580 E. J. Schnabel, *Early Christian Mission*, (Leicester, Inglaterra: Apollos, 2004), 46; R. Riesner, *Paul's Early Period: Chronology, Mission Strategy, Theology*, (Grand Rapids: Eerdmans, 1998), 193–211; F. F. Bruce, *The Book of Acts*, The New International Commentary on the New Testament, (Grand Rapids: Eerdmans, 1988), 352n. 38; F. F. Bruce, *New Testament History*, (Garden City, N.Y.: Doubleday & Company, 1980), 297–299; R. Jewett, *A Chronology of Paul's Life*, (Filadelfia: Fortress Press, 1979), 38–40.

581 D. A. Carson y D. J. Moo, *An Introduction to the New Testament*, (Grand Rapids: Zondervan, 2005), 367.

582 R. Laurence, *The Roads of Roman Italy*, (Londres y Nueva York: Routledge, 1999), 41, 52–54.

583 Así J. McRay, *Archaeology and the New Testament*, (Grand Rapids: Baker Book House, 1991), 331.

584 Referir a la discusión detallada de G. Theissen, *The Social Setting of Pauline Christianity*, (Filadelfia: Fortress Press, 1982), 75–83; cf. D. J. Moo, *The Epistle to the Romans*, The New International Commentary on the New Testament, (Grand Rapids: Eerdmans, 1996), 936; pero ver D. W. J. Gill, «Acts and the Urban Elites», en D. W. J. Gill y C. Gempf, eds., *The Book of Acts in Its Graeco-Roman Setting*, (Grand Rapids: Eerdmans, 1994), 112.

585 *anōterikos*; W. Bauer, W. F. Arndt, F. W. Gingrich y F. W. Danker, *A Greek-English Lexicon of the New Testament*, (Chicago: University of Chicago Press, 1979), 92; H. Liddell, R. Scott y H. S. Jones, *A Greek-English Lexicon*, (Oxford: Clarendon Press, 1968), 170; cf. G. W. H. Lampe, *A Patristic Greek Lexicon*, (Oxford: Clarendon Press, 1961), 166.

586 Ver R. J. A. Talbert, ed., *Barrington Atlas of the Greek and Roman World*, (Princeton: Princeton University Press, 2000), mapas 61–62, 65; S. Mitchell, *Anatolia: Land, Men, and Gods in Asia Minor*, (Oxford: Clarendon Press, 1993), mapa 7; D. French, *Roman Roads and Milestones of Asia Minor*, BAR International Series 329 (i, ii), (Londres: British Institute of Archaeology at Ankara, 1988), mapas 5–6, 8.

587 Puede ser que Pablo escribió sus cartas a los colosenses y a Filemón (¿tal vez la «carta a Laodicea» de Colosenses 4:16?) mientras era prisionero en Éfeso, o aún más tarde mismo estaba encarcelado en Roma. En cualquiera de los casos, esas iglesias en el valle del río Lico no habrían debido su génesis al apóstol Pablo, aunque él sí expresó un deseo de visitar las iglesias en esa zona (Flm 1:22).

588 Por ejemplo: los tres meses de Pablo en Malta (Hch 28:1-10); *cualquier* lugar donde permaneció sólo uno o dos días; y ciudades inherentes a un itinerario determinado, pero sin ningún registro de sus esfuerzos evangelísticos (p. ej., Esmirna y Pérgamo).

589 Estrabón 12.8.15.

590 Para lo más reciente, ver J. Romer y E. Romer, *The Seven Wonders of the World*, (Londres: Seven Dials, 2005), 129–164.

591 Un amplio sector de extravagantes residencias privadas romanas del siglo I ha sido excavado en Éfeso y se encuentra actualmente en proceso de restauración. Es probable que lo que se está descubriendo en la actualidad esté relacionado directamente con Pablo y su misión. Algunas de estas casas un tanto lujosas contienen arte que representa el símbolo *ichthus*.

592 Así I. H. Marshall, *The Acts of the Apostles*, Tyndale New Testament Commentaries, (Grand Rapids: Eerdmans, 1980), 325.

593 Una tradición textual griega añade «después de permanecer en Trogilio» en Hechos 20:15, creando así la secuencia Mitilene, Quío, Samos, Trogilio, Mileto. La aldea de Trogilio estaba situada

en el extremo de la península turca, frente a Samos. [**Ver mapa 114**; Estrabón 14.1.12–14]. Y ver Estrabón 14.1.6–7 para una descripción de cuatro puertos en Mileto y una discusión de las personas notables de la ciudad.

594 Una naufragada nave del siglo IV a. C. que fue encontrada muy cerca de la costa de Kirenia, en el litoral septentrional de Chipre, aparentemente había seguido un itinerario similar al de la embarcación de Pablo. Como parte de su carga había jarras de vino de Samos, piedras de molino de Cos y vinos caros de Rodas. Según O. F. A. Meinardus (*St. Paul in Greece*, [New Rochelle, N.Y.: Caratzas Brothers, 1979], 101), hay una tradición cristiana local que sostiene que, mientras que Pablo estaba en Rodas, nombró a Prócoro (Hch 6:5) como obispo de esta isla.

595 Ver B. M. Rapske, «Acts, Travel and Shipwreck», en D. W. J. Gill y C. Gempf, eds., *The Book of Acts in Its Graeco-Roman Setting*, (Grand Rapids: Eerdmans, 1994), 11–14.

596 H. Dessau, ed., *Inscriptiones latinae selectae*, (Chicago: Ares Publishers, 1979), 1.531–532 (#2683).

597 E. Dąbrowa, «The commanders of Syrian legions, 1st-3rd c. A.D.», en D. L. Kennedy, ed., *The Roman Army in the East*, Journal of Roman Archaeology, Supplementary Series 18, (Ann Arbor, Mich.: Cushing-Malloy Inc., 1996), 277–296.

598 C. J. Hemer, *The Book of Acts in the Setting of Hellenistic History*, Wissenschaftliche Untersuchungen zum Neuen Testament 49, (Tübingen: J. C. B. Mohr, 1989), 362–364.

599 Estrabón 13.1.51; Plinio, *Natural History*, 13.2.5.

600 Según una tradición textual griega sobre Hechos 27:5, el viaje de Cesarea a Mira tardó 15 días (*cf. The Jerusalem Bible* «quincena»). En vista de lo que se conoce sobre las distancias diarias promedias realizadas en este sector del Mediterráneo durante la época romana, esta tradición corresponde de manera bastante estrecha con la realidad histórica.

601 P. Garnsey, «Grain for Rome», en P. Garnsey, K. Hopkins y C. R. Whittaker, eds., *Trade in the Ancient Economy*, (Berkeley: University of California Press, 1983), 118–119; *cf.* P. Temin, «A Market Economy in the Early Roman Empire», *Journal of Roman Studies* 91, (2001), 176–179.

602 H. Dessau, ed., *Inscriptiones latinae selectae*, (Chicago: Ares Publishers, 1979), 2/1.450–451 (#5908); Los vestigios de numerosos grandes y largos graneros para el almacenamiento de grano imperial aún pueden ser vistos en Mira. La ciudad también poseía otras estructuras propias de una ciudad romana prominente, incluyendo mucha estatuaria imperial, algunos de los ejemplos mejor conocidos de tumbas licias excavadas en la roca y un teatro bien conservado que podía acomodar a unos 11.000 espectadores. Aunque no tenemos ningún registro de esto en el texto bíblico, un libro entre los Apócrifos del Nuevo Testamento, *Acts of Paul and Thecla*, indica que Pablo predicó la Buena Noticia mientras estaba en Mira. (Ver W. Schneelmecher, ed., *New Testament Apocrypha*, [Louisville: Westminster/ John Knox, 2003], 2.222–223).

603 Dentro de diez años después del viaje de Pablo, Josefo [*Life* 3] también hizo un viaje náutico de Palestina a Roma, y también sufrió naufragio. Se cree que había unos 600 pasajeros a bordo de la nave de Josefo, de los cuales solo 80 sobrevivieron. Eruditos versados en la época romana tardía calculan que, desde la remota antigüedad hasta el advenimiento de la época musulmana, tal vez unas 30.000 naves se perdieron en el Mediterráneo, ya sea debido al mal tiempo o la guerra. (Ver también M. Jurišić, «Ancient Shipwrecks of the Adriatic: Maritime Transport during the First and Second Centuries A.D.», BAR International Series 828, (Oxford: Archaeopress, 2000]; J. S. Illsley, «An indexed bibliography of underwater archaeology and related topics», [Oswestry, Shropshire: Anthony Nelson, 1996]; A. J. Parker, «Ancient Shipwrecks of the Mediterranean and the Roman Provinces», BAR International Series 580, [Oxford: Tempus Reparatum, 1992]).

604 B. M. Rapske, «Acts, Travel and Shipwreck», en D. W. J. Gill y C. Gempf, eds., *The Book of Acts in Its Graeco-Roman Setting*, (Grand Rapids: Eerdmans, 1994), 29–36.

605 Así I. H. Marshall, *The Acts of the Apostles*, Tyndale New Testament Commentaries, (Grand Rapids: Eerdmans, 1980), 406; F. F. Bruce, *Commentary on the Book of Acts*, The New International Commentary on the New Testament, (Grand Rapids: Eerdmans, 1971), 506.

606 Para referencias clásicas sobre este puerto y la ciudad, consultar Estrabón 10.4.3; Tolomeo, *Geography*, 3.15.3; y ver mapa 10 de Europa.

607 *Epitoma Rei Militaris*; ver también las evaluaciones de Livio (*History*, 31.47.1), Plinio (*Natural History*, 2.47.122–125) y Hesíodo (*Opera et Dies*, 663).

608 Los datos históricos procedentes de la antigüedad demuestran, por un lado, que los marineros en el golfo de León o gran parte del mar Tirreno, incluso en pleno verano, solían enfrentarse a un clima tan adverso que hacía que navegar fuera extremadamente peligroso. Por otro lado, estos datos demuestran que el Mediterráneo oriental era bueno incluso para viajes de invierno (J.H. Pryor, *Geography, technology, and war: Studies in the maritime history of the Mediterranean*, [Cambridge: Cambridge University Press, 1992], 1–3, 87–88); según los libros de registro diario de las embarcaciones de Elefantina, las áreas alrededor de Rodas y Egipto experimentaron mares abiertos y actividad comercial prácticamente todo el año (B. Porten y A. Yardeni, «Social, Economic, and Onomastic Issues in the Aramaic Ostraca of the Fourth Century B.C.E.», en O. Lipschits y M. Oeming, eds., *Judah and Judeans in the Persian Period*, [Winona Lake, Ind.: Eisenbrauns, 2006], 462–463, 468–470, 476–479) y naves del oriente trajeron aceite de oliva a Cartago incluso en pleno invierno (J. Beresford, «A Reassessment of the Sailing Season in Late Antiquity»; Tema presentado ante el Fourth Biennial Conference of the Society for Late Antiquity, San Francisco State University [del 8 al 11 de marzo del 2001]). En una época anterior, el viaje de ida y vuelta de Unamón desde Egipto a Fenicia comenzó en enero y terminó en mayo del mismo año (W. W. Hallo y K. L. Younger, Jr., eds., *The Context of Scripture*, [Leiden: Brill, 1997–2002], 1.89–93).

609 Suetonio (*Life of Claudius*, 18; *cf.* B. M. Rapske, «Acts, Travel and Shipwreck», en D. W. J. Gill y C. Gempf, eds., *The Book of Acts in Its Graeco-Roman Setting*, [Grand Rapids: Eerdmans, 1994], 26); Plinio (*Natural History*, 2.125) afirmó en un texto que ni siquiera la furia de tormentas violentas de invierno podía cerrar el mar, y Tácito (*Annals*, 12.43) lamentó que la vida de toda la nación romana hubiera sido arriesgada en naves de carga y en accidentes en el mar.

610 Para la geografía y climatología mediterránea, consultar M. Grant y R. Kitzinger, eds., *Civilization of the Ancient Mediterranean*, (Nueva York: Scribner's, 1988), 1.101–113; 2.765–769; P. Guibout, *Atlas hydrologique de la Méditerranée*, (París: IFREMER, 1987); y M. y R. Beckinsale, *Southern Europe: a Systematic Geographical Study*, (Nueva York: Holmes & Meier Publishers, 1975), 2–36.

611 G. E. Markoe, *Phoenicians*, (Berkeley: University of California Press, 2000), 181; M. E. Aubet, *The Phoenicians and the West*, (Cambridge: Cambridge University Press, 2001), 159–160; J. H. Pryor, *Geography, technology, and war: Studies in the maritime history of the Mediterranean*, (Cambridge: Cambridge University Press, 1992), 22–23; la Sirte fue descrita por Lucano (referirse a O. A. W. Dilke, «Graeco-Roman Perception of the Mediterranean», en M. Galley y L. L. Sebaï, eds., *L'Homme Méditerranéen et la Mer: Actès du Troisième Congrès International d'études des Cultures de la Méditerranée Occidentale*, [Túnez: Salammbô, 1985], 55, y Dion Crisóstomo, [*Libyan Myth 7–9*, The Loeb Classical Library, 1.238–239]) como una especie de «agujero negro» náutico.

612 P. Throckmorton, *The Sea Remembers: Shipwrecks and Archaeology*, (Nueva York: Weidenfeld & Nicolson, 1987), 8–10, 78–80.

613 Las naves romanas más grandes solían llevar hasta 12 o 15 anclas de plomo o de piedra, a veces con un peso de hasta dos toneladas cada una (G. Kapitän, «Ancient Anchors—technology and classification», *International Journal of Nautical Archaeology* 13/1, [1984], 38). Un naufragio perteneciente a la época temprana en el Mediterráneo que fue recuperado aparentemente tenía a bordo 24 anclas.

614 La frase interpretada «arrecife» es *topon dithalasson*: "un lugar con mar en ambos lados" (así W. Bauer, W. F. Arndt, F. W. Gingrich y F. W. Danker, *A Greek-English Lexicon of the New Testament*, [Chicago: University of Chicago Press, 1979], 245b; H. Liddell, R. Scott y H. S. Jones, *A Greek-English Lexicon*, [Oxford: Clarendon Press, 1968], 427b).

615 Ver Tolomeo, *Tetrabiblios*, 1.9; Estrabón 1.3.2.

616 Tucídides 6.2–5; Estrabón 6.2.4.

617 D. P. Crouch, *Water Management in Ancient Greek Cities*, (Nueva York: Oxford University Press, 1993), 132–149.

618 p. ej., San Genaro; *cf.* Cicerón, *Verres*, 2.4.115–119 para el esplendor de la ciudad.

619 Tucídides 4.24.4; Estrabón 6.1.6.

620 Para una descripción de este puerto durante la época del Nuevo Testamento, consultar N. C. Flemming, *Archaeological Evidence for eustatic change of sea level and earth movements in the Western Mediterranean during the last 2000 years*, (Boulder, Colo.: Geological Society of America, 1969), 40.

621 T. Suárez, *Early Mapping of Southeast Asia*, (Singapur: Periplus Editions, 1999), 61–62.

622 Ver A. Raban, «Coastal Processes and Ancient Harbour Engineering», en A. Raban, ed., *Archaeology of Coastal Changes*, BAR International Series 404, (Oxford: B.A.R., 1988), 187–189; *cf.* A. Raban, «The Heritage of Ancient Harbour Engineering in Cyprus and the Levant», en V. Karageorghis y D. Michaelides, eds., *Proceedings of the Inter-National Symposium: Cyprus and the Sea*, (Nicosia: University of Cyprus, 1995), 176; K. G. Holum et al., *King Herod's Dream: Caesarea on the Sea*, Nueva York: W. W. Norton & Company, 1988), 101.

623 *War*, 2.7.1; Josefo, *Antiquities of the Jews*, 17.12.1.

624 R. J. A. Talbert, ed., *Barrington Atlas of the Greek and Roman World*, (Princeton: Princeton University Press, 2000), mapa 44.

625 Según una tradición textual griega de Hechos 28:16, Julio entregó a Pablo a un *stratopedarch*, posiblemente el prefecto de la guardia pretoriana en Roma (I. H. Marshall, *The Acts of the Apostles*, Tyndale New Testament Commentaries, [Grand Rapids: Eerdmans, 1980], 420); *cf.* N. Constable, *Historical Atlas of Ancient Rome*, (Nueva York: Checkmark Books, 2003), 88–89.

626 C. J. Hemer, *The Letters to the Seven Churches of Asia in Their Local Setting*, (Sheffield: JSOT Press, 1986), 2–12.

627 R. J. A. Talbert, ed., *Barrington Atlas of the Greek and Roman World*, (Princeton: Princeton University Press, 2000), mapas 56, 61–62, 65; D. French, *Roman Roads and Milestones of Asia Minor*, BAR International Series 329 (i, ii), (Londres: British Institute of Archaeology at Ankara, 1988), mapas 5–6, 8, 11.

628 C. J. Hemer, «Seven Cities of Asia Minor», en R. K. Harrison, ed., *Major Cities of the Biblical World*, (Nashville: Thomas Nelson Publishers, 1985), 235–236.

629 Referirse a la discusión clásica en C. J. Hemer, *The Letters to the Seven Churches of Asia in Their Local Setting*, (Sheffield: JSOT Press, 1986); ver también J. Freely, *The Aegean Coast of Turkey*, (Estambul: Redhouse Press, 1996); O. F. A. Meinardus, *St. John of Patmos and the Seven Churches of the Apocalypse*, (Atenas, Greece: Lycabettus Press, 1998).

630 A. J. Levine, «Visions of Kingdoms: From Pompey to the First Jewish Revolt», en M. D. Coogan, ed., *The Oxford History*

612 *of the Biblical World*, (Nueva York: Oxford University Press, 2001), 360–369; W. D. Davies, *The Gospel and the Land: Early Christianity and Jewish Territorial Doctrine*, (Berkeley: University of California Press, 1974), 95–97.

631 Josefo, *Antiquities of the Jews*, 13.171–173; 18.11–25; *War*, 4.121–161; 7.268–274; *cf.* Plinio, *Natural History*, 5.15.73.

632 Josefo, *War*, 2.289–292, *cf.* A. J. Levine, «Visions of Kingdoms: From Pompey to the First Jewish Revolt», en M. D. Coogan, ed., *The Oxford History of the Biblical World*, (Nueva York: Oxford University Press, 2001), 380–386.

633 Josefo, *War*, 2.284–410.

634 Josefo, *War*, 2.425–432, 484–486; E. Schürer, *The History of the Jewish People in the Age of Jesus Christ*, (Edinburgh: T. & T. Clark, 1979), 1.336–355, 2.381–414, 550–590.

635 Ver Y. Tsafrir, L. Di Segni y J. Green, *Tabula Imperii Romani: Iudaea, Palaestina*, (Jerusalén: Israel Academy of Sciences and Humanities, 1994), mapas.

636 Josefo, *War*, 2.513–555, 562–568.

637 Josefo, *War*, 3.3–8; Tácito, *Agricola*, 7–9, 13, 17.

638 Josefo, *War*, 3.65–69.

639 Ver B. Isaac y I. Roll, *Roman Roads in Judaea: the Legio-Scythopolis Road*, BAR International Series 141, (Oxford: Archaeopress, 1982).

640 Josefo, *War*, 3.462–542.

641 Josefo, *War*, 4.1–134.

642 Ver S. Mittman y G. Schmitt, eds., *Tübinger Bibelatlas*, (Stuttgart: Deutsche Bibelgesellschaft, 2001), B/V/17; Y. Tsafrir, L. Di Segni y J. Green, *Tabula Imperii Romani: Iudaea, Palaestina*, (Jerusalén: Israel Academy of Sciences and Humanities, 1994), mapa; B. Isaac y I. Roll, *Roman Roads in Judaea: the Legio-Scythopolis Road*, BAR International Series 141, (Oxford: Archaeopress, 1982), figura 3, para un camino romano de Jerusalén hacia el occidente pasando Adida y Lida, en donde se unió al Gran Camino Comercial.

643 Josefo, *War*, 4.412–490.

644 Josefo, *War*, 4.491–496.

645 Josefo, *War*, 7.275–419.

646 K. S. Latourette, *A History of Christianity*, (Nueva York: Harper & Row Publishers, 1975), 3.65.

647 Tácito, *Annals*, 15.38–44.

648 Ver la correspondencia de Plinio el Joven, *Letters*, 10.96–97; Suetonio, *Nero*, 16.3; Eusebio, *Ecclesiastical History*, 143–183.

649 Y. Tsafrir, «Ancient Churches in the Holy Land», *Biblical Archaeology Review* 19/5, (1993), 26–39; T. Dowley, ed., *The Baker Atlas of Christian History*, (Grand Rapids: Baker Book House, 1997), 74.

650 Ver S. Mittman y G. Schmitt, eds., *Tübinger Bibelatlas*, (Stuttgart: Deutsche Bibelgesellschaft, 2001), B/VI/2; H. Chadwick y G. R. Evans, eds., *Atlas of the Christian Church*, (Oxford: Equinox, 1987), 21–25; J. B. Pritchard, ed., *The Harper Atlas of the Bible*, (Nueva York: Harper & Row Publishers, 1987), 183; A. Harnack, *The Mission and Expansion of Christianity in the First Three Centuries*, (Nueva York: Williams and Norgate, 1908), 2.272–274.

651 Ver J. B. Segal, *Edessa: "The Blessed City"*, (Oxford: Clarendon Press, 1970).

652 Ver B. Goldman, ed., *The Discovery of Dura-Europos*, (New Haven: Yale University Press, 1979), 89–117; *cf.* J. L. Kugel y R. A. Greer, *Early Biblical Interpretation*, (Filadelfia: Westminster Press, 1986), 200–201.

653 Eusebio, *Ecclesiastical History*, libro 6, capítulo 43, («Of Novatus, his manners and habits, and his heresy»), (Grand Rapids: Baker, 1971), 265.

ÍNDICE DE CITACIONES EN LOS MAPAS

El Índice de citaciones en los mapas tiene el propósito de incluir todas las entidades geográficas que aparecen en los mapas, arregladas en orden alfabético, junto con los números de los mapas correspondientes en que aparece la entidad. Se utilizan corchetes para cualificar o definir con mayor precisión los homónimos (*e.g.* Abila [Decápolis]). Nombres alternativos de una entidad geográfica —ya sea que se originaron por razones históricas o porque provienen de otro idioma— se incluyen entre paréntesis junto con la palabra «*Ver*» inmediatamente después del nombre de entrada. La localización en mapa de cada entidad está indicada entre paréntesis con coordenadas alfanuméricas: las coordenadas en letra negrita (*e.g.* **B3**) significan que su ubicación se encuentra dentro de las cuatro páginas que conforman el mapa de ciudades palestinas (mapa #22, páginas 68-71); las demás coordenadas entre paréntesis proveen la localización de la entidad en el primer mapa en que aparece dentro de este volumen. Las entradas precedidas por el símbolo + son consideradas como de ubicación incierta.

Abdón, 41 (B1)
Abel-bet-maaca **(F1)**, 76, 77
+Abel-keramim, 52 (C3)
+Abel-mehola **(F5)**, 51, 65, 72, 73
+Abel-mizraim (*Ver* Atad), 32 (C3)
Abidos [Egipto], 23 (B4), 106
Abidos [Turquía], 111 (B1), 114
Abila [Abilinia], 100 (B1), 117
Abila [Decápolis] (*Ver* Seleucia [Decápolis]) **(G4)**, 24, 90, 92, 100, 104, 117
Abilinia, 6 (C1), 100, 110, 111, 112
Abu Habba (*Ver* Sipar), 23 (E3)
Abu Hatab (*Ver* Kisurra), 23 (E3)
Abu Sahrein (*Ver* Eridu), 23 (E3)
Abu Simbel, 63 (E3)v
Abu Zenima, 34 (C3)
+Acad [ciudad], 28 (B3), 29, 75, 82
Acad [región], 2 (B2), 28
Acarón (*Ver* Ecrón), 91 (B3)
Acaya, 98 (C2), 111, 112, 116
Acmeta (*Ver* Ecbatana), 81 (C1)
Aco (*Ver* Tolemaida) **(D2)**, 5, 6, 8, 9, 16, 17, 19, 24, 27, 32, 35, 39, 40, 42, 43, 44, 45, 50, 56, 61, 62, 65, 66, 68, 76, 77, 80, 88, 105, 118
Acrabata, 92 (C3)
+Acsaf **(D3)**, 32, 39, 40, 42, 43, 56
Aczib [llanura de Aser] **(D2)**, 24, 40, 42, 43
+Aczib [Sefela] (*Ver* Quezib), 32 (B3)
Adán (*Ver* T. ad-Damiya) **(F7)**, 37, 44, 45, 51, 52, 56, 64, 65
Adana, 89 (B1)
Adiabene, 98 (D2), 106
Adida, 92 (B3), 115
Adora, 92 (B3), 100
Adoraim, 67 (A2)
Adraa (*Ver* Edrei), 117 (C3)
Adramitio, 106 (B1), 111, 113, 114
Adulam **(C9)**, 42, 43, 56, 57, 58, 67, 76, 77, 78, 85
Adumín, 40 (B3)
Afec [Galilea], 42 (B1), 43, 65
+Afec [Golán] **(G3)**, 74
Afec [Sarón] (*Ver* Antipatris y Pegae) **(C7)**, 5, 6, 8, 9, 16, 17, 19, 24, 27, 31, 32, 40, 42, 43, 44, 53, 54, 56, 58, 61, 63, 65, 66, 68, 72, 76, 77, 78, 80, 91, 99, 100, 101, 105
África, 1 (B3)
África del norte, 63 (B2)
Afula, 24 (B1), 118
Agripina, 100 (B2)
Ahlab, 42 (B1), 43
Ain Bokek, 24 (B4)
Ain el-Ghuweir, 15 (A2)
Ain Feshkha, 15 (A1), 24
Ain Harod **(E4)**
Ain Hawara, 34 (B3)

Ain Khadra, 34 (D3)
Aish, 14 (B1)
Ajalón [Sefela] **(C8)**, 5, 12, 27, 38, 40, 41, 42, 43, 44, 54, 56, 57, 60, 61, 66, 67, 69
+Ajalón [Zabulón], 45 (B1)
Ajat, 37 (A2)
Ajetatón (*Ver* T. el-Amarna), 34 (A4)
Alaça Hüyük, 23 (C1)
Alalak (*Ver* T. Atchana), 23 (C2), 30
Albania, 98 (D2)
Alejandreta (*Ver* Iskenderun), 89 (C2)
Alejandría, 23 (B3), 25, 26, 87, 98, 106, 113, 116
Alejandría de Aria, 87 (E2)
Alejandría de Siria, 116 (E3)
Alejandría Escate, 87 (F2)
Alejandrión, 6 (B3), 92, 99, 100
Alepo, 3 (B1), 23, 25, 30, 62, 70, 75, 79, 81, 82, 86, 87, 98, 108, 110, 111, 112
Alishar Hüyük, 23 (C1)
Almón, 41 (B3)
+Almón-diblataim **(G9)**, 36
Alpes, 1 (B1), 26, 98, 116
Alpes Dináricos, 1 (B2)
Alta Galilea, 8 (B1)
Altos del Golán (*Ver* Golán [región]), 3 (B3), 14, 118
Amalec (*Ver* Amalecitas), 56 (A4), 58, 65
Amalecitas (*Ver* Amalec), 31 (D3)
Amastris, 116 (E2)
Amatus, 92 (C2), 99, 100
Amisos, 116 (E2)
Ammán (*Ver* Rabá y Filadelfia [Jordania]) **(G7)**, 6, 9, 16, 17, 19, 24, 25, 27, 30, 36, 40, 42, 43, 45, 51, 52, 56, 61, 62, 65, 66, 70, 74, 75, 76, 77, 78, 79, 80, 81, 82, 84, 88, 92, 100, 105, 118
Amón [Egipto], 87 (A3)
Amón [Jordania], 4 (C3), 5, 36, 40, 42, 43, 52, 56, 61, 62, 65, 66, 68, 72, 74, 76, 77, 78, 80, 84
Amorgós, 114 (B2)
Amorreos, 29 (recuadro), 31
Amurru, 30 (A2), 70
Ana, 79 (C1)
+Anaharat, 44 (C1)
Anatot, 41 (B3), 73
Anchialos, 116 (D2)
Ancira (*Ver* Ankara), 86 (B2), 87, 98, 106, 113, 116
Ancona, 98 (B1)
Andros, 111 (A2), 112, 114
Anfípolis, 111 (A1), 112
Ankara (*Ver* Ancira), 113 (C1)
Antedón, 90 (A4), 100, 107
Antinoópolis, 116 (E4)
Antiochenes (*Ver* Tolemaida), 90 (B2)

Antioquía, 2 (A1), 3, 23, 25, 26, 79, 106, 108, 109, 110, 111, 112, 116
Antioquía [Decápolis] (*Ver* Hippos), 90 (C2)
Antioquía [Gaulanítide], 90 (C1)
Antioquía [Judá] (*Ver* Jerusalén), 90 (B3)
Antioquía de Crisorroas (*Ver* Gerasa [Jordania]), 90 (C3)
Antioquía de Pisidia, 23 (B1), 106, 110, 111, 112, 116
Antioquía Seleucia (*Ver* Gadara [Decápolis]), 90 (C2)
Antípatris (*Ver* Afec [Sarón]), 6 (A3), 24, 63, 99, 100, 101, 104, 105, 107, 108, 113, 115
Anuath-Borcaeus, 6 (B3)
Anzio, 116 (C2)
Aornus, 87 (F2)
Apamea, 116 (E3)
Apia, 114 (C1)
Apolonia [Cirenaica], 116 (D3)
Apolonia [Grecia], 111 (A1), 112, 116
Apolonia [Israel], 90 (A3), 104, 107
Aqarquf (*Ver* Dur-Kurigalzu), 23 (E2)
+Ar, 36 (A4)
Ara (*Ver* Aruna), 10 (A3)
Arabá, 3 (B4), 8
Arabia, 86 (C3), 106
Arabia Saudita, 13 (B1), 23
Araceos, 29 (recuadro)
Arachosia, 86 (F3), 87
Arad **(D11)**, 5, 6, 27, 34, 35, 40, 42, 43, 44, 47, 56, 64, 67, 68, 72, 74, 78, 80
Arad of Jerameel, 44 (B4)
Aram, 2 (A2), 5, 29, 40, 42, 43, 56, 61, 62, 63, 65, 66, 68, 70, 72, 79
Araq el-Emir, 24 (C2), 25, 28
Arbatax, 63 (C1)
Arbela [Galilea], 24 (B1), 92, 99, 100
Arbela [Mesopotamia], 81 (B1), 86, 87, 98
Arfad, 81 (A1)
Arfaxad, 29 (C1)
Argob, 65 (C2)
Argos, 106 (A1)
Aria, 86 (E3), 87
Aribi, 75 (B2), 79, 81
+Arimatea **(C7)**, 91
Armenia, 23 (E1), 86, 87, 98, 116
+Aroer [Gad], 40 (C3), 52
Aroer [Judá], 78 (A4)
Aroer [Rubén] **(G10)**, 5, 24, 40, 42, 43, 56, 61, 65, 68, 76, 77, 78
Arpachiya, 23 (E2)
Arra, 117 (C3)
Arrafa (*Ver* Kirkuk), 23 (E2), 25, 75, 79, 82
Arroyo de Besor, 4 (A4), 5, 8, 18, 27, 31, 34, 35, 42, 43, 45, 56, 58, 61, 64, 65, 66, 68, 72, 73, 74, 76, 77, 78, 80, 83, 84, 88, 90, 92, 99, 100, 101

Arroyo de Querit, 72 (B2)
Arroyo Zered, 3 (B4), 4, 5, 15, 18, 27, 31, 34, 35, 36, 40, 41, 42, 43, 44, 45, 47, 56, 58, 61, 64, 65, 66, 68, 72, 74, 76, 77, 78, 80, 83, 84, 90, 92, 99, 100, 101, 118
Arslan Tash, 23 (D2)
Arslan Tepe, 23 (D1)
+Arubot, 65 (A2)
Aruma, 45 (B2)
Aruna (*Ver* Ara), 10 (A3), 44
Arvad, 62 (A1), 70, 75, 79, 82
Arvadeos, 29 (recuadro)
Arvadus, 106 (B1)
+Asán, 40 (B4), 41, 64, 67
Ascalón **(A9)**, 6, 12, 24, 27, 32, 38, 40, 42, 43, 44, 45, 47, 53, 56, 57, 65, 66, 68, 78, 80, 85, 88, 90, 92, 100, 101, 104, 107, 117
Asdod [ciudad] (*Ver* Azoto) **(B8)**, 6, 12, 24, 27, 31, 34, 38, 40, 42, 43, 44, 45, 53, 56, 57, 62, 65, 66, 74, 76, 77, 78, 80, 85, 91, 107, 117
Asdod [provincia], 85 (A2)
Aser, 40 (B1), 41, 50, 51, 65, 84
Asia [continente], 1 (E1)
Asia [región], 63 (E1), 87, 98, 106, 110, 111, 112, 113, 114
Asiria, 2 (B1), 28, 30, 70, 79, 81
Askenaz, 29 (C1)
Asmón **(A14)**, 34, 35
Asón, 112 (B1), 114
Astarot, 5 (C1), 6, 27, 31, 36, 40, 41, 42, 43, 45, 56, 61, 65, 66, 68, 76, 77, 78
Asturica, 116 (A2)
Asuán (*Ver* Siena), 63 (E3), 83
Asur (*Ver* Qalat Sherqat), 23 (E2), 25, 28, 29, 30, 70, 75, 79, 82, 86
+Atad (*Ver* Abel-mizraim), 32 (C3)
Atalia, 110 (A2), 111, 114, 116
+Atarot **(F9)**
Atenas, 20 (A2), 21, 23, 26, 86, 87, 98, 106, 111, 112, 113, 114, 116
Atlit, 24 (B1)
Aturia, 86 (C2)
Auranítide, 6 (C2), 100
+Ava, 81 (C2)
Avaris (*Ver* T. ed-Daba y Raamsés), 33 (A2), 34
Avdat, 24 (A4)
Aveos, 42 (A4), 43
Azeca **(C9)**, 12, 24, 36, 54, 56, 57, 67, 69, 76, 77, 78, 80, 85
Azerbaiyán, 23 (E1)
Azor, 24 (A2)
Azoto (*Ver* Asdod [ciudad]), 6 (A3), 24, 88, 90, 91, 92, 104, 107, 108, 115
Azoto Paralius, 90 (A3)
Azu (*Ver* T. Hadidi), 23 (D2)
Baal Hazor, 18 (B3)

Baal-peor **(F8)**, 37
+Baal-perazim, 60 (B2)
+Baala, 40 (B4)
+Baalat, 40 (B3)
+Baalat-beer (*Ver* T. Malhata) **(D11)**
Baalbek (*Ver* Heliópolis [Líbano]), 2 (A2), 3, 4, 23, 25, 117
Babilonia [ciudad] [Egipto], 116 (E4)
Babilonia [ciudad] [Mesopotamia], 20 (C2), 21, 23, 25, 26, 28, 29, 63, 70, 75, 79, 81, 82, 86, 87, 98, 106
Babilonia [país], 2 (C3), 28, 79, 81, 86, 87
Baca, 6 (B2)
Bactra, 87 (E2)
Bactria, 86 (F2), 87
Badra (*Ver* Der), 23 (E3)
Bagdad, 2 (B2)
Bahçe, 89 (C1)
Bahréin, 23 (F4)
Bahriyat (*Ver* Isin), 23 (E3)
+Bahurim, 61 (B3)
Baja Galilea, 8 (B2), 14, 107
Bajo Egipto, 34 (A1), 31, 83
Balawat (*Ver* Imgur-Bel), 23 (E2)
Basán, 4 (B2), 5, 8, 36, 42, 43, 68
Batanea, 6 (C2), 100, 101, 115
Batira, 100 (B2)
Bavian, 79 (C1)
+Beer-lajai-roi, 30 (A3), 31
Beer-resisim, 24 (A4)
+Beerot **(D8)**, 38
Beerseba **(C11)**, 3, 4, 5, 6, 8, 9, 16, 17, 19, 24, 27, 30, 31, 32, 34, 35, 40, 42, 43, 44, 45, 56, 58, 61, 62, 64, 65, 66, 67, 68, 72, 74, 76, 77, 78, 80, 83, 84, 85, 88, 92, 99, 100, 101, 118
Behistún, 79 (C1), 86
Beirut, 3 (A3), 4, 66, 117
Beit Alfa, 24 (B2)
Beit Yerah (*Ver* Filoteria), 14 (B4), 24
Beit Zabde, 116 (F3)
+Belén [Galilea], 40 (B2), 65
Belén [Judá] **(D9)**, 6, 24, 27, 32, 37, 38, 40, 42, 43, 45, 46, 53, 54, 56, 57, 58, 60, 65, 66, 67, 69, 83, 85, 91, 100, 101, 103, 104, 105, 117
Belén [Siria], 89 (C2)
Bélgica, 98 (A1), 116
Belvoir, 24 (B2)
Bene Berac, 24 (A2)
Beni Hasan, 23 (B4)
Benjamín, 40 (B3), 41, 45, 52, 53, 65, 84
Berea, 106 (A1), 111, 112, 116
Berenice, 106 (A2)
Berenice-Pella, 90 (C2)
Beritos, 106 (B1)

+Berotai, 61 (C1), 84
+Beser **(G8)**, 40, 41, 42, 43, 45
Bet Shearim, 24 (B1)
+Bet-anat **(E2)**, 38, 40, 42, 43, 45, 50, 56
Bet-aram **(F8)**
+Bet-arbel **(G4)**, 76, 77
+Bet-bara, 51 (A2), 101
Bet-dagón **(C7)**
+Bet-eked, 71 (A2)
Bet-gilgal, 85 (C1)
Bet-guvrin **(C9)**, 107
Bet-hagan (*Ver* Yenín), 32 (B2), 59, 71
Bet-haquerem, 78 (B3), 80, 85
Bet-hogla, 40 (C3)
Bet-horón (*Ver* Bet-horón de abajo y Bet-horón de arriba), 41 (B3), 85, 92
Bet-horón de abajo **(D8)**, 46
Bet-horón de arriba **(D8)**, 5, 27, 38, 40, 44, 46, 54, 60, 64, 65, 69, 91
Bet-jesimot **(F8)**
+Bet-nimra **(F8)**, 40, 52, 65
Bet-peor, 36 (A3)
Bet-rehob, 61 (C1)
Bet-sán (*Ver* Escitópolis) **(F4)**, 5, 6, 8, 9, 10, 16, 17, 19, 24, 25, 27, 30, 32, 35, 38, 40, 42, 43, 44, 45, 47, 50, 51, 54, 56, 59, 61, 62, 65, 66, 68, 71, 76, 77, 78, 80, 105, 118
+Bet-semes [Galilea] **(E2)**, 42, 43
Bet-semes [Sefela] (*Ver* Har-heres) **(C8)**, 12, 24, 42, 43, 49, 53, 54, 56, 57, 64, 65, 67, 69, 78, 80
+Bet-sita, 51 (B2)
Bet-sur **(D9)**, 24, 38, 40, 56, 67, 78, 80, 85, 91, 92
Betania **(E9)**, 103, 104
+Betania más allá del Jordán, 101 (C1)
Betel **(D7)**, 5, 24, 27, 31, 32, 35, 37, 38, 40, 42, 43, 44, 45, 46, 47, 48, 51, 52, 53, 54, 56, 65, 66, 68, 69, 72, 73, 78, 85, 91, 104, 115, 117
+Betenabris, 115 (B3)
Betogabris (*Ver* Bet-guvrin), 107 (B3), 115, 117
Betsaida **(F3)**, 14, 24, 92, 100, 102, 103, 104, 117
Betsaida-Julius, 14 (C1)
+Betul, 40 (B4)
Beycesultan, 23 (B1)
Bezec **(E5)**, 42, 43, 54
+Bezemot, 115 (B3)
Bezeta, 94 (B1), 95, 96
Biblos, 4 (B1), 23, 25, 30, 35, 62, 66, 70, 75, 79, 81, 82, 84, 108, 112, 117
Birs Nimrud (*Ver* Borsippa), 23 (E3)
Bit-Adini, 79 (B1), 81
Bit-Dakkuri, 79 (C2)
Bit-Yakin, 79 (C2)

Bitinia, 87 (B1), 106, 114

Bitinia & Ponto, 98 (C2), 111, 112, 116

Bizancio (Ver Constantinopla y Estambul), 82 (A1), 86, 98, 106, 111, 112, 113, 116

Bogazkoy (Ver Hatusa), 23 (C1)

Bona (Ver Hipona), 98 (B2)

Borsippa (Ver Birs Nimrud), 23 (E3)

Boses, 55 (B2)

Bósforo [estrecho], 26 (D2)

Bósforo [provincia], 98 (C1), 116

Bosque de Efraín, 61 (C2)

Bosque de Haret, 58 (B2)

Bosra (F14), 24, 27, 40, 42, 43, 45, 47, 56, 61, 65, 66, 78, 80

Bostra, 117 (C3)

Botsuana, 13 (A4)

Brital, 4 (B1)

Britania, 98 (A1), 116

Brundisio, 26 (C2), 98

Bubastis (Ver T. Basta), 34 (A2), 106

Bucéfala, 87 (F3)

Buculon Polis, 90 (B2)

Buenos Puertos, 112 (A3), 113

Bujará, 87 (E2)

Burundi, 13 (A3)

Cabo Chelidonia, 63 (E2)

Cabo de Salmón, 113 (B2)

+Cabseel, 40 (B4)

Cabul [Afganistán], 87 (F2)

Cabul [Israel] (D3), 24, 40, 65

+Cademot (G9), 40, 41

Cades (Ver Cades del Orontes), 3 (B2), 30

Cades del Orontes (Ver Cades), 23 (C2), 62

Cades-barnea (Ver En-mispat) (A15), 4, 5, 24, 31, 34, 35, 62, 64, 66, 74, 83, 84

Cádiz (Ver Gades), 63 (A2), 98

Caesarea Augusta, 98 (A2)

Cafartobas, 115 (A3)

Cafira, 38 (C1)

Caftorim, 29 (B1)

Cagliari (Ver Caralis), 98 (B2)

Cala (Ver Nimrud), 23 (E2), 28, 29, 30, 70, 75, 82

Calcedonia, 111 (B1), 116

Caldea, 81 (C2), 82

Callirrhoe, 15 (B2), 24, 100, 101

Camino a Jericó, 27 (B3)

Camino a la tierra de los filisteos (Ver Camino de Horus), 33 (A2), 34

Camino a Moab, 27 (C4)

Camino a Shur, 33 (B2), 34

Camino de Beerseba, 27 (B4)

Camino de Horus (Ver Camino a la tierra de los filisteos), 33 (A2), 34

Camino de la costa, 27 (B2)

Camino del Arabá, 27 (B4)

Camino del desierto, 27 (C4)

Camino del mar, 27 (B1)

Camino del valle de Aco, 27 (B1)

Camino del valle de Guvrin, 27 (B3)

Camino del valle de la Becá, 27 (C1)

Camino del valle de Sorec, 27 (B3)

Camino del valle tectónico, 11 (C1), 27

Camino Jope-Ammán, 27 (B3)

Camino lateral de Efraín, 11 (A1), 27

Camino montañoso central, 11 (B2), 27

Camino Real, 3 (B4), 5, 6, 27, 34, 42, 43, 64, 66

Camino Real Persa, 86 (B2)

+Camón, 45 (C2)

Caná (E3), 102, 103, 104

Canaán, 2 (A2), 29

Canata, 6 (C2), 100, 117

Cannae, 98 (B2)

Capadocia, 86 (B2), 98, 106, 110, 111, 112, 113, 116

Capernaúm (F3), 5, 6, 14, 24, 27, 35, 40, 44, 80, 101, 102, 103, 104, 105, 108, 117

Capitolias, 117 (B3)

Caralis (Ver Cagliari), 98 (B2)

+Carca (A14)

Caria, 87 (A2), 111, 112, 114

Carmania, 86 (E3), 87

Carmel (D10), 58

Carmona, 63 (A1)

Carquemis, 3 (C1), 23, 25, 28, 30, 70, 75, 79, 81, 82

Cartago, 26 (B3), 63, 98, 116

+Cartán, 41 (C1)

Casitas, 28 (B3)

Casluhim, 29 (B1)

Çatal Hüyük, 23 (C1)

Cauda, 113 (B2)

Cedes (F1), 6, 24, 27, 39, 40, 41, 42, 43, 45, 50, 56, 61, 65, 66, 68, 76, 77, 78, 80, 92, 100, 102

+Cedes-neftali, 45 (C1), 50

Celenae, 87 (A2)

Cencrea, 111 (A2), 112

Cerdeña, 26 (B2), 63, 98, 116

Cesarea (Ver Torre de Estratón) (C4), 6, 8, 24, 92, 99, 100, 101, 104, 106, 107, 108, 110, 111, 112, 113, 115, 117

Cesarea de Filipo (F1), 6, 24, 27, 102, 103, 105, 108, 117

Cesarea Mauritania, 26 (B3), 98, 116

Cesarea Mazaca, 106 (B1), 110, 111, 112, 116

Charax, 87 (C3)

Chenoboskion, 23 (C4)

Chipre, 2 (A2), 3, 13, 23, 25, 26, 30, 62, 63, 75, 79, 82, 86, 87, 98, 106, 108, 110, 111, 112, 113, 116

Choga Mami, 23 (E2)

Chorasmia, 86 (E1), 87

Chuga-Zanbil, 23 (F3)

Cicilia, 86 (B2), 98, 108, 110, 111, 112, 116

Cimerios, 82 (B1)

Cineret, 39 (C2), 40

Cipro, 6 (B3), 15, 100, 115

Cirenaica, 98 (C3), 106, 112, 113, 116

Cirene, 26 (D3), 86, 87, 98, 106, 113, 116

Cirta (Ver Constantina), 98 (B2), 116

Cisjordania, 118 (B2)

Cízico, 114 (C1)

Cnosos, 23 (A2), 116

Coa, 63 (E1), 75, 82

Cochaba, 117 (B3)

Colina Noroccidental, 93 (A2)

Colina Nororiental, 93 (B1)

Colina Occidental, 96 (B3)

Colina Oriental, 96 (B3)

Colina Suroccidental, 93 (A3), 96

Colina Suroriental (Ver Sión), 93 (B3)

Colonia, 116 (B1)

Colosas, 86 (B2), 112, 114, 116

Cólquida, 98 (D2)

Columna de Jonás, 89 (C2)

Comagene, 86 (B2), 106, 108, 110, 111, 112

Constantia, 116 (B1)

Constantina (Ver Cirta), 98 (B2)

Constantinopla (Ver Bizancio), 116 (D2)

Corazín (F2), 14, 24, 102, 103

Córcega, 26 (B2), 63, 98, 116

Cordillera de los montes Tauro (Ver Mtes. Tauro), 25 (B1)

Cordillera del Himalaya, 1 (E2)

Córdoba, 98 (A2), 116

Corea, 115 (B2)

Corinto, 106 (A1), 111, 112, 114, 116

Cos, 111 (B2), 112, 114

Cotieo (Ver Kütahya), 110 (A1), 111, 114

Cresta Hazera, 4 (B4)

Creta, 23 (A2), 26, 63, 86, 87, 98, 106, 111, 112, 113, 116

Ctesifonte (Ver Opis), 23 (E3), 86, 98, 106

Cuenca de Aco (Ver Llanura de Aco), 10 (A1)

Cuenca de Quislot, 10 (B2)

Cuenca del Tarim, 1 (E2)

Cuenca Somalí, 1 (D4)

Cuesta de Sis, 68 (B4)

Cueva de las Letras, 24 (B3)

Cuevas de Murabbaat, 24 (B3)

Cuevas del Carmelo, 24 (B1)

+Cun, 61 (C1)

Cunaxa, 86 (C3)

Cus, 29 (B2)

Cuta (Ver T. Ibrahim), 23 (E3), 81

Dacia, 98 (C1), 116

Dafne (Ver Tafnes y T. Defene), 33 (B2), 83

Dahab, 34 (D4)

Dalmacia (Ver Ilírico), 98 (B1), 116

Dalmanuta (Ver Tabgha), 14 (A1)

Damasco [ciudad], 2 (A2), 3, 4, 5, 6, 23, 25, 27, 30, 31, 35, 40, 42, 43, 56, 61, 62, 66, 68, 70, 72, 74, 75, 76, 77, 78, 79, 80, 81, 82, 84, 86, 87, 88, 98, 99, 100, 105, 106, 108, 110, 111, 112, 116, 117, 118

Damasco [provincia], 78 (C1)

Damgan, 86 (D2), 87

Dan [ciudad] (Ver Lais) (F1), 3, 5, 8, 9, 16, 17, 19, 24, 25, 31, 35, 40, 42, 43, 45, 56, 61, 62, 65, 66, 78, 84

Dan [tribu], 40 (B3), 41, 84

Darb el-Hajj, 34 (C2)

Dardanelos (Ver Helesponto), 26 (D2)

Dasht-e Kavir (Ver Desierto Salado), 1 (D2)

+Datema, 92 (C1)

Debeltum, 116 (D2)

+Debir (D10), 38, 41, 42, 43, 45, 78

Decápolis, 6 (B2), 100, 102, 103, 104, 105

Dedán, 29 (B2), 86

Deir el-Balah, 24 (A3)

Deir ez-Zor, 2 (B2)

Delfos, 86 (A2), 87, 106, 111, 112

Delta del Nilo, 33 (A1)

Demos Seléucida (Ver Gaza), 90 (A4)

Depresión Beerseba-Zered, 3 (A4)

Depresión Trípoli-Homs-Palmira, 2 (A2), 3

Der (Ver Badra), 23 (E3), 28, 82, 86

Derbe, 25 (B1), 86, 106, 110, 111, 112, 116

Desierto de Arabia, 1 (C3), 2, 23, 26, 28, 29, 30, 63, 70, 75, 79, 82, 86, 87, 98, 106, 108, 116

Desierto de Beerseba, 72 (A4)

Desierto de Cademot, 4 (C4)

Desierto de Gobi, 1 (F2)

Desierto de Judá (Ver Jesimón y Desierto de Judea), 54 (B3), 58, 67

Desierto de Judea (Ver Jesimón y Desierto de Judá), 8 (B3), 15

Desierto de Maón, 58 (B3)

Desierto de Parán, 5 (A4), 31, 34

Desierto de Shur, 31 (B4), 34, 83

Desierto de Sin, 34 (C3)

Desierto de Siria, 1 (C2), 2

Desierto de Zif, 58 (B2)

Desierto de Zin, 4 (A4), 34, 35, 42, 43, 83

Desierto del Sahara, 1 (B3), 25, 26, 29, 63, 82, 106, 116

Desierto Oriental, 2 (A3), 3, 5, 7, 23, 25, 30, 31, 40, 42, 43, 53, 56, 61, 62, 65, 66, 72, 74, 76, 77, 78, 98, 100

Desierto Salado (Ver Dasht-e Kavir), 1 (D2)

Dibón (G10), 5, 24, 27, 31, 34, 36, 40, 42, 43, 45, 52, 56, 65, 66, 78

Dídima, 86 (A2)

Dimona, 118 (B3)

+Dión, 6 (B2), 92, 100

Dionysias (Ver Soada), 117 (C3)

Dirraquio, 26 (C2), 98

Docus, 92 (C3), 100

Dokós, 63 (D1)

Domo de Galaad, 18 (C2)

Dor [ciudad] (C4), 6, 24, 27, 39, 40, 42, 43, 44, 45, 50, 56, 63, 65, 66, 76, 77, 78, 92, 100

Dor [provincia], 78 (A2), 85

Dora, 88 (A2), 90, 104

Dorylaeum, 110 (A1), 111

Dotán (D5), 24, 27, 32, 40, 54, 59, 63, 72

Drangiana, 86 (E3), 87

Drehem (Ver Sillush-Dagan), 23 (E3)

Duma, 25 (C3), 86, 98

Dur-Kurigalzu (Ver Aqarquf), 23 (E2), 28, 70, 79

Dur-Sarrukin (Ver Jorsabad), 23 (E2)

Dura-Europos (Ver Salihiya), 23 (D2), 98, 106, 116

Daberat (E4), 40, 41, 50, 65

+Ebenezer (C7), 53

Eber, 29 (C1)

Ebla (Ver T. Mardik), 23 (C2), 25, 30, 70, 79

Ecbatana (Ver Acmeta), 23 (F2), 81, 82, 86, 87, 98, 106

Ecrón (Ver Acarón) (C8), 5, 12, 27, 31, 38, 40, 42, 43, 44, 47, 53, 54, 56, 57, 58, 67, 68, 69, 72, 76, 77, 78, 85, 91, 92

Edesa, 106 (C1), 116

Edom, 4 (B4), 5, 15, 34, 36, 40, 42, 43, 45, 47, 56, 61, 62, 65, 66, 76, 77, 78, 80, 84

Edrei (Ver Adraa), 4 (B2), 5, 6, 36, 40, 42, 43, 56, 66, 100, 117

Éfeso, 23 (B1), 25, 26, 86, 87, 98, 106, 111, 112, 113, 114, 116

Efraín [Manasés] (Ver Ofra [Manasés]), 104 (B3)

Efraín [tribu], 40 (B3), 41, 51, 53, 84

Egipto, 13 (A1), 23, 63, 86, 87, 98, 106, 113, 116, 118

+Eglón (C10), 12, 32, 38, 40, 42, 43, 57, 67

Eilat, 118 (B4)

Ekalatum, 75 (B2), 82

El Arish, 118 (A3)

El Cairo, 13 (A1), 20, 21

El-parán, 31 (D4)

Elam [descendiente de Sem], 29 (C1)

Elam [región], 2 (C3), 28, 75, 81, 82, 106

Elat (Ver Ezión-geber), 64 (A4), 74

+Elcos, 73 (B2)

Elefantina (Ver Yeb), 83 (recuadro), 86, 87, 106

Elisa, 29 (B1)

Ellipi, 75 (C2), 79

+Elteque, 41 (B3)

+Eltolad, 40 (B4)

Emar (Ver T. Meskene), 23 (D2), 25, 28, 30, 70

Emaús (C8), 24, 27, 85, 91, 92, 100, 103, 104, 105, 107, 115, 117

Emerita, 26 (A2)

Emesa, 86 (B3), 87, 108

Emitas, 31 (E3)

Ein Gev, 14 (C3)

Ein Gofra, 14 (C3)

En Hazeva, 74 (B3)

En Qadeis, 74 (A4)

En-gadi (E10), 8, 9, 15, 16, 17, 19, 24, 38, 40, 42, 43, 56, 58, 67, 68, 74, 80, 85, 92, 118

En-ganim, 40 (B2), 41

En-hada, 40 (C2), 65

En-karim, 101 (C2)

+En-rimón (B7), 41, 56, 65

En-mispat (Ver Cades-barnea), 31 (D4)

+Enaim, 32 (B3)

Endor (E4), 40, 42, 43, 45, 50, 51, 54, 56, 59

Enkomi, 23 (C2)

+Enón, 6 (B2), 101

Erec (Ver Uruk), 29 (C1)

Eridu (Ver Abu Sahrein), 23 (E3)

Eritrea, 13 (A2)

Erzerum, 25 (C1)

Esbus (Ver Hesbón), 92 (C3), 100, 104, 117

+Geba-shemen, 44 (B1)

Escitas, 82 (C1)

Escitópolis (Ver Bet-sán y Nisa), 6 (B2), 27, 90, 92, 99, 100, 101, 104, 105, 107, 108, 115, 117

España, 63 (A1)

Esparta, 86 (A2), 87, 98, 106, 111, 112, 114, 116

Estambul (Ver Bizancio), 82 (A1), 111, 112, 113

Estaol (C8), 12, 49

Estemoa (D10), 24, 40, 41, 56

Estepa Litani-Dan, 3 (A3)

Etam, 67 (A1)

Etiopía, 13 (B2), 63

Eubea, 63 (D1), 111, 112, 114

Europa, 1 (B1)

+Ezem, 40 (B4)

Ezión-geber (Ver Elat) (C20), 5, 23, 25, 30, 34, 62, 63, 64, 74, 75, 82

Faselis [Caria], 87 (A2)

Faselis [Judea], 100 (B3)

Fasis, 86 (C1)

Fenice, 113 (B2)

Fenicia, 5 (B1), 6, 39, 42, 43, 56, 62, 65, 66, 72, 74, 76, 77, 79, 92, 99, 100, 102, 103, 105, 108, 110, 111, 112, 115

Festos, 23 (A2)

Filadelfia [Jordania] (Ver Ammán y Rabá), 6 (B3), 90, 92, 100, 108, 117

Filadelfia [Turquía], 25 (A1), 112, 114

Filipos, 106 (A1), 111, 112, 116

Filistea (Ver Llanura filistea), 5 (A2), 42, 43, 47, 53, 54, 56, 57, 58, 61, 65, 66, 67, 68, 72, 73, 74, 76, 77, 78, 80, 84, 92

Filomelium, 110 (A1), 111

Filoteria (Ver Beit Yerah), 14 (B4), 90

Formentera, 63 (B1)

Foro de Apio, 113 (A1)

+Fortaleza de Tiro (Ver Ushu), 61 (B2)

Franja de Gaza, 118 (A4)

Frigia, 75 (A1), 86, 106, 110, 111, 112, 114, 116

Fut, 29 (B1)

Gab, 3 (B1)

Gabae (Ver Isfahán), 86 (D3), 87

Gabaón (D8), 24, 37, 38, 40, 41, 42, 43, 44, 45, 46, 60, 65, 68, 78, 83, 85

Gad, 40 (C2), 41, 51, 61, 84

Gadara [Decápolis] (Ver Antioquía Seleucia) (F4), 6, 24, 90, 92, 100, 102, 103, 104, 117

Gadara [Perea], 6 (B3), 92, 100, 115

Gades (Ver Cádiz), 98 (A2)

Galaad, 4 (B3), 5, 8, 39, 52, 54, 56, 61, 65, 68, 72, 76, 77, 78, 80, 84, 92

Galacia, 98 (C2), 106, 110, 111, 112, 113, 116

Galilea, 5 (B1), 6, 39, 68, 73, 76, 77, 90, 92, 99, 100, 101, 102, 103, 104, 105, 115

Gamala (G2), 24, 92, 102, 115

Gandara, 86 (F3)

Garis, 115 (B1)

Gat (C9), 12, 38, 40, 42, 43, 47, 53, 54, 56, 57, 58, 60, 61, 62, 65, 66, 67, 68, 69, 74, 76, 77, 78, 85

Gat-hefer (E3), 73, 74

+Gat-rimón (B7), 41, 56, 65

Gaugamela, 87 (C2)

Gaulanítide, 6 (B1), 100, 102, 105

Gaza (Ver Demos Seléucida) (A10), 2, 3, 4, 5, 6, 8, 9, 16, 17, 19, 24, 25, 27, 31, 34, 35, 38, 40, 42, 43, 44, 45, 47, 56, 57, 58, 61, 62, 65, 66, 68, 74, 75, 76, 77, 78, 79, 80, 82, 83, 84, 85, 87, 88, 90, 92, 100, 101, 107, 108, 116, 118

Gazru (Ver Gezer), 91 (B2)

Geba (E9), 41, 46, 53, 55, 67, 85

Gebae, 100 (A2)

+Geder (A2), 43

Gedrosia (Ver Maka), 86 (E4), 87

Gehena (Ver Valle de Hinom), 96 (B4)

Genesaret (F3), 14, 92, 102, 103

Geoy Tepe, 23 (E1)

Gerar (B10), 27, 31, 32, 40, 42, 43, 44, 56, 65, 68, 92

Gerasa [Jordania] (Ver Antioquía del Crisorroas) (G6), 6, 24, 40, 88, 90, 92, 100, 104, 117

+Gerasa [Samaria], 115 (B2)

Gergesa (Ver Kursi) (F3), 14, 102, 103

Gergesenos, 102 (C2)

Gergeseos, 29 (recuadro)

Germania, 98 (B1), 116

Gesur, 42 (C1), 43, 54, 56, 61, 65

Getsemaní, 94 (C2), 95

Gezer (Ver Gazru) (C8), 12, 24, 27, 38, 40, 41, 42, 43, 44, 47, 53, 56, 57, 60, 61, 62, 64, 65, 66, 67, 68, 69, 76, 77, 78, 85, 91, 92

Gibetón (C8), 12, 40, 41

Gibraltar, 63 (A2), 98

+Gilgal [de Saúl] (D7), 54, 72, 73

+Gilgal [valle del Jordán] (E8), 37, 38, 40, 45, 47, 48, 53, 54, 56, 73

Ginae (E5), 104

Giscala, 92 (C1), 115

+Gitaim (C8), 40, 85

Givat Hananya (Ver Monte del Mal Consejo), 96 (A4)

Gnido, 113 (B2), 114

Gobekli Tepe, 23 (D2)

Gofna (D7), 91, 92, 115

Golán [ciudad], 40 (C2), 41, 42, 43, 45, 56, 65

Golán [región] (Ver Altos del Golán), 14 (C2)

Golfo de Adén, 13 (B2), 29, 63

Golfo de Alejandreta, 89 (C2)

Golfo de Antalya, 63 (E2)

Golfo de Aqaba (C20), 5, 31, 34, 62, 64, 118

Golfo de Bengala, 1 (E3)

Golfo de León, 26 (B2)

Golfo de Suez, 31 (B4), 34, 83

Golfo de Tonkín, 1 (F3)

Golfo Pérsico, 1 (C2), 2, 13, 20, 21, 23, 25, 26, 28, 29, 63, 75, 82, 86, 87, 98, 106, 116

Gomer, 29 (B1)

Gordio, 23 (B1), 25, 86, 87, 110, 111, 112

Gortina, 86 (A3), 106, 116

Gosén, 33 (A2), 31, 34

Gozán [ciudad], 75 (B2), 81, 82

Gozán [región], 79 (B1)

Gran Camino Comercial, 3 (B1), 5, 6, 10, 12, 27, 42, 43, 57, 64, 66, 85, 90

Gran Lago Amargo, 33 (B3), 34, 83

Grecia, 23 (A1), 106

Guibeá (D8), 46, 54, 55, 56, 57, 58, 62, 65, 78

Guiza, 23 (B3)

Guti, 28 (B2)

Hadera, 24 (B2), 118

Hadrumetum, 116 (C3)

HaHoterim, 63 (recuadro)

Hai (E9), 24, 31, 37, 38, 42, 43, 85

Haifa, 118 (B1)

Hala el-Bedr, 34 (E4)

+Halah, 81 (B1)

Halicarnaso, 26 (D3), 114

Haluza, 24 (A4)

+Ham, 31 (E1)

Hamat [Galilea] (F3), 14, 41, 56, 65

+Hamat [Mesopotamia], 81 (C2)

Hamat [región], 62 (B1), 79, 84

Hamat [Siria], 23 (C2), 25, 30, 62, 63, 70, 75, 79, 81, 82, 86, 108

+Hamat [valle del Jordán], 44 (C2)

Hamat Gader, 24 (C1)

Hamateos, 29 (B1)

Hanatón (E3), 40, 56, 65

HaOn, 14 (C4)

Har-heres (Ver Bet-semes [Sefela]), 42 (B3), 43

+Hara, 81 (C1)

Harán, 2 (B2), 25, 28, 30, 63, 70, 75, 79, 81, 82, 86

Harmozia, 87 (D4)

Haroa, 74 (B3)

Harod, 51 (A1)

+Haroset-goim, 42 (B2), 43, 50
Hasanlu, 23 (E2)
Hatusa (Ver Bogazkoy), 23 (C1), 25
Haurán, 78 (C2)
Havila [descendiente de Cam], 29 (C2)
Havila [descendiente de Sem], 29 (C2)
Havot-jair, 65 (B2)
Hazar-adar **(A14)**, 34, 35, 64
Hazar-mavet, 29 (C2)
+Hazar-sual, 40 (B4)
Hazor **(F2)**, 24, 25, 27, 30, 31, 35, 39, 40, 42, 43, 44, 50, 56, 61, 62, 64, 65, 66, 68, 70, 76, 77, 78, 79, 80, 81, 99, 100
Hebrón (Ver Mamre) **(D10)**, 6, 8, 27, 31, 32, 34, 35, 38, 40, 41, 42, 43, 44, 45, 47, 56, 57, 58, 61, 64, 65, 66, 67, 68, 74, 76, 77, 78, 80, 85, 88, 91, 92, 100, 101, 107, 115, 118
+Hefer, 42 (B2), 43, 65
Heitela, 4 (B1), 84
+Helam, 61 (C2)
+Helcat, 40 (B2), 41
Helesponto (Ver Dardanelos), 26 (D2), 114
Helópolis [Egipto] (Ver On), 30 (recuadro), 31, 34, 83, 86
Heliópolis [Líbano] (Ver Baalbek), 117 (C1)
Hellás, 87 (A2)
Heraclea, 98 (C1), 106
Heracleópolis, 106 (B2)
Herodión, 6 (B3), 15, 24, 92, 100, 115
Hesbón (Ver Esbus) **(G8)**, 5, 24, 27, 34, 36, 40, 41, 42, 43, 44, 45, 52, 56, 65, 66, 78, 92, 104, 117
Het, 29 (B1)
Heveos, 29 (recuadro)
Hieracómpolis, 23 (C4)
Hierápolis, 114 (C2), 116
Hilla, 106 (C2)
Hindush (Ver India), 86 (F4)
Hipona (Ver Bona), 98 (B2)
Hippos (Ver Antioquía [Decápolis] y Susita) **(F3)**, 6, 14, 24, 90, 92, 100, 102, 117
Hircania [ciudad], 6 (B3), 99, 100
Hircania [región], 86 (D2), 87
Hishuley Carmel, 63 (recuadro)
Hispalis, 116 (A3)
Hispania, 98 (A2), 116
Hititas, 29 (recuadro)
Hittin, 24 (B1)
Hof Dor, 63 (recuadro)
+Holón, 41 (B3)
Homs, 23 (C2)
Horeos, 31 (E3)
+Hores, 58 (B2)
+Horma (Ver T. Masos) **(C11)**, 42, 43, 40, 56
+Horonaim **(F12)**
Horvat Uza, 64 (B3)
Huelva, 63 (A2)
Hul, 29 (C1)
Hurritas, 30 (B1)
Iberia, 98 (D2)
Ibleam **(E5)**, 27, 40, 41, 42, 43, 54, 56, 59, 65, 66, 71
Icaria, 114 (B2)
Iconio, 25 (B1), 86, 106, 110, 111, 112, 116
Idumea, 6 (A4), 85, 90, 91, 92, 99, 100, 101, 105, 107, 115
+Ije-abarim **(G13)**, 34
Ijón, 40 (C1), 56, 61, 65, 76, 77
Ilírico (Ver Dalmacia), 98 (B1), 116
Ilium, 114 (B1)
Imbros, 111 (A1), 112, 114
Imgur-Bel (Ver Balawat), 23 (E2)
India (Ver Hindush), 86 (F4), 87
Ionópolis, 116 (E2)
Irak, 13 (B1), 23
Irán, 13 (B1), 23
Irbid, 24 (C2)
Irón **(E2)**, 24, 40, 65
Isacar, 40 (B2), 41, 50, 65, 84

+Isana, 99 (A2)
Isfahán (Ver Gabae), 86 (D3), 87
Isin (Ver Bahriyat), 23 (E3)
Iskenderun (Ver Alejandreta), 89 (C2)
Islas Baleares, 26 (B2), 63, 98, 116
Islas Cícladas, 63 (D1), 98, 112, 114
Ismailia, 34 (B2)
Israel, 13 (A1), 23, 66, 70, 74, 76, 77
+Isus, 25 (B2), 86, 87, 108, 110, 111, 112
Itabirio, 90 (B2)
Italia, 63 (C1), 98, 106, 113, 116
Iturea, 6 (B1), 92, 100
Izalla, 79 (B1), 81, 82
Izbet Sartah, 24 (B2)
J. Abu Hassa, 33 (B3)
J. al-Lawz, 34 (D4)
J. Ayrukabba, 11 (B2)
J. Baqir, 34 (D3)
J. Druzo, 3 (B3)
J. el-Kabir, 11 (B1)
J. el-Qurein, 11 (B2)
J. el-Urema, 11 (B2)
J. en-Ena, 11 (B2)
J. Helal, 34 (C2)
J. Hureish, 11 (B1)
J. Huwara, 11 (A2)
J. Karkom, 34 (D2)
J. Katarina, 34 (C4)
J. Khanzira, 18 (C4)
J. Kharif, 34 (D2)
J. Magara, 34 (C2)
J. Manifa, 34 (D4)
J. Munif, 6 (B2)
J. Murr, 33 (B3)
J. Musa, 34 (C4)
J. Rahwat, 11 (B2)
J. Serbal, 34 (C4)
J. Sheikh Bilal, 11 (B1)
J. Sin Biser, 34 (B3)
J. Tammun, 11 (B1)
J. Umm ed-Darraj, 18 (C2)
J. Yarmuk, 5 (B1), 6, 8, 18, 42, 43, 50, 101, 102, 103
J. Yeleq, 34 (C2)
+Jabes de Galaad **(F5)**, 40, 42, 43, 45, 52, 54, 56, 59, 65, 66, 76, 77
+Jabneel [Galilea], 40 (C2), 65
Jabneel [Judá], 40 (B3)
Jabnia, 74 (A2)
Jafia, 115 (B2)
+Jahaza **(G9)**, 36, 40, 41, 42, 43
Jamnia **(B8)**, 6, 88, 90, 92, 100, 104, 107, 115, 117
Kh. Mazin (Ver Qasr el-Yahud), 15 (A2)
Kh. Nisya, 37 (A3)
Kh. Qeiyafa, 24 (B3)
Janto, 86 (B2), 87, 114
Jarmo, 23 (E2)
Jarmut [Sefela] **(C9)**, 12, 24, 38, 42, 43, 57, 85
+Jarmut [valle del Jordán], 41 (C2)
Jartum, 13 (A2), 63
Jatir, 41 (B3)
Javán, 29 (B1)
+Jazer **(G7)**, 36, 40, 41, 42, 43, 45, 52, 56, 61, 65, 92
Jebús (Ver Jerusalén), 37 (A3), 56, 58
Jebuseos, 29 (recuadro)
Jehúd, 40 (B3)
Jemdet Nasr, 23 (E3)
Jericó (Ver Jericó [AT] y Jericó [NT]), 5 (B2), 5, 8, 15, 24, 27, 31, 36, 37, 38, 40, 42, 43, 44, 45, 47, 48, 52, 61, 65, 66, 67, 68, 72, 80, 83, 85, 88, 92, 99, 100, 101, 103, 104, 107, 115, 117, 118
Jericó [AT] (Ver Jericó) **(E9)**, 15, 24
Jericó [NT] (Ver Jericó) **(E9)**, 24
Jerusalén (Ver Antioquía, Jebús, y Salem [Judá]) **(D8)**, 3, 6, 8, 9, 15, 16, 17, 19, 20, 21, 24, 25, 26, 27, 30, 34, 35, 38, 40, 42, 43, 44, 46, 53, 54, 57, 58, 60, 61, 62, 63,

64, 65, 66, 67, 68, 69, 70, 73, 74, 75, 76, 77, 78, 79, 80, 81, 82, 83, 84, 85, 86, 87, 88, 90, 91, 92, 93, 94, 95, 96, 97, 98, 99, 100, 101, 103, 104, 105, 106, 107, 108, 110, 111, 112, 113, 115, 116, 117, 118
Jerwan, 79 (C1)
Jesimón (Ver Desierto de Judá y Desierto de Judea), 5 (B2)
Jezreel **(E4)**, 10, 40, 42, 43, 51, 54, 56, 59, 65, 71, 72
Jobab, 29 (C2)
Jocneam **(D4)**, 10, 24, 39, 40, 41, 42, 43, 44, 50, 59, 65, 76, 77
Joctán, 29 (C1)
Jogbeha **(G7)**, 42, 43, 51, 52, 56
Jokha (Ver Umma), 23 (E3)
Jonia, 86 (A2), 87
Jope **(B7)**, 24, 27, 40, 42, 43, 53, 56, 62, 63, 64, 65, 66, 68, 73, 76, 77, 78, 80, 85, 90, 91, 92, 99, 100, 101, 104, 106, 107, 108, 115, 117
Jordania, 13 (A1), 23, 118
Jorsabad (Ver Dur-Sarrukin), 23 (E2), 75
Jotapata **(E3)**, 92, 115
Jotbata, 64 (A4)
Judá, 5 (B3), 8, 40, 41, 52, 53, 65, 66, 67, 73, 74, 76, 77, 78, 79, 80, 83, 84
Judea (Ver Yehuda), 6 (B3), 8, 85, 90, 91, 92, 99, 100, 101, 103, 104, 105, 106, 107, 108, 110, 111, 112
+Julio, 115 (B2)
Juta, 41 (B3)
Kafr Birim, 24 (B1)
Kandahar, 87 (E3)
Kanis (Ver Kültepe), 23 (C1), 25
Karana (Ver T. Rimah), 23 (D2), 28
Karatepe, 23 (C1)
Karim Shahir, 23 (E2)
Karnaim [ciudad], 31 (E1), 74, 76, 77, 78
Karnaim [provincia], 78 (B1)
Karnak, 23 (C4)
Kaska, 75 (A1)
Kayseri, 23 (C1)
Kea, 114 (A2)
Kefar Shamir, 63 (recuadro)
Keila **(C9)**, 57, 58, 85
+Kenat, 5 (C1), 56
Kenia, 13 (A3)
Kermán, 86 (E3)
Kfar Aaqeb, 14 (C1)
Kh. el-Mafjar, 24 (B3)
Kh. el-Maqatir, 37 (A2)
Kh. Iskander, 24 (C3)
Kh. Tannur, 24 (C4)
Kh. Zeitah (Ver T. Zayit), 24 (A3)
Khaluza, 92 (B4)
Khatana, 34 (B2)
+Kibsaim, 41 (B3)
Kimi, 63 (D1)
Kir-hareset (Ver Mizpa de Moab) **(G11)**, 5, 24, 27, 36, 40, 42, 43, 44, 45, 52, 54, 56, 58, 61, 62, 65, 66, 68, 72, 74, 76, 77, 78
Kir-moab, 92 (C4)
Kirkuk (Ver Arrafa), 23 (E2)
Kiryat Arabaya, 15 (A2)
Kiryat Shemona, 24 (B1), 118
Kish (Ver T. Ahmar [Irak]), 23 (E3)
Kisiga (Ver T. Lahm), 23 (E3)
Kisurra (Ver Abu Hatab), 23 (E3)
Kitnos, 114 (A2)
Kulhu, 75 (B1)
Kültepe (Ver Kanis), 23 (C1)
Kumidi, 30 (A2)
Kummuhu, 75 (A1)
Kunlun Shan, 1 (E2)
Kuntillet Ajrud **(A17)**, 23, 74
Kurkh, 70 (B1)
Kurnub (Ver Mamshit), 24 (B4)

64, 65, 66, 67, 68, 69, 70, 73, 74, 75, 76, 77, 78, 79, 80, 81, 82, 83, 84, 85, 86, 87, 88, 90, 91, 92, 93, 94, 95, 96, 97, 98, 99, 100, 101, 103, 104, 105, 106, 107, 108, 110, 111, 112, 113, 115, 116, 117, 118
Kursi (Ver Gergesa), 14 (C2)
Kütahya (Ver Cotieo), 114 (C1)
Kutalla (Ver T. Sifr), 23 (E3)
Kuwait, 23 (E3)
L. Alberto, 13 (A3)
L. Baikal, 1 (F1)
L. Baljash, 1 (D1)
L. Balla, 33 (B2), 34, 83
L. Chad, 1 (B3)
L. de Homs, 3 (B2), 4
L. Eduardo, 13 (A3)
L. Hule **(F2)**, 3, 7, 8, 18, 39, 50, 102, 103
L. Kivu, 13 (A3)
L. Malaui, 13 (A3)
L. Manzala, 33 (A1), 34, 83
L. Seván, 23 (E1), 28
L. Tanganica, 13 (A3)
L. Timsah, 33 (B2), 34, 83
L. Turkana, 13 (A3)
L. Tuz, 7 (A1), 23, 25, 26, 63, 75, 82, 86, 87, 98, 110, 111, 112, 116
L. Urmía, 2 (C1), 23, 25, 26, 28, 63, 75, 79, 81, 82, 86, 87, 98, 116
L. Van, 2 (B1), 23, 25, 26, 28, 30, 63, 75, 81, 82, 86, 87, 98, 116
L. Victoria, 1 (C4), 13
Lagas (Ver Tello), 23 (E3), 25, 28
Lais (Ver Dan [ciudad]), 35 (B2), 45
Lambesis, 116 (B3)
Laodicea [Siria], 26 (E3), 98, 116
Laodicea [Turquía], 25 (A1), 106, 110, 111, 112, 114, 116
Laquis **(C9)**, 12, 24, 38, 40, 42, 43, 44, 56, 57, 67, 68, 75, 76, 77, 78, 80, 83, 85, 88, 107
Larisa, 116 (D2)
Larsa (Ver Senkere), 23 (E3), 25, 28
Lasea, 113 (B2)
Lebaba, 117 (C2)
Lebo-hamat (Ver Lebweh), 35 (B1)
Lebona **(D7)**, 91, 101, 104
Lebweh (Ver Lebo-hamat), 4 (C1), 35, 84
Legio (Ver Meguido [ciudad]), 44 (B1), 92, 102, 104, 105, 115, 117
Lehabim, 29 (B1)
+Lehi, 49 (B2)
Lejjun [Israel], 10 (B2)
Lejjun [Jordania], 24 (C4)
Lemnos, 111 (A1), 112, 114
León, 116 (A2)
Leontópolis, 106 (B2)
Leptis, 116 (C3)
Leptis Magna, 26 (C3), 98
Lesbos, 111 (B1), 112, 114
Levante, 2 (A2)
Leví, 84 (B3)
Líbano, 13 (A1), 23, 118
+Libna **(C9)**, 12, 38, 41, 42, 43, 57, 65
Libia, 23 (A3), 86, 87, 106
Licaonia, 110 (A1), 111, 112
Licia, 110 (A2), 111, 112, 114
Lida (Ver Lod), 91 (B2), 104, 107, 115, 117
Lidia, 75 (A1), 86, 111, 112, 114
Lisán, 15 (A3)
Listra, 25 (B1), 106, 110, 111, 112, 116
Livias, 100 (B3)
Llanura de Aco (Ver Cuenca de Aco), 8 (B2)
Llanura de Alea, 89 (B2)
Llanura de Amuq, 3 (B1), 89
Llanura de Aser, 8 (B1)
Llanura de Betsaida, 14 (C1), 102
Llanura de Dor, 8 (B2)
Llanura de Genesaret, 102 (B2)
Llanura de Isus, 89 (C1)
Llanuras de Moab, 15 (B1), 36, 37
Llanura de Sarón, 8 (B2)
Llanura filistea (Ver Filistea), 8 (B3), 12

Lutecia, 98 (A1)
Luxor, 23 (C4), 25
Lyon, 116 (B2)
Maaca, 42 (C1), 43, 61
+Macaz, 65 (A3)
+Maceda, 38 (C2), 42, 43
Macedonia, 63 (D1), 86, 87, 98, 106, 111, 112, 113, 116
Madagascar, 13 (B4)
Madai, 29 (C1)
Madaura, 116 (B3)
Madián, 34 (D3)
Madrid, 63 (A1)
Magarsa, 89 (B2)
Magdala **(F3)**, 14, 102
Magnesia, 114 (B2)
Magog, 29 (B1)
Maguncia, 116 (B1)
+Mahanaim **(G6)**, 5, 32, 40, 41, 42, 43, 44, 52, 54, 56, 61, 65, 66, 76, 77
Maka (Ver Gedrosia), 86 (E4)
Malata, 6 (A4), 92, 99, 100
Malatya, 23 (D1), 25, 75, 86, 98, 116
Malaui, 13 (A3)
Malli, 87 (F3)
Malta, 26 (C3), 63, 98, 113, 116
Mamre (Ver Hebrón), 24 (B3), 32, 117
Mamshit (Ver Kurnub), 24 (B4)
+Manahat, 81 (A2)
Manai, 79 (C1), 81
Manasés, 40 (B2), 41, 50, 51, 52, 84
Manantial de En-rogel, 93 (B4), 94, 95
Manantial de Gihón, 93 (B3), 94, 97
Manasés oriental, 40 (C1)
Mansuate, 78 (B1)
Maón, 58 (B2)
Maqueronte, 6 (B4), 15, 92, 99, 100, 101, 115
Mar Adriático, 26 (C2), 63, 98, 106, 113, 116
Mar Amarillo, 1 (F2)
Mar Báltico, 1 (B1)
Mar Caspio, 1 (C2), 2, 20, 21, 23, 26, 28, 29, 63, 75, 81, 82, 86, 87, 98, 106, 116
Mar de Arabia, 1 (D3), 29, 86, 87
Mar de Aral, 1 (D1), 86, 87
Mar de China, 1 (F3)
Mar de Galilea **(F3)**, 3, 4, 5, 6, 8, 9, 10, 14, 16, 17, 18, 19, 24, 27, 31, 32, 35, 36, 39, 40, 41, 42, 43, 44, 45, 47, 50, 51, 54, 56, 59, 61, 64, 65, 66, 68, 72, 73, 74, 76, 77, 78, 80, 84, 88, 90, 92, 99, 100, 101, 102, 103, 104, 105, 115, 117, 118
Mar de Mármara, 26 (D2), 111, 112, 114
Mar del Norte, 1 (A1)
Mar Egeo, 23 (A1), 26, 63, 86, 87, 98, 106, 111, 112, 113, 114, 116
Mar Jónico, 26 (C2), 63, 113
Mar Mediterráneo, 1, 2, 3, 4, 5, 6, 7, 8, 9, 10, 12, 13, 16, 17, 18, 19, 20, 21, 22, 23, 24, 25, 26, 27, 29, 30, 31, 32, 33, 34, 35, 38, 39, 40, 41, 42, 43, 44, 45, 47, 50, 53, 54, 56, 57, 58, 61, 62, 63, 64, 65, 66, 68, 70, 72, 73, 74, 75, 76, 77, 78, 79, 80, 81, 82, 83, 84, 85, 86, 87, 88, 89, 90, 91, 92, 98, 99, 100, 101, 102, 103, 104, 105, 106, 107, 108, 109, 110, 111, 112, 113, 115, 116, 117, 118
Mar Muerto **(F9)**, 3, 4, 5, 6, 8, 9, 15, 16, 17, 18, 19, 24, 27, 31, 32, 34, 35, 36, 37, 38, 40, 41, 42, 43, 44, 45, 47, 52, 53, 54, 56, 58, 61, 62, 64, 65, 66, 67, 68, 72, 73, 74, 76, 77, 78, 80, 83, 84, 85, 88, 90, 91, 92, 99, 100, 101, 103, 104, 105, 107, 108, 115, 117, 118
Mar Negro, 1 (C2), 7, 20, 21, 23, 25, 26, 28, 29, 63, 75, 82, 86, 87, 98, 106, 111, 112, 113, 116
Mar Rojo, 1 (C3), 13, 23, 25, 26, 29, 30, 63, 75, 82, 86, 87, 98, 106, 116
Mar Tirreno, 26 (C2), 29, 63, 98, 113, 116
Maracanda (Ver Samarcanda), 87 (E2)
Maratón, 86 (A2)

Maresa (Ver Marisa) **(C9)**, 12, 24, 40, 57, 66, 67, 68, 78, 85, 88, 91
Margiana (Ver Margus), 86 (E2)
Margus (Ver Margiana), 86 (E2)
Mari (Ver T. Hariri), 23 (D2), 25, 28, 30
Marisa (Ver Maresa), 90 (B4), 91, 92, 107
Mas, 29 (C1)
Más allá del río, 86 (B3)
Masada **(E11)**, 6, 15, 24, 58, 85, 92, 99, 100, 101, 115
Massagetae, 87 (E1)
Massalia, 98 (B1)
+Mataná **(G10)**, 36
Mauritania, 98 (A2), 116
+Me-neftoa (Ver Pozos de Neftoa), 44 (B3), 69
Meca, 13 (B2), 63
Medeba **(G9)**, 4, 5, 6, 24, 36, 40, 56, 61, 65, 66, 76, 77, 78, 92, 100, 101, 104
Media, 2 (C2), 28, 75, 79, 81, 86, 87, 106
Media Luna Fértil, 1 (C2)
Mefaat **(G10)**, 36, 41, 42, 43, 52, 56, 65
Meguido [ciudad] (Ver Legio) **(D4)**, 3, 5, 8, 10, 24, 25, 27, 31, 35, 39, 40, 42, 43, 44, 50, 51, 54, 56, 59, 61, 62, 63, 64, 65, 66, 68, 71, 76, 77, 78, 79, 80, 104, 105, 115, 117, 118
Meguido [provincia], 78 (B2)
Menfis (Ver Nof), 23 (B3), 25, 30, 31, 34, 63, 75, 82, 83, 86, 87, 98, 106, 116
Mérida, 116 (A2)
Merinum, 26 (C2), 98
Merom **(E2)**, 24, 39, 40, 42, 43, 50, 76, 77, 92, 102
Mersin, 23 (C2), 30
Mesad Gozal, 15 (A4)
Mesad Hasavyahu, 24 (A2)
Mesec (Ver Moschi), 29 (B1), 86
Meseta de Dafne, 109 (B2)
Meseta de Galaad, 3 (B4)
Meshed (Ver Tesmes), 86 (E2), 87
Mesopotamia, 2 (B2), 106, 116
Mehunim, 74 (A4)
Micmas **(E9)**, 46, 54, 55, 85, 91, 92
Micmetat, 40 (C2)
Midin, 15 (A1)
+Migdal **(C5)**, 32, 44
Migdol, 75 (A3), 83
Mikonos, 114 (B2)
Mileto, 23 (B1), 25, 86, 87, 98, 106, 111, 112, 114, 116
Milos, 114 (A2)
Mira, 113 (B2), 114, 116
Miriandro, 89 (C2)
+Miseal, 32 (B1), 41
Miseno, 26 (C2), 98
Misia, 111 (B1), 112, 114, 116
Misor, 8 (B3), 5, 8, 68
Mitani, 28 (C2)
Mitilene, 112 (B1), 114
Mitzpe Ramón, 118 (B3)
Mizpa [Benjamín] **(D8)**, 24, 40, 42, 43, 46, 53, 54, 55, 65, 67, 69, 73, 78, 80, 83, 85, 91
+Mizpa [Galaad] **(G7)**, 45, 52, 65
Mizpa de Moab (Ver Kir-hareset), 58 (C3)
Mizraim, 29 (B1)
Mmst, 78 (B3)
Moab, 4 (B4), 5, 8, 15, 34, 36, 40, 42, 43, 45, 47, 52, 54, 56, 58, 61, 62, 65, 66, 68, 72, 73, 74, 75, 76, 77, 78, 80, 84
Modein **(C7)**, 91, 92
Moesia, 98 (C1), 116
Monte del Mal Consejo (Ver Givat Hananya), 93 (A4), 96
Monte del Templo, 93 (B2)
Moreset-gat **(C9)**, 12, 24, 67, 73, 78
Moschi (Ver Mesec), 86 (C2)
Motza, 24 (B3)
Mozambique, 13 (A4)
Mte. Akkar, 4 (C1)

Mte. Ararat, 25 (D1), 28
Mte. Atalur, 109 (A1)
Mte. Becá, 8 (B4), 18
Mte. Carmelo, 5 (B1), 6, 8, 10, 18, 27, 35, 42, 43, 50, 63, 66, 72, 76, 77, 88, 99, 100, 101, 102, 103, 105
Mte. Casio, 3 (B1), 109
Mte. de la Ofensa, 94 (C4), 95, 96, 97
Mte. de los Olivos, 18 (B3), 60, 93, 94, 95, 96, 97, 103, 105
Mte. Ebal, 6 (B3), 8, 11, 18, 24, 27, 37, 40, 42, 43, 56, 66, 100, 103, 104, 105
Mte. Escopo, 96 (C1), 97
Mte. Gerizim, 6 (B3), 8, 11, 18, 27, 37, 40, 42, 43, 56, 66, 85, 88, 100, 103, 104, 105, 107, 115
Mte. Gilboa, 8 (B2), 10, 18, 50, 51, 54, 56, 59, 66, 71
Mte. Haurán, 4 (C2), 5, 6, 61, 66, 76, 77, 84, 100
Mte. Hermón, 3 (B3), 4, 5, 6, 8, 9, 16, 17, 18, 19, 27, 31, 35, 36, 40, 42, 43, 56, 66, 76, 77, 88, 99, 100, 105, 118
Mte. Kharif, 4 (A4)
Mte. Kilimanyaro, 13 (A3)
Mte. Makmel, 4 (B1)
Mte. Mneitri, 4 (B1)
Mte. More, 10 (B2), 18, 39, 40, 42, 43, 50, 51, 56, 59, 71, 102, 103
Mte. Moriah (Ver Salem [Judá]), 32 (B3), 54
Mte. Nebo, 5 (B2), 18, 27, 34, 35, 36, 40, 42, 56, 66, 105
Mte. Olimpo, 111 (A1), 112
Mte. Saman, 109 (B2)
Mte. Sannine, 4 (B1)
Mte. Silpio, 109 (B1)
Mte. Sión, 96 (B3), 97
Mte. Sodoma, 15 (A4)
Mte. Staurin, 109 (B1)
Mte. Tabor, 8 (B2), 10, 18, 27, 35, 39, 40, 42, 43, 50, 51, 54, 56, 59, 66, 88, 101, 102, 104, 105, 115
Mte. Teref, 4 (A4)
Mtes. Amanus, 3 (B1), 30, 70, 79, 81, 89
Mtes. Atlas, 1 (A2)
Mtes. de Abarim, 18 (C3)
Mtes. de Benjamín, 18 (B3)
Mtes. de Efraín (Ver Zona montañosa de Efraín), 18 (B2)
Mtes. de Galilea, 18 (B1)
Mtes. de Judea, 18 (B3)
Mtes. de Madián, 5 (B4)
Mtes. de Urartu, 1 (C2), 25
Mtes. de Zawiya, 3 (B1)
Mtes. del Antilíbano, 3 (B3), 4, 18
Mtes. del Cáucaso, 1 (C2), 26, 86, 87, 98, 116
Mtes. del Kurdistán, 1 (C2), 2
Mtes. del Líbano, 2 (A2), 3, 4, 18, 25
Mtes. Elburz, 1 (C2), 2
Mtes. Hindu Kush, 1 (D2), 86, 87
Mtes. Nusariya, 2 (A2), 3
Mtes. Pónticos, 1 (C2), 25
Mtes. Solimán, 1 (D2)
Mtes. Tauro (Ver Cordillera de los montes Tauro), 1 (C2), 2, 7, 30, 81, 89
Mtes. Urales, 1 (D1)
Mtes. Zagros, 1 (C2), 2, 25, 28, 70, 79, 81
Mugayir (Ver Ur), 23 (E3)
Mushku, 81 (A1)
N. Iron (Ver W. Ara), 10 (B3)
N. Jocneam, 10 (A2)
N. Tabor, 10 (C2)
N. Taninim (Ver R. Cocodrilo), 8 (B2)
+Naalal, 41 (B1), 42, 43
+Naarán, 65 (B3)
+Naarat, 40 (B3)
Nabatea, 6 (B3), 85, 87, 90, 92, 98, 99, 100, 101, 108, 110, 111, 112, 115, 116
Nablus, 118 (B2)
Nafot-dor, 39 (A3)
Naftuhim, 29 (B1)

Nag Hammadi, 23 (C4)
Nahariya, 24 (B1), 118
Naín (E4), 102, 103
Nairi, 75 (B1), 79
Nairobi, 13 (A3)
Narbata, 90 (B2)
Naucratis, 116 (E4)
Naxos, 111 (A2), 112, 114
Nazaret (E3), 6, 10, 24, 100, 101, 102, 103, 104, 107, 117, 118
Neápolis [Grecia], 111 (A1), 112
Neápolis [Samaria], 117 (B4)
Nebi Yunis (Ver Nínive), 23 (E2)
Nebo (G8)
Neguev, 5 (B3), 8, 31, 35, 58, 61, 67
Neftalí, 40 (B1), 41, 50, 51, 65, 84
Nehardea, 106 (C1)
Neqb Safa, 4 (B4)
Nessana, 100 (A4)
Netanya, 63 (recuadro), 118
Newe Yam, 63 (recuadro)
Nibsharka, 15 (A2)
Nicea, 111 (B1), 114, 116
Nicomedia, 111 (B1), 116
Nicópolis, 116 (D2)
Nii, 70 (A1)
Nimrud (Ver Cala), 23 (E2)
Ninive (Ver Nebi Yunis), 23 (E2), 25, 28, 29, 30, 70, 75, 79, 81, 82
Nipur, 23 (E3), 28, 75, 79, 81, 106
Nisa (Ver Escitópolis), 90 (B2)
Nisibis, 79 (B1), 106, 116
Nizzana, 24 (A4)
Nob, 53 (C2), 58, 85
Nof (Ver Menfis), 25 (B3), 31, 34, 83
Nora, 63 (C1), 98
Nuhasshe, 70 (B1)
Numeira, 24 (B4)
Numidia, 116 (B3)
Nuweiba, 34 (D3)
Nuzi (Ver Yorgan Tepe), 23 (E2), 28, 70
Obal, 29 (C2)
Océano Atlántico, 1 (A1), 26, 63, 98, 116
Océano Índico, 1 (D4), 13
Ofir, 29 (C2), 63
Ofra [Benjamín] (E7), 54
+Ofra [Manasés] (Ver Efraín [Manasés]), 45 (B2), 51, 104
Olimpia, 26 (D3), 98
Olimpo de Misia (Ver Ulu Dag), 111 (B1)
Ombos, 106 (B2)
On (Ver Heliópolis [Egipto]), 31 (A4), 34, 83
Ono (C7), 85
Opis (Ver Ctesifonte), 23 (E3), 86, 87
Orda, 92 (A4)
+Oressa, 99 (A3)
Orhai, 87 (B2)
Ostia, 26 (C2), 98, 116
Oxirrinco, 106 (B2)
Padán-aram, 2 (A1), 30
Pafos, 23 (C2), 106, 110, 111, 116
Palestina, 44 (B2)
Palmira (Ver Tadmor), 23 (D2), 106
Panfilia, 86 (B2), 106, 110, 111, 112
Panías, 90 (C1), 92, 100
Paralia, 91 (B1)
Pario, 116 (D2)
Paros, 114 (B2)
Partia, 86 (E2), 87, 106, 116
Pasargada, 86 (D3), 87
Paso de Anzob, 87 (F2)
Paso de Bahçe (Ver Puertas de Amanus), 89 (C1)
Paso de Belén (Ver Puertas de Siria), 89 (C2)
Paso de Jawak, 87 (F2)
Paso de Shibar, 87 (E2)
Paso de Watia, 34 (C4)
Paso Gülek (Ver Puertas de Cilicia), 89 (A1)
Paso Khyber, 87 (F2)

Patala, 86 (F4), 87
Pátara, 26 (D3), 98, 112, 114
Patmos, 111 (B2), 112, 114
Patros, 63 (E3), 106
Patrusim, 29 (B2)
Pegae (Ver Afec [Sarón]), 90 (B3), 91
Peleg, 29 (C1)
Pella [Grecia], 87 (A2)
Pella [Jordania] (F5), 6, 24, 32, 59, 92, 100, 104, 117
Peloponeso, 113 (B1), 114
Pelusio (Ver T. el-Farama), 33 (B1), 34, 86, 87, 98, 101, 106
+Penuel (F6), 32, 40, 44, 51, 66, 68
Pequeño Lago Amargo, 33 (B3), 34, 83
Perea, 6 (B3), 90, 99, 100, 101, 103, 104, 105, 115
Pérgamo, 23 (B1), 25, 86, 98, 106, 111, 112, 114, 116
Perge, 25 (A2), 87, 110, 111, 112, 114, 116
Persépolis, 86 (D3), 87
Persia, 75 (C3)
Pérsida, 86 (D3), 87
Petra (F16), 5, 23, 25, 31, 34, 61, 62, 118
Pignataro di Fuori, 63 (C1)
Piratón (D6), 40, 45, 63
Pirineos, 1 (A2), 26, 98
Pisidia, 111 (C2), 112
+Pitón (Ver T. er-Retaba), 33 (A2), 34
+Pitru, 70 (B1)
Placa arábiga, 13 (B2)
Placa de Nubia (placa africana), 13 (A2)
Placa somalí, 13 (B2)
Point Iria, 63 (D2)
Pompeiópolis, 111 (D1)
Pompeya, 106 (A1), 116
Ponto, 87 (B1), 106
Ponto de Galacia, 112 (D1)
Poteoli, 26 (C2), 106, 113, 116
+Pozos de Neftoa (Ver Me-neftoa) (D8), 44
Priene, 23 (B1)
Proftasia, 87 (E3)
Prusa, 111 (B1), 114
Pteria, 86 (B2)
Puerta de Jamnia, 90 (A3)
Puertas Caspianas, 87 (D2)
Puertas de Amanus (Ver Paso de Bahçe), 89 (C1)
Puertas de Cilicia (Ver Paso Gülek), 25 (B1), 87, 89, 108, 110, 111, 112
Puertas de Siria (Ver Paso de Belén), 3 (B1), 87, 89, 108, 110, 111, 112
Puertas Persas (Ver Puertas Susianas), 87 (D3)
Puertas Susianas (Ver Puertas Persas), 87 (D3)
Puertas Zagros, 25 (D2), 86
Pula, 98 (B1)
Pumbedita, 106 (C1)
Punón (F14), 5, 24, 27, 31, 34, 66, 83
Punyab, 87 (F3)
Pura, 86 (E4), 87
Qalat er-Rabad, 24 (C2)
Qalat Sherqat (Ver Asur), 23 (E2)
Qarqar, 70 (B1), 75
Qaryatein, 4 (C1), 84
Qasr el-Yahud (Ver Kh. Mazin), 15 (A2), 101
Qasrin, 24 (C1)
Qatar, 23 (F4)
Qatna (Ver T. Mishrife), 3 (B2), 23, 25, 30, 70, 79, 81
Qinling Shan, 1 (F2)
Qiryat Bene Hassan, 100 (A3)
+Quesalón, 40 (B2)
Quesulot (Ver Xalot) (E4), 6, 40
+Quezib (Ver Aczib [Sefela]), 32 (B3)
Quío, 111 (B2), 112, 114
Quiriat-jearim (D8), 38, 40, 45, 46, 53, 54, 85
+Quiriataim, 31 (E2), 32
+Quisión, 41 (B2)

Quitim, 29 (B1)
+Quitrón, 42 (B1), 43
Qumrán, 15 (A1), 24, 101, 115
Quneitra, 24 (C1)
R. Abaná, 3 (B3), 4, 18, 68, 72, 76, 77, 99, 100, 117
R. Adhaim, 28 (B2)
R. Amarillo, 1 (F2)
R. Angará, 1 (E1)
R. Araxes, 23 (E1), 63, 75, 82, 86, 87, 98, 106, 116
R. Arnón, 4 (B4), 5, 6, 8, 15, 18, 24, 27, 31, 32, 34, 35, 36, 40, 41, 42, 43, 44, 45, 47, 52, 54, 56, 58, 61, 64, 65, 66, 68, 72, 73, 74, 76, 77, 78, 80, 84, 88, 90, 92, 99, 100, 101, 105, 115, 118
R. Atbara, 63 (E4)
R. Ayun (Ver R. Bareighit), 18 (C1)
R. Balí, 2 (A1), 3, 23, 25, 28, 30, 70, 79, 81
R. Banias (Ver R. Hermón), 18 (C1)
R. Bareighit (Ver R. Ayun), 18 (C1)
R. Brahmaputra, 1 (E3)
R. Cestro, 110 (A1), 111, 112
R. Choruk, 28 (A1)
R. Cidnus, 89 (A1)
R. Cirus, 23 (E1), 26, 28, 63, 86, 87, 98, 116
R. Cisón, 8 (B2), 10, 18, 31, 32, 39, 41, 44, 45, 47, 50, 54, 63, 66, 71, 72, 73, 74, 84, 88, 90, 102, 103, 104, 107, 117
R. Cocodrilo (Ver N. Taninim), 8 (B2)
R. Dalaman, 114 (C2)
R. Dan/Leddan (Ver R. Qadi), 18 (C1)
R. Danubio, 1 (B1), 26, 63, 86, 87, 98, 116
R. Diyala, 2 (C2), 23, 25, 28, 70, 79, 81
R. Dniéper, 1 (C1), 26, 98, 116
R. Dniéster, 1 (B1), 26, 98, 116
R. Don, 1 (C1)
R. Duero, 1 (A2), 26, 63, 98, 116
R. Ebro, 1 (A2), 26, 63, 98, 116
R. el-Kabir, 4 (B1), 35, 84
R. Estrimón, 111 (A1), 112
R. Éufrates, 1 (C2), 2, 3, 7, 23, 25, 26, 28, 29, 30, 62, 63, 70, 75, 79, 81, 82, 86, 87, 98, 106, 108, 110, 111, 112, 113, 116
R. Farfar, 4 (B2), 18, 36, 40, 41, 68, 72, 78, 99, 100, 117, 118
R. Ganges, 1 (E3)
R. Gran Zab, 2 (B1), 28
R. Gránico, 87 (A2)
R. Guadalquivir, 26 (A3), 63, 98, 116
R. Habor, 2 (B2), 7, 23, 25, 28, 30, 70, 75, 79, 81
R. Halis, 2 (A1), 7, 23, 25, 26, 63, 75, 82, 86, 87, 98, 110, 111, 112, 113, 116
R. Harod, 8 (B2), 10, 18, 44, 71, 102, 103
R. Hasbani (Ver R. Senir), 18 (C1)
R. Hermo, 114 (B1)
R. Hermón (Ver R. Banias), 18 (C1)
R. Hidaspes, 86 (F3), 87
R. Indo, 1 (D2), 86, 87
R. Irawadi, 1 (E3)
R. Irtish, 1 (D1)
R. Jaboc, 4 (B3), 5, 6, 8, 18, 24, 27, 31, 32, 35, 36, 37, 40, 41, 42, 43, 44, 45, 47, 51, 52, 53, 54, 56, 58, 61, 62, 64, 65, 66, 68, 72, 73, 74, 76, 77, 78, 80, 84, 85, 88, 90, 92, 99, 100, 101, 103, 104, 105, 108, 115, 117, 118
R. Jaxartes, 1 (D2), 86, 87
R. Jordán (F7), 3, 4, 5, 6, 7, 8, 9, 10, 11, 14, 15, 18, 24, 27, 31, 32, 35, 36, 37, 39, 40, 41, 42, 43, 44, 45, 47, 48, 51, 52, 53, 54, 56, 58, 59, 61, 62, 64, 65, 66, 67, 68, 70, 71, 72, 73, 74, 75, 76, 77, 78, 80, 82, 83, 84, 85, 88, 90, 92, 99, 100, 101, 102, 103, 104, 105, 107, 108, 110, 111, 112, 115, 117, 118
R. Karasu, 89 (C2)
R. Karún, 23 (F3), 28, 81
R. Kerka (Ver R. Uqnu), 2 (C2), 28, 81
R. Litani, 2 (A2), 3, 4, 5, 6, 8, 18, 27, 31, 35, 40, 41, 42, 43, 56, 61, 62, 64, 65, 66, 68,

70, 76, 77, 78, 79, 80, 84, 88, 90, 92, 99, 100, 105, 115, 117, 118
R. Loira, 1 (A1), 26, 98, 116
R. Maritsa, 1 (B2)
R. Meandro, 114 (C2)
R. Mekong, 1 (F3)
R. Murat Su, 28 (A1)
R. Nilo, 1 (C3), 7, 13, 25, 26, 29, 30, 34, 63, 75, 82, 83, 86, 87, 98, 106, 116
R. Nilo Azul, 1 (C3), 13, 63
R. Nilo Blanco, 1 (C4), 13, 63
R. Obi, 1 (E1)
R. Orontes, 2 (A2), 3, 4, 7, 30, 62, 70, 79, 81, 108, 109, 117
R. Oxus, 1 (D2), 86, 87
R. Pequeño Zab, 2 (B2), 28
R. Pínaro, 89 (C2)
R. Píramo, 89 (B1)
R. Po, 1 (B1), 26, 98, 116
R. Qadi (Ver R. Dan/Leddan), 18 (C1)
R. Qara Su, 28 (C2)
R. Quebar, 81 (C2)
R. Rin, 1 (B1), 26, 98, 116
R. Ródano, 1 (B1), 26, 98, 116
R. Rubicón, 98 (B1)
R. Saluén, 1 (E3)
R. Sangario, 111 (C1), 112, 114
R. Sarus (Ver R. Seyhan), 89 (A2)
R. Senir (Ver R. Hasbani), 18 (C1)
R. Seyhan (Ver R. Sarus), 89 (A2)
R. Simav, 114 (C1)
R. Tajo, 1 (A2), 26, 63, 98, 116
R. Támesis, 1 (A1)
R. Tigris, 1 (C2), 2, 23, 25, 26, 28, 29, 30, 63, 70, 75, 79, 81, 82, 86, 87, 98, 106, 116
R. Tobol, 1 (D1)
R. Uqnu (Ver R. Kerka), 81 (C2)
R. Ural, 1 (D1)
R. Uzun, 28 (C2), 81
R. Vístula, 1 (B1), 26, 98, 116
R. Volga, 1 (C1), 26, 98, 116
R. Yangtsé, 1 (F2)
R. Yarkón, 5 (B2), 8, 18, 31, 32, 35, 40, 41, 42, 43, 45, 47, 53, 54, 58, 72, 73, 80, 91, 92, 103, 104, 107, 117
R. Yarmuk, 4 (B2), 5, 6, 8, 18, 24, 27, 31, 32, 35, 36, 39, 40, 41, 42, 43, 44, 45, 50, 51, 54, 56, 59, 61, 64, 65, 66, 68, 72, 73, 74, 76, 77, 78, 80, 84, 88, 90, 92, 99, 100, 101, 102, 103, 104, 105, 115, 117, 118
R. Yeniséi, 1 (E1)
R. Zambeze, 13 (A4)
R. Zarqa, 15 (B2), 18
Raama, 29 (C2)
Raamsés (Ver T. ed-Daba y Avaris), 31 (A3), 33, 34
Rabá (Ver Ammán), 3 (B4), 4, 5, 27, 36, 40, 42, 43, 45, 51, 52, 56, 61, 62, 65, 66, 70, 74, 75, 76, 77, 78, 79, 80, 81, 82, 84, 88, 105
Rabat, 63 (A2)
Rabla, 4 (C1)
Rafana, 6 (C1), 100
Rafia, 44 (A3), 62, 68, 76, 77, 88, 92, 100
Rahrah, 74 (B3)
Ramá [Benjamín] (D8), 45, 46, 54, 55, 58, 67, 69, 73, 85
Ramá [Galilea] (E2)
Rama pelusiana (Ver R. Nilo), 33 (A2)
Rama tanítica (Ver R. Nilo), 33 (A1)
Ramala, 118 (B2)
Ramat Rajel, 24 (B3)
Ramón, 4 (A4)
Ramot de Galaad, 5 (C2), 24, 27, 40, 41, 42, 43, 45, 52, 56, 61, 62, 65, 66, 70, 72, 74, 76, 77, 78
Ras Feshkha, 15 (A1)
Ras Jadid, 11 (B1)
Ras Safsaf, 34 (C4)
Ras Shakkah, 4 (B1)
Ras Shamra (Ver Ugarit), 23 (C2)

Rávena, 26 (C2), 98
Refaim, 31 (E1)
Refed, 74 (A3)
+Refidim, 34 (C4)
Regio, 26 (C3), 98, 113
+Rehob [llanura de Aco] (D3), 32
+Rehob [llanura de Aser], 41 (B1), 42, 43
Rehob [valle del Jordán], 44 (C2)
Rehovot, 118 (B2)
Reino babilónico, 82 (B2)
Reino lidio, 82 (A1)
Reino medo, 82 (C1)
República Democrática de Congo, 13 (A3)
Resef, 81 (A1)
Rhagae, 86 (D2), 87
Ribla, 25 (B2), 35, 79, 81, 82
Rifat, 29 (C1)
+Rimón [Efraín], 46 (B1)
+Rimón [Galilea], 40 (B2), 41, 117
Rinocorura, 92 (A4)
+Roble de Saananim, 50 (C2)
Rochelongues Point, 63 (B1)
Rodanim, 29 (B1)
Rodas [ciudad], 114 (C2)
Rodas [isla], 26 (D3), 63, 86, 98, 111, 112, 113, 114, 116
+Rogelim (G4), 61
Rogem, 74 (A3)
Roma, 26 (C2), 98, 106, 113, 116
Ruanda, 13 (A3)
Rubén, 40 (C3), 41, 65, 84
Rujm el-Bah.r, 15 (B1)
Saalbim (C8), 40, 42, 43, 65
Saba, 63 (E4)
Sabta, 29 (C2)
Sadad, 4 (C1), 84
Safed, 118 (C1)
Sagartia, 86 (D3)
Sais, 86 (B3)
Salamina [Chipre], 98 (C2), 106, 110, 111, 116
Salamina [Grecia], 86 (A2)
Salca, 4 (C3), 5, 62
Salem [Judá] (Ver Jerusalén y Mte. Moriah), 31 (D2), 32, 35
Salem [Samaria], 11 (B1)
Salihiya (Ver Dura-Europos), 23 (D2)
+Salim, 101 (C1)
Salona, 26 (C2), 98, 116
Salone, 98 (C2)
Samarcanda (Ver Maracanda), 87 (E2)
Samaria [ciudad] (Ver Sebaste) (D6), 6, 11, 24, 27, 31, 40, 63, 66, 68, 70, 71, 72, 73, 74, 76, 77, 78, 81, 88, 90, 91, 92, 99, 100, 104, 107
Samaria [región] (Ver Someron), 5 (B2), 6, 8, 39, 73, 78, 85, 90, 91, 92, 99, 100, 101, 103, 104, 105, 107, 115
Samarra, 2 (B2), 23
Same, 116 (D3)
Samega, 92 (C3)
+Samir, 45 (B2)
Samos, 111 (B2), 112, 114
Samosata, 116 (E3)
Samotracia, 111 (A1), 112, 114
San el-Hagar (Ver Tanis y Zoán), 33 (A1)
Santorini, 111 (A2), 112, 114
Saqqara, 23 (B3)
Sardis, 23 (B1), 25, 86, 87, 98, 106, 111, 112, 114, 116
Sarepta, 5 (B1), 72
+Saretán (F6), 32, 37, 56, 64, 65
Sarid, 40 (B2)
Sarmatia, 98 (C1), 116
Saruhén (Ver Sharhan), 40 (A4), 44, 56
Seba, 29 (B2)
Seba [descendiente de Cam], 29 (C2)
Seba [descendiente de Sem], 29 (C2)
Sebaste (Ver Samaria [ciudad]), 6 (B3), 24, 100, 104, 107, 117

Sebkha, 15 (A4)

Secaca, 15 (A1)

+Sefarvaim, 81 (C2)

Sefat, 24 (B1)

Sefela, 5 (B3), 8, 53, 57, 67

Séforis (E3), 24, 92, 99, 100, 102, 104, 115

Sela (F14)

Selef, 29 (C2)

Seleucia [Decápolis] (Ver Abila [Decápolis]), 90 (C2)

Seleucia [Golán], 92 (C1)

Seleucia Pieria, 106 (B1), 108, 109, 110, 111, 112

Seleucia Tracheotis, 106 (B1), 108, 110, 111, 112

Senabris, 14 (B4)

Sene, 55 (B2)

Senkere (Ver Larsa), 23 (E3)

Serabit el-Khadim, 23 (C3), 34

Sérifos, 114 (A2)

Sestos, 26 (D2), 98

Seytan Deresi, 63 (D1)

Shanidar, 23 (E2)

Shapur, 23 (F3)

Sharhan (Ver Saruhén), 44 (A3)

Shatt el-Arab, 2 (C3), 28

Shikmona, 24 (B1)

Shiqmim, 24 (A4)

Shivta, 24 (A4)

Shush (Ver Susa), 23 (F3)

Sicamino, 90 (B2), 92, 117

Sicar (E6), 11, 103, 104, 107, 117

Sicilia, 26 (C3), 63, 98, 113, 116

Siclag (B10), 40, 42, 43, 56, 58, 85

Side, 87 (B2)

Sidón [ciudad], 4 (B2), 5, 6, 23, 25, 30, 35, 61, 62, 66, 68, 70, 72, 74, 75, 76, 77, 81, 82, 84, 86, 87, 88, 90, 92, 100, 106, 108, 112, 113, 116, 117, 118

Sidón [provincia], 78 (B1)

Sidonios, 29 (recuadro)

Siena (Ver Asuán), 83 (recuadro), 86, 87

Sile (Ver T. Hebua), 25 (B3), 33, 34

Sillush-Dagan (Ver Drehem), 23 (E3)

Silo (E7), 11, 24, 37, 40, 42, 43, 45, 51, 53, 56, 66, 73, 85, 117

Simeón, 40 (B4), 41, 84

Simón (Ver Simrón), 32 (B1)

Simrón (Ver Simón) (D3), 32, 39, 42, 43

Sinaí, 30 (A3), 34, 62

Sinar, 29 (C1)

Sineos, 29 (recuadro)

Sinope, 86 (B2), 87, 98, 106, 113, 116

Sión (Ver Colina Suroriental), 93 (B3)

Sipar (Ver Abu Habba), 23 (E3), 75, 81, 82

Siquem (E6), 6, 11, 24, 27, 30, 31, 32, 35, 37, 40, 41, 42, 43, 44, 45, 47, 51, 53, 54, 56, 58, 61, 62, 65, 66, 68, 78, 80, 81, 85, 88, 91, 92, 100, 101, 115, 118

Siracusa, 98 (B2), 106, 113, 116

Siria [país], 13 (A1), 23, 118

Siria [región], 6 (C1), 87, 98, 99, 100, 108, 110, 111, 112, 113, 116

Siros, 114 (A2)

Sirte Mayor, 26 (C3), 63, 113

Sirte Menor, 26 (C3), 63, 113

Sitim (F8), 34, 36, 40, 52, 53

Sivas, 25 (B1)

Siyannu, 70 (A1)

Soada (Ver Dionysias), 117 (C3)

Soba, 61 (C1)

+Sochi, 89 (C2)

Soco [Judá], 78 (A3)

Soco [Sarón] (D5), 27, 40, 42, 43, 44, 56, 63, 65, 91

Soco [Sefela] (C9), 12, 57, 67

Sogdiana, 86 (F2), 87

Soli, 89 (A2)

Somalia, 13 (B3)

Someron (Ver Samaria [región]), 85 (B1)

Sozopol, 63 (D1)

Subartu, 30 (B1)

Sucot [Egipto] (Ver T. el-Maskhuta y Tjeku), 33 (A2), 34

+Sucot [Jordania] (Ver T. Deir Alla) (F6), 32, 40, 42, 43, 44, 45, 50, 52, 56, 64, 65, 66, 68

Sudáfrica, 13 (A4)

Sudán, 13 (A2)

Sultán Dag, 110 (A1), 111

Sumeria, 2 (C3), 28, 75, 82

Sumra, 4 (B1), 84

Sunem (E4), 10, 40, 44, 54, 59, 68, 72

Susa (Ver Shush), 23 (F3), 25, 28, 75, 81, 82, 86, 87, 98, 106

Susiana, 86 (D3), 87

Susita (Ver Hippos), 14 (C3)

Suti, 30 (B2)

T. Abu Hawam, 24 (B1), 44

T. Abu Matar, 24 (A3)

T. Abu Sefa, 33 (B2)

T. ad-Damiya (Ver Adán), 37 (B2)

T. Agra, 12 (B4)

T. Agrab, 23 (E2)

T. Ahmar [Irak] (Ver Kish), 23 (E3)

T. Ahmar [Siria], 23 (D2)

T. Anafa, 24 (C1)

T. Arad, 24 (B3)

T. Ashara (Ver Terqa), 23 (D2)

T. Asmar (Ver Eshnuna), 23 (E2)

T. Atchana (Ver Alalak), 23 (C2)

T. Basta (Ver Bubastis), 34 (A2)

T. Beit Mirsim, 12 (B4), 24, 78

T. Biya (Ver Tuttul), 23 (D2)

T. Brak, 23 (D2), 28, 30, 75

T. Burga, 12 (B3)

T. Chagar Bazar, 23 (D2)

T. Defene (Ver Dafne y Tafnes), 33 (B2)

T. Deir Alla (Ver Sucot [Jordania]) (F6), 24

T. ed-Daba (Ver Avaris y Raamsés), 23 (B3), 33

T. el-Ajjul, 4 (A4), 24

T. el-Amarna (Ver Ajetatón), 23 (B4), 30, 34

T. el-Borg, 33 (B1)

T. el-Farama (Ver Pelusio), 33 (B1), 34

T. el-Ful, 24 (B3)

T. el-Ginn, 33 (A1)

T. el-Herr, 33 (B1)

T. el-Hesi, 12 (B4), 24

T. el-Husn, 24 (C2)

T. el-Kharrar, 101 (C2)

T. el-Khayyat, 24 (C2)

T. el-Maskhuta (Ver Sucot [Egipto] y Tjeku), 33 (A2)

T. el-Mazar, 44 (C2)

T. en-Nabasha, 33 (A2)

T. er-Retaba (Ver Pitón), 33 (A2)

T. Erani, 12 (B3), 78

T. es-Safi, 24 (A3)

T. es-Sahaba, 33 (A2)

T. es-Saidiya, 24 (B2)

T. esh-Sharia, 24 (A3)

T. Farasha, 33 (A2)

T. Fekhariye, 23 (D2)

T. Gerisa, 24 (A2)

T. Hadidi (Ver Azu), 23 (D2)

T. Halaf, 23 (D2), 25, 70

T. Halif, 24 (B3), 76, 77, 78

T. Hariri (Ver Mari), 23 (D2)

T. Harmal, 23 (E2)

T. Haror, 24 (A3)

T. Hassuna, 23 (E2)

T. Hebrón, 24 (B3)

T. Hebua (Ver Sile), 33 (B1)

T. Hefer, 24 (A2)

T. Ibrahim (Ver Cuta), 23 (E3)

T. Ira, 78 (A4)

T. Jemme, 24 (A3)

T. Judeida, 23 (C2)

T. Kabri, 24 (B1)

T. Kedua, 33 (B1)

T. Kisan, 24 (B1)

T. Lahm (Ver Kisiga), 23 (E3)

T. Leilan, 23 (D2), 28, 75

T. Malhata (Ver Baalat-beer) (D11), 24, 64

T. Mardik (Ver Ebla), 23 (C2)

T. Masos (Ver Horma) (C11), 24, 64

T. Meskene (Ver Emar), 23 (D2)

T. Mevorakh, 44 (B2)

T. Mical, 24 (A2), 44

T. Milha, 12 (B4)

T. Miqne, 24 (A3)

T. Mishrife (Ver Qatna), 23 (C2)

T. Naguila, 12 (B4), 24

T. Nami, 24 (B1)

T. Poleg, 24 (A2)

T. Qasile, 24 (A2), 44, 56, 63, 64

T. Qazir, 14 (B4)

T. Qeshet, 12 (B3)

T. Rimah (Ver Karana), 23 (D2)

T. Sahlan, 70 (B1)

T. Saruhén, 24 (A3)

T. Sheikh Hamad, 23 (D2)

T. Shemshara, 23 (E2), 25

T. Sifr (Ver Kutalla), 23 (E3)

T. Sukas, 23 (C2)

T. Umeiri, 24 (C2)

T. Zayit (Ver Kh. Zeitah), 12 (B3), 24

T. Zeror, 24 (B2)

Taanac (D4), 10, 24, 39, 40, 41, 42, 43, 44, 50, 51, 54, 56, 59, 65, 66, 68

Taba, 34 (D3), 118

+Tabat, 51 (B2)

Tabgha (Ver Dalmanuta), 14 (A1)

+Tabor, 41 (B2), 103

Tadmor (Ver Palmira), 23 (D2), 25, 62, 63, 70, 75, 79, 81, 82, 86, 98

Tafnes (Ver Dafne y T. Defene), 83 (B2)

Tamar (E14), 4, 31, 40, 44, 47, 56, 62, 64, 65, 74, 84

Tamna, 115 (A2)

Tánger (Ver Tingis), 26 (A3), 98

Tanis (Ver San el-Hagar y Zoán), 23 (B3), 33, 34

Tanzania, 13 (A3)

Tapúa (D7), 40, 42, 43

Taricaea, 92 (C2), 115

+Tarsis [ciudad], 63 (A2)

Tarsis [descendiente de Jafet], 29 (A1)

Tarso, 23 (C2), 25, 63, 75, 82, 86, 87, 89, 98, 106, 108, 110, 111, 112, 113, 116

Tasos, 111 (A1), 112

Taxila, 86 (F3), 87

Tebas, 23 (C4), 30, 75, 82, 86, 87, 98, 106

Tebes (E6), 11

Tecoa (D9), 15, 67, 68, 85, 91

Tekrit, 82 (B2)

Tel Aviv, 19 (B3), 118

Tell (Ver Lagas), 23 (E3)

Tella, 6 (B1)

Tello (Ver Lagas), 23 (E3)

Tema, 25 (C4), 82, 86, 98

Tepe Gawra, 23 (E2)

Tepe Giyan, 23 (F2)

Tepe Sialk, 23 (F2)

Terqa (Ver T. Ashara), 23 (D2), 28, 30, 75, 82

Tesalónica, 98 (C2), 106, 111, 112, 113, 116

Tesmes (Ver Meshed), 86 (E2)

Tetrarquía de Felipe, 6 (C2)

Thapsacus (Ver Tifsa), 62 (B1), 86, 87

Tharros, 63 (B1)

Tiana, 87 (B2)

Tiatira, 111 (B1), 112, 114, 116

Tiberias (F3), 6, 14, 24, 100, 102, 104, 115, 118

+Tibhat, 61 (C1)

Tien Shan, 1 (C2)

Tierra de Cabul, 65 (B1)

Tifsa (Ver Thapsacus), 62 (B1)

Timna [Arabá], 64 (A4)

Timna [Sefela] (C8), 12, 24, 32, 40, 44, 47, 49, 57, 78

Timnat-sera (D7), 40

Tingis (Ver Tánger), 98 (A2)

Tinos, 114 (A2)

Tiras, 29 (B1)

Tiro [ciudad] (D1), 3, 4, 5, 6, 8, 9, 16, 17, 19, 23, 24, 25, 26, 27, 30, 35, 39, 40, 42, 43, 45, 56, 61, 62, 63, 64, 65, 66, 68, 70, 74, 75, 76, 77, 78, 79, 80, 81, 82, 84, 86, 87, 88, 90, 92, 98, 99, 100, 102, 103, 105, 106, 108, 112, 115, 116, 117, 118

Tiro [provincia], 78 (B1)

Tirsa (E6), 11, 24, 27, 40, 42, 43, 44, 45, 51, 54, 56, 65, 66, 68, 73

+Tisbé, 72 (B2), 73

Tjeku (Ver T. el-Maskhuta y Sucot [Egipto]), 33 (A2)

+Tob [ciudad], 52 (C1)

Tob [región], 61 (C2)

Togarmá [ciudad], 75 (B1)

Togarmá [descendiente de Jafet], 29 (C1)

Tolemaida (Ver Aco y Antiochenes), 6 (A2), 24, 27, 90, 92, 99, 100, 102, 104, 105, 106, 108, 112, 115, 117

+Torre de Edar, 32 (B3)

Torre de Estratón (Ver Cesarea), 88 (A2), 90, 92, 99, 100

Tracia, 82 (A1), 86, 87, 98, 106, 111, 112, 113, 116

Traconite, 6 (C1), 100

Tralles, 114 (B2), 116

Trapezus, 86 (C2), 98

Trebisonda, 23 (D1)

Tres Tabernas, 113 (A1)

Tréveris, 116 (B1)

Trípolis, 3 (B2), 4, 86, 87, 98, 106, 116, 117

Tripolitania, 98 (B3), 116

Troas, 86 (A2), 111, 112, 114, 116

Trogilio, 114 (B2)

Troya, 23 (A1), 25

Tubal, 29 (B1)

Tuleilat el-Gasul, 24 (C3)

Tulkarén, 24 (B2)

Turang Tepe (Ver Zadrakarta), 86 (D2), 87

Turquía, 13 (A1), 23

Tursu, 63 (C1)

Turukku, 28 (B2)

Tushpa, 75 (B1)

Tuttul (Ver T. Biya), 23 (D2)

Ubeidiya, 24 (B1)

Uganda, 13 (A3)

Ugarit (Ver Ras Shamra), 23 (C2), 25, 30

Ulu Dag (Ver Olimpo de Misia), 111 (B1)

Uluburun, 63 (D2)

Umm er-Rasas, 24 (C3)

Umma (Ver Jokha), 23 (E3)

Ur (Ver Mugayir), 23 (E3), 25, 28, 63, 75, 79, 82, 86

Ura, 30 (A1)

Urartu, 2 (C1), 28, 30, 75, 81, 82

Uruk (Ver Warka y Erec), 23 (E3), 25, 29, 81, 86

+Ushu (Ver Fortaleza de Tiro), 61 (B2)

Uz, 29 (C1)

Uza, 74 (B3)

Uzal, 29 (C2)

Vados del Jordán, 48 (B2)

Valle Central, 93 (B2), 96, 97

Valle de Ajalón, 12 (C2)

Valle de Cedrón, 93 (C2), 94, 95, 96, 97

Valle de Escol, 35 (A3)

Valle de Esdraelón (Ver Valle de Jezreel), 6 (A2), 10, 102

Valle de Hinom (Ver Gehena), 93 (A4), 94, 95, 96, 97

Valle de Jezreel (Ver Valle de Esdraelón), 3 (A3), 5, 8, 10, 39, 50, 59, 115

Valle de la Becá, 3 (B3), 4

Valle de la Sal, 61 (B4)

Valle de Mizpa, 39 (C1)

Valle de Refaim, 60 (B2)

Valle de Save, 31 (D2)

Valle de Sidim, 31 (D3)

Valle de Sorec, 49 (A2), 69

Valle de Tiropeón, 94 (B2)

Valle de Ugarit, 3 (B1)

Van Kale, 23 (E1)

Vercellae, 98 (B1)

Vía Egnatia, 111 (B1)

Vía Póntica, 111 (C1)

Vía Tauro, 89 (A1)

Viena, 116 (B2)

Volubilis, 116 (A3)

W. Ajalón, 12 (B1), 18, 57, 69, 91, 103, 107

W. al-Batin, 28 (C3)

W. Amud, 14 (A1), 18, 39, 102, 103

W. Ara (Ver N. Iron), 8 (B2), 10

W. Arbel, 14 (A2)

W. Arugot, 15 (A2), 18

W. Cedrón, 15 (A1)

W. Corazín, 14 (B1)

W. Daliot, 14 (C1)

W. el-Allan, 6 (C2)

W. el-Arish, 4 (A4), 5, 8, 18, 24, 27, 31, 34, 44, 45, 62, 66, 68, 74, 76, 77, 80, 83, 84, 92, 101, 118

W. Ela, 12 (A2), 18, 53, 57, 69, 103

W. Evtah, 12 (A2), 57

W. Farah, 8 (B2), 11, 18, 32, 35, 37, 44, 52, 53, 54, 58, 71, 73, 85, 91, 103, 104, 107

W. Feiran, 34 (C3)

W. Guvrin, 5 (B2), 12, 18, 53, 57

W. Hannun, 12 (A4), 57

W. Harduf, 15 (A3)

W. Hasma, 5 (B4), 34

W. Hever, 15 (A2)

W. Husban, 5 (B2), 18, 52, 103

W. Karak, 15 (B3)

W. Kelekh, 12 (B4)

W. Kufrinja, 6 (B3), 18, 52, 103

W. Laquis, 12 (A3), 57

W. Makkuk, 15 (A1), 18, 37, 46, 52, 69, 103

W. Mishmar, 15 (A3)

W. Mukallik, 15 (A1)

W. Murabbaat, 15 (A2)

W. Murra, 4 (B4)

W. Nasb, 34 (C4)

W. Nimrin, 15 (B1), 37, 103

W. Nusariyat, 15 (B1), 18, 52, 103

W. Qelt, 15 (A1), 37, 52

W. Qumrán, 15 (A1)

W. Raggath, 14 (A2)

W. Salmón, 14 (A2)

W. Samak, 14 (C2)

W. Shikma, 12 (A3), 19, 57, 107

W. Siquem, 8 (B2), 11, 18, 91, 103, 107

W. Sirhan, 62 (B3)

W. Sorec, 5 (B2), 12, 18, 46, 49, 53, 57, 60, 69, 91, 103

W. Susita, 14 (C3)

W. Suweinit, 18 (B3), 37, 46, 55, 69, 103

W. Tabor (Ver N. Tabor), 39 (C3), 59, 71, 102, 103

W. Tumilat, 33 (A2), 34

W. Yabis, 6 (B2), 18, 52, 71, 103

W. Yutm, 5 (B4)

W. Zaqra, 34 (D4)

W. Zeelim, 15 (A3)

Warka (Ver Uruk), 23 (E3)

Xalot (Ver Quesulot), 6 (B2)

Yaham, 44 (B2)

Yamhad, 30 (A1), 70

Yaminum, 28 (A2), 30, 79

Yamutbal, 79 (C2)

Yeb (Ver Elefantina), 83 (recuadro)

Yehuda (Ver Judea), 85 (B1)

Yemen, 13 (B2)

Yenín (Ver Bet-hagan), 10 (B3), 59, 71, 118

+Yenoam, 44 (C1)

Yibuti, 13 (B2)

Yorgan Tepe (Ver Nuzi), 23 (E2)

Yotvata, 74 (B4)

+Yurza, 44 (A3)

Zabulón, 40 (B1), 41, 50, 51, 84

Zadrakarta (Ver Turang Tepe), 86 (D2), 87

+Zafón (F6), 44, 45, 52, 56

Zambia, 13 (A4)

Zaragoza, 116 (B2)

Zemareos, 29 (recuadro)

+Zerera, 51 (B2)

Zif (D10), 58, 67, 78

Zimbabue, 13 (A4)

Zinçirli, 23 (C2)

Zoán (Ver San el-Hagar y Tanis), 33 (A1), 34

Zoar (F12), 15, 31, 56

Zona montañosa, 35 (A3)

Zona montañosa de Efraín (Ver Mtes. de Efraín), 47 (B2)

Zona montañosa de Galilea, 3 (A3)

Zona montañosa de Judá, 3 (A4), 12

Zona montañosa de Moab, 3 (B4)

Zona montañosa de Samaria, 3 (A4)

Zora (C8), 12, 40, 45, 47, 49, 67, 85

Zuzitas, 31 (E2)

ÍNDICE DE REFERENCIAS BÍBLICAS

ANTIGUO TESTAMENTO

Génesis

2:4b-15	88
2:6	88
2:8	88
2:10	88, 89, 90
2:11	88, 93
2:12	89, 90
2:13	88
2:13 [PS]	281 n14
2:15	88
4:12-16	101
10:2-3	92
10:2-5	91
10:4	159
10:5b	91
10:6-20	91
10:7	88, 93
10:8	88
10:8-9	91
10:12 [LXX]	282 n60
10:13	94
10:14	31
10:15	30
10:16	91
10:16-18	40
10:20	91
10:21-31	91
10:22	91, 94
10:29	88
10:31	91
11:24-26	98
11:28	98
11:29	98
11:31	98
11:31-32	98
12:1	277 n11
12:1-3	101
12:4-5	101
12:6	34, 101
12:6-7	101, 170, 277 n11
12:8	101, 124
12:10	16, 101
13:3-4	101, 117
13:10-11	102
13:11-12	101
13:18	101
14	80
14:1-4	101
14:3	52
14:6	36
14:7	102, 112
14:8-11	102
14:12	101, 102
14:13	100
14:13-15	102
14:14	100
14:14-15	81
14:15	73
14:17-24	102
14:18	289 n437
15:2-6	100
15:7	98
15:13	16
15:18	26, 277 n31
15:18-21	30, 122
15:19-21	40
16:1-6	100
16:7	62, 108
19:17	118
19:37-38	115
20	42
20:1	102
21:2-3	102
21:19	62
21:25	102
21:31	102
22:2	222
22:4	81, 222
22:21	96
22:22	99
23:2-20	100
23:5	95
23:10b	95
24:10	18, 96, 99, 137
24:11	18
24:29	98
24:62	48
25:5-6	100
25:6	287 n286
25:8-10	102
25:9-10	100
25:18	93
25:20	96
25:32-34	100
26	42
26:12	100
26:18-22	48, 62
26:25	124
27:28	279 – 112
27:39	60
27:46	95
28:2	18
28:10–33:20	104
28:12	104
28:19	104
29:2	18
29:32	36
30:1-8	100
30:1-13	100, 122
31:21	36
31:23	36
31:25	36
31:41	104
31:50	100
32:1	104
32:3	36
32:6-7	104
32:22-30	104
32:28	32
32:30	104
33:17	104
33:18	18
34:2	96
34:25-30	122
35:1	104
35:7	104
35:9	18
35:16	104
35:16-20	100, 104
35:19	104
35:21	104
35:27	100, 104
36:1	115
36:9	115
36:16	112
36:28	96
36:31b	136
36:35	110
37:12-28	46
37:24	62
37:25	36, 81
37:28	100
38:5	97
39:14	100
39:17	100
40:15	100
41:6	66
41:12	100
41:14-37	106
43:32	100
43:33-34	100
45:10 [LXX]	283 n124
46:11	124
46:12	97
46:34	62, 283 n124
47:1-11	16
47:4	16
47:5-6	106
48:7	104
49:3-4	36, 100
49:29-30	95
49:29-32	100
50:10	54
50:10-11	290 n516
50:13	95, 100
50:25	170
50:25-26	34

Éxodo

1:1	100
1:7	100
1:8	106
1:9-11	106
1:9-12	32
1:11	106, 107
1:14	107
2:3	108
2:5	108
2:15-16	109
2:15-17	39
2:23	32
2:25	32
3:1	39
3:5	116
3:8	30, 40, 60
3:9-11	32
3:17	30, 60
3:18	112
5:3	112
5:7-8	107
5:16-19	107
6:4	16
6:16	124
8:27	112
10:13	66
12:3	116
12:3-5	62
12:37	106, 107
12:37-38	112
12:38	109
13:3-6	112, 283 n128
13:5	40
13:17	108
13:19	34, 170
13:20	106, 107
14:2	106, 108
14:6	42
14:10-20	109
14:21	66
14:21-22	109
14:22	116
14:23-25	109
14:26-28	109
14:29	116
15:8	109
15:10	109
15:19	116
15:22–19:1	113
15:23	113
16:1	283 n128
16:13	112
17:7	113
17:8-13	112
17:8-16	112
18:1	109
19:1	283 n128
19:1-2	117
19:18	109, 283 n142
20:24	117
20:25	117
21:12	124
21:13	124
21:14-15	124
23:14-17	250
23:15	283 n128
23:19	60
23:23-24	118
23:23-33	122
23:31	26
24:4	283 n142
24:17	109
24:18	283 n142
25:7	90
27:20	279 n107
28:9	90
28:20	90, 159
30:24	279 n107
32:4	170
32:8	170
33:21-23	283 n142
34:3	112
34:11-12	118
34:18	283 n128
34:22-23	250
35:9	90
35:27	90
39:6	90
39:13	90

Levítico

11:26-27	130
12:2-8	239
23	246
23:15-22	250
25:32-33	28
26:3-20	58

Números

1:20-21	116
1:24-25	116
1:36-37	166
1:47-54	124
3:5-10	124
3:17	124
9:1	112
10:11	112
10:12	48
11:4-9	62
11:31-35	112
13:17	116
13:29	30, 40, 48, 94, 95, 112
14:1-10	114, 284 n146
20:1	48
20:14-17	114
20:14-21	39
20:17	84
21	28, 113
21:4-9	39, 114
21:13	26, 95
21:18-19	115
21:20	35, 47
21:21-22	115
21:21-35	26
21:22	84, 114
21:23-24	36
21:23-26	115
21:23-30	114
21:32	115
21:33-35	35, 115
22:1	54
22:1-6	115
22:36	36
22:41	36, 115
22–24	115
23	246
23:13-14	36
23:14	115
23:22	109
23:28	115
24:6-7	62
24:8	109
24:18	36
24:24	92
25:1	36, 114
26:20	97
26:57	124
27:12	278 n72
32	28, 122
32:1-4	36
32:13	16
32:16	36
32:19	290 n516
32:26	36
32:29	116
32:32	240
32:34	278 n61
32:37	278 n61
32:38	278 n61
32:42	35
33	113
33:3	106, 283 n128
33:5	106, 107
33:6	106, 107
33:7	108
33:7-8	106
33:8	108
33:8-15	112
33:16-36	112
33:33	113
33:35	113
33:42	39
33:42-49	39
33:45-49	114
33:46	278 n61
33:47-48	278 n72
34	26, 28, 29
34:1-29	122
34:2	28
34:3	48, 52
34:3-5	29
34:4	29
34:5	26
34:6	24
34:7-9	24
34:10-12	26, 28
34:11	51
34:12	52
34:13-15	28, 122
34:15	290 n516
34:29	28
35:1-8	28
35:6	124
35:7	124
35:9-15	124
35:9-34	28
35:12	124
35:33-34	124

Deuteronomio

1	113
1:1	48, 112, 113
1:2	36, 81, 112
1:5	54
1:7	47
1:7-8	28
1:41-46	284 n146
1:46	29, 114
2:1-8	39
2:2-23	115
2:5	36
2:8	114
2:12	28
2:14	29, 284 n146
2:16-37	26
2:20-22	28
2:23	31
2:24-26	28
2:26-29	115
2:32-36	115
2–3	28
3:4-5	35
3:1-11	115
3:8	28, 240
3:10	35, 36
3:12	36
3:13	35
3:17	51, 52
3:18-22	116
3:20	290 n516
4:11-12	109
4:41-43	28, 124
4:43	36
4:46	95
4:47	95, 240
4:48	28
4:49	52, 290 n516
4–26	60
5:22-26	109
6:3	60
7:1	30, 40, 95
7:1-2	118
7:13	279 n107, 285 n210
8:7	56
8:8	279 n107
9:10	109
9:15	109
10:4	109
10:8	124
10:19b	16
11:8-17	60
11:9-12	60
11:10-12	58
11:11	56, 66
11:13-17	58
11:14	66, 279 n107
11:24	26, 28
11:24-25	122
11:29-30	95
12:8b	136
14:8	130
14:21	60
16	246
16:1	283 n128
16:9-12	250
16:16	250
17:14	277 n11
17:14-17	145
17:16	42
19:1-10	28, 124
19:3a	124
19:5	66
19:6	124
20:1	42
20:17	40, 118
20:19-20	67
23:4	115, 137
26:5	16, 96
26:8-9	60
27:1-26	117
27:5-6	117
28:4	285 n210
28:12	58
28:18	285 n210
28:22-24	58
28:51	285 n210
29:7-9	115
31:4	95
31:16	60
31:20	60
32:14	60
32:32	290 n516
33:2	112
32:49	278 n72
33:8-10	124
33:28	279 n112
34:1-4	35
34:3	138
34:6	36

Josué

1:2b-6	122
1:4	26
1:5	116
1:10-11	116
1:12-15	116
1:14	54, 290 n516
1:17	116
2:1	114, 116
2:1-24	116
2:7	52
2:10	115, 290 n516
2:10-11	109
3	26
3:7	116
3:7-17	51
3:10	30, 40, 95, 118
3:15	116
3:16	52
3:17	116
4:4-7	116
4:12-13	116
4:14	116
4:18	116
4:19	116, 124
4:19-23	116
4:22	116

5:1 30, 290 n516
5:2-7 116
5:6 60
5:8-12 116
5:15 116
6 116
6:3-5 120
6:26 138
6:27 116
7:2 117
7:2-5 117
7:24 62, 285 n210
7–8 116
8:3-4 117
8:3-22 120
8:10-11 117
8:12 117
8:12-13 117
8:14-22 117
8:30 117
8:30-35 170
8:31 117
8:32 117
9:1 47, 118, 290 n516
9:1-2 118
9:3-15 118
9:6 116
9:7 118
9:9-10 109
9:10 35, 115, 240, 290 n516
9–10 116
9:21-27 66
10:1 220
10:1-5 118
10:5-6 95
10:6 116
10:7-9 118
10:9b-10 119
10:9-23a 121
10:10b-11 119
10:10-27 118
10:11 119
10:11-12 34
10:12b-13 118
10:12-14 118
10:13b 119
10:14a 119
10:15 118
10:29-43 118
10:40 47
11 116
11:1-3 120
11:2 48
11:3 96
11:4 42, 120
11:5 121
11:7 121
11:8 121
11:10 72
11:10b 120
11:13 72
11:16-20 127
11:16-23 116
11:19 96
11:21 35
12 116
12:2 36
12:3 51, 52
12:4 115
12:4-5 35
12:5 36
12:6 28
12:7 290 n516
12:8 30, 40, 47
13:1-7 127
13:1-13 126
13:3 76
13:4 73, 126
13:4b-5 277 n24
13:8 290 n516
13:8-12 28
13:8-23 26
13:8:32 28
13:8-33 115
13:9 28, 36, 278 n61
13:10 36
13:11-12 28
13:14 122, 124
13:16 36
13:18 28, 278 n61
13:20 36

13:21 110
13:26 104
13:27 51
13:29-31 122
13:30 104
13:31 28, 36
13:33 122, 124
13–19 122
14:3a 122
14:3b-4 122, 124
14:6 122
14:13-15 122
15:1 48
15:1-4 29
15:1-12 122
15:1-15 122
15:2 52
15:2-4 48
15:3-4 29
15:4 24, 26
15:5 52
15:7 223
15:9 132
15:11 76
15:13-16 137
15:17 137
15:19 48
15:20-63 122
15:26-32 168
15:42 168
15:48 35, 73, 150
15:63 126, 224
15–16 122
16:3 24
16:5-10 122
16:8 24
16:10 126
17:1 28
17:1-18 127
17:9 24
17:10-11 42
17:11-12 126
17:14-18 66
17:15 34, 66
17:15-18 42
17:16 44, 73, 126
18:1 122, 124
18:2 122
18:7 122, 124, 290 n516
18:8 122
18:10 122
18:11-20 122
18:15 132
18:19 48, 52
18:21-28 122
18–19 122
19:1b 122
19:1-9 168
19:9 122
19:10-16 122
19:17-23 122
19:24-26 42
19:29 24
19:30 73
19:32-39 122
19:33 140
19:40-46 122
19:41-42 76
19:43 76
19:45 76
19:49 277 n11
19:49-50 122
19:50 34
19:51 122, 124
20:1-9 28
20:2 124
20:3 124
20:5 124
20:7 28, 35
20:7-9 124
20:8 28, 36, 278 n61
20:9 124
21 124
21:1-42 122
21:4 124
21:5 124
21:6 124
21:7 124
21:8-42 28
21:11 35
21:13-19 124

21:20-26 124
21:27-33 124
21:34-40 124
21:38-39 104
21:41 124
22 28
22:1-9 116, 122
22:7 28, 290 n516
22:8 36
22:9 28, 35, 122
22:10 28
22:13 28
22:32 28
24:1-28 117, 170
24:2 98
24:11 40
24:32 34, 100, 170

Jueces
1 124, 127
1:9 47
1:11-12 137
1:13 137
1:15 48
1:16 110, 138
1:19 42, 126
1:21 126, 224
1:27 126
1:29 126
2:11-23 134
2:17 60
3:1-3 126
3:3 96
3:5 40
3:7 134
3:8 134
3:8b 137
3:9 137
3:9a 134
3:9b 134
3:10 134, 137
3:11a 134
3:12a 134
3:12b 134
3:12-14 112, 138
3:12-30 36
3:15a 134
3:15b 134
3:15b-29 134
3:27 34, 138
3:27-28 138
3:28 52
3:30b 134
4 139
4:1a 134
4:2 134
4:2-3 139
4:3 42
4:3a 134
4:3b 139
4:4 134
4:4-5 139
4:5 34
4:6 140
4:6b 134
4:10 140
4:11 110
4:11b 140
4:12-14 140
4:13 139
4:13-16 42
4:14-24 134
4:16 139
4:17-22 140
5 139
5:4 36, 112
5:5 109
5:6-7 81
5:8b 140
5:14-15 140
5:15a 139
5:16 62
5:19b 139
5:21 42, 44, 139
5:31b 134
6:1a 134
6:1b 134
6:1-6 110
6:3 287 n286
6:3-5 140
6:5 112, 141

6:7 134
6:11 134
6:14 134
6:15 134
6:25-32 60
6:33 44, 52, 112, 287 n286
6:34 134
6:36-40 60
6:38 279 n112
7 44
7:1 62, 110, 141
7:12 112, 141, 287 n286
7:17-23 141
7:19–8:21 141
7:25 110
8:1 141
8:5 141
8:8 141
8:8-10 141
8:10 287 n286
8:21 141
8:26 141
8:27 60
8:28b 134
8:33 60
9 35
9:15 67
10:4 35
10:6 134
10:7 134
10:8 95
10:8b-9 141
10:10 134
11:1 134
11:1-3 141
11:4-11 141
11:13 36
11:13-26 26
11:13-28 28
11:15-33 141
11:18-20 115
11:29 134
11:29-40 134
12:1-6 141
12:5-6 52
12:15 112
13:1a 134
13:1b 134
13:25 134
14:1-20 138
14:3 278 n54
14:6 134
14:8-9 62
15:1-8 138
15:4-5 48
15:9-13 138
15:14 134
15:14-17 138
15:18 278 n54
16:1 134
16:1-3 138
16:4 134
16:4-22 138
16:23 143
16:23-31 138
17:1-4a 136
17:4b-7 136
17:6 136
17:8b 136
17:12 136
17–21 136
18:1 136
18:4 136
18:30 136
18:31 124
19:1 136
19:1b 136
19:2b-9 136
19:11 136
19:14b 136
19:15 136
19:16 136
19:18 136
19:22-23 136
19:24-25 136
19:25 136
20:1 35
20:4 136
20:13b 136
20:13b-16 136
20:16 285 n223

20:26 124
21:8-12 136
21:20-21 136
21:25 130, 136

Rut
3:3 279 n107
4:17-22 151

1 Samuel
1:1 34
2:14b 124
3:20 35, 148
4:1 73
4:1b-2 143
4:1-11 151
4:3-4 143
4:4 124
4:4-5 155
4:5-8 60
4:5-9 143
4:11 155
5:1-6 144
5:7-12 144
6:1-12 144
6:12-16 76
6:13 285 n210
6:13-16 144
6:17-18 76
6:17–7:2 144
6:19 285 n210
7:9 60, 124
7:15-17 124
8:1-6 145
8:11b-12a 145
8:11-22 166
8:12b-13 147
8:14 145
8:15 145
8:16 147
8:17 62
8:17a 145
8:19-20 145
9:1-2 148
9:4 34, 104
9:5 104
9:10 104
9:9 124
9:13 124
10:1 124
10:2 104
10:5 143
10:8 124
10:26 104, 136, 148
10:27 147
11:1-4 36, 141, 147
11:1-7 154
11:1-11 136, 156
11:4 136
11:5b-7 148
11:6-11 147
11:8 148
11:12 147
11:14-15 147
12:2-18 60
12:17-18 65
13:1 285 n218
13:3-4 143
13:6 62
13:7 35, 52
13:13-15 181
13:15 136
13:15b-23 147
13:19 32
14:1-31a 147
14:6 278 n54
14:9 118
14:18 144
14:25-27 62
14:47 36
14:47-48 148
15 112
15:7 93, 112
15:24-29 181
16:1-5 124
16:13 124
16:19 62
17:1 73, 150
17:1-3 150
17:1-54 150
17:2 148
17:4 151

17:12 136
17:16 150
17:26 278 n54
17:33 285 n224
17:34 62
17:34-36 52
17:36 278 n54
17:40 62
17:42 285 n224
17:51-54 150
17:55 285 n224
17:58 285 n224
18:7 151
18:10-11 151
18:27b 136
19:1 151
19:11-12 151
19:18 151
21:1-9 151
21:7 [LXX] 137
21:9 154
21:11 151
21–31 54
22:1-2 151
22:3-4 148, 151
22:4 151
22:5 66, 151
23:5 151
23:5b-14 151
23:13 151
23:14 151
23:19 148, 151
23:24 151
23:29 151
24:3-7 151
24:22 151
25:1-42 151
25:13b 151
26:1 35, 148
26:1-2 47
26:3 151
26:5-16 151
26:17-25 151
27:1 148
27:1-4 151
27:2 151
27:5-6 151
27:8 112, 151
27:10 48
28:1-2 152
28:3b 153
28:4a 153
28:4b 154
28:5-6 153
28:19 153
29:1 147, 153
29:1-3 152
29:4-11 152
29:5 151
29:11b 153
29–31 44
30:1 81
30:1-2 112
30:8-10 151
30:9 151
30:14 48
31 151
31:1-2 154
31:3-5 154
31:7 54
31:8-10 154
31:11-13 52, 136, 154

2 Samuel
1:1-12 152
1:6 42
1:14-16 152
1:19-20a 154
1:21 60, 279 n107
1:24 88
2:1-4 152
2:4b-7 136, 152
2:8 104
2:8-9 148
2:8-15 285 n196
2:9 35
2:10b 148
2:12 104
2:29 52
3:2-5 287 n274
3:3 156

3:8-15 285 n196
3:10 35, 148
3:12-16 136
3:33-37 152
4:4b 285 n196
4:5-12 285 n196
4:9-12 152
4:10 152
5:4 285 n224
5:5b 155
5:6-9 224
5:6-10 95, 220
5:6-16 148
5:8 226
5:9 226
5:9-11 155
5:11 67, 226
5:17-21 155
5:20-21 155
5:21a 143
5:22-25 155
6:1-5 144
6:1-19 155
6:6-9 144
6:10-19 144
6:12-19 226
6:16 226
7 155
7:1-17 226
7:8 62
7:12-13 226
7:12-16 156
8:1-14 287 n274
8:2 36, 155
8:3 155
8:3-8 155
8:6 156
8:8 24
8:9-12 155
8:12 36, 155
8:13b-14 156
8:14 156
8:15-18 287 n274
8:16 172
9:6-13 285 n196
10:1-5 156
10:6-8 155
10:6-14 156
10:15-19 156
10:17 52
11:2-5 226
11:11 144
12:11 156
12:20 279 n107
13:23 46
13:37-39 156
14:21-24 156
15:1-12 156
15:13-37 156
15:24 144
16:1-4 285 n196
16:1-14 156
16:21-22 226
16:22 156
17:11 35
17:22 52
17:24-27 104
17:27-29 156
18:1-15 156
18:6 36, 66
19:15 116
19:24-30 285 n196
20:1b 168
20:23-26 287 n274
20:24 172
21:2 118
21:7 285 n196
21:12 136
21:12-14 154
21:15-22 287 n274
21:18-22 150
22:8-16 110
23:8-39 287 n274
23:11-12 48
23:13-16 155
23:14 143
23:20 66
24 156
24:1-9 156, 287 n274
24:2 35

24:5 52
24:7 48, 73
24:15 35
24:18-19 222

1 Reyes
1:5-10 156
1:32-40 156
2:13-46 159
2:26-27 181
3:1 159, 226
3:25 285 n223
4:2-6 287 n274
4:3 172
4:6b 166
4:7-19 145, 166, 287 n274
4:8 34
4:10 42, 73
4:13 35
4:21 26
4:25 35, 226
4:30 287 n286
4:33 67
5:1-18 67
5:10-11 159
5:13-18 147, 166
6:1-38 226
6:23 279 n107
6:31-33 279 n107
7:2-12 67
7:13 73
7:13-51 226
8:1-8 144
8:10 226
8:35-36 58
8:65 24, 277 n22
9:10-14 34
9:15 226
9:15-19 147
9:15-23 226
9:16 159
9:16-17a 171
9:18 138
9:20 40
9:22b 145
9:26 113
9:26-28 159
10:1 159
10:1-13 94
10:2 81
10:14-15 159
10:15 287 n286
10:22 67, 159
10:22b 159
10:27 47
10:28 159
10:29 159
11:1-8 159
11:14-22 168
11:18 110
11:23-25 168
11:26-40 166, 168
11:28 166, 171
11:30-35 168
11:40 171
11:41 287 n275
12:1-4 166
12:1-15 168
12:1-16 35, 171
12:4 147
12:13-16 166
12:16 168
12:18 166
12:18-20 32
12:20 168
12:21-23 168
12:21-24 172
12:25 35, 170
12:25-33 170
12:28b 70
13:32 73
14:17 170
14:19 287 n275
14:22-24 60
14:23-24 170
14:24 60
14:25 173, 287 n269
14:25-28 132, 171
14:29 287 n275
15 80
15:14a 170

15:16 175
15:16-22 168, 172
15:17 168
15:21 170
15:22-23 168
15:34 170
16:19 170
16:24 34, 73, 170
16:26 170
16:31 170
16:32-33 60
16:34 138, 168
17:1 58, 60
17:8-24 34
18:17-40 46
18:43-45 66
18:45-46 73
19:8 112
19:8-13 283 n142
19:10-14 60
20:1-34 178
20:26-30 73
21:1-24 179
22:1-4 178
22:1-36 178
22:17 62
22:34-35 179
22:43 170
22:47-48 168
22:48 163
22:51 178
22:52 170

2 Reyes
2:1-4 116
2:24 52, 66
2:25 46
3:1 178
3:3 170
3:4-5 32, 178
3:5-10 84
3:9-27 32
3:25 36, 67
4:6 118
4:25 46
5:12 67
5:22 34
6:1-7 66
6:2-7 52
6:9-8:28 179
6:25 279 n139
8:20-22 168, 175
8:28-29 179
9:4-13 179
9:16 179
9:24-26 179
9:25-26 179
9:27-28 287 n297
9:27-29 179
9:30-37 179
10:1-11 179
10:1-28 170
10:12-14 179
10:18-27 179
10:29 170
10:29-31 170
10:30 179
10:32-33 175
10:33 35
12:3 170
12:12 67
12:17-18 175
13:7 178
13:11 170
13:17 175
13:24-25 175
14:4 170
14:7 168, 175
14:8-14 175
14:22 168, 175
14:24 170
14:25 52, 175
15:4 170
15:8-12 179
15:18 170
15:19-20 176
15:24 170
15:28 170
15:29 34, 176, 186, 194, 287 n269, 287 n304
15:30 176, 188

15:35 170
15:37 176
16:4 170
16:5 176, 287 n269
16:6 137, 168, 176
16:7-9 176, 186
17:1-4 176
17:1-41 188
17:3 287 n304
17:3b 150
17:3b-6 188
17:6 91, 194, 195
17:21-23 170
17:24 195
17:24-34 35
17:30-31 195
18:7b 176
18:8 288 n323
18:9 287 n269
18:9-12 188
18:11 16, 91, 194, 195
18:13 176, 287 n269, 287 n304
18:13-19:37 189
18:14 188
18:14-16 188
18:14-17 176
18:17 188, 223
18:21-24 188
19:12 88
19:28 188
19:35 230
19:36-37 176
19:37 287 n285, 287 n304
20:12 191
20:12-19 191
20:14-18 191
20:20 223
22:6 67
22:14 289 n462
23:5 170
23:6-7 60
23:7 60
23:8 35
23:15-17 168
23:29-30 190
23:31-37 190
23:33 26
24:1 191, 192
24:1-4 176
24:7 192
24:8 192
24:12 192
24:14-16 195
24:20b-25:2 192
25:1 192, 287 n269
25:1-3 192, 288 n353
25:3 192
25:4-11 198
25:5-7 192
25:8-9 192
25:9-10 198
25:11 192
25:11-12 195
25:21 26
25:22 192, 198
25:22-26 196
25:23-24 198
25:25 192
25:25-26 198
25:27 176
25:27-30 288 n347

1 Crónicas
1 94
1:3 30
1:6 281 n39
1:9a 93
1:9b 93
1:11 94
1:12 31
1:13 30
1:17 94
1:46 110
3:1-9 287 n274
3:2a 156
3:17-19 201
5:6 188
5:16 42, 278 n61
5:17 32
5:25 60
5:26 60, 188, 194, 195

6:2-15 124
6:16 124
6:54-60 124
6:54-81 28
6:61 124
6:62 124
6:63 124
6:66-70 124
6:71-76 124
6:77-81 124
7:10 159
8:33 285 n196
8:34 285 n196
9:1 60
9:39 285 n196
9:40 285 n196
10:10 143
11:4-8 224
11:8 226
11:8-9 155
11:16 143
11:22 66
12:2 285 n223
12:15 116
12:37 54
13:5 24, 155, 277 n22
13:6-8 144
13:9-12 144
14:1 67
14:8-12 155
14:11-12 287 n286
14:12a 143
14:13-16 155
15:1a 155
15:2-15 144
15:3-16:36 155
15:25-29 226
17 155
17:11-14 156
18:2 170
18:3 26
18:3-8 155
18:6 156
18:9-11 155
18:11 155
18:12-13a 156
18:13 156
19:1-5 156
19:6-15 156
19:16-19 156
20:5-8 150
22:2 32
22:9-10 155
23:6 124
27 287 n274
27:28 47
27:29 42
28:3 155, 226
29:2 90

2 Crónicas
1:4 144
1:16 159
1:17 159
2:1-16 67
2:15-16 159
2:17 32
3:1 222
5 226
6:26-27 58
7:8 24, 277 n22
7:13-14 58
8:3-4 159
8:17-18 159
9:1 159
9:1-12 94
9:10-11 159
9:10-28 67
9:13-14 159
9:21 159
9:21b 159
9:26 26
9:27 47
9:28 159
9:29 287 n275
10:1-16 171
10:6-15 166
11:1-3 168
11:1-4 172
11:5-12 171
11:23 168

12:1-8 287 n269
12:2 173
12:2-12 132, 171
12:3b 287 n268
12:14 287 n269
12:15 287 n275
13:2b-7 168
13:4 172
13:13 175
13:19 172
14:9-15 175
15:9 168
15:16 60
16 80
16:1 175
16:1-6 168, 172
16:1-10 168
16:6 67
16:8 35
17:11 287 n286
18:33-34 179
20:1-26 175
20:2 137
20:10 28
20:34b 164
20:35-36 168
20:36 159
20:36-37 159, 163
21:1 164
21:11 35
21:16 287 n286
21:16-17 175
22:1 287 n286
22:5-6 179
22:8-9 179
22:9 179, 287 n297
24:18 170
25:5-10 175
25:11-13 168
25:17-24 175
26:2-10 168
26:6-15 175
26:10 47, 62
26:14 285 n223
27:4 35
28:2-3 170
28:5-6 176
28:8 176
28:10 176
28:15 138
28:16-19 176
28:16-20 186
28:17 168, 176
28:18 47, 150
29:12 88
31:15 88
32:1 176
32:1-23 189
32:3 223
32:5 289 n462
32:9 188
32:21-23 287 n269
32:30 223, 224
32:31 191
33:3-7 170
34:22 289 n462
35:3 144
35:20-22 190
35:20-24 190
35:22 44
36:6 192
36:6-7 176
36:9 192
36:10 144, 192
36:11-21 192
36:19 192
36:19-21 198
36:20 192, 195
36:22-23 201, 226

Esdras
1:1-4 201, 226
1:7-10 144
1:8 201, 226
1:11 16
1-2 195
2:21-35 202
3:7 67
3:8-13 226
4:1-24 195
4:2 35

4:10 287 n304
4:10-11 26
4:16-17 26
4:20 26
5:3 26
5:14 201
5:14-15 144
5:16 226
6:1-5 201
6:5 144
6:6 26
6:8 26
6:13 26
7:1-26 226
7:9 84
8:1-34 195
8:22 84, 195
8:31 84, 195
8:36 26
10:9 66
10:13 66

Nehemías
1:1–2:8 226
1:3 226
1–3 195
2:4-8 67
2:7 26
2:9 26
2:11-16 226
3:1 62, 226
3:7 26
6:2-3 202
7:6-38 202
9:7 98
9:22 115
9:25 281 n1
11:1 226
11:1-2 202
11:25-35 202
11:26-30 168
11:28a 151
12:1 201
12:27-29 202
12:37 226
12:39 226

Job
1:19 66
5:10 58
6:5 [LXX] 290 n501
6:18-20 81
12:15 58
20:17 62
24:2 62
27:21 66
28:25-26 58
29:19 60, 279 n112
29:23 66
32:16 118
36:27-28 58
37:6 66
37:22 66
39:9 [LXX] 290 n501
41:6 278 n44

Salmos
1:1-3 62
8:7 285 n210
18:7-15 110
19:10 62
23:1 62
29:1-11 66
36:8 88
44:11 62
46:4 226
48:7 66
63:1 47, 62
65:6 56
65:9-13 58
66:5-6 109
68:8 109
68:8-10 110
68:14 66
72:10 93, 159
72:15 93
76:10a 238
77:19-20 109
78:13 109
78:54 277 n11
78:60 143
80:13 173

83:9 44, 139
83:14-15 67
84:6 66
89:5-18 110
90:2 56
92:12 67
97:1-5 110
104:5-9 56
104:31-32 110
106:11 109
106:34-43 60
107:33 62
125:2 223
135:7 58
135:11 115
136:19-20 115
137:7-8 192
143:6 62
147:8 58
147:18 58

Proverbios
5:15-16 62
14:4 285 n210
16:15 66
16:24 62
24:13 62
25:14 62
25:23 66
25:26 62
26:1 66
27:9 279 n107
27:26-27 60
31:24 278 n44

Eclesiastés
2:6 66
4:3 281 n1

Cantar de los Cantares
1:3 [LXX] 290 n107
2:1 42
2:11 66
4:1 62
4:11 62
5:1 62, 279 n107
7:5 46

Isaías
1:3 [LXX] 290 n501
1:3-9 60
1:6 279 n107
1:7-8 173
2:16 159
3:14-15 130
5:6 58
5:13 16
6:3b 277 n11
7:1 176
7:1-9 176, 188
7:2 176
7:5-6 176
7:15-25 60, 62
9:1 34, 186, 290 n516
10:15-19 67
10:17-19 66
10:29b 136
11:6 62
11:11 92
12:3-4 62
13:14 62
13:17 91
13:20 62
14:8 67
14:24-27 190
15:1 36
15:1-9 36
16:7 36
16:8-9 36
18:1 92
18:4 279 n112
19:6 108
20:1 188, 287 n304
20:1-4 181
21:2 91
21:11 36
21:13 81, 94
22:9-11 223
23:1 159
23:6 159
23:8 278 n44
23:10 159
23:10-15 159

23:11 30
26:19 60
27:2 29
27:8 66
30:6 81
30:23-25 58
30:24 285 n210
33:9 42
34:13 137
35 62
35:2 42, 46
36:1 176
36:1–38:22 189
36:2 188, 223
36:6-9 188
36:16 62
37:8 188
37:12 88
37:29 188
37:37-38 176
37:38 287 n285
39:1 191
39:1-8 191
39:3-7 191
40:3-4 47
40:11 62
40:16 67
41:17-20 62
41:18-20 47
41:19 279 n107
43:3 92
43:19-21 62
44:3-5 62
44:14-17 66
45:14 92
49:21 16
51:3 47
51:9-10 109
60:6 93
63:1-6 168
63:12-14 109
65:10 42
65:25 62
66:19 92, 94, 159, 162, 282 n63

Jeremías
2:7 60
2:7-8 60
2:10 92
2:13 62
2:18 [LXX] 281 n8
2:22-23 60
3:2-5 60
3:3 58
3:16 144
5:18-28 60
5:24 66
6:3 62
6:4-8 67
6:7 62
6:20 93
7:12-15 143
8:22 36
9:1 62
9:12-16 60
10:1 32
10:3 66
11:5 60
11:13 60
12:5 52
13:1-7 181
14:1-6 58
17:26 47
18:14 51
18:17 66
19 176
21:3-6 176
22:19 192
22:20 278 n72
22:24 201
23:15 62
25:1-2 191
25:25 91
26:6-9 143
27:1–28:16 181
30:18 72
31:10 62
31:10-14 62
31:12 279 n107
31:15 104
31:21 80

31:38 226
31:39 222
32:21-23 60
32:44 47
33:4 288 n351
33:13 47
34:7 192
36:22 66
38:2 192
39:1-2 288 n353
39:4-9 198
39:5 192
39:8 192
39:9 192, 195
40:5 198
40:5-7 192
40:7-12 198
40:7–41:18 196
40:12 198
41:2-3 192
41:9 62
42:7-22 198
43:7 198
43:8–44:30 198
44:1 94, 198
44:5-30 60
44:15 94
46:1-2 288 n335
46:9 94
46:11 36
47:4 31
48:1-5 36
48:21-25 36
48:22 36
48:34-36 36
48:45-47 36
49:2 72
49:7-22 168
49:8 94
49:19 52
50:6 62
50:19 46
50:44 52
51:11 91
51:23 62
51:27 92
51:28 91
51:34 88
51:36 62
52:4-6 288 n353
52:4-7 192
52:6 192
52:8-11 192
52:12-14 192
52:13-14 198
52:15 192, 195, 198
52:28 192, 195
52:28-30 176
52:29 195
52:30 192, 195
52:31-34 288 n347

Lamentaciones
2:8 198
2:8-13 198
4:21 96
4:21-22 192

Ezequiel
1:16 159
4:4-17 181
5:1-4 181
6:1-7 60
6:9 60
8:14-15 60
15:1-8 66
16:19 279 n107
16:57 137
19:12 66
20:6 60
23:37-45 60
24:1-2 288 n351
24:17 118
25:8-11 36
25:13 94
25:16 31
27 162
27:5-6 67
27:5-9 67
27:6 92, 162
27:7 159

27:10 94
27:12 159, 162
27:12-13 92, 159
27:13 92, 162
27:15 94
27:15 [LXX] 282 n57
27:16 137
27:18 73
27:19 97
27:20 94
27:22 93
27:23 88
27:25 159
27:25-36 67
27:26 66
27:32 162
29:6-21 196
29:10 92, 198
29:14 94
30:5 94
30:6 198
30:12 62
30:14 94
33:23-29 60
34:2 62
34:12 62
34:26 58
38 92
38:2 91, 92
38:3-6 92
38:6 91
38:13 94
38:14-23 91
39:1 92
39:23 16
40:1 192
40:2 32
47:1-12 54, 62
47:15 26
47:15-17 24
47:16 24
47:18 26, 32, 52
47:19 26, 29, 138
47:20 24
48:1 24, 26
48:1-7 24
48:28 26, 29, 138

Daniel
1:3-7 192, 194
5:2 220
5:22 197
11:16 277 n11
11:30 92, 282 n45
11:41 277 n11

Oseas
1:2-9 181
1:5 44
2:5-13 60
2:14 66
2:16 60
2:22 44
4:12 60
4:12-14 60
6:3 58, 66
9:1 60
9:17 16
10:14 185
12:1 66
12:7 278 n44
12:8 130
13:15 62, 66
14:5 60, 279 n112

Joel
2:20 52
2:23 66
3:2 222
3:6 92
3:12 222

Amós
1:5 88, 281 n1
1:11-12 168
1:12b 137
2:6-8 130
3:12 62
3:15 130
4:1 130
4:1-3 55
4:7-8 58
5:11 130

5:13 118
6:4 130
6:6 279 n107
6:13-14 175
6:14 277 n22
9:6 58
9:7 31

Abdías
1:3 39
1:19 47

Jonás
1:3 159
2:5 108
4:2 159
4:8 66

Miqueas
1:7 60
2:1-12 130
5:2 136, 238
5:7 279 n112

Nahúm
1:4 62
2:1-10 190
3:9 94

Habacuc
3:3 112
3:7 112, 137
3:11 118

Sofonías
1:11 278 n44
2:5 31
2:13 190
2:14 62

Hageo
1:1 201
1:4 67
1:8 67
1:10-11 60
1:11 279 n107
1–2 195
2:6 109
2:23 201

Zacarías
2:12 277 n11
8:12 62, 279 n112
10:1 58, 66
10:2 62
11:2 67
11:3 52
11:7 278 n44
11:11 [LXX] 278 n44
12:11 44
13:1 62
13:7 62
14:8 52, 54, 62
14:10 35, 48, 226
14:17 58
14:21 278 n44

Malaquías
3:10 58

NUEVO TESTAMENTO
Mateo
1:12-13 202
2:1 35, 222
2:1-4 228, 234
2:1-11 239
2:13-14 239
2:19-23 239
2:22 236, 290 n495
3:13-17 240
4:1-11 54, 241
4:12-13 241
4:15 240
4:15-16 34
4:18 51
4:18-20 241
4:25 36
5:45 58
6:1-14 52
7:15 62
8:14 241
8:23-27 119
8:28 95
8:28-34 284 n173
9:10-11 241

12:11	62
13:24-43	52
14:1	236
14:1-12	240
14:3	236
14:3-12	236
15:22	30
15:29	51
16:13	236
16:18	16
17:24	241
19:1	247
20:19	248
20:29	247
21:21-22	16
22:5	62
22:16-22	236
24:1-2	236
25:32-33	62
26:17-19	250
26:73b	34
27:2-26	246
27:27	258
27:32	228
27:37	228
27:39	228
27:56	248
27:60	228
28:1-10	248
28:11-15	248
28:16-20	248
28:19	271

Marcos

1:4	47
1:9-11	240
1:13	52
1:16	51
1:29	241
2:13-14	241
5:1	95
5:1-20	284 n173
5:20	36
6:14	290 n495
6:14-29	240
6:26	290 n495
6:29	240
7:24-30	34
7:26	30
7:31	36, 51
8:27-37	52
10:1	247
10:46	247
12:18-27	290 n535
13:1-2	230
14:14	238
14:54	66
15:21	228
15:26	228
16:9-11	248
16:12-13	248
16:14-18	248
16:19	248

Lucas

1:5	228, 234
1:5-7	239
1:39-40	238
1:65	35
2:1-7	238
2:7	238, 239
2:22-24	239
2:41-42	246
2:41-45	81
2:41-47	239
2:44	290 n530
3:1	236, 239, 246
3:18-20	240
3:21-22	240
3:23	239, 246
3:27	202
4:16	246
4:16-32	241
4:18-19	246
4:38	241
5:1	51
5:2	51
8:26-39	284 n173
9:23-25	52
9:51-56	247
9:52-53	35
10:30	253
10:34	238, 279 n107
12:16-21	52
12:54	66
12:55	66
15:11-32	284 n173
17:11-19	290 n531
19:11-27	16
19:41-44	230
22:11	238
23:26	228
23:38	228
24:1-11	248
24:13-31	248
24:34b	248
24:36-43	248

Juan

1:28	240
1:29	62
1:35-42	240
1:36	62
1:39	240
1:43-51	240
1:46	34
2:1-11	240
2:13	240, 246, 250
2:20	228
3:23	240
3:26	240
4	247
4:5	35
4:6	240
4:6-26	62
4:9	35, 290 n531
4:9b	195
4:10	16
4:20	35
6:1	51
6:4-5	240, 246
6:16	51
6:23	236
6:48	16
7:2	250
7:37	250
7:41	34
7:52	34
8:48	35
8:57	246
10:11	62
10:18	248
11:1	247
11:17-44	247
11:45-54	247
11:55-56	240, 246
19:14	240
19:17-20	228
19:19-20	228
19:20a	228
19:25	248
19:41	228
20:11-18	248
20:19-23	248
20:26-29	248
20:30	246
21:1	51
21:1-23	248
21:14	248
21:15-16	62

Hechos

1:1-8:3	251
1:3-11	248
1:8	17, 251
2:1	250
2:1-12	250
2:22-32	248
3:15	248
4:33	248
4:36	254
6:5	251, 291 n548, 292 n594
7:4	98
7:36	108, 283 n119
7:55-56	248
8:4-13	251
8:4-40	251
8:5	290 n537
8:26	18
8:26-28	251
8:32	62
8:40	251
8–10	252
9:1-30	253
9:2	291 n549
9:3-9	248
9:32-35	251
9:32-11:18	251
9:36-42	252
10:1-48	251
10:23-24	84
10:30	84
11:19-21	254
11:22-26	254
11:25-26	253
11:26	291 n549
11:27-30	253, 254
12:25	253
13:1-28:31	251
13:3-5	254
13:4-14:28	253
13:6a	255
13:6b-12	255
13:13	256
13:14	256
13:14b-52	256
13:19	40, 95
13:21	285 n218
14:1-6	256
14:6b-18	256
14:17	58
14:19	257
14:20-21a	257
14:22-23	257
14:24-28	257
15:1-35	257
15:3-30	253
15:22-32	257
15:36-39	257
15:39-18:22	253
15:41	258
16:1	258
16:1-3	257
16:6b	258
16:7	258
16:8	258
16:9	258
16:10-17	258, 291 n566
16:11	86
16:12	258
16:13	258
16:16	258
16:18-24	258
16:20	258
16:25-40	259
16:40	257
17:1	259
17:2-9	259
17:10-15	259
17:18	260
17:22-27a	260
17:28a	260
17:28b	260
17:32	248, 260
17:34	260
18:1-3	260
18:2b	260
18:3	260
18:5	291 n573
18:6-9	261
18:11	260
18:12	260
18:12-17	261
18:18	261, 291 n576
18:18-22	261
18:19-21	262
18:23	261
18:23b	261
18:23-21:17	253
19:1	261
19:9	291 n549
19:10	262
19:22	262
19:23	291 n549
19:23-20:2	262
19:29	263
20:2	262
20:3	262
20:3a	262
20:3b-14	262
20:4	257, 263
20:5	258
20:5-21:18	258, 291 n566
20:6	86, 258
20:14-15	86
20:15	291 n593
20:16	262
20:17-38	262
20:31	262
21:1	262
21:2-3	262
21:3b-8	262
21:8-9	251
21:10-12	262
21:18-29	263
21:30-23:22	263
22:4	291 n549
23:6-8	290 n535
23:23-32	84
23:23-25:12	263
23:31-33	253
23:35	258
24:14	291 n549
24:22	291 n549
24:27	263
26:28	291 n549
27:1-5	263
27:1-28:16	253, 258, 291 n566
27:5	292 n600
27:6	263
27:6-13	263
27:9	263
27:12	66
27:14-17a	264
27:17b-19	264
27:27-32	264
27:33-44	264
27:37	263
27:38	263
28:1-10	264, 291 n588
28:2	66
28:11-13	265
28:14-16	265
28:16	265, 292 n625
28:30	253, 265

Romanos

1:4	248
1:10-15	253
4:24	248
6:9-11	248
8:34	248
15:19	222, 253
15:22-23	262
15:24	253
15:25	262
15:28	253
16:1	291 n576
16:3-4	260
16:23	260

1 Corintios

4:12	260
4:17	258, 262
5:1-11	260
6:15-20	260
7:1-2	260
9:6	257
9:24-27	260
15:3-6	248
15:5a	248
15:5b	248
15:6	248
15:7a	248
15:7b	248
15:8	248
15:12-34	248
16:10-11	262

2 Corintios

2:12-13	86
4:14-15	248
11:25	253
11:26-27	253
12:14	253, 262
13:1	253, 262

Gálatas

1:17	283 n125
1:17-19	253
2:1-10	253
2:13	256
4:25	109, 110

Efesios

| 1:20-23 | 248 |

Filipenses

1:13	258
3:10	248
3:20-21	248

Colosenses

2:1	262
4:10	254, 257
4:12-13	262
4:14	291 n565
4:16	291 n587

1 Tesalonicenses

1:8	259
1:10	248
2:2	258
3:1	291 n573
3:2	291 n573
3:6	291 n573
4:14-18	248

1 Timoteo

1:2	258
1:3	253
1:20	253
3:14	253

2 Timoteo

1:5	257, 258
1:16-17	253
2:17	253
3:11	257
4:6-8	253
4:11	257
4:13	253
4:14	253
4:16-18	253
4:20	253

Tito

| 1:5 | 253 |
| 3:12 | 253 |

Filemón

| 1:22 | 253, 291 n587 |

Hebreos

6:7	58
9:4-5	144
11:9	277 n11
11:13	16
11:29	108, 283 n119
13:12-13	228
13:20	62

Santiago

| 5:7 | 66 |
| 5:14 | 279 n107 |

1 Pedro

1:3	248
3:21	248
5:2	62
5:4	62

1 Juan

| 2:15-17 | 16 |

Judas

| 1:12 | 62 |

Apocalipsis

1:4	266
1:9	266
1:11	266
2:1-7	267
2:8-11	267
2:12-17	267
2:18-29	267
3:1-6	267
3:7-13	267
3:14-22	267
5:12	62
6:14	56
11:19	144
16:16	278 n77
21:22	62
22:1-2	62
22:17	62

ÍNDICE GENERAL

A

Aarón [NP] 124, 170
Abdón [NP] 134
Abías [NRs] 172, 175
Abiatar [NP] 159, 181
Abisai [NP] 156
Absalón [NP] 104, 156, 226
Acab [NRn] 32, 36, 163, 170, 177, 178, 179
Acaz [NRs] 176
Adonías [NP] 156, 159
Adonis/Tamuz [ND] 238
Adramelec [NP] 176
Adriano [Ver emperadores romanos]
aedile 260
Afrodita [ND] 255, 260
Ágabo [NP] 262
Agustín [NP] 274
Ahías [NP] 168
Ahimelec [NP] 151
Akiva [Ver Rabí Akiva]
Alejandro III («Magno») [NR] 40, 81, 92, 203, 206, 207, 210,
    211, 212, 213, 214, 216, 226, 254, 258
Allenby, Edmund [NP] 40
Amasías [NRs] 163, 168, 175
Amnón [NP] 156
Amón [ND] 210
Amón [NRs] 163
Amón-Ra [ND] 58
amorreos [NE] 28, 30, 40, 95, 102, 115, 118, 201
Amós [NP] 16, 175, 181
análisis de pólen 66, 279 n128
«anillo de sello» 201
Antíoco IV [Ver monarcas seléucidas]
Antípater [NP] 35
apicultura 62
Apolo [ND] 265, 277 n11
Apolo licio [ND] 262
«Aposento Alto» 222
Aquila [NP] 260, 261
«árabe» 287 n286
«Arabia» 110, 283 nn124, 125
Aram-naharaim 18, 96, 137
Arato [NP] 260
«arca del pacto» 124, 143, 144, 155, 226, 241
Areópago 260
Aristarco [NP] 262, 263
Aristeas, Carta de 216
Aristóteles 288 n393
arquitectura arcosolium en las tumbas 230
arquitectura kokh en las tumbas 230
«arroyo de Egipto» 26, 29, 277 n35
Artemisa/Diana [ND] 262, 277 n11
Asa [NRs] 163, 172, 175
Asclepión 54
asmoneos [Ver monarcas asmoneos]
Astarot [ND] 154
Astiages [NR] 203
Asuán 93, 198
Atanasio [NP] 274
Atenea [ND] 265
Atlas [ND] 291 n558
Augusto César [Ver emperadores romanos]

B

Baal [ND] 17, 46, 58, 60, 154, 170, 179
Baasa [NRn] 172, 175
Balaam [NP] 36, 115
Balac [NR] 115
Barac [NP] 134, 139, 140
Barjesús [NP] 255
Baruc [NP] 198
Batalla de Carquemis [Ver Carquemis, batalla de]
Batalla de Ipso [Ver Ipso, batalla de]
Batalla de Isus [Ver Isus, batalla de]
Batalla de Panión [Ver Panión, batalla de]

Batalla de Qarqar [Ver Qarqar, batalla de]
Batalla de Salamina [Ver Salamina, batalla de]
«becerros de oro» 168, 170
Ben-adad II [NR] 177, 178
Bernabé [NP] 254, 256, 257
Betábara 240, 290 n511
Betsabé [NP] 226
Bezeta 222, 230
biblioteca de Asurbanipal 189
biblioteca de Celso 262
Bit-Adini 194, 281 n2
bitumen 54, 72, 279 n100

C

caldeos [NE] 96, 98, 99, 100, 201
Calvario 222
«Calvario de Gordon» 228, 230
Calvino, Juan [NP] 90, 281 nn6, 19
«camino de los peregrinos» 114
«Camino Real Persa» 72, 81, 86, 206
«camino(s) de Horus» 84, 108
cananeos [NE] 30, 40, 44, 58, 60, 62, 95, 101, 120, 131,
    134, 156, 181
Capri 265
Carquemis, batalla de 189, 191
Carta de Aristeas [Ver Aristeas, Carta de]
casa «de cuatro habitaciones» 127
Cástor y Pólux [ND] 265
Cercano Oriente 14, 15, 18, 30, 88, 162, 190, 201, 220,
    243, 277 n1
Cestio Galo [NP] 81
Ciáxares [NR] 190, 196
Ciro II [Ver monarcas persas]
Ciro III («el Joven») [NR] 206
Cisjordania 32, 34, 35, 44, 54, 56, 126
Códice de Alepo 34
codornices 112
Cohorte Augusta 263
Cornelio [NP] 84, 252
«costa antigua» 90
«cresta Husan» 251
Crispo [NP] 261
«cristianos» 254, 271, 291 n549
cronología [Ver fechas]
crucifixión 228
«cuarto de huéspedes» 238
Cuernos de Hattin 44, 84
Cúpula de la Roca 222, 226

D

Dagón [ND] 143, 144, 285 n208
Dalila [NP] 138
Dámaris [NP] 260
Daniel, libro de 210
Darío III [Ver monarcas persas]
Débora [NP] 134, 139, 140
Decápolis 36, 236
Deméter [NP] 16
Demetrio [NP] 262
DeMille, Cecil B. [NP] 109
deportaciones 183, 188, 194, 195, 288 n355
«desterrado» 16
«diez tribus del norte» 168
dinastía antigónida 211
Dion 259
Dionisio [NP] 260

E

eclipse 118, 284 n154
Ein Yael 251
El Niño 15
Elí [NP] 143
Elías [NP] 34, 46, 112, 113, 179, 181
Eliseo [NP] 46, 179, 181
Elón [NP] 134

emperadores romanos (por orden cronológico)
    Augusto César [27 a. C.–14 d. C.] 233, 234, 236, 238, 256, 258
    Tiberio César [14–37 d. C.] 81, 239, 265
    Gayo Calígula [37–41 d. C.] 265
    Claudio [41–54 d. C.] 233, 260, 264
    Nerón [54–68 d. C.] 230, 260, 270, 271, 274
    Galba [68–69 d. C.] 270
    Otón [69 d. C.] 270
    Vitelio [69 d. C.] 270
    Vespasiano [69–79 d. C.] 40, 80, 81, 230, 254, 270
    Tito [79–81 d. C.] 40, 228, 230, 254, 270
    Domiciano [81–96 d. C.] 266, 274
    Trajano [98–117 d. C.] 84, 233, 262
    Adriano [117–138 d. C.] 31, 32, 230, 238
    Constantino [306–337 d. C.] 230, 233, 239
    Justiniano [527–565 d. C.] 239
Eneas [NP] 251
Epafras [NP] 262
Epiménides [NP] 260
Erasto [NP] 260
Es-baal [NR] 104
Esdraelón [Ver valle de Jezreel/Esdraelón]
Esdras [NP] 84, 195, 198, 226
esenios 54, 213, 268, 290 n535
«esposa de Lot» 54
Esteban [NP] 254
estela de Mernepta 32
estela de Mesa 32, 278 n61
estela referente a «Israel» 130, 132
Estrabón [NP] 18, 76, 93, 94
eunuco de Etiopía 251
Eusebio [NP] 76, 117, 233, 274
«extranjero» 16
Ezequías [NRs] 81, 176, 183, 188, 191, 220, 287 n269
Ezequiel [NP] 24, 26, 54, 91, 162, 192

F

faccionalismo probabilónico 190
faccionalismo proegipcio 190
fariseos 268, 290 n535
fechas (por orden cronológico)
    930 a. C. 168
    853 a. C. [verano] 177, 178
    841 a. C. 81, 178, 185
    722 a. C. [agosto–septiembre] 168, 188
    722 a. C. [diciembre] 188
    720 a. C. 188
    712 a. C. 188
    701 a. C. 81, 188, 189
    614 a. C. 183, 190
    605 a. C. [mayo–junio] 191
    605 a. C. [7 de septiembre] 191
    605 a. C. [otoño] 191
    599 a. C. [diciembre] 192
    597 a. C. [16 de marzo] 192
    587 a. C. [enero] 192
    586 a. C. [19 de julio] 192, 198
    586 a. C. [16 de agosto] 192
    582 a. C. 192
    539 a. C. [12 de octubre] 201, 203
    334 a. C. [primavera] 207
    333 a. C. [verano] 210, 212
    332 a. C. [agosto] 210
    331 a. C. [1 de octubre] 210
    330 a. C. [julio] 210
    324 a. C. [temprano] 211
    323 a. C. [a mediados de junio] 211
    70 d. C. [a fines de agosto] 270
fechas egipcias 284 n181
fechas israelitas 286 n261
fechas judaítas 286 n261
Felipe II [NR] 207
fenicios [NE] 30, 67, 95, 159, 162, 164, 165, 201
filisteos [NE] 17, 30, 31, 32, 40, 44, 48, 94, 108, 126, 127,
    138, 143, 144, 147, 148, 150, 151, 152, 153, 154, 155, 175, 176

Flavio Josefo [NP] 17, 18, 34, 36, 76, 84, 91, 92, 93, 96, 210,
    222, 224, 228, 230, 246, 265, 268, 270
Flavio Silva [NP] 270
Flavio Vegecio Renato [NP] 263, 264
Fondo de Exploración de Palestina 224
fosa tectónica afro-arábiga 23, 48, 50, 54
fuentes secundarias (por orden alfabético)
    El libro de Jaser 119
    El rollo de las crónicas de los reyes de Israel 287 n275
    El rollo de las crónicas de los reyes de Judá 287 n275
    El rollo de los hechos de Salomón 287 n275
    La historia de Natán el profeta 287 n275
    Las crónicas de Semaías el profeta y de Iddo
        el vidente 287 n275

G

gabaonitas [NE] 118, 120
Galeno [NP] 54
Galión [Ver Junio Galión]
Gayo [NP] 262
Gedalías [NP] 192, 198
Gedeón [NP] 44, 134, 141
Gehena 222
Ghor 52, 116
Gilgamesh [NR] 94
Gog/Giges [NR] 92
Goliat [NP] 150, 151
Gomorra [Ver Sodoma y Gomorra]
gran fosa tectónica africana [Ver fosa tectónica afro-arábiga]
«gran transgresión cretácica» 56
guerra del Peloponeso 206
guerras púnicas 233

H

Hadad-ezer [NR] 155, 156
Hades [ND] 16
hambruna 15, 66, 101, 254
Hanún [NR] 156
hapiru 100
Harán 97, 98, 101, 177, 190, 206, 282 n91
hasidim 219
Hazael [NR] 175
hebreo 97
Helena de Troya [NP] 265
helenismo 211, 213, 217, 219, 228, 268
Herculano 265
Hermes/Mercurio [ND] 256, 291 n558
Herodes el Grande [Ver monarcas herodianos]
Herodión 16
Heródoto [NP] 76, 81, 91, 92, 206
heveos [NE] 40, 95, 96, 118, 156
Hexapla 274
hicsos 106, 107
Hiram [NR] 67, 159, 164, 165
hititas [NE] 30, 40, 95, 131, 164
huesos de cerdo 127

I

Ibzán [NP] 134
Iglesia de la Natividad 239
Iglesia del Santo Sepulcro 228, 230
Ignacio [NP] 266, 291 n549
Inscripción de Behistún 91
Inscripción de Siloé 224
«inscripción del monolito» 177
inscripciones nabateas 112
«investigación topográfica de emergencia» 126
Ipso, batalla de 214, 254
Ireneo [NP] 274
Irhuleni [NR] 177
Is-boset [NR] 148, 152
Isaías [NP] 47, 108, 162, 173, 176, 181, 188, 191
isla de Elefantina 172, 198, 199
Isus, batalla de 212, 213
Izates [NR] 190

J

Jabín [NR] 139
Jair [NP] 134
Jasón [NP] 259
jebel al-Lawz 110, 283 n142
jebel es-Silsila/Kheny 172
jebel Karkom 112, 113, 283 n142
Jefté [NP] 134, 141
Jehú [NRn] 170, 178, 179, 185
Jeremías [NP] 104, 144, 176, 181, 198
Jerjes I [Ver monarcas persas]
Jeroboam I [NRn] 166, 168, 170, 171, 175
Jeroboam II [NRn] 175
Jerónimo [NP] 52, 88, 238
Jezabel [NP] 179
Joab [NP] 156, 159, 224
Joás [NRn] 163, 175, 287 n294
Jonatán [hijo de Saúl] [NP] 147, 151, 152, 154
Joram [NRn] 170, 178, 179, 287 n294
Josafat [NRs] 159, 163, 164, 168, 175
José [esposo de María] [NP] 238, 239, 246
José [patriarca] [NP] 34, 46, 100, 106, 170
Josefo [Ver Flavio Josefo]
Josías [NRs] 67, 163, 190, 287 n269
Josué [Ver oración de Josué]
Juan el Bautista [NP] 17, 36, 236, 239, 240
Juan Marcos [NP] 254, 256, 257
Judas Macabeo [Ver monarcas asmoneos]
Juegos Ístmicos 260
Julio [NP] 263
Junio Galión [NP] 260, 261

K

kaśdim [NE] 98
Kenyon, Kathleen [NP] 224
Krakatoa 14

L

lago Lisán 56
Lázaro [NP] 247
Lea [NP] 122
Lebo-hamat 24, 26, 175
legiones romanas
  legión v 230, 270
  legión x 230, 270
  legión xii 269
  legión xv 270
Lejano Oriente 14, 88, 277 n1
Levante 18, 22, 23, 29, 30, 48, 52, 56, 66, 84, 95, 106, 113, 164, 183, 194, 196, 274
Lidia, «vendedora de púrpura» [NP] 258
«liga siro-efrainita» 176
«llamado macedonio» 258
«lluvias tempranas y tardías» 66
Lot [NP] 100, 101, 102
Lucas [NP] 258, 259, 262, 263
Lutero, Martín [NP] 108, 281 n6

M

«magia empática» 60
Maimónides [NP] 34
maná 62
Manahem [NRn] 176
mapa de Medeba en mosaico 52, 102, 290 n511
«mar Rojo» 108, 283 n119
«marcha de los 10.000» 206
María [NP] 238, 239, 246
«más allá del río» 26, 97
«Media Luna Fértil» 18, 19, 22, 40, 46, 72, 76, 80, 81, 84, 120, 201, 203, 220, 241
Medio Oriente 14, 194, 203, 248, 263, 265, 277 n1
Melquisedec [NR] 102
Merodac [ND] 58, 94
Mesa [NR] 32, 36
«mesón» 238
Mesopotamia 18
Mical [NP] 136, 152, 226
miliarios (hitos) romanos 76, 80, 81, 251
Misná 34
monarcas asirios (por orden cronológico)
  Asur-ubalit I [c 1362–1327 a. C.] 183
  Adad-nirari I [c 1307–1275 a. C.] 183
  Tukulti-ninurta I [c 1244–1208 a. C.] 94, 183

Asurnasirpal II [883–859 a. C.] 183
Salmanasar III [858–824 a. C.] 24, 32, 40, 81, 177, 178, 183, 185
Adad-nirari III [810–782 a. C.] 31, 185
Tiglat-pileser III [744–727 a. C.] 29, 31, 40, 81, 176, 183, 186, 188, 194, 286 n304
Salmanasar V [727–722 a. C.] 40, 188, 194, 287 n304
Sargón II [c 722–705 a. C.] 29, 31, 40, 183, 184, 188, 287 n304
Senaquerib [705–681 a. C.] 40, 81, 176, 183, 184, 188, 189, 220, 230, 287 n304
Esar-hadón [681–669 a. C.] 40, 81, 91, 162, 183, 287 n304
Asurbanipal [669–627 a. C.] 40, 91, 183, 189, 287 n304
monarcas asmoneos (por orden cronológico)
  Matatías [167–166 a. C.] 219
  Judas Macabeo [166–161 a. C.] 219
  Jonatán [161–142 a. C.] 219
  Simón [142–134 a. C.] 219
  Juan Hircano [134–104 a. C.] 219, 234
  Aristóbulo I [104–103 a. C.] 219
  Alejandro Janneo [103–76 a. C.] 35, 219, 228, 236
  Salomé Alejandra [76–67 a. C.] 228
  Aristóbulo II [67–63 a. C.] 228
  Juan Hircano II [63–40 a. C.] 219, 228
monarcas babilónicos/caldeos (por orden cronológico)
  Merodac-baladán II [c 721–710, 703 a. C.] 191
  Nabopolasar [626–605 a. C.] 190, 196
  Nabucodonosor II [605–562 a. C.] 40, 144, 168, 176, 190, 191, 192, 194, 195, 196, 198, 220, 226
  Nabónido [555–539 a. C.] 197, 203
  Belsasar [553–543 a. C.] 197
monarcas egipcios (por orden cronológico)
  Tutmosis III [1479–1425 a. C.] 40, 126, 131
  Amenhotep II [1427–1400 a. C.] 40, 126, 131
  Amenhotep III [1390–1352 a. C.] 94, 132
  Seti I [1294–1279 a. C.] 40, 106, 126, 132
  Ramsés II [1279–1213 a. C.] 40, 81, 106, 172
  Mernepta [1213–1203 a. C.] 32, 40, 92, 126, 130, 132
  Ramsés III [1184–1153 a. C.] 92, 94, 164, 172
  Sisac [945–924 a. C.] 40, 131, 132, 171, 172, 173
  Necao II [610–595 a. C.] 40, 190
monarcas herodianos (por orden cronológico)
  Herodes el Grande [37–4 a. C.] 16, 17, 35, 40, 42, 67, 170, 222, 223, 228, 234, 236, 239, 240, 265, 268
  Arquelao [4 a. C.–6 d. C.] 16, 17, 236, 239
  Herodes Felipe [4 a. C.–34 d. C.] 35, 236, 241
  Herodes Antipas [4 a. C.–39 d. C.] 36, 51, 236, 240, 241
  Herodes Agripa I [c 23–44 d. C.] 224
  Herodes Agripa II [c 50–75 d. C.] 269
monarcas persas (por orden cronológico)
  Ciro II [559–529 a. C.] 67, 195, 197, 201, 203, 226
  Cambises II [529–522 a. C.] 40, 81, 203
  Darío I [521–486 a. C.] 203
  Jerjes I [485–465 a. C.] 40, 206
  Artajerjes I [465–424 a. C.] 67, 226
  Darío II [423–405 a. C.] 206
  Artajerjes II [404–359 a. C.] 206
  Artajerjes III [358–338 a. C.] 40
  Darío III [335–330 a. C.] 210, 212, 213
monarcas seléucidas (por orden cronológico)
  Seleuco I [312–281 a. C.] 211, 254
  Antíoco III Megas [223–187 a. C.] 40, 217
  Antíoco IV [175–164 a. C.] 40, 211, 219
monarcas tolemaicos (por orden cronológico)
  Tolomeo I [323–285 a. C.] 40, 211, 214
  Tolomeo II [285–246 a. C.] 214, 216
monedas 72, 113, 210, 216
monte Olimpo 260
monte Vesubio 14, 265
Moriah 81, 222
Mot [ND] 60
«muro ancho» 224, 289 n462

N

Nabucodonosor II [Ver monarcas babilónicos/caldeos]
Nahas [NR] 147, 156
Napoleón [NP] 40
Nerón [Ver emperadores romanos]

O

Obelisco Negro 32
obeliscos 183
Ocozías [NRs] 164, 170, 178, 179

Ofni y Finees [NP] 143
Og [NR] 26, 28, 35, 115
Omri [NRn] 31, 32, 170, 178
oración de Josué 118, 119
Orígenes [NP] 88, 239, 240, 274

P

Padán-aram 18, 97, 99, 104
Palestina .... 18, 26, 29, 30, 31, 32, 34, 40, 64, 65, 66, 67, 72, 73, 101, 104, 118, 126, 131, 132, 192, 198, 203, 210, 211, 214, 217, 238, 254, 263, 278 nn 47, 48, 49, 54
Panión, batalla de 211, 214, 217
partos [NE] 40, 201, 234
«pasajes de "nosotros"» del libro de los Hechos 258
paso Khyber 211
Pedro [NP] 16, 84, 216, 241, 248, 251, 252
Peka [NRn] 176, 188
Perea 36, 236, 270, 290 n531
«pesebre» 238
Petra 39, 86, 110
Pompeya 14, 265
Pompeyo [NP] 36, 40, 144, 219, 228, 236
Poncio Pilato [Ver procuradores romanos]
Poseidón/Neptuno [ND] 260
pozzolana 265
Priscila [NP] 260, 261
procuradores romanos (por orden cronológico)
  Poncio Pilato [26–36 d. C.] 246
  Porcio Festo [59–62 d. C.] 263
  Gesio Floro [64–66 d. C.] 269
pueblos del mar 30, 31, 92, 94
puente Allenby 50
puertas Caspianas 211
puertas Cilicias 210, 212, 257
puertas de Amanus 212
puertas de Siria 212, 257

Q

Qarqar, batalla de 177, 178
Quemos [ND] 32
Quésed [NP] 99

R

Rabí Akiva [NP] 34
Ramsés II [Ver monarcas egipcios]
reina Candace [NR] 251
reina de Saba [NR] 159
Rezín [NP] 176
Ricardo Corazón de León [NP] 40
«río de Egipto» 26, 29, 155, 176, 186
«río de lapislázuli» 90
río el-Kabir 22, 26, 30, 34, 96, 185
río Gangites 258
Robinson, Edward [NP] 223
Roboam [NRs] 166, 168, 170, 171, 172
rocío 17, 60, 65

S

Sadoc [NP] 156
saduceos 268, 290 n535
Saladino [NP] 40
Salamina, batalla de 15, 206
Salem [ND] 220
samaritano(s) [NE] 35, 195, 210, 246
Samgar [NP] 134
Samuel [NP] 104, 124, 143, 145, 151, 153, 166, 181
Sansón [NP] 134, 137, 138
Santiago [NP] 262
Santorini 14, 15
sectarismo judío 213
Sehón [NR] 26, 28, 114, 115
Seleuco I [Ver monarcas seléucidas]
sello encontrado en Laquis 198
Séneca [NP] 260
Septuaginta 216
Serabit el-Khadim 113, 284 n144
Sergio Paulo [NP] 255
Sesbasar [NR] 201, 226
Shatt el-Arab 19, 90
Silas [NP] 257, 258, 259
Simei [NP] 159
Simón el Mago [NP] 251

Sin [ND] 204
Sión 222, 223, 226
siroco 66
Sisac [Ver monarcas egipcios]
Sísara [NP] 44, 139, 140
sistema de datación «sin año de ascenso» (antedatación) 178
sitios de la Edad del Hierro 126, 127
Sodoma y Gomorra 54, 101, 102
Steuco, Agostino [NP] 90

T

Tabita [NP] 252
Tácito [NP] 144
Talmud babilónico 32
Tamar [NP] 156
Tambora 14
Tamuz [Ver Adonis/Tamuz]
Tera [Ver Santorini]
«tercer muro» 222, 224, 230, 270
terremoto(s) 50, 110, 254, 258, 278 n82
Tertuliano [NP] 274
Teófilo [NP] 291 n549
textos de la Edad del Hierro 284 n170
Ticio Justo [NP] 261
«tierra donde fluyen leche y miel» 60, 62, 279 n119
«tierra santa» 277 n11
Timoteo [NP] 257, 258, 259, 262
tinte de murex 30
Tito [Ver emperadores romanos]
Tjeku 107, 283 n112
Tola [NP] 134
tráfico imperial de grano 263
Transjordania 32, 35, 36, 54, 55, 56, 115, 117, 126, 127, 183, 192, 216
tumba de Raquel 100, 104
túnel de Ezequías 223, 224, 289 n452
túnel de Siloam [Ver túnel de Ezequías]
twf(y) 108, 109

U

Uzías [NRs] 168, 175

V

«vagabundo» 16
valle de Cedrón 222
valle de Hinom 222
valle de Jezreel/Esdraelón 24, 34, 44
«valle de Josafat» 222
valle de la Becá 24
valle de Tiropeón 222, 224
valle de Ugarit 24
Vegecio [Ver Flavio Vegecio Renato]
Vespasiano [Ver emperadores romanos]
Vía Trajana 84
Virgilio [NP] 277 n11
Vulgata Latina 281 n1

W

«wadi de Egipto» [Ver «arroyo de Egipto»]
Warren, Charles [NP] 67, 224
Weill, Raymond [NP] 224
Wilson, Charles [NP] 224
Woolley, Leonard [NP] 98, 100

Y

Yoás [NRs] 67, 175, 287 n294
Yohanan ben Zakkai [NP] 34
Yoram [NRs] 164, 168, 175, 287 n294

Z

Zacarías [NRn] 179
zelotes 268
Zenón [NP] 216
Zera [NR] 175
Zeus/Júpiter [ND] 118, 210, 219, 254, 256, 260, 265, 291 n558
Zorobabel [NR] 195, 201, 226